조선 해로사행의 인문지리학적 연구 1

명청교체기 대명 해로사행로의 노선과
지명 재구 및 인문지리학적 고찰 1
─ 산동 등주부

조선 해로사행의 인문지리학적 연구 1

명청교체기 대명 해로사행로의 노선과 지명 재구 및 인문지리학적 고찰 1

― 산동 등주부

왕가·한종진·당윤희

역락

This work was supported by Seed Program for Korean Studies through the ministry of Education of Republic of Korea and Korean Studies Promotion Service of the Academy of Korean Studies (AKS—2017—ICN-2230005).

머리말

 명청교체기 해상사행로를 통해 명을 오갔던 조선사신의 중국 사행 기록인 해로조천록(연행록)에는 명청교체기 조선과 명, 청 사이에 이루어졌던 치열한 외교 활동의 모습이 고스란히 담겨 있을 뿐만 아니라 조선문인들의 명과 청에 대한 인식, 명과 청 및 조선과 일본 사이의 전쟁의 양상, 중국과 한반도 사이의 무역과 경제 관계, 문화와 인적 교류 상황 등 다양한 역사적 사실이 생생하게 기록되어 있다. 조선시대 중국 사행은 조선 문인들에게 나라 밖을 경험할 수 있는 거의 유일한 통로였으며, 사행 활동은 중국의 문화를 직접 체험하고 받아들일 수 있는 소통의 공간을 제공했다. 그런 점에서 사행활동이 이루어진 사행로와 사행 경유지는 단순히 지도 상에 점과 선으로 표시된 물리적 교통로나 감정없는 장소가 아니라 우리 선조들이 역사의 현장에서 국가의 안위를 위해 몸으로 부딪히고 발로 뛰었던 발자취 곧 그 시대사적 고뇌가 고스란히 묻어 있는 문화적 유산으로서 재인식되고 재이해될 필요가 있다.

 조선사신들이 명나라로 사행을 가면서 주로 이용한 노선은 요동지역을 거치는 육로 노선이었다. 요동지역을 거치지 않고 해로 노선을 이용한 사행은 明初(洪武, 建文 연간1369—1402)와 明末(天啓, 崇禎 연간 1621—1636) 두 차례 비교적 짧은 기간에만 이루어졌다. 明初 사행의 목적지는 남경이었고, 明末 사행의 목적지는 북경이었다. 해로 사행로는 원래부터 한반도의 삼국시대부터 중국의 여러 왕조와 교류했던 중요한 사행길이었다. 산동 등주(登州)에는 대대로 한반도의 사신을 접대하기 위한 신라관, 발해관, 고려관이 운영되었다. 조선의 경우 1621년 3월에 후금이 심양과 요양을 탈취하고 요동 반도 전역을 지배하게 되자 사신들이 육로로는 안전하게 왕래할 수 없게 되었기에 선박을 이용해 바닷길로 산동 등주로 가게 되었다. 그후 1637년 1월 후금(청)과 정축맹약(丁丑盟約)을 맺은 조선은 명나라와 국교를 단절하고 후금(청)의 수도인 심양에만 사신을 보내게 되었고, 1644년 3월에 명나라가 망하고 청나라가 북경을 점령한 후에는 조선 전기와 같은 육로 사행이 재개되었다.

 본서에서는 명말 해로 사행 문헌을 대상으로 연구를 진행했는데, 그 이유는 다음과 같다. 첫째, 明末 해상 사행 관련 문헌들은, 명초의 해상사행 기록이 대부분 조천시 형식이었던 것과는 달리, 사행 중 겪은 구체적인 사건과 견문을 여정에 따라 기행문 형식으로 기록하거나 사행 관련 공문서와 편지 등을 함께 수록하고 또한 지리지 형식으로 기록한 것까지 있어서 공식적인 사행 활동이 이루어진 역사 현장, 현지 문인들 혹은 현지인들과 교류 양상, 당시 중국 현지의 상황, 민간풍속, 자연환경 등을 생생하게 전하고 있는 문헌들이 많기 때문이다. 둘째, 기존의 조천록(연행록) 연구가 주로 요동지역을 사행로로 하는《열하일기(熱河日記)》,《노가재연행일기(老稼齋燕行日記)》,《담헌연기(湛軒燕記)》등의 문헌에 대한 연구에 치중된 반면, 해상 사행의 실체를 체계적으로 밝히는 연구는 미흡했기 때문이다. 셋째, 조선 이전 신라, 발해, 고려 등 왕조들도 해상 사행을 공식적인 경로로 활용했었으므로, 조선 시기 해상 사행로에 대한 연구는 차후 신라, 발해, 고려 시기 해상 사행의 역사적 실체를 밝히는 간접 자료로 활용될 수도 있기 때문이다.

이처럼 본서는 명말 조선사신의 해로 사행 관련 문헌을 주요 연구대상으로 하여 인문지리, 문학지리의 시각에서 사행 경유지 현지조사, 현지 연구자 및 주민 인터뷰, 문헌 고증 등의 방법을 통하여, 조선사신의 사행 노선을 재구하고 지명의 역사적 변천을 살피며 사행록에 나타난 시와 문장을 분석하고 조선사신의 외교활동, 중국 문인 및 현지 주민들과의 문화적 인적 교류활동의 실체를 파악하여 조선 사신의 중국 문화공간을 총체적으로 그려보았다.

명말 평안도 앞바다에서 출항한 조선 사신들은 조선과 요동의 연안 도서를 따라 항해하다가 여순구(旅順口) 부근 해역에서(지금의 요녕성遼寧省 대련시大連市 노철산老鐵山 해역 부근)에서 남하하여 발해를 건너 산동 등주(지금의 산동성 연태시 봉래)에 상륙하였다. 이후의 육로 경유지는 鄭斗源의《朝天記地圖》에 따르면 등주부(登州府), 황현(黃縣), 황산역(黃山驛), 주교역(朱橋驛), 래주부(萊州府), 회부역(灰埠驛), 창읍현(昌邑縣), 유현(濰縣), 창락현(昌樂縣), 청주부(靑州府), 금령역(金嶺驛), 장산현(長山縣), 추평현(鄒平縣), 장구현(章丘縣), 용산역(龍山驛), 제남부(濟南府), 제하현(濟河縣), 우성현(禹城縣), 평원현(平原縣), 덕주(德州)(이상 산동성 경내), 경주(景州), 부성현(阜城縣), 부장역(富莊驛), 헌현(獻縣), 하간부(河間府), 임구현(任丘縣), 막주(莫州), 웅현(雄縣), 신성현(新城縣), 탁주(涿州), 량향현(良鄕縣), 제경(帝京)(이상 하북성 및 북경 경내)등인데, 본서는 앞으로 계속 출판될 시리즈물의 제1권으로 산동 등주 앞바다 제도(諸島)와 등주, 황현, 황산역까지의 등주부 노선에 대한 연구 성과물이며, 이후 래주부, 청주부, 제남부 등 사행의 노선을 따라 순차적으로 연구성과를 출간할 예정이다.

이 책에 담긴 연구는 우연한 계기로 시작되었다. 5년 전 학교에서 대학 교수들의 자체 연구역량 강화의 일환으로 중국 내 영향력 있는 학자들을 초빙하여 정기적인 학술대회를 개최하고 유방학원학보(濰坊學院學報)를 발간하게 되었는데, 당시 우리대학 중문과 조홍위 교수가 조선 사신이 쓴 웨이팡(명대 당시 유현濰縣) 관련 시문에 대해 발표하였고 한국어문학과 소속이던 필자 일동은 명대 조선 사신들이 웨이팡 지역을 경유하면서 이 지역과 관련된 적지 않은 기록을 남겼다는 사실을 그 때 처음 알게 되었다. 필자 일동의 조사에 따르면, 한국에서의 조천록(연행록) 연구는 당시까지 발표된 논문만 500편에 이를 정도로 이미 방대하고 깊이 있는 연구가 진행되고 있었다. 그러나 대부분의 연구가 요동지역을 거쳐서 갔던 청대 육로 사행 관련 연행록 연구에 집중되어 있었고 명말 이루어졌던 해상 사행에 대한 연구는 상대적으로 적었으며, 특히 중국 현지 답사와 명대 문헌에 대한 고증을 바탕으로 한 문학지리적, 인문지리적 연구는 초보단계에 있다는 사실을 알게 되었다. 이에 건국대 중문과의 당윤희 교수, 웨이팡 대학 중문과의 조홍위, 진금방 교수, 한국어문학과의 왕가, 한종진 교수, 난창공대 영상매체학과 김보경 교수가 의기투합하여 본 연구에 대한 계획을 수립하고, 한국학중앙연구원의 해외연구지원사업인 씨앗형사업에 지원하게 되었다.

많이 부족한 연구계획서였지만 웨이팡대가 위치한 지역이 바로 명말 조선 사신들이 반드시 거쳐야 했던 경유지인 "유현(濰縣)"이었던 만큼 현지답사와 중국 현지 문헌 조사에 있어서는 다른 어떤 연구팀보다 장점을 가지고 있었다. "지역 특화형 한국학 연구"라는 연구팀의 주장이 설득력이 있었던 것인지 결국 좋은 심사 평가를 받아 2017년도 씨앗형 사업에 선정되는 기쁨을 누렸다. 우선 연구팀은 명말 평안도 해안을 출발하여 한국의 서해와 중국의 발해를 거쳐 산동 등주에 상륙한 조선 사신들을 모두 조사하고 현재까지 남아 있는, 그들이 남긴 자료를 모두 확보하여 이를 일목요연하게 정리하는 한편, 사신들이 거쳐간 경유지에 따라 모든 문헌을 꼼꼼하게 강독해 나갔다. 이 과정에서 사신들이 동일한 경유지를 다양한 지명으로 기록하고 있으며, 어떤 구간에서는 경유 경로가 많게는 서너 갈래로 갈라지고 있음도 확인하게 되었다. 그래서 경유지의 노선과 경유지의 지명을 사신이 남긴 기록과 더불어 당시 중국 내 통용되던 지방지 및 관련 역사서를 참고로 꼼꼼히 고증하였고, 이 고증의 결과를 현지 답사와 현지인 탐방을 통해 확인하고 수정하였다. 이 과정에서 현지인, 현지 학예연구사나 현지 역사 연구자의 호의적인 도움을 많이 받았다. 사신들이 이용한 경로는 대부분 명과 청대 관방에서 관리하는 공식적인 관도(官道)였는데, 근대 이후 이 관도가 대부분 국도로 재건되거나 오랜 기간 방치되어 그 흔적조차 찾을 수 없는 경우가 많았다. 그래서 오랜 기간 현지에서 근무하면서 지방사지(地方史志)를 발간해 온 현지 학예연구사를 방문하여 그들의 도움을 받는 것은 필수적인 연구 과정이었고, 어떤 때는 학예연구사들조차 구체적인 위치와 지명의 변천을 잘 알지 못하는 경우가 있었는데, 이런 경우라도 다행히 현지에서 대대로 살아온 촌로들을 만나 그들의 증언을 통해 조선 사신들이 거쳐간 구체적인 경로를 확인하고 그 길을 직접 눈으로 확인할 수 있었다. 현지 답사 과정을 통해 조선 사신들이 직접 걸었던 들판, 직접 보았던 산천,

직접 건넜던 강과 다리, 직접 겪었을 당시의 풍속, 직접 맛보았을 현지 음식 등을 직접 체험하게 되었을 때, 그들이 남긴 시문 한 구절 한 구절이 생생하게 살아나 연구자들의 가슴에 와 닿는 묘한 경험을 하였으며, 현지 촌로들의 사투리를 통해 당시 동일한 경유지를 거쳐간 여러 조선 사신들이 현지 지명을 다양한 이체자(異體字)로 표기한 이유가 현지 사투리의 영향 때문임을 확인했을 때는, 연구자들 스스로가 사투리로 들은 지명을 어떤 한자로 기록해야 좋을지 고민했었을 조선 사신이 된 듯한 착각에 빠지기도 하였다.

일반적으로 인문학은 공동연구가 어렵다고들 말하는데, 이번 연구는 한중 연구자간의 긴밀한 협력 속에서 공동연구의 장점을 십분 발휘한 결과여서 더욱 그 의미가 깊다. 특히, 한국과 중국의 연구자들이 각자의 관점을 한 걸음 양보하면서 서로의 입장과 해석을 균형있게 조율하여 공동의 연구성과물을 도출하였기에, 이 책은 21세기에 다시 쓰여진 연행록이라 부를 만하다.

이번 연구는 많은 이들의 도움 덕분에 완성될 수 있었기에 이 자리를 빌어 감사의 말씀을 남기고 싶다. 매년 10여 차례에 가까운 현장답사를 다녀야 했고, 국내외 관련 연구자를 초빙하여 연구성과를 공유하고 토론하는 국제학술회의를 정기적으로 개최하며, 중국과 한국에서 논문을 발표하고 학술서적을 출간하는 데에 적지 않은 비용이 소요되었는데, 한국정부(한국학중앙연구원 한국학진흥사업단)의 3년간의 연구비 지원이 없었다면 본 연구는 실현되지 못했을 것이다. 특히, 연구 1년차에 연구방향과 연구방법을 정립해 나가는 과정에서 약간의 혼란과 실무적 어려움을 겪고 있을 때, 카자흐스탄에서 열린 한국학 국제 세미나에서 한국학중앙연구원 안병욱 원장님과 한국학진흥사업단 구난희 단장님께서 보여주신 관심과 격려는 연구팀에게 큰 힘이 되었다. 또한 한국학진흥사업단의 실무책임자이신 김예원님도 연구팀의 사업계획변경 등 번거로운 업무 협조 요청을 친절하고 신속하게 처리해주어 연구팀의 원활한 연구 진행을 도왔다. 웨이팡대 측에서도 연구의 중요성을 인정하여 연구팀이 모여 연구하고 연구자료를 체계적으로 수집 보관할 수 있는 공간과 기자재를 마련해 주었으며, 이 과정에서 외국어대학 한택정 학장님의 도움이 컸다. 건국대 역사학과 한승현 교수님은 연구팀이 개최한 국제 세미나에 참가하여 조선으로 귀화한 산동 왕씨의 족보와 연원을 탐구하는 논문을 발표하여 연구팀에게 문헌 고증과 현장 답사 방법의 모범적인 예를 보여주었으며, 조선 사신의 사행화를 오랜 기간 연구해 오신 한국학중앙연구원의 정은주 선생님은 연구팀에 귀중한 자료와 조언을 제공해 주셨으며, 단국대 동양학연구소의 장유승 선생님은 웨이팡시 한정구 문화관리소에 소장된 문헌이 조선국왕의 표문이었음을 고증해주었다. 중국 측 연구자로는 산동성 봉래시청 지방사지 연구실(山東省 蓬萊市政府 地方史志 辦公室)의 학예연구사인 고파(高

波) 과장, 산동성 봉래시 봉래각 관리처 문물과(山東省 蓬莱市 蓬莱閣 景区管理處 文物科) 원효춘(袁曉春) 과장, 산동성 용구시청 지방사지 연구실(山東省 龍口市政府 地方史志 辦公室) 학예연구사인 손건의(孫建義) 주임 등이 조선 사신의 경유지 고증에 도움을 주었으며, 또한 산동성 용구시 황산관진(山東省 龍口市 黃山館鎭)에서 지방역사를 연구하는 민간사학자 맹건(孟健)씨 등은 자신이 소장한 귀중한 문헌을 무상으로 연구팀에 제공했을 뿐만 아니라 귀한 시간을 할애하여 자신이 일찍이 고증한 적이 있는 조선 사신 경유지 유적으로 연구팀을 직접 인솔하여 현지답사에 큰 도움을 주었다. 그리고 현장답사 과정에서 한국에서 온 연구팀을 기쁘게 환영해주시고 자신의 일처럼 짧지 않은 시간을 내어 사행 현장을 안내해주고 인터뷰에 응해 주신 수많은 현지 주민들께도 머리 숙여 깊은 감사의 인사를 올린다.

이 책은 앞으로 계속 진행될, 조선 해상 사행록에 대한 문학지리, 인문지리적 연구의 첫 성과물로서 그 의미가 자못 깊지만, 동시에 처음 시도된 연구로서 착오와 오류 또한 적지 않을 것이다. 이 자리를 빌어 관련 연구자분들의 양해를 구하면서 많은 조언과 지도를 부탁드린다. 또한 앞으로 이 연구가 계속 진행될 수 있도록 관련 기관과 연구자들의 지속적인 지원과 성원이 이어지길 바란다.

庚子年 설날 새해를 맞이하며
저자 일동 삼가 씀

목 차

3. 登州府, 登州水城, 登州城

4. 登州城부터 黃縣東界까지

5. 黃縣 동쪽경계에서 黃縣城까지

6. 黃縣城부터 黃山館驛까지

7. 黃縣 黃山館驛에서 萊州府 掖縣 동쪽경계까지

8. 結論

조선사신이 본 여순구 앞바다(흑수해)의 모습.《航海朝天圖》, 韓國國立中央博物館藏

지금의 北隍城島의 北山 정상에서 바라본 遼寧 老鐵山(明末의 鐵山嘴)과 老鐵山 水道(明末의 黑水海)

隍城島 水道(당나라 때는 烏湖라는 별칭으로 불렸음)의 전경

위험천만한 풍랑과 비바람이 수시로 일어나 배가 침몰하는 해상 사고가 잦았던 흑수해
곧, 老鐵山 水道와 皇城島 海域은 생사를 가르는 염라대왕의 심판정이었고 마침내 무사히
정박한 皇城島는 새로 삶을 얻어 태어난 天堂과 같았다.

北隍城島의 北山 정상에서 산 뒤쪽 만(灣)을 바라본 풍경

吳翻은《燕行詩》에 멀리 황성도를 지나면서 바라본 풍경과 소감을 〈過皇城島〉라는
시로 남겼다. "눈 부릅뜨고 동남쪽 하늘 떠오르는 아침해 바라보며 순풍을 받아 배를 달리니
경쾌한 기분 이루다 말할 수 없네. 깎아지르는 듯 높이 솟은 해안 절벽은 수면 위에 비춰
일렁이는데 아마도 중원에 우뚝 솟은 태산이 천하를 까마득히 나눔이 이와 같으리라."
(極目東南曙景懸, 馭風槎上覺冷然。鐵崖半倒沖融里, 岱嶽遙分翠黛邊)

北隍城島의 日出

廟島에서 등주까지는 반나절이 채 되지 않는 가까운 뱃길로 해상사고의 위험도 거의
없었으므로 해상 사행의 종착역이나 마찬가지였다. 대부분의 조선 사신들은 위험천만한
바다를 벗어나 안도하는 마음으로 묘도의 아름다운 풍경, 천비낭낭묘의 모습 그리고
주둔하고 있던 명나라 군대의 상황 등을 비교적 상세히 기록하고 있다.

지금의 묘도항의 남쪽 갯벌 선박 접안지

지금의 묘도항에 세워져 있는 天妃娘娘의 塑像, 뒤쪽으로 천비낭낭의 묘당이 보인다.

봉래각과 등주 수성 및 수성의 畫河(획하) 하구의 모래사장
《朝天圖》, 韓國立中央博物館所藏本)

조선사신들은 대부분 등주 수성의 획하 하구 동쪽 모래사장에 배를 정박했다.
金尙憲이 "남과 북을 오고 가는 상인과 여행객을 태운 배의 돛대가 해변가 하늘을
빽빽하게 채우고 있다(南商北客簇沙頭)"고 읊은 풍광이 이와 같았을 것이다.

등주수성 畫河 하구 동쪽 모래 사장 일대 - 이곳이 바로 明末 바닷길로 사행에 오른 조선 사신들 대부분이 조선에서 출항한 이래 처음으로 밟은 중국 내륙 땅이다. 지금의 蓬萊市 和平廣場 북쪽일대 해변이다.

등주수성의 畫河하구 - 明末시기에는 정기적으로 준설을 하여 밀물이 들어 오면 여기서 배를 타고 등주수성의 내해로 들어 갈 수 있었으나 지금은 수심이 얕아 배가 통행하지 못한다.

明《(泰昌)登州府志》卷首에 삽입된 봉래각 晩潮新月圖
"晩潮新月"은 明末 登州府 13景 가운데 하나이다. 그림
위의 제사는 다음과 같다. "초저녁 둥근 달 솟아오르니
달빛은 파도와 함께 반짝반짝 일렁이고, 봉래각에 올라
바라보니 신령스러운 기운 더욱 맑아지네. 돌연 마음 속
에 감회가 일어나 '바다 또한 사람의 뜻이 깨끗함을 아는
듯 특별히 달빛 비친 바닷물로 신령한 마음을 씻겨주네'
라고 읊었다."(新月新出, 波心掩映, 登樓一望, 神氣倍
清。因橫襟賦云, "海若亦知人意淨, 故教水月洗靈心"。)

登州의 명승 중 하나인 봉래각 "碧浪金烏(벽랑금오-푸른 파도를 헤치고 떠오르는 금빛 일출)"의 풍경.
崔有海는 이러한 풍경을 보고 "돌연 해가 떠오르니 이것 바로 그 유명한 '벽랑금오'의 풍경이구나!
(日穀飛騰指點中)"라고 감탄했다.

清나라의 著名한 書法家 翁方剛이 소식의 필체를 모필하여 쓴 〈海市詩〉 석각이 지금 봉래각에
소장되어 있어 소식 친필 석각 〈海市詩〉의 원형을 짐작할 수 있다.

지금 蓬萊閣의 臥碑亭내에 있는 중국 송대 대문호 소식의 친필 〈海市詩〉 石刻의 정면과 뒷면. 정면은 〈題吳道子畫後〉이며
뒷면이 〈海市詩〉인데, 지금 세월에 마멸되어 필체를 거의 알아볼 수 없다. 吳允謙은 이 비석을 직접 보고 〈東坡海市碑〉라는
시를 남겼는데, 명말 당시에도 필체를 거의 알아볼 수 없었다고 기록하고 있다.

萬斛珠璣(만곡주기)란 원래 "만 말의 구슬"이란 뜻인데 "주렁주렁 탄환처럼 큰 차돌들 사이로 작은 돌들이 진주처럼 펼쳐져 있었다(累累彈丸間 , 瑣細成珠徘)"고 하며 중국의 대문호 소식이 여기 돌을 주워 창포를 길렀다 한다. 소식의 기록에 따르면 "봉래각 아래로는 천 길의 절벽인데 파도에 침식되어 돌덩이들이 부서져 내려 오랜 세월 마모되어 동글동글 작고 귀여운 차돌맹이가 절벽 아래 쌓이게 되었는데, 현지인들은 이를 두고 彈子渦(탄자와, 탄환이 쌓인 소용돌이)"라고 했다. 洪翼漢은《花浦朝天航海錄》에서 珠璣岩을 직접 본 기록을 남기고 있다. 그러나 지금은 구슬 같은 돌들은 모두 사라지고 없다.

明《(泰昌)登州府志》의 卷首에 첨부된 萬斛珠璣 그림과 현재 蓬萊閣 앞의 珠璣岩

《(康熙) 黃縣志》卷首〈萊山圖〉"푸른 빛이 둘러싼 첩첩 봉우리, 구름이
빛과 바람을 끌어안고, 제사를 지낸 숲은 절경이라 사당은 잠잠히 수양한다네.
(環疊巇雲擁晴風 , 禪林棲勝精舍藏修)"라는 題詞가 붙어있다.

현재의 萊山 全景

鄭斗源은《朝天記地圖》에서 "萊山聳翠(래산용취)"欄門(파문)에 대해 기록하였다. '聳翠'란
글자 뜻으로 보면 산등성이와 수목이 푸르른 모습을 형용한 것이다. 鄭斗源의 설명에 따르면,
萊山은 黃縣 동남쪽 20리에 있고, 그 위에 齊나라 八祠중의 하나인 月主祠가 있었다. 鄭斗源
이 지나간 "萊山聳翠" 欄門이 있던 장소에서 위의 사진과 같은 萊山 전체의 풍경을 조망할 수
있었을 것이다.

1. 緒論

　조선사신들이 명나라로 사행을 가면서 주로 이용한 노선은 요동지역을 거치는 육로 노선이었다. 요동지역을 거치지 않는 해로 노선을 이용한 사행은 明初 (洪武, 建文년간 1369—1402)와 明末(天啓, 崇禎년간 1621—1636) 두 차례에 걸쳐 비교적 짧은 기간에 이루어졌다. 明初 사행의 목적지는 南京이었고, 이 기간에도 수십 차례 사행이 이루어지기는 하였으나 鄭夢周(1337—1392), 鄭道傳(1337—1392), 權近(1352—1409) 등 극히 적은 수의 사신들만이 사행 관련 기록을 남겼다. 그나마 이들이 남긴 문헌도 견문과 사실을 기록한 것이 아니라 주로 사신들이 거쳐간 사행의 경유지에 대한 감상을 위주로 하는 朝天詩가 대부분이다. 그런데, 명초와 달리 명말 해상 사행의 목적지는 북경이었으며, 현재까지 연구된 바에 따르면 20여 명 조선 사신들의 40여 종 해로 사행 관련 문헌(일반적으로 명나라 사행의 기록을 朝天錄, 청나라 사행 기록을 燕行錄이라 칭한다)이 지금까지 전해지고 있다.

　이들 명대 말엽 해로 사행 문헌들은 명대 초기처럼 시를 위주로 하는 것 이외에 사행 중 겪은 구체적인 사건과 견문을 여정에 따라 기행문 형식으로 기록하거나 사행 관련 공문서와 편지 등을 함께 수록하고 있을 뿐만 아니라 지리지 형식으로 기록한 것까지도 있다. 그러므로 공식적인 사행 활동이 이루어진 역사 현장, 현지 문인들 혹은 현지인들과 교류 양상, 당시 중국 현지의 민간풍속, 자연풍경 등을 생생하게 전하고 있는 문헌들이 많다. 그래서 본서는 명말 조선사신의 해로 사행 관련 문헌을 주요 연구대상으로 하여 인문지리, 문학지리의 시각에서 사행 경유지 현지조사, 현지 연구자 및 주민 인터뷰, 문헌 고증 등의 방법을 통하여 조선사신의 사행노선을 재구하고 지명의 역사적 변천을 살피고자 하였다. 또한 사행록에 나타난 시와 문장을 분석하고 조선사신의 외교활동, 중국 문인 및 현지 주민들과의 문화적 인적 교류활동의 실체를 파악하여 조선 사신의 중국 문화공간을 총체적으로 그려보고자 하였다.

　이러한 연구목적을 달성하기 위해서 서론에서는 우선 명말에 해로 사행이 다시 재개된 역사적인 배경을 살피고 이어서 명말 조선사신 해로 사행의 구체적인 전개 과정 및 해로 사행관련 문헌과 판본현황을 전반적으로 정리한 후, 본고에서 다룰 구체적인 연구범위인 해로사행 관련 문헌을 확정하도록 한다.

1.1 明末 對明海路使行의 歷史背景

　1593년 누르하치(努爾哈赤,1559—1626)가 建州女眞[1]을 통일하면서 지금의 중국 동북지역에 여러 부족으로 흩어져 있던 여진족이 새롭게 통일되는 전기가 마련되었다. 그후 누르하치는 허투하라(赫圖阿拉, 지금의 遼寧省 新賓滿族自治縣 永陵鎭)를 근거지로 삼고 遼東지역의 여진족을 차례차례 병합하였다. 1616년(명나라 萬曆44년/ 조선 光海君8년) 누르하치는 興京(赫圖阿拉)을 수도로 삼고 後金을 건국하고 年號를 天命으로 선포했다. 1618년(명나라 萬曆46년 /조선 光海君10년)4월 당쟁이 격화되는 등 명나라 내정이 불안정해져 요동지역의 경계가 허술해진 틈을 타, 누르하치는 後金 국내의 물자부족 등 문제를 해결하고자 "七大恨"[2]을 선포하고 명나라에 개전을 선언하였다. 후금군은 연전연승을 거듭하여 撫順, 淸河(지금의 遼寧省 本溪滿族自治縣 북쪽 35km부근)등을 차례로 점령했기에 瀋陽과 遼陽 등 요동의 요지도 累卵之危에 빠지게 되었다. 사태의

1　明代에 여진족은 거주지역에 따라 크게 建州女眞, 海西女眞, 東海(野人) 女眞으로 구분되었다. 建州女眞은 주로 백두산, 牡丹江, 綏芬河(수분하) 곧, 지금의 吉林省 琿春縣(훈춘현)과 黑龍江省 甯安縣(녕안현) 일대에 살았으며, 비교적 이른 시기부터 농업에 종사했다. 海西女眞은 주로 松花江의 下游 즉, 지금의 吉林省 扶餘縣(부여현)과 黑龍江省 阿城縣(아성현) 일대에 살았다. 東海(野人) 女眞이 살았던 곳은 당시 명나라의 강역과는 멀리 떨어져 있던 黑龍江 中下游 兩岸과 烏蘇里江(오소리강) 東岸 일대였다.

2　"七大恨"이란 명나라 조정에서 누르하치의 조부 覺昌安(기오창가)과 부친 塔克世(타쿠시)를 살해하는 등 여러 대에 걸친 建州女眞과 명 조정 사이에 맺힌 7가지 원한스러운 일을 가리킨다.《淸實錄·淸太祖實錄》卷之五,〈天命三年四月壬寅〉, 淸內府鈔本版。

엄중함을 인식하게 된 명 조정은 楊鎬(양호, ?—1629)를 "兵部左侍郎兼督查院右僉都御史經略遼東(병부좌시랑겸사원우첨도어사경략요동)"[3] 즉, 遼東經略[4]으로 삼고 후금 정벌 전쟁을 준비하게 된다.

명 조정은 대대적인 전쟁 준비를 하면서 동시에 "再造之恩"[5]을 명분으로 조선에 출병을 요구하게 된다. 명은 1615년에 이미 조선에 파병을 요구해 왔는데 光海君은 조선 국내의 어려움을 들어 명의 요구를 거절했다.[6] 그러나 명의 요구를 계속 거절하기 어려웠기에 1619년 2월 광해군은 都元帥 姜弘立(1560—1627)을 사령관으로 화승총병 5천명을 포함한 총 만3천명의 지원군을 파병하게 된다.[7] 1619년 2월, 10 여 만의 明·朝 연합군이 4갈래로 나뉘어 후금의 도성인 興京을 향해 원정에 나섰다. 3월 명나라 군대는 살이호(薩爾滸, 지금의 遼寧省 撫順市 東大伙房水庫 부근)에서 후금의 각개격파 전술에 당해 참패를 면치 못했다. 이 때 조선군도 아포다리강(阿布達里崗, 지금의 遼寧省 桓仁滿族自治縣 西北과 新賓滿族自治縣 서남 일대)에서 후금군에 포위되었고 파병 전에 광

3　《明實錄·明神宗實錄》卷之五百六十九,〈萬曆四十六年閏四月庚申〉, (臺灣)中央研究院歷史語言所 1962年校印本版。

4　遼東經略은 명 조정에서 특별히 임명한 요동지역 최고사령관으로서 직급이 總督보다 높았으며 후금 정벌 전쟁의 전권을 부여받았다.

5　"再造之恩"이란 생명을 구해준 것 같은 큰 은혜를 뜻하는데, 중국문헌에서는《宋書》卷七五〈王僧達傳〉에 "안으로 우리의 사정을 고려하고 밖으로 우방국을 방문함에 천지의 인으로 행하는데 반드시 그 보답을 얻고자함은 아니나 재조지은은 쉽게 잊어서는 안되는 것이다(內慮於己, 外訪於親, 以爲天地之仁, 施不期報, 再造之恩, 不可妄屬。)"라고 한 기록이 보인다. 임진왜란(중국에서는 萬曆朝鮮戰爭이라고 함, 1592-1598)초기에 漢陽이 함락되고 宣祖(1567-1608)임금이 명과 조선의 변경지역이던 義州에까지 피난을 가는 등 풍전등화의 위기에 빠지게 되자 명 조정은 李如松을 우두머리로 삼아 조선에 5만명의 지원군을 파병한다. 이여송의 군대는 조선군과 연합하여 平壤城 전투(1593年1月6日-8日)에서 승리를 거두게 되었는데 이는 임진왜란의 전세를 역전시키는 계기가 되었다. 이처럼 명군의 지원아래 7년에 걸친 왜란을 승리로 이끌게 되자 선조를 비롯한 조선의 지배계급은 당시 명나라의 도움을 조선의 종묘 사직을 지켜준 "再造之恩"의 큰 은혜로 생각하는 인식이 자리잡게 되었다. 이러한 인식은 당시 지배계급의 정치적 목적 때문에 의도적으로 보급된 측면도 있었으니, 곧, 백성들의 민심이 선조를 비롯한 기존 지배층에 이반하여 이순신 등을 중심으로 하는 구국영웅과 의병들에게 경도되는 것을 방비하려는 목적도 있었던 것이다. 임진왜란 이후 "再造之恩"은 조선 對明 外交의 주요한 강령이 되었다. 그래서 명나라가 후금과 살이호 전투(薩爾滸之戰, 1619)를 준비하면서 재조지은을 명분으로 조선에 출병을 요구하였고 이에 조선도 만3천명의 지원병을 파견하게 되었다.

6　《朝鮮王朝實錄·光海君日記》卷之八十,〈光海君六年七月八日〉。이 책에서 인용된《朝鮮王朝實錄》은 국사편찬위원회가 구축한《朝鮮王朝實錄》DB(http://sillok.history.go.kr/main/main.do)를 참조한 것이다.

7　《朝鮮王朝實錄·光海君日記》卷之一百三十七,〈光海君十一年二月一日/二月二日/二月二十一日〉。

해군이 내린 밀지에 따라 강홍립은 후금군에 투항하였다.[8] 1619년 4월 2일, 후금은 포로로 잡힌 조선군의 수령 5명을 풀어주고 조선에 화친을 구하는 국서를 보낸다.[9] 당시 광해군의 밀지는 명 조정에 누설되지 않았으나 명 조정 일각에서는 조선군이 고의로 후금에 투항한 것으로 의심했다. 그래서 1619년 6월 명 조정에서는 후금과 조선이 결탁하는 것을 막기 위해서 조선을 監護하기 위한 사신을 파견해야 한다는 등의 논의가 일었고[10] 광해군은 여러 차례 사신을 파견하여 명 조정의 의심을 해소해야만 했다.

그후 명은 여러 차례 조선에 재차 출병을 요구했으나 광해군은 이에 응하지 않았다. 광해군은 살이호 전투 이후 전세가 이미 후금 쪽으로 기울고 있다고 판단했기에 전세가 후금 쪽으로 더 기울기 전에 후금과의 관계 개선을 모색하여 차후에 본격적으로 전개될 후금군의 대명 정벌 전쟁의 소용돌이에 휘말려 들지 않고자 한 것이다.[11] 그러나 광해군의 이러한 판단은 당시 지배층의 주류 여론과는 상반되는 것이었으니 즉, 양반계층 대부분은 여전히 명조에 대한 "再造之恩"에 보답해야 한다는 인식이 강했다. 이러한 정치 동향은 광해군의 통치기반을 약화시키는 결과를 초래하였다. 한편, 1620년 8월18일, 명나라 神宗 朱翊鈞(주익균, 年號 萬曆, 在位 時間1572—1620)이 붕어하고, 명나라 光宗 朱常洛(주상락, 年號 泰昌)이 즉위한 지 29일만에 紅丸案사건으로 돌연사 하게 되었다. 그후 명나라 熹宗 朱由校(주유교, 年號 天啓, 在位 時間1620—1627)가 즉위했는데, 당시 환관의 횡포는 극심해지고 당쟁도 격화되면서 명 조정은 더욱 혼란한 국면으로 빠져들고 있었다.

살이호 전투 이후 명 조정은 熊廷弼(웅정필, 1569—1625)을 遼東經略에 임명하고 군대를 재정비하도록 했다. 웅정필의 노력에 힘입어 遼東의 明軍은 후금군을 잠시나마

---

8 《朝鮮王朝實錄·光海君日記》卷之一百三十八,〈光海君十一年三月十二日/三月二十五日〉/《朝鮮王朝實錄·光海君日記》卷之一百三十九,〈光海君十一年四月二日〉/ (朝鮮)李民奐,《紫岩集》卷之五〈柵中日錄〉,〈己未三月四日/三月五日〉。

9 《朝鮮王朝實錄·光海君日記》卷之一百三十九,〈光海君十一年四月二日〉/《淸實錄·淸太祖實錄》卷之六,〈天命四年三月甲辰〉,淸內府鈔本版。

10 (韓)韓明基,《壬辰倭亂과 韓中關係》,韓國歷史批評史社,2001, pp.269-271.

11 (韓)河英善, (中)葛兆光, (中)孫衛國 等 編著,《使行의 國際政治 16-19世紀 朝天·使行錄解析》,韓國亞研出版部,2016年, p.108.

막아낼 수 있었으나 환관 魏忠賢의 모함으로 웅정필이 면직되자[12] 瀋陽과 遼陽이 차례로 후금군에 함락되었다. 후금군은 계속 西進하여 명나라의 수도인 京師의 안전까지 위협하기에 이르렀다. 1621년(天啟 元年/ 조선 光海君13년) 명 조정은 다시 웅정필을 遼東經略[13], 王化貞(?—1632)을 遼東巡撫(요동순무)로 삼아 廣寧(지금의 遼寧省 北鎭市)의 방어를 맡겼다. 그러나 왕화정은 환관 위충현을 영수로 하는 閹黨(엄당)에 속했고 웅정필은 東林黨에 속했으므로 두 사람 사이에는 타협할 수 없는 모순이 잠복하고 있었다. 1622년(天啟 2년/ 조선 光海君14년) 누르하치는 직접 군대를 이끌고 遼河를 건너 西平堡(서평보)를 공략했는데 平陽橋(평양교, 지금의 遼寧省 大虎山 일대)에서 왕화정 수하의 명군을 거의 섬멸했다.[14] 왕화정 군대가 대패하자 요동경략 웅정필은 명군을 산해관 이내로 후퇴시킬 수 밖에 없었다. 명군이 철군하자 후금은 廣寧을 포함한 40여 성과 산해관 밖 대부분의 지역을 점령하게 되었고 1622년 마침내 수도를 遼陽으로 옮겼다. 요동의 패전으로 문책을 당한 왕화정과 웅정필은 결국 감옥에 갇혔다.[15] 1621년 후금군에 쫓기던 왕화정 휘하의 遼東都司 毛文龍(모문룡, 1576—1629)은 패잔병들을 이끌고 鴨綠江을 건너 조선 平安道로 들어왔으며 鐵山과 宣山 사이에 주둔하였고, 이 때문에 후금군이 압록강을 넘어 조선땅에 주둔 중인 명군을 습격하는 일이 자주 발생하였다. 이는 조선의 국경지대에 적지 않은 피해를 가져왔으므로 광해군은 모문룡을 설득하여 평안도 철산 부근의 椵島(가도)로 주둔지를 옮기도록 하였다.[16] 1623년(명나라 天啟 3년 /조선 仁祖 元年) 명 조정은 조선의 요청을 받아들여 가도에 정식으로 都督府(도독부)를 설치하고, 모문룡을 도독에 임명하였으며, 가도에 설치된 군진을 東江鎭으로 명명했다.

　1623년(명나라 天啟 3년/ 조선 仁祖 元年) 3월 조선에서는 광해군이 명조에 대한 의리를 배반하고 후금과 화친하였고 폐모살제(廢母殺弟)의 폐륜을 저질렀다는 명분으로[17]

12　《朝鮮王朝實錄·光海君日記》卷之一百五十七,〈光海君十二年十月三十日〉。
13　《朝鮮王朝實錄·光海君日記》卷之一百六十四,〈光海君十三年四月二日〉。
14　《朝鮮王朝實錄·光海君日記》卷之一百七十六,〈光海君十四年四月十九日〉。
15　《朝鮮王朝實錄·光海君日記》卷之一百八十二,〈光海君十四年十月一日〉。
16　《朝鮮王朝實錄·光海君日記》卷之一百八十三,〈光海君十四年十一月十一日〉。
17　《朝鮮王朝實錄·仁祖實錄》卷之一,〈仁祖元年三月十四日 王大妃下教書〉。

綾陽君(능양군) 李倧이 무장정변을 일으켜 왕위를 찬탈하는 사건이 발생했다. 綾陽君 李倧이 바로 朝鮮의 제14대 왕인 仁祖(재위기간1623—1649)인데, 인조가 일으킨 이 정변을 "仁祖反正"이라 한다. 광해군은 명 만력 황제의 책봉을 받은 조선의 정식 국왕이었음에도 불구하고 인조가 "仁祖反正"이라는 정변을 일으키기 전에 명 조정에 어떠한 통보도 하지 않았고 당연히 명 조정의 사전 동의도 없었다. 그래서 명 조정은 "仁祖反正"을 명 조정의 권위에 대한 도전으로 인식했고 조선이 후금과 몰래 결탁할지도 모른다는 의심을 두게 되었다.[18] 명 조정의 이러한 염려를 불식시키기 위해 인조와 정변을 도운 서인 세력은 광해군이 취하고 있던 중립적 외교 정책을 파기하고 이른바 "再造之恩"에 기초한 대명 외교 노선을 채택하게 되었고, 동시에 후금에 대해서 적대적인 태도를 취하게 된다. 廣寧을 잃은 명 조정은 수도인 京師의 안전을 보장하기 위하여 전력을 다해 山海關을 지켜야 했다. 1623년 袁崇煥(원숭환, 1584—1630)이 兵備僉事로 임명되어 산해관의 방어를 맡게 되었는데 원숭환은 산해관의 방어를 공고히 하기 위하여 1623—1624년 사이 산해관 북측의 寧遠城을 확장·보강하였고 "紅夷炮(홍이포)"라는 서양식 대포를 설치하였다.[19] 이 기간 동안 인조는 명과의 미묘한 외교문제를 해결하고 동시에 자신의 책봉문제를 완결짓고자 여러 차례 사신을 파견했다. 1624년 2월 명 조정은 마침내 인조의 책봉 요구를 승인하고 敕書[20]를 반포하였으며 1625년 조선으로 사신을 파견하여 인조에게 誥命(고명)과 冕服(면복)을 하사하여 책봉의 모든 절차[21]를 마무리 지었다.

1626년(天啟 6년/ 조선 仁祖 4년) 요동을 점거하고 있던 누르하치는 직접 대군을 거느리고 遼河를 건너 寧遠城을 공략했다. 원숭환은 누르하치가 이끈 후금 주력군을 물리치게 되는데 이를 "寧遠大捷(영원대첩)"이라 한다. "영원대첩"은 후금이 명에 선전포고를 한 후 벌어진 명과 후금과의 전쟁에서 명이 거둔 최초의 승전이었다. 요동에서 이러한 일들이 전개되고 있는 와중에 가도에 주둔하고 있던 모문룡은 명 조정에 거짓

---

18   (朝)李慶全,《石樓先生遺稿·朝天錄》,〈在玉河館秘密狀啟〉。
19   (淸)張廷玉等 撰,《明史》卷三百六十四〈列傳二百五十五·孫承宗/袁崇煥〉,淸鈔本版。
20   《朝鮮王朝實錄·仁祖實錄》卷之五,〈仁祖二年四月十五日/四月二十日〉。
21   《朝鮮王朝實錄·仁祖實錄》卷之九,〈仁祖三年六月三日〉。

전과를 보고하고 조선 조정에는 수시로 군량미와 무기의 지원을 요구했다. 조선의 군수지원이 충분하지 않다고 느낀 모문룡은 수시로 조선의 국경을 넘어와 약탈을 자행했고 명과 조선 조정 사이를 이간질하였으므로 모문룡의 존재는 차츰 명과 조선 사이에 민감한 외교 사안으로 부상하게 되었다.[22] 영원대첩에서 홍이포 포탄에 중상을 입은 누르하치는 1626년 9월 결국 죽게 되었고 皇太極(황태극, 1592–1643) 淸 太宗이 그 뒤를 이어 즉위하였고 1627년(後金 天聰 元年/ 명나라 天啟 7년/ 조선 仁祖 5년) 재차 寧遠城과 錦州城을 공략했으나 실패하고 만다. 계속된 패전에 후금은 명을 정벌하기 위해서는 우선 후방에 주둔하여 위협을 가하고 있던 가도의 모문룡과 "對明事大"를 표방하며 적대적 태도를 취하던 조선을 먼저 제압할 필요가 있음을 절감하게 되었다.[23] 마침내 1627년 1월 후금의 4대 貝勒(패륵-部將)가운데 한 명인 阿敏(아민1586–1640)의 통솔 아래 3만의 후금군이 압록강을 건너 조선 공략에 나서게 된다. 중국에서는 이를 "丁卯胡亂"(중국에서는 "丁卯虜亂")이라 부른다. 2월 9일 조선 黃海道 黃州에 도착한 阿敏은 부장 劉海를 江華島로 보내 조선과의 화친을 제안한다. 3월 3일 후금과 조선은 소위 형제의 盟約인 "丁卯條約"을 체결하게 되었고 후금군은 철군한다.[24] 정묘호란 이후 후금은 후방의 안전을 도모할 수 있었고 조선과의 무역을 통해 전쟁물자를 확보하여 대명 정벌 전쟁을 차질없이 준비할 수 있었다. 이러한 후금과 달리 명 조정은 환관의 전횡과 閹黨과 東林黨간의 당쟁이 날로 격화되는 등 조정 내부는 더욱 극심한 혼란에 빠져들고 있었다. 1627년 위충현 등의 모함으로 원숭환은 관직을 박탈당하고 낙향하게 되었으나, 명나라 思宗(年號 崇禎, 재위기간 1628–1644)이 새로이 즉위하자 다시금 원숭환을 복권시켰다. 1629년 숭정 황제의 신임을 받던 원숭환은 조선이 모문룡과 결탁하여 명 조정의 허락없이 登州 일대 해상에서 비밀리에 무역을 행하고 있다고 의심하였다. 그래서 원숭환은 조선 사신의 사행 중간 경유지를 등주에서 覺華島도 바꾸도록 명령했다.[25] 東江鎭 都督 모문룡은 당시 환관 위충현의 비호를 받고 오랫동안

22　《朝鮮王朝實錄·仁祖實錄》卷之十二 ,〈仁祖四年三月二十六日〉/《朝鮮王朝實錄·仁祖實錄》卷之十三,〈仁祖四年六月二十一日〉/〈仁祖四年閏六月十七日〉。

23　《淸實錄·淸太宗實錄》卷之二 ,〈天聰元年正月丙子/三月辛巳〉,淸內府鈔本版。

24　《朝鮮王朝實錄·仁祖實錄》卷之十六 ,〈仁祖五年四月一日〉。

25　《朝鮮王朝實錄·仁祖實錄》卷之二十,〈仁祖七年閏四月二十一日〉/《朝鮮王朝實錄·仁祖實錄》卷之

요동지역에 영향권을 행사하면서 자신의 세력을 확대하고 있었다. 6월 5일 원숭환은 결국 후금과 내통한 혐의로 寧遠衛로 모문룡을 불러 사형에 처했다. 그후 원숭환은 徐敷奏(서부주)을 모문룡의 후임으로 내정하고 가도를 요동 수복의 전진기지로 삼았다.[26]

　이후 원숭환은 명 조정의 후금 정벌에 협조할 것을 조선에 요청하였다. 조선은 후금과 맺은 "丁卯條約"을 이유로 직접적인 출병요구를 거절했으나 이후 명이 후금 정벌에 나설 경우 파병하여 도울 것을 밀약하였다.[27] 1629년 10월 황태극은 직접 군대를 이끌고 원숭환이 지키고 있던 寧遠城과 山海關을 돌아 蒙古 지역을 거쳐 명의 수도인 京師를 직접 공략했다. 영원성을 지키고 있던 원숭환은 급히 군대를 돌려 수도를 포위하고 있던 후금군을 물리치고 북경으로 들어 갔는데 이를 "己巳之變"이라고 한다. 이에 후금군은 北京 근교로 물러나 명나라 숭정 황제에게 화친을 제안하였고 동시에 환관을 매수하여 원숭환이 후금과 내통하여 모반을 꾀하려 한다고 모함하였다. 1629년 12월 후금의 이간계로 인해 원숭환은 역모로 문책을 당하여 감옥에 갇히고 명 조정은 내홍에 쉽싸이게 되었다. 이러한 기회를 틈타 1630년 5월 후금은 재차 북경을 공략했으나 錦州總兵 祖大壽 수하 부대 등의 항전으로 공략에 실패하고 만다. 그러나 그해 9월 원숭환이 磔刑(책형)에 처해져 죽고, 1931년 李自成 등의 농민기의가 중국 각지에서 들불처럼 번지면서 명은 회복불능의 상태에 빠지게 되었다.

　1631년 8월부터 大淩河(대릉하) 전투를 시작으로 후금은 지속적인 전쟁을 통해 산해관 밖의 명군 세력을 궤멸시켜 나갔다. 게다가 대릉하 전투를 지원하기 위해 원군을 이끌고 오던 耿仲明(경중명, 1604—1649), 孔有德(공유덕, 1602—1652) 등 명의 장수들이 吳橋(지금의 河北省 滄州市 吳橋縣)에서 명 조정에 반기를 들고 행군의 방향을 틀어 東進하여 領臨邑(령림읍), 商河(상하) 등을 점령하였고, 1632년 1월에는 登州까지 공격했다. 이러한 군사반란은 요동지역의 명군 세력을 크게 약화시키는 결과를 낳았다. 게

　　二十二,〈仁祖八年一月二十七日〉。1629年2月5日 명 조정은 당시 북경에 머물고 있던 冬至兼聖節使團(正使 宋克認)에게 기존의 등주 노선을 覺華島 노선으로 바꿀 것을 명령하는 勅令을 내렸다. (申悅道,《懶齋先生文集》卷之三, 明崇禎二年/仁祖七年二月五日)

26　《朝鮮王朝實錄·仁祖實錄》卷之二十二,〈仁祖八年四月十九日〉/《朝鮮王朝實錄·仁祖實錄》卷之二十四,〈仁祖九年三月二十一日〉。

27　《朝鮮王朝實錄·仁祖實錄》卷之二十一,〈仁祖七年七月二十八日/九月六日〉。

다가 당시 등주에는 최신 화포인 紅夷炮(홍이포, 이 화포는 포르투갈 선교사 陸若漢 Joao Rodriguez의 도움으로 제조된 것임) 20門, 서양화포 300門이 있었는데, 1633년 4월 수세에 몰린 경중명과 공유덕 등이 바다를 건너 후금에 투항하면서 이들 화포와 다수의 병선까지 후금군에게 넘겨주었다. 결정적인 순간에 명군이 보유한 서양화포의 위력에 번번히 퇴패할 수 밖에 없었던 후금군에게 이때 획득한 서양의 무기는 대명 정복 전쟁을 매듭지을 수 있는 계기를 마련해 주었다. 뿐만 아니라 후금은 명조의 제도를 모방하여 국가 기구를 정비하는 등 太宗(皇太極)을 중심으로 하는 중앙집권적 국가체제를 강화시켜 내정을 충실히 했다.

한편, 1630년 己巳之變이 발생하여 명나라의 수도가 후금군에 포위되어 명 조정이 위기에 처하게 되었다는 소식은 조선에도 전해졌다.[28] 당시 조선 조정에서는 여건상 원군을 보낼 수는 없지만 진위사를 파견하여 방물로 무기를 지원하자는 등[29] 명 조정을 돕고자 하는 여론이 주류를 이루었다. 이는 정묘호란 이후 후금이 조선에 수시로 군량미와 전함을 요구했을 뿐만 아니라 압록강을 넘어와 일반 백성들의 재물을 노략질하는 경우가 빈번히 발생하여 조선 국내에서 후금에 대한 반감이 고조되고 있었기 때문이다. 게다가 후금은 정묘호란 후 양국이 맺었던 "兄弟盟約"을 "君臣盟約"으로 바꿀 것을 요구하였고, 또한 黃金과 白銀 일 만 량, 戰馬 삼 천 필을 매년 세폐(歲幣)로 조공하고 별도로 精兵 3만병의 파병을 요구하였다. 이러한 후금의 계속된 지나친 요구에 조선에서는 "斥和排金"의 목소리가 점점 높아가고 있었다.

1634년 7월 후금군은 재차 북경 북부의 長城을 넘어 上方堡, 居庸關, 保安, 萬全左衛 등을 공략했다가 8월 철군하였다.[30] 1635년에는 大陵河 지역을 침략하여 점령했다. 1636년 2월 高永祥, 李自成 등이 농민군을 이끌고 河南의 각지에 진격하여 明軍과 격전을 벌였는데 그해 7월에 스스로 "틈왕(闖王)"으로 자처하던 고영상이 죽게되자 이자

28　《承政院日記》卷之二十九,〈仁祖八年元月十八日〉。

29　今者既不能出兵赴援, 又不能及時奔問, 揆以大義, 曷勝痛恨? 請於進慰之行, 我方物以兵器, 一以爲臨陣助戰之用, 一以示不忘仇敵之意。《朝鮮王朝實錄·仁祖實錄》卷之二十二,〈仁祖八年三月二十六日〉。

30　(淸)張廷玉等 撰,《明史》卷二十三〈本紀二十三·莊烈皇帝一〉(莊烈帝十七年秋七-八月), 淸鈔本版。

성이 "틈왕"의 지위를 이어 농민군의 영수가 되었다.[31] 1636년(淸 崇德 元年/ 명나라 崇禎 9년/ 조선 仁祖 14년)5월 皇太極은 스스로를 황제로 칭하고 崇德으로 개원하고 국호를 "大淸"으로, "女眞"을 "滿洲"로 바꾸고는 대외적으로 대명 정벌전쟁의 개시를 선포하였다. 7월 7일 淸軍은 白馬關 長城을 넘어 昌平州를 습격하였고, 9월 1일에서 4일 사이 청군은 800 여 대의 畜力車에 노획물을 싣고 冷口關을 거쳐 瀋陽으로 돌아왔다.[32] 이 전쟁은 본격적인 대명 정벌의 시작이라기 보다는 조선을 정벌하기 위한 준비 전쟁에 가까웠다. 곧, 미리 명군의 세력을 꺾어 차후 조선을 정벌하는 동안 명나라가 후방에서 지원군을 파병하지 못하게 하려는 의도였다. 1636년 12월 淸 太宗은 직접 군사를 이끌고 조선으로 출병했는데, 표면적으로는 조선이 丁卯約條을 어기고 여전히 명을 섬기고 청나라에서 파견한 사신을 냉대하고 감금했다는 이유를 들었으나,[33] 실제로는 이후에 있을 대명 정벌전쟁에서의 후환을 없애고 조선으로부터 조공을 상납받아 장기적인 물자부족에 시달리던 국내 경제를 해결하려는 것이었다. 12월 10일 청군은 압록강을 넘었고 12월 30일 조선의 인조는 청 태종에게 항복하였다. 이 전쟁이 바로 "丙子胡亂(중국에서는 "丙子虜亂"이라고 함)이다. 병자호란의 결과 조선의 명나라에 대한 사대외교는 끝나게 되고 새로이 청나라에 대한 事大同盟이 맺어졌다. 1637년 4월 청군은 조선에서 철병하는 길에 조선군과 함께 椵島에 주둔하고 있던 明軍을 섬멸하여 후방의 위협을 완전히 제거하였다.

1. 2 明末 對明海路使行의 槪況

조선이 명에 파견한 사행은 정례적인 사행인 正朝使, 聖節使, 千秋使, 冬至使 등의 節行[34]과 특정 외교사건이 발생하면 국익을 위해 시행된 別行이 있었다. 별행은 事案

---

31   _____,《明史》卷二十三〈本紀二十三·莊烈皇帝一〉(莊烈帝十九年春正月-秋七月), 淸鈔本版。

32   _____,《明史》卷二十三〈本紀二十三·莊烈皇帝一〉(莊烈帝十九年七-九月), 淸鈔本版/《淸實錄·淸太宗實錄》卷之三十,〈崇德元年七月辛酉〉, 淸內府鈔本版。

33   《淸實錄·太宗文皇帝實錄》卷之二十八,〈天聰十年四月己丑〉, 淸內府鈔本版。

34   정조사는 정월 초하루 새해를 축하하기 위한 것이며, 동지사는 동지를 전후해서 보내는 사신이고, 성

에 따라 謝恩使, 奏請使, 進賀使, 陳慰使, 進香使, 辨誣使, 問安使, 參覈使(참핵사), 進獻使, 賷咨行(뇌자행) 등으로 다양했다.[35] 절행은 원칙적으로 兼行할 수 없었으나 해로사행 시에는 겸행하는 경우가 대부분이었으며 별행은 일반적으로 겸행이 가능했다. 해로사행의 경우는 때에 따라 다른 목적을 가진 두 사행단이 동시에 출발하여 여정을 함께 하거나 부분적으로 여정을 함께 하는 경우도 있었다. 외교 사안에 따라 사행목적이 결정되면 사행원 인선이 시작되고 동시에 외교문서를 작성하고 작성된 문서에 따라 사신의 명칭을 정하며 외교목적과 주변 정세를 고려하여 發行시기와 사행기간을 결정하고 요동의 정세를 감안하여 사행노정을 결정한다.[36]

이처럼 조선시대 대명 사행은 외교목적(사행목적), 외교문서, 사행명칭, 使臣人選, 발행시기와 사행기간, 사행노정, 북경체류(공식사행일정) 등의 요소로 구성되는데, 명 태조 洪武帝(재위기간 1368~1398)가 제정한 조공제도를 근간으로 조선의 사정을 반영하여 개별적으로 결정했다.[37] 외교문서는 황제에게 올리는 문서와 관아에 제출하는 문서로 구분되며, 황제에게 올리는 문서는 表文, 箋文, 祭文, 奏文 등이, 관아에 제출하는 문서는 咨文, 申文, 呈文, 單子 등이 있다.[38] 대표적인 외교문서였던 표문은 사안에 따

절사는 황제나 황후의 생일을 축하하기 위한 것이며, 천추사는 황태자의 생일을 축하하기 위한 사신단이다. 조선 중종 26년(1531)이전에는 1년 3사 즉 정조사, 성절사, 천추사의 정기사행이 있었으나 1531년부터는 정조사를 없애고 동지사를 추가한 1년 3사 제도를 시행하였다. (韓)鄭恩主,〈明淸交替期對明海路使行記錄畫硏究〉,《明淸史硏究》第27輯, 韓國明淸史學會, 2007, p.195.

35　사은사는 명 조정에 특별히 감사해야 할 사안이 있을 때 보내는 사신이고, 주청사는 명 조정에 요청하거나 통보할 사항이 있을 때 보냈으며, 진하사는 황제의 즉위나 황후, 황태자의 책봉 등 축하할 일이 있을 때 보냈으며, 진위사나 진향사는 명 황실에 喪故가 있을 때 보냈으며, 변무사는 명 조정에서 오해하고 있는 정무적 사건에 대해 해명해야 할 필요가 있을 때 파견했으며, 참핵사는 특별한 사건이 발생하여 범죄인에 대한 공동조사 등 양국이 공동으로 처리해야 할 사안이 발생했을 때 명 조정의 요청에 의해 파견되었다. 뇌자행이란 정식 사행단이 아니라 실무 외교 관원을 파견하는 것으로 세부적이고 구체적인 외교 목적을 기재한 자문을 명 조정이 아니라 禮部나 遼東, 登州 같은 지방 담당 관청에 전달하여 구체적 외교 목적을 달성하려는 것이다.

36　(韓)金瓊錄,〈朝鮮時代 朝貢體制와 對中國使行〉,《明淸史硏究》第30輯, 韓國明淸史學會, 2008, pp.108-109.

37　(淸)允祹纂修,《欽定大淸會典則例》卷之九十三〈禮部 主客淸吏司 朝貢上〉, 淸乾隆二十七年(1762)刻本版。

38　(韓)金瓊錄,〈朝鮮後期 外交文書의 種類와 性格〉,《韓國文化》第35輯, 奎章閣韓國學硏究所, 2005, pp.185-192. 表文은 漢代부터 시작된 문체로 大臣이 皇帝에게 사실과 주장을 전하는 문장이다. 唐宋대부터는 다만 陳謝, 慶賀, 進獻에만 사용되었다. 國家에 경축할 일이 있으면 群臣들은 賀表를 올려 축하했는데 변려체로 작성되었다. 元代에는 賀表文을 表章이라고 하였고 皇帝生日, 元旦에 五品 이상의

라 賀表, 方物表, 謝恩表, 進賀表, 陳慰表, 起居表, 告訃表 등으로 분류된다.[39] 외교문서에 의해 사행단의 등급, 구성 및 사행의 목적지, 경로 등이 결정되었다. 곧, 외교문서에 따라 正使를 맡을 관직의 등급과 사행규모가 결정되었는데, 사행 正官은 正使와 副使, 書狀官이 있으며 그 외 大通官(通事) 3인, 護貢官(寫字官, 押物官, 醫員, 기타 수행원) 24인 등 賞賜를 받는 有賞從役이 30인이었고, 無賞從役은 제한이 없었다.[40] 사행단이 북경에 도착하면 공식적인 일정이 시작되는데 북경체류 기간은 약 40일이며 朝賀절차와 의식을 연습하는 朝天宮 習儀를 비롯한 冬至賀禮, 夏節禮, 朝參儀 등의 의례를 치르고, 禮部를 통해 表咨文과 歲幣, 方物을 정납하고 會同館 下馬宴, 領賞, 謝賞禮, 辭朝 등의 의례를 치러야 했다. 명대에는 청대와 달리 사행단은 공식적인 일정 외에는 회동관을 벗어나 것이 어려웠다.[41]

이상과 같은 대명 사행의 일반적인 절차를 간단하게 정리하면 다음과 같다. ① 사행목적 설정, ② 使行員 구성, ③ 외교문서 작성, ④ 出行(慕華館에서 拜表儀式 거행), ⑤ 遼東都司(청대는 盛京(沈陽)禮部)에 통보(義州를 출발하면서 票文을 발부받음), ⑥ 遼東八站-遼東都司(청대는 성경예부)-山海關 入關, ⑦ 京師 도착, ⑧ 會同館 入館, ⑨ 禮部를 통해 行事日程 통보받음, ⑩ 表箋文(외교문서)를 納入, ⑪ 儀禮行事에 참가, ⑫ 賞賜를 지급받음, ⑬ 開市, ⑭ 先來通事의 파견, ⑮ 京師 출발 (16) 귀국보고(正副使는 대면보고, 서장관은 서면보고)등으로 정리할 수 있다. 돌아오는 순서는 赴京하는 순서의 逆順이다.[42]

太祖 洪武帝(朱元璋)가 1368년 명을 건국하였을 때는 南京을 수도로 하였으므로 고

官員들은 모두 表章을 올려서 進賀하였다. 明代에는 慶賀 文書로 表文이외에 箋文이 더 보태어졌다. 皇帝生日, 元旦, 冬至의 節日를 축하하기 위해서 모든 관료들이 表와 箋을 올려 慶賀하였는데 表는 皇帝와 皇太后에게 箋은 皇后에게 올렸다.

39 (朝鮮)具允明 編,《典律通補》卷之六〈別編·事大文字式〉, 朝鮮正祖十年(1786)刊行本版. 方物表란 조선에서 생산되는 特産物을 중국에 바칠 때 황제에게 보내던 表文이며 起居表란 황제에게 문안 인사를 올리는 表文이다.

40 (淸)允祹 等撰修,《大淸會典》卷五十六〈禮部·朝貢〉, 淸文淵閣四庫全書本版/《通文館志》卷之三〈事大(上)·赴京使行〉, 朝鮮古書刊行會, 大正二年(1913)刊本版, p.29.

41 (韓)鄭恩主,〈明淸交替期 對明海路使行 記錄畵 硏究〉,《明淸史硏究》第27輯, 韓國明淸史學會, 2007, pp.199-200.

42 (韓)金瓊錄,〈朝鮮後期 外交文書의 種類와 性格〉,《韓國文化》第35輯, 奎章閣韓國學硏究所, 2005, p.34.

려는 주로 登州를 거치는 해로를 이용하여 대명사행을 시행했는데, 1372년 (太祖 5년, 恭愍王 21년)에 고려 사행단이 폭풍을 만나 39명이 사망하는 사고가 있자 육로로 전환했다.[43] 이후 육로와 해로를 병행했는데 조선이 1392년에 건국된 이후에도 이러한 사정에는 변함이 없었다. 명나라 太宗 1421년(永樂 19년, 조선 世宗3년) 북경으로 천도한 뒤로 조선은 義州에서 鴨綠江을 건너 국경을 넘어 鳳凰城을 경유하여 盛京(지금의 瀋陽)를 거쳐 山海關을 지나 京師에 이르는 육로를 이용하여 사행을 시행했다.

이후 건주여진의 위협이 발생하자 조선은 보다 안전한 사행로를 명에 요청하였고 憲宗 成化帝(재위기간 1464-1487) 때 遼東八站 이남으로 새로 도로를 만들고 城堡를 설치하여 조선사신이 안전하게 사행할 수 있도록 조치해주었다.[44] 이후 1489년(명나라 孝宗 弘治 2년, 조선 成宗 20년) 새로운 육로 사행 노정이 완성됐다.[45] 이 노정은 서울에서 義州까지 조선 경내 구간이 총 1,186리이고, 의주에서 북경까지 중국 구간이 총 2,012리였다.[46]

17세기 명·청교체기에 접어들면서 후금이 살이호(薩爾滸戰役 1619)에서 승리한 이후 1620년 瀋陽과 遼陽마저 점령하고 도읍을 興京에서 遼陽으로 옮기며 계속 西進하면서 北京의 안전까지 위협하게 되자 기존의 요동을 이용한 육로사행길이 막히게 되었다. 이에 1621년(天啓 元年, 光海君 13년) 이후 시행된 사행에서는 조선 평안도 해안가를 출발하여 황해 북쪽의 요동반도 남단 섬들을 따라 항해하다가 황해와 발해가 만나는 요동반도의 남단 끝자락인 旅順口에서 남쪽으로 방향을 바꾸어 廟島 列島를 거쳐 登州에 상륙하는 해로를 이용하게 된다.

1629년(崇禎 2년, 仁祖7년) 魏忠賢의 모함을 받아 관직에서 물러났다가 황제로부터 전권을 위임받은 원숭환은 1629년 2월 조선이 가도의 모문룡과 결탁하여 등주 해상으

---

43 《明實錄·明太宗實錄》卷之七十五,〈洪武五年八月癸卯日〉, (臺灣)中央研究院歷史語言所, 1962年 校印本版/《明實錄·明太宗實錄》卷之一百六,〈洪武九年五月壬午日〉, (臺灣)中央研究院歷史語言所 1962年校印本版。

44 (明)嚴從簡 撰,《殊域周諮錄》卷之一〈東夷·朝鮮〉, 明萬曆刻本版。

45 《明實錄·明孝宗實錄》卷之三十,〈弘治二年九月壬申〉, (臺灣)中央研究院歷史語言所1962年校印本版。

46 《通文館志》卷之三〈事大(上)·海路路程〉, 朝鮮古書刊行會大正二年(1913)刊本版, 第58-59頁。

로 명 조정의 허락없이 마음대로 무역을 하고 있다고 의심하여 조선의 해상 사행 노선을 등주에서 각화도 노선으로 바꿀 것을 명했다. 각화도 노선은 여순구까지는 기존의 등주 노선과 같으나 여순구에서 남쪽으로 방향을 바꾸지 않고 발해만 연안을 따라 계속 항해하여 각화도의 영원위로 상륙하는 노선이다. 이에 1629년 6월 동지사 尹安國(서장관 鄭之羽)과 황태자의 탄생을 축하하는 陳賀兼射恩使 李忔(이흘)은 각화도 노선을 이용해서 사행을 떠났으나 각화도로 향하는 항해길에서 동지사 윤안국이 탄 배가 침몰하여[47] 윤안국은 익사하고 이흘과 서장관만 9월19일 각화도에 무사히 도착할 수 있었다.[48]

각화도 노선은 등주 노선보다 길고 물살이 심하고 암초가 많으며 도중에 정박할 섬도 거의 없었기에 상당히 위험했으며[49] 등주보다 물자의 조달도 어렵고 교통도 여의치 않았다. 그래서 조선은 지속적으로 등주 노선으로의 변경을 요구했으나 명 조정에 받아들여지지 않았으며, 이에 조선은 1630년 (崇禎2년, 仁祖8년) 각화도 노선 변경의 직접적인 원인이었던 모문룡이 처형된 것을 기회로 삼아 명 조정의 사전 허락없이 진위사 鄭斗源과 동지사 高用厚(서장관 羅宣素)일행[50]을 등주 노선으로 파견하는 모험을 감행하기도 했으나 끝내 명 조정의 승락을 얻지 못했다. 그런데 각화도 노선으로 변경을 명했던 원숭환마저 1930년 9월 22일 모함을 받고 사형을 당했기에 그 이후로는 조선이 명 조정의 여론을 바꾸는 것은 그렇게 어려운 일이 아니었다. 그러나 후금은 1631년 8월 대릉하전투를 시작으로 요동뿐만 아니라 산동의 등주나 萊州 지역도 공략하고 있었으므로 등주 노선을 이용한 사행길은 더 이상 안전한 노선이 아니었다.[51] 이에 1636년 병자호란으로 인하여 명에 대한 조천 사행이 끝날 때까지 조선은 각화도 노선을 이용하여 사행을 시행할 수밖에 없었다.

47 《朝鮮王朝實錄·仁祖實錄》〈仁祖八年二月六日〉; (朝)李忔《朝天日記》〈一六二九年九月十七日〉

48 (朝)李忔, 《朝天日記》, 〈明崇禎二年/仁祖七年九月二十日〉.

49 《通文館志》卷之三〈事大(上)·海路路程〉, 朝鮮古書刊行會大正二年(1913)刊本版, pp.58-59.

50 《朝鮮王朝實錄·仁祖實錄》卷之二十三, 〈仁祖八年七月十四日〉.

51 《朝鮮王朝實錄·仁祖實錄》卷之二十八, 〈仁祖十一年四月十二日/五月十一日〉.

1.3 明末 對明海路使行의 詳細內容

表-1 明末 對明 海路使行 使行團 目錄

出使年度	歸國年度	使行名稱	使行團構成	出行目的과 背景	根據文獻
1620년 12월 明 泰昌 1년 朝鮮 光海君 12년	1621년 4월 明 天啓 1년 朝鮮 光海君 13년	陳慰使	正使 樸彝敍 副使 康昱 書狀官 鄭應鬥	명나라 神宗 萬曆帝(1620년 8월 18일)의 죽음을 위로하기 위한 陳慰使와 殯殿에 祭奠을 올리기 위한 進香使를 육로로 함께 파견함. 1621년 陳慰使와 進香使 사행단이 북경에 체류하는 동안 後金의 요동을 공략으로 인해 요동을 통한 육로 사행로는 더 이상 이용할 수 없게 된다. 사행단이 북경에서 산동 登州까지는 육로를 이용하고 등주에서 배를 타고 해상으로 귀국하는 도중 1621년 4월 旅順口 앞바다 老鐵山 해역에서 陳慰使 朴彝敍, 副使 康昱, 書狀官 鄭應斗와 進香使 柳澗은 조난사고를 당해 모두 익사하거나 병사하고 進香 副使 李必榮만이 겨우 목숨을 건져 귀국함.	《光海君日記》 光海君12년 10월 10일, 10월 16일, 11월 13일, 12월 27일; 光海君13년 4월 13일, 5월 29일, 10월 21일
		進香使	正使 柳澗 副使 李必榮 書狀官 李祇先		
1621년 5월 明 天啓 1년 朝鮮 光海君 13년	1621년 11월 明 天啓 1년 朝鮮 光海君 13년	陳慰	正使 權盡己 書狀官 柳汝恒	光宗 泰昌帝의 죽음을 위로하기 한 陳慰使 權盡己와 熹宗 天啓帝의 등극조사를 파견해준 것에 대해 감사하는 謝恩使 崔應虛 일행은 天啓帝의 등극을 알리러 조선에 왔던 명 등극조사 劉鴻訓 일행과 함께 1621년(천계원년, 광해군13년) 5월 평안도 安州를 출발하였는데, 麗末鮮初 이후 중단되었던 등주 해상 사행로가 이 때 새로이 열리게 된 것임. 여순구 앞바다 철산취에서 폭풍우를 만나 9척이 침몰하는 큰 해상사고를 당하였으나 명 등극조사와 조선 진위사, 사은사는 침몰 직전 뭍으로 탈출하여 목숨을 건졌고 여러 어려움 끝에 사행단은 6월 19일 등주에 도착할 수 있었다. 북경에 사행일정을 무사히 마치고 10월 9일 등주에서 출항하여 귀향길에 올라 11월 7일 평안도 郭山 海門에 무사히 도착하였음	《朝鮮迎接都監都廳儀軌》 〈登極詔使 牌文中〉路線, 日程; 1621년 4월 30일 《光海君日記》 光海君13년 5월 2일, 6월 25일 安璥《駕海朝天錄》1621년 5월 17일, 19일, 5월 20일, 11월 7일 《明實錄·明熹宗實錄》卷12 天啓元年 七月 庚戌日
		謝恩 冬至 聖節	正使 崔應虛 書狀官 安璥		

1622년 4월 明 天啓 2년 朝鮮 光海君 14년	1622년 10월 明 天啓 2년 朝鮮 光海君 14년	登極	正使 吳允謙 副使 邊潚 書狀官 劉應元	1622년(천계 2년, 광해 14년) 4월 29일 熹宗 天啓帝의 등극을 敬賀하기 위한 登極使일행이 登州에서 梁監軍이 보낸 명나라 관원의 길안내를 받으면서 선사포를 출항했지만, 선천 앞바다에서 좌초하는 등 여러 곡절 끝에 5월25일 등주에 입항하였고, 북경에서 사행일정을 성공적으로 마무리한 후 9월 6일 북경을 떠나 귀국길에 올라 10월 15일 선사포로 무사히 도착함.	吳允謙 《海槎朝天日錄》 1622년 4월 29일 《光海君日記》, 光海君14년 7월 22일, 10월 20일
1622년 7월 明 天啓 1년 朝鮮 光海君 14년	1623년 5월 以前 明 天啓 3년 朝鮮 仁祖 1년	冬至 聖節	正使 李顯英	冬至聖節使 李顯英일행은1622년 7월경 郭山 宣沙浦를 출항하여 1623년 5월 이전에 天啓帝가 하사한 焰硝 수만 근을 가지고 무사히 선사포로 돌아온 것으로 보임.	《光海君日記》, 光海君14년 5월 14일, 6월 26일 《仁祖實錄》仁祖1년 6월 2일
1623년 5월 明 天啓 3년 朝鮮 仁祖 1년	1624년 4월 明 天啓 4년 朝鮮 仁祖 2년	奏聞(請封) 辨誣	正使 李慶全 副使 尹暄 書狀官 李民宬	1623년(天啓 3년, 仁祖 1년) 인조는 명 천계제로부터 국왕 책봉을 받고 反正의 이유를 해명하기 위해 서둘러 奏請使(奏聞使) 일행을 선발하였으며, 이들은 그해 5월 24일 선사포를 출항하여 6월 13일 무사히 등주에 도착했다. 이후 동지성절겸사은사 조즙 일행과 북경에서 합류하여 反正의 정당성을 해명하고 인조가 광해군과 달리 적극적인 親明排金 정책을 시행할 것임을 설득하여 마침내 12월 18일 명 조정으로부터 책봉을 승인하는 결정을 얻어냈으며 1624년 2월 17일 천계제의 정식 칙서를 받게 된다. 이들 두 사행단은 1624년 4월 6일 무사히 선사포에 도착했으며 4월 20일 인조는 직접 모화관까지 나가 사신들이 가지고 온 국왕 책봉 칙서를 받는다.	《仁祖實錄》仁祖1년 4월 27일; 仁祖 2년 4월 20일 李民宬《癸亥朝天錄》1623년 5월 24일, 6월 13일, 12월 18일; 1624년 2월 13일 《明史》卷 22, 熹宗 3년 12월 8일 癸巳日 (明)《熹宗實錄》熹宗3년 12월 18일 癸卯日

1623년 9월 明 天啓 3년 朝鮮 仁祖 1년	1624년 4월 明 天啓 4년 朝鮮 仁祖 2년	冬至 聖節 謝恩	正使 趙濈 書狀官 任賚之	이경전 사행단이 북경에서 뚜렷한 외교적 성과를 보이지 못하자 인조는 연이어 동지성절사겸사은사 趙濈(서장관 任賚之)를 인선하여 명 조정이 지난번 동지성절사 李顯英 편에 焰硝 수만 근을 보낸 일에 대해서 사은한다는 명분으로 파견했는데 실제로는 앞서 파견된 주청사를 도와 책봉의 임무를 완성하고자 하는 목적이 더 강했다. 조즙 일행은 9월 1일 선사포를 출항하여 9월 26일 무사히 등주에 도착하였으며 북경에서 이경전 사행단과 합류하여 이후 사행은 함께 수행하였다.	《仁祖實錄》仁祖 1년 6월 2일, 7월 27일 趙濈《癸亥水路 朝天錄》1623년 9월 1일, 9월 26일
1624년 7월 明 天啓 4년 朝鮮 仁祖 2년	1625년 4월 明 天啓 5년 朝鮮 仁祖 3년	謝恩 奏請	正使 李德泂 副使 吳翿 書狀官 洪翼漢 (曾名洪霫)	1624년 7월 인조는 책봉의 승인에 대해 감사를 올리고 고명과 면복을 빨리 보내주도록 요청하기 위해 謝恩奏請使 李德泂 (副使 吳翿, 서장관 洪翼漢)을 파견하는데, 8월 4일 선사포를 동시에 출항하여 8월 23일에 무사히 등주에 도착했다. 10월 12일 북경에 도착한 사행단은 온갖 노력 끝에 마침내 그해 12월 고명과 면복을 내려 줄 것이라는 승인을 황제로부터 받았으며, 1625년 4월 2일 무사히 선사포에 도착했다.	《仁祖實錄》 仁祖 3년 6월 3일 洪翼漢 《花浦先生朝天 航海錄》 1624년 7월 22일, 7월 23일, 24일, 8월 4일, 8월 23일, 10월12일, 11월 24일 1625년 4월 2일
		冬至 聖節	正使 權啓 書狀官 金德承	1624년 7월 인조는 사은주청사를 인선하는 동시에 동지성절사 權啓(서장관 金德承)도 함께 파견하기로 결정한다. 사은주청사와 동지성절사 두 사행단은 8월 4일 선사포를 동시에 출항하여 모든 일정을 함께 하며 무사히 선사포에 도착하였다.	《仁祖實錄》仁祖 2년 5월 16일, 7월 18일
1625년 7월 明 天啓 5년 朝鮮 仁祖 3년	未詳	謝恩 陳慰	正使 樸鼎賢 副使 鄭雲湖 書狀官 南宮樴	1625년(인조 3년)7월 謝恩兼陳慰使 朴鼎賢(부사 鄭雲湖 서장관 南宮樴)을 파견하였고 무사히 한양을 돌아왔음. 그러나 이 사행단의 자세한 행적은 알 수 없음	《仁祖實錄》仁 祖 3년 7월 30일

1625년 8월 明 天啓 5년 朝鮮 仁祖 3년	1626년 4월 明 天啓 6년 朝鮮 仁祖 4년	冬至 聖節	正使 全湜 書狀官 李莯	1625년 8월에는 동지성절사 全湜(서장관 李莯)을 파견한다. 전식 일행은 4척의 배로 1625년 9월1일 선사포를 출항하였는데 귀로에서 1척이 침몰하여 40명의 사행원이 모두 죽고 1626년 4월 15일 3척만이 무사히 선사포로 돌아올 수 있었다.	全湜《槎行錄》 1625년 8월 3일 1626년 4월 15일
1626년 6월 明 天啓 6년 朝鮮 仁祖 4년	1627년 5월 明 天啓 7년 朝鮮 仁祖 5년	聖節 陳奏	正使 金尙憲 書狀官 金地粹	가도의 毛文龍은 조선에 군량과 무기를 무리하게 요청하였고, 조선이 이에 적극적으로 따르지 않자 압록강을 넘어와 온갖 약탈을 자행했을 뿐만 아니라 조선이 후금과 내통하고 있다고 명에 이간질하였으므로 조선은 이를 명 조정에 해명하지 않으면 안되었다. 그래서 1626년 윤 6월 28일 聖節兼陳奏使 金尙憲(서장관 金地粹)이 파견되는데, 金尙憲 일행은 모문룡의 상소가 모두 거짓임을 밝히고 오해를 풀기 위해 3차례나 兵部와 禮部에 呈文을 올렸으며 1626년 12월 19일 마침내 명 조정으로부터 모문룡의 무고에 괘념치 말라는 聖旨를 받게 된다. 그러나 이들은 남이웅과 함께 성절과 동지사의 임무까지 마쳐야 했으므로 정월 초하루, 한식과 청명까지 북경에서 보내게 되는데, 1627년 1월 후금이 압록강을 건너 조선을 침략하는 丁卯胡亂(중국에서는 丁卯虜亂)이 발생하게 되며 이들 사행단은 명 조정에 조선에 대한 구원을 요청하기도 했다. 그 사이 조선을 침략한 후금은 양국을 형제국으로 하는 丁卯條約을 3월 3일에 맺고 철수하였고, 金尙憲 일행은 5월 18일 한양으로 돌아올 수 있었다.	金尙憲《朝天錄》〈禮部兵部呈文〉 金尙憲《朝天錄》1626년 12월 19일 1627년 5월 18일 《仁祖實錄》仁祖 5년 5월 6일
		冬至	正使 南以雄	성절겸진주사 金尙憲 사행단과 함께 파견되어 모든 일정을 함께 했다.	《仁祖實錄》仁祖 4년 閏6월 28일

1627년 3월　明 天啓 7년　朝鮮 仁祖 5년	1628년 2월　明 崇禎 1년　朝鮮 仁祖 6년	奏請	正使 權帖 書狀官 鄭世矩	병자호란이 발발하자 조선 조정에서는 구원군을 요청하는 奏請使 權帖(書狀官 鄭世矩)의 파견을 급히 결정했으며, 이들은 3월경 서울을 떠났는데 출항지를 선사포가 아닌 석다산으로 변경했다. 이는 선사포는 후금의 접경지역과 가까워 안전에 문제가 있었고 물자와 인력의 조달도 어려웠기 때문이다. 전란의 와중에 파견된 주청사 권첨은 가도의 모문룡의 억류로 인해 지체하다가 8월에야 북경에 도착할 수 있었고 그 때 희종 천계제의 붕어 소식을 들었으며 1629년 2월에야 증산 석다산에 무사히 돌아왔다.	《仁祖實錄》仁祖 5년 2월16일 2월19일 3월 18일 仁祖 6년 1월 27일 2월 11일
1627년 7월경　明 天啓 7년　朝鮮 仁祖 5년	1628년 5월　明 崇禎 1년　朝鮮 仁祖 6년	聖節 冬至 辨誣	正使 邊應璧 書狀官 尹昌立	조선 조정에서는 관례에 따라 5월에 聖節兼冬至使 邊應璧(서장관 尹昌立)의 파견을 결정하고 이들 사신을 통해 조선이 부득이 하게 후금과 화친하게 된 이유를 명 조정에 설명하는 등 명과의 외교적 협력을 계속 도모하고자 했다. 성절사 변응벽 일행은 1627년 9월 23일에 登州에 도착했는데 서장관이 탄 제2선과 제3선 등 2척의 배가 9월 14일 廣鹿島에서 태풍을 만나 침몰하여 79명의 관원과 선원들이 모두 익사하였다. 또한 장계를 통해 희종 천계제의 붕서 소식을 전했으며 이로 인해 조선 조정에서는 천계제를 위한 陳慰進香使의 파견과 새 황제인 숭정제의 등극을 경하하기 위한 登極使의 파견을 논의하게 된다. 성절사 변응벽 일행은 1628년 5월에야 한양에 도착하여 인조에게 사행에 대해 대면보고를 하게 된다.	《仁祖實錄》仁祖 5년 5월 3일 12월 5일 12월 8일 12월 29일 仁祖 6년 5월 6일
1628년 3월경　明 崇禎 1년　朝鮮 仁祖 6년	1628년 9-11월　明 崇禎 1년　朝鮮 仁祖 6년	進香 陳慰	正使 洪靌 書狀官 薑善餘	1628년 2월(숭정1년, 인조 6년) 조선에서는 천계제를 조문하기 위한 進香兼陳慰使 洪靌(서장관 姜善餘)와 登極使 韓汝溰 일행을 파견하기로 결정했으며, 이들 두 사행단부터 사행의 감찰과 사신의 접대 편의를 이유로 증산 석다산이 아닌 평양 대동강 유역에서 출발하게 되었다. 홍보일행은 9월29일 한양에 돌아와 인조를 인견하였다.	《仁祖實錄》仁祖 6년 2월 3일 6월 22일 9월29일

		登極	正使 韓汝漻 副使 閔聖徽 書狀官 金尙賓	숭정제의 등극을 축하하기 위한 登極使 韓汝漻(부사 閔聖徽, 서장관 金尙賓)일행은 진향겸진위사 홍방 일행과 출발은 함께 했으나 귀국은 늦었다. 이들은 1628년 11월 숭정제의 칙서를 직접 가지고 한양으로 돌아왔는데, 칙서는 조선이 명을 도와 후금과 전쟁에 협력하는 것을 치하하고 계속 후금의 후방을 공략할 것을 당부하는 것이었다.	《仁祖實錄》仁祖 6년 2월 3일 11월 12일
1628년 7월 明 崇禎 1년 朝鮮 仁祖 6년	1629년 5월 明 崇禎 2년 朝鮮 仁祖 7년	冬至 聖節 辨誣	正使 宋克訒 書狀官 申悅道	1628년 3월에는 冬至使 宋克訒(서장관 申悅道)를 파견하기로 결정했는데 일행은 7월에야 한양을 출발하게 되었다. 당시 登萊巡撫 孫國楨이 명 조정에 보낸 題本에 "조선과 倭가 화친한 마당에 만일 倭奴가 조선의 조공 사신 편에 붙어 숨어 들어오기라도 하면, 국가의 환란이 山海에 있지 않고 登州와 萊州에 있게 될 것이며, 奴酋에 있지 않고 조공 사신 편에 있게 될 것이다."라고 하여 명 조정에서는 조선을 의심하고 있었으므로 이에 대해 辨誣를 하는 임무도 함께 해야 했다. 동지겸변무사 송극인 일행은 다음해 1629년 5월에야 무사히 조서와 칙서를 받들고 한양으로 돌아왔는데 조서는 숭정제의 등극조서로서 관례에 따르면 명의 등극조사가 직접 조선으로 파견되어 인조에게 전해야 했으나 송극인이 조선의 어려운 사정을 들어 직접 가지고 온 것이며 칙서는 황태자의 탄생을 알리는 것이었다.	《仁祖實錄》仁祖 6년 3월 15일 6월 22일 7월 10일 仁祖 7년 5월 3일
1629년 8월 明 崇禎 2년 朝鮮 仁祖 7년	1630년 10월 明 崇禎 3년 朝鮮 仁祖 8년	冬至	正使 尹安國 書狀官 鄭之羽	崇禎帝로부터 전권을 위임받은 원숭환은 가도 동강진 도독 毛文龍을 후금과 내통한 혐의로 1629년 6월 5일 영원위로 불러 처형했으며, 조선이 왜구와 사귀고 후금에 관대하며 등주 해상으로 명 조정의 허락없이 마음대로 무역을 하고 있다고 의심하여 조선 사행 노선을 등주에서 영원위가 있는 각화도 노선으로 바꿀 것을 명했다. 이에 조선 조정에서는 6월 동지사 尹安國(서장관 鄭之羽)과 陳賀兼射恩使 李忔를 파견하기로 결정했다. 윤안국 사행단과 이흘 사행단은 모든 일정을 함께 했다.	《仁祖實錄》仁祖 7년 6월 30일 閏4월 21일 仁祖 8년 1월 27일 申悅道《朝天時聞見事件啓》 1629년 2월 5일

| | | 進賀
謝恩
辨誣 | 正使
李忔 | 동지사 윤안국과 더불어 황태자의 탄생을 축하하는 陳賀兼射恩使 李忔를 파견하기로 결정했는데, 이흘에게 원숭환의 의심을 푸는 변무의 임무까지 함께 부여하였다. 윤안국과 이흘 사행단은 평양 대동강 유역에서 출항하는 대신 증산 석다산에서 출항할 것을 주청하였으나 일부만 용납되어 삼사급 사신은 석다산에서 8월 10일, 원역과 방물은 대동강에서 출항하였다. 각화도로 향하는 항해길에서 동지사 윤안국이 탄 배가 침몰하여 윤안국은 익사하고 이흘과 서장관만 9월19일 각화도에 무사히 도착할 수 있었다. 그런데 10월에 後金 太宗 皇太極은 원숭환이 지키고 있는 寧遠城과 山海關을 돌아 몽골 지역으로 우회하여 北京을 직접 공격하는 己巳之變이 발발하게 된다. 이러한 혼란의 와중에 서장관만 우선 10월 18일 북경으로 떠나고 이흘은 10월 28일 영원위 객관에서 산해관으로 이동하여 1630년 3월까지 계속 요동의 정세가 안정되기를 기다려야만 했다. 이흘은 산해관을 나와 3월 9일 각화도에서 天津으로 향하는 배를 탈 수 있었고 3월 24일 마침내 북경 玉河館에 도착했으며 여기서 서장관과 다시 재회하였다. 이흘은 변무사행의 임무를 무사히 끝내고 4월 2일 황제의 聖旨를 받았다. 이흘은 사행길에 얻은 痢疾로 고생을 하다가 6월 9일 옥하관에서 殞命하게 되었고 그후 한달간 사신일행은 이흘을 위한 장례를 치른 후 7월 북경에서 출발하여 각화도에서 배를 타고 귀국하는 도중에 태풍을 만나 1630년 9월3일 부득이 하게 登州에 상륙하였고 1630년10월3일 등주를 떠나 10월 18일 석다산에 도착하였다. | 《仁祖實錄》
仁祖 7년
6월 2일
仁祖 8년
2월 6일
仁祖10년
1월21일

李忔《朝天日記》1629년 9월17일, 9월 20일, 10월 18일, 10월 30일
1630년3월 24일, 4월 2일, 6월 9일, 9월3일, 10월3일, 10월 18일 |
| 1629년
9월

明 崇禎
2년
朝鮮
仁祖 7년 | 1630년
7월

明 崇禎
3년
朝鮮
仁祖 8년 | 齎諮 | 崔有海 | 가도 도독 모문룡을 제거한 袁崇煥은 조선에 咨文을 보내와 後金 정벌에 협조할 것을 요청해 왔으므로 조선 조정에서는 1629년 8월 崔有海를 齎咨使로 파견하여 후금정벌을 위한 계획을 원숭환과 논의하기로 결정하였다. 최유해 일행은 9월 영원위가 있는 각화도를 향해 출항하 | 《仁祖實錄》
仁祖 7년
8월 27일
仁祖 8년
7월 18일 |

				였으나 태풍을 만나 등주에 착륙하게 되었는데 이때 원숭환은 이미 명 조정의 파벌싸움으로 인해 실각을 한 상태라 원숭환을 만나보지도 못했으며 등주에서 吳大斌, 宋獻 등과 교유하면서 時事를 논하다가 1630년 7월 귀국하였다.	
1630년 8월 明 崇禎 3년 朝鮮 仁祖 8년	1631년 6월 明 崇禎 4년 朝鮮 仁祖 9년	陳慰 奏請 進賀	正使 鄭斗源 書狀官 李志賤	1629년 10월에 後金 太宗 皇太極이 북경을 포위하여 공격하는 己巳之變의 소식은 1630년 1월 18일에야 조선 조정에 알려지게 된다. 이에 조선 조정에서는 명 조정을 陳慰하고 무기를 바치기 위해서 진위사를 파견하기로 결정하고 鄭斗源을 정사, 李志賤을 서장관(이지천은 병을 핑계로 사행선에 승선하지 않았으므로 나중에 체포됨)으로 임명한다. 鄭斗源은 진위의 임무 외에 원숭환이 변경한 각화도 사행로를 등주로 다시 바꾸어 줄 것을 주청하는 임무와 황태자의 책봉을 축하하는 進賀의 임무도 함께 수행해야 했다. 1630년 8월 석다산에서 출항하여 9월 20일 등주에 도착하였다. 그러나 鄭斗源 일행이 등주에 상륙한 것은 사전에 명 조정의 동의를 구한 일이 아니었으므로 登萊 巡撫 孫元化에게 등주 항로 허가를 위한 移文을 명 조정에 보내주기를 요청했으며 손원화는 이에 동의하여 특별히 관원을 선정하여 사행단을 인도해주도록 주선했다. 또한 鄭斗源 일행은 석다산에서 출항한 이래 동지사 고용후와 계속 동행하고 있었는데 두 사신단은 서로 약속 하에 약간의 시차를 두고 등주를 출발하기로 하였다. 이는 등주 노선을 명 조정의 승인 없이 무단으로 이용했으니 우선 등주 상륙허가를 요청하는 공문을 지닌 鄭斗源 사행이 먼저 북경에 가는 것이 합당하다고 여겼기 때문이다. 鄭斗源 일행은 11월 북경에 도착했으며 공식적인 외교업무를 수행했는데 숭정제는 조선의 사행로의 변경 주청을 허락하지 않는다. 이후 1631년 4월 12일 북경의 옥하관을 떠났으며 6월 24일 무사히 조선의 석다산에 도착했다.	《承政院日記》仁祖8년 1월 18일 7월 1일 9월 24일 仁祖9년 7월 1일 《仁祖實錄》仁祖 8년 2월 1일 3월 26일 8월 18일 高用厚《晴沙集》卷2〈呈登州軍門狀〉 韓致奫《海東繹史》2〈交聘志〉 鄭斗源《朝天記地圖》〈軍門前呈文〉

		冬至	正使 高用厚 書狀官 羅宣素	동지사 高用厚(서장관 羅宣素)일행[52]과 함께 전체 일정을 함께 한다. 단, 등주에서 북경으로 출발할 때만 시차를 두고 출발했으며 북경에 도착한 이후로는 다시 합류했다.	《仁祖實錄》仁祖 8년 7월 14일
1631년 6월 明 崇禎 4년 조선 仁祖 9년	1632년 10월 明 崇禎 5년 조선 仁祖10년	冬至	正使 金蓍國	1631년(인조9년 숭정4년) 6월 조정에서는 金蓍國을 동지사로 파견했는데 후금이 1631년 8월 大凌河之战을 시작으로 지속적인 침략 전쟁을 통해 산해관 밖 지역으로 세력을 넓혀갔을 뿐만 아니라 원군을 이끌고 가던 耿仲明(1604-1649), 孔有德(1602-1652) 등의 명 장수가 吳橋(지금의 河北省 德州市 吳橋縣)에서 반란을 일으켜 산동의 여러 지방을 점령하여 1632년 1월에는 마침내 등주까지 점령하는 사태가 벌어져 요동과 산동지역은 더욱 혼동에 빠졌다. 김시국 사행단은 이러한 요동과 등주의 혼란 속에서 예정보다 긴 시간 북경에 머물러야 했다. 이 사이 북경에 머물고 있던 동지사 김시국은 1632년 8월에서 북경을 떠나 10월 4일 안주 老江鎮에 무사히 도착할 수 있었다. 김시국 사행단은 앞서 鄭斗源 사행이 등주 군문에 무기를 올린 것에 대해 치하하는 숭정제의 칙서와 賜銀을 가지고 왔으며 조선이 후금과 焰硝 무역을 행할 것을 염려한다는 보고를 올리면서 이에 대해 다음해 사행에서 황제의 은전에 사은하고 명 조정의 오해를 풀기 위한 주청를 올려야 한다고 보고한다.	《承政院日記》仁祖 10년 10월 9일 《仁祖實錄》仁祖 10년 3월 28일 10월 22일, 11월 8일 仁祖 10년 李安訥《朝天後錄》1632년 6월 1일

52　《朝鮮王朝實錄·仁祖實錄》〈仁祖八年三月二十一日〉의 기록에 따르면 원래 동지겸성절사는 韓明勗(한 명욱, 서장관은 金秀南)으로 결정했으나 실제로 이들이 사행을 했거나 귀국하여 인조에게 복명했다는 기록이 없다. 반면,《朝鮮王朝實錄·仁祖實錄》〈仁祖八年七月十四日〉의 기록에 따르면 고용후는 정두원 일행과 동행한 것이 확실하다. 요동과 명의 정세가 엄중하여 조선 조정에서는 사신을 통한 정세 파악이 아주 중요한 일이었으므로 한명욱이 실제 사행을 했다면 반드시 기록이 남았을 것이다. 또한 해로 사행은 선박과 인원의 준비과정이 복잡하고 시일이 많이 걸리는 일이었으므로 대부분의 해로 사행은 출항 전 준비과정에 대한 기록이 꽤 남아 있는데 한명욱의 사행에 관해서는 이러한 기록이 전혀 없다. 그러므로 아마도 사행을 준비하는 과정에서 동지사 한명욱이 고용후로 변경되었고 실제로 한명욱이 동지사로 중국에 가지는 않았던 듯하다.

1632년 6월 明 崇禎 5년 조선 仁祖 10년	1633 4月 明 崇禎 6 조선 仁祖 11	奏請使	正使 洪霙 副使 李安訥 書狀官 洪鎬	1632년 6월 인조는 아버지인 定遠君의 습작을 追封하고 등주 노선으로 사행로 변경을 주청하기 위한 奏請使 洪霙(부사 李安訥 서장관 洪鎬)와 千秋使 李善行을 함께 파견한다. 홍보 사행단은 10월 3일 북경 옥하관에 무사히 도착하여 정원군을 元宗大王, 모비를 仁獻王后로 추봉하는 황제의 칙서와 誥命을 받는 데 성공하였으나 등주 노선으로 사행로를 변경하는 것은 승인받지 못했는데, 이는 명 조정의 뜻이라기보다는 당시에는 이미 요동과 등주에서 전란이 빈번했으므로 등주 노선의 안전을 보장할 수 없었기 때문이었다. 그래서 이후로는 더 이상 등주 노선을 사행로로 이용할 수 없었다. 홍보 사행단은1633년 2월 26일 북경을 떠나 4월 12일 평양부 증산현 석다산에 무사히 도착했다.	李安訥《朝天後錄》1632년 10월 3일 《仁祖實錄》仁祖行狀 《仁祖實錄》仁祖 11년 4월 12일 李安訥 《朝天後錄》 1632년 4월 3일, 4월12일
		千秋	李善行	1632년 6월 황태자의 생일을 진하하기 위한 千秋使 李善行은 奏請使 洪霙 사행단과 같이 파견되어 모든 사신일정을 함께 했다.	《仁祖實錄》仁祖10년 3월 28일 李安訥《朝天後錄》1632년6월1일
1633 8월경 明 崇禎 6 조선 仁祖 11	1634 5월 明 崇禎 7 조선 仁祖 12	謝恩 奏請 冬至 聖節 千秋	正使 韓仁及(奏請兼謝恩使) 副使 金榮祖(冬至聖節千秋進賀使) 書狀官 沈之溟	1633년 5월 조선 조정에서는 元宗大王의 追封 誥命에 대해 감사를 표하는 追封謝恩, 소현세자의 책봉을 주청하는 冊封奏請, 그리고 동지, 성절, 천추를 함께 進賀하는 사행단을 보내기로 결정하는데 정사 韓仁及을 奏請兼謝恩使로, 부사 金榮祖를 冬至聖節千秋進賀使로, 沈之溟을 서장관을 선임한다. 이들 사행단은 9월 7일 平島에 도착하여 명군이 耿仲明, 孔有德을 몰아내어 등주를 회복하였다는 소식을 전하는 장계를 올리고 북경에 들어가 사행의 임무를 완성하고 1634년 5월 무사히 귀국하였다.	《承政院日記》仁祖 11년 4월 19일 《仁祖實錄》仁祖 11년 5월 28일 10월 23일 仁祖 12년 5월 14일

1634 7월 明 崇禎 7 조선 仁祖 12	1635 6월 明 崇禎 8 조선 仁祖 13	謝恩 冬 至 聖節	正使 宋錫慶 副使 洪命亨 書狀官 元海一	1634년 7월 조선 조정에서는 世子 冊封에 감사하기 위한 謝恩과 冬至 兼聖節의 賀禮를 드리기 위한 동지 겸사은사로 宋錫慶(부사 洪命亨, 서장관 元海一)을 선임하여 북경 으로 파견한다. 당시 후금군은 다 시 북경 북부의 장성을 넘어 上方 堡, 居庸關, 保安, 萬全左衛 등지 를 공략하였다가 8월 퇴각하였고 1635년에는 또 다시 大陵河 지역을 침공하여 점령하였으며 각지에서 농 민반란이 들불처럼 일어나고 있었다. 송석경 사행단은 1635년 6월 무사히 귀국하여 농민반란으로 자중지란에 빠진 명의 정세를 보고한다.	《仁祖實錄》仁祖 12년, 7월 22일 仁祖 13년 6월 4일 《承政院日記》 仁祖 12년 7월 7일
1635 6월 明 崇禎 8 조선 仁祖 13	未詳	冬至	正使 崔惠吉	1635년 6월 조선에서는 동지사 崔 惠吉을 북경으로 파견하는데, 1635 년은 후금이 大陵河 지역을 다시 침 공하여 점령하였고 1636년 2월부 터 농민반란군이 하남성 도처에 침 입하여 명군과 격전을 치르던 때 였다. 동지사 최혜길의 사행 행적 에 대해서는 알려진 것이 없는데, 1636년 7월 通政大夫에 제수된 것 으로 볼 때 사행을 성공적으로 수행 하고 귀국한 것으로 추정되나 추가 적인 연구가 필요하다.	《仁祖實錄》仁祖 13년 6월 6일 《承政院日記》仁 祖 14년 7월 20일
1636 6월 明 崇禎 9 조선 仁祖 14	1637 5월 明 崇禎 10 조선 仁祖 15	冬至 聖節 千秋 奏請	正使 金堉 書狀官 李晚榮	조선 조정에서는 1636년6월 冬至 聖節千秋進賀使 金堉(서장관 李晚 榮)을 북경으로 파견한다. 의례적 인 진하의 임무 이외에 두 가지의 비공식적인 임무를 맡았다. 하나는 1629년 이래 이용되어 온 각화도 해상 사행로를 다시 등주 사행로로 변경하는 주청을 올리는 일이었고, 다른 하나는 화약의 원료가 되는 염 초의 무역과 기타 백사, 서책의 무 역을 허락받는 일이었다. 이들 사 행은 11월 5일 북경의 옥하관에 도 착하여 본격적인 외교임무를 수행 하는데 사행로를 바꾸는 일과 염초 무역 등을 허락 받는 일은 끝내 승 낙을 얻지 못한다. 그런데 김육 사 행단이 북경에 머무는 12월에 청 태 종이 조선에 대한 親征을 감행하는 병자호란이 발발한다. 청군은 12월 10일 압록강을 넘고 12월 30일 조	《淸太宗實錄》卷 28, 崇德 元年 5월 庚午日, 辛未日, 壬申日, 癸酉日 《仁祖實錄》仁祖 15년 6월 1일 金堉《朝京日 錄》1636년 4월 20일 4월 21일 6월 17일 11월 5일 12월 15일

| | | | | 선 인조의 항복을 받는다. 당시 김육 사행단은 명 조정에서 정확한 정보를 듣지 못하여 조선이 청에 항복한 사실을 모르고 있다가 回軍하던 淸軍이 1937년 4월 조선군과 함께 椵島에 주둔하고 있는 명나라 장군 沈世魁를 정벌했다는 명 병부의 題本을 4월 20일에 보고 나서야 비로소 조선이 청에 항복한 사실을 알게 된다. 김육 일행은 4월22일 북경 옥하관을 떠나 5월 11일 석다산에 무사히 도착했으며 6월 1일 인조에게 복명하였다. 김육의 사행을 마지막으로 조선의 명에 대한 사대관계는 끝나고 대신 청과 사대동맹을 맺게 된다. | 金堉《潛谷遺稿》卷8〈貢路硝黃事呈禮部〉 1636년 12월 7일 李晚榮《崇禎丙子朝天錄》 1636년 6월 17일 11월 5일 《增補文獻備考》卷174〈交聘 1〉 |

　명나라 神宗 萬曆帝가 1620년 8월 18일에 죽자 조선에서는 萬曆帝의 죽음을 위로하기 위한 陳慰使와 殯殿에 祭奠을 올리기 위한 進香使를 육로로 파견하기로 결정했는데 光宗 泰昌帝가 황위에 오른 지 29일만에 紅丸案으로 急死하자 10월에 다시 泰昌帝의 陳慰使를 파견하기로 결정한다.[53] 그해 12월 우선 萬曆帝를 위한 陳慰使 朴彝敍(副使 康昱 書狀官 鄭應斗)와 進香使 柳澗(부사 李必榮 서장관 李祗先)을 육로로 파견한 후에[54] 泰昌帝를 위한 진위사를 인선하는 일에 착수하게 된다. 그런데 1621년 陳慰使 朴彝敍와 進香使 柳澗이 북경에 체류하는 동안 後金은 계속 西進하면서 요동을 공략하여 瀋陽과 遼陽마저 점령하게 되었고 이로 인해 요동을 통한 육로 사행로는 더 이상 이용할 수 없게 된다. 그래서 陳慰使 朴彝敍와 進香使 柳澗은 북경에서 산동 登州까지는 육로를 이용하고 등주에서 배를 타고 해상으로 귀국하게 된다. 그러나 불행히도 그해 4월 旅順口 앞바다 老鐵山 해역에서 陳慰使 朴彝敍, 副使 康昱, 書狀官 鄭應斗와 進香使 柳澗 등은 조난사고를 당해 모두 익사하고 進香 副使 李必榮만이 겨우 목숨을 건져 귀국하여 이러한 사실을 알린다.[55] 그러자 해상 사행은 목숨을 걸어야 하는 위험

53　《朝鮮王朝實錄·光海君日記》卷之一百五十七,〈光海十二年十月十日〉.

54　《朝鮮王朝實錄·光海君日記》卷之一百五十七,〈光海十二年十月十六日〉/《朝鮮王朝實錄·光海君日記》卷之一百五十八,〈光海十二年十一月十三日〉/《朝鮮王朝實錄·光海君日記》卷之一百五十九,〈光海十二年十二月二十七日〉.

55　《朝鮮王朝實錄·光海君日記》卷之一百六十四,〈光海十三年四月十三日〉/《朝鮮王朝實錄·光海君日

한 일로 인식되어 泰昌帝 陳慰使의 人選이 난항을 겪게 된다.[56]

명에서는 光宗 泰昌帝의 뒤를 이어 熹宗 天啓帝가 즉위하였는데 명 조정에서는 조선이 후금과 가까워지는 것을 경계하고 군사적인 협조를 구하고자 劉鴻訓과 楊道寅을 각각 天啓帝의 등극을 알리는 登極詔使의 正使, 副使로 임명하여 1621년 2월 육로로 조선에 파견한다. 그들은 4월 12일 조선의 수도인 한양으로 들어와 仁政殿에서 開讀 의례를 치렀고 20일간 한양에 머물렀는데,[57] 이때는 이미 요동 사행노선은 後金軍에 의해 점령되어 명 등극조사 일행의 歸國路로 이용할 수 없게 되었다. 이에 조선 조정은 명 등극조사의 해상 귀국을 위하여 대규모 선단과 호송인력을 제공해주고, 동시에 光宗 泰昌帝의 죽음을 위로하기 위한 陳慰使 權盡己(서장관 柳汝恒)와 熹宗 天啓帝의 등극조사를 파견해준 것에 대해 감사하는 謝恩使 崔應虛(서장관 安璥 -冬至聖節使兼行使節) 일행을 명 등극조사의 귀국길에 동행하도록 한다.[58]

陳慰使 權盡己와 謝恩使 崔應虛 일행은 명 등극조사 劉鴻訓 일행과 함께 1621년(천계원년, 광해군13년) 5월 평안도 安州를 출발[59]하였는데, 당시 해상 노선은 황해의 북쪽 해역 곧, 요동반도 남단의 諸島를 거쳐 요동반도의 남단 끝 여순구에서 南下하여 묘도열도를 지나 등주에 상륙하는 노선으로서 麗末鮮初 이후 중단되었던 해상사행로가 새로이 열리게 된 것이다. 광해군은 처음으로 개척하는 미지의 해상 항로에서 발생할지 모르는 뜻밖의 사고과 후금군의 위협으로부터 명 등극조사, 조선의 진위사, 사은사 일행의 안전을 보장하기 위해 무려 22척이라는 대규모 항해단을 꾸리게 하는 등 신중하게 준비하였다.[60] 그러나 이러한 철저한 준비에도 불구하고 이들도 역시 여순구 앞바다 철산취에서 폭풍우를 만나 9척이 침몰하는 큰 해상사고를 당하였다. 그러나 다행히도 명 등극조사와 조선 진위사, 사은사는 침몰 직전 뭍으로 탈출하여 목숨을 건졌다.[61] 여러 어려움 끝에 사행단은 6월 19일 등주에 도착할 수 있었고 북경에 가서 황제를 알현하는 등 진위와 사은을 목적으로 하는 사행일정을 무사히 마치고 10월 9일 등

記》卷之一百六十五,〈光海十三年五月二十九日〉《朝鮮王朝實錄·光海君日記》卷之一百七十,〈光海十三年十月二十一日〉。

56 《朝鮮王朝實錄·光海君日記》卷之五十六,〈光海十三年四月十一,十四,十八,二十,二十一日〉。

57 《朝鮮迎接都監都廳儀軌》,〈登極詔使 牌文 中 路線, 日程〉, 明天啓元年刻本版。

주에서 출항하여 귀향길에 올라 11월 7일 평안도 郭山 海門에 무사히 도착하였다.[62]

1622년(천계 2년, 광해 14년) 4월 29일 熹宗 天啓帝의 등극을 敬賀하기 위한 登極使 吳允謙(副使 邊瀜, 書狀官 柳應元) 일행이[63], 7월경에는 冬至聖節使 李顯英[64] 일행이 각각 郭山 宣沙浦를 출항한다. 오윤겸 일행은 등주에서 梁監軍이 보낸 명나라 관원의 길 안내를 받으면서 선사포를 출항했지만, 선천 앞바다에서 좌초하는 등 여러 곡절 끝에 5월 25일 등주에 입항하였고[65] 북경에서 사행일정을 성공적으로 마무리한 후 9월 6일 북경을 떠나 귀국길에 올라 10월 15일 선사포로 무사히 도착했다.[66] 동지사 이현영 일행은 1623년 5월경 이전에 무사히 귀국한 것으로 보인다.[67]

1623년(天啓 3년, 仁祖 1년) 3월 조선에서는 광해군을 몰아내는 反正이 일어나 仁祖 (재위 1623~1649)가 왕위에 오르게 된다. 명은 정식 책봉을 받은 광해군을 사전승인 없이 폐위시킨 仁祖反正에 대해 무력에 의한 찬탈이자 명의 권위에 대한 도전으로 인식했다.[68] 또한 후금과의 전쟁에 있어 조선이 소극적인 태도로 일관하는 것에 불만을 가지고 있었으며 혹시 조선이 후금과 결탁하지 않을까 하는 불안감도 가지고 있었다. 이에 인조는 명 천계제로부터 국왕 책봉을 받고 반정의 이유를 해명하기 위해 서둘러 奏請使(奏聞使)를 파견하기로 결정하고 정사 李慶全(부사 尹暄, 서장관 李民宬)을 선발하여 사행단을 꾸렸으며[69], 이들은 그해 5월 24일 선사포를 출항하여 6월 13일 무사히 등주에 도착했다.[70] 그런데 이경전 사행단이 북경에서 뚜렷한 외교적 성과를 보이지 못하자 인조는 연이어 동지성절사겸사은사 趙濈(서장관 任賚之)을 인선하여[71] 명 조정이

62 安璥,《駕海朝天錄》,〈一六二一年十一月七日〉。

63 吳允謙,《海槎朝天日錄》,〈(明天啓二年/朝鮮光海君十四年)四月二十九日〉。

64 《朝鮮王朝實錄·光海君日記》卷之一百七十七,〈光海十四年五月十四日/六月二十六日〉。

65 《朝鮮王朝實錄·光海君日記》卷之一百七十七,〈光海十四年七月二十二日〉。

66 《朝鮮王朝實錄·光海君日記》卷之一百八十二,〈光海十四年十月二十日〉。

67 《朝鮮王朝實錄·仁祖實錄》卷之二,〈仁祖元年六月二日〉。

68 《明實錄·明熹宗實錄》卷之三十三,〈天啓三年四月戊子日〉,(臺灣)中央研究院歷史語言所1962年校印 本版。

69 《朝鮮王朝實錄·仁祖實錄》卷之一,〈仁祖元年四月二十七日〉。

70 李民宬,《癸亥朝天錄》,〈一六二三年五月二十四日/六月十三日〉。

71 《朝鮮王朝實錄·仁祖實錄》卷之二,〈仁祖元年七月二十七日〉。

지난번 동지성절사 李顯英편에 焰硝 수만근을 보낸 일에 대해서 사은한다[72]는 명분으로 파견했는데 실제로는 앞서 파견된 주청사를 도와 책봉의 임무를 완성하고자 하는 목적이 더 강했다. 조즙 일행은 9월 1일 선사포를 출항하여 9월 26일 무사히 등주에 도착하였다.[73] 이들 두 사행단은 모두 북경에서 합류하여 반정의 정당성을 해명하고 인조가 광해군과 달리 적극적인 친명배금 정책을 시행할 것임을 설득하여 마침내 12월 18일 명조정으로부터 책봉을 승인하는 결정을 얻어냈으며[74] 1624년 2월 17일 천계제의 정식 칙서를 받게 된다.[75] 이들 사행단은 1624년 4월 6일 무사히 선사포에 도착했으며 4월 20일 인조는 직접 모화관까지 나가 사신들이 가지고 온 국왕 책봉 칙서를 받는다.[76]

그러나 국왕 책봉은 칙서를 받는 것으로 완료되는 것이 아니라 誥命과 冕服을 받아야만 완성될 수 있었다. 그래서 1624년 7월 인조는 책봉의 승인에 대해 감사를 올리고 고명과 면복을 빨리 보내주도록 요청하기 위해 謝恩奏請使 李德泂 (副使 吳翽, 서장관 洪翼漢)을 인선하고[77] 동시에 동지성절사 權啓(서장관 金德承)도 함께 파견하기로 결정한다.[78] 이들 두 사행단은 8월 4일 선사포를 동시에 출항하여 8월 23일에 무사히 등주에 도착했다. 10월 12일 북경에 도착한 두 사행단은 본격적인 외교활동에 나섰다.[79] 당시 명 조정에는 인조의 책봉이 승인되었음에도 불구하고 고명과 면복을 내리는 데에 있어서는 찬반 논란이 많았기에 당시 사행단은 여러 어려움을 겪었다. 심지어 이덕형 일행은 西長安門 앞 길가에서 출근하는 閣老들을 기다렸다가 呈文을 올리는 등 정상적인 사행활동에서 벗어나는 편법을 동원하기도 하면서[80] 온갖 노력 끝에 마침내 그해 12월 詔使를 파견하여 고명과 면복을 내려 줄 것이라는 승인을 받았으며[81] 사행단은 임무를 완성하고 1625년 4월 2일 무사히 선사포에 도착했다.[82] 6월3일 명나라의 詔使 太監 王敏政과 胡良輔가 한양으로 들어와 고명과 면복을 인조에게 頒賜함으로써 마침내 인조의 책봉은 완결되었다.[83]

1625년(인조 3년) 7월 謝恩兼陳慰使 朴鼎賢(부사 鄭雲湖 서장관 南宮樲)을[84], 8월에는

81   洪翼漢,《花浦先生朝天航海錄》,〈明天啓四年/朝鮮仁祖二年七月二十三日/二十四日〉.
82   洪翼漢,《花浦先生朝天航海錄》,〈明天啓五年/朝鮮仁祖三年四月二日〉.
83   《朝鮮王朝實錄·仁祖實錄》卷之九,〈仁祖三年六月三日〉.
84   《朝鮮王朝實錄·仁祖實錄》卷之九,〈仁祖三年七月三十日〉/《朝鮮王朝實錄·仁祖實錄》卷之十二,〈仁祖四年五月五日〉.

동지성절사 全湜(서장관 李莯)을 파견한다.[85] 전식 일행은 4척의 배로 1625년 9월1일 선사포를 출항하였는데 귀로에서 1척이 침몰하여 40명의 사행원이 모두 죽고 1626년 4월 15일 3척만이 무사히 돌아올 수 있었다.[86]

이 시기에 가도의 毛文龍은 조선에 군량과 무기를 무리하게 요청하였고, 조선이 이에 적극적으로 따르지 않자 압록강을 넘어와 온갖 약탈을 자행했을 뿐만 아니라 조선이 후금과 내통하고 있다고 명에 이간질하였으므로[87] 조선은 이를 명 조정에 해명하지 않으면 안되었다. 그래서 1626년 윤6월 28일 聖節兼陳奏使 金尙憲(서장관 金地粹)과 冬至使 南以雄을 함께 명으로 파견하게 된다.[88] 金尙憲 일행은 모문룡의 상소가 모두 거짓임을 밝히고 오해를 풀기 위해 3차례나 兵部와 禮部에 呈文을 올렸으며 1626년 12월 19일 마침내 명 조정으로부터 모문룡의 무고에 괘념치 말라는 聖旨를 받게 된다.[89] 그러나 이들 일행은 성절과 동지사의 임무까지 마쳐야 했으므로 정월 초하루, 한식과 청명까지 북경에서 보내게 되는데, 1627년 1월 후금이 압록강을 건너 조선을 침략하는 丁卯胡亂(중국에서는 丁卯虜亂이라 함)이 발생하게 된다.

이에 조선 조정에서는 조선에 대한 구원을 요청하는 奏請使 權怗(서장관 鄭世矩)의 파견을 급히 결정했는데[90] 권참은 3월경 한양을 출발하면서[91] 출항지를 선사포가 아닌 石多山으로 변경했다. 선사포는 후금의 접경지역과 가까워 안전에 문제가 있었고 물자와 인력의 조달도 어려웠기 때문이다. 권참 일행이 북경에 도착하기 전에 金尙憲 일행은 먼저 명 조정에 조선에 대한 구원을 요청하기도 했다.[92] 그 사이 조선을 침략한 후금은 양국을 형제국으로 하는 丁卯條約을 3월 3일에 맺고 철수하였고, 金尙憲 일행은 5월 18일 한양으로 돌아올 수 있었다.[93] 또한 조선 조정에서는 관례에 따라 5월에 聖節

85 全湜,《槎行錄》,〈一六二五年八月三日〉
86 全湜,《槎行錄》,〈一六二六年四月十五日〉
87 金尙憲,《朝天錄》,〈禮部兵部呈文〉。
88 《朝鮮王朝實錄·仁祖實錄》卷之十三,〈仁祖四年閏六月二十八日〉。
89 金尙憲,《朝天錄》,〈八月十五日,登廟島城樓翫月,次春城韻〉
90 《朝鮮王朝實錄·仁祖實錄》卷之十五,〈仁祖五年二月十六日〉。
91 《朝鮮王朝實錄·仁祖實錄》卷之十五,〈仁祖五年三月十八日〉。
92 《朝鮮王朝實錄·仁祖實錄》卷之十六,〈仁祖五年五月六日〉。
93 金尙憲,《朝天錄》,〈一六二七年五月十八日〉

兼冬至使 邊應璧(서장관 尹昌立)의 파견을 결정하고[94] 이들 사신을 통해 조선이 부득이하게 후금과 화친하게 된 이유를 명 조정에 설명하는 등 명과의 외교적 협력을 계속 도모하고자 했다.

　한편, 병자호란의 와중에 파견된 주청사 권참은 가도의 모문룡의 억류로 인해 지체하다가 8월에야 북경에 도착할 수 있었고 그 때 희종 천계제의 붕어 소식을 들었으며[95] 1629년 2월에야 증산 석다산에 무사히 돌아왔다.[96] 성절사 변응벽 일행은 1627년 9월 23일에 登州에 도착했는데 서장관이 탄 제2선과 제3선 등 2척의 배가 9월 14일 廣鹿島에서 태풍을 만나 침몰하여 79명의 관원과 선원들이 모두 익사하였다.[97] 또한 장계를 통해 희종 천계제의 붕서 소식을 전했으며 이로 인해 조선 조정에서는 천계제를 위한 陳慰進香使의 파견[98]과 새 황제인 숭정제의 등극을 경하하기 위한 登極使의 파견[99]을 논의하게 된다. 성절사 변응벽 일행은 1628년 5월에야 한양에 도착하여 인조에게 사행에 대해 대면보고를 하게 된다.[100]

　1628년 2월(숭정1년, 인조 6년) 조선에서는 천계제를 조문하기 위한 進香兼陳慰使 洪霶(서장관 姜善餘)을, 숭정제의 등극을 축하하기 위한 登極使 韓汝溭(부사 閔聖徵, 서장관 金尙賓)을 함께 파견하기로 결정하고[101] 3월에는 冬至使 宋克訒(서장관 申悅道)를 파견하기로 결정했는데[102] 이들 두 사행단부터 모두 사행의 감찰과 사신의 접대 편의를 이유로 증산 석다산이 아닌 평양 대동강 유역에서 출발하게 되었다.[103] 進香兼陳慰使

94　《朝鮮王朝實錄·仁祖實錄》卷之十六,〈仁祖五年五月三日〉.

95　《朝鮮王朝實錄·仁祖實錄》卷之十八,〈仁祖六年一月二十七日〉.

96　인조실록 6년 2월 11일 기록에 따르면, 권참이 치계하기를 "신들은 12월 14일에 출발하여 정월 4일에 登州에 도착하였고 20일에 배를 타고 2월 8일에 甑山에 상륙했습니다."라고 하였으나 인조 6년 1월 27일 기록에 따르면 奏聞使 권참, 서장관 정세구가 京師에서 돌아와서 상이 인견하고 하문한 기록이 있어 날짜의 선후가 불일치하고 있다. 어느 기록이 정확한 것인지 지금으로서는 확인이 어렵다.

97　《朝鮮王朝實錄·仁祖實錄》卷之十七,〈仁祖五年十二月五日〉.

98　《朝鮮王朝實錄·仁祖實錄》卷之十七,〈仁祖五年十二月八日〉.

99　《朝鮮王朝實錄·仁祖實錄》卷之十七,〈仁祖五年十二月二十九日〉.

100　仁祖實錄 仁祖 6年 5月 6日

101　《朝鮮王朝實錄·仁祖實錄》卷之十八,〈仁祖六年二月三日〉.

102　《朝鮮王朝實錄·仁祖實錄》卷之十八,〈仁祖六年三月十五日〉.

103　《朝鮮王朝實錄·仁祖實錄》卷之十八,〈仁祖六年六月二十二日〉.

洪靄은 1628년 9월에 한양으로 먼저 돌아와 인조를 인견하였고,[104] 登極使 韓汝溉 일행은 1628년 11월 숭정제의 칙서를 직접 가지고 한양으로 돌아왔다. 칙서는 조선이 명을 도와 후금과의 전쟁에 협력하는 것을 치하하고 계속 후금의 후방을 공략할 것을 당부하는 것이었다.[105]

한편 동지사 송극인 일행은 7월에야 한양을 출발하게 되었는데 당시 登萊巡撫 孫國楨이 명 조정에 보낸 題本에 "조선과 倭가 화친한 마당에 만일 倭奴가 조선의 조공 사신 편에 붙어 숨어 들어오기라도 하면, 국가의 환란이 山海에 있지 않고 登州와 萊州에 있게 될 것이며, 奴酋에 있지 않고 조공 사신 편에 있게 될 것이다."라고 보고하여 명 조정에서는 조선을 의심하게 되었으므로 이에 대해 辨誣를 하는 임무도 함께 해야 했다.[106] 동지겸변무사 송극인 일행은 다음해 1629년 5월에야 무사히 조서와 칙서를 받들고 한양으로 돌아왔다. 조서는 숭정제의 등극조서로서 관례에 따르면 명의 등극조사가 직접 조선으로 파견되어 인조에게 전해야 했으나 송극인이 조선의 어려운 사정을 들어 직접 가지고 온 것이며 칙서는 황태자의 탄생을 알리는 것이었다.[107]

당시 思宗 (崇禎帝 재위기간 1628~1644) 황제로부터 전권을 위임받은 원숭환은 요동 해역에서 자기 세력을 키우며 전횡을 일삼던 가도 동강진 도독 毛文龍을 후금과 내통한 혐의로 1629년 6월 5일 영원위로 불러 처형하였다.[108] 그리고 조선이 왜구와 내통하고 후금에 관대하며 등주 해상으로 명 조정의 허락없이 마음대로 무역을 하고 있다고 의심하여 조선 사행 노선을 등주에서 영원위가 있는 각화도 노선으로 바꿀 것을 명했다.[109] 이에 조선 조정에서는 6월 동지사 尹安國(서장관 鄭之羽)과 황태자의 탄생을 축하하는 陳賀兼射恩使 李忔를 파견하기로 결정했는데, 이흘에게 원숭환의 의심을 푸

104　《朝鮮王朝實錄·仁祖實錄》卷之十九,〈仁祖六年九月二十九日〉。

105　《朝鮮王朝實錄·仁祖實錄》卷之十九,〈仁祖六年十一月十二日〉。

106　"朝鮮與倭交和。萬一倭奴竊附貢使而來, 國家之患, 不在山海, 而在登、萊;不在奴酋, 而在貢使矣。"《朝鮮王朝實錄·仁祖實錄》卷之十九,〈仁祖六年七月十日〉。

107　《朝鮮王朝實錄·仁祖實錄》卷之二十,〈仁祖七年五月三日〉。

108　《朝鮮王朝實錄·仁祖實錄》卷之二十,〈仁祖七年六月三十日〉

109　《朝鮮王朝實錄·仁祖實錄》卷之二十,〈仁祖七年閏四月二十一日〉/《朝鮮王朝實錄·仁祖實錄》卷之二十二,〈仁祖八年元月二十七日〉。사행로 변경을 명하는 명 조정의 칙령은 1629년 2월 당시 북경에 머물고 있던 동지겸성절사 송극인 사행단에 내려졌다. 申悅道《朝天時聞見事件啓》一六二九年(明崇禎二年/朝鮮仁祖七年)二月五日。

는 변무의 임무까지 함께 부여하였다. 윤안국과 이흘 사행단은 평양 대동강 유역에서 출항하는 대신 증산 석다산에서 출항할 것을 주청하였으나 일부만 용납되어 삼사급 사신은 석다산에서 8월 10일, 원역과 방물은 대동강에서 출항하였다.[110] 각화도로 향하는 항해길에서 동지사 윤안국이 탄 배가 침몰하여[111] 윤안국은 익사하고 이흘과 서장관만 9월 19일 각화도에 무사히 도착할 수 있었다.[112] 그런데 10월에 後金 太宗 皇太極이 원숭환이 지키고 있는 寧遠城과 山海關을 돌아 몽골 지역으로 우회하여 北京을 직접 공격하는 己巳之變이 발발하게 된다. 이러한 혼란의 와중에 서장관만 우선 10월 18일 북경으로 떠나고[113] 이흘은 10월 28일 영원위 객관에서 산해관으로 이동하여 1630년 3월까지 계속 요동의 정세가 안정되기를 기다려야만 했다.[114] 이흘은 산해관을 나와 3월 9일 각화도에서 天津으로 향하는 배를 탈 수 있었고 3월 24일 마침내 북경 玉河館에 도착했으며 여기서 서장관과 다시 재회하였다.[115] 이흘은 변무사행의 임무를 무사히 끝내고 4월 2일 황제의 聖旨를 받았다.[116] 이흘은 사행길에 얻은 痢疾로 고생을 하다가 6월 9일 옥하관에서 殞命하게 되었고 그후 한달간 사신일행은 이흘을 위한 장례를 치른 후 7월에 북경에서 출발하였다. 그러나 각화도에서 배를 타고 귀국하는 도중에 태풍을 만나 1630년 9월 3일 부득이하게 登州에 상륙하였고 1630년 10월 3일 등주를 떠나 10월 18일 석다산에 도착하였다.[117]

한편, 가도 도독 모문룡을 제거한 袁崇煥은 조선에 咨文을 보내와 後金 정벌에 협조할 것을 요청해 왔으므로 조선 조정에서는 1629년 8월 崔有海를 賫咨使로 파견하여 원숭환과 후금정벌을 위한 계획을 논의하기로 결정하였다.[118] 최유해 일행은 9월 영원위가 있는 각화도를 향해 출항하였으나 태풍을 만나 등주에 착륙하게 되었는데 이때

---

110 《朝鮮王朝實錄·仁祖實錄》卷之二十,〈仁祖七年六月二日〉。
111 《朝鮮王朝實錄·仁祖實錄》卷之二十二,〈仁祖八年二月六日〉/ 李忔,《朝天日記》,〈一六二九年九月十七日〉。
112 李忔,《朝天日記》〈一六二九年九月二十日〉
113 李忔,《朝天日記》〈一九二九年九月十八日〉
114 李忔,《朝天日記》〈一九二九年十月三十日〉
115 李忔,《朝天日記》〈一六三零年三月二十四日〉
116 李忔,《朝天日記》〈一九三零年四月二日〉
117 李忔,《朝天日記》〈一九三零年六月九日, 九月三日, 十月三日, 十月十八日〉
118 《朝鮮王朝實錄·仁祖實錄》卷之 ,〈仁祖七年八月二十七日〉

원숭환은 이미 명 조정의 파벌싸움으로 인해 실각을 한 상태라 원숭환을 만나보지도 못했으며 등주에서 吳大斌, 宋獻 등과 교유하면서 時事를 논하다가 1630년 7월 귀국 하였다.[119]

　　1629년 10월에 後金 太宗 皇太極이 북경을 포위하여 공격하는 己巳之變의 소식은 1630년 1월 18일에야 조선 조정에 알려지게 된다.[120] 이에 조선 조정에서는 명 조정을 陳慰하고 무기를 바치기 위해서 진위사를 파견하기로 결정하고[121] 鄭斗源을 정사, 李 志賤을 서장관(이지천은 병을 핑계로 사행선에 승선하지 않았으므로 나중에 체포됨)[122]으로 임명한다. 鄭斗源은 진위의 임무 외에 원숭환이 변경한 각화도 사행로를 등주로 다시 바꾸어 줄 것을 주청하는 진주의 임무와 황태자의 책봉을 축하하는 進賀의 임무도 함 께 수행해야 했다.[123] 진위사 鄭斗源 일행은 동지사 高用厚(서장관 羅宣素)일행[124]과 함 께 1630년 8월 석다산에서 출항하여[125] 9월 20일 등주에 도착하였다.[126] 그러나 鄭斗 源 일행이 등주에 상륙한 것은 사전에 명 조정의 동의를 구한 일이 아니었으므로 登 萊 巡撫 孫元化에게 등주 항로 허가를 위한 移文을 명 조정에 보내주기를 요청했으며 손원화는 이에 동의하여 특별히 관원을 선정하여 사행단을 인도해주도록 주선했다.[127] 또한 鄭斗源 일행은 석다산에서 출항한 이래 동지사 고용후와 계속 동행하고 있었는

119　《朝鮮王朝實錄·仁祖實錄》卷之二十一,〈仁祖七年八月二十七日〉/《朝鮮王朝實錄·仁祖實錄》卷之 二十一,〈仁祖八年七月十八日〉

120　《承政院日記》卷之二十七〈仁祖七年八月二十七日〉。

121　《朝鮮王朝實錄·仁祖實錄》卷之二十二,〈仁祖八年三月二十六日〉

122　《承政院日記》卷之三十一,〈仁祖八年九月二十四日〉。

123　《承政院日記》卷之三十,〈仁祖八年七月一日〉。

124　《朝鮮王朝實錄·仁祖實錄》卷之二十二〈仁祖八年三月二十一日〉의 기록에 따르면 원래 동지겸성절 사는 韓明勗(서장관 金秀南)으로 결정했으나 실제로 이들이 사행을 했거나 귀국하여 인조에게 복명했 다는 기록이 없다. 반면《朝鮮王朝實錄·仁祖實錄》卷之二十二〈仁祖八年七月十四日〉의 기록에 따르 면 고용후는 정두원 일행과 동행한 것이 확실하다. 요동과 명의 정세가 엄중하여 조선 조정에서는 사 신을 통한 정세 파악이 아주 중요한 일이었으므로 한명욱이 실제 사행을 했다면 반드시 기록이 남았 을 것이다. 또한 해로 사행은 선박과 인원의 준비과정이 복잡하고 시일이 많이 걸리는 일이었으므로 대부분의 해로 사행은 출항 전 준비과정에 대한 기록이 꽤 남아 있는데, 한명욱의 사행에 관해서는 이 러한 기록이 전혀 없다. 그러므로 아마도 사행을 준비하는 과정에서 동지사 한명욱이 고용후로 변경 되었고 실제로 한명욱이 동지사로 중국에 가지는 않았던 듯하다.

125　《朝鮮王朝實錄·仁祖實錄》卷之二十三,〈仁祖七年八月十八日〉。

126　高用厚,《晴沙集》卷之二,〈呈登州軍門狀〉。

127　韓致奫,《海東繹史》第三十六卷〈交聘志四·朝貢四〉,朝鮮古書刊行會明治四十四年(1911)刊本版。

데 두 사신단은 서로 약속 하에 약간의 시차를 두고 등주를 출발하기로 하였다. 이는 등주 노선을 명 조정의 승인없이 무단으로 이용했으니 우선 등주 상륙허가를 요청하는 공문을 지닌 鄭斗源 사행이 먼저 북경에 가는 것이 합당하다고 여겼기 때문이다.[128] 鄭斗源 일행은 11월 북경에 도착했으며 공식적인 외교업무를 수행했는데 숭정제는 조선의 사행로 변경 주청을 허락하지 않는다.[129] 이후 정두원 일행은 1631년 4월 12일 북경의 옥하관을 떠났으며[130] 6월 24일 무사히 조선의 석다산에 도착했다.[131]

1631년(인조9년 숭정4년) 6월 조정에서는 金蓍國을 동지사로 파견했는데[132] 후금이 1631년 8월 大凌河의 전쟁을 시작으로 지속적인 침략 전쟁을 통해 산해관 밖 지역으로 세력을 넓혀갔을 뿐만 아니라 원군을 이끌고 가던 耿仲明(1604-1649), 孔有德(1602-1652) 등의 명 장수가 吳橋(지금의 河北省 德州市 吳橋縣)에서 반란을 일으켜 산동의 여러 지방을 점령하여 1632년 1월에는 마침내 등주까지 점령하는 사태가 벌어져 요동과 산동지역은 더욱 혼동에 빠졌다. 김시국 사행단은 이러한 요동과 등주의 혼란 속에서 예정보다 긴 시간 북경에 머물러야 했다. 이러는 사이 조선 조정에서는 1632년 6월 인조의 아버지인 定遠君의 습작을 追封하고 등주 노선으로 사행로 변경을 주청하기 위한 奏請使 洪霙(부사 李安訥 서장관 洪鎬)와 千秋使 李善行을 파견한다.[133] 이 사이 북경에 머물고 있던 동지사 김시국은 1632년 8월 북경을 떠나 10월 4일 안주 老江鎭에 무사히 도착할 수 있었다.[134] 김시국 사행단은 앞서 鄭斗源 사행이 등주 군문에 무기를 올린 것에 대해 치하하는 숭정제의 칙서와 賜銀을 가지고 왔으며 조선이 후금과 焰硝 무역을 행할 것을 염려한다는 것과 함께 다음해 사행에서 황제의 은전에 사은하고

---

128 高用厚,《晴沙集》卷之二,〈呈登州軍門狀〉。

129 《明史》〈朝鮮傳〉과 《海東繹史》〈交聘志〉에는 정두원이 등주 해로 이용을 건의했으나 황제는 이 건의가 조선의 편의를 위한 것이 아닌가 의심하여 허락하지 않았다는 기사가 보인다. 또한 해동역사에는 "至崇禎五年壬申, 奏請再從登州路"라는 내용도 보인다.

130 鄭斗源,《朝天記地圖》,〈軍門前呈文〉。

131 《承政院日記》卷之三十三,〈仁祖八年七月一日〉。

132 《承政院日記》卷之三十三,〈仁祖九年六月六日〉。

133 《朝鮮王朝實錄·仁祖實錄》卷之二十六,〈仁祖十年三月二十八日〉; 李安訥,《朝天後錄》〈一六三二年六月一日〉

134 《承政院日記》卷之三十八,〈仁祖十年十月九日〉。

명 조정의 오해를 풀기 위한 주청를 올려야 한다고 보고한다.[135] 한편, 주청사 홍보 사행단은 10월 3일 북경 옥하관에 무사히 도착하여[136] 정원군을 元宗大王, 모비를 仁獻王后로 추봉하는 황제의 칙서와 誥命을 받는 데 성공하였으나[137] 등주 노선으로 사행로를 변경하는 것은 승인받지 못했다. 이는 당시에는 이미 요동과 등주에서 전란이 빈번했으므로 등주 노선의 안전을 보장할 수 없었기 때문이었다.[138] 그래서 이후로는 더 이상 등주 노선을 사행로로 이용하지 않았다. 홍보 사행단은 1633년 2월 26일 북경을 떠나 4월 12일 평양부 증산현 석다산에 무사히 도착했다.[139]

　1633년 5월 조선 조정에서는 원종대왕의 추봉 고명에 대해 감사를 표하는 追封謝恩, 소현세자의 책봉을 주청하는 冊封奏請, 그리고 동지, 성절, 천추를 함께 進賀하는 사행단을 보내기로 결정하는데 정사 韓仁及을 奏請兼謝恩使로, 부사 金榮祖를 冬至聖節千秋進賀使로, 沈之溟을 서장관을 선임한다.[140] 이들 사행단은 9월 7일 平島에 도착하여 명군이 耿仲明, 孔有德을 몰아내어 등주를 회복하였다는 소식을 전하는 장계를 올리고[141] 북경에 들어가 사행의 임무를 완성하고 1634년 5월 무사히 귀국하였다.[142]

　1634년 7월 조선 조정에서는 世子冊封에 감사하기 위한 謝恩과 冬至兼聖節의 賀禮를 드리기 위한 동지겸사은사로 宋錫慶(부사 洪命亨, 서장관 元海一)을 선임하여 북경으로 파견한다.[143] 당시 후금군은 다시 북경 북부의 장성을 넘어 上方堡, 居庸關, 保安, 萬全左衛 등지를 공략하였다가 8월 퇴각하였고 1635년에는 또 다시 大凌河 지역을 침공하여 점령하였으며 각지에서 농민반란이 들불처럼 일어나고 있었다. 송석경 사행단은 1635년 6월 무사히 귀국하여 농민반란으로 자중지란에 빠진 명의 정세를 보고한다.[144]

135 　《朝鮮王朝實錄·仁祖實錄》卷之二十七,〈仁祖十年十月二十二日 ; 十一月八日〉
136 　李安訥,《朝天後錄》〈一六三二年十月三日〉
137 　《朝鮮王朝實錄·仁祖實錄》〈仁祖行狀〉
138 　《朝鮮王朝實錄·仁祖實錄》卷之二十八,〈仁祖十一年四月十二日〉
139 　李安訥,《朝天後錄》,〈一六三二年四月三日, 四月十二日〉
140 　《承政院日記》卷之四十一 ,〈仁祖十一年四月十九日〉;《朝鮮王朝實錄·仁祖實錄》卷之,〈仁祖十一年五月二十八日〉
141 　《朝鮮王朝實錄·仁祖實錄》卷之二十八,〈仁祖十一年十月二十三日〉
142 　《朝鮮王朝實錄·仁祖實錄》卷之二十九,〈仁祖十二年五月十四日〉
143 　《朝鮮王朝實錄·仁祖實錄》卷之二十九,〈仁祖十二年七月二十二日〉
144 　《朝鮮王朝實錄·仁祖實錄》卷之三十一 ,〈仁祖十三年六月四日〉;《承政院日記》卷之四十四 ,〈仁祖

　1635년 6월 조선에서는 동지사 崔惠吉을 북경으로 파견하는데[145], 1635년은 후금이 大凌河 지역을 다시 침공하여 점령하였고 1636년 2월부터 농민반란군이 하남성 도처에 침입하여 명군과 격전을 치르던 때였다. 동지사 최혜길의 사행 행적에 대해서는 알려진 것이 없는데, 1636년 7월 通政大夫에 제수된 것[146]으로 볼 때 사행을 성공적으로 수행하고 귀국한 것으로 추정된다.

　1636년 (명나라 崇禎 9년, 조선 인조 14년) 5월 후금 태종 황태극은 연호를 崇德으로 국호를 大淸으로 정하고 스스로 황제가 된 후 대명 정벌을 선언하고 5월 30일 드디어 征明軍을 출정시켰다.[147] 이러한 급박한 시기에 조선 조정은 6월 동지성절천추진하사 金堉(서장관 李晩榮)을 북경으로 파견한다.[148] 이 사행이 결국 태조 이래 245년간 이어진 조선의 대명사행의 마지막 사행이 되는데, 의례적인 진하의 임무 이외에 두 가지의 비공식적인 임무가 있었다. 하나는 1629년 이래 원숭환 요구로 그동안 이용한 각화도 해상 사행로를 다시 등주 사행로로 변경하는 주청을 올리는 일이었고 다른 하나는 화약의 원료가 되는 염초의 무역과 기타 백사, 서책의 무역을 허락받는 일이었다.[149] 사행단은 11월 5일 북경의 옥하관에 도착하여[150] 본격적인 외교임무를 수행하는데 사행로를 바꾸는 일과 염초 무역 등의 허가는 끝내 얻지 못한다.[151]

　그런데 김육 사행단이 북경에 머무는 12월에 청 태종이 조선에 대한 親征을 감행하는 병자호란이 발발한다. 청군은 12월 10일 압록강을 넘고 12월 30일 조선 인조의 항복을 받는다. 당시 김육 사행단은 명 조정에서 정확한 정보를 듣지 못하여 조선이 청에 항복한 사실을 모르고 있다가 回軍하던 淸軍이 1937년 4월 조선군과 함께 椵島에 주둔하고 있는 명나라 장군 沈世魁를 정벌했다는 명 병부의 題本을 4월 20일에 보고 나

十二年七月七日〉.

145　《朝鮮王朝實錄·仁祖實錄》卷之三十一,〈仁祖十三年六月六日〉
146　《承政院日記》卷之五十二 ,〈仁祖十四年七月二十日〉。
147　《淸太宗實錄》卷28,〈崇德 元年 5月 庚午日, 辛未日, 壬申日, 癸酉日〉
148　金堉,《朝京日錄》〈一九三六年六月十七日〉; 李晩榮,《崇禎丙子朝天錄》,〈一六三六年六月十七日〉
149　金堉,《潛谷遺稿》卷8〈貢路硝黃事呈禮部 一六三六年十二月七日〉
150　金堉,《朝京日錄》〈一六三六年十一月五日〉; 李晩榮,《崇禎丙子朝天錄》〈一六三六年十一月五日〉
151　金堉,《朝京日錄》〈一六三六年十二月十五日〉

서야 비로소 조선이 청에 항복한 사실을 알게 된다.[152] 명 조정은 조선의 사정을 탐문하는 한편, 국교가 완전히 단절되는 것을 방지하고자 특별히 호송군을 붙여 안전하게 사신들이 돌아갈 수 있도록 배려해준다.[153] 김육 일행은 4월 22일 북경 옥하관을 떠나 5월 11일 석다산에 무사히 도착했으며 6월 1일 인조에게 복명하였다.[154] 김육의 사행을 마지막으로 조선의 명에 대한 사대관계는 끝나고 대신 청과 사대동맹을 맺게 된다.

1.4 明末 對明 海路使行 關聯 文獻

1) 安璥《駕海朝天錄》

安璥은 명 熹宗 天啓帝가 登極詔使를 파견해준 것에 대해 감사하는 謝恩使 崔應虛(冬至聖節使兼行)의 서장관으로 1621년(천계 원년, 광해군 13년) 5월 20일 平安道 安州를 떠나 그해 11월 7일 무사히 귀환했는데 당시의 조천 과정을 일기체로 상세히 기록하였다.[155] 여기에는 등주 지역 문인들과 교류하면서 쓴 筆談과 詩, 그리고 사행의 감흥을 읊은 詩 등도 포함되어 있다. 이 사행의 기록이 조선 최초의 해상 조천록인《駕海朝天錄》인데 19세기에 안경의 10대손 安正煥이 필사한 필사본이 미국 하버드 대학 燕京도서관(TK3051-5483)에 소장되어 있으며 현재 세상에 전해지는 유일본이다. 燕京도서관 소장본은 총 93장, 매 장 20열, 1열에 22자의 한자가 기록되어 있다.

2) 吳允謙《海槎朝天日錄》,《朝天詩》

吳允謙은 1622년(天啓 2년, 光海君 14년) 4월 29일 熹宗 天啓帝의 등극을 敬賀하기

---

152 《增補文獻備考》卷174〈交聘 1〉; 金堉,《朝京日錄》〈一六三六年四月二十一日〉

153 金堉,《朝京日錄》〈一六三六年四月二十日〉

154 《朝鮮王朝實錄·仁祖實錄》卷之三十五,〈仁祖十五年六月一日〉

155 안경의《가해조천록》의 전반적인 내용은 (허경진·최해연,〈명청교체기 최초의 수로조천록—안경의《가해조천록》〉, 중국학논총 34집, 2011)을 참고바람.

위한 登極使로 郭山 宣沙浦를 출항하여 그해 10월 16일 宣沙浦로 무사히 귀환하였다. 오윤겸은 《海槎朝天日錄》을 남겼는데 사행기간동안 거의 매일 날짜, 날씨, 내용, 이동 거리를 기록하였으나 사행도중 병이 났던 기간은 누락된 부분[156]도 있다. 오윤겸은 직접 보고 들은 객관적인 정보를 사실 위주로 기술만 하고 개인적인 의견을 제시하지 않았으며 使行詩는 포함시키지 않았다. 그의 사행시는 개인 문집인 《秋灘集》에 〈使行詩〉라는 항목으로 별도로 실려 있다. 《해사조천일록》은 서장관이 기록해서 備邊司에 보고하는 공식적인 기록과는 달리 사적인 일기의 성격이 강했지만 외교와 관련된 사실을 기록할 때는 서술 주체를 '나'에서 '사신'으로 변경하여 기록함으로써 서장관의 공식기록을 보충하는 자료로 활용될 것을 감안했다.[157] 《해사조천일록》은 원래 《秋灘東槎朝天日錄》이라는 책명으로 오윤겸이 일본에 다녀온 기록인 《東槎日錄》과 合本되었으며 그의 개인문집인 《추탄집》과는 별도로 전하여진 듯하다. 《秋灘東槎朝天日錄》 전체 58장 가운데 32장까지가 일본을 다녀와서 쓴 《동사일록》이며 33장부터 58장까지가 명나라를 다녀와서 쓴 《해사조천일록》이다. 개인 문집인 《추탄집》을 《秋灘先生文集》, 《秋灘先生遺稿》 등으로 증보하여 재간행하면서 《東槎日錄》과 《해사조천일록》은 부록에 별도로 함께 수록되었다.

3) 李慶全 《石樓先祖朝天錄》, 《朝天錄》, 《朝天詩》
尹暄 《白沙公航海路程日記》
李民宬 《癸亥朝天錄》, 《燕槎唱酬集》

1623년(天啓 3년, 仁祖 원년) 3월 조선에서는 광해군을 몰아내는 反正이 일어나 仁祖(재위 1623~1649)가 왕위에 오르게 된다. 인조는 명 천계제로부터 국왕 책봉을 받고 반정의 이유를 해명하기 위해 서둘러 奏請使(奏聞使)를 파견하기로 결정하고 정사 李慶全(부사 尹暄, 서장관 李民宬)을 선발하여 사행단을 꾸렸으며, 이들은 그해 5월 24일 선

---

156   8월 16일, 18일, 19일, 21-25일, 27-30일, 9월 1-4일은 기록이 없음
157   정영문, 〈17세기 사행록의 연구현황과 나아갈 방향—명·청 교체기의 사행을 중심으로〉, 한국문학과
      예술 17집, 2015, pp.61-63, 참고 및 부분인용.

사포를 출항하게 된다. 이들은 6월 13일 무사히 등주에 도착했다. 한편 冬至聖節使兼
謝恩使 趙湜 일행은 9월 1일 선사포를 출항하여 9월 26일 무사히 등주에 도착하였다.
이들 두 사행단은 모두 북경에서 합류하여 반정의 정당성을 해명하고 인조가 광해군
과 달리 적극적인 親明排金 정책을 시행할 것임을 설득하였다. 두 사행단은 임무를 마
치고 모두 1624년 4월 6일 무사히 선사포에 도착했으며, 4월 20일 인조는 직접 慕華
館까지 나가 사신들이 가지고 온 국왕 책봉 칙서를 받는다.

　이 사행길에는 많은 기록이 남아있다. 奏請使 李慶全은《石樓先祖朝天錄》을 남겼
는데 이는 부사 尹暄, 서장관 李民宬과 주고받은 唱和詩를 모은 사행시집이다. 희귀본
으로 성균관대학 존경각(B161-0018)에 소장되어 있으며,[158] 이경전의 문집인《石樓集》
에는 수록되어 있지 않다. 그런데 이경전의 또 다른 문집인《石樓先生遺稿》(전 2권)에
는〈朝天錄〉이라는 題名으로 6편의 奏本, 狀啓, 帖이 전하고 있는데, 이 문건은 몇몇
글자만 다를 뿐 서장관 이민성의 문집인《敬亭集續集》4권에 수록된 문건과 동일하
다. 이 가운데 4편의 연속된 狀啓는 등주에 도착한 1623년 6월 21일부터 이듬해 정월
28일까지 8개월 간의 활동 상황과 당시 중국의 정세를 날짜별로 상세히 기록하고 있
어서 당시의 일반적인 일기체 연행록만큼이나 내용이 풍부하고, 본국에 보고한 보고
서이기 때문에 신뢰성 또한 매우 높다. 다만, 공적인 기록이기 때문에 다양한 정보가
부족하고 문학성이 결핍되어 있다.[159] 또한《석루선생유고》에는《석루집》에는 없는 사
행 당시에 쓴 100여 수의 使行詩(朝天詩)도 포함되어 있다.《석루선생유고》는 규장각
에 소장된《鵞洲世稿(아주세고)》(전7권)에 실려 있다.

　부사 尹暄은《白沙公航海路程日記》를 남겼는데, 이 노정일기는 아주 간략하여 날짜,
날씨, 하루 동안 몇 리를 갔는지, 지나간 노정은 어디인지만을 기록하고 있다. 그의 문집
인《白沙集》(李恒福의 백사집과 책명이 동일하나 다른 책임)에는 수록되어 있지 않고 林基
中의《燕行錄全集》15집에 수록되어 세상에 알려졌는데, 책의 표지 제목 옆에 "家傳珍

158　김지현,〈17세기 초 대명 해로 사행록 서술의 양상〉, 한국문학과 예술 제15집, 2015,
　　　각주(14) 참조 및 인용.

159　이영춘,〈인조반정 후에 파견된 책봉주청사의 기록과 외교활동〉, 조선시대사학보 59집, 2011,
　　　pp.113-116, 참조 및 부분인용.

藏(가전진장)"이라는 표기가 있는 것으로 보아 윤훤의 후손이 개인적으로 소장하고 있던 별도의 필사본이 《연행록전집》에 실려 알려진 것 같다. 이 필사본은 완정본이 아니며, 등주까지의 노정 2쪽과, 1624년 3월 2일 북경을 출발하여 등주를 거쳐 石城島에 도착하는 4월 4일까지 모두 32일 간의 일기 14쪽 등 전부 16쪽만이 남아있다. 이는 윤훤이 1627년 1월 정묘호란이 일어났을 때 평양성을 버리고 후퇴했다가 의금부에 투옥되어 2월 15일 군율로 효수되었으므로 그의 기록을 보존하기 어려웠기 때문이었던 것 같다. 지금 전해지는 《백사공항해노정일기》의 내용은 대부분이 공식적인 사행일정을 끝내고 돌아오는 귀로에서 겪은 사소한 일상의 이야기로 특별히 주목할 내용은 없다.[160]

서장관 李民宬은 사행일기 《癸亥朝天錄》과 사행시 《燕槎唱酬集》을 남겼는데 이 문헌은 각각 《敬亭集續集》 권1, 2, 3권과 《敬亭集》 권 6, 7, 8권에 수록되어 있다. 그의 《敬亭集年譜》에 따르면 이민성은 사행을 마치고 돌아온 1624년 5월 《燕槎唱酬集》을 여정의 순서대로 직접 편집하였고, 별도로 《癸亥朝天錄》도 완성하였고 한다.[161] 이민성의 조천록에는 일행 전체의 여정, 행로의 풍물과 지리, 공무수행과 각종 사건 사고, 중국 관원들과의 접견과 대화 및 교섭 활동, 각종 의례와 연회, 황제와 중국 조정의 동향, 책봉 주청 외교 활동 등 현장 기록과 참고자료들이 요약정리 되어 있으며 수집한 勅書의 抄本, 중국 관원들의 題本 및 사신 자신들이 작성한 문서의 등본 등 원자료도 수집되어 있다.[162] 특히 이민성의 조천록은 인문지리지의 성격도 지니는데 사신들이 경유한 지역의 연혁, 지리개황, 명승지, 고적, 인물 자료를 풍부하게 기록하고 필요한 경우에는 고증을 통해서 地誌 정보의 사실관계를 세밀하게 따졌다. 이는 요동 사행로와 달리 등주에서 북경까지의 사행로는 孔孟의 고향인 鄒魯지역을 관통하고 중원의 역사 현장을 두루 거쳐가는 노정이었으므로 조선 문인들이 특별한 관심과 애정을 가졌기 때문이었다.

---

160 상게서, p.117, 참조 및 부분인용.
161 김지현, 〈이민성의 《계해조천록》 소고〉, 온지학회 추계학술대회, 2014, p.14 부분인용.
162 이영춘, 〈인조반정 후에 파견된 책봉주청사의 기록과 외교활동〉, 조선시대사학보 59 집, 2011, pp.118-119, 참조 및 부분인용.

4) 趙濈《癸亥水路朝天錄》,《燕行酬唱集》,《北京紀行詩》

奏請使(奏聞使) 李慶全 사행단이 북경에서 외교활동을 펼치도록 인조는 연이어 冬至聖節使兼謝恩使 趙濈(서장관 任賚之)를 인선하여 명 조정이 지난번 동지성절사 李顯英 편에 焰硝 수만 근을 보낸 일에 대해서 사은한다는 명분으로 파견하였다. 그러나 실제로는 앞서 파견된 주청사를 도와 책봉의 임무를 완성하고자 하는 목적이 더 강했다. 조즙 일행은 북경에서 이경전 사행단과 합류하여 반정의 정당성을 해명하고 마침내 1624년 2월 17일 인조를 조선왕으로 인정하는 황제의 칙서를 받게 된다.[163] 이들 사행단은 1624년 4월 6일 무사히 선사포에 도착했다.

조즙은《癸亥水路朝天錄》과《燕行酬唱集》을 남겼다. 그리고 한문본인《계해수로조천록》의 국문번역본인《朝天日乘》도 남아 있다. 임기중의《연행록전집》권12에《연행록(일명조천록)》과《조천일승》이 수록되어 널리 알려졌는데,《연행록전집》권12의《연행록(일명조천록)》은《계해수로조천록》의 이본이다.《계해수로조천록》은 일기체로 1623년 7월 25일부터 다음해 4월 2일까지의 사행일자와 날씨, 여정에 따른 사행단 활동이 자세히 기록되어 있다. 곧, 공물의 준비부터 선사포에서 배를 타고 출발, 산동 등주에 도착하여 육로로 북경에 가는 도중의 견문, 사절단 일행의 북경체류 128일간의 생활까지 사안의 경중에 관계없이 세세히 기록되어 있다.[164] 2009년 고려대 민족문화연구원의 조사에 따르면 미국 UC버클리대학교 도서관(UC Berkeley Library) 버클리대 리치몬드 문고본에《花川趙先生朝天錄》이란 판본이 있는데 총 73張, 한 면에 12行25字의 한자가 기록되어 있다고 한 점으로 미루어 보아 바로《계해수로조천록》의 이본으로 판단된다.《계해수로조천록》의 한글본인《朝天日乘》은 국립중앙도서관(BA2817-13)에 소장되어 있다. 2002년에 趙冕熙는 대련문화사에서《조천일승》과《연행록》,《수창록》(번역본: 뱃길로 간 북경기행 및 수창시)의 영인본을 간행하였는데, 번역본의 머리말의 설명에 따르면《조천록》과《연행수창집》은 원래 합본이다. "조즙의 후손들이

---

163   李民宬,《癸亥朝天錄》〈一六二四年二月十三日〉.
164   류보전,〈화천 조즙의 연행과 한시 창작〉, 동방한문학 제52집, 2012, p. 30, 참조 및 부분인용.

필사본으로 베껴서 두어 군데 전해 오던 것을 1972년 화천 조씨의 방계이고 종족손인 남권씨가 번역을 하고 후손인 춘연씨가 출판을 한 적이 있는데" 당시 원형 그대로 출판하지 않았으므로 자신들이 전해지는 필사본의 원형 그대로 다시 영인하여 출판하는 것이라 했다. 이 판본의《연행수창집》말미에는 조즙의〈北京紀行詩〉11수도 함께 수록되어 있다.

5) 李德泂《竹泉行錄(슈로됴텬녹, 됴천녹)》,《朝天錄(一云航海日記)》
洪翼漢《花浦先生朝天航海錄》,《朝天詩》
吳翿《朝天詩》
*〈燕行圖幅〉,〈航海朝天圖〉,〈朝天圖〉,〈梯航勝覽帖〉

앞서 奏請使(奏聞使) 李慶全 사행단과 동지성절사겸사은사 趙濈 사행단이 직접 칙서를 가지고 왔으나 책봉은 칙서로 완료되는 것이 아니라 誥命과 冕服을 받아야만 완성될 수 있었다. 그래서 1624년 7월 인조는 고명과 면복을 빨리 보내주도록 요청하기 위해 謝恩奏請使 李德泂 (부사 吳翿, 서장관 洪翼漢)을 인선하고 동시에 동지성절사 權啓(서장관 金德承)도 함께 파견하게 된다. 이들 두 사행단은 8월 4일 선사포를 출항하여 임무를 완성하고 1625년 4월 2일 무사히 선사포로 돌아왔다. 6월 3일 명나라의 詔使 太監 王敏政과 胡良輔가 한양에 와서 고명과 면복을 頒賜(반사)함으로써 마침내 인조의 책봉은 완결되었다. 이덕형의 사행에 관해서는 서장관 洪翼漢의《花浦先生朝天航海錄》, 李德泂의 행적을 기록한《조천록》(국문본인《竹泉行錄》,《슈로됴텬녹》,《됴천녹》이 있는데,《죽천행록》이 가장 완정한 판본이며 한문본인《朝天錄一云航海日記》는 국문본인《죽천행록》의 한문번역본으로 밝혀졌음), 金德承의《天槎大觀》등의 문헌이 남아있다.

국문본인 이덕형의《죽천행록》은 이현조씨가 개인 소장하고 있는 필사본이며,《죽천행록》의 한문역본인《朝天錄(一云航海日記)》은 이덕형의 글과 행적을 모아 놓은《竹泉遺稿》에 수록되어 있는데,《죽천유고》는 매면 10행, 각 행 20자, 총 160쪽의 단정한 모필본으로 신준용 씨가 개인 소장하고 있다.[165]《죽천행록》은 다른 사행록과 달리 이

---

165 이 판본은 조규익의〈조천록일운항해일기〉,(《문학과 예술》2, 2008년 9월, pp.243-344)에 전체가 공개되

덕형 자신이 쓴 사행록이 아니며 지금까지의 연구에 의하면 이덕형을 수행했던 軍官이 남긴 기록을 許穆이 넘겨 받아 국문으로 작성한 것이다.[166]《죽천행록》은 조선에서 북경에 도착하기 까지의 乾篇과 북경에서 천신만고 끝에 외교활동을 성공적으로 마무리한 과정, 귀국한 후 정적들의 모함을 받지만 형벌을 면하게 되는 과정들을 기록한 坤篇으로 나누어 지는데 현재는 곤편만 전해지고 있다.《죽천행록》은 전체 일정을 일기체로 빠짐없이 기록한 것이 아니라 황제로부터 고명과 면복을 받아내기 위해 이덕형이 취했던 각고의 노력과 고난을 중심으로 그 노력의 과정을 잘 드러낼 수 있는 특정한 날짜의 사건만을 선별적으로 기록하고 있어서 사실에 기초한 서사문학적 성격을 띠고 있는 독특한 사행록이다.[167]

　홍익한의 《화포선생조천항해록》은 사행단이 출발한 1624년 7월 3일부터 이듬해 4월까지 하루도 빠뜨리지 않고 일기체로 사행 기간 직접 체험한 풍경, 노정, 역참, 침식 상황, 명 조정의 동향, 명 관리들의 탐욕 실태, 북경의 사정, 사신들의 외교활동, 중국인들과의 필담을 자세히 기록하고 있다.[168] 2권 1책의 木版古本으로 숙종 35년(1709), 그의 후손 洪禹錫에 의해 知禮縣 官費로 간행되었는데, 여기에는 홍익한이 丙子胡亂 때 平壤庶尹에 임명되어 가면서 쓴《西征錄》까지 첨부되어 있다. 권별로 나누어 보면, 제1권에는 조정으로부터 使行에 임명된 사실과 發程·移任 등의 전말을 권두로 하여 바다를 건너고 일부 육로를 거쳐 북경에 도착할 때까지의 기사가 실렸으며, 제2권에는 북경에 들어가 冬至使 일행과 만나 같이 正朝賀禮를 행하던 일, 인조의 즉위를 인준받기 위해 누차 呈文을 올리던 일, 임무를 마치고 돌아온 후 諫院의 탄핵으로 관직을 삭탈당하던 일 등을 기록한 기사들이 실려있다. 국립중앙도서관(BA3653-34)등 국내 여러 곳에 소장되어 있다.

　《화포선생조천항해록》이 간행될 당시 5권 2책으로 엮은《花浦遺稿》도 함께 간행되었는데, 초간본 5권 2책의 《화포유고》는 현재 충남대학교 중앙도서관(고서 集. 別集類

어 있다.

166 조규익, 〈조선조 국문 사행록의 통시적 연구〉, 어문연구31(1), 2003, p.88, 참조 및 부분인용.

167 조규익, 《《죽천행록》의 사행문학적 성격〉, 국어국문학 129, 2001, 380-381 참조 및 부분인용.

168 이영춘, 〈인조반정 후에 파견된 책봉주청사의 기록과 외교활동〉, 조선시대사학보 59 집, 2011, pp.119-120, 참조 및 부분인용.

-韓國419), 국립중앙도서관(古3648-文93-34) 등에 소장되어 있고,《화포유고》와《화포 선생조천항해록·서정록》을 7권 4책으로 합본한 것이 부산대학교 중앙도서관(OFC4-2-550) 등에 소장되어 있다. 권1은 詩로 五言律詩(23題), 七言律詩(32), 五言絶句(3), 七言絶句(18), 雜言(1)이 수록되어 있다. 그중에는 사행 당시 呂祖謙의 東萊書院을 참배하고 지은 시 등이 포함되어 있다.[169]

　吳翻은 당시 사행에서 쓴 〈朝天詩〉를 그의 문집인《天波集》권2에 남겼다.《천파집》은 詩 3권, 文 1권, 합 4권으로 1647년 4월에 晉州 牧使에서 遞差되기 이전에 晉州에서 목판으로 간행되었을 것으로 보인다.《천파집》의 初刊本 현재 규장각(奎5618, 7052), 장서각(4-6545), 국립중앙도서관(한46-가1550), 연세대학교 중앙도서관 등에 소장되어 있다.

　또한 이덕형 사행을 묘사한 그림으로 〈燕行圖幅〉(국립중앙박물관 소장)이 전한다. 연행도폭은 총 25폭으로 旋槎浦, 椵島, 石城島(長山島), 旅順口, 登州外城, 登州城, 萊州府, 濰縣(유현), 昌樂縣, 靑州府, 長山縣, 鄒平縣(추평현), 章丘縣, 濟南府, 濟河縣, 禹城縣, 平原縣, 德州, 景州, 獻縣, 河間府, 新城縣, 涿州(탁주), 燕京, 旋槎浦回泊 등이다. 이후 18세기 후반에 〈연행도폭〉을 그대로 모사한 〈航海朝天圖〉(25폭, 국립중앙박물관 소장), 〈연행도폭〉을 후기 眞景山水畵風으로 개작한 〈朝天圖〉(25폭, 국립중앙박물관 소장)도 현재까지 전하고 있다. 19세기에 〈연행도폭〉을 民畵風으로 다시 개작한 〈梯航勝覽圖〉(25폭, 개인 소장)도 현재까지 전해지고 있다.[170]

6) 金德承《天槎大觀》

　김덕승의《천사대관》은 다른 사행록이 주로 일기체 산문과 시, 공문서를 중심으로 일정에 따라 사행에 참고가 될 만한 인문지리적 정보를 부수적으로 기술하던 형식과는 달리 전체가 지리지 양식을 모방하여 구성한 최초의 사행기록이다.《천사대관》은 당시 사신들이 경유한 주요 지역을 수행 畵員이 그려넣은 圖本과 그에 대한 설명인 圖

169　한국고전종합DB《화포유고》해제 참조 및 인용.
170　정은주, 〈명청교체기 대명 해로사행 기록화 연구〉, 명청사연구 제27집, 한국명청사학회, 2007, p.226.

說로 구성되는데, 도설은 명대 지리지인《大明一統志》를 주로 인용하고 김덕승 자신이 사행에서 직접 견문한 내용을 부연하였다.[171]《천사대관》은 그의 문집인《少痊公文集》권2 雜著에 편입되어 있는데, 현재 도설만 전하고 도본은 전하지 않는다. 최근 개인이 소장한《坐觀荒絋(좌관황굉)》중에 도본으로 추정되는 자료가 발견되어 현재 연구가 진행 중이라고 한다.[172]

7) 全湜《槎行錄》,《朝天詩(酬唱集)》

1625년(인조 3년) 7월에는 謝恩兼陳慰使 朴鼎賢(부사 鄭雲湖 서장관 南宮檄)일행이, 8월에는 동지겸성절사 全湜(서장관 李洙)일행이 파견되었다. 전식 일행은 4척의 배로 9월 1일 선사포를 출항하였는데 귀로에서 1척이 침몰하여 40명의 사행원이 모두 죽고 3척만이 무사히 돌아올 수 있었다.[173] 전식은 일기체의《槎行錄》과 酬唱集인《朝天詩》를 남기고 있는데《사행록》은 그의 문집《沙西集》권5에,《조천시》는《사서집》권1에 수록되어 있다.《사행록》은 1625년 8월 3일에 출발하여 1626년 4월 15일까지 중국을 다녀온 기록으로 날짜별로 경유 노선과 만난 사람들, 날씨 등을 상세히 기록하였으며 지은 시의 제목을 小註로 달아 놓았다.《조천시》는 〈舟行〉 이하 30여 편이 詩體에 관계없이 대략 저작 연대순으로 편차되어 있는데 사행 도중의 경물을 읊은 것, 海路 사행의 어려움을 토로한 작품이 많다.《사서집》의 부록 권2 끝에는 사행을 떠날 때 문인들이 지어준 送詩와 送序가 부기되어 있다.

《사서집》은 1847년(현종 13)에 7대손 全宗漢이 편찬하였다가 1862년(철종 13)에야 비로소 全宗漢이 李彙寧의 서문과 자신의 발문을 붙여 9권 4책의 활자본으로 문집을 간행하였다. 初刊本은 국립중앙도서관(한46-가342), 장서각(4-6089), 연세대학교 중앙도서관 등에 소장되어 있다. 이 밖에 年譜가 추가된 필사본이 규장각(奎15384)에 소장

---

171 이성형,《〈천사대관〉과《노정기》의 상관관계와 내용구성 비교〉, 대동한문학 제49집, 2016, pp.213-214 참조 및 부분 인용.

172 상게서, 각주4) 인용

173 조창록,〈전식의 사행록과 해로 사행의 체험시〉, 동방한문학46집, 2011, p.64 참조.

되어 있다. 김기중의《연행록전집》권10에는《沙西先生航海朝天日錄》과《사서집》권 5에 수록되어 있는《槎行錄》등 2가지 異本이 실려있는데,《사서선생항해조천일록》은《槎行錄》과 날씨를 표기하는 부분만 조금 다를 뿐 내용에는 큰 차이가 없다. 다만《사서선생항해조천일록》은 그의 문집과 별도로 간행되어 읽혔던 것 같다.

8) 金尙憲《朝天錄》
金地粹《朝天錄》
南以雄《路程記》
*〈朝天圖〉

1626년 윤6월 28일 聖節兼陳奏使 金尙憲(서장관 金地粹)과 동지사 南以雄은 함께 명으로 파견된다. 金尙憲 일행은 모문룡의 상소가 모두 오해임을 밝히기 위해 3차례나 兵部와 禮部에 呈文을 올렸으며 1626년 12월 19일 마침내 명 조정으로부터 모문룡의 무고에 괘념치 말라는 聖旨를 받게 된다. 그런데 金尙憲이 북경에 머물던 1627년 1월 후금이 압록강을 건너 조선을 침략하는 丁卯胡亂(중국에서는 丁卯虜亂이라 함)이 발생하여 金尙憲 일행은 명 조정에 조선에 대한 구원을 요청하기도 했다. 조선을 침략한 후금은 양국을 형제국으로 하는 丁卯條約을 3월 3일에 맺고 철수하였고, 金尙憲 일행은 5월 18일 한양으로 돌아올 수 있었다.

金尙憲은 사행길을 따라 거쳐간 지역에서 느낀 감회를 일정에 따라 시로 읊은《조천록》을 남겼는데 시뿐만 아니라 祭文, 狀啓, 奏文 등 산문도 14편 포함되어 있으며, 이《조천록》은 그의 문집인《淸陰集》권9에 실려 있다. 그의《조천록》은 산동 濟南 체류기간에 알게 된 張延登(장연등1566—1641)과 그의 아들 張萬選의 도움으로 중국 현지에서 간행되었고, 장연등의 손녀사위인 王士禎(1634—1711, 王漁洋)이 金尙憲의 시를 자신의 저서인《感舊集》,《漁洋詩話》,《池北偶談》등에 수록하면서 중국 문인들 사이에 알려지게 되었다. 이후 홍대용, 박지원, 이덕무 같은 수많은 조선 사신들이 중국을 방문할 때면 으레 金尙憲의 시가 중국에서 간행된 것에 대해 자랑스러워하면서 중국

문인과 그의 시에 대해서 문답하는 것이 관례가 되었다.[174]

서장관 金地粹도 사행길의 감회를 시로 읊은《조천록》을 남겼는데 그의 문집인《苔川集》권2에 수록되어 있으며 이는 사행길에 正使인 金尙憲과 수창한 詩를 모은 것으로 1626년 義州에 다녀온 白洲 李明漢과 주고받은 시 2편도 함께 수록되어 있다.

南以雄의《路程記》는 그의 개인문집인《市北遺稿》卷4의 記에 편재되어 있는데 최근 연구에서 남이웅의 저작이 아닌 金德承의《天槎大觀》의 이본으로 밝혀졌다.[175]

한편, 金尙憲 사행을 묘사한 〈朝天圖〉(1폭, 개인 소장)도 현재까지 전하고 있는데, 17세기에 제작된 것으로 추정되며 旅順口 일대를 묘사한 그림으로 〈淸陰帖〉의 삽도로 남아있다.[176]

9) 閔聖徽《戊辰朝天別章帖》

1628년 2월(崇禎元年, 仁祖 6년) 조선에서는 천계제를 조문하기 위한 進香兼陳慰使 洪霶(홍방, 서장관은 姜善餘)을, 숭정제의 등극을 축하하기 위한 登極使 韓汝溭(한여직, 부사 閔聖徽, 서장관 金尙賓)을 함께 파견하기로 결정했는데 이들 일행은 무사히 임무를 마치고 1628년 11월 숭정제의 칙서를 직접 가지고 한양으로 돌아왔다. 칙서는 조선이 명을 도와 후금과의 전쟁에 협력하는 것을 치하하고 계속 후금의 후방을 공략할 것을 당부하는 내용이었다. 登極 副使였던 민성휘는 1628년에《戊辰朝天別章帖》을 편찬했는데, 94인의 시 96편이 天地人 3권으로 나뉘어 실려있다.[177] 이 책은 사행의 副使였던 閔聖徽를 송별하면서 조선 문인들이 지은 시를 모은 시첩으로 민성휘가 직접 쓴 사행록은 아니다. 다만, 당시 민성휘와 함께 사행을 떠났던 정사 韓汝溭과 서장관 金尙賓

---

174 황만기, 〈청음 김상헌《조천록》고찰〉, 한국한문학연구43집 , 2009, pp.326-328참고 및 부분인용.

175 이성형 ,《《천사대관》과《노정기》의 상관관계와 내용구성 비교〉, 대동한문학 제49집 , 2016, pp.241-243 참조.

176 정은주, 〈명청교체기 대명 해로사행 기록화 연구〉, 명청사연구 제27집, 한국명청사학회 , 2007 , p.226.

177 天에 五峰 李好閔, 象村 申欽 등 33인의 시 33편, 地에 敬亭 李民宬, 默守堂 崔有海 등 38인의 시 38편, 人에 芝所 黃一皓, 家洲 李尙質 등 25인의 시 25편 그리고 천, 지, 인 각각의 서두에 명나라 고위 관료인 莊應會의 시를 1편씩, 총 3편 싣고 있다. 그래서 전체로 보면 조선문인 93인의 시 93편, 장응회의 시 3편을 합쳐 총96편이 된다.

과의 차운시가 수록되어 있고 각권의 서두에 명나라 고위 관료인 莊應會의 시가 있으며, 수록된 시 대부분이 배금친명의 사상을 표명하고 사절단의 무사 귀환을 염원하고 있는 내용이라는 점에서 사행관련 문헌으로 포함될 수 있다. 경남대학교에 소장된 데라무치(寺內) 文庫에 편재되어 있다.

10) 申悅道《朝天時聞見事件啓》

1628년 3월 冬至使 宋克訒(서장관 申悅道)를 파견하기로 결정했으나 7월에야 출발하게 되었다. 당시 登萊巡撫(등래순무) 孫國楨(손국정)이 명 조정에 보낸 題本에 "조선과 倭가 화친한 마당에 만일 倭奴가 조선의 조공 사신 편에 붙어 숨어 들어오기라도 하면, 국가의 환란이 山海에 있지 않고 登州와 萊州에 있게 것이다. 그리고 그 책임은 奴酋에 있지 않고 조공 사신 편에 있게 될 것이다."라 하였기에, 명 조정에서 조선을 의심하게 되었으므로 사행단은 이에 대해 辨誣를 하는 임무도 함께 해야 했다. 동지겸변무사 송극인 일행은 다음해 1629년 5월에야 무사히 詔書와 칙서를 받들고 한양으로 돌아왔다. 조서는 숭정제의 등극조서로서 관례에 따르면 명의 登極詔使가 직접 인조에게 전해야 했으나 송극인이 조선의 어려운 사정을 들어 직접 가지고 온 것이며 칙서는 황태자의 탄생을 알리는 것이었다.[178]

이 사행에서 서장관 신열도는《朝天時聞見事件啓》를 남겼는데 이 기록은 일반적인 장계의 문체가 아니라 날짜에 따라 여정과 날씨를 기록하고 주요한 사건들을 간략하게 기술한 일기체 사행록에 가깝다. 그런데 서장관의 기록은 객관적인 사실에 바탕을 둔 공식 보고서의 역할도 했으므로《조천시문견사건계》에는 다른 사행록과는 달리 개인적인 감정이나 소회가 담겨 있지 않다. 또한 별도로 조선 조정에 보내는 奏文이나 狀啓가 포함되어 있지도 않다. 그의 개인문집인《懶齋先生文集》권3에 실려 있는데,《나재집》은 국립중앙도서관(古3648-文40-46)과 연세대학교 학술정보원(811.98/신열도/나-판), 성균관대학교 존경각(D3B-2753) 등에 소장되어 있다.

178　《朝鮮王朝實錄·仁祖實錄》卷之二十,〈仁祖七年五月三日 첫번째 기사〉1629년 崇禎 2년

11) 李忔《雪汀先生朝天日記》,《朝天詩》

1629년 6월 5일 思宗 (崇禎帝 재위기간 1628~1644) 황제로부터 전권을 위임받은 원숭환은 위충현의 비호 아래 요동해역에서 자기 세력을 키우며 전횡을 일삼던 가도 동강진 도독 毛文龍을 후금과 내통한 혐의로 영원위로 불러 처형했다. 그리고 조선이 왜구와 내통하고 후금에 관대하며 등주 해상으로 명 조정의 허락없이 마음대로 무역을 하고 있다고 의심하여 조선 사행 노선을 등주에서 영원위가 있는 각화도 노선으로 바꿀 것을 명했다. 이에 조선 조정에서는 6월 동지사 尹安國(서장관 鄭之羽)과 황태자의 탄생을 축하하는 陳賀兼射恩使 李忔를 파견하기로 결정했는데, 이흘에게 원숭환의 의심을 푸는 변무의 임무까지 함께 부여하였다.

윤안국과 이흘 사행단은 8월 10일에 함께 石多山을 출항하여 서해로 나갔는데 각화도로 향하는 항해길에서 동지사 윤안국이 탄 배가 침몰하여 윤안국은 익사하고 이흘과 서장관만 9월 19일 각화도에 무사히 도착할 수 있었다. 그런데 10월에 後金 太宗 皇太極이 北京을 직접 공격하는 己巳之變이 발발하게 된다. 이러한 혼란의 와중에 서장관만 우선 10월 18일 북경으로 떠나고 이흘은 10월 28일에 영원위 객관에서 산해관으로 이동하여 1630년 3월까지 계속 요동의 정세가 안정되기를 기다려야만 했다. 이흘은 산해관을 나와 3월 9일 각화도에서 천진으로 향하는 배를 탈 수 있었고 3월 24일 마침내 북경 옥하관에 도착했으며 여기서 서장관과 다시 재회하였다. 이흘은 변무 사행의 임무를 무사히 끝내고 4월 2일 황제의 聖旨를 받았다. 그러나 이흘은 사행길에 얻은 이질로 고생을 하다가 6월 9일 옥하관에서 운명하게 되었고 그후 한달간 사신일행은 이흘을 위한 장례를 치른 후 7월에 북경에서 출발하여 10월 18일 귀국하였다.

이 사행에서 李忔은《雪汀先生朝天日記》와《朝天詩》를 남겼다. 그의《조천시》는 별도의 시집으로 묶인 것이 아니라 그의 문집인《雪汀集》권1-3권에 散見되며 그의《조천일기》는 별집으로 후손들에게 전해져 오다가 1899년(광무3년)에야 비로소 인쇄되어 세상에 알려졌다.《설정선생조천일기》는 3권 1책이며 권1과 권2는 日記, 권3은 續錄, 附錄, 跋로 구성되어 있다. 권1-2는 설정이 직접 기록한 것으로 1629년 7월 8일 임금에게 謝恩肅拜(사은숙배)한 날로부터 1630년 6월 8일 북경 옥하관에서 서거할 때까지의 기록이다. 권3 續錄은 설정이 서거한 이후 製述官 이장배가 기록한 것으로 1630년 6월 9일 이흘이 죽고 그를 장사 지낸 후 10월 18일 평양에 도착하기까지의 기록이다.[179]《설정선생조천일기》는 국립중앙도서관(c13653-10), 성균관대 존경각(B16I-0003a)등에 소장되어 있다.

12) 崔有海《東槎錄》

가도 도독 모문룡을 제거한 袁崇煥이 조선에 咨文을 보내와 後金 정벌에 협조할 것을 요청해 왔으므로 조선 조정에서는 1629년 8월 崔有海를 賚咨使(뇌자사)로 파견하여 원숭환과 후금정벌을 위한 계획을 논의하기로 결정하였다. 최유해 일행은 9월 각화도 영원위를 향해 출항하였으나 도중에 표류하여 등주에 착륙하게 되었다. 그러나 이때 원숭환은 이미 명 조정의 파벌싸움으로 인해 실각을 한 상태라 최유해 일행은 원숭환을 만나보지도 못하고 등주에서 吳大斌(오대빈), 宋獻 등과 교유하면서 時事를 논하다가 1630년 7월 귀국하였다.

뇌자 사행에서 최유해는《東槎錄》이란 使行詩를 남겼다.《東槎錄》권1은 121편의 詩가 수록되어 있는데, 雙島에서는 八溪 卞獻(변헌)과, 登州에서는 晴川 吳大斌, 王述善, 宋獻 등과 수창한 시들이 실려 있다.《동사록》권2에는 부록으로 4편의 글과 補錄으로 3편의 글이 실려 있다. 부록에 실린 〈書崔學士東槎錄後〉(1630), 〈答崔大容書〉, 〈答崔校理書〉는 申翊聖(신익성), 金尙憲, 李明漢 등이《동사록》을 읽고 그 감흥을 쓴 발문과 편지이다. 보록에 실린 〈朝鮮崔進士遺稿題辭〉(1629), 〈讀楊浦遺稿〉는 명나라 인사들이 저자 부친의 문집인《楊浦遺藁(양포유고)》를 읽고 그 감흥을 쓴 발문들이다.[180]《동사록》은 최유해의 개인문집인《墨守堂集》의 말미에 수록되어 있는데《墨守堂集》은 국립중앙도서관(BC古朝46-가1107), 서울대 규장각한국학연구원(3428-179) 등에 소장되어 있다.

179　이정숙,〈설정 이흘의《조천일기》구두점과 주해 연구〉, 청운대석사학위논문, 2010, pp.8-9, 참조 및 부분인용.
180　한국고전종합DB《묵수당집》해제 참조 및 부분인용

13) 鄭斗源《朝天記地圖》
高用厚《朝天錄》

1629년 10월에 後金 太宗 皇太極이 북경을 포위하여 공격한 己巳之變의 소식은 1630년 1월 18일에야 조선 조정에 알려지게 된다.[181] 이에 조선 조정에서는 진위사를 파견하기로 결정하고 鄭斗源을 정사, 李志賤을 서장관(이지천은 병을 핑계로 사행선에 승선하지 않았으므로 나중에 체포됨)으로 임명한다. 鄭斗源은 진위의 임무 외에 원숭환이 변경한 각화도 사행로를 등주로 다시 바꾸어 줄 것을 주청하는 진주의 임무와 황태자의 책봉을 축하하는 陳賀의 임무도 함께 수행해야 했다. 진위사 鄭斗源 일행은 동지사 高用厚(서장관 羅宣素)일행과 함께 1630년 8월 석다산에서 출항하여 9월 20일 등주에 도착하였다. 그러나 鄭斗源 일행이 등주에 상륙한 것은 사전에 명 조정의 동의를 구한 일이 아니었으므로 登萊巡撫 孫元化에게 등주 항로 허가를 위한 移文을 명 조정에 보내주기를 요청했으며 손원화는 이에 동의하여 특별히 관원을 선정하여 사행단을 인도해주도록 주선했다.

또한 鄭斗源 일행은 석다산에서 출항한 이래 동지사 고용후와 계속 동행하고 있었는데 두 사신단은 서로 약속 하에 약간의 시차를 두고 등주를 출발하기로 하였다. 이는 등주 노선을 명 조정의 승인없이 무단으로 이용했으니 우선 등주 상륙허가를 요청하는 공문을 지닌 鄭斗源 사행이 먼저 북경에 가는 것이 합당하다고 여겼기 때문이다. 鄭斗源 일행은 11월 북경에 도착하여 공식적인 외교업무를 수행했는데 숭정제는 조선의 사행로의 변경 주청을 허락하지 않는다. 이후 鄭斗源은 1631년 4월 12일 북경의 옥하관을 떠나 6월 24일 조선의 석다산에 도착했다.

이 사행에서 鄭斗源은《朝天記地圖》를 남기고 있는데, 여타의 사행록이 날짜에 따른 여정을 중심으로 사건과 견문을 기록한 것과 달리, 날짜를 표기하지 않고 주로 사행 노선이 지나가는 지역의 지리지적 정보를 기술하고 자신의 견문을 부기하고 있다는 점에서 金德承의《天槎大觀》과 체제가 유사하다.[182] 김덕승의《천사대관》이《朝天記

---

181 《承政院日記》卷之二十九 ,〈仁祖八年一月十八日〉。
182 임형택,〈조선사행의 해로 연행록-17세기 동북아의 역사전환과 실학〉, 한국실학연구 9 , 2005,

地圖》보다 6년 앞선 자료이기 때문에 鄭斗源이《천사대관》을 참고했을 가능이 큰데, 《천사대관》이 원래 명의《大明一統志》를 참고로 했다는 점을 고려해보면, 鄭斗源은 《천사대관》과《대명일통지》를 함께 참고하여《朝天記地圖》를 작성한 것으로 보인다.

《朝天記地圖》는 해당지역의 지도를 먼저 제시하고 그에 해당하는 지리정보를 기술하는 형식을 취하고 있는데 해로지도에 대한 정보로는 행정구역, 민가의 수, 정박 가능 여부, 주변 지형에 따른 정박요령, 군사 책임자, 다음 경유지까지의 거리 등을 기록하였다. 육로 지도의 경우 건치 연혁, 주변 지역과의 거리, 식량저장 상황, 민풍, 관리의 인적사항, 屬縣, 주변 산수, 사찰, 문묘 등을 기록하고 마지막에 다음 경유지에 도착하기까지의 牌門(패문), 하천, 교량에 대한 정보를 적고 있다.[183] 성균관대 존경각에《朝天記附圖》(B16I-0020)로 제명된 판본이 소장되어 있으며 그의 문집인《壺亭集》에는 포함되어 있지 않다.

鄭斗源과 함께 사행을 떠난 동지사 高用厚도 그의 개인문집인《晴沙集》권1의 詩 마지막 부분에 당시 사행에서 겪은 감흥을 담은 30수의 사행시를《朝天錄》이라는 제명으로 남기고 있다.

14) 李安訥《朝天後錄》, 洪鎬《朝天日記》

조선 조정에서는 1632년 6월 인조의 아버지인 定遠君의 습작을 追封하기 위한 奏請使 洪霽(홍보, 부사는 李安訥이안눌 서장관 洪鎬홍호)와 千秋使 李善行을 파견한다. 당시에는 요동과 등주에서 전란이 빈번했으므로 이들은 석다산에서 각화도를 거쳐 육로로 북경에 이르는 이른바 각화도 노선을 거쳐야 했다. 주청사 홍보 사행단은 10월 3일 북경 옥하관에 무사히 도착하여 정원군을 元宗大王로, 母妃를 仁獻王后로 추봉하는 황제의 칙서와 誥命을 받는 등 성공적으로 대명외교를 마무리하고 1633년 2월 26일 북경을 떠나 4월 12일 평양부 증산현 석다산에 무사히 도착했다.

---

pp.10-11 참조 및 부분인용.

183 임영걸,《壺亭 鄭斗源의《朝天記地圖》연구》, 성균관대학교 석사학위논문, 2011, pp.30-31 참조 및 부분인용.

이 사행에서 奏請 副使 李安訥은 일기형식으로 날짜와 여정, 사건을 간략하게 기록하고 해당 지역에서 특별한 감회를 시로 지어 함께 기록한 사행록을 남겼는데, 사행의 모든 날짜와 여정을 기록한 것은 아니다. 이 책은 개인문집인《東岳集》권20에《朝天後錄》이란 제명으로 수록되어 있다.

서장관 洪鎬도 일기형식의 사행록을 남기고 있는데 1632년 6월 1일 인조에게 하직하고 寧遠 해로를 통해 9월 26일 영평부 도착까지가 상권, 10월 4일 북경 옥하관부터 1633년 2월 5일 북경에서 귀국길에 오르기까지가 하권으로 구성되어 있다. 일기체로 쓰고 있지만 사행의 모든 여정을 빠짐없이 기록한 것이 아니라 주요한 사건이 있는 날만 기록했고 특히 이전 사행에서 자세히 기록되지 않았던 영원 해로의 체험을 충실히 전하고 있는 점이 특징이다. 이 책은 개인문집인《無住逸稿》권4 에《朝天日記》上, 下라는 표제로 포함되어 있다.[184]

15)〈航海朝天餞別圖〉

1633년 5월 조선 조정에서는 원종대왕의 추봉 고명에 대해 감사를 표하는 追封謝恩, 소현세자의 책봉을 주청하는 冊封奏請, 그리고 동지, 성절, 천추를 함께 進賀하는 사행단을 보내기로 결정하는데 정사 韓仁及을 奏請兼謝恩使로, 부사 金榮祖를 冬至聖節千秋進賀使로, 沈之溟을 서장관으로 선임한다. 한인급의 사행단은 북경에 가서 사행의 임무를 완성하고 1634년 5월 무사히 귀국하였다. 한인급 사행단을 전별하는 모습을 그린〈항해조천전별도〉(한국국학진흥원 소장 世傳書畵帖 내 1폭)가 지금도 전하고 있다.

16) 金堉《朝京日錄》,《朝天錄》, 李晚榮《崇禎丙子朝天錄》,《朝天詩》

1636년 6월 冬至聖節千秋進賀使 金堉(김육, 서장관은 李晚榮)은 의례적인 진하의 임

---

184   홍호의《조천일기》에 관한 판본 사항은 (조창록,〈1632年의 해로사행과 홍호의《조천일기》〉, 온지논총 제42집, 2015, p.3) 참조.

무 이외에 두 가지의 비공식적인 임무를 맡았다. 하나는 1629년 이래 원숭환의 요구때문에 이용하였던 각화도 해상 사행로를 다시 등주 사행로로 변경하는 일이었고 다른 하나는 화약의 원료가 되는 焰硝(염초)의 무역과 기타 白絲, 서책의 무역을 허락받는 일이었으나 끝내 성사되지 못했다. 그런데 김육 사행단이 북경에 머무는 12월에 청 태종이 조선에 대한 親征을 감행하는 병자호란이 발발한다. 김육 일행은 5월 11일 석다산에 무사히 도착하여 6월 1일 인조에게 복명하였으며, 이 사행은 결국 조선 건국 이래 245년간 이어진 조선의 대명사행의 마지막 사행이 되었다.

　김육은 중국에서 돌아와 인조에게 服命한 후 바로《朝京日錄》이라는 일기체 사행록를 남겼다.《조경일록》은 일기체 형식을 취하고 있으며 6월 15일 한양을 출발할 때부터 1637년 6월 1일 인조에게 복명할 때까지의 행적과 견문을 시간의 순서대로 기록한 것으로 경유지의 풍속과 문화에 대해서 세세히 관찰했을 뿐만 아니라 당시 중국의 정세변화에 주의를 기울여 다량의 기록을 남기고 있다.[185]《조경일록》은 애초에 별집으로 편집된 것이지만 그의 개인 문집인《潛谷遺稿》14권에 수록되어 세상에 전하고 있다.《잠곡유고》에 포함된 판본 이외에 성균관대 대동문화연구원에서 발간한《燕行錄選集》상권과 김기중의《연행록전집》권16에《潛谷朝天日記》라는 제목으로 수록된 필사본이 異本으로 전하는데 이는 모두 서울대 규장각 소장 想白文庫本을 영인하여 출판한 것이다.[186] 김육은《조경일록》이외에 사행 도중에 詩文 59편, 賦 3편, 祭文 10편, 書狀 3편, 呈文 4편을 지었는데 이들 사행과 관련된 문헌들은《잠곡유고》에 문체별로 散入되어 전하고 있으며 김기중의《연행록전집》권16에《朝天錄》이라는 제명으로 함께 수록되어 있다.

　서장관 李晩榮 또한 이 사행에서 일기체의《崇禎丙子朝天錄》을 남겼다. 당시 후금 태종 황태극은 국호를 大淸으로 정하고 대명 정벌을 개시하여 1636년 6월부터 4개월간 산해관 인근에서 명-청 간의 교전이 끊이지 않았다. 당시 전황에 대해서 중국의 정사에는 날짜와 지역, 간단한 상황만이 기록되어 있는데《숭정병자조천록》에는 청의

185　임형택,〈조선사행의 해로 연행록-17세기 동북아의 역사전환과 실학〉, 한국실학연구9 , 2005, pp.14-15, 참조 및 부분 인용.

186　상게서 각주 11) 참조.

침공과 명군의 사정이 상세히 기록으로 남아 있어 사료적 가치가 높다. 《숭정병자조천록》은 이만영의 개인문집인 《雪海遺稿》 권3에 수록되어 있으며 조천록의 말미에는 일정과는 별개로 玉河館에서 禮部尙書의 예방을 받은 후 염초무역과 등주 해로 허용을 요청한 呈文이 수록되어 있다. 또한 이만영은 사행 기간 중에 다수의 詩도 지었는데 이들 사행시는 《雪海遺稿》 권1에 散入되어 있다.[187] 《설해유고》는 국립중앙도서관(일산 古3644-1)과 서울대 규장각(古3428-398)등에 소장되어 있다.

이밖에 구체적으로 누구의 사행을 묘사한 것인지를 정확하게 알 수는 없으나 등주 노선을 묘사한 〈朝天圖〉가 육군박물관에 소장되어 있다. 青綠山水樣式으로 짙게 채색되어 있는데 〈燕行圖幅〉과 비교했을 때 旋槎浦(선사포), 椵島, 石城島, 濰縣(유현), 平原縣, 新城縣, 涿州(탁주), 燕京, 旋槎浦回泊 등 9폭이 누락되고 黃縣, 礁州(초주) 2폭이 추가되는 등 내용과 구성에 차이를 보인다.[188]

---

187   이만영의 《숭정병자조천록》과 《조천시》에 대한 판본 상황은 〈조창록, 〈1636년 해로 사행과 이만영의 《숭정병자조천록》〉, 인문과학 제47집, 2011, pp.83-84) 및 각주(4) 각주(6) 참조.

188   정은주, 〈명청교체기 대명해로사행 기록화 연구〉, 명청사학회 27집, 한국명청사학회, 2007, p.226.

表-2 明末 對明 海路使行 關聯 文獻目錄[189]

出使年度	歸國年度	使行名稱과 身份	朝天 관련 文獻	版本 상황
1621년 5월 明 天啓 1년 조선 光海君 13년	1621년 11월 明 天啓 1년 조선 光海君 13년	謝恩 冬至 聖節 書狀官 安璥	《駕海朝天錄》 당시의 조천 과정을 일기체로 상세히 기록하였다. 여기에는 등주 지역 문인들과 교류하면서 쓴 筆談과 詩, 그리고 사행의 감흥을 읊은 詩 등도 포함되어 있다. 조선 최초의 해상 조천록이다.	19세기에 와서 안경의 10대 손 安正煥이 필사한 필사본이 미국 하버드대학 燕京도서관 (TK3051-5483)에 소장되어 있으며 현재 세상에 전해지는 유일본이다. 燕京도서관 소장본은 총 93장, 매장 20열, 1열에 22자의 한자가 기록되어 있다.
1622년 4월 明 天啓 2년 조선 光海君 14년	1622년 10월 明 天啓 2년 조선 光海君 14년	登极 正使 吳允谦	《海槎朝天日錄》, 《朝天詩》 《海槎朝天日錄》은 사행기간동안 거의 매일 날짜, 날씨, 내용, 이동 거리를 기록을 하고 있으나 사행도중 병이 났던 기간은 누락된 부분[190]도 있다. 오윤겸은 직접 보고 들은 객관적인 정보를 감정을 노출시키지 않고 사실 위주로 기술만 하고 개인적인 의견을 제시하지 않았으며 使行詩는 포함시키지 않았다. 그의 사행시는 개인 문집인 《秋灘集》에 使行詩라는 항목으로 별도로 실려 있다. 《해사조천일록》은 서장관이 기록해서 備邊司(비변사)에 보고하는 공식적인 기록과는 달리 사적인 일기의 성격이 강했지만 외교와 관련된 사실을 기록할 때는 서술 주체를 '나'에서 '사신'으로 변경하여 기록함으로써 서장관의 공식기록을 보충하는 자료로 활용되기를 도모했다.	《해사조천일록》은 원래 《秋灘東槎朝天錄》이라는 책명으로 오윤겸이 일본에 다녀온 기록인 《東槎日錄》과 合本된 형태로 그의 개인문집인 《추탄집》과는 별도로 전하여진 듯하다. 《秋灘東槎朝天日錄》 전체 58장 가운데 32장까지가 일본을 다녀와서 쓴 《동사일록》이며 33장부터 58장까지가 명나라를 다녀와서 쓴 《해사조천일록》이다. 이후 추사의 개인 문집인 《추사집》을 《秋灘先生文集》, 《秋灘先生遺稿》 등으로 증보하여 재간행하면서 《東槎日錄》과 《해사조천일록》은 부록에 별도로 함께 수록되었다. 《추탄집》은 국내 여러 곳에 소장되어 있다.

---

189 구체적으로 누구의 사행을 묘사한 것인지를 정확하게 알 수는 없어서 이 표에는 들어가지 않았으나 등주 노선을 묘사한 朝天圖(육군박물관 소장본)도 본서의 연구 내용에 포함된다.

190 8월 16일, 18일, 19일, 21-25일, 27-30일, 9월 1-4일은 기록이 없음

1623년 5월 明 天啓 3년 조선 仁祖 1년	1624년 4월 明 天啓 4년 조선 仁祖 2년	奏聞(請封) 辨誣 正使 李慶全	《石樓先祖朝天錄》,《朝天錄》, 《朝天詩》 奏請使 李慶全은 《石樓先祖朝天錄》을 남겼는데, 이는 부사 尹暄, 서장관 李民宬과 주고받은 唱和詩를 모은 사행시집이다. 《石樓先生遺稿》에는 《朝天錄》이라는 題名으로 6편의 奏本, 狀啓, 帖이 전하고 있는데, 이 문건은 몇몇 글자만 다를 뿐 서장관 이민성의 문집인 《敬亭集續集》 4권에 수록된 문건과 동일하다. 이 가운데 4편의 연속된 狀啓는 등주에 도착한 1623년 6월 21일부터 이듬해 정월 28일까지 8개월 간의 활동 상황과 당시 중국의 정세를 날짜별로 상세히 기록하고 있어서 웬만한 일기체 연행록 못지않게 내용이 풍부하고 본국에 보고한 보고서이기 때문에 신뢰성이 매우 높다. 《석루선생유고》에는 《석루집》에는 없는 사행 당시에 쓴 100여 수의 사행시도 포함되어 있다.	《石樓先祖朝天錄》은 희귀본으로 성균관대학 존경각(B161-0018)에 소장되어 있으며, 이 경전의 문집인 《石樓集》에는 수록되어 있지 않다. 《조천록》과 《조천시》는 《石樓先生遺稿》에 포함되어 있다. 《석루선생유고》는 규장각에 소장된 《鷲洲世稿(아주세고)》(전7권)에 실려 있다.
		副使 尹暄	《白沙公航海路程日記》 《白沙公航海路程日記》는 아주 간략하여 날짜, 날씨, 하루 동안 몇 리를 갔는지, 지나간 노정은 어디인지만을 기록하고 있다. 현재 남아 있는 《백사공항해노정일기》는 등주까지의 노정 2쪽과 1624년 3월 2일 북경을 출발하여 등주를 거쳐 石城島에 도착하는 4월 4일까지 모두 32일 간의 일기 14쪽 등 전부 16쪽만이 남아 있다. 사행의 임무가 끝나고 귀환하던 기간이어서 별로 중요한 내용이 없고 風餐露宿의 기록이 대부분이다.	《백사공항해노정일기》는 그의 문집인 《白沙集》(李恒福의 백사집과 책명이 동일하나 다른 책임)에는 수록되어 있지 않고 林基中의 《燕行錄全集》15집에 수록되어 세상에 알려졌는데, 책의 표지 제목 옆에 "家傳"이라는 표기가 있는 것으로 보아 윤훤의 후손이 개인적으로 소장하고 있던 별도의 필사본이 《연행록전집》에 실려 알려진 것 같다. 이 필사본은 완정본이 아니며 16쪽만 남아 있는 결본이다.

| | | 書狀官
李民宬 | 《癸亥朝天錄》,《燕槎唱酬集(연사창수집)》

〈敬亭集年譜〉에 따르면 이민성은 사행을 마치고 돌아온 1624년 5월 사행과정에서 정사, 부사와 수창한 시들을 여정의 순서대로 직접 편집하여 《燕槎唱酬集》과 《癸亥朝天錄》을 완성하였다고 한다. 이민성의 조천록에는 일행 전체의 여정, 행로의 풍물과 지리, 공무수행과 각종 사건 사고, 중국 관원들과의 접견과 대화 및 교섭 활동, 각종 의례와 연회, 황제와 중국 조정의 동향, 책봉 주청 외교 활동 등 현장 기록과 참고자료들이 요약정리되어 있으며 수집한 勅書의 抄本, 중국 관원들의 題本 및 사신 자신들이 작성한 문서의 등본 등 원자료 등도 수집되어 있다. 특히 이민성의 조천록은 인문지리지의 성격도 지니는데 사신들이 경유한 지역의 연혁, 지리개황, 명승지, 고적, 인물 자료를 풍부하게 객관적으로 기록하고 필요한 경우에는 고증을 통해서 地誌 정보의 사실관계를 세밀하게 따졌다. 이는 요동 사행로와 달리 등주에서 북경까지의 사행로는 孔孟의 고향인 鄒魯지역을 관통하고 중원의 역사 현장 두루 거쳐가는 노정이었으므로 조선 문인들은 특별한 관심을 애정을 가졌기 때문이었다. | 사행일기 《癸亥朝天錄》과 사행시 《燕槎唱酬集》는 각각 《敬亭集續集》 권1, 2, 3권과 《敬亭集》 권 6, 7, 8권에 수록되어 있다. |

| 1623년 9월 明 天啓 3년 조선 仁祖 1년 | 1624년 4월 明 天啓 4년 조선 仁祖 2년 | 冬至 聖節 謝恩 正使 趙濈 | 《癸亥水路朝天錄》,《燕行酬唱集》,《北京紀行詩》 《계해수로조천록》은 일기체로 1623년 7월 25일부터 다음해 4월 2일까지의 사행일자와 날씨, 여정에 따른 사행단 활동이 자세히 기록되어 있다. 곧, 공물의 준비부터 선사포에서 배를 타고 출발, 산동 등주에 도착하여 육로로 북경에 가는 도중의 견문, 사절단 일행의 북경체류 128일간의 생활까지 사안의 경중에 관계없이 세세히 기록되어 있다. | 한문본인 《계해수로조천록》의 국문번역본인 《朝天日乘》도 현재까지 전해지고 있다. 임기중의 《연행록전집》권12에 《연행록(일명조천록)》과 《조천일승》이 수록되어 널리 알려졌는데, 《연행록전집》권12의 《연행록(일명 조천록)》은 《계해수로조천록》의 이본이다. 2009년 고려대 민족문화연구원의 조사에 따르면 미국 UC버클리대학교 도서관(UC Berkeley Library) 리치몬드 문고본에 《花川趙先生朝天錄》이란 판본이 있는데 총 73張, 한 면에 12行25字의 한자가 기록되어 있다고 한 점으로 미루어 보아 바로 《계해수로조천록》의 이본으로 판단된다. 《계해수로조천록》의 한글본인 《朝天日乘》은 국립중앙도서관(BA2817-13)에 소장되어 있다. 2002년에 趙冕熙는 대련문화사에서 《조천일승 및 연행록 및 수창록》(번역본: 뱃길로 간 북경기행 및 수창시)의 영인본을 간행하였는데, 번역본의 머리말의 설명에 따르면 《조천록》과 《연행수창집》은 합본으로 "조즙의 후손들이 필사본으로 베껴서 두어 군데 전해 오던 것을 1972년 화천 조씨의 방계이고 종족손이 남권씨가 번역을 하고 후손인 춘연씨가 출판을 한 적이 있는데" 원형 그대로 출판하지 않았으므로 자신들이 전해지는 필사본의 원형 그대로 다시 영인하여 출판하는 것이라 했다. 이 판본의 《연행수창집》 말미에는 조즙의 〈北京紀行詩〉 11수도 함께 수록되어 있다. |

| 1624년 7월 明 天啓 4년 조선 仁祖 2년 | 1625년 4월 明 天啓 5년 조선 仁祖 3년 | 謝恩 奏请 正使 李德泂 | 《竹泉行錄》《슈로됴텬녹》,《됴천녹》,《朝天錄(一云航海日記)》〈燕行圖幅〉,〈航海朝天圖〉,〈朝天圖〉,〈梯航勝覽帖(제항승람첩)〉 《죽천행록》은 다른 사행록과 달리 이덕형 자신이 쓴 사행록이 아니며 지금까지의 연구에 의하면 이덕형을 수행했던 軍官이 남긴 기록을 許穆(허목)이 넘겨 받아 국문으로 작성한 것이다. 《죽천행록》은 조선에서 북경에 도착하기까지의 乾篇과 북경에서 천신만고 끝에 외교활동을 성공적으로 마무리한 과정, 귀국한 후 정적들의 모함을 받지만 형벌을 면하게 되는 과정들을 기록한 坤篇으로 나누어 지는데 현재는 곤편만 전해지고 있다. 《죽천행록》은 전체 일정을 일기체로 빠짐없이 기록한 것이 아니라 황제로부터 고명과 면복을 받아내기 위해 이덕형이 취했던 각고의 노력과 고난을 중심으로 그 노력의 과정을 잘 드러낼 수 있는 특정한 날짜의 사건만을 선별적으로 기록하고 있어서 사실에 기초한 서사문학적 성격을 띠고 있는 독특한 사행록이다. | 국문본인 이덕형의 《죽천행록》은 이현조씨가 개인 소장하고 있는 필사본이며, 《죽천행록》의 한문역본인 《朝天錄(一云航海日記)》은 이덕형의 글과 행적을 모아 놓은 《竹泉遺稿》에 수록되어 있는데, 《죽천유고》는 매면 10행, 각 행 20자, 총 160쪽으로 단정한 모필본으로 신준용 씨가 개인 소장하고 있다.191 〈燕行圖幅〉(국립중앙박물관 소장)은 총 25폭이며 이후 18세기 후반에 〈연행도폭〉을 그대로 모사한 〈航海朝天圖〉(25폭, 국립중앙박물관 소장), 〈연행도폭〉을 후기 眞景山水畵風으로 改作한 〈朝天圖〉(25폭, 국립중앙박물관 소장)도 현재까지 전하고 있다. 19세기에 〈연행도폭〉을 民畵風으로 다시 改作한 〈梯航勝覽圖〉(25폭, 개인 소장)도 현재까지 전해지고 있다. |
| | | 副使 吳翻 | 《朝天詩》 吳翻은 당시 사행에서 쓴 朝天詩를 그의 문집인 《天波集》 권2에 남겼다. | 《천파집》은 詩 3권, 文 1권 합 4권으로 1647년 4월에 晉州 牧使에서 遞差(체차)되기 이전에 晉州에서 목판으로 간행되었을 것으로 보인다. 《천파집》의 初刊本 현재 규장각(奎5618, 7052), 장서각(4-6545), 국립중앙도서관(한46-가1550), 연세대학교 중앙도서관 등에 소장되어 있다. |

191　이 판본은 (조규익, 《朝天錄(一云航海日記)》, 문학과 예술 2, 2008년 9월, pp.243-344)에 전체가 공개되어 있다.

| | | 書狀官
洪翼漢
(초명 洪霅
홍습) | 《花浦先生朝天航海錄》

《화포선생조천항해록》은 사행이 출발한 1624년 7월 3일부터 이듬해 4월까지 하루도 빠뜨리지 않고 일기체로 사행하는 동안의 풍경, 노정, 역참, 침식 상황, 명 조정의 동향, 명 관리들의 탐욕 실태, 북경의 사정, 사신들의 외교활동, 중국인들과의 필담을 자세히 기록하고 있다. 권별로 나누어 보면, 제1권은 조정으로부터 使行에 임명된 사실과 그 후 發程과 移任 등의 경과, 바다를 건너 등주에 상륙한 후 육로를 거쳐 북경에 도착할 때까지의 사실을 기록한 기사이며, 제2권은 북경에 들어가 冬至使 일행과 만나 같이 正朝賀禮를 행하던 일, 인조의 즉위를 인준 받기 위해 누차 呈文을 올리던 일, 임무를 마치고 돌아와 諫院의 탄핵으로 관직을 삭탈당하던 일 등을 기록한 기사들이다. | 2권 1책의 木版古本으로 숙종 35년(1709), 그의 후손 洪禹錫에 의해 知禮縣 官費로 간행되었는데, 여기에는 홍익한이 丙子胡亂 때 平壤庶尹(평양서윤)에 임명되어 가면서 쓴 《西征錄》까지 첨부되어 있다.
국립중앙도서관(BA3653-34)등 국내 여러 곳에 소장되어 있다. 《화포선생조천항해록》이 간행될 당시 5권 2책으로 엮은 《花浦遺稿(화포유고)》도 함께 간행되었는데, 초간본 5권 2책의 《화포유고》는 현재 충남대학교 중앙도서관(고서 集.別集類-韓國419), 국립중앙도서관(古3648-文93-34) 등에 소장되어 있고 《화포유고》와 《화포선생조천항해록·서정록》을 7권 4책으로 합본한 것이 부산대학교 중앙도서관(OFC4-2-550) 등에 소장되어 있다. |
| | | 冬至
聖節

書狀官
金德承 | 《天槎大觀》

《천사대관》은 다른 사행록이 주로 일기체 산문과 시, 공문서를 중심으로 일정에 따라 사행에 참고가 될 만한 인문지리적 정보를 부수적으로 기술하던 형식과는 달리 전체가 지리지 양식을 모방하여 구성한 최초의 사행기록이다. 《천사대관》은 당시 사신들이 경유한 주요 지역을 수행 畵員이 그린 圖本과 그에 대한 설명인 圖說로 구성되는데, 도설은 명대 지리지인 《大明一統志》를 주로 인용하고 김덕승 자신이 사행에서 직접 견문한 내용을 부연하였다. | 《천사대관》은 그의 문집인 《少痊公文集》 권2〈雜著〉에 편입되어 있는데, 현재 도설만 전하고 도본은 전하지 않는다. 최근 개인이 소장한 《坐觀荒紘(좌관황굉)》 중에 도본으로 추정되는 자료가 발견되어 현재 비정 연구가 진행 중이라 한다. |

| 1625년 8월 明 天啓 5년 조선 仁祖 3년 | 1626년 4월 明 天啓 6년 조선 仁祖 4년 | 冬至 聖節 正使 全湜 | 《槎行錄》,《朝天詩(酬唱集)》 전식은 일기체의 《槎行錄》과 酬唱集인 《朝天詩》를 남기고 있는데 《사행록》은 1625년 8월 3일에 출발하여 1626년 4월 15일까지 중국을 다녀온 기록으로 날짜별로 도중의 경로와 만난 사람들, 날씨 등을 상세히 기록하였으며 시의 제목을 小註로 달아 놓았다. 《조천시》는 〈舟行〉 이하 30여 편이 詩體에 관계없이 대략 저작 연대순으로 편차되어 있는데 사행 도중의 경물을 읊은 것, 海路 사행의 어려움을 토로한 작품이 대부분이다. | 《사행록》은 그의 문집 《沙西集》권5에, 《조천시》는 《사서집》권1에 수록되어 있다. 《사서집》의 부록 권2끝에는 사행을 떠날 때 당대의 문인들이 지은 送詩와 送序가 부기되어 있다. 《사서집》은 1847년(현종 13)에 7대손 全宗漢이 편찬하였다가 1862년(철종 13)에야 비로소 全宗漢이 李彙寧의 서문과 자신의 발문을 붙여 9권 4책의 활자본으로 문집을 간행하였다. 初刊本은 국립중앙도서관(한46-가342), 장서각(4-6089), 연세대학교 중앙도서관 등에 소장되어 있다. 이 밖에 年譜가 추가된 필사본이 규장각(奎15384)에 소장되어 있다. 김기중의 《연행록전집》권 10에는 《沙西先生航海朝天日錄》과 《사서집》권5에 수록되어 있는 《槎行錄》등 2가지 異本이 실려있는데, 《사서선생항해조천일록》은 《槎行錄》과 날씨를 표기하는 부분만 조금 다를 뿐 내용에는 큰 차이가 없다. 다만 《사서선생항해조천일록》은 그의 문집과 별도로 간행되어 읽혔던 것 같다. |
| 1626년 6월 明 天啓 6년 조선 仁祖 4년 | 1627년 5월 明 天啓 7년 조선 仁祖 5년 | 聖節 陳奏 正使 金尙憲 | 《朝天錄》 〈朝天圖〉 金尙憲은 사행길 따라 거쳐간 지역에서 느낀 감회를 일정에 따라 시로 읊은 《조천록》을 남겼는데 시뿐만 아니라 祭文, 狀啓, 奏文 등 산문도 14편 포함되어 있다. 그의 조천록은 산동 濟南 체류기간에 알게 된 장연등과 그의 아들 장만선의 도움으로 중국 현지에서 간행되었고, 장연등의 손녀사위인 王士禎이 金尙憲의 시를 자신의 저서인 《感舊集》,《漁洋詩話》,《池北偶談》등에 수록하면서 중국 문인들 사이에 알려지게 되었다. | 《조천록》은 그의 문집인 《淸陰集》권9에 실려 있다. 〈朝天圖〉(1폭, 개인 소장)도 현재까지 전하고 있다. 17세기에 제작된 것으로 추정되며 旅順口 일대를 묘사한 그림으로 〈淸陰帖〉의 삽도로 남아있다. |

		書狀官 金地粹	《朝天錄》 金地粹도 사행길의 감회를 시로 읊은 《조천록》을 남겼는데 이는 사행길에 正使인 金尙憲과 수창한 詩를 모은 것으로 1626년 義州에 다녀온 白洲 李明漢과 주고 받은 시 2편도 함께 수록되어 있다.	그의 문집인 《苔川集》 권2에 수록되어 있다.
		冬至 正使 南以雄	《路程記》	남이웅의 개인문집인 《市北遺稿》 卷4의 記에 편재되어 있는데 최근 연구에서 남이웅의 저작이 아닌 金德承의 《天槎大觀》의 이본으로 밝혀졌다.
1628년 2월경 明 崇禎 1년 조선 仁祖 6년	1628년 11월 明 崇禎 1년 조선 仁祖 6년	登极 副使 閔聖徽	《戊辰朝天別章帖》은 94인의 시 96편이 天地人 3권으로 나뉘어 실려있다. 이는 사행의 副使였던 閔聖徽를 송별하면서 조선 문인들이 지은 시를 모은 시첩으로 민성휘가 직접 쓴 사행록은 아니다. 다만, 당시 민성휘와 함께 사행을 떠났던 정사 韓汝溭(한여직)과 서장관 金尙賓(김상빈)과의 차운시가 수록되어 있고 첩의 머리마다 명나라 고위 관료인 莊應會의 시가 있으며, 수록된 시 대부분이 배금친명의 사상을 표명하고 사절단의 무사 귀환을 염원하고 있는 내용이라는 점에서 사행관련 문헌으로 포함될 수 있다.	경남대학교에 소장된 데라무치(寺內) 文庫에 편재되어 있다.
1628년 7월 明 崇禎 1년 조선 仁祖 6년	1629년 5월 明 崇禎 2년 조선 仁祖 7년	冬至 聖節 辨誣 書狀官 申悅道	《朝天時聞見事件啓》 《朝天時聞見事件啓》는 일반적인 장계의 문체가 아니라 날짜에 따라 여정과 날씨를 기록하고 주요한 사건들을 간략하게 기술한 일기체 사행록으로 보는 것이 타당하다. 그런데 서장관의 기록은 객관적인 사실에 바탕을 둔 공식 보고서의 역할도 했으므로 《조천시문견사건계》에는 다른 사행록과는 달리 개인적인 감정이나 소회가 담겨 있지 않다. 또한 별도로 조선 조정에 보내는 주문이나 장계가 포함되어 있지도 않다.	개인문집인 《懶齋先生文集》 권3에 실려 있는데, 《나재집》은 국립중앙도서관(古3648-文40-46)과 연세대학교 학술정보원(811.98/신열도/나판), 성균관대학교 존경각(D3B-2753) 등에 소장되어 있다.

| 1629년 8월

明 崇禎 2년

조선 仁祖 7년 | 1630년 10월

明 崇禎 3년

조선 仁祖 8년 | 進賀 謝恩 辨誣

正使 李忔 | 《雪汀先生朝天日記》,《朝天詩》
《설정선생조천일기》는 전체가 3권인데, 권1-2는 이흘이 직접 기록한 것으로 1629년 7월 8일 임금에게 謝恩肅拜한 날로부터 1630년 6월 8일 북경 옥하관에서 서거할 때까지의 기록이며 권3 續錄은 이흘이 서거한 이후 製述官 이장배가 기록한 것으로 1630년 6월 9일 이흘이 사망하고 장사 지낸 이후부터 10월 18일 평양에 도착하기까지의 기록이다. | 그의 《조천시》는 별도의 시집으로 묶인 것이 아니라 그의 문집인 《雪汀集》 권1-3권에 散見되며 그의 《설정선생조천일기》는 별집으로 후손들에게 전해져 오다가 1899년(광무3년)에야 비로소 인쇄되어 세상에 알려졌다. 《설정선생조천일기》는 3권 1책이며 序, 권1과 권2는 日記, 권3은 續錄, 附錄, 跋로 구성되어 있다. 《설정선생조천일기》는 국립중앙도서관 (c13653-10), 성균관대 존경각 (B16I-0003a)등에 소장되어 있다 |
| 1629년 9월

明 崇禎 2년

조선 仁祖 7년 | 1630년 7월

明 崇禎 3년

조선 仁祖 8년 | 竇諮

崔有海 | 《東槎錄》

《東槎錄》 권1은 121편의 詩가 수록되어 있는데, 雙島에서는 八溪 卞獻과, 登州에서는 晴川 吳大斌(오대빈), 瞻斗(첨두) 王述善, 宋獻 등과 시를 수창한 시들이 실려 있다. 동사록 권2에는 부록으로 4편의 글과 補錄으로 3편의 글이 실려 있다. 부록에 실린 〈書崔學士東槎錄後〉(1630), 〈答崔大容書〉, 〈答崔校理書〉는 申翊聖, 金尙憲, 李明漢 등이 동사록을 읽고 그 감흥을 쓴 발문과 편지이다. 보록에 실린 〈朝鮮崔進士遺稿題辭〉(1629), 〈讀楊浦遺稿〉는 명나라 인사들이 저자의 부친 문집인 《楊浦遺藁(양포유고)》를 읽고 그 감흥을 쓴 발문들이다. | 《동사록》은 최유해의 개인문집인 《墨守堂集》의 말미에 수록되어 있는데 《墨守堂集》은 국립중앙도서관(BC古朝46-가1107), 서울대 규장각한국학연구원(3428-179) 등에 소장되어 있다. |

| 1630년 8월 明 崇禎 3년 조선 仁祖 8년 | 1631년 6월 明 崇禎 4년 조선 仁祖 9년 | 陳慰 奏請 進賀 正使 鄭斗源 | 《朝天記地圖》 《朝天記地圖》는 여타의 사행록이 날짜에 따른 여정을 중심으로 사건과 견문을 기록한 것과 달리 날짜를 표기하지 않고 주로 사행 노선이 지나가는 지역의 지리지적 정보를 기술하고 자신의 견문을 부기하고 있다는 점에서 金德承의 《天槎大觀》과 유사하다. 김덕승의 《천사대관》이 《朝天記地圖》보다 6년 앞선 자료이기 때문에 鄭斗源이 《천사대관》을 참고했을 가능이 큰데, 《천사대관》이 원래 명의 《大明一統志》를 참고로 했다는 점을 고려해보면, 鄭斗源은 《천사대관》과 《대명일통지》를 함께 참고하여 《朝天記地圖》를 작성한 것으로 보인다. 《朝天記地圖》는 해당지역의 지도를 먼저 제시하고 그에 해당하는 지리정보를 기술하는 형식을 취하고 있는데 해로지도에 대한 정보로는 행정구역, 민가의 수, 정박 가능 여부, 주변 지형에 따른 정박요령, 군사 책임자, 다음 경유지까지의 거리 등을 기록하고 있으며, 육로 지도의 경우 건치 연혁, 주변지역과의 거리, 식량저장 상황, 민풍, 관리의 인적사항, 속현, 주변 산수, 사찰, 문묘 등을 기록하고 마지막에 다음 경유지에 도착하기까지의 패문, 하천, 교량에 대한 정보를 적고 있다. | 성균관대 존경각에 《朝天記附圖》(B16I-0020)로 제명된 판본이 소장되어 있으며 그의 문집인 《壺亭集》에는 포함되어 있지 않다. |
| | | 冬至 正使 高用厚 | 《朝天錄》 사행에서 겪은 감흥을 담은 30수의 사행시 모음이다. | 高用厚의 개인문집인 《晴沙集》 권1의 詩 마지막 부분에 30수의 사행시를 〈朝天錄〉이라는 제명으로 남기고 있다. |

1632년 6월 明 崇禎 5년 조선 仁祖 10년	1633 4月 明 崇禎 6 조선 仁祖 11	奏請使 副使 李安訥 (이안눌)	《朝天後錄》 일기형식으로 날짜와 여정, 사건을 간략하게 기록하고 해당 지역에서 특별한 감회를 시로 지어 함께 기록했는데, 사행의 모든 날짜와 여정을 기록한 것은 아니다.	그의 개인문집인 《東岳集》 권20에 《朝天後錄》이란 제명으로 수록되어 있다.
		書狀官 洪鎬(홍호)	《朝天日記》 상권과 하권으로 구성된 일기형식의 사행록으로 1632년 6월 1일 인조에게 하직하고 영원해로를 통해 9월 26일 영평부 도착까지가 상권, 10월 4일 북경 옥하관부터 1633년 2월 5일 북경에서 귀국길에 오르기까지가 하권으로 구성되어 있다. 일기체로 쓰고 있지만 사행의 모든 여정을 빠짐없이 기록한 것이 아니라 주요한 사건이 있는 날만 기록했는데 특히 이전 사행에서 자세히 기록되지 않았던 영원해로의 체험을 충실히 전하고 있는 점이 특징이다.	그의 개인문집인 《無住逸稿(무주일고)》 권4에 《朝天日記》上, 下라는 표제로 포함되어 있다.
1633 8월경 明 崇禎 6 조선 仁祖 11	1634 5月 明 崇禎 7 조선 仁祖 12	正使 韓仁及 奏請兼謝恩使 副使 金榮祖 冬至聖節千秋進賀使 書狀官 沈之溟	〈航海朝天餞別圖〉	한인급 사행단을 전별하는 모습을 그린 <행해조천전별도>는 한국국학진흥원에 <世傳書畫帖> 내 1폭이 전한다.

| 1636
6월

明 崇禎
9
조선
仁祖 14 | 1637
5월

明 崇禎
10
조선
仁祖 15 | 冬至
聖節
千秋
奏請

正使
金堉 | 《朝京日錄》, 《朝天錄》

《조경일록》은 일기체 형식을 취하고 있으며 6월 15일 서울에서 출발할 때부터 1637년 6월 1일 인조에게 복명할 때까지의 행적과 견문을 시간의 순서대로 기록했는데 경유지의 풍속과 문화에 대해서 세세히 관찰했을 뿐만 아니라 당시 중국의 정세변화에 주의를 기울여 다량의 기록을 남기고 있다.
김육은 《조경일록》 이외에 사행 도중에 각체의 詩文 59편, 賦 3편, 祭文 10편, 書狀 3편, 呈文4편을 지었는데, 김기중의 《연행록전집》 권16에서 《朝天錄》이라는 제명 하에 이들을 함께 모아 수록하고 있다. | 《조경일록》은 애초에 별집으로 편집된 것이지만 그의 개인 문집인 《潛谷遺稿》14권에 수록되어 세상에 전하고 있다. 《잠곡유고》에 포함된 판본 이외에 성균관대 대동문화연구원에서 발간한 《燕行錄選集》 上권과 김기중의 《연행록전집》 권16에 《潛谷朝天日記》라는 제목으로 수록된 필사본이 異本으로 전하는데 이는 모두 서울대 규장각 소장 想白文庫本을 영인하여 출판한 것이다.
사행 도중에 각체의 詩文 59편, 賦 3편, 祭文 10편, 書狀 3편, 정문4편을 지었는데 이들 사행과 관련된 문헌들은 《잠곡유고》에 문체별로 散入되어 있어 전하고 있다. |
| | | 書狀官
李晚榮 | 《崇禎丙子朝天錄》, 《朝天詩》

《崇禎丙子朝天錄》은 일기체의 조천록이다. 당시 후금 태종 황태극은 국호를 大淸으로 정하고 대명 정벌을 개시하여 산해관 인근에서 명-청 간의 교전이 끊이지 않았다. 당시 전황에 대해서 중국의 정사에는 날짜와 지역, 간단한 상황만이 기록되어 있는데 《숭정병자조천록》에는 청의 침공과 명군의 사정이 상세히 기록으로 남아 있어 사료적 가치가 높다.
이만영은 사행 기간 중에 다수의 詩도 지었다. | 《숭정병자조천록》은 이만영의 개인문집인 《雪海遺稿》 권3에 수록되어 있으며 《숭정병자조천록》의 말미에는 일정과는 별개로 玉河館에서 禮部尙書의 예방을 받고 나서 염초무역과 등주 해로 허용을 요청한 呈文이 수록되어 있다.
이만영이 지은 《조천시》는 《雪海遺稿》 권1에 散入되어 있다. 《설해유고》는 국립중앙도서관(일산 古3644-1)과 서울대 규장각(古3428-398)등에 소장되어 있다. |

1.5 研究 對象 文獻

이상에서 살펴보았듯이 명말 조선사신의 해상사행 노선은 크게 두 가지로 하나는 등주 노선이고 하나는 각화도 노선이다. 본서에서는 해상사행 노선 가운데 등주 노선만 다루기로 한다. 왜냐하면 각화도 노선은 육로를 거치지 않고 해상으로 북경 인근의 영원위가 있는 각화도로 바로 항해하는 노선으로서 인문지리나 문학지리의 시각에서 고찰해야 할 대상이 거의 없기 때문이다. 반면에 등주 노선은 孔孟으로 대표되는 중화 문화의 정신이 어려 있는 산동지역을 경유하는 노선으로서 조선사신들이 꼭 방문해보고 싶어했던 역사유적과 자연경물이 많이 남아 있던 곳으로 인문지리나 문학지리의 시각에서 고찰해야 할 대상이 많기 때문이다.

그래서 본고에서 다루는 연구 범위는 조선사신의 해로사행록 문헌 가운데 등주에 입항했거나 출항한 기록이 있는 등주 노선 관련 문헌으로 한정하기로 한다. 여기에는 특수한 경우가 포함된다. 예를 들어, 이흘 사행단의 경우, 기본적으로 각화도 노선을 이용했으나 귀국길에 태풍을 만나 표류하여 등주에 입항하여 잠시 머물렀는데, 이런 경우도 등주에 대한 기록이 포함되어 있으므로 연구대상에 포함하기로 한다. 또한 뇌자사 최유해의 경우도 원래는 각화도로 갈 예정이었으나 태풍으로 인해 등주에 머물러 있다가 원숭환의 사망으로 사행의 임무가 사라졌기에 북경으로 가지 않고 바로 귀국했는데, 이 경우도 등주에 머무르면서 관련 기록을 남겼기 때문에 연구대상에 포함시켰다.

表-3 明末 對明 海路使行 中 登州使行 關聯 文獻 目錄[192]

	出使年度	歸國年度	使行 名稱	使行團의 構成	연구대상문헌	등주입항과 출항시기
1	1621년 5월 明 天啓 1년 조선 光海君 13년	1621년 11월 明 天啓 1년 조선 光海君 13년	陳慰	正使 權盡己 書狀官 柳汝恒	安璥《駕海朝天錄》	1621년 6월 19일 1621년 10월 9일
			謝恩 冬至 聖節	正使 崔應虛 書狀官 安璥		
2	1622년 4월 明 天啓 2년 조선 光海君 14년	1622년 10월 明 天啓 2년 조선 光海君 14년	登極	正使 吳允謙 副使 邊瀚 書狀官 劉應元	吳允謙《海槎朝天日錄》, 《朝天詩》	1622년 5월 25일 1622년 10월 3일
3	1623년 5월 明 天啓 3년	1624년 4월 明 天啓 4년	奏聞 (請封) 辨誣	正使 李慶全	李慶全의《石樓先祖朝天 錄, 朝天錄》,《朝天詩》	1623년 6월 13일 1624년 3월 25일
4	조선 仁祖 1년	조선 仁祖 2년		副使 尹暄	尹暄의《白沙公航海路程 日記》	
5				書狀官 李民宬	李民宬의《癸亥朝天錄》, 《燕槎唱酬集》	
6	1623년 9월 明 天啓 3년 조선 仁祖 1년	1624년 4월 明 天啓 4년 조선 仁祖 2년	冬至 聖節 謝恩	正使 趙濈 書狀官 任賚之	趙濈의《癸亥水路朝天 錄》,《燕行酬唱集》,《北 京紀行詩》	1623년 9월 26일 1624년 3월 25일

192　구체적으로 누구의 사행을 묘사한 것인지를 정확하게 알 수는 없어서 이 표에는 들어가지 않았으나 등주 노선을 묘사한〈朝天圖〉(육군박물관 소장본)도 본서의 연구 내용에 포함된다.

7	1624년 7월 明 天啓 4년 조선 仁祖 2년	1625년 4월 明 天啓 5년 조선 仁祖 3년	謝恩 奏請	正使 李德泂	李德泂의《竹泉行錄》 《《슈로묘뎐녹》,《묘천녹》), 《朝天錄(一云航海日記)》	1624년 8월 23일 1625년 3월20일
8				副使 吳翿	吳翿의《朝天詩》 〈燕行圖幅〉,〈航海朝天 圖〉,〈朝天圖〉,〈梯航勝 覽帖〉	
9				書狀官 洪翼漢 (초명 洪霶)	洪翼漢의《花浦先生朝天 航海錄》	
10				사행단을 수행 한 화원	〈燕行圖幅〉,〈航海朝天 圖〉,〈朝天圖〉,〈梯航勝 覽帖〉	
11			冬至 聖節	正使 權啟 書狀官 金德承	金德承의《天槎大觀》	
12	1625년 8월 明 天啓 5년 조선 仁祖 3년	1626년 4월 明 天啓 6년 조선 仁祖 4년	冬至 聖節	正使 全湜 書狀官 李莯	全湜의《槎行錄》,《朝天 詩(酬唱集)》	1625년9월1일 1626년3월27일
13	1626년 6월 明 天啓 6년 조선 仁祖 4년	1627년 5월 明 天啓 7년 조선 仁祖 5년	聖節 陳奏	正使 金尙憲	金尙憲의《朝天錄》 《朝天圖》	1626년 8월 16일 경[193] 1627년 4월 13일경 [194]
14				書狀官 金地粹	金地粹의《朝天錄》	
15			冬至	正使 南以雄	南以雄의《路程記》	
	1628년 3월경 明 崇禎 1년 조선 仁祖 6년	1628년 9-11월 明 崇禎 1년 조선 仁祖 6년	登極	正使 韓汝溭 副使 閔聖徽 書狀官 金尙賓	閔聖徽의《戊辰朝天別 章》은 閔聖徽를 송별하 면서 조선문인들이 지은 송별시집이므로 〈表4— 明末對明海路使行登州 府經由地名總覽表〉에는 표함시키지 않았음.	1628년 5월경 (추정) 1628년 10월경 (추정) *구체적인 일정을 알 수 있는 기록이 없음

193　김상헌의《조천록》에 1626년 8월15日에 〈廟島城樓翫月 次春城韻〉라는 시가 있는데, 통상 일기가 나쁘지 않으면 묘도에서 아침에 출발하면 한나절이면 등주에 닿을 수 있으므로 등주 도착시점을 8월 16일로 잡았다.

194　김상헌의《조천록》에 〈祭海神文〉은 등주에서 귀국길에 오르기 전에 바다의 신에게 안녕을 빌면서 지은 제문인데 天啓 7년 己酉朔(4월) 辛亥(13일)에 제사를 지낸 것으로 기록되어 있다.

16	1628년 7월 明 崇禎 1년 조선 仁祖 6년	1629년 5월 明 崇禎 2년 조선 仁祖 7년	冬至 聖節 辨誣	正使 宋克訒 書狀官 申悅道	申悅道의《朝天時聞見事件啓》	1628년 9월10일 1629년 윤4월 7일
17	1629년 8월 明 崇禎 2년 조선 仁祖 7년	1630년 10월 明 崇禎 3년 조선 仁祖 8년	進賀 謝恩 辨誣	正使 李忔	李忔의《雪汀先生朝天日記》,《朝天詩》	1629년 9월 19일 각화도 도착 1630년 10월3일 등주에서 출항.[195]
18	1629년 9월 明 崇禎 2년 조선 仁祖 7년	1630년 7월 明 崇禎 3년 조선 仁祖 8년	齎諮	崔有海	崔有海의《東槎錄》	1629년 11월경 (추정) 1630년 6월경 (추정) *구체적인 일정을 알 수 있는 기록이 없음
19	1630년 8월 明 崇禎 3년 조선 仁祖 8년	1631년 6월 明 崇禎 4년 조선 仁祖 9년	陳慰 奏請 進賀	正使 鄭斗源 書狀官 李志賤	鄭斗源의《朝天記地圖》	1630년 9월 20일 1631년 5-6월경[196]
20			冬至	正使 高用厚 書狀官 羅宣素	高用厚의《朝天錄》	

1.6 研究의 內容과 方法

서두에서 잠시 언급하였듯이 본 연구의 목적은 명말 조선사신들 가운데 등주 노선으로 해로 사행을 왔던 사신들이 기록한 조천록 관련 문헌을 주요 연구 대상으로 하여 명말 등주 노선 해로사행의 지리적 경유지를 정확하게 확인하여 재구하는 것이다. 그

---

195   각화도에서 귀국하는 도중에 태풍을 만나 표류하다가 1630년 9월 3일 등주에 상륙하였고 1630년 10월 3일에 등주에서 출항하였다.

196   《仁祖實錄》仁祖 9年 6月 24日에 석다산에 도착한 것으로 기록되어 있다.

리고 이를 바탕으로 인문지리 혹은 문학지리적 관점에서 조천록에 기록된 시와 문장, 공문서, 일기 등을 분석하여 조선사신의 외교활동, 중국 문인과 시문 창화 등의 문화 교류활동, 명말 현지 주민들과의 교류양상, 조선사신이 관찰한 명말 중국 사회의 모습과 정세, 조선 사신의 내면 세계와 인식 등을 입체적으로 파악하고자 하는 것이다.

　이러한 연구는, 조천록을 단순히 문학작품으로 감상하거나 역사를 고증하는 중요한 사료로만 간주하는 한계에서 벗어날 수 있도록 하고, 과거의 기록인 조천록을 현재의 지리적 공간에서 인문학적 관점에서 새롭게 바라봄으로써 조선사신들이 명말 당시 활동한 실제 모습과 중국에 대한 인식, 그들이 바라본 명말 중국인의 문화, 예술, 사회, 경제, 정치 활동의 실제 양상을 생생하게 그려볼 수 있게 한다. 곧, 이 연구를 통해 우리들은 과거의 기록인 조천록을 현재의 공간에 소환하고 과거의 조선사신과 과거 중국인들을 현재의 공간에서 만나고 대화할 수 있게 되는 것이다.

　이와 같은 연구를 통하여 조천록에 대한 기존의 문학적, 역사적 연구의 폭을 넓힐 뿐만 아니라 예술학, 문화학, 사회학, 정치학, 외교학, 민속학 등의 영역에도 폭넓게 활용할 수 있다. 또한 문화산업과 같은 실용적인 영역에서도 현재의 공간에서 새롭게 부활한 조천록이라는 텍스트가 영화, 드라마, 다큐멘타리, 소설, 게임 등 다양한 미디어 소재로 활용되거나 새로운 여행지 개발 등에 폭넓게 활용될 수 있을 것이다.

　이상과 같은 연구목적을 달성하기 위하여 앞의 〈표-3 明末 對明 海路使行 中 登州 使行 관련 文獻目錄〉에서 제시한 명말 조선사신 20명의 30여종의 문헌을 연구 대상으로 정하고 다음과 같은 방법으로 연구를 진행했다. 첫째, 개별 사신의 문헌에서 사신들이 거쳐간 사행 경유지를 추출하여 사신별 경유지를 파악하고, 이런 작업을 〈표3〉에 제시한 모든 사신들의 문헌을 대상으로 시행하여 최종적으로 〈表-4 明末 對明 海路使行 登州府 經由地名 總覽表〉를 작성했다. 이 작업을 통해 우리는 명말 조선사신의 등주 노선 해로사행의 대체적인 경유지를 파악할 수 있었다.

　그런데 〈표4〉에서 얻은 정보만로는 명말 조선 사신이 거쳐간 지리적 경유지를 정확하게 확증하기 어려웠다. 왜냐하면 각 사신별로 동일한 경유지에 대한 지명을 달리 기록한 경우도 많고, 거쳐간 경유지가 차이가 나는 경우도 있었으며, 경유지가 같더라도 기록한 지점이 다른 경우도 있었기 때문이다. 그래서 두번째로 연구자들은 중국의 역대 지리지나 역사서, 한국의 조선왕조 실록이나 승정원 일기, 통문관지 등의 문헌을 참고하고 대조하여 경유지 지명의 역사적인 변천과정을 고증하였다. 이를 통해 각 조선 사신들이 기록한 경유지의 현재의 지리적 위치를 대체로 파악할 수 있었다.

그런데 어떤 경우에는 문헌조사만으로는 조선 사신들이 거쳐간 경유지가 어디인지 불명확한 경우도 많았다. 그래서 세번째로 현지조사를 통해 경유지의 지리적 현황을 파악하고 조선사신이 언급한 역사유적, 자연풍광의 모습을 직접 눈으로 관찰하고 영상과 사진으로 채록하였다. 이와 더불어 현지 연구자 및 주민을 인터뷰하여 문헌에는 없는 사항을 확인하여 최종적으로 각 조선 사신들의 경유지를 정확하게 재구하고 지명의 변천과정을 고증할 수 있었다. 이를 바탕으로 최종적으로 결론에서 〈표-5 明末 對明 海路使行 登州府 經由地名 變化表〉를 작성하였다.

이상의 문헌조사와 현장조사의 결과와 수집 자료를 바탕으로 네번째로 문학지리, 인문지리적 관점에서 각 경유지 현지에서 조선 사신이 남긴 조천록 관련 문헌에 나타난 시와 문장, 공문서, 일기, 그림 등을 분석하여 명말 중국 현지의 풍속과 생활 양상, 조선사신이 관찰한 명말 중국 국내외 정세, 조선사신들의 실제 외교 활동의 모습, 중국 문인과의 시문 창화 등 문화 교류 활동, 조선 사신의 내면적인 심리와 중국에 대한 인식 등을 파악하고 그 의미를 분석해보았다.

表―4 明末 對明 海路使行 登州府 經由地名 總覽表

登州府境內经由地 / 사신 이름 (表―3 문헌 번호)	區分	① 安璥	② 吳允謙	③ 李慶全	④ 尹暄	⑤ 李民宬	⑥ 趙濈	⑦ 李德泂	⑧ 吳翿	⑨ 洪翼漢	⑩ 燕行圖幅	⑪ 金德承	⑫ 全湜	⑬ 金尙憲	⑭ 金地粹	⑮ 南以雄	⑯ 申悅道	⑰ 李忔	⑱ 崔有海	⑲ 高用厚	⑳ 鄭斗源
1. 黃城島에서 廟島까지 — 黑水海	來程			黃城洋			黑水海 黃城					黃城之海	皇城 大洋		黃城之海						黑海 千里海
	歸程																				
皇城島	來程	黃城	黃城島			皇城島	黃城 黃城島	皇城島	皇城島	皇城	皇城島	黃城 皇城島 黃城島	皇城 皇城		黃城		皇城島 皇城	皇城島	皇城島		皇城島
	歸程	黃城	黃城島		皇城島	皇城 皇城島	黃城島	皇城島		皇城島		黃城 黃城島	皇城島				皇城島	皇城島	皇城		
皇城島 海潮寺	來程											海潮寺 海寺					海潮寺		皇城 廟堂 海潮寺		
	歸程																				
砣磯島	來程	舵磯島	舵碕島			鼉磯島 鼉磯	舵磯島	鼉磯島	鼉磯		鼉磯島	鼉磯島 鼉磯島	鼉磯 鼉磯		鼉磯島 鼉磯		鼉磯島	鼉機島			鼉磯島
	歸程	舵磯島				鼉磯		鼉磯島 鼉島		鼉磯島 鼉磯島		鼉磯島 鼉磯					鼉磯島	鼉機島			
珍珠門	來程	真珠門				真珠門	真珠門			珍珠門	珍珠門	珍珠門			珍珠門			真珠門			
	歸程	真珠門								珍珠門											

구분		程	1	2	3	4	5	6	7	8	9	10	11	12	13	14	15	16	17
1. 黃城島에서 廟島까지	廟島	來程	廟島	廟島		廟島	黃島 廟島 沙門島	廟島		廟島	廟島	廟島	廟島	廟島	沙門	廟島 沙門島		廟島	廟島 沙門島
		歸程		廟島	廟島		廟島	廟島	廟島	廟島									廟島	廟島
	天妃娘娘廟	來程					娘娘廟 娘娘聖女廟	神女廟		神女廟				天妃觀	天妃廟	天妃廟			天妃 娘娘廟
		歸程		天妃娘娘娘之廟			祭祀廟島聖母之神	祭天妃		天妃娘娘廟	天妃廟							天始聖母之廟	
2. 登州水城과 登州城	登州水城	來程		登州城			登州水城外北城	水城	登州	登州	登州外城	水門城外城		登州	東车[197]		登州水城	水城	水城
		歸程					登州水城	東车之水城			登州							登州水城	
	登州城	來程	登州	登州城	登州	登州	登州 東车郡	登州	登州	登州	齊登州府登州	登州內城	登州	登州		登州 東车城 東车鄉	登州	齊東雄鎮	登州府蓬萊縣
		歸程					登州	登州											

---

197 "帆落東车到一時"는 南以雄의 〈春城先行〉에 나오는 구절로 金尙憲의 《朝天录》에 수록되었다.

登州府城內	蓬萊閣	來程		蓬萊閣		蓬萊閣	蓬萊閣	蓬萊閣	蓬萊閣	蓬萊閣	蓬萊閣 蓬閣		蓬萊閣		蓬萊閣
		歸程	蓬萊閣								蓬萊閣				蓬萊閣
	丹崖山	來程		登州山		丹崖山		丹崖	丹崖	丹崖山					丹崖山
		歸程													
	珠璣岩	來程								珠璣岩 彈子渦					珠璣岩
		歸程													
	萬壽宮	來程	萬壽宮												
		歸程													
	開元寺	來程		開元寺		開元寺	開元寺								
		歸程	開元寺	開元寺											
	普淨寺	來程		城外寺			普靜寺	普靜寺							普淨寺
		歸程													
	關北村	來程								關北村					
		歸程													
	登州府文廟	來程				文廟	文廟	登州文廟	文廟				文廟	文廟	文廟
		歸程													
	教場	來程		教場		教場	演武場		演武場		訓煉院		教場		
		歸程				教場	教場	演武場	演武場						

登州府城內	監軍衙門	來程			監軍衙門								
		歸程											
	兵備道衙門	來程	兵備道衙門		兵備道衙門			海防 兵備道		海防廳			
		歸程											
	知府衙門	來程	知府衙門					知府衙門		知府衙門			
		歸程											
	軍門衙門	來程		軍門	軍門衙門	軍門衙門	軍門衙門	軍門衙門		軍門衙門	軍門衙門		
		歸程											
3. 登州城에서 黃縣界까지	杏花村	來程		杏花村			杏花村	陳尚書 杏花村				杏花村	
		歸程											
	疊石浦	來程										疊石浦 欄門	
		歸程											
	蓬瀛別區	來程										蓬瀛 別區 欄門	
		歸程											

구분	장소	정/귀										
3. 登州城에서 黃縣界까지	萊山聳翠	來程		提及萊山					提及萊山	提及萊山		萊山聳翠
		歸程	萊嶽具瞻									欄門望見萊山
	蓬縣仙觀	來程										
		歸程	蓬縣仙觀									
	山店	來程									山店	
		歸程										
	荒萊鋪	來程					荒萊鋪					
		歸程										
4. 黃縣界에서 黃縣城까지	淳于故里	來程	淳于故里	提及淳于髡	黃縣界官鋪	淳于村故墟	淳于髡故墟	淳于髡故里	提及淳于髡墓	提及淳于髡墓		提及淳于髡
		歸程	淳于故里				淳于髡故里	淳于髡故里				
	黃水	來程	黃河									黃水
		歸程	黃河									
	太史遺風	來程	太史遺風									
		歸程	太史遺風									

구간	지명	정	1	2	3	4	5	6	7	8	9	10	11	12	13	14	15
4. 黃縣界에서 黃縣城까지	黃縣城	來程	黃縣	黃縣		黃縣東館馹	黃縣城外北關	黃縣	黃縣	黃縣		黃縣	黃縣		黃縣	黃縣	黃縣
		歸程	黃縣	黃縣城	縣北館	黃縣東館馹	黃縣									黃縣	
5. 黃縣城에서 黃山館驛 까지	古士鄉城	來程					古士鄉城				提及 士鄉城						
		歸程				古士鄉城牌榜											
	盧仙勝跡	來程	盧仙勝跡				盧仙勝跡	盧仙故里		盧仙故里	盧仙勝跡		盧仙勝跡		盧仙遺蹤		蘆仙故里 欄門 望見 蘆山
		歸程				盧仙勝述											
	稚乃河	來程	稚乃河														
		歸程															
	北馬鋪	來程	北馬重鎮			北馬鎮鋪	北馬鋪		北馬鋪						白馬鋪		
		歸程	北馬鎮			北馬店		北馬鋪	北馬鋪								

구분	지명	程	1	2	3	4	5	6	7	8	9	10	11	12	13
5. 黃縣城에서 黃山館驛까지	麻姑仙里	來程			麻姑故里	麻姑仙里	麻姑仙跡		麻姑仙跡	麻姑仙里	麻姑仙里		麻姑仙里		麻姑仙里 欄門
		歸程	麻姑仙里												
	徐鄉城	來程													
		歸程			徐鄉城 徐城										
	廣河	來程													廣河
		歸程													
	黃山館驛	來程	黃山馹	黃山驛 黃山		黃山驛 黃山馹	黃山館	黃山驛	黃山關	黃山驛	黃山馹	黃山驛	黃山驛	黃山驛	黃山驛 黃山
		歸程	黃山驛	黃山馹	黃山馹	黃山馹	黃山館							黃山館	黃山驛
	陳仲子舊莊	來程							陳仲子舊莊	陳仲門閭	陳仲子舊莊				
		歸程													
6. 黃山館驛에서 萊州府掖縣界까지	溪河	來程	東牟 首邑												溪河
		歸程													
	新城	來程			新城店		新城		新城堡				新城鋪		新城
		歸程			新店		新城 千戶所	新城堡	新城堡						

2. 黃城島에서 廟島까지

登州府 황성도에서 廟島까지의 사행구간을 사신들이 경유한 순서대로 나열하면 黃城島(皇城島)-鼉磯島(타기도 舵磯島/舵碕島)-珍珠門(眞珠門)-廟島(沙門島) 순이다.

2.1 黃城島(皇城島)

2.1.1 黑水海(千里海)

조선사신들이 登州府 황성도에 도착하기 전까지 거쳐간 해상 경유지는 사행단별로 다양하다. 예를 들어 安璥, 李德泂, 鄭斗源 등은 旅順口 附近의 鐵山嘴(지금의 遼寧省 大連市 老鐵山)나 龍王堂(지금의 遼寧省 大連市 龍王塘)을 거쳤고, 吳允謙 일행은 西獐子島(서장자도)에서 출발했으며, 李民宬, 趙濈, 申悅道 등은 平島(지금의 遼寧省 大連市 小平島)를 거쳐서 황성도에 입항했다. 그러나《通文館志》권3의 기록에 따르면 "의주 선사포에서 출항하여 철산 가도까지는 60리이며……평도까지는 200리, 황성도까지는 1000리이다."[198]라 하였으니 당시 해상사행 노선은 기본적으로 遼東(金州)의 平島를 지난 후에는 서남으로 항로를 바꾸어 渤海灣을 건너 登州府 황성도에 이르렀음을

---

198 "自宣川沙宣浦發船, 至鐵山椵島六十里……平島二百里, 黃城島一千里"《通文館志》, 朝鮮古書刊行會, 大正二年(1913), p.58.

알 수 있다. 아마도 당시 요동의 정세가 불안했고 철산취와 등주를 잇는 항로는 수심이 깊고 짙은 안개가 자주 끼어 방향을 분별하기 어려운 경우가 많았기에 개별 사신들은 당시의 날씨나 요동의 정세에 임기응변하여 다양한 항로를 거쳐 황성도에 도착했던 것 같다.

> 1) 辛酉일 이후로 宣川 宣沙浦에서 출항하여 鐵山 椵島까지가 60리, 車牛島까지가 140리, 鹿島까지가 500리인데, 여기서부터 요동 지역에 속한다. 다시 石城島까지 600리, 長山島까지 300리, 廣鹿島까지 200리, 三山島까지 280리, 平島까지 200리, 황성도까지 1000리, 鼉磯島까지 200리, 廟島까지 200리, 登州까지가 80이니 이상의 해상 노선을 모두 합하며 3760리이다. 辛酉以後 , 自宣川宣沙浦發船 , 至鐵山椵島六十里 , 車牛島一百四十里 , 鹿島五百里 , 自此屬遼界。石城島六百里 , 長山島三百里 , 廣鹿島二百里 , 三山島二百八十里 , 平島二百里 , 黃城島一千里 , 鼉磯島二百里 , (廟島二百里登州八十里 , 以上海路三千七百六十里。(金德承《天槎大觀》〈前後航海路程〉)

> 2) 三山에서 황성도까지는 1900리이다……三山 이후로는 수면이 아주 검어지고 파도가 거대하고 험해지며 노한 듯 으르렁거리는 파도 소리가 우뢰처럼 천지를 진동한다. 황성도 해역에서 190척 길이의 줄을 드리워 깊이를 재고자 했으나 바닥에 닿지 않았고 그래서 닻조차 내리기 힘들었다. 自三山抵黃城島一千九百里……三山以後 , 水面嚴黑 , 波峰壯盛 , 吼怒雄聲 , 震動如雷。黃城之海垂百九十把長繩 , 亦不著底 , 難以下錨。(金德承《天槎大觀》〈海島〉)

1)은 金德承이 해상노선에 대해 기록한 것이다.[199] 곧, 平島에서 登州府 황성도까지 해로는 그 거리가 1천 리라고 한다. 2)는 이 구간 해로에 대한 金德承의 구체적인

---

199 《天槎大觀》의 맨 마지막에 수록된 〈前後航海路程〉은 이 책이 간행될 때, 편찬자들이 내용의 이해를 돕기 위해서 《通文館志》를 참고하여 첨가한 내용으로서 《天槎大觀》原本에 원래 있던 내용은 아니다. 이성형, 〈《천사대관》의 《대명일통지》 수용양상 고찰〉, 한문고전연구 33집, 한국한문고전학회, 2016 , p.313)

묘사이다. 三山은 곧 三山島인데, 寧海縣(金州)의 남쪽[200]에 위치하며 北三山, 中三山, 南三山[201] 등 3개의 산봉우리로 구성되어 있다. 明末 총독 毛文龍은 三山島에서 "여순구로 들어갈 수 있으며 등주, 래주와 조선을 잇는 해로상의 중요한 항구이다."[202]라고 했다. 三山島는 전략적 요충지였는데, 여기서 서남 방향에 있는 황성도로 가는 항로는 특별히 위험했다. 2)에서 묘사하기를 三山島 서남쪽 海域은 수심이 깊은 지역으로 물빛이 검은 색을 띠어 그 깊이를 가늠하기 어려웠고 큰 바람이 자주 일고 파도가 높아 그 소리가 하늘을 진동했다 한다. 황성도 海域에 진입해서도 바다의 수심이 너무 깊어서 닻을 내리기 어려웠다.

황성도는 옛날에 烏湖島(오호도)라고 불렸는데《讀史方輿紀要(독사방여기요)》의 기록을 보면 이 해역을 烏湖海[203]라 불렀음을 확인할 수 있다. 그러나 이 기록 이외에는 登州, 蓬萊의 역대 方志에서 이 해역에 대한 기록을 찾아보기 힘들며, 조선 사신의 기록을 통해서만 당시 명나라 사람들이 이 해역을 "千里海" 혹은 "黑海"[204]라 불렀다는 사실을 알 수 있다. 조선 사신들은 조천록에서 "黑水海"라고 기록했다.

> (8월) 22일 甲辰일 맑음. 뱃머리를 돌려 여순구로 향했는데 눈 깜짝할 사이에 황성도에 도착했다. 그 사이 밝은 달은 지고 붉은 해가 솟았다. 날이 밝은 뒤에 둘러보니 다른 배들은 모두 뒤쳐져 있었다. 빠른 순풍을 받아 배는 물보라를 일으키며 나는 듯이 내달려 중간에 점점이 앞서 흩어져 있던 섬이 순식간에 뒤로 물러나곤 했기에 섬들의 구체적인 풍경을 눈여겨볼 겨를조차 없었다. 광녹도를 지난 이후로 바닷물이 자주빛으로 혹은 누런 빛으로 혹은 검거나 깊은 청녹색으로 변했으며 뱃사람을 시켜 백여 척의 줄로 깊이를 재고자 했으나 종내 그 깊이를 알 수 없었다. (八月) 二十二日, 甲辰, 晴。轉頭旅順, 瞥眼皇城, 白月才沈, 紅旭欲騰。泊

200　(淸)穆彰阿 撰,《(嘉慶)大淸一統志》卷五十九《奉天府》, 四部叢刊續編景舊鈔本版.
201　(民國)翟文, 王樹枏 纂修,《奉天通志》卷六十九《山川三》, 民國二十三年鉛印本版.
202　"可以入旅順者, 登萊朝鮮水路津要也。"(淸), 顧祖禹 撰,《讀史方輿紀要》卷三十七《山東八》, 淸稿本版.
203　＿＿＿,《讀史方輿紀要》卷三十六《山東七》, 淸稿本版.
204　"皇城島屬登州, 可泊船. 華人稱爲千裡海, 其色深黑, 或稱黑海。"(朝)鄭斗源,《朝天記地圖》

明環視，諸船盡後矣。飛波蹴送，疾風駕來，點點諸島，乍前忽後。凡
所經過，殊不暇目撩耳謀。而廣鹿以後，海色或紫或黃、或黝黑或深
青，使舟人約繩以百餘尺，終不可測。(洪翼漢《花浦朝天航海錄》)

위 인용문은 1624년 8월 22일 洪翼漢이 조선을 출발하여 등주로 향하는 길에 黑水海에 관하여 기록한 것이다. 여기서 黃城은 황성도를 가리킨다. 洪翼漢이 탄 배는 平島에서 바로 서남 방향으로 황성도를 향하여 출발했고 아침에 해가 뜰 때쯤 서쪽으로 방향을 바꾸어 旅順口를 지난 후, 다시 서남 방향으로 항해해서 황성도에 도착했다. 이때는 순풍이 불어서 사신의 배는 나는 듯이 중간의 여러 섬들을 스쳐 지나갔기에 잠시 정박하여 주변 섬들을 살펴볼 겨를도 없었다. 廣鹿島(지금의 遼寧省 大連市 長海縣 廣鹿島)를 지난 후, 황성도 海域에 진입하자 바닷물은 점점 검은 색으로 변했다. 洪翼漢은 선원들에게 명령해서 끈을 내려 깊이를 재려 했는데 100척이 넘는 끈을 다 풀어도 바닥에 닿지 않았다. 그러나 모든 사행단이 홍익한처럼 순조롭게 이 해역을 항해한 것은 아니었다.

조선사신이 본 〈旅順口〉의 모습[205]

---

205 〈航海朝天圖〉, 韓國國立中央博物館藏本版。

이른바 黑水海는 곧, 齊나라 北海의 下流로서 옛날에는 渤海라고 불리었
다. 바람이 없는 계절에도 파도가 절로 일어 항해하기가 어려운데 하물며
지금은 음력 9월 가을이라 바람이 북쪽에 불어와 하늘을 찢고 바다를 진
동하여 눈같은 흰 파도가 산더미같이 일어나니 그 어려움을 말해 무엇하
겠는가?

所謂黑水海者 , 乃齊北海下流 , 古稱渤海者也。無風自浪 , 亦雖渡涉 ,
況當九秋 , 天風從北而來 , 掀天振海、雪浪山堆者乎？(趙濈《燕行錄
(一云朝天錄)》)

趙濈은 황성도 海域 곧, 黑水海를 齊나라 北海의 下流로서 옛날 渤海로 불리었다고
여겼다. 바람이 없는 청명한 날에도 黑水海 海域은 항상 풍랑이 이는 곳이니 9월 늦가
을에는 그 풍랑이 아주 심했을 것이다. 조즙은 그 모습을 북풍이 미친 듯이 불어 산만
한 거대한 파도가 하늘을 뒤덮었다고 묘사했다. 趙濈이 말한 黑水海는 지금의 老鐵山
水道이며, 아래 해저 지형도를 통해 흑수해가 왜 그토록 거친 모습으로 조선사신을 맞
이했는지 이해할 수 있다.

그림에서 보듯이 老鐵山 水道는 발해만의 얕은 바다가 황해와 만나면서 수심이 갑

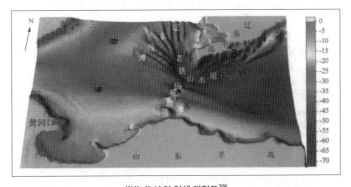

渤海 海峽의 입체 지형도[206]

---

206   蔡鋒編 著,《中國近海海洋》,海洋出版社 , 2013 , p.55.

자기 깊어지고 해류가 급변하는 곳이다. 이곳은 渤海와 黃海, 遼東半島와 山東半島가 만나는 교차지점에 위치하여 계절풍이 대륙으로부터 황해로 불 때 老鐵山 水道의 날씨는 흉험하기 그지없다. 명 天啓 元年(1621) 後金이 遼陽을 점거하게 되면서 육로로 사행을 갔던 康昱(강욱) 사행단은 부득이 해로를 통해서 조선으로 돌아와야 했다. 그런데 이들 사행단은 "바닷길에 익숙하지 않아서 철산취에 이르러 빠져 죽는 경우가 많았다. 정사 강욱과 서장관 정응두 등도 역시 익사했으니 이로부터 사람들이 해로 사행을 꺼리게 되었고 뇌물을 주어 피해보려는 자가 구름처럼 많았다."[207] 또한 1621년 마침 조선에 왔던 명나라 使臣 翰林院編修 劉鴻訓(유홍훈)과 禮科都給事中(예과도급사중) 楊道寅도 육로로 돌아갈 수 없게 되어 "배를 갖추고 병사들을 정비하여 평안도 안주에서 배를 타고 조선의 진위사은사와 함께 출발하였다. 바다에 나갔을 때 큰 바람을 만나 중국 사신과 조선 사신의 배 가운데 9척이 침몰하였고 조선의 정사는 철산에 배를 대려다가 거의 침몰할 뻔 했다. 여순구에 이르러 배를 바꾸어 타고 평도로 물러나 정박하고 날이 개이기를 기다렸다."[208] "명 사신 유홍훈은 삼가 조심하였기에 위험을 벗어날 수 있었으나 다른 중국 선원은 익사하여 죽은 자를 헤아릴 수 없었다."[209] 이처럼 항해 기술이 낙후되어 있던 당시에는 목선에 의지하여 천리의 바다 사행길을 나선다는 것은 매번 생사를 걸어야 하는 고난의 길이었다.

> 1) 9월25일 임자일 맑음. ……배는 나는 듯이 내달리며 뛰어오르고 용솟음치는 듯 크게 흔들렸다. 黑水海에 도착하자 하늘을 가를 듯한 큰바도가 거세게 일어나 넘쳐 올랐다. 한번 큰 파도가 몰려오자 배는 마치 하늘을 나는 듯했고 한번 큰 파도가 몰려 가자 배는 땅으로 곤두박질치는 듯했다. …… 다른 배의 위험한 지경을 바라보니 모골이 송연하고 혼비백산했으니 다른 배에서 우리 배를 바라보는 자들도 역시 그러했을 것

---

207 "未諳海事, 行至鐵山嘴, 例多敗沒。使臣康昱、書狀官鄭應鬥等, 亦相繼溺死。自是人皆規避, 多行賂得免者云。"《朝鮮王朝實錄·光海君日記》卷56〈光海13年 4月13日〉

208 "遂具舟楫, 繕兵衛, 俾由安州登舟, 並遣陳慰、陳謝, 二起陪臣附行。至海口遇風, 臣與陪臣舟沒者九隻, 正使則越泊鐵山, 舟覆幾溺, 至旅順方得易舟, 因退泊平島, 以俟風霽"《明實錄·明熹宗實錄》卷之十二,〈天啟元年七月庚戌〉,(台湾)中央研究院历史语言所, 1962年校印版。

209 "劉天使僅以身免, 唐人溺水, 死者不知其數。"《朝鮮王朝實錄·光海君日記》卷56〈光海13年 6月25日〉

이다. 배의 앞머리로 하늘에 닿을 듯한 파도가 몰려오면 그 파도에 배가 마치 침몰할 것처럼 보이는데, 드디어 풍랑이 뱃머리에 이르면 높은 파도를 타고 뱃머리가 고개를 높이 쳐든다. 이렇게 풍랑을 타고 배가 한 차례 출렁이고 나면 배꼬리로 파도가 빠져나가는데, 동시에 뱃머리는 낮게 고개를 숙이게 되어 마치 하늘을 날던 새가 땅으로 급하강하는 모양과 비슷하다. 이어 뱃머리는 마치 땅으로 곤두박질칠 듯한데 다시 앞으로 큰 풍랑이 몰려오고 뱃머리는 다시 고개를 든다. 매번 배가 한순간에 침몰해 버릴 것 같은데도 결국에는 침몰하지 않았다. …… 배가 침몰하지 않은 것은 하늘의 뜻일 따름이다. (九月)二十五日, 壬子, 晴。……船之疾馳, 如躍如湧。船到黑水海, 掀天大浪, 蕩潏澎湃。一浪之來, 船疑上天 ; 一浪之去, 船疑入地。……吾見他船, 神愯魄奪 : 他船之見吾船者, 亦必如此。望見船頭, 風浪接天, 慮其船到此浪必致覆沒 ; 而船之才到, 便則駕浪而高驤。所駕之浪, 便從船尾而去 ; 則船頭焂然低走, 如飛鳥下田之形。此時疑其入地, 而前浪又來, 則船又高出。必敗之道在於頃刻, 而畢竟不致覆沒者。……不致覆沒者, 亦天意也。(趙濈《燕行錄(一云朝天錄)》)

2) 3월 26일 경진일 맑다가 저녁에 흐림. 새벽에 순풍이 불어 모든 배들이 황성도에 도착했는데 이 때는 이미 정오였다. 바람이 좀 잦아 들었다. ……도중에 큰 바람을 만날까 두려웠지만 달리 다른 방도가 없었기에 바람에 배를 맡기고 천천히 앞으로 나아갔다. ……칠흙같이 어두운 밤이 되니 바람도 점점 잦아들었다. 배는 해류에 실려 큰 바다로 떠밀려 나가고 있는데 믿을 것은 하늘뿐이라 고개를 들어 하늘의 밝은 별을 보고 고개 숙여 바다 속 영험한 거북을 굽어본다. 등촉 환하게 밝혀 놓고 꼿꼿하게 정좌하고 있으니 온갖 생각이 다 들고 배가 어디쯤 가고 있는지 전혀 알 수가 없다. 그 때 일순간 삶에 집착하고 죽음을 두려워하는 마음이 사라지고 갑자기 황량한 광야를 떠도는 것 같은 느낌이 들었다. 내가 앉아 있는 나무판 아래와 좌우의 나무판 밖은 모두 만 장 깊이의 심연이라 교룡과 물고기, 거북이들이 사는 소굴이며 흉폭하게 용솟음치는 파도 위로 내 한 몸을 맡겨 망망한 대해를 표류하고 있으니 마

음을 굳세게 가지지 못한다면 이런 역경을 참지못하고 물에 뛰어들어 빠져 죽던지 미쳐 발광해 버릴 것이다. 참으로 위태로운 지경에 이르니 오히려 평탄한 길에 있는 것 같았다. (三月)二十六日 , 庚辰 , 晴 , 夕 陰。曉有順風。各船至黃城島下 , 日已午矣。風勢緩矣。……恐有中 路逢風之患 , 而亦沒奈何 , 仕所如緩緩前進。……昏黑之夜 , 風亦漸 歇。中流大洋 , 所恃者天 , 仰看明星 , 俯窺靈龜 , 明燭危坐 , 思量萬 端 , 未知船行幾許。此時 , 別無慳生惜死之心 , 怳然如遊廣漠之野。 座下一板之外、左右一板外 , 都是萬丈深淵。蛟龍魚鱉之窟、洶湧澎 湃之上 , 寄此一身於茫茫之中 , 若妄用心慮 , 不能忍耐 , 則不投水而 沒 , 則必發狂疾矣。已到十分危地 , 還似坦坦平途也。(趙濈《燕行 錄(一云朝天錄)》)

　　1)과 2)는 각각 趙濈이 북경을 가고 오는 길에 기록한 것인데, 당시 사행단이 황성도 海域 곧, 黑水海를 지날 때 만났던 거센 풍랑의 모습과 아무런 대책없이 단지 하늘에 무사 안녕만을 기도할 수밖에 없었던 당시의 심정이 잘 나타나 있다. 趙濈은 황성도 海

지금의 北隍城島의 北山 정상에서 바라본 遼寧 老鐵山(明末의 鐵山嘴)과
老鐵山 水道(明末의 千里海/黑海/黑水海)(집필진 답사 촬영)

域을 지나 山東을 거쳐 北京 玉河館에 도착하여 황성도 海域에서 겪은 일에 대해 탄식
하며 다음과 같은 시를 읊었다.

〈제석(섣달 그믐)날〉
"한 해가 저물어 가는 마지막 날 밤에 만리 밖에서
아직 귀향하지 못하는 사람"이라는 10글자를 가지고 운을 삼아 10수의
시를 지어 동관에 계신 사신들에게 보여주고 평가를 구함

제 7수
끝없이 펼쳐진 하늘 아래 가야할 바닷길 다함이 없어
근심에 젖어 멀리 오밀조밀 펼쳐진 섬들 물끄러미 바라볼 뿐이라네.
구사일생으로 황성도 해역을 건너와서
무사히 다시 만나게 되니 기쁨의 눈물 절로 흐르고 그 눈물 마르고 나서야
겨우 안도의 미소가 번지네.

〈除夕〉以"一年將盡夜萬里未歸人" 分韻呈東關求教

七[210]
水闊天長路不盡 , 愁看島嶼相菌蠢。
十生九死渡黃域 , 喜淚先幹方一哂。

　　이 시는 1623년 섣달 그믐날 옥하관에 도착한 趙濈이 다른 사신과 창화한 시 가운
데 한 수이다. 당시 조즙 일행보다 앞서 도착한 冊封奏請使臣團 正使 李慶全 , 副使 尹
暄 , 書狀官 李民宬은 玉河館 東關에 머무르고 있었고 조즙은 거기에서 이들과 처음
재회한 것이었다.[211] 菌蠢(균준)이란 버섯 같은 식물이 오밀조밀 자라나는 것을 가리킨

210　趙冕熙,《朝天日乘及燕行錄及酬唱錄》,(韓國)同光, p.191.
211　(朝)趙濈,《燕行錄(一云朝天錄)》,(閏十月二十日 , 丙午)

다. 이 시의 앞 두 구는 명나라와 조선을 오고 가는 사행길이 일망무제의 먼 걸이며 배로 오는 내내 근심에 가득차서 해상에 촘촘히 떠 있는 섬들을 바라보기 일쑤였음을 표현하고 있다. 黃域이란 황성도 海域을 가리키며 哂(신)은 微笑의 뜻이다. 이 시 뒤의 두 구절은 구사일생의 위험을 무릅쓰고 황성도 海域을 건너와 앞서 도착한 동료 사신들을 재회하고 보니 기쁨의 눈물이 절로 흐르고 그 눈물이 마른 후에야 비로소 안도의 미소를 지을 수 있었다는 것이다.

그들의 미소 뒤에는 조즙이 자신의 조천록에서 묘사한 "바람은 더욱 거칠어지고 노한 파도는 하늘을 가리며(風勢益壯, 怒濤掀天)", "바람과 파도에 비명소리조차 지를 수 없었다.(風濤遂中折聲振)"는 공포가 묻어 있다. 이러한 공포는 앞서 이 바다를 건너왔던 오윤겸이 묘사한 바, "뱃사람들은 모두 놀라고 황망하여 어쩔 줄을 몰라 실성한 듯 대성통곡했고", "이제 살아날 길이 없어 반드시 바다에 빠져 죽을 것이다."[212]라는 절체절명의 위기를 겪은 사람들만 알 수 있었다.

> (6월16일)……壽山이라는 자가 있었는데 使公의 노비이다. 뱃전에 올라가 손으로 가리키며 말하기를 "저쪽에 섬이 보인다"라고 했다. 모두가 일시에 그 쪽을 바라보았으나 아무 것도 보이지 않았다. 조금씩 가까이 다가가니 운무 사이로 분명히 바위절벽이 뱃머리에 가까워지고 있었다. 배에 타고 있던 사람들이 모두 기뻐서 손뼉을 치고 발을 구르고 펄쩍펄쩍 뛰어올랐다. 몇몇 사람들이 使公에게 말하기를 "10여일을 표류한 끝에 드디어 황성도를 보게 되었군요! 오늘은 다시 태어난 날과 같으니 하늘의 뜻이 아니라고 할 수 없군요." 모두 배 위에 나란히 서서 눈물을 흘리며 하늘에 네 번 절을 올렸다. (六月十六日)……有壽山者, 使公之奴也, 登舫指示曰 : 某處島形在. 眾皆一時送目, 亦未的(得)見. 漸漸近之, 則云霧間, 岩崖宛然與船頭相接, 一船抃舞雀躍. 余謂使公曰 : "等之十餘日漂流苦望黃城者是耶！今日再生, 莫非天也." 並立船上, 揮淚四拜. (安璥《駕海朝天錄》)

---

212 "船人皆驚惶罔措, 失聲號泣"; "既無生理, 甯死於海中", (朝)吳允謙,《秋灘東槎朝天日錄》, (十月初八日)

위의 글은 安璥이 북경으로 가는 길에 기록한 것으로 구사일생으로 황성도 海域을 벗어난 후, 황성도가 멀지 않은 전방에 있다는 말을 듣고는 환호성을 지르며 펄쩍펄쩍 뛰면서 기뻐하는 모습을 그렸다. 배 위의 사람들은 "오늘은 다시 태어난 날이니 어찌 하늘의 뜻이 아니겠는가! (今日再生 , 莫非天也)"라는 감탄을 절로 토해냈으며 安璥 또한 "눈물을 흘리면서 하늘에 네 번 절을 올렸다(揮淚四拜)." 이처럼 해상으로 사행을 가야했던 조선사신에게 있어 황성도 海域과 老鐵山 水道는 생사를 가르는 염라대왕의 심판정이었고, 황성도는 새로 삶을 얻어 태어난 天堂과 같았다.

2. 1. 2 黃城島(皇城島)

황성도에 관련된 사신의 기록은 대체로 황성도의 지세와 주변 풍경, 섬에 주둔한 군대, 주둔군 장수와 조선 사신 간의 외교적 교류활동 등에 관한 것이다. 황성도는 조선 사신에게 있어 黑水海라는 험지를 벗어나 만나는 낙토이자 항해의 어려움을 아는 명나라 관원과 우정을 나누는 장소이기도 했다.

> 9월 2일 기미일 맑음.……신시에 황성도에 정박했다. 이 날은 700리를 항해했다. 섬 둘레는 20리이고 남쪽에도 섬이 하나 있는데 서로 마주보며 에워싸고 있는 형세이다. 기암괴석, 맑은 모래, 자갈이 펼쳐져 맑고 깨끗해서 항해 중 보았던 섬들 가운데 경치가 특히 빼어났다. (九月)初二日 , 己未 , 晴。……申時 , 到泊黃城島。是日 , 行七百里。島之周回二十里 , 南有島嶼 , 相對環擁 , 岩石奇怪 , 沙礫明淨 , 爲諸島中奇勝。(申悅道《朝天時聞見事件啓》)

> 황성도는 등주부에 속하며 배가 정박할 수 있다 皇城島屬登州 , 可泊船。(〈黃城島圖〉鄭斗源《朝天記地圖》)

1)은 1628년 9월 2일 申悅道가 북경으로 가는 길에 정박했던 황성도를 묘사한 것이

鄭斗源《朝天記地圖》〈皇城島圖〉

다. 皇島는 섬 둘레가 20리이며 섬 남쪽에도 작은 섬 하나가 있어 남북으로 서로 마주보고 있다. 섬에는 기암괴석들이 우뚝 솟아 있고 하얀 모래 사장이 펼쳐져 있어서 申悅道가 거쳐 왔던 섬 들 중에 가장 아름다웠다. 2)는 鄭斗源의 기록인데, 1)의 기록과 함께 종합적으로 고찰해보면, 조선 사신이 정박했던 黃城島(皇城島)는 당시 행정구역상 登州府에 속하며 남쪽에도 섬이 하나 더 있었음을 알 수 있다. 그러므로 사신들이 정박한 섬은 바로 지금의 山東省 蓬萊市 長島縣에 속한 北隍城島임을 알 수 있다.

北隍城島는 渤海 海峽의 중간에 위치하여 동으로는 황해를, 서로는 渤海를 끼고 있으며, 남쪽 1.2km 떨어진 곳에 南隍城島를 마주하고, 북으로는 遼寧省 老鐵山을 바라보고 있는 廟島群島의 최북단의 섬이다.[213] 지금의 北隍城島의 해안선의 길이가 정확히 10.74km[214]인데, 이것은 申悅道가 말한 "섬의 둘레는 20리이다"라는 기록과 대체로 일치한다. 한편, 남황성도는 淸 光緒 연간 이전에는 사람이 살지 않는 무인도였다.[215] 그러므로 조선사신이 정박했던 섬은 남황성도가 아니라 북황성도였음을 다시금 확인할 수 있다. 그렇다면 조선사신들은 구체적으로 황성도의 어느 지역에 배를 대고 정박한 것일까?

1) 6월 10일 기사일. 廟島에 도착했다. 아침에 바라본 황성도의 형세는 다음과 같다. 섬둘레는 비록 얼마되지 않으나 사면이 모두 석벽으로 둘러싸여 오직 한 면으로만 배가 다닐 수 있었다. 거기에 항구를 조성하고 배를 정박시켜 놓았는데, 또한 군대가 주둔하여 지키고 있는 곳이다.

---

213   山東省科學技術委員會 編,《山東省海島志》, 山東科學技術出版社, 1995.p.28.

214   _____,《山東省海島志》, 山東科學技術出版社, 1995.p.28.

215   "南隍城島, 在欽島東北. 去城二百三十五. 裡內無居民."(淸)方汝翼等 纂修,《(光緒)增修登州府志》卷之三, 淸光緒七年(1881)刻本版.

(六月)初十日, 己巳。到廟島。朝見黃城島之形勢：周回雖窄, 四面
皆石壁, 唯一面通船路, 掘港藏船, 且有軍兵, 乃防守之所也。(李
民宬《癸亥朝天錄》)

2) 9월 4일 신유일, 맑음……황성도에서 廟島까지는 전부 등주부 관할이
다. 황성도의 형세를 보면 삼면은 모두 절벽이고 오직 동쪽으로만 큰
바다에 접해 있다. (九月)初四日, 辛酉, 晴。……自皇城至廟島皆管
轄於登州。島之地形, 三面皆島嶼, 而惟東臨大洋。(申悅道《朝天
時聞見事件啟》)

1)은 李民宬이 북경으로 가는 길에 들렀던 황성도에 대해 묘사한 것이다. 황성도는
비록 면적은 작지만 섬의 사면은 모두 가파르게 우뚝 솟은 산과 암석으로 둘러 싸여 있
으며, 오직 한 곳에만 배를 댈 수 있었다. 섬에는 군대가 주둔하고 있어서 해변 주변의
얕은 곳을 준설하여 전함이 정박할 수 있는 인공적인 항구를 건설했다. 唐宋 時期에는
황성도의 수비영을 烏湖戍(오호수)라고 했다. 宋 樂史의《太平寰宇記(태평환우기)》에
"오호수는 현에서 265리 떨어진 북해 바다 가운데 있는 오호도에 있다. 당 태종 정관
20년 동이를 정벌하기 위해 요충지로 삼고 수비영을 설치하였는데 영휘 원년에 폐지
했다."[216]라고 했다. 戍(수)란 軍隊가 防守하는 장소를 뜻하는데, 서기 646년 唐 太宗이
고구려에 원정을 갈 때 지리적 요충지였던 烏湖島에 鎭을 설치하였고, 650년 唐 高宗
때 폐지하였다는 것이다. 곧, 황성도는 군사적 요충지였으므로 적어도 唐이나 明代 때
는 군대가 주둔했다는 것이다. 烏湖島라는 명칭은 烏湖의 북쪽에 위치하고 있기 때문
에 붙여진 이름이다. 烏湖란 北隍城島와 南隍城島 사이의 해역으로 수심이 깊고 해류
가 세차게 흘러 물빛이 黑綠色이었으며 그 주위로 곶이 형성되어 그 형상이 마치 호수
모양이었기에 烏湖라 불렸다.[217]

---

216 "烏湖戍在縣北海中二百六十五里, 置烏湖島上。唐太宗貞觀二十年爲伐東夷, 當要路, 遂置爲鎭。至
永徽元年廢"。(宋)樂史,《太平寰宇記》卷二十, 中華書局2007版, p.408.
217 長島縣南隍城鄕政府南隍城村委會編寫,《南隍城志》, 煙臺市新聞出版局, 1999, p.19.

隍城 水道(당나라 때는 烏湖라는 별칭으로 불렸음)의 전경. 오른쪽에 보이는 섬이 北隍城島이며,
왼쪽에 바로 앞에 보이는 섬은 南隍城島이고, 왼쪽 멀리 보이는 섬은 小欽島(소흠도)이다.
(집필진 답사 촬영)

"사면이 모두 석벽인데, 오직 한쪽 면만 배가 다닐 수 있었다."라는 1)의 기록에 비해
2)의 申悅道의 기록은 "삼면이 모두 바위섬이고 오직 동쪽으로만 큰 바다를 임하고 있
다"라고 하여 좀더 상세하다. 곧, 조선사신들은 바람을 피해 北隍城島의 동쪽 항구로
들어와 해안에 정박한 것이다. 北隍城島는 중앙의 꼭지점이 북쪽을 향한 삼각형 모양
인데 그 가로 길이는 2.8km, 높이는 1.9km로서 최고봉인 北山의 정상은 해발 155.4m
이고 전체 면적은 2.69 km²이며 바다에 접한 彎은 4군데[218]가 있다. 조선사신은 지금
의 北隍城島 북산 뒤쪽에 있는 항만에 정박한 후 섬에 내린 것이다.

吳翿은《燕行詩》에서 황성도를 지나면서 멀리서 바라본 풍경을, 全湜은《沙西航海
朝天日錄》에서 황성도에 정박하여 몇 일을 머물면서 경험한 내용을 시로 읊었다. 먼저
오숙의 시를 감상해보자.

---

218   山東省科學技術委員會 編,《山東省海島志》, 山東科學技術出版社 , 1995 , p.28.

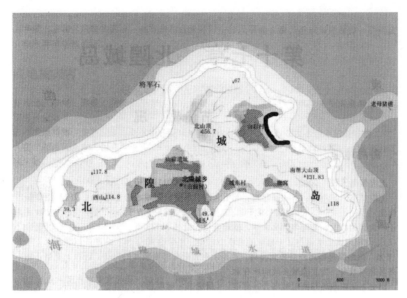

北隍城島(북황성도) [219] (굵은 선으로 표시한 곳이 북황성도의 북산 뒤쪽 灣(만)으로
조선 사신들이 배를 댄 곳이다)

북황성도의 북산 정상에서 산 뒤쪽 만을 바라본 풍경(집필진 답사 촬영)

---

219   中國海島志編纂委員會編著,《中國海島志·山東卷》第一册(山東北部沿岸), 海洋出版社, 2013, p.262。

〈황성도를 지나며〉

눈 부릅뜨고 동남쪽 하늘 떠오르는 아침해 바라보며

순풍을 받아 배를 달리니 경쾌한 기분 이루다 말할 수 없네.

깎아지르는 듯 높이 솟은 해안 절벽 수면 위에 비춰 일렁이는데

아마 중원에 우뚝 솟은 태산, 천하를 까마득히 나눔이 이와 같으리라.

등주 봉래각 비석에 새긴 소식의 문장은 세월 따라 마멸되었고

신선을 찾아 봉래에 왔다는 진시황의 사적 이미 사라지고 말았으나

해신은 우리 사신 웅대한 포부를 펼칠 수 있도록

거북과 교룡을 차례로 보내어 사신의 배 앞뒤를 따르도록 하는구나!

〈過皇城島〉

極目東南曙景懸 , 御風槎上覺泠然。

鐵崖半倒沖融裡 , 岱嶽遙分翠黛邊。

蘇子文章隨變滅 , 秦皇事業失流傳。

波神欲試胸襟大 , 更遣龜魚躍後先。

（吳翻-《燕行诗》）

北隍城島의 日出(북산 뒤쪽 灣의 北側에 있는 觀音 암초 위로 아침해가 뜨는 광경)(집필진 답사 촬영)

이 7언 律詩는 吳翻이 북경으로 가는 길(1624년 8월 22일)에 황성도를 지나면서 쓴 것이다. 冷然(령연)이란 경쾌하고도 신묘한 모양을 뜻하며 《莊子·逍遙遊소요유》에 "열자는 바람을 타고 다녔는데 그 모양이 경쾌하고도 신묘하기 그지없다. (夫列子御風而行 , 冷然善也)"라는 출전이 보인다. 첫 연은 순풍을 받고 나는 듯이 내달리는 배 위에서 서서 멀리 동남쪽으로부터 아침해가 솟아오르는 광경을 바라보면서 몸과 마음이 덩달아 가벼워졌고 상쾌함을 느꼈다는 것이다. 沖融(충융)은 물결이 넘실대는 모양을, 鐵崖(철애)는 황성도의 둘레가 모두 깎아지른 듯한 절벽임을 가리키며, 岱嶽(대악)이란 泰山의 별칭이다. 翠黛(취대)는 黑綠色을 뜻한다. 둘째 연에서 이어서 말하기를, 황성도를 둘러싼 높다란 절벽은 파도가 출렁이는 수면 위에 비치고 있는데, 이는 앞으로 사행길에서 보게 될 태산이 천하에 우뚝 솟아 동서의 경계가 되는 장엄한 모습을 자연스럽게 연상하게 하였다. 셋째 연에서 작자는 뱃전을 스쳐 지나가는 일출의 변화무쌍한 아름다움을 바라보면서, 항해의 목적지인 登州에 시문을 남긴 대문호 蘇軾도 세월 따라 지금은 사라졌고, 등주 봉래에 불노장생의 신선을 찾아왔던 秦始皇의 霸業도 이제는 세월 따라 사라졌음을 탄식한다. 波神은 水神을 가리킨다. 넷째 연에서 海神은 자신의 웅대한 포부를 드러내고자 거북이와 물고기를 파견하여 사신의 배를 따라 앞서거니 뒤서거니 헤엄치며 따르도록 했다고 말한다. 곧, 작자는 해신이 중요한 임무를 맡은 사신을 돕기 위해 좋은 바람을 보내고 물고기와 거북들로 하여금 호송하게 했을 것이라 상상하고 있다. 이 시는 작자가 순풍을 타고 순조롭게 황성도 해역을 지나 登州로 향하면서 동쪽에 떠오르는 해를 바라보고 기쁜 마음이 벅차 올라 감탄하며 지은 것이다. 어릴 때부터 유학의 훈도를 받은 조선 사신들은 앞으로의 사행길에서 지나게 될 齊魯지역의 문화에 깊은 관심을 가지고 있었기에 등주에서 마주하게 될 소식이 남긴 詩碑, 진시황의 유적 등을 설레는 마음으로 기다리고 있었다.

〈밤에 황성도에서 정박하며〉

바다에 북풍이 갑자기 불기 시작하여 풍랑 크게 일어나니
이 밤 여느 해처럼 가을 기운 찾아 들어 서재에 찬 기운 가득하네.

혼몽한 가운데 몸에 병이 든지도 모른 채 깨어나니

서리 이슬 내린 새벽 하늘에 밝은 아침 햇살 비춰 드네.

〈皇城夜泊〉

北風撼海海波揚 , 秋夜如年几席涼。

魂夢不知身已病 , 曉天霜露入明光。

(全湜《沙西航海朝天日錄》)

　　이 시는 全湜이 1625년 9월 28일 북경으로 가는 길에 황성도에 정박했을 때 밤에 지었다. 全湜 일행은 9월 23일에 황성도에 들어와서 海潮寺에서 묵고 있었다. 24일에서 26일까지 "뱃사람들이 모두 혼이 나간 듯하여 배가 고파도 먹지 못하고 아픈 자는 일어서지 못하여 출항하고 싶어도 끝내 뜻대로 하지 못했다."[220] 27일에 마침내 출항하여 登州로 향했으나 鼉磯島 부근에서 남풍이 분다는 소식을 듣고 다시 황성도 부근 해역으로 배를 돌려 바다 가운데 닻을 내렸다가 28일에 황성도 항구로 되돌아와서 닻을 내리고 북풍이 불기를 기다렸다. 29일 한밤 중에 마침내 북풍이 불기 시작해서 황성도 항구를 출발하여 여명이 오기 전에 鼉磯島에 도착할 수 있었다. 几(궤)는 작은 탁자, 작은 상을 뜻하고 席은 풀이나 억새로 만든 돗자리나 방석이다. 앞의 두 구는 해상에서 마침내 기다리던 북풍이 맹렬히 불기 시작했는데 , 9월 깊은 가을 기다리는 시간이 무척이나 지루하고 길었으며 어느덧 차가운 겨울 기운이 엄습하고 있다고 말한다. 拂曉(불효)는 날이 막 밝아 올 때의 하늘색을 가리킨다. 뒤의 두 구는 한밤중에 출항하느라 피곤이 겹쳐 비몽사몽 간에 깨어나 무거운 몸을 일으키고 보니 배의 창문 밖에서 서리에 비친 아침햇살이 비춰 들었다는 것이다. 이 시는 하늘의 날씨에만 의존하여 뱃길을 나서야 했던 당시 조선 사신들의 힘겨운 노고를 잘 묘사하고 있다. 全湜 일행이 배를 대었던 곳은 당시 황성도에 주둔했던 명나라 해군이 "바다의 만을 준설하여 큰 항만

220　"船之人 , 皆若奪魄 , 饑者不食 , 病者未起 , 雖欲發船 , 末由也已". (朝)全湜,《沙西航海朝天日錄》, (九月 二十四日 , 己巳.)

全湜이 〈皇城夜泊〉 시를 지은 곳-북황성도의 북산 뒤쪽 만(近景), 전식이 왔을 당시
이곳에 수많은 명나라 해군의 전함이 정박해 있었다. (집필진 답사 촬영)

으로 만들고 조수를 끌어들여 (鑿大池于海曲 , 引潮水於其中)" 전함들을 정박시켰던 곳
이다.

1) 9월 4일 신유일, 맑음. 바람이 더욱 심해져 배를 몰아 섬 안으로 들어갔
다. 섬 안에는 군대가 주둔하여 지키고 있었는데 항구가 넓었기에 바람
을 피하기 위하여 항구를 준설하여 전함 수 십 척을 정박시켜 놓았다. 千
總莊이 忠領을 맡았는데 매년 봄, 가을에 교대로 와서 지켰다. 황성도에
서 묘도까지는 전부 등주부 관할이다. 저녁에 上使와 함께 배에서 내려
해조사에 가서 묵었다. (九月) 初四日 , 辛酉 , 晴。風勢甚惡 , 卸舟入
島中。有軍兵屯守 , 以港口闊大 , 無避風處 , 故唐船數十隻皆掘港藏
置。千總莊作忠領之 , 每於春秋輪遞防守。自皇城至廟島 , 皆管轄於
登州。夕 , 同上使出宿于海潮寺。(申悅道《朝天時聞見事件啟》)

2) 10월 14일 맑음.……황성도의 형세는 사면이 모두 기암괴석으로 된 작
은 산들로 배를 대고 감출 곳이 무척 많았다. 韓總兵이 와서 방어의 임
무를 맡은 이후로 새로이 군영을 정비하였다. 항만을 깊이 준설하여 해
수를 끌어들여 거의 천 척에 가까운 배를 정박할 수 있는 공간을 확보
하여 전함을 두는 곳으로 만들었다. 현재 전함은 100척이 채 되지 않

지만 수병은 3000쯤 된다 한다. (十月)十四日, 晴。……黃城爲島,
四面諸嶼, 回曲相掩, 岩石奇怪, 可泊藏船之處甚多。韓總兵來防之
後, 新設營鎭, 又鑿大池于海曲, 引潮水於其中, 可客千艘, 以爲藏
舟之所。船未滿百, 而軍數三千云。(安璥《駕海朝天錄》)

1)을 보면 申悅道가 탄 배는 바람을 피해 황성도에 들어왔으며 港口에서 정사 宋克
認과 함께 내려 황성도 海潮寺에 묵었다. 海潮寺에 관해서는 다음 절에서 자세히 다
루기로 한다. 섬에 내린 후 申道悅는 황성도에 명나라 군대가 주둔하고 있다는 사실을
알게 된다. 황성도 항구는 넓고 커서 바람을 피해서 배를 대기에 편했기에 명나라 해군
이 황성도 항구를 준설하고 주둔지로 삼았는데, 항구에 정박한 군함이 수십 척이나 되
었다. 황성도 군영은 千總莊(천총장)이 忠領防을 맡아서 지휘했는데 매년 봄, 가을로
수장이 바뀌었다. 2)에서 언급한 韓總兵은 바로 韓宗功이다. 韓宗功은 遼城(지금의 遼
寧省 遼陽市)사람으로 명나라 遠伯 李成梁의 사위이다. 명나라 萬曆 연간에 入朝하여
왜구를 토벌하였으며 備禦(비어), 旗鼓官(기고관), 右僉都禦使(우첨도어사), 副總兵 등
의 직무를 차례로 맡았다. 2)에 따르면 황성도 항구는 명 天啟 연간에 韓宗功이 부임한
이후 준설하여 완공되었으며 수 천 척의 전함도 정박 가능할 정도였다. 그러나 당시 安
璥은 100척이 채 되지 않는 전함만 볼 수 있었다.

조선 사신들이 황성도에 정박했을 때 安璥 이외에는 황성도에 주둔한 명나라 장수
와 교류한 기록이 보이지 않는다. 이것은 아마도 조선 사신들이 명나라 장수들과 교류
를 하고도 개인적인 사교행위를 기록에 남기지 않으려는 경향이 있었기 때문일 것이
다. 安璥의 경우는 명나라 장수와의 교류를 통해 당시 주변 정세에 대한 정보를 적지
않게 얻을 수 있었으며, 이에 대한 기록도 남겨 두었다.

10월 12일 맑음……우리 배도 그를 따라 함께 황성도로 향했다. 總兵 한
종공도 황성도를 방비하고 있었는데 여기에 처음으로 관청을 세우고 "臥
薪軒"으로 현액했다. 한공은 遼城 사람이다. 丁巳年(1617년)에 처음 서
로 알게 된 사이다. 그래서 배를 정박시키고 달이 뜰 때 그를 방문하여 악

明末 신열도가 배를 대고 해조사로 올라갔을 것으로
추정되는 항구 접안지. (집필진 답사 촬영)

南隍城島 漁港의 새벽 풍경[221]

221　楊志常 著,《影與思》, 中國科技敎育出版社, 2004, p.43.

수하고 옛 이야기를 나누었는데 서로 만나보지 못한 세월이 꽤나 오래된 것처럼 느껴졌다. 허공과 한공이 서로 술을 따르며 즐겁게 우리 사신들을 환대하면서 항해의 어려움을 몇 차례나 반복해서 언급했다. 한공이 홀연히 사신들에게 이야기하기를 "사내 대장부들이 이렇게 다시 만나게 되었습니다！ 어르신께서는 일생을 청빈하고 조용하게 살아오셨으니 어찌 지금처럼 어려운 지경을 경험하게 될 것을 생각이나 하셨겠습니까? 사신의 신분으로 바다를 건넌다는 것은 작은 배에 의지하여 지독한 바다 안개를 온몸으로 겪어 머리가 희어지고 수족이 마비되어 앞으로 몇 일이나 더 살 수 있을지를 염려해야 하는 참으로 힘든 고난인 것입니다. 그런데 어르신께서는 이러한 항해의 역경을 다 겪으시고도 흰머리가 조금도 없으시니 정말 복이 많으신 것입니다. 거듭 경하드립니다. 선생께서는 어떤 작위에 계신데 재차 서장관의 직위로 오셨는지요? 丁巳年에 저는 右僉都御使였고 지금은 左副가 되었으니 5년 동한 불과 한 등급밖에 승진하지 못했으나 이 역시 늦은 복이라 할 것입니다. 내가 푸른 가죽으로 만든 개인 물품을 전쟁통에 후금 여진족에게 내어주고 말았는데 이것은 조금도 아깝지가 않습니다. 그러나 어르신께서 제에게 써 주신 시는 항상 벽에 걸어두고 즐겨 살펴보고 앉으나 누우나 제 시선에서 벗어나지 않았는데 이번에 함께 잃어버리고 말았으니 참으로 애석하고 애석할 따름입니다. 서로가 구사일생의 위험 끝에 이렇게 다시 만나게 되었으니 저번처럼 이번에도 시 한 수 지어서 주시면 제가 평생을 두고 아껴 보겠습니다. "내가 답하여 말하기를 "죽다가 살아났더라도 중요한 재주는 가슴에 품어 두고 마음속에 잘 감추어 두는 법이니, 어찌 잊어버렸겠소? 그런데 지난번에 풍랑을 만났을 때 시 짓는 주머니를 해신에게 주어 버려 한 개도 남지 않았으니 한공의 요구를 받들 수가 없겠구료."하니 내 말을 듣고는 서로가 박장대소하였다.

(十月)十二日 , 晴。⋯⋯吾船隨之同往黃城。韓總兵宗功亦在島防守 , 草創衙門 , 額曰："臥薪軒"。韓乃遼城人也。丁巳年有面分 , 故泊船之後乘月訪之。則握手敍舊，有若隔世人也。許、韓相對設酌歡接餘等，極言舟行之難。韓獨愀然謂餘曰：“男兒會面有如是夫！安爺曾曆陋止，豈料今夕寄身孤棹，不蔽毒霧瘴煙，鬢髮盡白，手足麻木。在世能復幾日？安爺備嘗夷險，一髮不白，眞是人間遐福也，可賀可賀。第未知方帶何爵而再次書狀耶？丁巳之右僉都禦使，今爲左副，五年之間才一級，亦是晚福也。俺靑氈舊物，盡付賊虜，此則不足惜。而安爺所贈之詩，掛壁愛玩、坐臥常目，而亦未免見失。不幸不幸。此日相逢，得于萬死之餘，繼此而可復一聯贈我，以續平生之玩耶。”余答曰：“死而更生，實荷腆念。中心藏之，何日忘之？但向來詩囊，都付諸馮夷，無一個東西，難副盛教也。”相與拍手大笑。

13일, 맑음. 북풍이 심하게 불어 파도가 하늘에 닿았다. 저녁에 허공이 배 위에 잔치상을 차려 놓고 우리를 초청하였다. 기다렸다가 배로 가니 한공 역시 동석했다. 허공이 관기에게 비파를 반주하면서 노래 부르게 하였다. 한공이 나에게 물었다. "이 음악이 어떻습니까?" 나는 "아주 듣기 좋군요"라고 대답했다. 한공이 웃으며 허공과 이야기하였다. "이 음악은 별로야! 별로라구! 조선의 음악을 내가 이전에 익숙하게 들어보았는데 거문고라는 악기는 그 낭랑하고 맑은 소리를 듣게 되면 부지불식 간에 어깨를 덩실거리게 된다구. 그러니 이런 음악이 어찌 어르신의 귀에 들어오겠나?" 그러고는 서로 기쁘게 한밤중까지 술을 마셨다. 내가 한공에게 말하였다. "이미 의기투합이 되었고 여기서 더 마시면 너무 풀어질 것 같소. 비록 술이란 통쾌하게 마셔야 하는 것이기는 하지만 어찌 손님을 한밤중(삼경)이 되도록 잡아 두고 보내주지 않는 것이오?" 한공이 말하기를 "내가 젊었을 때 기운이 강건해서 사람을 만나면 밤새도록 술을 마시곤 했지요. 지금은 노쇠해져서 삼경에 접대를 마쳐야 하는 것이 한스럽습니다. 오늘은 사양하지 마세요. 사경을 알리는 북소리를 들으면 끝마칠 것입니다."라고 우스개소리를 했다. 한공이 다시 손을 잡으면서 나에게 말하기를 "배를 탄다는 것은 풍랑의 위험에 노출되고 猳玃(가달 - 변방의 여진족)의 공격까지 염려해야 하는 것이니 언제쯤 안전하게 조선땅에 도착할 수 있을까요? 어르신께서는 善人이시라 하늘이 반드시 보우하실 것이니 내가 먼 바다 밖에서라도 어르신께서 무사히 도착하셨다는 좋은 소식을 들을 수 것입니다. 제가 조선의 은전을 입어 열 식구의 생명을 구했으니 이 생애에서 어찌 다 갚겠습니까"하고는 눈물을 흘린다. 그리고 또 말하기를 "義州 節制는 성실하고 일도 능수능란하게 처리하여 관문을 굳건히 지켰으며, 龍川 太守는 품성이 인자하고 용모가 단아하여 실로 天上의 神仙이 하강하신 듯 속세의 범인과는 달랐습니다." 十三日, 晴。北風甚惡, 波浪接天。夕時, 許將設飯請邀, 等往赴其船。則韓將亦同坐。許使奴唱歌彈琵琶。韓問余曰 : "此聲何如?"答曰 : "好好的。"韓笑之, 與許相語曰 : "休矣！休矣！朝鮮樂籠, 吾嘗慣見。所謂玄琴, 卦高調朗, 令人不覺抃躍。此聲何足入耳哉？"相與勸杯, 已到夜分。余謂韓曰 : "情已洽矣, 過此則支離。雖曰厭厭之飮, 豈可三更不寐而尙留客乎？"韓曰 : "吾少時氣健, 逢人輒爲達夜之飮。今已衰矣, 勸客只以三更爲恨。不湏辭, 乃聽四皷而罷可也。言滑類此。"韓又攜手謂余曰 : "一葉孤舟, 不但風浪之危, 豼貙可畏, 何以得達？令人氣塞。安爺, 善人也, 天必佑之。其好歸得消息。俺可從得聞於滄海之外哉。俺專蒙貴國恩典。獲保十口家累、此生何以報？"泣然出涕。且言 : "義州節制, 勤幹辨事, 關門鋪鑰也。龍川太守, 慈祥愷悌, 天上神仙也。非下界中凡人也。"

14일 맑음. 서북풍이 종일 크게 불어서 출항할 수 없었다. 韓總兵이 작은 종이에 편지를 써서 이르기를 "당상 통역관을 보내주시면 대면해서 마음속 말을 전해 올리겠습니다."고 했다. 그래서 즉시 통역관을 보내 응대하도록 했다. 한참 지나서 돌아와 보고하기를 "한공이 말씀하신 일은 전부 요즘 돌아가는 세상일에 울분을 토하는 것들로서 기록해보니 수 척의 길이에 달하는 분량이 되었습니다. 이를 어르신께 전해드리라고 하셨는데 말로 전하기는 좀 번거로워 편지로 쓰게 되었습니다" 운운하고는 내가 보는 앞에서 봉투를 뜯어 전해주었는데 모두가 중국에 관한 일이었다. 또 별도로 작은 밀지를 봉해서 나에게 전해주어 말하길 "모문룡은 거기서 득의했으므로 귀국에서 감당하지 못할 것입니다. 또한 馬 총병은 監軍으로 따라가고자 하는데 이 사람은 이전에 귀국에서 이익을 많이 보았으므로 이번에 또 자청하는 것입니다. 욕심이 아주 큰 사람입니다. 이와 같은 무리는 스스로 탐욕이 지나친 자들로서 귀국에서는 감당하기 어려울 것입니다."라고 하였다. 十四日，晴。西北風終日大吹，不得發。韓總兵送小紙書："乞令京差通官面言心事。"即遣奇運往對。良久，還報曰："所言皆慷慨時事，嘗記諸數尺之紙，欲將傳奇于安爺，而語煩故不布"云云。于運見處裂以付，率皆中國事也，且以小小紙密封送我。有曰："毛姓人得志於那邊，則貴國當不得。又有馬姓人者，願從監軍之行。此人自前得利於貴國，今又自請，壑欲難克。如此輩必多濫膓之蘗，貴國得當不得矣"云。(安璥《駕海朝天錄》)

위의 글은 安璥이 조선으로 돌아오는 길에 황성도에 정박했을 때 황성도를 지키던 韓宗功과 다시 만나 교유했던 일을 적고 있다. 이 기록에서 크게 4가지 사항이 주목할 만하다. 첫째, 安璥과 韓宗功의 만남은 공식적인 외교 활동의 모습보다는 오랜 친구와의 격의 없는 만남과 같았다. 安璥은 일찍이 1617년 萬曆 45년(光海君 9년)에 千秋使臣團의 書狀官[222]으로 육로로 遼東을 거쳐 北京에 사행한 적이 있었다. 1617년 귀국길에 오르면서 安璥이 韓宗功에게 이별의 시를 남겼는데, 이를 보건대 당시 사행에서 둘은 친구관계를 맺었던 것으로 보인다. 당시 안경이 써준 이별시를 韓宗功은 매우 좋아한 나머지 정성스럽게 표구하여 "벽에 걸어 두고 앉으나 서나 즐겨 보면서 무척이나 애지중지하였다." 그런데 나중에 後金軍과의 전쟁의 와중에 이 작품을 잃어버려 무척

---

222 "丁巳四月二十八日，壬戌. 千秋使尹安國，書狀官安璥拜辭."《朝鮮王朝實錄·光海君日記》光海 9年 4月 28日 壬戌

낙심했었다. 그래서 안경과 다시 재회하게 되자 다시 한번 자신을 위해 시를 써 달라고
요청하면서 그것을 "평생을 두고 아껴 감상하겠다"고까지 말했다. 비록 1617년에 처
음 안경이 지었던 시는 지금 전해지지 않지만 5년이 지나 다시 만난 韓宗功에게 안경
이 재차 지어준 시는 현재 전해지고 있다. 이를 잠시 감상해보자.

〈한 총병에게 증정하는 시〉

산해관 밖 요동 변경 후금 군대 맹렬한 기세로 침략전쟁 일으켜
오랑캐 무리 옛 요동 땅 깊이 들어왔네.
푸른 가죽으로 만든 기물 빼앗겨 내가 써준 시도 잃어버렸으나
대장기 들고 전장에 나가 많은 전공을 쌓았네.
만 척의 전함 이끌고 적을 대적하였으니
삼군을 통솔함은 장군의 손에 있다하네.
나와 장군은 평생 의리로 맺은 친구이니
상전벽해가 되도록 변치 말자 맹세한다네.

右〈贈韓總兵〉
關塞胡沙燁燁風 , 羯奴深入古遼東。
靑氈失守無傳業 , 白羽從征有戰功。
萬艘蒙沖臨大敵 , 三軍司令在元戎。
平生義氣知相許 , 滄海桑田誓始終。

　　1연의 胡沙(호사)는 중원을 침략한 금나라 군대의 맹렬한 기세를 뜻한다. 唐 李白의
《永王東巡歌(영왕동순가)》제 2수 "동산에 은거한 사안을 등용하기만 한다면 임금을
위해 한가하게 담소하면서도 오랑캐의 맹렬한 기세를 꺾을 수 있으리라(但用東山謝安
石 , 爲君談笑靜胡沙)"에서 인용한 표현이다. 燁燁(엽엽)은 높이 드러나 빛나는 모양이
다. 羯(갈)은 옛날 중국 주변에 살던 유목 민족 가운데 하나이다. 여진족인 後金은 중국
東北지역에 살던 肅愼(숙신)의 후예인데, 시대마다 挹婁(읍루), 勿古(물고), 靺鞨(말기)

등 다른 명칭으로 불렸다.[223] 羯奴는 安璥이 後金을 폄하해서 부른 명칭이다. 1619년
後金이 薩爾滸(살이호)에서 明軍에 승리를 거둔 후부터 遼東지역의 주도권을 쥐었으
며 명나라는 수동적이고 방어적인 자세를 취할 따름이었다. 1621년 後金軍은 요동의
요충지인 瀋陽을 공략했다. 이 시의 1연은 변방 後金의 군세가 맹렬하고 다시금 요동
의 요충지를 공략하고 있음을 말하고 있다. 靑氈(청전)은 푸른 빛깔의 피륙으로 만든
물건으로 장막이나 모자 등의 물건을 가리킨다. "청단을 잃어버렸다(靑氈失守)"란 韓
宗功이 말한 "내가 쓰던 청단으로 만든 기물들을 모두 오랑캐에게 내어주고 말았다(俺
靑氈舊物 , 盡付賊虜)"를 받는 말이다. 白羽란 옛날 군대를 지휘하던 장수가 지니고 있
던 指揮旗이다. 2연은 비록 한종공이 後金軍과의 전쟁 중에 안경이 지어준 시와 군대
물자를 잃어버리기는 했으나 그가 후금과의 전쟁에서 쌓은 전공이 적지 않음을 말하
고 있다. 蒙沖(몽충)[224]은 옛날 중국에 사용된 특수한 형태의 작은 전함을 말한다. 배 둘
레를 생소가죽으로 둘러쌌으며 견고하고도 기민하게 기동했다. 元戎(원융)은 主將, 統
帥(통수)를 말한다. 3연은 황성도에 있는 수많은 군함은 遼東 後金軍의 침략을 대비하
고 있으며 이를 통솔하는 韓宗功의 임무가 막중함을 말하고 있다. 4연은 안경과 한종
공 두 사람은 의로운 뜻을 같이 하는 벗으로서 평생 그 뜻을 변치 않을 것을 맹세한다
는 것이다.

　　두번째로 주목할 것은 10월 14일 韓宗功이 毛文龍 등 명나라 장수에 관한 상세한 정
보를 "작은 종이에 적어 잘 봉해서 전해주었다(以小小紙密封送)"는 사실이다. 당시 정
보를 적은 종이는 "전부 합치면 여러 자가 넘는 길이(諸數尺之紙之多)"였다. 이것은 둘
사이의 관계가 형식적인 외교관계를 넘어서서 국가의 내밀한 군사정보를 서로 믿고
공유할 수 있는 정도의 깊은 사적 관계를 맺고 있었음을 보여준다. 동시에 당시 후금군
의 침략에 대처하는 명과 조선의 지도층들이 하나의 동맹의식을 공유하고 있었음을

223 　孫文良 著,《滿族崛起與明淸興亡論稿》, 遼寧民族出版社 , 2016.06 , p.200.

224 　《資治通鑒(자치통감)·漢獻帝建安十三年》에 "유표가 수군을 다스릴 때 작은 전함과 큰 범선이 모두 천
　　여 척에 이르렀다(劉表治水軍, 蒙沖鬭艦乃以千數)"라는 기록이 보인다. 胡三省(호삼성)이 注를 달아 이
　　를 설명하였다. "사우가 말하기를 蒙沖은 生牛皮로 배를 감싸고 양쪽에 노를 저을 구멍을 내고 좌우
　　에 활과 창을 던질 구멍을 내어 적이 근접하지 못하게 했기 때문에 화살과 돌이 이 배를 손상시키지
　　못했다 (杜佑曰 蒙沖, 以生牛皮蒙船覆背, 兩廂開掣棹孔, 左右有弩窗、矛穴也, 敵不得進, 矢石不能敗)"

보여준다. 이러한 동맹의식은 명조가 멸망한 이후에도 이어졌다. 청나라가 건국된 후, 일찍이 명나라에 충성했던 가문은 청조에 의해 배척을 당했으며 난민으로 조선에 유입되는 경우가 많았다. 청나라 康熙 14년(조선 肅宗 元年)인 1675년 韓宗功의 손자 韓登科도 그러한 난민의 신세로 조선에 흘러 들었는데 조선 조정에서는 韓宗功의 공을 인정하여 그 손자에게 특별히 곡식과 의복을 내리는 조치를 취했다.[225] 이처럼 명이 멸망하고도 조선은 명의 유민에 대한 우대조치를 취함으로써 이전의 동맹국의 의리를 다하고자 했다.

　세번째로 눈길을 끄는 장면은 韓宗功이 安璥을 위해 베푼 연회에서 두 사람이 예술 활동을 통해 서로 사귀는 모습이다. 韓宗功은 연회에서 "기녀로 하여금 노래하고 비파를 연주하도록 했는데(使奴唱歌彈琵琶)" 安璥이 이를 칭찬하자 오히려 조선의 음악을 칭찬한다. 한종공의 평가를 살펴보면, 한종공은 이전에 조선의 음악을 익히 들어본 적이 있을 뿐만 아니라 상당한 식견까지 갖추고 있었음을 알 수 있다. 한상공은 "이른바 조선의 현학금은 그 소리가 아름답고 청아해서 듣는 사람으로 하여금 자신도 모르게 덩실덩실 어깨춤을 추게 한다(所謂玄琴 , 卦高調朗 , 令人不覺抃躍)"고 하였다. 玄琴이란 玄鶴琴으로 거문고를 말한다. 조선에서 거문고는 소리가 청아하고 우아해서 "모든 악기의 으뜸(百樂之丈)"이라는 평가를 받았다. 抃躍(변약)은 덩실덩실 춤을 추는 것이다. 韓宗功은 이전에 조선의 거문고 연주를 들은 적이 있는데 소리가 청아하고 우아하면서도 리듬감이 풍부해서 자신도 모르게 어깨춤을 덩실거렸다고 하면서 지금 기녀의 비파 연주는 조선 거문고의 연주에 미치지 못한다고 평가했던 것이다.

　네번째로 주목할 사실은 副總兵 韓宗功이 황성도에 주둔하면서 "臥薪軒(와신헌)"이라는 관아를 건축했다는 것이다. 이곳이 바로 韓宗功과 安璥이 5년 만에 다시 재회하

225 　명나라 사람 韓登科, 劉太山, 金長生 등이 상서를 올려 양식과 구호물자를 얻고자 하며 말하기를 "모두가 중원에서 쫓겨나 떠도는 사람들로서 조선에 의탁한 지가 벌써 40여 년이 되었으나 이번에 크게 궁핍함을 당하여 산천을 떠돌게 되었습니다. 한등과는 임진왜란 때 조선에 출병한 명나라 備禦 韓宗功의 손자로서 어찌 계승할 공적이 없다 하겠습니까?"라고 했다. 이에 戶曹에 하명하여 필요한 양식을 짐작하여 내려 주시기를 원했는데, 임금이 윤허하였다. "大明人韓登科, 劉太山, 金長生等上言, 願得糧資曰:'俱以中原飄零之人, 寄託本國, 已過四十餘年. 值此大無, 溝壑迫頭. 臣登科年八十, 太山五十九, 長生六十, 異國之人, 日薄西山. 登科, 壬辰征倭時備禦韓宗功之孫, 豈無微勞之可紀乎?'下戶曹. 戶曹請酌給衣食之資, 允之."《朝鮮王朝實錄·肅宗實錄》卷4〈肅宗元年 閏5月9日 丙申〉

멀리 보이는 북황성도 동쪽 해변 고지대에 韓宗功이 건축하고 안경에게 연회를 베푼 장소인
"卧薪軒"이 있었을 것이다.(집필진 답사 촬영)

여 오랜 우정을 확인한 장소이다. 황성도는 "사면이 모두 석벽으로 둘러싸여 있고 오직 한 면으로만 배가 다닐 수 있었다.(四面皆石壁 , 唯一面通船路)" 그래서 와신헌이 있었던 곳은 황성도 港口 부근이었을 것이다. 좀 더 자세히 추정해보면 아마도 황성도 港口의 해변에서 조금 올라간 고지대일 것인데, 지금의 北隍城島 山後村의 해변 근처 고지대가 아닐까 한다.

山後村은 지금의 北隍城鄉 북쪽의 동쪽면에 위치하고 있는데, 鄉政府(한국의 면사무소에 해당)의 서남쪽 1.5km정도 떨어진 곳이다. 삼면이 산으로 둘러싸여 있고 동쪽 한 면만 바다로 열려 있다. 산후촌은 전체적으로 직사각형 모양으로 촌락이 형성되어 있으며 황성도의 北山 정상에서 東北방향에 위치하고 있기에 산후촌이라 불린다. 명 天啟 연간에 鄒(추)씨 일족이 蓬萊 輅駕夼(로가천)에서 이주해와서 마을을 세웠고 淸 康熙 연간에 肖씨 일족이 大欽島(대흠도) 東村에서 다시 이주해왔으며 1982년이후로는 後村으로 불리게 되었다

高麗 末期 즉, 明代 初期 使臣 鄭夢周는 〈嗚呼島(오호도)〉[226]라는 시를 지었는데 황

---

226 (高麗) 鄭夢周 ,《赴南詩》(1372年) ,〈嗚呼島〉。

지금의 山後村 村碑(집필진 답사 촬영)

성도를 嗚呼島라 칭한 것이다. 權近은 〈過嗚呼島〉[227]라는 시에서 스스로 注를 달아 설명하기를 "오호도는 속칭 반양산이라 한다([嗚呼島]俗謂之半洋山)"고 했으며 李詹(이첨)도 〈泊半洋山〉[228]이라는 시에서 황성도를 半洋山이라고 칭했다.《(泰昌)登州府志》에도 역시 "오호수는 등주부에서 북해 방향으로 250리 떨어져 있는 오호도이며 대사수와 오호수는 모두 당 태종이 고구려 원정을 위해 설치한 것이다[229] 라고 했다.《太平寰宇記》와《(泰昌)登州府志》에 보이는 "烏湖戍"와 "烏胡戍"는 모두 황성도를 가리킨다. 그런데 재미있는 사실은 明末 淸初의 登州와 蓬萊縣 지방지 등에는 황성도에 관한 기록이 없다는 것이다.

1) 漠島는 縣에서 동북쪽으로 500여 里 떨어진 북해 바다 가운데 있으며 遼東을 잇는 경계로 해운이 지나는 옛 바다길이다. 漠島在縣東北海中五百里許 , 與遼東連界 , 海運所經故道也。[230](《(泰昌)登州府志》)

2) 漠島는 동북쪽으로 500-600여 里 떨어진 북해 바다 가운데 있다. 南隍城島는 皇成으로 적기도 하는데 沙門島에서 북으로 400여 리 떨어져 있으며 北隍城島는 南隍城에서 북으로 90리 떨어져 있다. 남으로는 山東의 경계가 되고 북으로는 遼東의 경계가 된다. 漠島在海中東北約五六百里 ; 南隍城島一作皇成 , 沙門島北去郡四百餘里 ; 北隍城島 , 南隍城之北九十里 , 南爲山東界 , 北爲遼東界。[231]《(雍正)山東通志》

227 (朝)權近,《奉使錄》(1398年),〈過嗚呼島〉.

228 (朝)李詹,《觀光錄》(1400年),〈泊半洋山〉.

229 "烏胡戍, 在府境北海中二百五十里烏胡島。以上二戍[大謝戍／烏胡戍, 筆者注], 皆唐太宗征高麗時所築"(明)徐應元等 纂修,《(泰昌)登州府志》卷之六《地理志二·古跡》, 河南省圖書館藏版.

230 ＿＿＿,《(泰昌)登州府志》卷之六《地理志二·山川》, 河南省圖书馆藏版.

231 (淸)岳濬 杜詔等 纂修,《(雍正)山東通志》卷六〈山川志〉, 淸文淵閣四庫全书本版.

3) 각 섬에 이르는 거리를 각각 표시하는 다음과 같다. 天橋口에서 출항하
여 長山島까지 30리, 廟島까지는 60리, 鼉磯島까지는 170리……南隍
城島까지는 100리, 北隍城島(漠島)까지는 180리, 鐵山까지는 650리이
다. 至各島各口程數：自天橋口開船至長山島三十里，至廟島六十里，
至鼉磯島一百七十里，……至南隍城島一百里，至北隍城島(即漠島)
一百八十里，至鐵山六百五十里。[232](《(道光)重修蓬萊縣誌》)

4) 北隍城島는 南隍城島에서 북으로 5리에, 등주성으로부터 240리 떨어
져 있다. 《通志》에서는 漠島라고 적고 있는데 거기서 북으로 90리를
가면 奉天의 경계에 접한다. 《舊志》에서 漠島가 동북으로 500리 떨어
진 바다 가운데 있어 해운의 옛 길이 된다고 한 것은 잘못된 것이다. 北
隍城島，在南隍城島北五里，去城二百四十里。按《通志》此即漠島，
其北九十里接奉天界。《舊志》云，漠島在東北海中五百里爲海運故
道，誤矣。[233](《(光緒)增修登州府志》)

《(泰昌)登州府志》에는 어디에도 "黃城島" 혹은 "皇城島"라는 지명이 보이지 않는
다. 지방지 안의 삽도로 들어간 〈海運圖〉에만 황성도의 位置가 표기되어 있을 뿐이다.
1)《(泰昌)登州府志》에는 "요동과 이어져 해운이 이루어지는 옛 항로 상"의 섬을 공식
적으로 漠島라고 칭하고 있으며 행정구역상으로는 蓬萊縣에 속하는데, 蓬萊縣 즉, 登
州府 관아로부터 500여리 떨어진 거리에 있다고 적고 있다. 《(康熙)蓬萊縣誌》[234]에도
이러한 기록을 따르고 있다. 그런데 《(康熙)蓬萊縣誌》의 卷首에 삽입된 그림에는 황
성도를 "半洋山"[235]로 표기하고 있다. 명 天啓 연간에 간행된 《武備志》에서는 "漠島(막
도)"를 "沒島(몰도)"[236]로 표기하고 있다. 이상의 기록을 종합해보면 明初 조선사신들은

232 (淸)王文燾等 纂修, 《(道光)重修蓬萊縣志》卷之四〈海运〉, 淸道光十九年(1839)刻本版。
233 (淸)方汝翼等 纂修, 《(光緒)增修登州府志》卷之三〈山川〉, 淸光緒七年(1881)刻本版。
234 (淸)蔡永华等 纂修, 《(康熙)蓬萊縣志》卷之一〈山川〉, 淸康熙十二年(1673)刻本版。
235 同上。
236 "沙門島開洋, 北過砣磯山, 欽島, 沒島。"(明)茅元儀輯《武備志》卷一百四十一〈軍資乘餉〉, 明天啟刻
    本版。

〈海運圖〉明《(泰昌)登州府志》卷首圖

황성도를 半洋山라고 불렀는데 半洋山이라는 지명은 明初에서부터 淸初시기까지 사용되었던 듯하며, 2)《(雍正)山東通志》에 따르면 淸 雍正 연간까지 官方에서는 공식적으로 漢島로 표기하고 있다. 이상을 통해 "隍城島"에 대한 중국 측 관방의 지리적 인식을 추적해보면 적어도 淸 雍正 연간부터 황성도는 남도와 북도로 구분되기 시작했고 등주부 관아로부터의 거리에 오차가 존재하기는 하지만,[237] 北隍城島는 분명 登州府와 遼東의 경계로 인식되었다. 곧, 明末 淸初의 方志에 표기된 漢島는 바로 황성도이며 淸 初中期부터 황성도를 隍城島로 부르고 북섬과 남섬으로 나누기 시작했다. 이

---

237   황성도의 구체적인 방위와 縣의 관아로부터의 거리는 지방지마다 차이가 있다. 이것은 아마도 황성도가 바다 한가운데 위치했었고 당시 항해기술과 측량술이 발달하지 못했기 때문인 듯하다. 明末에서 淸 中期 사이 간행된 지방지를 편찬했던 관원들은 자료조사나 현지인들에게서 구두로 들은 정보를 실측을 통해서 검증할 방법이 없었을 것이다. 《(光緖)蓬萊縣續志》에는 다음과 같이 황성도의 지리정보를 기술하고 있는데, 현재 정보에 비추어 보면 실제에 가장 가깝다. "南隍城島는 縣의 관아에서 북쪽으로 등주성에서 235里 떨어져 있다. 섬의 폭은 약 5-6 里이고 둘레는 약 20 여 里이며 北隍城島까지는 5里이며 水深은 약 3丈 남짓이고 봉래에서 온 주민 10 여 戶가 살고 있으며 南山 뒤에 佛爺礁에 수십 척의 배를 댈 수 있다. 北隍城島는 縣의 관아에서 북쪽으로 등주성에서 240里 떨어져 있다. 길이가 약 4里 남짓, 둘레는 약 20里이고 南隍城島와 서로 마주보고 있어 두 섬 사이에 좁은 수로를 형성하고 있다. 水深은 3丈 남짓이고 200-300척의 배를 댈 수 있다. 섬에서 먼 바다는 수심이 10 여 丈인데 奉省 老鐵山으로부터는 약 180里의 거리이고 旅順口로부터는 약 300 여 里의 거리이다. 섬 주민은 100여 戶이다. (南隍城島在縣治北, 距城二百三十五里。長約五六里, 周約二十餘里, 至北隍城島五里, 水深三丈餘, 有蓬居民戶十余戶, 南山后佛爺礁可泊船數十隻。北隍城島在縣治北, 距城二百四十里。長約四里許, 周約二十里, 與南隍城島兩山相隔如夾道, 水深三丈餘, 中可泊船二三百隻；外水深十餘丈。距奉省老鐵山約一百八十里, 距旅順口約三百數十里, 居民一百數十戶)"《(光緖)蓬萊縣續志》卷之二〈山川〉, 淸光緖八年刻本)

러한 사실은 3)과 4)의 기록으로 고증할 수 있다.

이상의 사실을 종합하면 조선사신이 기록한 황성도/황성도의 지명 연혁을 아래와 같이 재구성해 볼 수 있다. 곧, (唐, 宋 시기) 烏湖戍 → (明初) 嗚呼島 혹은 半洋山 → (明末) 黃城島/皇城島/漠島/漠島 → (淸 康熙 연간) 漠島/半洋山 → (淸 雍正 연간) 漠島/北隍城島 → 현재 北隍城島이다. 비록 역사적으로 명칭의 변화가 있었으나 황성도는 明末 조선사신이 해상을 통해 중국으로 사행을 올 때 요동지역을 떠나 山東 登州府로 진입하는 첫번째 관문이었다.

明末 황성도 곧, 지금의 北隍城島는 宋나라 때는 蓬萊縣 沙門寨地에 속했으며, 元, 明代 때는 蓬萊縣 牽牛社에, 청나라 道光 연간에는 隍城社에 속했는데, 宣統 년간에 山後, 城東, 山前 3개의 촌락으로 나뉘어졌다. 1928년에 山前, 山後村은 각각 前村, 後村으로 개명되었으며 1934년에는 隍城鄕에 속하게 되었다. 1945년 長島가 중공군에 귀속되면서 長山島 軍政辦事處가 鄕을 철폐하고 欽島區를 설치하였다가 1946년 欽島區에서 분리시켜 별도로 隍城區를 설치하였다. 1948년 國民黨 정부군이 長島를 점령하면서 隍城鄕에 속하게 되었다가 1949년 長島가 다시금 중공군에 점령된 이후에도 계속 隍城鄕에 속했다. 1958년 長島公社 隍城大隊로 개편되었다가 1962년 다시 隍城公社로, 1984년에 인민공사를 철폐하고 다시 鄕을 설치하여 隍城鄕에 속하게 되었다. 1985년 4월에 南隍城島와 분리하여 鄕을 설치했고 2000년에 다시 北隍城區 公所에 속하게 되었다가 2003년에 北隍城鄕[238]에 속하게 되었으니 지금의 蓬萊市 長島縣 北隍城鄕이다.

---

238   長島縣地名辦公室 編, 《長島縣地名志》, 山東省新聞出版局, 1989.p.48/中國地名委員會, 《中國海域地名志》, 中國地名委員會, 1989, pp.126-127/《中國海島志》編纂委員會編著, 《中國海島志·山東卷》第一冊(山東北部沿岸), 海洋出版社, 2013, pp.362-363.

2.1.3 黃城島 海潮寺

황성도 항구에 도착한 대부분의 조선 사신들은 자신들이 타고 있던 사행선 위에서 숙식을 해결했으나 全湜, 申悅道, 崔有海, 卞獻[239] 등의 사신은 항구에서 내려 황성도에 있던 海潮寺에서 숙박했다. 해조사에 머물렀던 사신들은 대부분 해조사의 모습과 승려들의 생활, 주변 풍경을 묘사하는 글을 남겼고 어떤 사신은 海潮寺 僧侶들에게 시문을 지어 주기도 했다.

> 1) 9월 23일 무진일……황성도에 도착했다……저녁에 해조사에 투숙했는데 스님들이 사용하는 온돌방을 빌려 묵게 되자 마음이 한결 편안해졌다. 24일 기사일 海潮寺에 계속 머물렀다. 풍랑이 크게 일었을 뿐만 아니라 배를 탔던 모든 사람들이 혼이 나간 듯 정신이 없어 배가 고파도 먹지 못하고 병이 나서 일어나지 못했기에 출항을 하고 싶어도 끝내 뜻대로 하지 못했다. (九月)二十三日 , 戊辰。……至黃城島……夕 , 入海潮寺 , 借僧坑入宿 , 殊極安穩。二十四日 , 己巳。留海潮寺。不但風浪猶險 , 一船之人 , 皆若奪魄 , 飢者不食 , 病者未起 , 雖欲發船 , 末由也已。(全湜《沙西航海朝天日錄》)

> 2) 9월 4일 신유일 맑음. 바람이 악화되어 배를 몰아 황성도로 들어갔다. 상사와 함께 배에서 내려 海潮寺에 투숙했다.……절은 산중턱에 위치하여 섬 전체를 내려다볼 수 있었으며 절 건물은 금색과 온갖 단청으로 눈부시게 화려했다. 國常이라고 불린 주지 스님은 지혜롭고 문자도 잘 알았고 智宗 上人은 18세에 불과한데 호방하고 걸출한 인물이었다. 선

---

239 변헌은 安州사람이다. 문장과 서예에 능했다. 승려였다가 나중에 환속하여 許筠과 깊이 교우하였다. 庚戌年(1609년 광해군1) 허균이 시험관이었을 때 변헌도 과거에 참여했는데 허균이 사적인 감정을 가지고 선발했으므로 사간원의 탄핵을 받아 관직을 박탈했다. 그래서 지금 그 아들이 상소를 올려 억울함을 풀고자 했다. ("卞獻者 , 安州人 , 能文善書. 初爲緇髡 , 及長還俗 , 與許筠厚善. 庚戌年筠爲考官 , 多行其私 , 獻亦參焉 , 因台論削之 , 故至是 , 其子上疏稱冤。"《朝鮮王朝實錄·仁祖實錄》卷12, 仁祖四年3月20日 癸亥

방에 우리를 안내하여 붉은 먹을 갈아 경전에 표점을 치며 필담으로 강
설하고 이어서 차를 내어 대접해 주었다. 함께 나온 찬합에는 귤피, 사
탕, 설교, 용안, 여지 등 담겨 있었다. (九月)初四日 , 辛酉 , 晴。風勢
甚惡 , 卸舟入島中。夕 , 同上使出宿于海潮寺。……寺在嶺腰 , 俯壓
一島 , 金碧煥耀。有住持號國常者 , 頗聰慧解文字 ; 又有智宗上人 ,
年十八 , 豪爽俊邁。入處憚室 , 研朱點經 , 延入進茶。榼中果物皆是
橘皮、冰糖、雪交、龍眼、荔枝之類。(申悅道《朝天時見聞事件启》)

　　1)은 全湜이 1625년 북경으로 가는 길에 海潮寺에 대해 묘사한 내용이다. 전식은 黑
水海를 지나면서 구사일생의 위험을 겪었기에 海潮寺에서 "스님들이 사용하는 온돌
방을 빌려 묵게 되자 마음이 무척 편안해졌다." 이 기록은 明末 해로사행에 나섰던 조
선사신이 海潮寺에 대해 쓴 최초의 것이다. 2)는 申悅道가 북경으로 가는 길에 기록
한 것인데 해조사가 황성도에 있는 산의 중턱에 위치하고 있었음을 보여준다. 해조사
가 있던 곳은 비교적 높은 곳이었기에 "섬 전체를 내려다볼 수 있었고", 절의 건물은
금색과 온갖 단청으로 눈이 부시게 화려했다."上人이란《釋氏要覽(석씨요람)·稱謂》의
古師雲의 주석에 따르면 "안으로는 지덕을 겸비하고 밖으로는 행실이 독실하여 일반
인보다 높은 위치에 있으므로 상인이라 한다"[240]고 하였는데 위진남북조 시기의 宋나
라 이래 僧侶에 대한 존칭으로 사용되었다. 申悅道 일행을 접대하던 승려 중에 "자못
총명하고 지혜로우며 문자를 이해하는" 國常 主持와 "나이는 18세이며 호방하고 걸출
한" 智宗 上人이란 승려가 있었다. 國常 主持와 智宗 上人은 사신들을 "선방으로 안
내하여 붉은 먹을 갈아 경전에 표점을 치며 필담으로 강설하고 이어서 차를 내어 대접
하였다."그리고 "귤피, 사탕, 설교, 용안, 여지"등 진귀한 과일과 간식이 담긴 찬합을 꺼
내 사신을 대접하였다.
　　이 장면에서 눈길을 끄는 것은 그 스님들이 "자못 지혜롭고 총명하며 문자를 이해
했고,""붉은 먹을 갈아 표점을 치며 경전을 강설했다"는 사실이다. 조선사신과 海潮寺

240 "內有德智 , 外有勝行 , 在人之上 , 名上人"

의 승려들은 아마 필담을 위주로 의사소통을 한 것 같은데, 불교경전에 관해서 이야기를 나누었다는 것은 조선 사신들이 儒家經典뿐만 아니라 당시 佛學에 대해서도 상당한 지식이 있었다는 사실을 보여준다. 또한 海潮寺 승려들이 북방에서는 보기 어려운 남방의 진귀한 과일을 사신들에게 접대했음도 알 수 있는데, 이는 황성도가 산동 등주와 요동을 잇는 해상교역로로서 이곳을 지나던 상인들이 해상의 안전을 위해 해조사에 분향하고 공양하던 일이 잦았음을 보여준다. 崔有海와 卞獻은 다음과 같이 海潮寺에서 바라본 망망대해의 풍경을 묘사한 시를 남기기도 했다.

〈황성도 해조사〉

매서운 바닷바람 끝에 살을 에는 눈폭풍 휘몰아치고
위태로운 조각배에 의지하여 초췌해진 이 내 한 몸 끊임없이 흔들릴 뿐이라네.
(겨우 황성도에 도착하여) 단청으로 화려하게 장식한 해조사에 들어오니
신선의 세계인 듯 천지간의 신령들이 위대한 명 조정을 위해 늘어서 있네.
신선이 산다는 삼산은 해가 뜨는 동쪽을 바라보고 서있고
온 천하의 강물은 이 섬 앞바다에 모여들어 큰 물을 이루네.
마음이 맑아져 마치 에메랄드 동굴 속에 들어온 듯하니
학을 탄 신선이 구천 하늘에서 내려올 것 같네!

〈皇城廟堂〉
颯颯終風積雪飄 , 倚舟憔悴一身遙。
丹靑廟宇開眞境 , 天地威靈鎭大朝。
三島東臨看浴日 , 百川南注會歸潮。
心淸如在瓊瑤窟 , 笙鶴依俙下九霄。
(崔有海《東槎錄》)

이 시는 1629년 8월 崔有海가 각화도로 원숭환을 만나러 가는 길에 황성도에 정박해서 海潮寺에 묵으면서 쓴 시이다. 첫 연은 황성도에 막 도착했을 때 찬 바람이 살을

에는 듯이 불고 큰 눈이 흩날렸으며 멀리 조선땅에서 사행선에 의지하여 황성도까지
오느라 심신이 지치고 힘들었음을 묘사하고 있다. 丹青은 홍색과 청색으로 꾸민 海潮
寺를 뜻하며, 眞境은 도교적 仙境을, 威靈은 神靈을, 大朝는 천자의 왕조, 곧 명 조정을
뜻한다. 2연은 단청으로 화려하게 장식된 海潮寺에 들어서면 마치 현실을 벗어나 별
세계인 仙境에 들어선 듯하며 묘당에 안치된 신성과 불타의 神靈은 마치 천자의 나라
를 수호하는 수문장과 같다는 것이다. 三島는 중국 고대 전설에서 바다 가운데 신선이
산다는 蓬萊, 方丈(방장), 瀛洲(영주)를 말한다. 황성도가 萊州府 蓬萊縣에 속한 까닭에
이곳을 蓬萊仙境이라고 부르기도 한다. 浴日이란 해가 바다 동쪽에서 떠오르는 것이
다. 百川이란 강과 시내, 호수와 늪의 총칭이다. 歸潮란 썰물을 뜻한다. 3연은 海潮寺
에서 동쪽 바다 수평선 위로 아침해가 떠오를 때 온세상의 강과 호수의 물이 썰물을 따
라 황성도 앞바다로 모여드는 것 같은 장관을 목격한 것이다. 瓊瑤(경요)는 에메랄드
빛을 띠는 옥이다. 笙鶴(생학)은 仙人이 타는 仙鶴이며, 九霄(구소)는 道家에서 신선들
이 사는 곳이다. 4연에서 사신은 더욱 물아일체의 경지에 빠져들어 마치 에메랄드 빛
보석으로 만든 동굴에 와 있는 듯한 착각에 빠지고 정신은 더욱 맑고 깨끗해져 신선들
이 학을 타고 내려와 사는 신선의 세계에 와 있다고 느끼게 된다. 崔有海의 시에 대해
卞獻은 다음과 같은 시로 화답한다.

해조사가 있었을 것으로 추정되는 북황성도 산 중턱에서 남쪽을 바라본 풍경,
산 아래 배를 대는 항구와 멀리 小欽島(소흠도)와 大欽島(대흠도)가 보인다. 해조사에
묵었던 당시 조선사신들은 아래 보이는 항구에 배를 대고 해조사로 올라온 것이다.
(집필진 답사 촬영)

〈삼가 차운하여 변헌이 쓴 시〉
 상서로운 짐승 그윽한 향기 사방으로 내뿜고
옥 계단 눈부신 전각 멀리 구름 사이로 보이네.
옥황상제의 신상 높은 곳에 앉아 내려다보고
바다의 신과 물고기의 신들은 엎드려 배알하네.
 사찰의 금빛 편액 푸른 바다 위로 떠오르는 햇살에 번쩍이고
아름답게 단청된 전각들은 흰 갈매기 나는 바다를 굽어보네.
동쪽 조선 땅에서 조각배 타고 와서
하늘에 비치는 상서로운 기운 참배하게 될 줄을 뉘라서 알까?

〈敬次 卞 献〉
瑞獸噴香黯黯飄，璿階綺閣出雲遙。
玉皇大帝高臨座，水伯波臣俯入朝。
金榜長懸滄海日，粉牆低壓白鷗潮。
誰知槎上東來客，參謁祥光倚碧霄。
(崔有海《東槎錄》)

    변헌은 화창시에서 최유해의 시처럼 우선 海潮寺의 풍경과 사원 내부에 안치된 神像을 묘사하고 이어서 수평선으로 떠오르는 일출의 장관을 그리고 있다. 이 시에서 눈길을 끄는 것은 "옥황상제의 신상이 높이 안치되어 있다"는 묘사이다. 앞서 본 崔有海의 시에서 "천지 간의 신성과 불타의 신위"라고 했으니 海潮寺 내에는 옥황상제의 신상 외에 여러 신상들이 안치되어 있었을 것이나 구체적으로 어떤 신상인지 알 수는 없었다. 그런데 이 시에서 그 신상들 중 하나가 바로 玉皇大帝의 신상임을 알 수 있다. 玉皇大帝는 바로 玉皇上帝로서 道教와 民間 신앙에서 天帝라고 통칭되기도 한다. 이로 보건데 海潮寺는 불교사원이면서 동시에 道教와 민간신앙의 요소를 많이 수용한 형태의 사원임을 알 수 있다. 崔有海는 위의 시 이외에 해조사의 智宗 上人 스님에게 〈贈海潮寺寶上人(증해조사보상인)〉이라는 시를 써서 주었으며 卞献 역시 이 시에 대한 창화시를 남겼다.

〈海潮寺의 寶上人에게 드리는 시〉

죽장 짚고 스님을 찾아 멀리 돌길을 걸어 오니
불법의 이치 아름다운 말씀으로 강설하여 추운 겨울 밤 금새 지나가네.
정신이 맑음은 태산에 내려 쌓인 일 천 겹 백설같으니
술잔을 타고 남명 넓은 바다 만리 파도라도 건널 수 있을 듯하네.
스님의 탁발은 구름을 토하니 용이 나와 설법을 듣고
스님의 석장에는 맑은 달이 걸려 선학이 푸른 하늘을 날아드네
자비하신 신력 이 세상을 널리 구제하리니
원컨데 사악한 기운 요절내어 성스러운 명 왕조를 보필하소서.

〈贈海潮寺寶上人〉
竹杖尋僧石路遙 , 蓮經綺語度寒宵。
神清東嶽千層雪 , 杯渡南溟萬里濤。
缽吐片雲龍聽法 , 錫懸明月鶴盤霄。
慈悲神力應弘濟 , 願靖妖氛補聖朝。

〈삼가 차운하여 변헌이 쓴 시〉

돌계단 엉금엉금 기어올라 멀리 구름 속으로 들어 가니
불쑥 솟은 절입구 하늘로 가는 대문인 듯하네.
석가모니 부처 설법했다던 영취산 이 해안가에 날아온 듯
용궁은 산들바람 파도 속에 언듯언듯 보이는 듯.
해와 달처럼 밝게 달린 사찰 등불, 금빛 게송처럼 퍼지고
옥황상제와 그 황후는 상서로운 하늘에서 강림하네.
사악한 마왕을 제압하는 신력이 여기 있으니
삼천의 세상은 명나라 조정에 굴복하리라.

〈敬次 卞 獻〉

攀援石磴入雲遙 , 上透玄關幾度宵。

鷲嶺飛來臨海岸 , 龍宮出沒隱風濤。

燈明日月流金偈 , 玉帝天妃降紫霄。

摧伏波旬神力在 , 三千世界屬皇朝。

(崔有海《東槎錄》)

이 시들은 조선사신들이 그 명성을 흠모하여 특별히 海潮寺를 탐방하려 했고, 길고 긴 돌길을 지나 마침내 장엄하고 화려한 해조사를 보게 되었으며, 또한 동쪽 바다 일출의 장관을 목도하고 마음속으로 비할 수 없는 기쁨을 느꼈음을 그리고 있다. 한편, 海潮寺의 외관과 大殿 내부에 안치된 神像들을 묘사하고 이를 통해 明朝에 대한 "事大"의 마음을 간접적으로 표현했다. 卞獻의 시에 "옥황상제와 황후께서 자색 선궁에 내려오셔서"라는 표현이 있는데, 이를 통해 해조사에서 옥황상제와 더불어 天妃의 神像도 모시고 있었음을 알 수 있다. 北隍城島에서 남쪽으로 160리 떨어진 廟島에는 宋나라 때부터 天妃廟(천비묘)가 있었다. 廟島라는 섬의 이름도 이 천비묘에서 유래된 것이다. 천비는 당시 뱃사람들에게 바다를 주관하는 최고신으로 추앙을 받았으며 항해하기 전

멀리 北隍城島의 북쪽 산의 중턱에 건축물이 하나 보인다. 아마도 저곳과 같은 위치에 명말 조선사신이 묵었던 해조사가 있었을 것이다.(집필진 답사 촬영)

지금의 北隍城島 山前村 서쪽에 있는 天妃宮과 天妃殿. 명말 조선 사신이 묵었던
해조사에서 모시던 옥황상제의 황후는 아마도 지금의 천비궁에 모신 천비의 원형이었을
것으로 사료된다. (집필진 답사 촬영)

에 반드시 기원을 올리는 대상이었다. 조선 사신들도 출항하기 전이나 항해 중이라도
일기가 불순하여 위기에 봉착했을 경우 수시로 천비에게 해신제를 지냈다. 천비에 관
한 자세한 내용은 이후 묘도에 관한 부분에서 자세히 다루도록 한다.

崔有海의 〈해조사의 보상인에게 드리는 시(贈海潮寺寶上人)〉 시에 "죽장 짚고 스
님을 찾아 멀리 돌길을 걸어오니"라는 표현이 보이고 卞獻의 〈차운하여 드리는 시(敬
次)〉 시에 "돌계단 엉금엉금 기어올라 멀리 구름 속으로 들어가니"라는 표현이 있으니
조선사신들은 지팡이를 짚고 꽤나 먼 산길을 걷고 가파른 돌계단을 기어올라야 겨우
해조사에 도착할 수 있었음을 알 수 있다. 北隍城島 山前村 村民인 鄭文花(女, 80세)
의 증언에 따르면, 北隍城島에는 모두 2곳의 묘당이 있었다고 한다. 그 중 하나는 북황
성도의 남쪽 唐王城 옛터에 있던 海神廟인데 주로 海神을 봉양했다 한다. 그러나 해신
묘는 지금으로부터 70-80년 전에 없어졌다 한다. 비록 해신묘는 지금 존재하지 않지
만 해신묘의 옛터에는 커다란 고목 하나가 남아 있다고 하며 지금도 특별한 절기에는
촌민들이 고목에 모여 제를 올리고 평안을 기원한다고 한다. 다른 하나는 山前村의 서
쪽에 있는 天妃廟이다. 1990년대 초반에 지방 관청에서 옛터에 天后宮을 새로이 중건
했다 한다. 사당 내에는 天妃의 神像을 모시고 있다. 申悅道의 기록에 "절은 산중턱에
자리하여 섬전체를 내려다보고 있다"고 했으니 鄭文花 노인이 증언한 2곳 모두 명말
에 조선사신이 묵었던 海潮寺는 아니다. 황성도의 해조사는 중국 내 방지에는 기록이

남아 있지 않으며, 현지답사 결과 그 유적도 전혀 남아 있지 않으므로 현재 우리는 조선사신의 기록에서만 그 역사적 존재를 확인할 수 있을 뿐이다.

2.2 鼉磯島(舵磯島/舵碕島)

황성도를 지난 조선사신들은 鼉磯島 해역으로 들어서게 된다. 조선사신들은 鼉磯島(타기도)를 舵磯島(타기도), 鼉磯(타기), 鼉磯島(타기도), 舵磯島(타기도) 혹은 龜磯島(구기도) 등 다양한 명칭으로 기록하였다.

> 1) (황성도에서) 서남으로 가면 鼉磯島에 도착하는데 100리의 바닷길이다. 鼉磯島는 登州에 속하며 수십 戶의 주민이 살고 있으며 배를 댈 수 있다. 여기서 다시 서남으로 가면 廟島에 도착하는데 100리의 바닷길이다. 西南至鼉磯島 , 一百里水程也. 鼉磯島屬登州 , 有數十戶屈之 , 可泊船 , 西南至廟島百里水程也。(鄭斗源《朝天記地圖》〈皇城島圖〉〈鼉磯島圖〉)

> 2) 황성도에서 鼉磯島까지 200리이다. 황성도에는 火兵이 지키고 있다. 타기도에는 山東 總兵 楊肇基가 지키고 있는데 그는 전함과 무기 다수를 혁신했다. 섬 아래에는 羅文金星硯이 산출되는데 雪浪硯이라고도 부른다. 自黃城抵鼉磯島二百里 , 黃城有火兵把守。鼉磯有山東總兵楊肇基守禦 , 戰艦器械多有新創。島之下出羅文金星硯 , 又名雪浪硯。(金德承-《天槎大觀》)

1)의 기록에 따르면 황성도 西南 방향으로 100里를 가면 鼉磯島에 도달했음을 알 수 있다. 明末 鼉磯島는 登州에 속했으며 당시 섬에는 수십 가구의 주민이 살고 있었다. 섬에는 아마도 배들이 정박할 수 있는 항구가 있었을 것이다. 타기도에서 서남 방향으로 다시 100里를 더 가면 廟島에 도착한다. 2)의 기록에 따르면 황성도에서 鼉磯

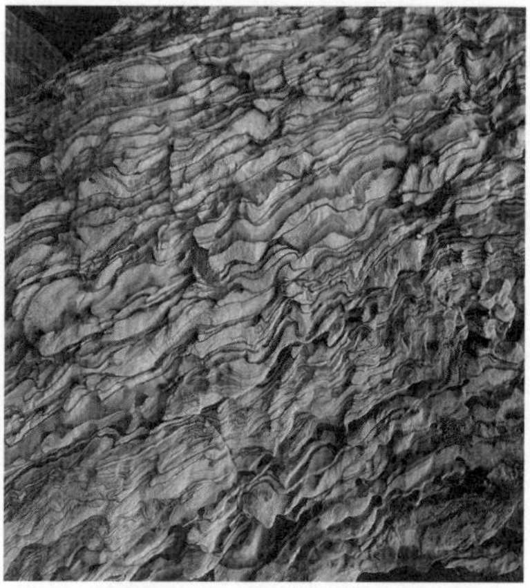
鼉磯島 西側 淸泉池의 雪浪石

島까지는 200里이다. 火兵이란 화승총 등 화약을 다루는 병기를 운영하는 부대이다. 1624년 金德承이 鼉磯島를 지날 당시 山東 總兵은 楊肇基(양조기)[241]였는데, 전함과 무기를 크게 개량했다고 한다. 그러므로 金德承이 鼉磯島를 지날 때 아마도 明軍과 조우했거나 鼉磯島 항구에 정박했을 때 항구 내에 있던 당시의 전함과 무기들에 대해 상세하게 알아보았을 것이다. 金德承은 또한 鼉磯島에서 산출되는 雪浪硯(설랑연)이라는 硯臺(연대)를 소개하고 있다. 당시 중국 지방지의 기록과 비교해 보면, 김덕승의 기록은 항해거리에는 차이가 있으나 벼루돌에 관한 부분은 대체로 일치한다. 곧, 《(嘉靖)山東通志》에는 "타기도는 봉래현에서 100여 리 떨어져 있는데 파도가 들이치는 바다 쪽으로 벼루를 만들 수 있는 金星雪浪이 산출된다. 이 돌은 세상에서 아주 귀하게 취급되었기에 사람들은 익사할 위험을 무릅쓰고 이를 채취하고자 했다(取之者不憚於沒溺焉)"[242]라는 기록이 보인다.

> (9월) 6일 계해일 맑음. 사시에 출발하여 밤 이경에 鼉磯島 앞 바다에 정박했다. 바람이 거세게 불어서 밤새도록 물결이 세차게 일었다. 황성도로부터 200리 거리이다.
>
> 7일 갑자일 맑음. 東南風이 점점 더 심해져 항구로 들어 갔는데 군대가 주둔하고 있었고 都司衛가 통솔하고 있었다. 名帖과 약간의 예물을 보내니

---

241 "양조기는 기주위 사람이다. 그 가문이 처음부터 대대로 대동 지역에서 총병 관직을 담당하다가 나이가 들어 귀향하여 은거했다. 백련교의 요사한 무리들이 일어나 산동지역을 어지럽히자 양조기가 山東總兵官이 되어 巡撫 趙彥과 함께 적을 토벌하였고 3월에 대부분의 무리를 섬멸하였다. 이에 右都督으로 승진하였고 등주부와 래주부에 주둔했다가 다시 연안과 수덕 지역으로 가서 왜구를 일망타진하여 공이 左都督에 이르렀고 이어 太子, 太師, 蔭錦衣僉事의 직까지 더해졌다(楊肇基, 沂州卫人。起家世職累官大同總兵, 予告歸裡。以蓮教妖賊亂山東, 起肇基爲山東總兵官, 與巡撫趙彥合師擊賊, 三月, 而殲其眾, 進右都督, 尋鎭登萊, 改延綏, 以擊套寇, 功進左都督, 屢加至太子、太師, 蔭錦衣僉事)"((淸)岳浚 杜詔等 纂修, 《(雍正)山東通志》卷二十八之三〈人物三〉, 淸文淵閣四庫全書本版)

242 (明)陸釴等 纂修, 《(嘉靖)山東通志》卷之八〈物產〉, 明嘉靖刻本版。

鄭斗源《朝天記地圖》,〈鼉磯島圖〉

명첩에 회신하며 감사를 전했다.

8일 을축일 맑음. 바람 때문에 계속 鼉磯島에 머물렀다. 밤새도록 바람이
불었다.

9일 병인일 큰 바람이 불고 가랑비가 내림. 오후에 순풍이 불어서 출항하
였다.……

初六日 , 癸亥 , 晴。巳時 , 開船 , 夜二更到泊鼉磯島前洋。風勢顚猛 ,
終夜掀蕩。距황성도二百里。

初七日 , 甲子 , 晴。東南風轉緊 , 移入港口。有軍兵屯守 , 都司衛時照
領之 , 投送名帖及若干物 , 衛即回帖謝之。

初八日 , 乙丑 , 晴。阻風 , 仍留鼉磯島。終夜大風。

初九日 , 丙寅 , 大風微雨。午後 , 乘順風發船……

(申悅道《朝天時聞見事件啟》)

위의 글은 申悅道 일행이 북경으로 가는 길에 鼉磯島에 관하여 기록한 것이다. 1628

년 9월 6일 황성도에서 200리를 항해하여 鼉磯島 앞바다에 도착했는데 風浪으로 인하여 鼉磯島 앞바다에 닻을 내리고 배 위에서 하룻밤을 지냈다. 9월 7일 역풍인 東南風을 피하기 위해 申悅道 일행은 鼉磯島 港口에 입항하여 정박했다. 당시 鼉磯島에는 明軍이 주둔하고 있었고, 申悅道는 당시 주둔하고 있던 장수에게 名帖(명첩)과 禮物을 보냈는데, 이를 받은 주둔군의 장수도 바로 자신의 명첩을 보내 회신하면서 감사를 전했다. 7일과 8일 이틀간 鼉磯島 항구에 정박한 배 위에서 머물다가 9일 重陽節에 申悅道는 정사 宋克訒과 함께 섬에 상륙하여 높은 곳에 올라가 먼바다를 바라보면서 , 정사 宋克訒과 시를 수창하고 이를 기록해 남겼다. 이 시에서 申道悅는 고향에 대한 향수, 역풍으로 인해 장기간 鼉磯島에 머물 수밖에 없는 초조함, 그리고 어서 빨리 북풍이 불어 배를 띄울 수 있기를 바라는 심정을 읊었다.

〈鼉磯島에 올라서〉
上使 宋克訒의 시에 차운하여 짓다

타기도에서 중양절을 맞이하여
산에 오르니 슬픈 마음 억누를 수 없네.
까마득히 펼쳐진 푸른 바다 내려다보며
한동안 고향 땅 단구마을 쪽을 응시하네.
여러 날 동안 이 외로운 섬에 머물고 있는데
언제쯤 배를 띄울 수 있을까?
아득히 그립구나! 울타리 밑에선 국화꽃 피고
소박하고 천진난만한 고향 동산의 가을 풍경.

〈登鼉磯島〉
次上使宋公 克訒 韻。
水國逢重九 , 登高不勝愁。
微茫臨碧海 , 迢遞望丹丘。
累日淹孤嶼 , 何時放葉舟。

遙憐籬下菊 , 爛熳故園秋。

(申悅道-《朝天時聞見事件啟》)

鼉磯島에서 북풍을 기다리다가 9월 9일 重陽節을 맞이하게 되어 鼉磯島에 있는 산의 정상에 올랐는데 서글픈 마음을 이루 다 말할 수 없었다고 시의 서두를 시작한다. 여기서 重九란 음력 9월9일 곧, 중양절을 가리킨다. 이전에 중양절에는 높은 곳에 올라 기운을 받는 풍습이 있었다. 이어서 2연에서는 높은 산정상에 서고 보니 눈앞에 푸른 바다가 끝없이 펼쳐져 있는데, 오랫동안 멀리 바다 건너 고향이 있는 방향을 바라보게 되었다고 읊는다. 迢遞(초체)란 시간이 오래 흐른 것을 뜻하며, 丹丘란 바로 丹丘里(신열도는 스스로 "단구리는 고향마을이다[丹丘即所居里]"라고 주를 달았음) 곧, 丹邱里(단구리) 인데, 지금 韓國 廣尙北道 慶州市 江東面 丹邱마을이다. 이어서 3연에서는 이미 몇 일 동안 순풍이 불기를 기다리며 타기도에 머물렀는데 앞으로 언제쯤 출항할 수 있을지 걱정하고 있다. 마지막 연에서는 지금쯤이면 고향집 울타리 밑에 국화꽃들이 만개할 계절임을 떠올리고 가을꽃들로 한껏 물들어 있을 고향집의 정원을 눈앞에 그리고 있다. 현재 鼉磯島에는 10 여 개의 작은 산이 있는데 현재로서는 申道悅와 宋克訒이 어느 산에 올라 이런 시를 읊었는지 문헌상으로 고증할 길이 없다. 하지만 鼉磯島의 지형과 사신들의 사행로 등을 고려해보면 사신들이 배를 정박한 위치와 중양절에 과연 어느 산에 올랐을지 유추해보는 것은 가능하다.

사신들이 정박한 鼉磯島는 지금의 蓬萊市 長島縣에 속하며 황성도에서 배를 타고 서남 방향으로 직선거리로 100里를 가면 鼉磯島에 도착하게 된다. 신열도가 남긴 시를 보면 신열도 일행은 순풍이 불면 바로 출항할 수 있도록 줄곧 출발대기 상태를 유지하고 있었음을 알 수 있다. 그러니 신열도와 송극인이 오른 산은 항구에서 쉽게 오르고 내릴 수 있는, 정박한 배에서 그리 멀지 않은 곳이었을 것이다. 砣磯島의 大口村 村民 邵君秋(소군추 女, 57세)씨의 증언에 따르면 砣磯島 남쪽에 있는 井口灣은 역사가 오래된 옛 항구라고 한다. 현지 주민의 증언과 현장 답사를 통해 살펴본 지역조건으로 보건대 조선사신들이 정박했던 곳은 지금의 砣磯島 井口灣 즉, 套里古港(투리고항)이었을 것으로 판단된다.

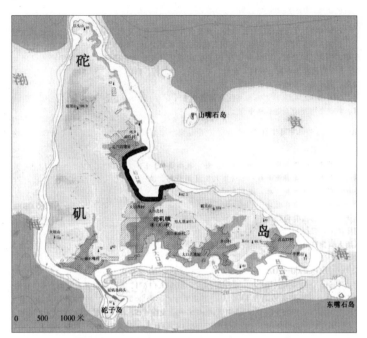

砣磯島의 지형도[243] (굵은 선으로 표시한 부분이 조선사신들이
정박했을 것으로 추측되는 井口灣이다.)

　　명대와 청대의 지방지에는 타기도에 관하여 다음과 같은 기록들이 남아 있다. "타기
도는 묘도 북쪽 70리에 있다", "사문도는 봉래현 북쪽 60리 바다 가운데 있으니 해상
운송을 위한 옛날 해운로이다"[244], "타기도는 봉래현 서북쪽 130리에 있으며, 사문도
는 북쪽 70리에 있다. 縣志에 이르기를 벼루를 만들 수 있는 아름다운 돌이 많이 산출
된다고 한다. 타기도의 동북으로는 대흠도, 소흠도, 사기도가, 서남으로는 고산도, 후
계도가 있는데, 모두 사문도와 해상 운송로로 연결된다."[245] 이상의 기록을 종합하면,
鼉磯島(砣磯島)는 登州의 북쪽 登州府城(蓬萊縣城)에서 130리 떨어진 해상에 있는 것

243　《中國海島志》編纂委員會 編著,《中國海島志·山東卷》第一冊, 海洋出版社, 2013, 第263頁。

244　"鼉磯島, 在廟島北七十里……沙門島, 在縣北境海中六十里, 昔海運故道也。"(明)徐應元等 纂修,《(
　　　泰昌)登州府志》卷之六〈地理志二·山川〉, 明泰昌元年(1620)刻本版。

245　"鼉磯島, 在蓬萊縣西北一百三十리, 沙門島北七十里。縣誌：'產美石, 可爲硯'。相對者東北爲大欽
　　　島、小欽島、蜿磯島, 西南爲高山島、侯雞島皆與沙門相連絡。"(淸)穆彰阿等 纂修,《(嘉慶)大淸一統
　　　志》卷一百七十三〈登州府〉,《四部叢刊》續編景舊鈔本版。

지금의 砣磯島 남쪽 井口灣 내의 "套裡古港(투리고항)" 石碑(집필진 답사 촬영)

이 된다. 北宋의 대문호 蘇軾이 登州知州로 있을 때, 지은《北海十二石記》에도 다음과 같은 기록이 보인다. "등주성에 올라 멀리 바라보면 사문도, 타기도, 견우도, 대죽도, 소죽도 등 5개의 섬을 볼 수 있는데 그 중 사문도가 제일 가깝다."[246] 곧, 北宋시기에 이미 "鼉磯島"라는 지명이 문헌에 출현하고 있는 것이다. 蘇軾은《鰒魚行(복어행)》[247]이란 시에서 鼉磯島를 "馳碁島(타기도)"라고 부르기도 했다.

北宋 때 간행된《新唐書·地理志》에는 鼉磯島를 龜島(구도)[248]라고 칭했으며 鼉磯島에서 산출되는 雪浪硯(설랑연)이 아주 유명하다고 기록했다. 南宋 高似孫이 편찬한《研箋(연전)》에서는 鼉磯島를 駝基島(타기도)[249]라고 칭했다.《齊乘》,《明一統志》,《大淸一統志》등의 지방지에서는 모두 "鼉磯島"[250]라고 칭했으며, 明代《武備志》에서

246 "登州下臨大海, 目力所及, 沙門、鼉磯、牽牛、大竹、小竹, 凡五島, 惟沙門最近。"(宋)蘇軾,《蘇文忠公全集》〈東坡續集卷十二〉, 明成化本版.

247 "蓬萊閣下馳碁島, 八月邊風備胡獠."(宋)蘇軾,《蘇文忠公全集》〈東坡續集卷一〉, 明成化本版.

248 "登州東北海, 行過大謝島、龜、歆島、末島、烏湖島, 三百里北渡烏湖海"。(宋)歐陽修, 宋祁等撰《新唐書》卷四十三下 志第三十三下《地理志》, 淸乾隆武英殿刻本版.

249 "登州下臨大海, 有沙門、鼉磯島, 按《研箋》作駝基島"。(宋)杜綰撰,《雲林石譜》下卷, 淸知不足齋叢書本版.

250 (元)于欽 撰,《齊乘》卷一〈山川〉, 淸乾隆四十六年(1781)刻本版/(明)李賢, 萬安等撰修,《明一統志》卷之二十五〈登州府〉, 淸文淵閣四庫全書本版。/(淸)穆章阿, 李佐賢等纂修,《(嘉慶)大淸一統志》卷一百七十三〈登州府〉,《四部叢刊》續編景舊鈔本版。

는 砣磯山[251]으로, 淸代《讀史方輿紀要》에서는 "砣磯島"[252]로, 民國《奉天通志》에서는 "砣磯島"[253]로, 民國《第四次重修蓬萊縣誌》에서는 "鼉磯島"[254]로 기록하였다. 종합하면 鼉磯라는 지명은 北宋에 시작되어 明代를 거쳐 民國까지 "鼉磯"와 "砣磯"라는 표기가 혼용되다가 지금 현재 砣磯라는 표기로 통일된 것이다.

이상 조선사신이 경유한 鼉磯島/砣磯島/舵磧島 지명의 변천과정을 종합적으로 재구성하면 다음과 같다. (北宋) 鼉磯島/馳碁島/龜島 → (南宋) 駝基島 → (元代) 鼉磯島 → (明代) 鼉磯島/砣磯山/舵磯島/舵磧島 → (淸代) 鼉磯島/砣磯島 → (民國) 鼉磯島/砣磯島 → (현재) 砣磯島. 지금의 砣磯島는 宋代에는 蓬萊縣 沙門寨地(사문채지)에, 元代와 明代에는 蓬萊縣 牽牛社(견우사)에 속했다. 淸 道光 연간에 長山의 도서들은 十三社에 배속되었으며 타기도는 砣磯島社가 되었다. 宣統 년간에는 社를 大口, 後口, 磨石嘴, 井口, 呂山口 등 5개의 村으로 구획했다.

1928년에는 長山 八島 民政局 관할이 되어 砣磯社라 칭했다. 1934년 社를 鄕으로 바꾸었고, 1945년 長島가 중공군에 점령되어 砣磯區로서 長山島特區에 배속되었다. 1947년 國民黨이 長島를 점령한 후에는 다시 砣磯鄕을 설치했는데 1949년 長島가 중공군에 다시 점령된 이후에도 砣磯鄕은 유지되었다. 1958년 11월 長島縣과 蓬萊縣, 黃縣이 합병되어 蓬萊縣이 된 후 砣磯島는 長島 人民公社 砣磯大隊에 배속되었다. 1962년 4月 長島 人民公社가 長島區로 개편되면서 砣磯島는 長島區 砣磯公社가 되었다. 1984년 3월 19일 砣磯公社는 砣磯鎭으로 바뀌었고 8개의 行政村과 4개의 섬을 관할에 두게 되었다. 8개 행정촌은 각각 中村, 西村, 北村, 東山村, 井口村, 呂山口村, 後口村, 磨石嘴村(마석취촌)등이며 4개의 섬은 각각 砣磯島, 砣子島, 東嘴石島, 山嘴石島 등이다. 2000년 12월 19일 長島縣은 8개의 區公所로 다시 나뉘었는데, 砣磯島는 砣肌區(타기구) 公所가 되었다. 2003년 2월 20일에 區公所를 砣磯鎭으로 바꾸어 지금에까

251   (明)茅元儀輯,《武備志》卷一百四十一〈軍資乘餉〉, 明天啟刻本版.
252   (淸)顧祖禹撰,《讀史方輿紀要》卷三十六〈山東七〉, 淸稿本版.
253   "長山八島乃南長山島、北長山島、廟島、大黑山島、小黑山島、砣磯島、大小欽島、南北城隍島之總稱, 位於渤海口內, 在東經一百二十度四十三分, 北緯三十七度五十五分, 總面積四十方裡有奇". (民國)翟文選, 王樹枏等纂修,《(民國)奉天通志》卷六十九〈山川三〉民國二十三年鉛印本版.
254   (民國)王明長等 纂修,《第四次重修蓬萊縣誌》卷一〈山川〉, (臺灣)青年進修出版社, 1961, p.10

지 이르고 있으니[255] 현재의 蓬萊市 長島縣 砣磯鎭이다.

2.3 珍珠門(眞珠門)

조선사신이 砣磯島를 경유한 후에는 砣磯島와 廟島 사이의 "珍珠門/眞珠門"을 지났다. 金德承은 《天槎大觀》에서 "타기도를 거쳐 진주문을 지났다. 백옥 같은 석벽이 양옆으로 펼쳐져 새가 날개를 펴고 있는 것 같았으며 바다를 10여 리나 감싸고 있었다. 배가 양쪽 석벽을 지나면 문을 나서는 것 같았기에 이곳을 진주문이라 하였다."[256] 珍珠門은 지금의 蓬萊市 長島縣 北長鄕의 店子村 서쪽에 위치한다. 砣磯島에서 28.7km 떨어져 있다. 이곳은 현재 九丈崖(구장애) 해상공원으로 불리고 있으며, 진주문은 店子村의 西大山과 서쪽 擋浪島(당랑도) 암초의 석벽이 좁은 해협을 사이에 두고 나란히 일렬로 정렬하고 있는 지세를 이루고 있다. 그 사이를 배가 지나가면 마치 거대한 하얀 문을 지나가는 것 같은 느낌을 받을 수 있기에 속칭 "珍珠門"이라고도 칭해지고 있다. 珍珠門 사이를 지나는 水道를 현재 "珍珠門水道"라고 하는데, 진주문 수도는 북서-동남방향으로 길이는 2km, 평균 폭은 0.75km로서 가장 좁은 곳은 南香爐(남향로) 암초와 北長山島 사이이며, 그 폭은 0.3km[257]밖에 되지 않는다. 진주문은 요동과 산동 등주를 항해할 때 반드시 지나야 하는 해상 要道이다.

李德泂 일행은 1624년 8월 22일 북경으로 가는 길에 진주문을 지나면서 "해구가 마치 문과 같다(乃海口之如門者也)"라고 기록했으며 1625년 3월 21일 조선으로 돌아가는 길에 登州에서 鼉磯島로 가다가 逆風을 만나 珍珠門 海域으로 바람을 피해 들어왔다가 해상에 닻을 내리고 아래와 같은 시 두 수를 남겼다.

---

255   長島縣地名辦公室 編,《長島縣地名志》, 山東省新聞出版局, 1989.p.42/《中國海島志》編纂委員會編著,《中國海島志·山東卷》第一冊(山東北部沿岸), 海洋出版社, 2013, p.264.

256   "自鼉磯歷珍珠門。白玉石屛, 如鳥舒翼, 圍海數十里, 中劈通船, 故以門爲名。"

257   長島縣地名辦公室 編,《長島縣地名志》, 山東省新聞出版局, 1989, p.163/山東省歷史地圖集編纂委員會 編,《山東省歷史文化村鎭-煙臺》, 山東省地圖出版社, 2009, pp.284-285.

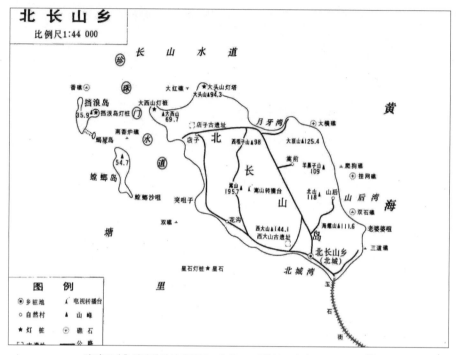

위 지도 좌측 상단에 다섯 개의 동그라미로 표시한 부분이 진주문 수도이다.[258]

〈3월 21일 기사일. 큰 안개가 온 바다에 가득찼다. 오후에 노를 저어 鼉磯島
로 향하다가 역풍을 만나 眞珠門으로 들어 갔는데 공께서 시를 지었다〉

요동 육로길 어려움이 많으나 등주 해상 사행길은 열려 있어
행장을 갖추고 일엽편주에 의탁하여 만리 여정에 올랐네.
산통을 던져 이로운 바닷길 점치고
매일 하늘의 별자리 관찰하며 좋은 바람 불기를 기다리네.
능숙한 뱃사공 항해를 멈추고 진주문에 닻을 내림은
바다의 신이 하늘을 가릴 듯한 큰 파도를 일으켰기 때문이라네.
오직 신령한 임금의 성덕을 입어야 무사히 북경 다녀올 수 있으니
감히 나의 충성과 믿음으로 하늘을 감동시키리라 다짐한다네.

---

258   長島縣地名辦公室 編,《長島縣地名志》, 山東省新聞出版局 , 1989, 卷首圖。

〈(三月)二十一日 , 巳巳 , 大霧塞海。午 , 始穿櫓向鼉磯島 , 遇逆風回
入眞珠門。公有詩曰〉
遼路多艱水道通 , 行裝萬里倚孤篷。
默擲杯珓占利涉 , 每看星斗待長風。
篙師罷賽船收碇 , 海若驅潮浪拍空。
只荷王靈能往返 , 敢言忠信格天公。

첫 연에서는 遼東의 육로 사행길이 여진족의 침입으로 끊겨 어쩔 수 없이 등주로 향하는 해로 사행길로 가야하는 사정을 말한 후, 행장을 갖추고 오직 일엽편주 같은 작은 사행선에 의지하여 만리의 수고로운 사행 여정에 올랐다고 읊었다. 《通文館志》의 기록[259]에 따르면 李德洞 일행은 조선 宣沙浦에서 登州까지 배로 3760리의 해상로와 登州에서 北京까지 1900리의 육로길을 거쳐야 했으니 모두 5660리에 이르는 기나긴 사행의 여정이었다. 두번째 연에서는 옥산통을 던져 앞으로 항해길의 길흉을 점치고 매일같이 머리를 들어 하늘의 별자리를 살피면서 남풍이 불어오기를 초조하게 기다린다고 하였다. 당시의 배는 오직 바람의 힘에 의지하여 항해해야 했기에 원하는 순풍이 불지 않으면 마냥 바람을 기다리면서 시일을 지체하기 일쑤였다. 杯珓(배교)는 珓(교) 혹은 笅(효)라고도 하는데 점을 치는 도구이다. 3연에서는 다른 사행단의 배와 경주하듯이 앞서거니 뒤서거니 하면서 달리다가 배를 조종하는 사공이 갑자기 항해하는 것을 멈추고 珍珠門 水域에 닻을 내렸는데 이는 海神이 하늘을 가릴 정도로 큰 파도를 일으켰기 때문이다. 篙師(고사)는 능숙한 뱃사공이다. 海若은 고대 신화의 海神이다. 4연에서는 오직 임금의 성덕을 입어야 무사히 바다를 건너 사신의 임무를 완성할 수 있는 것이라 생각하고는, 감히 자신의 충성과 믿음으로 하늘을 감동시켜 무사히 항해를 마치리라 다짐한다. 이 시는 당시 바닷길로 出使하는 일이 얼마나 어려운 일인지를 먼저 말하고, 해상의 악천후를 만나 절체절명의 위기에 빠졌으나 무사히 조선 선사포까지 도착하리라는 사신의 믿음을 표현하고 있다. 아래의 시도 같은 날에 쓴 것으로 부사 吳

---

259 《通文館志》卷之三 , 朝鮮古書刊行會 , 大正二年(1913) , pp.58-59.

翻과 창화한 시이다.

　　〈부사가 지은 시를 차운하여 지은 시〉

　　변방의 바닷길 멀고 멀어 하루가 일년 같이 느껴지는데
　　홀로 배 안 선창에 들어가 초연히 앉았네.
　　갑자기 운무가 몰려와 온세상이 검어지고 드디어 섬에 비가 내리는데
　　새들은 숲으로 들어가 숨고 온 섬은 비구름에 쌓이네.
　　어디가 하늘이고 어디가 바다인지 사신은 한탄만 할 뿐인데
　　제나라 노나라의 옛 땅 거쳐오면서 아름다운 시 많이 지었음을 생각하네
　　우리 임금께서 황제를 조회하는 정성에 하늘도 감응하리니
　　백발 성성한 늙은 사신 조각배 타고 사행길 올랐음을 가련히 여기리라!

　　〈公次副使韻〉
　　關路漫漫日抵年 , 獨來空館坐翛然。
　　濃雲撥墨山將雨 , 宿鳥投林野抹煙。
　　天接滄溟迷客恨 , 地徑齊魯富詩篇。
　　吾王享上天應感 , 白首乘槎肯自憐。

　　이 시에서 작자는 멀고먼 사행길이 고생스러워 하루가 일년과 같이 길게 느껴지고 앞으로의 항해길이 걱정스럽기만 하다. 그러나 사행단의 우두머리로서 초연한 태도를 유지하며 선창에 오롯이 앉아 있다. 이때 갑자기 검은 먹구름이 몰려와 하늘을 가려 사방이 어두워지고 큰 비가 내릴 것 같은데 바닷새들은 주변 섬의 숲으로 돌아가 숨고 해무가 주위를 캄캄하게 감싼다. 마침내 큰 비 내려 어디가 하늘이고 어디가 바다인지 구분을 못할 지경에까지 이르자 곁에 있는 부사 吳翻은 어떻게 귀국할 수 있을지 탄식에 빠진다. 이 때 부사에게 "우리가 齊魯의 땅을 지날 때 아름다운 시를 얼마나 많이 서로 창화했던가! 또 우리 임금이 황제를 조회하려는 정성스러운 마음은 실로 하늘도 크게 감동하실 것인데, 내가 백발의 나이에도 불구하고 배를 타고 사행길에 올랐으니 하늘

남쪽을 등지고 북쪽으로 바라본 진주문의 풍경-조선 사신이 귀국길에서 바라 본 진주문의
풍경이 이와 같았다.(집필진 답사 촬영)

도 우리를 가엽게 여겨 반드시 무사히 조선땅에 돌아갈 수 있게 하실 것이네."라고 위
로해 주었다. 翛然(소연)은 조금도 걱정이 없이 자유자재한 모습을 뜻한다.

2.4 廟島(沙門島)

2.4.1 廟島

鼉磯島에서 서남 방향으로 100리를 더 가면 廟島에 도착한다. 廟島는 옛날에 沙門
島라 불렀으며, 동쪽으로 長島縣과 3km 떨어져 있고, 서쪽으로 大·小黑山島를 바라
보고, 북쪽으로 北長山島와 가까우며, 남으로 멀리 蓬萊市를 바라보고 있다. 총 면적
은 1.61평방 km이다. 元나라 때 于欽(우흠)이 편찬한 《齊乘》에 따르면 "사문도는 등주
북해 90리 되는 지점에 있으며 巡檢司(순검사)를 설치했다. 바닷배들이 남쪽으로 오다
가 발해 해역으로 들어가고자 하면 멀리 이 섬이 보이는 것을 표지로 삼았다. 사문도

인근에는 타기도, 견우도, 대죽도, 소죽도가 함께 연달아 이어져 아름다운 풍경을 이루고 있다."[260] 廟島는 풍경이 빼어난 곳으로 주위 해역에 여러 섬들이 있었으며 明末 조선 사신들이 登州로 드나드는 관문의 역할을 했던 것이다. 또 다른 지방지에는 다음과 같은 기록이 있다. "사문도는 등주 관아로부터 서북쪽 60리 해상에 있는데 배를 타고 바다를 건널 때 반드시 이곳에 정박하여 바람을 피했다. 五代 시기 사문채를 설치했다."[261] 곧, 묘도는 적어도 五代 시기부터 이미 沙門島라 불렸다. 宋 建隆 3년에는 "국내외에서 군율을 어긴 자는 사문도에 유배보냈다"라는 기록이 있다.[262]

宋代에는 "沙門島"라 불린 곳이 2곳 있었다. 하나는 登州 沙門島이고 다른 하나는 通州 沙門島이다. 두 곳의 "沙門島"는 모두 宋代 초기(960)부터 "살인죄를 지은 자들 가운데 형집행이 유예된 자들"이 유배되는 곳으로 군대가 주둔하고 있었다.[263] 宋 建隆 연간(960-964)에 북방의 女眞人이 宋朝에 조공하러 올 때 登州 沙門島의 주민들에게 배를 준비하여 여진족의 해상왕래를 돕도록 한 적[264]도 있었다. 또한 "宋 慶曆 3년 군수 곽지고는 도어순간을 설치하도록 황제에게 주문을 올려 수병 300명이 사문도에 주둔하기도 했다."[265] 이상의 기록을 보건대, 宋代의 沙門島는 범죄인들을 유배 보냈던 곳이었을 뿐만 아니라 지리적 요충지로서 군대가 주둔했고 상당수의 주민들이 거주하고 있었던 것으로 보인다.

宋代부터 登州의 沙門島는 북방 민족이 해상을 통해 중원으로 조공을 올 때 반드시

---

260 "沙門島, 登州北海中九十里, 上置巡檢司. 海艘南來轉帆入渤海者, 皆望此島以爲表志. 其相聯屬則有鼉磯島、牽牛島、大竹島、小竹島, 歷歷海中, 蒼秀如畫." (元)于欽, 《齊乘》卷之一〈山川〉, 淸乾隆四十六年(1781)刻本版.

261 "沙門島, 府西北六十里海中, 海舟行者必泊此避風. 五代時置沙門寨." (淸), 顧祖禹 撰, 《讀史方輿紀要》卷三十六〈山東七〉, 淸稿本版.

262 "內外軍不律者配沙門島." (元)脫脫等 撰修, 《宋史》卷一〈本紀第一〉, 淸乾隆武英殿刻本版.

263 太宗太平興國五年(980年), 十二月辛卯, 左拾遺、直史館張齊賢上疏奏曰: "國初以來, 犯死罪獲貸者, 多配隸登州沙門島、通州沙門島, 皆有屯兵使者領護……"(淸)《江蘇省通志稿·大事志》第十四卷《宋》, 江蘇古籍出版社1991年版.

264 "女眞者, 渤海之別種也, 契丹謂之虜眞. 地多山林, 俗勇悍善射.後有首領三十, 分領其種.地多良馬, 宋初, 來貢方物. 建隆中, 詔登州沙門島人戶, 置舟楫濟度女眞馬來往." ((宋)曾公亮, 丁度等 纂修, 《武經總要前集》卷二十二, 四庫全書版)

265 "宋慶曆三年, 郡守郭志高奏置刀魚巡簡, 水兵三百戌沙門島" (淸)許鴻磐 著, 《方輿考證》卷十七〈山東總部〉, 淸濟甯潘氏華鑒閣本版.

거쳐야하는 경유지 중 하나였다. 元代에는 沙門島에 巡檢司를 설치했고, "남쪽으로 오다가 발해 해역으로 들어가고자 하면 멀리 이 섬이 보이는 것을 표지로 삼았다." [266] 元代부터는 수도를 지금의 북경인 大都(1285)로 천도했기에 수도에서 필요한 물자를 남방에서 북방으로 운송하기 위해서 해운과 조운이 발달하기 시작했다. 登州港의 外港인 沙門島는 점점 당시 해운로의 필수 경유지가 되었다.[267] 명나라가 들어서면서 지금의 중국 동북3성 지역이 명나라의 강역으로 귀속되어 요동과 등주, 명과 조선, 명과 일본 사이의 왕래가 빈번해졌다. 그래서 사문도 항은 조선과 일본의 배와 "요동으로부터 양식을 운반해 오는 배들이 등주에 상륙하기 전에 먼저 거쳐야"[268]하는 곳이 되었다.

　廟島에는 묘당이 하나 있는데, 조선사신들은 이곳을 天妃娘娘廟(천비낭낭묘), 天妃廟, 神女廟 등으로 불렀으니 지금의 顯應宮(현응궁)이다. 元, 明시기에 廟島가 중요한 航海 驛站(역참)으로 번성하게 됨에 따라 "천비묘는 선원들이 반드시 목욕재계하고 제사를 지내 해신의 가호를 구하는 곳이 되었기"[269]에 참배하고 분향하는 사람들이 많았다. 그래서 "섬의 이름을 묘도라고 개칭한 것도 이 때문이었다."[270] 이러한 설명은 明《(泰昌)登州府志》에 기록된 "사문도는 최근에 묘도로 불린다"[271]라는 기록과 일치한다. 《(道光)重修蓬萊縣誌》에서도 沙門島를 廟島라고 적고 있으며, 《(光緒)登州府志》에는 "사문도를 지금 사람들은 묘도라고 부른다"[272]는 기록이 보인다. 이후 사문도는 사람들 사이에서 廟島라 불리게 되었다. 《第四次重修蓬萊縣誌》의 기록에 따르면

266 "沙門島, 登州北海中九十裡, 上置巡檢司。海艘南來轉帆入渤海者, 皆望此島以爲表志。其相聯屬則有鼉磯島、牽牛島、大竹島、小竹島, 歷歷海中, 蒼秀如畫。" (元)于欽, 《齊乘》卷之一〈山川〉, 淸乾隆四十六年(1781)刻本版。

267 單兆英, 《登州古港史》, 人民交通出版社, 1994, p.5.

268 "遼運糧船先經此停泊。" (明)徐應元等 纂修, 《(泰昌)登州府志》卷之六〈地理志二·山川〉, 明泰昌元年(1620)刻本版。

269 "廟船行者必潔誠爲祭, 多蒙神庇。" 趙濈, 《燕行錄(一云朝天錄)》。

270 "名以廟島者以此也。" 李民宬, 《癸亥朝天錄》。

271 "沙門島在縣北境海中六十裡, 昔海運故道也。上有天妃廟, 歷代皆有封額, 遼運糧船先經此停泊。《宋史》雲：'開寶中女眞人貢, 太祖鐲島中居民租稅, 造船以渡買焉'。後亦流放罪人于此, 近名廟島。"(明)徐應元等 纂修, 《(泰昌)登州府志》卷之六〈地理志二·山川〉, 明泰昌元年(1620)刻本版。

272 "沙門島, 今人稱爲廟島。" (淸)方汝翼等 纂修, 《(光緖)增修登州府志》卷之三〈山川〉, 淸光緖七年(1881)刻本版。

"묘도는 옛날의 사문도이다"[273]라 했다. 정리하면 宋代 범죄인의 유배지였던 사문도는
점점 항해의 요충지로 중요해졌고 그곳의 娘娘廟 혹은 媽祖廟(마조묘)가 많은 뱃사람
들의 참배의 명소가 되었기에 명 泰昌 연간(1620)부터 淸 光緖 연간 사이에 沙門島와
廟島가 병칭되다가 民國 이후로는 沙門島라는 명칭을 아예 사용하지 않고 廟島라는
명칭으로만 불리게 된 것이다.

묘도는 "지금의 연태항이 개발되기 전에는 수많은 돛대가 숲을 이룰 정도로 조선,
요동, 천진을 남북으로 왕래하는 배들이 많았으며 모든 배들이 여기서 물을 긷고 땔나
무를 싣느라 많을 때는 수 백 척의 배들이 정박했다"[274]고 한다. 登州水城의 입구는 수
심이 얕아서 밀물이 들어올 때만 겨우 입구로 배가 진입할 수 있었다. 그런데 등주수성
입구(天橋口 혹은 天橋海口라고 부름) 밖에는 선박들이 바람을 피할 수 있는, 방파제로
보호되는 灣이 없었다. 安璥의《駕海朝天錄》의 "등주는 배를 대기에 불편해서 묘도에
배를 대었다(登州泊船處不好 , 故退泊於此(廟島))"라는 기록과 일치한다. 그래서 廟島를
登州港의 外港[275]으로도 부른다.

조선 사신들은 대부분 묘도의 풍경, 천비낭낭묘 그리고 주둔하고 있던 군대의 상황
에 대해서 기록했고, 묘도에 정박하거나 묘도에서 출발하면서 혹은 막 등주에 상륙할
때의 감상을 기록으로 남겼다. 또한 북경에서의 임무을 마치고 귀국길에 등주를 떠나
묘도로 향하면서 사행길에서 교유한 명나라 문인과의 추억을 회상하기도 했다.

> 6월 11일 경오일. 묘도에 머물렀다. 새벽에 천비묘의 앞바다로 배를 옮겨
> 정박시켰다. ……섬은 내가 지금까지 사행길에 만난 섬 가운데 가장 넓고
> 컸다. 뾰족한 산봉우리들이 연이어 좌우를 쭉 감싸고 있었다. 그 사이를
> 모래사장이 수 십 리나 쭉 펼쳐져 있었는데, 두 개의 섬이 앞바다에 떠있
> 어서 마치 빈공간을 채워 항구를 보호하고 있는 듯 보였다. 그 외에도 먼
> 바다에는 많은 섬들이 무수히 떠있었으나 날씨가 맑을수록 멀리 있는 섬

---

273 "廟島即古之沙門島。" (民國)王明長等 纂修,《(第四次重修)蓬萊縣誌》,靑年進修出版社 , 1961, p.9.

274 "在煙臺未開埠(1861)以前 , 帆檣林立 , 凡南北往來朝鮮遼東天津之船隻 , 均須泊此, 上水增薪 , 多至數
     百艘。" _____,《(第四次重修)蓬萊縣誌》,靑年進修出版社 , 1961, p.10.

275 (民國)袁式和,《蓬萊縣地理講義》,〈島嶼〉,蓬萊縣立初級中學校鉛印本 , 1934.

들은 더 가물가물하여 명료하게 보이지 않았다. 산정상의 전망대에는 봉
화대가 설치되어 있었고 밭을 개간해서 사는 농가들이 여기저기 흩어져
있었다. 商船과 전함들이 무수히 해안가에 정박해 있었으니 등주와 가까
워서 밀물이 들어와 등주수성으로 입항할 수 있기를 기다리는 배들이 정
박하는 장소였다. 天津衛의 양식 운반선 30 여척도 여기에서 순풍이 불기
를 기다리고 있었다. (六月) 十一日 , 庚午。留廟島。曉 , 移泊於廟前。
……島之形勢 , 最爲寬闊 , 峰巒縈紆 , 圍抱左右。其間沙汀橫亘數十
里 , 又有二島浮出其外 , 若障空補缺者然。其他海嶠之可望者無數。
但晴而愈暗 , 不得了然耳。峰頂通望處 , 逐設煙墩 , 屯田農幕 , 處處相
望。商船戰艦之拋泊近岸者 , 不知其數。乃近登防汛信地也。天津衛運
糧船三十餘艘待風於此。(李民宬《癸亥朝天錄》)

위의 글은 李民宬이 북경으로 가는 길에 廟島에 대해 남긴 기록이다. 1623년 6월
10일 李民宬 일행은 황성도를 출발하여 珍珠門 水道를 지난 후에 廟島의 북쪽 해안가
에 도착했다. 6월 11일 李民宬 일행은 廟島 天妃娘娘廟(지금의 顯應宮) 앞의 항구에 배
를 댔다. 廟島는 李民宬이 경유한 섬들 가운데 가장 큰 섬이었다. 李民宬은 섬 주위의
풍경을 다음과 같이 묘사했다. 곧, 廟島 港口의 좌우(남북)은 모두 산봉우리가 감싸고
있으며 항구가 있는 모래사장은 그 길이가 수 십 리나 된다. 바다로 트여 있는 섬의 동
쪽에는 南·北長山島가 마주 보고 있어서 항구를 감싸고 있다. 또한 기타 섬들도 묘도

1934년 廟島 全景[276] (지금의 廟島港 ③ 전경)

276   林斯陶 , 〈蓬萊廟島風景〉,《關聲》, 1934 年第3卷第9期 , p.8.

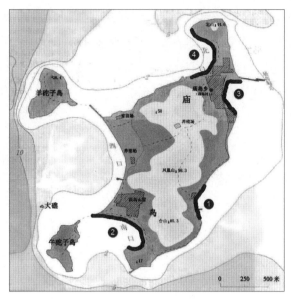

廟島[277] (③과 ④가 조선사신이 배를 대고 상륙한 곳으로 추정된다.)

의 동쪽 바다에 흩어져 있다. 廟島 港口 곁의 산정상에는 봉화대가 설치되어 있으며 섬 여기 저기에는 농지가 개간되어 있고 농가가 촌락을 이루고 있다. 항구에 정박한 전함과 상선들의 수가 무척 많았다. 李民宬은 이러한 광경을 바라보면서 묘도가 登州의 전초기지라고 감탄한다. 또한 정박한 배들 가운데 남풍이 불기를 기다리는 30여 척의 天津衛 양식운반선을 발견하기도 한다.

《(嘉靖)山東通志》에 "사문도는 동남쪽에 물이 얕은 곳이 있어 배를 댈 수 있고, 큰 배는 물이 깊은 남쪽으로 들어갈 수도 있다. 동쪽에도 항구가 있는데 여러 군데에 암초가 있어 낮에만 입항이 가능하고, 서북쪽에도 항구가 있어 천비묘 바로 앞바다에 배를 댈 수도 있다"고[278] 했다. 곧, 明末 廟島에서 배를 댈 수 있는 항구는 4곳이었으니 東南淺灘(동남천탄), 南港口, 東港口, 西北港口 등이다. 현재까지 남아 있는 유일본《(泰昌)

---

277 《中國海島志》編纂委員會編著,《中國海島志·山東卷》第一冊(山東北部沿岸), 海洋出版社, 2013, p.204.

278 "沙門島東南有淺, 可挨 ; 深行使南門可入 ; 東邊有門, 有暗礁二塊, 日間可行 ; 西北有門, 可入廟前拋泊". (明)陸鈇 等 纂修,《(嘉靖)山東通志》卷之十三〈海運〉, 明嘉靖刻本版.

登州府志》의 卷之八〈海運〉부분이 逸失된 관계로 1620년대 조선사신들이 입항한 廟島 港口의 구체적인 실상을 살펴보기는 어렵지만,《(康熙)登州府志》중 海運에 관련된 기록과《(嘉靖)山東省志》의 기록은 서로 일치하고 있으므로 명 嘉靖 연간에서 淸 康熙 연간까지 廟島 港口의 상황은 큰 변화가 없었던 것으로 사료된다. 앞 페이지 그림의 ①②③④로 표시된 부분이 바로 묘도에서 항구가 있던 곳이다.

①은 동남쪽에 있던 淺灘으로 바람을 피할 수 있는 방파제가 없어 주로 임시로 배를 대곤 했다. ③은 東港口로 2곳에 암초가 있어서 낮에만 출입이 가능한 곳이다. ②는 南港口로 바람을 피하기 좋은 조건을 갖추고 있다. 그러나 섬의 남서쪽에 위치하여 廟島 -珍珠門-鼉磯島-황성도를 잇는 직선 노선에서 벗어나 있어 일반적으로 장기간 묘도에 배를 대는 경우에만 이용했다. ④는 西北港口로 廟島-珍珠門-鼉磯島-황성도를 잇는 직선 항해노선 상에 있으면서 바람을 피하기에도 좋은 조건을 갖추고 있으며 天妃娘娘廟 앞에 배를 댈 수도 있었다. 廟島는 宋代이래로 登州와 遼東을 잇는 南北 海運의 중요한 해상 교통 허브로서 상당히 긴 역사를 가지고 있었기에 황성도나 鼉磯島에 비해서 배가 정박할 수 있는 많은 항구를 여러 곳에 갖추고 있었던 것이다.

섬은 전체적으로 북동-남서 방향으로 길게 누워있으며 섬의 양 끝단이 곶을 이루고 있으며 중간은 긴 직사각형 형상으로 동쪽은 해안선이 일직선을 이루고 서쪽은 작은 두 개의 섬과 연접되어 해안선을 이루고 있다. 섬의 해안선은 그 전체 길이가 6.7km 인데, 섬의 남쪽과 동쪽에는 작은 산들이 있고 서쪽은 대체로 평탄하여 넓은 지대를 이루고 있으며 북쪽에는 작은 구릉이 있다. 동쪽과 서쪽의 해안에는 둥근돌과 자갈돌이 펼쳐져 있다.[279] 金德承의《天槎大觀》에는 "섬의 동쪽과 서쪽에는 각각 용왕과 관우를 모신 사당이 있다(島之東、西各有龍王、關王諸廟)"는 기록이 있다. 이를 보건대 조선 사신들이 배를 댄 곳은 ③ 아니면 ④일 것이다.

조선사신들의 문헌을 통해 구체적인 정박 장소를 유추해보자. 李德泂의 朝天錄(一云航海錄)의 기록을 보면 "8월 22일 갑진일 오후에 진주문에 들어섰다. ⋯⋯여신묘당

---

279   長島縣地名辦公室 編,《長島縣地名志》, 山東省新聞出版局, 1989, p.131.

앞에 배를 댔다"라고 했고[280], 李民宬의《癸亥朝天錄》의 기록에 보면 "6월 11일 경오일 묘도에 머물렀다. 새벽에 사당 앞에 배를 댔다."라고[281] 했으니 조선 사신들은 아마도 ③ 동항구에 배를 댄 것으로 보인다. 이 항구는 섬 동쪽의 평활한 연해지로서 지금의 廟島村 동측 나루터이다. 이 나루터는 民國시대부터 "廟島港"[282]으로 불리고 있다. 그러므로 李民宬이 본 묘도 북쪽의 산봉우리는 廟島의 북쪽에 있는 北山(海拔44.8m)과 中部의 鳳凰山(봉황산, 海拔98.3m) 및 남단의 臺山(대산, 海拔85.3m)일 것이다. 현재 묘도항은 철골콘크리트로 된 T자 형상의 접안시설이 있으며 1972년에 修建되었다.[283] ②는 南港口로 현재 廟島南口로 불리며 ④는 현재 廟島北口로 불린다.

> 3월 23일 무진일 맑음……등주에서 사시에 배에 올라 오시에 출항하여 묘도 앞바다에 정박했는데 바람이 불지 않았기 때문이다. 섬에는 보루가 있었는데 보루는 천총관이 관할하였고 전함 수 십 척이 항상 정박하여 항구를 지키고 있었다. (三月)二十日 , 戊辰 , 晴。……(自登州)巳時乘船 , 午初發行 , 泊廟島前洋 , 無風故也。島有堡 , 堡有千總 , 常艤戰艦數十餘隻把截港口矣。(洪翼漢《花浦朝天航海錄》)

　윗글은 洪翼漢이 조선으로 돌아가는 길에 廟島의 동쪽 해상에 닻을 내리고 廟島에 주둔한 군대의 상황을 관찰 기술한 것이다. 1624년 3월 20일 洪翼漢은 登州에서 배를 타고 출발했으며 廟島 동쪽 해상에 머물렀다. 洪翼漢은 이 때 廟島 위에 방어 목적으로 건설된 작은 성과 주둔하고 있던 明軍을 관찰할 수 있었고 최고위급 군관이 千總(천총, 무관의 관직명으로 明代에 설치되었는데 京師와 邊境을 지키는 장교로서 品級과 수하의 인원이 정해진 것은 아니었음)임을 알게 되었다. 항구에는 수십 척의 전함이 정박해 있었고 그들의 주요한 임무는 묘도 항구와 등주 방어였다.

280　"八月 二十二日 , 甲辰。午後入眞珠門 , ……移泊神女廟前"
281　"六月 十一日 , 庚午。留廟島。曉 , 移泊於廟前"
282　(民國)王明長等 纂修 ,《(第四次重修)蓬萊縣誌》, 靑年進修出版社 , 1961 , p.10.
283　長島縣地名辦公室 編 ,《長島縣地名志》, 山東省新聞出版局 , 1989 , p.96.

묘도 동쪽 앞바다(멀리 북장산도가 보인다)(집필진 답사 촬영)

1626년 북경으로 오는 길에 金尙憲도 廟島에 정박한 후 廟島城에 올라 달을 감상했다.

〈중추절 보름 묘도 성루에 올라 달을 감상하며 짓다〉

춘성군의 시에 차운하다.

높다란 성루에 올라 밤안개 피어나는 묘도 앞바다 바라보니

성루의 그림자 수면 위에 밤낮으로 일렁거리네.

맑은 달 온 천지를 밝히는데 어느덧 차가운 서리 내려 젖어버렸으니

고독한 나그네 근심에 젖어 어서 고향으로 돌아가고 싶네.

〈八月十五日, 登廟島城樓翫月〉

次春城韻

危樓縹渺瞰城頭, 影落滄溟日夜浮。

明月滿天涼露濕, 悄然孤客不堪留。

(金尙憲-《朝天錄》)

이 시는 金尙憲이 南以雄의 시에 화답한 것이다. 春城[284]은 바로 春城君인 南以雄을
가리킨다. 1626년 8월 15일 추석날 밤에 金尙憲과 南以雄 두 사람은 廟島의 城樓에 올
라 달을 감상하고 시를 지어 기념했다. 시에서 작자는 다음과 같이 말한다. 한가위 보
름달이 뜬 한밤중에 섬 위에 높다랗게 서있는 성루에 올라 자욱한 물안개 피어오르는
섬 앞바다를 바라본다. 수면 위에는 성루의 그림자 비치니 그 그림자는 밤낮으로 갈마
드는 밀물과 썰물 따라 부평초처럼 둥둥 떠서 긴 세월을 아롱거렸을 것이다. 한가위 보
름 달빛이 온 하늘에 가득한데 차가운 가을 기운 몰려와 서리 내리니 자신도 모르게 입
고 있던 옷이 어느덧 다 젖어 버렸다. 그래서 더욱 근심에 젖은 고독한 나그네는 빨리
이 섬을 떠나고 싶지만 순풍이 불지 않아 떠나지도 못한다. 이 시에서 金尙憲은 한가
위 보름달이 뜬 한밤의 묘도와 그 주변 해역의 아름다운 풍경을 묘사하면서 변화불측
한 자연의 변화에 감탄하고 동시에 언제쯤 사행의 임무를 다 마치고 고향에 돌아갈 수
있을지 탄식한다.

또한 이 시를 통해 우리는 廟島 위에 있던 城樓의 대체적인 위치도 파악할 수 있다.
金尙憲이 말한 城樓는 바로 앞에서 살펴보았던, 洪翼漢이 언급한 바로 그 城堡이다.
우리는 앞서 조선 사신들이 정박했던 항구가 바로 廟島村의 동쪽에 있던 지금의 묘도
항이었음을 고증했다. 金尙憲의 시를 보면 "성루의 그림자 수면 위에 밤낮으로 일렁거
리네"라고 했으므로 廟島의 城樓는 큰 바다에 인접해 있으며 남쪽을 등지고 북쪽을 바
라보는 형태를 가졌을 것이다. 곧, 廟島 城樓는 섬을 방비하는 군사적 목적 위해 지어
졌으므로 북쪽 해역에서 접근하는 적들을 즉시 발견하기에 용이하고 섬 전체를 한눈
에 조망 가능하도록 건축되어야 했을 것이다. 또한 이 성루는 섬에 있던 明代 장수 副
總兵 韓宗功이 건축한 관아(臥薪軒)에 비해 그 규모가 훨씬 컸을 것이다. 왜냐하면 廟
島는 宋代부터 발해와 서해, 등주를 왕래하는 선박들이 정박하고 보급품을 충당하는
전초기지 역할을 했기 때문이다. 사신의 기록과 地方史志의 기록, 현지조사의 결과를
종합해보면 묘도 성루는 묘도 북부에 있는 북산 위에 조성되었음이 분명하다.

---

284 "遣春城君南以雄, 同知中樞府事金尙憲, 書狀官金地粹如京師."《朝鮮王朝實錄·仁祖實錄》卷13〈仁
　　祖4年閏6月28日 戊辰〉

멀리서 바라본 묘도의 전경 (맨 우측에 돌출한 산봉우리 위에 성루가 있었을 것이며
그 위에서 김상헌과 남이웅이 한가위 보름달을 감상했다. 집필진 답사 촬영)

왼쪽에 보이는 산이 묘도 北山으로 그 위에 성루가 있을 것이다. 집필진들이 답사할 때는
거대한 천비낭낭 동상을 조성하기 위한 축대 공사가 한창이었다. (집필진 답사 촬영)

　　1625년 9월 29일 全湜 일행은 등주로 가기 위해 황성도를 출발하여 西南 방향으로
항해하였고 새벽 여명이 트기 전에 鼉磯島에 도착했다. 날이 밝자 배의 가운데 돛은
내리고 앞의 돛만 올려 廟島를 향해 출발했으나 풍랑이 이전보다 더욱 거칠게 일렁거
렸다. 겨우 묘도에 도착했으나 서장관이 탄 배가 보이지 않아 걱정되었다.

　　　9월 29일 갑술일. 새벽에 타기도 아래 도착하여 닻을 내렸다. 꽤 오랜 시
　　　간이 흐른 후 날이 밝기 시작했다. 마침내 가운데 돛대는 돛을 내리고 앞
　　　은 돛을 올려 출항하여 큰 바다로 나갔다. 바람의 위세가 지난번보다 심
　　　해서 우리 배는 묘도에 도착했으나 서장관의 배는 보이지 않았고 그 안위
　　　도 알 수 없었다. (九月) 二十九日 , 甲戌。曉 , 到鼉磯下碇。良久 , 天始
　　　明 , 遂下腰檣 , 擧前帆發船 , 出洋視之 , 浪勢尤急於曩日 , 到廟島 , 得
　　　見書狀船 , 慰不可言。(全湜《沙西航海朝天日錄》)

　　드디어 서장관 李莯(이목)이 탄 배도 무사히 廟島 근해로 들어오는 것을 보게 되어
全湜 일행은 마침내 안도할 수 있었다. 그래서 묘도 항구에서 즉석에서 "〈廟島偶吟(묘
도우음)〉"이란 시를 한 수 지었다.

　　　〈廟島에서 우연히 읊은 시〉

　　　우리가 탄 배 넓은 바다에 떠있는 한 톨 낱알처럼 왜소한데
　　　한 달 간 항해에 묵은 병까지 도졌네.
　　　사람의 혼을 빼놓는 무서운 파도 항상 사납게 일어나서
　　　정처없이 표류하며 온갖 위험 다 겪었네.
　　　홀연 고향을 그리는 나약한 몽상 끊어지고
　　　오직 일심으로 나라의 은혜에 보답하고자 하는 마음 일어나네.
　　　참으로 위험한 사행길에서 구사일생으로 살아났으니
　　　성은이 망극함을 더욱 깨닫게 되었네.

〈廟島偶吟〉

一粟滄溟渺 , 三旬老病侵。

鯨波常洶湧 , 萍跡動崎嶔。

已斷思家夢 , 惟殫報國心。

危途有生道 , 益覺聖恩深。

（全湜《沙西航海朝天日錄》）

　　1연에서 말하기를 항해를 나선 조선사신이 탄 배는 마치 넓은 바다 위에 던져진 한 톨의 좁쌀처럼 작디작고 의지할 곳이 없는 위험한 신세이다. 게다가 작자인 전식은 1625년 9월 1일 조선 沙宣浦를 출항할 때 이미 63세(全湜, 1563-1642)의 고령이었고 지병까지 앓고 있었다. 旬(순)이란 열흘이므로 三旬은 한 달이다. 2연에서는 묘도로 향하는 항해길에 항상 사람을 놀라게 하는 무서운 파도가 일었으며 세찬 바람 따라 사방으로 정처없이 표류하면서 온갖 어려움과 위험을 다 겪었다고 말한다. 鯨波(경파)는 驚濤駭浪(경도해랑)의 뜻으로 사람을 놀라게 하는 무서운 파도의 뜻이다. 萍跡(평적)은 사람이 정처없이 사방을 떠도는 것을 말한다. 崎嶔(기금)은 산길이 비탈지고 울퉁불퉁함을 뜻하는데, 여기서는 항해길에 어려움과 위험이 많음을 뜻한다. 3연에서는 생사를 오가는 고난을 겪고 난 후 오히려 심지가 굳어져 고향을 그리워하는 나약한 마음은 없어지고 오직 나라의 은혜에 보답하고 사행의 임무를 완수하려는 마음만 더욱 굳건해진다고 말한다. 4연에서는 어려움과 위험으로 가득한 바닷길을 뚫고 무사히 묘도에 도착한 것은 오직 임금의 깊은 은혜를 입었기 때문이라고 말한다.

　　1630년 초봄에 崔有海도 조선으로 돌아가는 길에 廟島에 잠시 정박해서 시를 남겼다. 이 시는 묘도 봄날의 저녁 풍경을 묘사하고 있으며 동시에 나라에 대한 근심과 등주에서 벗들과 작별한 후 느낀 슬픈 마음을 표현하고 있다.

〈묘도에 배를 대고 짓다〉

묘도에 배를 대니 나라 걱정에 마음 더욱 초조해지는데

막 항해에 나선 배의 선창에는 수평선 너머 구름 사이 저녁 노을 붉게 비치네.
뒤돌아 봉래각 바라보니 한 폭의 그림처럼 아름답고
배 아래 발해의 바닷물은 고요하고 투명하여 흐르지 않는 듯하네.
지금쯤 압록강에는 날 좋은 봄이 찾아왔을 것이나 가야할 길은 멀기만 한데
해안가 늘어선 버드나무 연노랑 꽃망울 주렁주렁 달린 가지 한들한들 흔드네.
중국에서 사행하며 문인들과는 문장과 절의로써 허물없이 사귀었으니
귀국하는 배 선창에 밝은 달빛 비춰 드니 이별 생각에 마음이 슬퍼오네.

〈泊廟島〉
漂泊心焦爲國憂, 樓船初發暮雲浮。
蓬萊閣逈渾疑畫, 渤海波澄似不流。
鴨綠春晴歸路遠, 鵝黃柳拂石洲幽。
文章節義神交在, 落月篷窓動別愁。
(崔有海《東槎錄》)

1연에서 말하기를, 귀국길에 묘도에 정박하고 보니 나라에 대한 근심으로 마음이 타 들어가는데 이러한 마음을 아는 듯 배가 막 등주를 출항할 때부터 붉은 저녁 노을이 서쪽 바다에 불타고 있다. 명 天啟 7년(1627) 7월에 後金軍이 조선을 공략하여 丁卯胡亂이 발발하였다. 이 전쟁의 결과 조선과 명, 후금의 국제관계에는 큰 변화가 발생하였다. 비록 조선이 "임진왜란 때 원조해준 명에 대해 再造之恩의 은혜가 있어 실로 만세토록 잊기 어려웠지만"[285] 조선은 정묘호란으로 인해 부득이하게 "尊明"의 정책을 버리고 "奉淸"의 정책을 취해야 했다.[286] 崇禎 2년(1629) 10월 후금 皇太極은 10萬의 淸軍을 거느리고 명나라의 수도 京師를 공략했는데 이 때 명나라 각지에서는 농민 기의가 들불처럼 일어났다. 이처럼 조선과 명나라 모두 당시 국가적 위기에 처해 역사적 전환기를 맞고 있었다.

---

285 "壬辰再造之恩, 實萬世不可忘"《朝鮮王朝實錄·肅宗實錄》卷39,〈肅宗30年1月10日 庚戌〉
286 王臻,《朝鮮前期與明建州女眞關係硏究》, 中國文史出版社, 2005, p.188.

이어 2연에서는 조선으로 귀국하는 뱃전에서 멀리 봉래각의 풍경을 뒤돌아 바라보
니 마치 한 폭의 그림같이 아름다웠고 사신의 배가 떠있는 발해의 바닷물은 바람 한점
불지 않아 고요하고 맑기만 하다고 말한다. 3연에서는 항해의 목적지인 조선 땅의 변
경 압록강을 떠올리며 지금쯤이면 따뜻한 봄햇살이 가득한 계절일 것이라고 상상해보
는데, 옅은 노란색 봄꽃 가득 달린 버드나무 가지가 늘어져있는 묘도 灣의 풍경은 그
윽하면서도 슬프기만 하다고 읊는다. 4연에서는 등주에서 머무르는 기간 동안 명나라
문인들과 서로 교유하고 시문으로 창화하면서 깊은 정을 서로 나누고 그 우정을 마음
속 깊이 새겼는데, 이제 조선으로 떠나는 배의 선창으로 밝은 달빛이 비춰 드니 이별의
슬픔이 한 마음 가득히 일어난다고 하였다. 神交는 서로 마음이 맞아 허물없이 깊이 사
귀는 것이다.

아래의 시 또한 崔有海가 조선으로 귀국하면서 廟島에 정박했을 때 지었는데, 명나
라 친구인 張衆庵(장중암) 곧, 張可度(장가도)에게 보내는 것이었다. 張可度는 字가 季
茂(계무)이고 號가 衆庵(중암)이며 金陵사람[287]으로 당시 山東 登萊 總兵 張可大의 동
생이었다.

지금의 묘도항의 남쪽 갯벌 접안지(집필진 답사 촬영)

---

287   (朝)崔有海,〈次 讀楊浦遺稿題詞〉,《東槎錄》.

〈중암 장가도에게 부치는 시〉

함께 배를 타고 동행할 친구를 기다리기 위해

봄빛 가득한 아름다운 묘도에서 하루를 묵었네.

갑자기 큰 파도 일어나 친구를 만나는 일이 까마득한 꿈이 되어버려

밝은 달빛 아래 새벽 여명 밝아올 때까지 근심에 젖어 잠 못 이루네.

봄날 화창하기만 한데 내게는 흐린 날 같고

봄날 새벽에 부는 바람 소리 내게는 쓸쓸하게만 들린다네.

친구를 그리워하는 마음에 푸른 숲의 나무들도 해무에 잠겨 어두워지고

창망하게 섬 앞바다 해류 동쪽으로 흘러감을 바라볼 뿐이라네.

〈寄張眾庵〉

爲待同行客 , 芳洲一日留。

滄波千里夢 , 明月五更愁。

春色晴疑雨 , 風聲曉似秋。

相思煙樹暝 , 悵望任東流。

(崔有海《東槎錄》)

　　이 시는 주로 친구인 張可度에 대한 그리움의 정을 노래하고 있다. 곧, 자신과 동행
하기로 약속한 친구 張可度를 기다리기 위해 봄기운 가득한 아름다운 묘도에서 하룻
밤을 묵게 되었다. 그런데 큰 파도가 갑자기 일어나 두 사람이 다시 만나는 일이 마치
꿈처럼 아련한 일이 되어버렸고 나는 새벽 여명이 밝아 올 때까지 잠을 자지 못하고 근
심하며 파도가 잠잠해지기만을 기다린다. 이처럼 친구 오기만을 기다리며 노심초사하
다 보니 화창한 봄날도 나에게는 비오는 흐린 날과 같고 봄날 새벽에 부는 산들 바람조
차 마치 쓸쓸한 가을 바람과 같다고 느낀다. 친구를 그리워하는 相思의 마음이 깊어지
니 묘도의 숲도 해무에 잠겨 빛을 잃는 듯하고, 할 일 없이 묘도 항구에서 서서 출렁이
는 바다물결 멀리 동쪽으로 흘러가는 것만 마냥 바라만 볼 뿐이다. 五更은 바로 밤이
지나고 막 날이 밝을 무렵의 새벽시간이다. 五鼓 혹은 五夜라고도 한다.

廟島(沙門島)는 五代와 宋代에는 蓬萊縣 沙門寨地(사문채지)에 속했다가 元과 明代 때는 蓬萊縣 沙門社에 배속되었다. 淸 道光 연간에 廟島社를 설립하여 廟島村과 山前村을 관할 하에 두었다. 1928년까지 廟島社로서 長山 八島 民政局에 속했다. 1934년에 廟島鄕이 설치되었고 1945년에 長島가 처음으로 중공군에 점령되어 廟島區가 설치되었으며 南長山島, 北長山島, 大黑山島, 小黑山島, 廟島 등 다섯 섬의 村莊을 관할 하에 두었다. 같은 해 11월에 南長山島와 北長山島가 각각 별도 행정구역으로 분리되었다. 1946년 행정구역을 다시 조정하여 廟島區는 廟島와 北長山島를 관할하게 되었다. I948년 國民黨이 長島와 廟島를 점령하여 獨立保로 삼았다가 1949년 長島가 다시 중공군에 점령되자 廟島鄕이 설치되어 廟島와 北長山島를 관할하게 되었다. 1958년에 廟島 大隊에, 1962년에 北長山公社에, 1984년에 北長山鄕에, 1985년4월에 廟島鄕에 속했다. 2000년에 廟島鄕과 北長山鄕이 병합되어 北長山區公所가 설립되었고 廟島는 北長山區公所에 속하게 되었다. 2003년에 北長山鄕이 설치되어 廟島는 北長山鄕에 속하게 되었으니[288] 현재까지 묘도는 蓬萊市 長島縣 北長山鄕에 속해 있다.

廟島 北口灣(우측에 보이는 산이 묘도 북산이다. 집필진 답사 촬영)

---

288   長島縣地名辦公室 編,《長島縣地名志》, 山東省新聞出版局, 1989.p.70/《中國海島志》編纂委員會編 著,《中國海島志·山東卷》第一冊(山東北部沿岸), 海洋出版社, 2013, p.205.

2. 4. 2 天妃娘娘廟(天妃廟/神女廟)

廟島라는 명칭은 이 섬 위에 天妃娘娘廟(천비낭낭묘)가 있기 때문에 붙여졌으며 廟島에 정박했던 대부분의 조선 사신들은 이 사당에 대해 언급하거나 직접 방문하여 참배했다. 사신들은 天妃娘娘廟를 天妃廟 혹은 神女廟라고도 불렀는데 이 사당은 기록에 따르면 섬 주민들이 海神에게 안전한 항해를 기원하기 위하여 북송 시기에 沙門島(廟島) 鳳凰山 앞에 처음 세웠다고 한다.

> 1) 9월 26일 계축일 맑게 갠 새벽. 북풍이 불기에 즉시 돛을 달았다. 진시에 묘도에 도착했다. 제1선과 제4선은 어제 이미 도착하여 정박해 있었다. 묘도에는 娘娘廟가 있다. 그래서 섬이름을 廟島라 한다. 娘娘이란 여성에 대한 존칭이다. 옛날 어떤 여인이 있었는데 죽어서 海神이 되어 능히 四海의 신, 河伯, 江神을 호령할 수 있었기에 이전부터 황제의 칙령으로 娘娘聖女廟에 봉안되었으니 뱃사람들은 반드시 목욕재계하고 제사를 올려 신의 가호를 받고자 했다. 그래서 후세에도 계속해서 신위를 모시고 제사를 지낸다고 한다. 그래서 우리도 즉시 뱃사람을 목욕시키고 밥을 지어 떡을 만들고 과일을 준비하여 낭낭에게 제사를 올렸다. 軍官과 譯官들이 경쟁하듯이 하선하여 낭낭묘를 구경하고자 했는데 금하지 않았다. (九月)二十六日, 癸丑, 晴曉。有北風候, 即爲懸帆。辰時到黃島。一、四兩船昨日已先到泊。島上有娘娘廟, 故號爲廟島。娘娘乃女號之尊名。昔者, 有一女子死爲海神, 能號令四海之神、河伯、江神, 故自前勅封娘娘聖女廟。船行者, 必潔誠爲祭, 多蒙神庇。故後世仍以爲廟尊祀之矣。到此, 即令船人沐浴, 炊飯作餅且兼果實以祭之。軍官、譯官等爭相下船觀光於廟中, 不之禁也。(趙濈《燕行錄(一云朝天錄)》)

> 2) 6월 11일 경오일 廟島에 머물렀다. 새벽에 낭낭묘 앞바다로 배를 옮겨 댔다. 漢나라 때 林蘊의 딸이 물에 빠져 죽어어 水神이 되었는데 칙령으로 '天妃'에 봉하였다. 이섬을 廟島라고 이름 붙인 것은 이 때문이다.

(六月)十一日 , 庚午。留廟島。曉 , 移泊於廟前。漢林蘊之女歿爲水

神 , 勑封'天妃' , 名以廟島者以此也。(李民宬《癸亥朝天錄》)

　　1)은 趙濈의 《燕行錄(一云朝天錄)》에서 북경으로 가는 길에 廟島 娘娘廟 곧, 天妃娘娘廟에 대해 기록한 것이며 2)는 李民宬이 북경으로 가는 길에 廟島에 정박했을 때 天妃에 대해 기록한 것이다. 앞서 이미 지적했듯이 廟島라는 명칭은 이 섬에 해신인 天妃에게 제사를 지내는 묘당이 있었기 때문에 붙여진 것이다. 1)과 2)의 기록에 따르면 天妃는 원래 여염집의 여자로 죽은 후에 海神이 되었다고 한다. 1)의 기록에는 "능히 四海의 신, 河伯, 江神을 호령할 수 있었기에 이전부터 황제의 칙령으로 娘娘聖女廟에 봉안되었으니 뱃사람들은 반드시 목욕재계하고 제사를 올려 신의 가호를 받고자 했다. 그래서 후세에도 계속해서 신위를 모시고 제사를 지낸다."라고 좀 더 자세히 설명되어 있는데 대다수의 중국 지방지의 기록과 일치하는 내용이다. 곧, 중국지방지에는 다음과 같은 내용이 기록되어 있다. "天妃는 복건성 보전 지역 사람인데 宋나라 都巡檢 관직을 지낸 林源의 딸로 죽어서 신이 되어서 해상에 여러 차례 현신하였다. 그래서 바닷가에 위치한 郡縣에서는 그녀를 위한 사당을 지어 제사 지냈다."[289] 都巡檢은 都巡檢使라고도 하는데 宋代 官職으로 士兵들을 훈련하고 州縣의 治安을 책임졌다.

　　여기서 주목해야 할 것은 1)과 대부분의 중국 지방지에는 天妃를 福建 莆田(보전) 사람으로 宋代에 출생하여 죽어서 海神이 되었다고 했으나 2)의 기록에서는 天妃를 漢代 "林蘊(임온)"의 딸이라고 했다. 林蘊은 福建 莆田 사람으로 字는 復夢이고 林披(임피)의 아들로서 唐 貞元 연간에 西川 節度使를 지냈다.[290] 곧, 해상 운송의 발달과 더불어 天妃 즉, 媽祖文化가 福建지역에서 북방으로 전파되는 과정에서 天妃의 신분에 대해 다른 판본의 이야기가 출현하게 된 듯하다. 천비 이야기가 옛날 사람들의 구전으로 전해지는 과정에서 실제 역사기록과는 달리 와전되는 경우가 빈번히 발생한 것이다.

289　"建祠祀之天妃 , 福建莆田人 , 宋都巡檢林源之女 , 歿爲神 , 於海上屢著靈應。瀕海郡縣建祠祀之。" (清)岳濬 杜詔等 纂修 ,《(雍正)山東通志》卷二十一〈秩祀志〉, 清文淵閣四庫全書本版。

290　"林蘊字複夢 , 披之子.貞元 , 中明經及第 , 複應賢良方正科 , 爲西川節度。"(明)陳道 , 黃仲昭纂修 ,《(弘治)八閩通志》卷七十一〈人物〉, 明弘治刻本版.

鄭斗源의《朝天記地圖》에 기록된 천비 이야기도 위의 두 판본과는 내용이 다른데 아마도 위와 같은 이유 때문일 것이다.

> 廟島는 登州에 속한다……섬에는 天妃娘娘廟가 있다. 그래서 사람들이 이 섬을 "廟島"라 불렀다. 娘娘은 海神이다. 漢 무제 때 칙령으로 묘당을 세웠는데 명 왕조에 들어 크게 확장했다. 殿閣이 웅장하고 화려하며 금색으로 칠해진 단청이 휘황찬란했으며 묘당 내의 낭낭을 모신 현응궁은 영험했기에 지나는 뱃사람들이 모두 제사를 올렸다. 廟島屬登州 , ……有天妃娘娘廟, 故後人名之曰 : "廟島"。娘娘海神也 , 自漢武時 , 勅封立廟 , 至皇明尤張大之。殿閣雄麗 , 金碧輝煌 , 顯應非常 , 過者皆祭。(鄭斗源《朝天記地圖》〈廟島圖〉)

　위의 글은 鄭斗源의《朝天記地圖》가운데 〈廟島圖〉에 기록된 내용이다. 천비의 신분에 대해 鄭斗源은 天妃가 海神으로서 漢 武帝 時期로부터 유래하며 칙령에 따라 묘당을 짓고 제사를 지냈다고 하였는데, 이런 이야기는 아마도 天妃의 아버지를 漢代 人士로 간주한 전설에서 파생되었을 것이다. 한편, 申悅道의 기록도 앞서 본 사신들의 기록과는 차이가 있다.

> 9월 9일 병인일. 큰바람 불고 가랑비가 내림. 오후에 순풍을 받아 배를 출발시켰다. 眞珠門을 지나 신시에 廟島에 도착했다. 섬에는 天妃廟가 있었다. 天妃는 東海 용왕 廣德王의 일곱 번째 딸이다. 이곳을 지나는 뱃사람들이 이 묘에서 기도를 올리면 반드시 영험함이 있었기에 前代에 사당을 세우고 봉호를 내렸고 이번 왕조에 다시 증수하고 칙령을 내려 천비로 봉했다. 總兵 양국동이 묘당을 중수했으며 비석을 세워 중수의 내용을 기록했는데 모문룡에 의해 파괴되었다고 한다. (九月) 初九日 , 丙寅 , 大風微雨。午後 , 乘順風發船 , 過眞珠門 , 申時泊於廟島。島有天妃廟 , 天妃 , 即東海廣德王第七龍女也。凡舟行過是廟者 , 有禱頗著靈異 , 前代

立祠封號 , 本朝增修勑封。楊總兵國棟重修廟宇 , 立石記事 , 並爲毛帥
所打破云。(申悅道《朝天時見聞事件啓》)

윗글은 申悅道가 廟島를 지날 때, 天妃廟와 天妃에 대해서 기록한 것이다. 申道悅
가 당시 전해 들은 天妃는 "동해 용왕 광덕왕의 일곱 번째 딸이다." 이 이야기는 元代
進士였던 登州사람 劉遵魯(류준로)의 〈漠島記(막도기)〉에서 유래하는데, 그 기록에 이
르기를 "廟란 바로 靈祥廟를 말함이고 神은 顯應神妃를 가리키는데 민간에 전하는 바
에 따르면 天妃는 東海 용왕 廣德王의 일곱 번째 딸이다."[291]라고 하였다. 廣德王은 東
海 海神의 封號이다. 宋元 時期 특히 元代 漕運(조운)과 海運이 발달하면서 廟島의 중
간 보급항으로서의 기능이 강화되었고 점점 더 많은 배들이 묘도항을 이용하게 되었
다. 그에 따라 天妃에 관한 전설이 많은 사람들의 입과 입을 거치면서 다양한 판본의
이야기가 출현하게 되었다. 여신을 부르는 명칭도 天妃娘娘, 天妃, 天后, 龍女 등 다양
해졌다. 이상에서 살펴본 조선 사신의 기록을 통해 明末 廟島 海域을 지나던 선원들과
어촌 주민들 사이에 유전되던 天妃의 유래에 관한 이야기에는 적어도 3가지 이상의
판본이 있었으며 天妃娘娘廟에 대한 호칭도 다양했었다는 것을 알 수 있다. 또한 사신
들의 기록을 통해 明末 登州 總兵 楊國棟이 天妃娘娘廟를 중수했으며 당시 天妃娘娘
廟는 "금빛으로 휘황찬란하게 꾸민 전각이 웅장하고 아름답기 그지없었다." 또한, 천
비낭낭묘는 "기도하면 자못 영험이 있었기에"그 곳을 지나는 사람들은 모두가 제사를
올리고 항해의 안녕을 빌었다고 한다.

天妃는 宋代에 처음으로 "靈惠夫人(영혜부인)"에 봉해졌다. "宋 崇寧(숭녕) 년간에
廟에 사액을 내렸으니 그 명칭은 靈祥이었다. 元 天曆 년간에는 그 편액을 靈應으로
바꾸어 내렸으며, 至正 년간에 '感應神妃'에 봉하였고 元統 2년에 다시 '輔國護聖庇
民廣濟福惠明著天妃'로 봉하였다. 淸 康熙 19년에 칙령으로 '護國庇民妙靈昭應宏仁
普濟天妃'로 다시 봉했으며 23년에는 '天后'에 재차 봉했다. 雍正 11년에는 直省 地方

---

291   "廟曰：靈祥, 神曰：顯應神妃。耆民相傳(天妃)爲東海廣德王第七女。" 劉遵魯 , 〈漠島記〉, (淸)王文燾
等 纂修 ,《(道光)重修蓬萊縣誌》卷之十二〈藝文志〉, 淸道光十九年(1839)刻本版。

지금의 묘도항에 세워져 있는 天妃娘娘의 塑像. 조각상 뒤로 보이는 건축물이 바로 천비낭낭묘
(현재는 顯應宮으로 불림)이다.(집필진 답사 촬영)

官으로 하여금 봄 가을로 제사를 지내게 했으며 乾隆 2년에 다시 '福佑群生(복우군생)'
이라는 4자를 덧붙였고, 22년에 다시 '誠感鹹孚(성감함부)' 4자를, 53년에는 '顯神贊順
(현신찬순)' 4자를, 嘉慶 5년에는 '垂慈篤祜(수자독호)'4자를 덧붙였다. 嘉慶6년에는
칙령으로 그 부친을'積慶公'에, 모친을 '積慶公夫人'에 봉하고 봄가을로 묘당 전각 뒤
에서 제사 지내게 했다. 道光 6년에 '安瀾利運(안란리운)'이라는 편액과 제문을 하사하
여 '會典直省禦災捍患諸神于民有功德者'로 봉호를 내리고 專祠를 세워 매년 봄가을
로 묘당을 지키는 士官으로 하여금 祝文, 香帛, 羊 한마리, 돼지 한 마리, 제사용 술병
하나, 제사용 술잔 세 개를 갖추고 조복을 입고 제례를 올리게 했으니 關帝廟(관제묘)
와 같은 급이었다."[292]

---

292 "(宋)崇寧間, 賜廟, 額曰：靈祥；元天曆間, 改額：靈應；至正間, 加封'感應神妃'；元統二年, 加封
'輔國護聖庇民廣濟福惠明著天妃'；(淸)康熙十九年, 敕封'護國庇民妙靈昭應宏仁普濟天妃'；二十三
年, 加封'天后'；雍正十一年, 定制直省地方官春秋致祭；乾隆二年, 加'福佑群生'四字；二十二年,
加'誠感咸孚'四字；五十三年, 加'顯神贊順'四字；嘉慶五年, 加'垂慈篤祜'四字；六年, 敕封後父爲
'積慶公', 母爲'積慶公夫人', 春秋致祭於後殿；道光六年, 頒'安瀾利運'匾額及祭文, 會典直省禦災
捍患諸神于民有功德者加封號, 立專祠, 每歲春秋, 所在守士官具祝文, 香帛, 羊一, 豕一, 尊一, 爵
三, 朝服行禮均與祭關帝同." (淸)方汝翼等 纂修,《(光緒)增修登州府志》卷之十一〈廟壇〉, 淸光緒七年
(1881)刻本版。

天妃娘娘廟는 北宋 時期에 처음 조성되었고 北宋 嘉祐 5년(1060년) 福建省 南日島의 어민이 "龍女"의 靈位를 沙門島 사원에 모셔왔다. 宣和 4년(1122년) 閩지방의 어민이 다시금 사원 안에 "海神娘娘"香火院을 세웠다. 초기에는 顯應宮의 규모가 작았으나 至元 18년(1281년)에 당시 해운을 담당했던 閩지방 출신의 어민이 "물자를 모으고 땅을 넓혀서(集資括地)" 원래 자리에 전각과 부속 건물들을 증수하였으니 작은 규모였던 沙門島 사원이 전문적으로 海神 媽祖를 모시는 묘당으로 변모되었다.[293] 이후 계속해서 증축과 개축이 이어졌다.

1934년 廟島 顯應宮의 牌坊[294]

조선사신이 기록을 남긴 天妃娘娘廟, 天妃廟 혹은, 神女廟의 역대 명칭 변화는 다음과 같이 정리할 수 있다. 宋代 "靈祥廟", "靈應廟" → 元代 "海神娘娘" 香火院, "靈祥廟" → 明代 "天妃廟"[295], "神女廟", "天妃娘娘廟", "靈祥廟"[296] → 淸代 "天妃廟"[297], "天后宮", "龍女廟"[298], "顯應宮"[299], "靈祥廟"[300] → 民國 "龍女廟"[301], "顯應宮"[302] → 지금 廟島 "顯應宮"등이다.

293   李宗偉主編,《山東省省級非物質文化遺産名錄圖典》第2卷, 山東友誼出版社, 2012.06, p.433.

294   ____,〈蓬萊廟島風景〉,《關聲》第3卷 第9期, 1934 年, p.8.

295   "沙門島, 在縣北境海中六十里, 昔海運故道也. 上有天妃廟, 歷代皆有封額."(明)徐應元等 纂修,《(泰昌)登州府志》卷之六〈地理志二‧山川〉, 明泰昌元年(1620)刻本版.

296   "靈祥廟在府北海中, 沙門島上;一在丹崖山之陽, 其神爲水靈之最."(明)陸鈇等 纂修,《(嘉靖)山東通志》卷之十八〈祠祀〉, 明嘉靖刻本版

297   "天妃廟, 一在府城北丹厓山之陽;一在北海中, 沙門島上."(淸)岳浚 杜詔等 纂修,《(雍正)山東通志》卷二十一〈秩祀志〉, 淸文淵閣四庫全書本版.

298   "沙門島, ……上有龍女廟."((淸)方汝翼等 纂修,《(光緖)增修登州府志》卷之三〈山川〉, 淸光緖七年(1881)刻本版)

299   "顯應宮, (在)沙門島, 祀天后聖母."(淸)王文燾等 纂修,《(道光)重修蓬萊縣誌》卷之二〈地理志〉, 淸道光十九年(1839)刻本版)

300   "靈祥廟有二:一在府北水城內, 丹崖山之陽;一在沙門島.縣誌:祀天妃"(淸)穆章阿, 李佐賢等纂修,《(嘉慶)大淸一統志》卷一百七十三〈登州府〉,《四部叢刊》續編景舊鈔本版)

301   "廟島, 即古之沙門島, 因島上有龍女廟, 故名廟島."((民國)王明長等 纂修,《(第四次重修)蓬萊縣誌》卷一〈地方誌‧島嶼〉, 靑年進修出版社, 1961, pp.9-10.)

302   林斯陶,〈蓬萊廟島攬勝記〉,《關聲》第3卷 第9期, 1934 年, pp.67-69.

지금의 묘도 현응궁(집필진 답사 촬영)

1625년 3월 20일 조선사신 李德泂, 吳翻, 洪翼漢 일행은 등주에서 배를 타고 귀국길에 올랐다. 서장관이었던 洪翼漢의 《花浦朝天航海錄》에 따르면 3월 20일 "사시에 승선하여 오시에 등주에서 출항하여 묘도 앞바다에 정박했다."[303] 3월 21일에 "진주문을 지나 타기도로 향하는데 갑자기 역풍을 맞아 어쩔 수 없이 뱃머리를 돌려 진주문으로 되돌아와 정사, 부사의 배와 함께 해상에서 정박했다."[304] 3월 22일에는 "큰 안개가 온 포구에 가득 끼었는데 저녁이 되어 바람이 일자 깨끗이 걷혔다. 바닷물은 청동처럼 푸른 빛이었는데 역풍이 여전히 거세어서 출항하지 못하고 진주문에 계속 머무를 수밖에 없었다."[305] 3월 23일에는 "아침 일찍 천비묘에 가서 분향하였다. 섬사람들이 말하기를 '오늘은 천비의 탄신일이라고 했다'."[306] 이에 정사 李德泂은 "특별히 제사를 올리고 순풍이 불기를 기원했다(特擧祀事祈風)." 곧, 1625년 3월23일은 聖母 天妃의 誕辰日이며 이날 洪翼漢 일행은 天妃娘娘廟를 방문하여 천비의 신상에 예를 올리고 순풍

---

303 "巳時乘船, 午初[自登州]發行, 泊廟島前洋"
304 "出珍珠門, 將向龜磯島[즉, 鼉磯島], 猝爲逆風所蹴, 旋艣走入珍珠門, 與上、副船留泊"
305 "大霧障港口。日晚, 風起霧消, 海碧如銅, 逆風猶壯, 不得發船。留泊珍珠門"
306 "早朝, 進天妃廟焚香。島人云：'是日即聖母誕辰'"

이 불어 무사히 귀국할 수 있기를 빌었다.

〈廟島에 정박해서 쓰다〉
(이 섬에 天妃娘娘廟가 있는데 바다를 지나는 선원들이 여기서 반드시 순풍을 기원했
다.)

잔잔한 봄바다 비단처럼 부드럽게 산들바람 살랑살랑 부는데
여기저기 돛을 단 배들 무수히 천비묘로 다가오네.
지난 밤에 처연하게 인기척 하나 없더니
오늘은 뱃전에서 향불 사르며 천비에게 예를 올리네.

〈泊廟島〉
(有天妃娘娘廟, 過海船必祈風於此)
春波如練好風遲, 處處移帆近古祠。
向夜悄然人語靜, 船頭香火禮天妃。
(吳翽《燕行诗》)

이 시는 부사 吳翽이 廟島에 정박했을 때 지은 것이다. 吳翽은 이 시의 제목 밑에
"천비낭낭묘를 지나는 배들은 반드시 여기 들러 순풍이 불기를 기원했다"는 주를 달
았는데 이는 중국 지방지에 廟島를 "바닷길에서 반드시 들르는 목구멍 같은 곳이
다"[307]라고 기록한 것과 일치한다. 이런 기록은 당시 해상운송의 허브로서 묘도의 중요
성과 항해하던 뱃사람들에게 천비낭낭묘가 얼마나 신성하고 중요한 곳이었는지 새삼
알게 해준다. 오숙은 이 시에서 다음과 같이 읊는다. 밝은 햇살이 비추는 봄바다 물결
은 비단처럼 곱고, 부드러운 바람은 기분 좋게 불어오니, 남북으로 오가는 많은 배들은
제를 올리기 위해 天妃娘娘廟 앞바다로 서서히 다가온다. 어제 밤 막 도착했을 때는

---

307   "海道咽喉之地也". (淸)岳濬 杜詔等 纂修,《(雍正)山東通志》卷二十〈海疆志〉, 淸文淵閣四庫全書本
版。

인기척 하나 없이 고요하기만 했던 묘도 항구가 낮이 되자, 이처럼 수많은 배들로 활력이 넘쳐 흘렸다. 오숙 일행은 비록 하선하여 묘당에 들어 제를 올리지는 못했지만 뱃머리에서 향을 사르고 天妃에게 예를 올려 무사한 항해를 기원했다. 天妃 誕辰 제사 곧, "3월 23일 娘娘誕辰廟會"는 명나라 崇禎(숭정) 元年(1628) 이전에는 주로 민간주도로 행해졌으나, 明末 이후로는 "칙령으로 관아에서 관리하는 관묘(召立官廟)"가 되었으며, 淸 康熙 연간에는 廟島에 海關[308]이 설치되었기에 顯應宮廟會는 시간이 흐를수록 민관이 함께하는 큰 행사로 변모되었다. 天妃 곧, 媽祖신앙은 원래 海洋文化의 하나로 道教신앙과 밀접한 관련을 맺고 발전했다.[309] 그래서 天妃娘娘廟를 관리하고 제사를 주관하는 사람은 도교의 道士였다. 이런 이유로 조선사신 金尙憲은 天妃娘娘廟를 "天妃觀"이라고 불렀다. 1626년, 金尙憲은 북경으로 가는 길에 天妃娘娘廟의 道士에 대해 묘사한 시를 지었다.

〈천비묘에서 도사를 보고 난 후 짓다〉

　　깎아지른 듯이 솟은 산 정상 높다란 토대 위에
　　조개껍질과 진주로 장식한 용궁 같은 전각, 하늘에 기대어 솟아 있네.
　　작은 책상 펼쳐 놓고 오직 단경 읽기에 여념 없는 도사는
　　　신선이 산다는 삼산에서 선학 날아오기만을 기다리네.

〈詠天妃觀道士〉
千仞孤山百尺台 , 貝宮珠閣倚天開。
丹經一案無餘事 , 秖向三山待鶴來。
(金尙憲《朝天錄》)

이 시의 앞의 두 구는 天妃娘娘廟를 멀리서 바라본 풍경을 묘사하고 있다. 작자는

308　張廷國 , 劉援朝 , 張紅梅著 ,《長山列島的語言及民俗文化研究》, 山東大學出版社 , 2015.09 , p.59.
309　周霞 ,〈海洋文化信仰與膠東媽祖的興盛〉, 魯東大學膠東文化研究院編 ,《膠東文化與海上絲綢之路論文集》, 山東人民出版社 , 2016.11 , p.150.

1934년 묘도 현응궁(명대 천비낭낭묘) 내에 있던 대전[311](좌측)
현재 天妃의 神像를 모시고 있는 묘도 현응궁(명대 천비낭낭묘)의 道士, 萬年宮은
현응궁의 本殿이다.(우측) (집필진 답사 촬영)

뱃머리에서 고개를 들어 멀리 天妃廟를 바라보았는데 묘당은 높은 산 위에 높다랗게
세워져 있었으며 마치 진주와 아름다운 조개껍질로 장식한 용궁이 하늘에 기대어 솟
아오른 것 같았다. 뒤의 두 구는, 작자가 묘도항에 정박한 후 섬에 내려 천비묘에 들어
가 예를 올릴 때, 道士가 煉丹의 書籍을 책상 위에 펼쳐 두고 일심으로 읽으면서 고요
히 三山 仙境의 단학이 날아 오기만을 기다리는 모습을 목도했다는 것이다. 丹經이
란 煉丹術에 관한 책이며, 餘事는 신경 써서 꼭 해야 할 일이 아닌, 본업이나 직업 이
외의 일을 가리킨다. 三山은 仙境으로 三壺(삼호)라고도 하는데, 晉 王嘉의 《拾遺記
(습유기)·高辛》에 "三壺는 바로 海中 三山이다. 하나는 方壺 즉, 方丈이며 다른 하나는
蓬壺 즉, 蓬萊이며 나머지 하나는 瀛壺(영호) 즉, 瀛洲(영주)이다"[310]라 하였다. 이처럼
1626년 金尙憲이 천비낭낭묘를 찾았을 때는 李德泂, 吳翻, 洪翼漢 일행이 방문했을
때와는 달리 묘당 내는 적막하고 스산하여 道士만이 묘당 내에서 조용히 경서를 읽고
있을 뿐이었다.

310   "三壺, 則海中三山也。一曰方壺, 則方丈也 ; 二曰蓬壺, 則蓬萊也 ; 三曰瀛壺, 則瀛洲也."
311   林斯陶, 〈蓬萊廟島攬勝記〉, 《關聲》第3卷第9期, 1934年, p.8.

2. 4. 3 登州山

　조선 사신들은 廟島에서 북풍이 불면 배를 타고 등주 수성으로 향했는데 30리를 가면 長山島의 淺沙(천사)를 지나게 되었으나 바람이 너무 강하면 풍랑 때문에 더 나아가기 어려웠다. 다행이 일기가 순조로워 여기서 20리를 더 가게 되면 登州府 蓬萊縣의 水城 天橋 밖 해변에 배를 댈 수 있었다. 곧, 묘도에서 등주 수성까지는 모두 50리 바닷길이다. 등수수성은 3면이 바다로 둘러싸여 있고 산 위에 성을 쌓았는데 정북방에 蓬萊閣이, 동쪽에는 天橋가 바다와 맞닿아 있어 배가 천교 밑을 지나 수성 안으로 드나들 수 있었다.[312] 조선의 평안도 앞바다에서 출항한 조선사신들은 수 천 리의 항해길에서 이루 다 말 할 수 없는 위험과 고난을 겪었으니 그들이 묘도를 떠나 멀리 산동반도의 동쪽 끝 땅 登州의 산봉우리들을 바라보았을 때, 그 기쁨과 안도의 마음은 참으로 형용하기 어려웠다. 1622년 5월 25일 여명의 어둠을 헤치고 吳允謙 일행은 廟島를 출발했는데 "오후가 되어서 등주 수성 밖 해변에 배를 댈 수 있었다(午後 , 到泊登州城下)." 당시 배 위에 있던 사람들은 오랜만에 육지를 보게 된 기쁨으로 한껏 들떠 있었다.

〈멀리서 登州山를 바라보며 지은 시〉

멀리 보이는 육지 登州 땅에 점점이 펼쳐진 산맥을 바라보니
옛 친구의 얼굴 본 듯 기쁘기 한이 없네.
배에 탄 모든 사람들 일시에 환호성을 지르니
우리들이 지나온 이 바닷길이 얼마나 고생스러웠는지 새삼 알겠네.

〈望見登州山〉
遙望登州點點山 , 欣然如見故人顔。
一時船上歡聲合 , 方信人間此路難。
(吳允謙《秋灘東槎朝天日錄》)

312　(清)王文燾等 纂修 ,《(道光)重修蓬萊縣誌》卷之四〈海運〉, 清道光十九年(1839)刻本版。

이 시에서 말하는 登州山이란 登州 水城 즉, 지금의 蓬萊 水城 북쪽의 丹崖山(단애산)과 田橫山(전횡산) 일대를 가리킨다. 이 시의 앞 두 구는 뱃머리에서 멀리 등주의 산들이 점점이 보일 듯 말 듯 바라 보이니 마치 옛 친구의 얼굴을 본 것처럼 너무 기쁘다고 읊었다. 여기서 "옛 친구의 얼굴(故人顔)"은 대체로 두 가지 의미로 해석될 수 있을 것이다. 우선 어릴 때부터 유가 경전을 읽고 자란 조선 사신들에게 있어서 성현들의 고향인 산동-齊나라 魯나라 옛 땅은 직접 눈으로 확인하고 참배하고 싶은 마음 속의 이상향이었을 것이다. 그래서 齊魯의 땅을 옛 친구로 표현한 것이다. 다른 하나는 구사일생의 위험과 고난을 겪고 마침내 목적지인 등주 땅을 바라보게 되자, 오랜 친구를 만난 듯이 마음이 놓이고 안심이 된다는 뜻에서 비유적으로 사용한 것이다. 이어진 뒤의 두 구에서 말하기를, 멀리 등주의 산봉우리들이 어렴풋이 보이자 배 위의 사람들은 일시에 환호성을 올렸으며 그 소리를 듣게 되자 작자는 순간 자신들이 도대체 얼마나 위험하고 고생스러운 여정을 겪었었는지 실감하게 되었다.

당시 배를 타고 바닷길로 사행을 갔다가 폭풍을 만나거나 암초에 부딪혀 배가 침몰하고 익사하는 경우가 허다했다. 그래서 당시 조선 조정에서는 해로 사행에 차출되는 것을 극히 두려워하여 "이런저런 핑계로 피하거나 뇌물을 써서 빠지려는 자(皆規避, 行賂得免者)"가 많았다. 그럼에도 불구하고 吳允謙를 비롯한 당시 사신들은 이러한 위험을 감수하고 사행 임무의 완수를 위해 전력을 다했다. 그래서 朝鮮의 史官들은 조선실록에 이런 吳允謙을 "조선과 명, 두 조정의 충신이다. 해로 사행은 모든 사람들이 교묘히 피하고 여기저기 청탁하여 뒤로 숨고 미루기 일쑤였다. 그러나 오윤겸은 가장 늦게 명을 받고도 조금도 두려워하는 기색이 없었다. ……위험을 무릅쓰고 등주와 래주에 이르렀으니 중국 조정에서도 그 의로움을 알았다. 천고의 충신이라 한들 어찌 오윤겸보다 더 돈독했겠는가? 신하 된 자로서 충의를 다함이 이와 같아야 하지 않겠는가?"[313] 라고 기록하여 크게 칭송하였다.

1626년 8월 廟島로부터 登州로 오는 길에 金尙憲과 金地粹 두 사람은 〈묘도에서 등

---

313 "兩朝一藎臣也。海路行役，人皆巧避，百般圖囑，必遞後已。而允謙最晩受命，少無懼色，……涉險登、萊，中國亦知其有人。雖古之忠臣義士，何以過此?人臣盡瘁之義，不當如是耶?"《朝鮮王朝實錄·光海君日記》卷61〈光海14年5月6日 辛醜〉

멀리 점점이 登州의 산들이 보인다. 조선사신 오윤겸은 이러한 광경을 바라보면서
〈望見登州山〉이란 시를 지었을 것이다.(묘도를 등지고 남쪽으로 멀리 登州지역을 바라보고 집필진 현장 촬영)

주로 가는 배 위에서 지은 시(沙門渡舟上)〉이란 제목으로 4수의 시를 지어 서로 창화하
였다.

〈묘도에서 등주로 가는 배 위에서 지은 시 제1수(金地粹)〉

묘도의 서안에서 바다 건너면 바로 등주니
보일 듯 말 듯 등주 봉래각 수면 위에 떠 올라 있네.
신선이 산다는 봉래를 바라보며 닻줄 올려 출항하니
일년 중 가장 밝은 한가위 보름달 온 배를 비추어 가을 기운 가득하네.

〈沙門渡舟上 其一(金地粹)〉
沙門西岸是登州 , 隱隱蓬萊水上浮。
望見仙居解纜去 , 一年明月滿船秋。

〈金地粹의 제1수에 차운하여 지은 시(金尙憲)〉

이전에 조선 남쪽 바다 제주도에 놀러갔을 때

화려한 전각들이 바다 위에 떠있는 아름다운 풍경을 보았었네.

오늘 본 봉래각의 풍경과 완연히 닮았으니

전설 속 신선산을 받치고 있다는 거북이 어느 세월에 신선산을 여기 옮겨놓았

는가!

〈次韻   (淸陰)〉

憶昔南遊到濟州 , 麗譙晴影海中浮。

宛然今日蓬萊閣 , 鼇戴移來問幾秋。

(金地粹-《朝天錄》)

　　〈묘도에서 등주로 가는 배 위에서 지은 시 제1수〉에서 金地粹가 먼저 읊기를, 廟島
서쪽 해안 앞의 바다를 건너면 바로 등주인데, 묘도 北山 위에서 남쪽을 바라보면 登
州 봉래각이 마치 수면 위에 떠있는 듯 어렴풋이 보인다. 멀리 신선이 산다는 봉래각을
바라보며 배의 닻줄을 풀어 올려 드디어 登州를 향해 출항하니, 때는 일 년 중 가장 달이
밝은 한가위로 온 배 안에 가을 기운이 가득하다. 沙門이란 沙門島로 廟島를 말한다.

　　淸陰은 金尙憲의 호이다. 金地粹의 시를 받아 金尙憲이 창화하기를, 이전에 배를 타
고 멀리 조선의 남쪽 바다에 있는 제주도에 간 적이 있었는데, 당시 濟州島 섬 위의 高
樓들이 맑은 바닷물 위에 비치어 파도와 함께 일렁이는 모습이 지금 멀리 수평선 위에
아른거리는 蓬萊閣의 아름다운 풍경과 너무나 흡사하다. 이처럼 아름다운 濟州島와
登州의 풍경은 아마도 전설 속의 큰 거북이 신선산을 옮겨온 것일텐데, 도대체 어느 세
월에 이 큰 산을 옮겨왔단 말인가? 鼇戴(오대)란 옛 전설에 유래한 관용어이다. 옛날 渤
海의 동쪽에 큰 협곡이 있었는데 바닥을 알 수 없을 정도로 깊었으며, 바다 가운데 있
던 다섯 신선산은 고정된 바가 없어 파도를 따라 아래 위로 표류하였다. 天帝가 그 다
섯 산이 바다 위를 표류하다가 바닷속으로 유실되어 결국 신선들의 거처가 사라질까
염려되었다. 그래서 15 마리의 큰 거북으로 하여금 돌아가면서 다섯 신선산을 받치도
록 했는데 그 후로 신선산은 단단히 자리잡을 수 있었다고 한다.

　　앞서 우리는 金尙憲이 지은 〈중추절 보름 묘도 성루에 올라 달을 감상하며 짓다〉 시를 살펴보았다. 그 시는 1626년 8월 15일 春城君 곧, 南以雄과 함께 廟島 城樓에 올라 달을 감상하면서 지은 것이다. 그러므로 8월 15일 밤에 金尙憲과 南以雄은 보름달을 감상한 후에 배에 올라 廟島에서 출항하여 登州로 향한 것이다. 그러므로 金地粹의 시에 창화한 金尙憲의 이 시는 묘도에서 등주로 가는 해상에서 쓴 것이다.

〈묘도에서 등주로 가는 배 위에서 지은 시 제2수(金地粹)〉

두둥실 떠오른 밝은 달 돛대 끝 밝게 비추고
북쪽에서 불어오는 차가운 바람은 사행선에 몸 맡긴 나그네 심금 울리네
위아래로 출렁이는 물결 타고 밤새 배를 타고 오니
등주 수성, 맑은 새벽 여명에 그 모습 드러내네.

〈沙門渡舟上 其二(金地粹)〉
髙高明月照檣頭 , 極浦寒聲動客舟。
潮落潮生夜已盡 , 水城清曉見登州。

〈金地粹의 제2수에 차운하여 지은 시(金尙憲)〉

남과 북을 오고 가는 상인과 여행객을 태운 배의 돛대, 해변 하늘에 빽빽하고
배가 정박한 곳은 어디든 푸른 주렴 드리운 주막 있네.
노래 부르는 창기와 재주 부리는 재인들 무리 지어 지나가고
온 읍내를 밝은 달이 비추고 있어 마치 한양성처럼 번화하네

〈次韻 (金尙憲)〉
南商北客簇沙頭 , 畫鷁靑簾幾處舟。
齊唱竹枝連袂過 , 滿城明月似揚州。
(金地粹-《朝天錄》)

먼저 金地粹가 〈묘도에서 등주로 가는 배 위에서 지은 시 제2수〉에서 읊기를, 높다 랗게 걸려 있는 밝은 달은 돛대의 끝을 밝게 비추고, 멀리 북쪽에서 불어오는 차가운 가을 바람 소리는 배 위에 있는 나그네의 심금을 울린다. 위로 아래로 출렁이는 파도를 파고 밤 세워 뱃길을 달려오니 어느덧 날이 밝을 때쯤 水城이 있는 登州에 도착했다.

이러한 金地粹의 시를 받아 金尙憲은 다음과 같이 창화하여 읊는다. 남으로 북으로 항해하며 장사하는 배들이 登州의 해안에 무수히 정박해 있는데, 어떤 배들은 상선이 요 어떤 배는 객선이며 어떤 배들은 푸른 장막과 주렴을 드리우고 술과 음식을 판다. 畫鷁(화익)란 옛날 순조로운 항해를 빌고자 뱃머리에 鷁鳥(여섯 깃이 있는 백조와 비슷한 바닷새)를 그린 것에서 유래하는 말로, 이는 배를 상징한다. 青簾(청렴)이란 주막집에 걸었던 청색 주렴이다. 마침내 등주 해변에 도착하여 하선을 하니 수많은 창기들과 才 人들이 무리를 지어 몰려다니고, 보름달빛 가득한 登州城은 마치 조선의 도성 漢陽처 럼 번화하다.

위의 창화시를 통해 우리는 정사 金尙憲과 서장관 金地粹가 서로 다른 시간에 등주 에 도착했음을 알 수 있다. 곧, 金尙憲이 8월 15일 한가위날 한밤중에 먼저 登州에 도 착했고 金地粹는 15일 밤이 지나 16일 새벽 여명에 도착했다. 金尙憲이 도착했을 때

金尙憲이 "남과 북을 오고 가는 상인과 여행객을 태운 배의 돛대가
해변가 하늘을 빽빽하게 채우고 있다"고 읊은 풍광이 이와 같았을 것이다.
(《朝天圖》, 韓國國立中央博物館所藏本)

蓬萊市 和平廣場 북쪽의 모래사장과 蓬萊 水城의 동쪽에서 바다로 흘러드는 畫河(획하)
하구 부근(조선사신들이 등주에 도착하여 맨 처음 정박한 곳이다. 집필진 답사 촬영)

登州 水城 근처의 해변가는 명절을 보내는 사람들로 인산인해를 이루었고 여러 행사들로 떠들썩 했기에, 金尙憲이 보기에 조선의 도성인 漢陽만큼 번화한 곳으로 보였다. 揚州란 당시의 수도인 漢陽(지금의 서울)이다. "조선 태조 3년 한양부에 수도를 정했으니 옛날의 양주이다"[314]라고 하였으니 1394년 조선 太祖 李成桂는 당시 揚州로 불린 땅에 도읍지를 정했던 것이다. 金地粹는 새벽 여명이 밝아 올 때 등주 수성 해안가에 도착하여 멀리 봉래각의 모습을 뚜렷이 바라볼 수 있었다.

한편, 金地粹와 金尙憲이 배를 댄 등주성 해변의 위치를 중국 지방의 기록을 참고하여 유추해보면, 지금의 蓬萊市 和平廣場의 북쪽 모래해변과 蓬萊水城의 서쪽으로 하천이 바다로 흘러 들어가는 하구 부근일 것으로 추정된다. 자세한 고증은 다음 장에서 상세히 다루기로 한다.

이상 2절의 고찰 내용에 따라 조선사신들이 황성도에서 登州 水城까지 경유한 지명을 명대 당시의 명칭으로 순서대로 나열하면 다음과 같다. ① 黑水海/千里海/黑海 → ② 황성도/황성도/皇城/黃城/漠島/漠島 → ③ 鼉磯島/舵磯島/砣磯山/鼉磯/舵碕島/鼉機 → ④ 珍珠門/眞珠門 → ⑤ 廟島/沙門島 순이다. 그리고 문헌상의 고증과 현지답사, 현지 연구자 및 주민과의 인터뷰를 통해 사신들의 경유지를 지금의 지명으로 재구

---

314 "太祖三年, 定都於漢陽府, 即古揚州。"(朝鮮)李荇,《新增東國輿地勝覽》卷之十一〈揚州牧〉, 韓國首爾大學奎章閣藏本版。

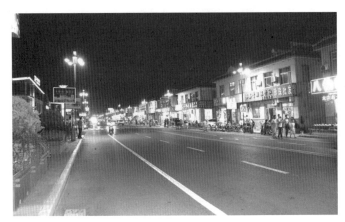

지금의 蓬萊市 和平廣場 西側 鐘樓北路(종루북로) 북단 끝의 풍경(집필진 답사 촬영)

성하여 나열하면 다음과 같다. ① 老鐵山水道 → ② 蓬萊市 長島縣 北隍城鄕 - 北隍城島 → ③ 蓬萊市 長島縣 砣磯鎭 -砣磯島 → ④ 蓬萊市 長島縣 北長山鄕 珍珠門水道 → ⑤ 蓬萊市 長島縣 北長山鄕-廟島 순이다.

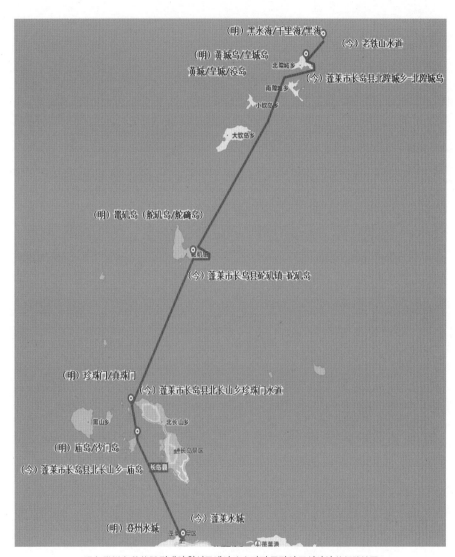

明末 登州府 蓬萊縣 경내의 황성도에서 廟島까지 구간의 조선사신 使行路線圖

3. 登州府, 登州水城, 登州城

3.1 登州府

登州의 연혁을 간단하게 살펴보면 다음과 같다. 옛날 등주는 禹貢靑州(우공청주)의 지역이며 古萊子(고래자)의 나라이다.[315] 전국시대에는 齊나라에 속했고, 秦나라 때는 齊郡(제군)에 속했으며 東漢과 西漢, 晋나라 때는 東萊郡에 속했다. 後魏 때는 東牟郡 (동모군)을 설치했으며, 隋나라 때는 다시 동래군을 설치했고, 唐나라 때 처음 登州를 설치했다.[316] 곧, 당 武德 4년(621), 文登縣, 觀陽縣에 登州를 설치했으니 治所는 文登에 있었다. 如意 元年(692) 東牟縣(동모현)에 登州를 설치하고 文登縣, 牟平縣(모평현), 黃三縣 등을 관할하였다. 神龍 3년(707) 등주를 모평현에서 蓬萊鎭 남쪽 1里 떨어진 곳으로 옮기고 黃縣(황현)을 분리시키고 蓬萊縣을 설치했으니 지금의 登州가 있는 곳이다.[317] 唐 天寶(천보) 元年(742)에 登州를 東牟郡으로 개칭하였고 乾元 元年(758)에 다시 登州로 환원하였다.[318] 元나라 초기에 登州는 益都에 속하게 되었으며, 中統(1264) 5년에는 蓬萊縣, 黃縣, 福山縣, 棲霞縣 등 4개의 속현을 관할했고 봉래현에 治所를 두었다.[319] 다시 말하면 등주라는 명칭은 唐나라 때부터 시작되었으며 蓬萊가 登州의 治所 所在地가 된 것은 707년부터이다. 登州 治所는 唐 牟平縣 西北方向으로 90里 떨어

315 (唐)李吉甫,《元和郡縣圖志》卷十一, 中華書局1983版, p.311.
316 (宋)歐陽忞,《輿地廣記》上冊, 四川大學2003版, p.116.
317 (宋)樂史,《太平寰宇記》卷二十, 中華書局2007版, pp.406-407.
318 (後晋)劉崍等,《舊唐書》卷三十八〈地理志一·河南道〉, 中華書局1976年版, p1456.
319 (元)于欽,《齊乘》, 中華書局2012年版, p.212.

진 곳으로 옮겼으니 蓬萊鎭에서 남쪽으로 1리 떨어진 곳이다.

洪武 元年(1368) 蓬萊縣은 州에 편입되어 萊州府에 예속되었다가 홍무 6년 山東行省에 편입되어 봉래현의 일부인 胶水(교수)만이 萊州府에 속하게 되었다. 홍무 9년 蓬萊는 縣으로 회복되었고 등주는 登州府로 승격되어 원래 래주부에 속하던 招遠, 萊陽, 寧海州, 文登縣까지 관할하게 되었으니 등주부 아래 蓬萊, 黃, 福山, 栖霞, 招遠, 萊陽, 寧海州, 文登 등 7개 현을 두게 된 것이다. 등주부는 위로 山東承宣布政使司(산동승선포정사사)[320]에 예속되며 봉래현에 登州의 治所가 설치되었으니 봉래는 당나라때부터 줄곧 登州의 治所 소재지가 되어온 셈이다. 1376년부터 蓬萊는 공식적으로 登州城(지금의 산동성 烟台市 蓬萊市의 일부)으로 불리게 되었다. 民國 초기에 이르러 府를 폐지하고 현으로 전환하여 산동성에서 직접 관할하게 되었다.[321] 1991년 봉래현을 폐하고 봉래시(縣級市)를 설치하여 烟台市에 예속됨으로써 봉래현이라는 이름은 공식적인 행정구역 명칭에서 완전히 사라지게 되었다.

登州 治所의 소재지인 登州城은 明代에는 "大城"으로 불렸는데 "대성 밖 북으로 비왜성과 접하고 있다(大城之外 , 北接備倭城)"[322]라고 했으니 登州城 북쪽에 이어져 있는 지금의 水城이 明代에는 備倭城(비왜성)이라 불렸음을 알 수 있다. 명대에 대부분의 조선사신은 登州城과 登州水城을 구분하지 않고 함께 기술하고 있는데, 아마도 사신들은 登州水城이 곧, 登州城이라고 인식했었던 듯하다. 登州는 東牟의 옛 땅이었으므로 어떤 사신은 登州城과 登州水城을 합쳐서 東牟城이라고 부르거나 登州水城을 東牟水城이라고 했으며 登州는 東牟郡 혹은 東牟鄕이라고도 불렸다.

---

320 (明)徐應元 纂修 ,《(泰昌)登州府志》卷之一〈沿革〉, 河南省圖書館藏版.

321 王明長 ,《第四次重修蓬萊縣誌》, 靑年進修出版社 , 1961 , p.2.

322 (明)徐應元 纂修 ,《(泰昌)登州府志》卷之五〈地理志一·城池〉, 河南省圖書館藏版.

3.2 登州水城(登州外城/水城)

3.2.1 登州水城

安璥이 언급한 登州, 李德泂이 기록한 登州水門, 金德承이 말한 水門城, 申悅道가 기록하고 있는 登州水城門[323]은 넓은 의미에서 보면 모두 李民宬 일행이 廟島를 출발하여 80리 해상을 건너 도착한[324] 登州城이다. 그러나 좁은 의미에서 보면 명대에 조선사신이 상륙한 "登州"는 당시에는 "備倭城(속칭 水城)"[325]이라 불렸다. 淸代에는 "水城"[326]이라고 했는데 현재 공식명칭 역시 "水城"[327] 혹은 "蓬萊水城"[328]이다. 현재는 蓬萊市 蓬萊閣 국립공원내에 위치하며 행정구역으로는 蓬萊市 蓬萊閣街道(봉래각가도)에 속한다.

1) 水城은 府城의 北쪽에 있다. 宋 慶曆 년간에 바닥을 준설하여 海水를 끌어들이고 요새를 만들어 북쪽의 오랑캐에 대비하였는데, 명대에 주위에 벽돌로 성을 쌓고 師府를 설치하였다. 水城在府城北。宋慶曆間 , 浚池引海水 , 置寨以備北虜 , 皇明環以磚城 , 置師府。(鄭斗源-《朝天記地圖》)

2) 8월 23일 乙巳일 맑음 아침에 조수가 들어올 때, 다른 배들과 함께 돛을 올렸다. 막 땅거미가 질 때 登州 水門 밖에 도착했다. 登州는 옛날 嵎夷國이다. 동쪽 끝에 위치하여 높다란 암벽이 바다를 온통 둘러싸고 있다. 그 위에 세워진 높은 성벽은 땅에 박힌 듯, 화려한 처마지붕

---

323 기타 사신의 登州城에 대한 명칭은 다음과 같다 : 吳允謙-登州城, 李民宬-水城門, 尹暄-登州水城, 趙濈-水城門, 吳翿-登州, 洪翼漢-登州水門, 全湜-登州, 金尙憲-登州, 李忔-登州, 崔有海-登州

324 "廟島至登州八十里"(李民宬《癸亥朝天錄》)

325 大城(登州府衙와 蓬萊縣衙가 소재한 登州城)之外, 北接備倭城。俗名"水城"。(明)徐應元 纂修,《(泰昌)登州府志》卷之五〈地理志一·城池〉, 河南省圖書館藏版.

326 (淸)蔡永華等 纂修 ,《(康熙)蓬萊縣誌》卷之一〈城池〉, 蓬萊市史志辦存本版.

327 山東省蓬萊市史志編纂委員會 編 ,《蓬萊縣誌》, 齊魯書社 , 1995 , p.222.

328 煙臺市地方史志編纂委員會辦公室 編 ,《煙臺市志》, 新華書店 , 1994 , p.446

은 하늘을 받들고 있는 듯하여 정말로 웅장하고 거대한 도시다. (八月)二十三日 , 乙巳 , 晴。早潮上 , 與諸船同擧帆。薄晚 , 泊登州水門外。登州 , 古嵎夷國也。地勢極東 , 石崖薄海 , 豐屋崇墉 , 撲地擎天 , 實爲雄藩巨鎭。(洪翼漢《花浦朝天航海錄》)

鄭斗源은 1)에서 登州 水城의 역사를 간략하게 소개하고 있다. 洪翼漢은 2)에서 1624년 8월 23일에 登州 水城門 밖에 막 도착하여 배를 대면서 바라보았단 登州城과 登州水城의 풍경을 "높다란 암벽이 바다를 온통 둘러싸고 있는데 그 위에 세워진 높은 성벽은 땅에 박힌듯, 화려한 처마지붕은 하늘을 받들고 있는 듯하다"라고 묘사하면서 "정말로 웅장하고 거대한 도시다"라고 감탄하고 있다.

《駕海朝天錄》에서 安璥도 다음과 같이 등주 수성의 장관을 묘사하고 있다.

6월 19일 맑음, 해가 진 후에 登州에 도착해서 船上에서 묵었다. 고개를 들어 해안 절벽이 주위를 감싸고 있는 重城을 바라보니, 바닷물을 수문을 통해 성 안으로 끌어들여 戰船들을 정박시키고 있어, 그 규모가 만 척이라도 능히 수용할 듯싶다. 등주성의 성가퀴는 구름 위에 솟아 있고, 신선이 사는 것 같은 蓬萊閣 하늘 위로는 붉은 단청빛 아른거리고 수면 위로는 수신의 궁전처럼 그 그림자 아롱거린다. 수많은 유람객이 더위를 피해 성 위에 올라 여기저기 환한 등불 밝혀 놓고 발 구르며 박자 맞추어 노래한다. (六月)十九日 , 晴。日落後 , 到登州 , 宿於船上。仰觀重城 , 周遭於海岸。引潮入門 , 藏戰船於其中 , 可容萬艘。女牆聳雲。蓬萊仙閣 , 丹艧縹緲于中天 , 影落馮夷之宮。遊人士女 , 避暑城堞。樓臺之上 , 明燈踏歌處處同。

윗글은 1621년 6월 19일 安璥이 登州水城 밖에 배를 정박한 후 기술한 것이다. 여기서 重城은 登州水城을 가리킨다. 女牆(여장)이란 성가퀴를 말한다. 馮夷(풍이)는 전설상의 黃河의 신인 河伯으로 여기서는 水神의 범칭으로 쓰였다. 登州水城의 성벽은 바닷가 절벽 위에 세워져 높다랗게 솟아있다. 登州水城은 땅을 준설하고 바닷물을 끌어

들여 인공호수를 만들어 전함을 정박시킬 수 있
는 군사용 항구로 만든 것이다. 登州水城 안의
丹崖山(단애산) 위로는 蓬萊閣이 雲霧에 싸여
있고 바다 위로는 용궁과 그 아름다움을 겨루는
봉래각의 그림자가 아롱아롱 어려 있다. 遊人이
란 성벽에 올라 더위를 피하는 유람객들이다. 높
다랗게 솟아 있는 누각 위에는 "등불을 환하게
밝히고 발을 구르며 박자에 맞추어 노래를 부르
는(明燈踏歌)" 유람객들로 가득하다. 安璥의 기
록을 통해서 당시 登州水城의 아름다운 풍경과
피서를 즐기던 사람들의 모습을 생생하게 그려
볼 수 있다.

登州外城,〈朝天圖〉, 國立中央博物館

　　安璥은 또한 〈등주에서 유람한 곳을 소재로 하여(題登州遊觀處)〉라는 시 한 수를 남
겼다.

〈등주에서 유람한 곳을 소재로 하여〉

전설 속 거대한 바다 거북이 머리로 치받아 올린 신선산처럼
등주 전횡산은 바다 위로 하늘을 향해 우뚝 솟아 있네.
그 산 위에 걸린 봉래각의 화려한 전각, 하늘 가득히 날개 벌리고
바닷가 절벽 위로는 등주성의 수많은 성가퀴 걸러있네.
하늘거리는 비단옷 입은 아름다운 여인들은 누각의 난간에 기대어
악기 연주하고 노래하는 소리, 구름 사이로 아련하게 들여오고
유람객들은 술기운에 취해 웃고 담소한다네.
소박한 나무배 타고 신선 찾아 창해를 건너온 나그네는
운 좋게도 봉래각 선경을 직접 와서 보게 되었네.

〈題登州遊觀處〉

山浮鼇頂向天來 , 樓閣空中處處開。

萬堞城高臨絕壑 , 六銖衣薄倚層台。

笙歌縹緲雲間奏 , 笑語喧騰醉里談。

一葉孤舟滄海客 , 尋眞何幸入蓬萊。

丹崖山은 마치 전설 속의 큰 바다거북이가 머리로 받쳐 들어 바다 위로 우뚝 솟아난 듯하고, 그 위에 지어진 봉래각 누각들이 운무 속에 보일 듯 말 듯 나타나 보인다. 봉래 각을 둘러싼 등주수성의 무수한 성가퀴는 높은 절벽 위에 벌려 있는데, 그 성벽 위로 가볍고 고운 비단옷 입은 歌女들이 기대어 서있다. 가녀들이 연주하고 부르는 노래소 리는 구름 사이로 아련히 들려오고 유람객들이 술 마시며 웃고 왁자지껄 떠들어 대는 통에 그 소리가 멀리까지 들린다. 변변치 않은 목선을 타고 신선을 찾아 바다를 건너온 이국의 나그네가 도착한 곳은 다행스럽게도 바로 이곳 봉래선경이었다. 山浮鼇頂(산 부오항)이란 鼇戴(오대)라고도 하는데 神仙이 사는 신선산으로 전설에 따르면 거대한 바다거북이 바다 밑에서 그 밑을 받쳐 들고 있다고 한다. 六銖衣(육수의)는 불경에서 말하는 忉利天(도리천)의 옷으로 六銖의 무게 밖에 되지 않는 아주 가벼운 옷이다. 여 기서는 여인들이 입는 아주 가벼운 비단옷을 가리킨다. 笙歌(생가)는 악기를 연주하고

지금의 蓬萊閣 夜景(봉래수성 고선박 박물관 제공)

지금의 蓬萊水城 내부에 있는 明代 登州水城
성벽 유적(집필진 답사 촬영)

노래를 부르는 것을 가리킨다. 尋眞(심진)은 仙道를 찾는다는 것이다. 이 시에서 安璥
은 당시 登州水城의 풍경이 신선이 사는 세계처럼 아름다웠고 많은 사람들이 와서 유
람하고 즐기는 장소였음을 말하고 있는데, 이를 통해 자신도 蓬萊仙境 즉, 登州의 아
름다움에 도취되었음을 간접적으로 표현하고 있다.

登州水城은 지금 學界에선 登州港(등주항) 혹은 登州古港이라고 부르는데, 唐代 以
前에는 봉래현 密水河(밀수하)와 黑水河가 바다로 들어가는 海口였다. 宋 慶曆 3년
에 郡守였던 郭志高가 황제에게 주문을 올려 刀魚巡檢(도어순검)을 설치하고 水兵
300명과 함께 묘도에 주둔하고 거란의 침입에 대비하였다. 여름에는 鼉磯島에서 방

1934년 登州水城의 外景[329](왼쪽의 사진이 아마 조선사신들이 목격했을 모습과 가장 유사한 풍경일 것으로 사료된다)
오른쪽은 현재의 모습

---

329 林斯陶 , 〈登州府蓬萊閣之風景〉, 《關聲》第3卷 第9期 , 1934年 , 8頁。

비를 하고, 가을과 겨울에는 등주 해안가로 돌아왔는데 전하는 바에 따르면 이른바 "刀魚船"이 정박한 곳이다.[330]

1043년, 宋나라 때 沙門島(廟島)에 刀魚巡檢을 설치하고 300명의 병력을 주둔시켜 거란의 침입에 대비했는데, 매년 음력 5월-8월 사이에는 鼉磯島(砣磯島)에서 주둔하고 8월부터 다음해 2월까지는 지금의 등주 丹崖山의 東側에 주둔하도록 하였다. 당시에 사용된 전함의 형상이 마치 갈치(刀魚)와 비슷하여 그 이름을 도어선이라 부른 것이다. 丹崖山의 東側에 刀魚船을 정박한 곳에 요새를 건설했는데, 그 요새를 "刀魚寨(도어채)"라고 불렀다. 1376년 明은 登州에 해운기지를 설치하여 遼東으로 가는 군수물자의 운송을 전담하도록 했다. 登州 지휘관 謝規(사규)는 "하구가 얕고 좁아서(河口淺窄)" 배가 원활하게 다닐 수 없었기에 주청을 올려 하구를 준설하고자[331] 했다. 그리고 비준을 받아 宋나라 때의 "刀魚寨"의 기초 위에 새롭게 해안 방어를 위한 성을 축조하였다.

성의 둘레는 총 3리(1680m)정도였고 성벽의 높이는 3丈5尺(10.9m)이었으며 성벽의 두께는 1丈1尺(3.4m)이었다.[332] 밀물 때 바닷물이 밀려 들어오는 것을 막기 위해서 성의 북쪽에 水門(水閘)를 만들었는데, 이곳은 원래 강물이 바다로 나가는 하구였다.

蓬萊 古船博物館 안에 전시된
宋代 刀魚寨의 모형(집필진 답사 촬영)

이후에 이곳을 준설하고 확장하여 바닷물을 성안으로 끌어들였고 성 안에 內海를 만들어 전함들을 정박시켰는데 이를 "小海"라고 불렀다. 城의 남쪽에 육지와 연결되는 곳에 "振陽樓"(振陽門)[333]이라는 문을 세워 "성 안밖으로 왕래할 수 있게(以譏往來)"했다. 그리고 성 안에는 備倭都司府(비왜도사부)를 세웠는데

330 (淸)顧祖禹 ,《讀史方與紀要》〈山東七〉, 中華書局2005年版 , p.1685.

331 "洪武九年 , 知州奏置海船 , 運遼東軍需 , 指揮謝規以河口淺窄 , 奏請挑深 , 繞以磚。"(淸)顧祖禹 ,《讀史方與紀要》山東七 , 中華書局2005年版 , p.1685.

332 (淸)嶽浚等 纂修 ,《(雍正)山東通志》卷三 , 四庫全書版。 이 글에서 明代의 도량형 단위를 현대의 단위로 바꾼 비율은 (吳承洛 ,《中國度量衡史》, 商務印書館, 1937 , pp.31-33)에 근거하였으며 구체적인 예시는 다음과 같다. 明代 1寸(10厘)= 3.11cm, 1尺(10寸)= 31.1cm, 一丈(10尺)= 3.11m, 一里(180丈)= 559.8m.

333 "振陽門爲水城南門 , 坐北朝南 , 建於明洪武九年(1376) , 門樓久圮 , 僅存門洞。1987年修復。門洞拱頂.寬3米 , 高5.3米 , 進深13.75米 , 門洞上方嵌"振揚門"匾額 , 字爲吳作人手筆。門樓爲兩層閣樓

이로 인해 登州水城을 "備倭城"이라고 불렀다. 1596년에 總兵 李承勳이 土城이었던 성벽을 벽돌로 둘러 쌓아 보강하였다.[334] 그러므로 아마 조선사신들이 登州에 도착해서 보았던 登州水城은 벽돌로 보강된 후의 모습이었을 것이다. 이후 등주수성의 내해는 퇴적물이 계속 침적되어 1980년대 초에는 내해의 북측과 북쪽 수문 근처에 거의 바닷물이 들어오지 못했으므로 큰 배들은 내해로 들어오지 못했다. 1984년 봉래현에서 내해를 준설하고 등주수성을 정비하는 공사를 대대적으로 시행하여 수문(지금의 天橋水口) 위로 목조다리를 건설하였고 접안시설도 정비했다. 또한 동쪽 해안의 방파제도 원래 있던 시설보다 60여 미터 정도[335] 더 연장해서 설치했다.

1623년 조선사신 李民宬이 登州水城에 도착해서 水城門을 바라보았을 때, 당시 조선 문인들의 논제 중 하나였던 중국의 동해(발해)에도 조수 현상이 있는지에 관한 문제를 떠올렸고 이민성은 이에 대해 다음과 같이 기록하였다.

(6월)13일 壬申일에 登州에 도착했다……우리 일행은 水城門 밖에 먼저

1920년 登州水城 北城門과 振揚門. 오른쪽은 지금의 蓬萊水城振揚門[336](집필진 답사 촬영)

.外觀三層飛簷(俗稱"三滴水"), 屋面開山, 覆琉璃瓦, 脊置六獸, 簷角下系風鈴。門樓四周爲明廊, 一層底面與城牆齊高, 南北明廊外側爲城堞；二層重簷, 明廊柱間有木欄環繞。振揚門兩側各修復城牆約50米。" 山東省蓬萊市史志編纂委員會 編,《蓬萊縣誌》, 齊魯書社, 1995, p.456.

334 "由水關引海入城中, 名小海。爲泊船所。週三里許, 高三丈五尺, 厚一丈一尺。萬曆二十四年 (1596), 總兵李承勳以磚甃東北西三面, 增建敵臺三座。"(清)嶽濬等 纂修,《(雍正)山東通志》卷三, 四庫全書版.

335 煙臺市文物管理委員會, 蓬萊縣文化局,〈山東蓬萊水城淸淤與古船發掘〉, 鄒異華等,《登州古船 與登州古港》, 大連海運學院出版社, 1989.p.4.

336 陳麻 編著,《美國鏡頭裡的中國風情》, 中國文史出版社, 2011, p.57.

도착하여 다른 사신의 배가 항구로 들어오기를 기다렸다. 水城門은 곧, 성 북쪽으로 배들이 출입할 수 있는 문이다. 하얀 성벽은 높이 우뚝 솟아 있고 맑은 물이 성 주위를 감싸고 있으며 하늘로 날아가는 듯한 누각들이 높은 절벽위로 겹겹이 펼쳐져 실로 장관을 이루었다. ……세상에 "동해에 는 조수가 없다" 라는 말이 있었다고 하여 성균관의 과제 중에 이 문제가 논제로 나왔다. 《堯典》에 "賓日"의 "嵎夷"라는 문구가 있는데, 바로 여기 登州를 가리키는 것이니 곧, 중국의 東海이자 우리나라의 서해이다. 이는 우리나라의 東海가 日本의 西海가 됨과 같다. 어떤 이는 中國의 東海에는 조수가 없고 , 日本의 서해에는 조수가 있다고 했고, 어떤 자는 이것이 그 르다고 생각했다. 내가 여기에 와보니 渤海에도 조수가 있음을 알겠다. 登 州 水城門으로 밀물이 들어오면 배들이 노를 저어 성 안의 내해로 들어갈 수 있으나 썰물 때는 물이 없는 평지가 되어 버린다. 동해의 조수를 직접 관찰하고 기록한 바가 今古에 전해진지 오래되었을 것이니, 어찌 동해에 는 조수가 없다는 말이 있었겠는가! 이런 주장은 의심스러운 것이다. 그 래서 여기에 기록하여 聞見으로 둔다. (六月)十三日,壬申,到登州,……先 到水城門外,等使船同泊港口。水城門,乃外北城舟楫出入之門也。粉郭 矗立,水漱城趾,飛閣據增厓,俯臨滄海,實一勝槩也。……世傳"東海無潮 汐", 館課嘗出爲論題 , 竊意《堯典》"賓日"之"嵎夷", 即今登州之地 , 此 乃中國之東海 , 而據我國則西海也。又我國之東海 , 即日本之西海也。 論潮汐者 , 不可言無於中國之東海 , 言有於日本之西海也 , 明矣。或疑 其強辨。到此 , 然後始審渤海之有潮汐。如登州水城門 , 潮上則棹舟而 入 , 潮退則變爲平陸。且觀潮、賦潮之作 , 播詠今古。何嘗有無潮汐之 論哉 , 此其可疑者也。姑錄于此 , 以備聞見。

서장관인 李民宬은 6월 13일 오후에 登州 水城門 밖에 정박하여 정사인 李慶全과 부사인 尹暄이 탄 배가 도착하기를 기다리고 있었다. 이 때 이민성은 登州水城을 바라 보면서 "하얀 성벽은 높이 우뚝 솟아 있고, 맑은 물이 성 주위를 감싸고 있으며, 하늘로 날아가는 듯한 누각들이 높은 절벽위로 겹겹이 펼쳐져 실로 장관을 이루었다(粉郭矗 立, 水漱城趾, 飛閣據增厓, 俯臨滄海)"고 하면서 그 아름다운 풍경에 감탄을 자아냈다. 여

기서 館課(관과)란 月課인데, 당시 조선의 국립 교육기관이었던 成均館과 四學[337]에서
매월 학생들에게 문장을 짓도록 부과하던 과제이다. 〈堯典〉의 기록을 보면 "희중에
게 명하여 우이에 살도록 하고 그곳을 양곡이라 불렀는데 희중은 거기서 삼가 일출을
맞이했다"[338]라고 하였다. 곧, 堯帝가 羲仲(희중)에게 嵎夷(우이) 지역에 가서 살라고 명
하고 그가 사는 곳을 暘穀(양곡)이라고 명명했는데 희중은 거기서 해가 뜨는 것을 영접
했다는 전설이다.

　이민성은 登州 水城門에 도착한 후, 밀물 때 배들이 수성문을 통해 성 안의 내해로
들어가고 썰물 때는 평지로 변해 배들이 통행할 수 없는 광경을 목도하였다. 이 때 문
득 자신이 성균관에 있을 때 "東海無潮汐(동해무조석)"과 "賓日之嵎夷(빈일지우이)"에
관련된 토론을 했던 생각이 났다. 당시 중국의 동해에는 조수가 없고 일본의 서해에만
조수가 있다는 주장을 펴는 사람들이 있었는데, 지금 자신이 직접 등주에 와서 수문성
의 조수현상을 목도했으니 "동해에는 조수가 분명히 있다"는 사실을 확증한 것이다.
李民宬이 말한 "水城門"은 바로 天橋 海口로서 登州의 "수성 북쪽 바닷배들이 밀물을
타고 출입하는 곳(水城北面, 海船乘潮由此出入)"[339]으로 지금의 蓬萊水城의 水門이다.

　崔有海는《東槎錄》에 〈등주수성을 나서며(出登州水城)〉라는 시를 지었는데, 여기서
배를 타고 수성문을 나서던 장면을 묘사하고 있다.

登州水城門, 지금의 蓬萊水城의 水門, 오른쪽 그림에 보이는 수성문 위의 목조다리가
水門天橋이다. (집필진 답사 촬영)

337　四學이란 조선 시기에 국가가 인재양성을 위하여 지금의 서울인 한양의 4곳에 세운 국립교육기관으
　　로 中學, 東學, 南學, 西學 등 4곳이 있었으므로 四學이라고 하였다.
338　"分命羲仲, 宅嵎夷曰暘穀, 寅賓出日"(漢)孔安國撰,《尙書》卷一〈堯典〉, 四部叢刊景宋本版。
339　《(道光)重修蓬萊縣志》卷之四〈武备志·海口〉, 清道光十九年刻本

〈등주수성을 나서며〉

뱃사람 재촉하여 돛을 달고 힘껏 노 젓게 하네.
어느덧 水城門을 벗어나니 눈 앞 동쪽 끝으로 바다 펼쳐지네.
저녁 노을 붉게 물든 바다 위 파도를 헤치며 나는 듯 달리는 배 위에서
멀리 어렴풋이 수평선 위로 떠 있는 섬들 바라보니 봄기운 완연하네
조선과 중국은 한 배를 탄 운명! 모두 대의를 중히 여기는 군자의 나라!
조선은 중국과 바다를 사이에 두고 범선을 타고 건너갈 수 있는 이웃!
이 배 언제쯤 조선의 청천강 해안에 다다를까?
봄꽃 가득 피어난 묘향산은 봄비 내린 후 온 산 더욱 붉겠지!

〈出登州水城〉
催掛歸帆奏櫓功 , 水城門外即天東。
暝雲飛動滄波上 , 春氣熹微遠島中。
夷夏同舟憑大義 , 鄉園隔海任長風。
何時直到清川岸 , 花滿香山雨後紅。
（崔有海《東槎錄》）

　　이 시는 1630년 봄 崔有海가 배를 타고 登州 水城門을 통해 귀국하는 길에 지은 것으로 작자가 막 登州 水城門을 나서 대해로 나가면서 느낀 심정을 읊은 것이다. 첫 두 구는 수행관원들이 선원들로 하여금 돛을 올리도록 하고, 있는 힘껏 노를 젓도록 독려하는 가운데, 배는 막 登州 水城門을 벗어 났는데 그 앞 바다는 바로 중국 땅의 동쪽 끝임을 말하고 있다. 그 다음 이어서 말하기를, 저녁 노을 빛으로 물든 바다 위 파도를 뚫고 배는 나는 듯이 내달리고, 멀리 앞바다 수평선 위로 몽롱하게 떠 있는 長島, 廟島 등 섬들은 푸른 빛 가득하여 봄기운이 만연하다고 묘사한다. 여기서 暝(명)은 해거름, 黃昏의 뜻이며, 熹微(희미)는 부드럽고 옅은 저녁 노을 빛이다. 이어서 5, 6구에서 조선과 명나라는 대의에 의지하여 마치 한 배를 탄 듯한 우방국이며, 조선은 명과 바다를 사이에 두고 범선을 타고 왕래할 수 있는 가까운 이웃이라고 말한다. 마지막 두 구에서는

登州水城門, 곧, 지금의 蓬萊水城 水門 위의 天橋에서 바다를 조망한
모습. 멀리 蓬萊市 長島縣의 南北長山島 두 섬이 보인다. (집필진 답사 촬영)

하루 빨리 조선의 淸川江 강변에 도착하여 봄꽃 만개한 묘향산이 비 내린 후 더욱 붉
게 물든 풍경을 보고싶다고 말한다. 淸川은 韓國 平安北道의 서부를 관통하는 淸川江
을 말하는데, 지금의 狼林山脈(낭림산맥)에서 발원하여 熙川, 寧邊(영변), 井州, 安州를
거쳐 흐르는 총 길이 199km의 강이다. 香山이란 지금 平安北道와 平安南道의 경계에
있는 妙香山(묘향산)을 말한다. 妙香山은 한국의 4대 명산 중에 하나로 산세가 "수려하
고도 웅장한" 것으로 유명하다.

이 밖에 登州水城 즉, 備倭城은 군사 요새로서 明代는 성 안의 내해에 많은 수의 전
함을 정박시켜 놓았는데 조선사신의 기록 중에 이 광경에 대해 묘사한 것들도 있다.

(9월)4일 乙卯일 맑음……오후에 정사, 부사와 함께 蓬萊閣에 올라 동쪽
망망대해를 바라보았는데 조선땅이 아마 그 끝에 있을 것이다. ……봉래
각은 성의 동쪽 끝 丹崖山 위에 세워져 있었는데 단애산 아래로 바닷물
이 큰 호수를 이루고 있었다. 성안으로부터 수로를 파서 성 북쪽으로 터서
먼 바다의 물을 끌어들여 전함이 드나들 수 있게 하였다. 성안 바다 호수
안에는 수많은 전함과 크고 작은 화려한 배들이 꼬리에 꼬리를 물고 정박
되어 있어 빽빽한 돛대가 무수히 하늘을 향해 숲을 이루고 서 있었다. (九

月)初四日 , 乙卯 , 晴。……午後 , 與上、副使登蓬萊閣 , 東望本國于
蒼茫雲海外。……閣在城東角丹崖上 , 崖下瀦爲大池 , 內呑疏渠 , 外引
遠潮 , 劃城一面 , 出納戰艦。黃龍靑雀 , 首尾相接 , 萬櫓千帆 , 簇簇其
中。(洪翼漢《花浦朝天航海錄》)

　　1624년 9월 4일 오후에 서장관 洪翼漢과 정사 李德炯, 부사 尹暄 일행은　蓬萊閣을
유람했다. 蓬萊閣에 올라 세 사신은 동쪽으로 조선 땅을 바라보았는데, 이 과정에서 洪
翼漢은 登州水城 안에 있는 小海의 풍경도 함께 조망했다. 소해란, 丹崖山의 서남쪽에
바닷물이 모여 이룬 큰 인공호수로서 "성안으로부터 수로를 파서 성 북쪽으로 터서 먼
바다의 물을 끌어들여 전함이 드나들 수 있게 한 것(內呑疏渠 , 外引遠潮 , 劃城一面 , 出
納戰艦)"이었다. 성 안의 내해에는 수많은 전함과 호화로운 선박들이 정박해 있었다.
瀦(저)는 물이 모여 있는 장소를 뜻한다. 黃龍은 배의 한 종류인데,《隋書·楊素傳》에
"평소 편안하게 탈 수 있도록 아주 큰 배를 만들고 이를 '백아'라고 하였다. …… 그 다
음으로 '황룡'은 백여 명이 탈수 있는 정도의 크기였고, 차례로 '평승', '책망' 등 순으로
크기가 작은 배들이다"[340]라는 기록이 보인다. 靑雀(청작)은 靑雀舫(청작방)인데,《方
言》卷九에 "배의 일종인데 익수라고도 불렀다(舟, 或謂之鷁首)"는 기록이 보인다. 郭
璞(곽박)의 注에 "익조는 새의 이름으로 요즘 강동의 귀인들의 뱃머리에 푸른 공작새
를 그려 넣는데, 그것이 바로 익조의 형상이다"[341]라 했다. 이후 뱃머리에 푸른 공작
새를 그려 넣은 배를 "靑雀舫"이라고 불렀으며 일반적으로 호화로운 배의 범칭으로
쓰인다.

　　이 밖에 安璥도〈전함을 정박시키는 호수를 제목으로(題藏戰艦之溝)〉라는 시를 써
서 당시 登州水城의 小海의 풍경과 자신의 소감을 읊었다. 1621년 6월 23일 처음으로
登州에 도착한 安璥은 總兵 衙門(아문)을 찾아가 總兵官 沈有容[342]을 만나 見官禮를 행

340　"素居永安 , 造大艦 , 名曰五牙……次曰黃龍 , 置兵百人。自余平乘、舴艋等各有差"
341　"鷁 , 鳥名也。今江東貴人船前作靑雀 , 是其像也"
342　沈有容은 字가 士弘으로 宣城(지금 安徽 宣城)사람이다. 어려서부터 말타기와 검술에 능했고 병법서를
　　읽기 좋아했다. 萬曆 7年 武擧廠式에 급제하여 昌平 千總에 임명되었고 재능을 인정받아 總督이 되었
　　다. 萬曆15年 宋應昌을 따라 임진왜란 때 원군으로 朝鮮에 왔다가 귀국한 후 관직에서 물러나 고향에

民國 초기의 登州水城의 小海

했다. 安璥 일행이 온다는 소식에 沈有容은 직접 관아 문밖까지 나와 영접했다. 安璥은 그의 "영접하는 태도에 진실한 마음"[343]을 느낄 수 있었다. 安璥은 또한 沈有容에게 "사신의 배가 지금 성 밖에 정박하고 있어 풍랑의 위험에 노출되어 있으니 총병관 나리께서 명령을 내려 사신의 배를 성 안의 내해로 끌어와 사신들이 귀국할 때까지 잘 관리해달라"[344]고 요청했다. 安璥의 요청에 대해 沈有容은 흔연히 수락하면서 "정박뿐이 겠소? 사신이 북경에 다녀올 동안 배수리까지 잘 해 두겠소"[345]라고 하면서 원래 요청보다 더한 호의를 베풀어주었다.

2월 25일 沈有容은 安璥 일행을 登州水城으로 초청하여 수성의 내해에 정박시켜 놓

돌아갔다. 萬曆29년 都司僉書가 되어 福建에서 여러 차례 倭寇를 물리쳤다. 泰昌 元년 요동지역에 여진족의 침략이 본격화되자 명 조정에서는 山東 副總兵을 설치하고 登州에 군사를 주둔시켰는데 심유용에게 이를 맡겼다. 天啓 원년에 요양과 심양이 연이어 여진에게 복속되었다. 熊廷弼은 三方佈置의 책략을 조정에 건의하여 陶朗先을 등주와 래주의 巡撫로 삼고, 심유용을 中軍都督僉事로 삼아 總兵官에 임명했다. 天啓 2년 廣寧이 함락되자 沈有容은 전함 수십 척을 遼東으로 보내어 수만 명을 구출하였다. 天啓 4년 연로함을 이유로 관직에서 물러나 귀향하여 죽었다. 명 조정에서는 그가 죽은 후 都督同知의 칭호를 하사하고 제사와 장례를 치러주었다. (淸)張廷玉等撰,《明史》卷三百七十三〈列傳二百二十四〉, 淸鈔本版。

343 "出接之禮, 亦有款曲之意"
344 "職等之船泊於城外, 風浪可畏, 願老爺命納城內之溝, 與戰艦同泊, 以俟職等之還"
345 "豈可徒泊之乎, 亦可修治揖物以俟之耳"

은 사신들의 배들을 함께 살펴보게 했다. 이러한 행동에 대해 安璥은 "아마도 이틀 전에 우리가 한 요청을 잊지 않고 우리를 불러 함께 배를 살펴본 것"[346]으로 여기고 "천번만번 감사하는 마음(謝拜千萬)"을 가지게 되었다. 總兵 沈有容이 이처럼 조선사신에게 도움을 주고 호의를 베푼 것은 일찍이 그가 임진왜란 때 원병으로 조선에 출정하여 조선의 조정과 백성들에 깊은 연대와 우정의 감정을 가지고 있었기 때문인 것 같다. 安璥은 총병관과 함께 登州水城의 小海에 도착하여 "사신들의 배가 이미 명나라 전함들과 나란히 정박되어 있는 모습"을 확인한 후 〈전함을 정박시키는 내해를 소재로 하여(題藏戰艦之溝)〉란 시를 써서 남겼다. 이 시에서 安璥은 水城 안의 경치를 묘사했으며 또한 명나라가 반드시 後金을 물리칠 수 있으리라는 믿음을 나타냈다.

〈전함을 정박시키는 내해를 소재로 하여〉

성의 북쪽으로 수로를 파고 수문을 만들어
바닷물을 끌어 들였으니
성 안의 내해에는 전함이 가득하고
수로는 양식을 운반하는 통로가 된다네.
명군의 대오는 걸출한 병졸들로 가득하고
지휘대 위 장군에게 깍듯이 경례를 올리네.
북쪽 오랑캐의 준동 오래가지 못하리니
기개 높은 명나라 군대 한 번 움직이면 모두 일소되리라.

〈題藏戰艦之溝〉
鑿門爲水口 , 引海入城中。
藏艦蒙沖滿 , 輸糧甬道通。
行間超俊特 , 壇上揖英雄。
胡命其能久 , 天威一掃空。
(安璥《駕海朝天錄》)

---

346 "蓋從前日之請而招餘等見之也"

　제목에서 말하는 전함을 정박시키는 내해("藏戰艦之溝")란 바로 登州水城의 小海를 말하며, 明末에는 "新河海口"[347]라고 불렀다. 詩의 앞 두 연은 登州水城 내에 강을 준설하여 강하류를 바다까지 연장시켜 바닷물을 성 안으로 끌어 들여 인공적으로 내해를 조성한 것과 이 내해에는 수많은 전함을 정박시킬 수 있으며 연장된 하류는 양식을 운반하는 통로("輸糧甬道通")로서 기능한다고 말한다. 蒙沖(몽충)이란 옛날 전함의 한 종류이다. 뒤의 두 연은 明軍 軍營의 병사들이 모두 준걸하고 늠름한데 지휘대에 서 있는 노장 沈有容의 앞을 지날 때마다 깍듯이 예의를 표하고 있으니 이처럼 군기가 엄격한 군대는 반드시 후금군과 싸워 이길 것이라 말한다. 行間(행간)이란 군대 대오의 뜻이며 超俊(초준)이란 군계일학, 걸출하다는 뜻이다. 이상의 기록을 통해 보면, 조선 사신들이 북경으로 사행을 갔다 등주로 다시 돌아오는 동안 등수수성의 內海 즉 小海에 사행선을 장기간 정박시켜 놓았음을 알 수 있다.

　小海는 남북방향으로 길게 뻗은 장방형으로 남쪽은 폭이 넓고 북쪽은 폭이 좁다. 기록에 따르면 원래 小海는 지금보다 훨씬 넓었다. 지금의 소해는 총 면적이 70000㎡, 남북의 길이는 655m이며, 남쪽 수성의 성벽으로부터 25m 떨어져 있다. 남쪽에서 폭이 가장 넓은 곳은 175m, 북쪽에서 가장 폭이 좁은 곳은 35m인데, 평균은 폭은 100m 정도이다. 1984년 중국 정부에서 대대적인 정비 공사를 할 때 측정한 자료에 따르면 小海는 宋, 元나라 때는 수심이 4m이상[348]이었다고 하며 당시 수성의 서남쪽에서 元

멀리서 바라 본 登州水城 즉 蓬萊水城의 전경과 "전함을 정박시켰던"의 小海(집필진 답사 촬영)

347　"新河海口 , 在(蓬萊)縣北備倭城內 , 即宋屯刀魚戰棹之所。" (明)徐應元 纂修 ,《(泰昌)登州府志》卷之六〈地理志二·山川〉, 河南省圖書館藏版.

348　王茂盛 , 王錫平 , 李步靑 ,《登州港與水城》, 鄒異華等 ,《登州古船與登州古港》, 大連海運學院出版社 , 1989.p.144.

代 전함이 출토되었다.[349] 곧, 등주수성은 원대에도 전함을 정박시키는 군사 요새였음을 의미하는 것으로 "역대로 수군이 주둔하여 바다를 방어하는 요새였다"는[350] 기록에 부합한다. 1861년 중앙정부에 의해 인근의 옌타이(煙臺)시가 신도시로 새로 개발되면서 蓬萊水城(등州港)의 경제적 군사적 지위와 항구로서의 기능은 계속 쇠락했다. 지금의 등주주성(蓬萊水城)의 행정구역은 蓬萊市 蓬萊閣街道 辦事處 水城社區에 속한다.

3.2.2 蓬萊閣

1) 단애산은 등주부성에서 북쪽으로 3리 떨어진 곳에 있으며 산의 동쪽과 서쪽은 석벽과 기암괴석으로 이루어졌다. 산 위로 蓬萊閣이 있으니 宋나라 때 朱處約이 건축한 것이다. 그 밑으로 "半仙", "獅子", "南土"라 불리는 동굴이 있는데 빼어나게 아름다워 등주 지역 제일의 경관이라 할 만하다. 蓬萊閣에 올라보니 바다는 넓고 하늘은 탁 트여 하늘과 바다가 하나로 만나고 있었고 半仙洞은 그윽하게 깊어 무척 아름다웠다. 趙抃(1008-1084)의 詩에 "큰 바다는 천지간의 모든 강물을 받아들이고 아침과 저녁으로 두 차례 조수가 밀려오고 밀려 간다"라 한 곳이 바로 여기이다. 丹崖山在府城北三里 , 東西二面 , 石壁巉岩。上有蓬萊閣 , 宋朱處約所建。下有三洞曰 : "半仙" , 曰 : "獅子" , 曰 : "南土" , 秀麗奇絕 , 爲一郡偉觀。臣登蓬萊閣 , 海闊天空 , 水天一色。見半仙洞 , 幽邃佳境 , 趙抃詩 : 天地涵容百川入 , 晨昏浮動兩潮來 , 即此也。(鄭斗源《朝天記地圖》)

2) 단애산은 등주부성에서 북쪽으로 3리 떨어진 석벽과 기암괴석으로 된 곳으로 蓬萊閣이 그 위에 조성되었다. 북으로는 長山島와 마주보고 있으며 10여리 떨어진 곳에 동굴이 3개 있는데, 각각 半仙, 獅子, 南土라

---

349   王茂盛 , 王錫平 , 李步青 ,《登州港與水城》, 鄒異華等 ,《登州古船與登州古港》, 大連海運學院出版社 , 1989.p.142.

350   "歷代皆屯水師於此 , 爲海防要地"王明長 ,《第四次重修蓬萊縣志》, 青年進修出版社 , 1961 , p.14.

고 불리며 모두 경내의 奇觀이다. 丹厓山(即丹崖山)在府城北三里 ,
石壁巉岩 , 蓬萊閣構其上。北與長山島相對。十餘里有三洞。日：半
仙、獅子、南土 , 爲一郡奇觀。(李民宬《癸亥朝天錄》)

3) 단애산의 동서 양측은 석벽이 기암절벽을 이루고 있으며 각각 半仙,
獅子, 南土라고 불리는 3개의 동굴이 있다. 그 위에 蓬萊閣이 있는데
수려하고 가슴 트이는 풍경이 경내 최고의 경치를 이룬다. 옛날에는
海神廟가 있었는데, 宋 治平 년간에 郡守 朱虔約이 해신묘를 서쪽으로
옮기고 원래 자리에 봉래각을 세웠다. …… 북쪽에 있는 동굴 안에는
3개의 불상이 정좌하고 있는데 仙人洞 三字를 써서 걸어 두었다가 嘉
靖 13년 돌 위에 새겼다. 丹崖山東、西二面石壁巉絕 , 又有三洞曰：
半仙、獅子、南土。其上蓬萊閣 , 秀麗奇爽 , 爲一州偉觀。舊爲海神
廟 , 宋治平間 , 郡守朱虔約移於西 , 而仍基建閣。……其北之窟 , 三
佛鼎坐 , 揭仙人洞三字 , 嘉靖十三年石刻。(金德承《天槎大觀》)

1)은 鄭斗源의《朝天記地圖》, 2)는 李民宬의《癸亥朝天錄》, 3)은 金德承의《天槎大
觀》에서 丹崖山과 蓬萊閣에 대해 기술한 부분이다. 1)과 2)는 登州府城에서 북쪽으로
3리 떨어진 곳에 위치한 丹崖山의 동서 양측의 산세가 높고 가파른 곳에 있는 "半仙,
獅子(사자), 南土"로 불리는 3개의 동굴에 대해 기록했다. 丹崖山 위에는 "등주부에서
가장 멋진 경치를 자랑하는 (一州偉觀)" 蓬萊閣이 있으며 "半仙, 獅子, 南土" 등 3개의
동굴 이외에 모두 13개의 동굴이 있는데, 전부 "수려하고 빼어난 풍경(秀麗奇絕)"으로
세상에 이름을 날렸으며 그 중에 獅子洞이 가장 유명했다. 獅子洞은 3)에서 말한 "仙
人洞"인데, 이 동굴은 丹崖山에 있는 13개의 동굴 가운데 가장 깊고 고요하다. 獅子洞
이란 "큰 돌이 동굴 입구를 덮고 있는데 그 형상이 마치 사자와 같아서 붙여진 이름이
다. 동굴 안에 5개의 석상이 있어 일명 신선동이라고도 한다. 비가 오기 전에는 으레 동
굴에서 운무가 일어난다. 동굴 안쪽 끝은 깊은 어둠이 이어져 어떤 사람이 촛불을 들

明《(泰昌)登州府志》卷首圖〈獅洞煙雲(사동연운)〉을 묘사한 그림이다.

고 수 리를 걸어 들어 가 보았는데도 끝을 알 수 없었다"[351]. 이 기록을 통해 명 天啓 연간 "登州13景" 혹은 "蓬萊10景" 가운데 하나로 전해지는 "사자동굴의 운무(獅洞煙雲)"에 대해 이해할 수 있다. 또한 3)의 기록을 보면 "仙人洞"이란 세 글자는 명 嘉靖13년(1534)에 새겼다는 사실을 알 수 있다. 그런데 조선 사신은 동굴 안에 "3개의 불상이 정좌하고 있다"라고 기록하고 있으니 중국 지방지의 "동굴 안에는 5개의 석상이 있다(內有石像五座)"라는 기록과 차이가 있다.

蓬萊閣은 登州 제일의 명승지로 그 이름이 널리 알려져 있었다. 봉래각은 가파른 절벽이 하늘을 향하고 있는 丹崖山의 정상에 登州水城의 小海를 정면으로 바라보고 발해를 등지고 서 있다. 봉래각에서 발해를 바라보면 일망무제의 하늘과 바다가 수평선에서 하나로 만나 펼쳐져 가슴이 일시에 탁 트인다. 蓬萊閣이라는 명칭에 관하여 창건자인 朱處約은《蓬萊閣記》에서 자세히 기술하고 있다.

세상에 바다 가운데 신선이 사는 곳으로 蓬萊, 方丈(방장), 瀛洲(영주)가

---

351 "以巨石伏洞門，狀若獅子，故名。內有石像五座，一名仙人洞。天將雨，則洞中出雲。洞後一徑深黑，有人秉炬入數里，卒莫能窮"(淸)方汝翼等 纂修，《(光緒)增修登州府志》卷之三〈山川〉，淸光緒七年(1881)刻本版。

있는데 그 누구도 그곳을 가보지 못했다는 말이 전해지고 있었다. 대체로 그런 이야기는 모호하고 괴이한 것으로 모두 도가 술사들의 이야기라 믿기가 어렵다. 그런데 지금 登州에는 실제 '蓬萊'라고 불리는 마을이 있다. 진시황과 한무제가 신선의 소문을 좇아 정말 신선을 구할 수 있으리라 생각하고 둥주까지 왔으나 끝내 신선이 산다는 '蓬萊'를 찾지 못하고 헛되이 마을이름만 '蓬萊'라고 이름 붙여 후세에 전한 것이다. 이로써 세상이 더욱 미혹되었다……기암절벽 깎아지른 듯한 천 갈래 절벽 아래 어두운 바다 만리에 이어 있고 끝없는 파도는 금빛으로 부서지네. 동쪽 하늘로 아침해 돋고 맑은 밤하늘에는 은하수가 가로질러 흐르며 서늘하고 영험한 기운에 밝은 달이 둥실 떠오른다. 멀리 푸른 산빛 병풍처럼 펼쳐지며 황혼의 낙조가 내린 모래사장 위로는 백로가 서로 모여 춤을 추네. 물고기 떼 바다 위로 푸드덕 뛰어오르니 어부는 박자 맞춰 어부가를 부른다. 고개 들어 하늘을 보니 이내 한몸 한 마리 새처럼 비상할 듯하고, 고개 숙여 바다를 바라보니 신선산을 받들고 있다는 바다거북을 따라 물속으로 좇아 들어가려 하네. 주위 풍경을 넋 놓고 바라보고 있으니 여기가 정말 신선이 산다는 전설의 蓬萊인지, 사람이 사는 현실의 蓬萊인지 알 수가 없네. 황제의 덕화 여기까지 전해지고 그 은혜 봄날씨와 같아 세속의 마을이 천수를 누리는 태평성대가 되었으니 여기가 바로 인간선경 봉래이다. …… 그래서 전각을 짓고 그 이름을 '蓬萊'라 하였다.[352]

蓬萊閣은 역사적으로 진시황과 한무제가 직접 신선을 찾아왔던 곳으로 유명한데, 그 이후로 유명한 시인 묵객들이 진시황과 한무제, 신선의 이야기와 봉래선경의 풍경을 주제로 쓴 시문과 이를 새긴 석각을 남겨 더욱 유명해지게 되었다. 대다수의 조선사

---

352 "世傳蓬萊、方丈、瀛洲在海之中, 皆神仙所居, 人莫能及其處. 其言恍惚詭異, 多出方氏之說, 難於取信. 而登州所居之邑曰'蓬萊', 豈非秦漢之君東遊以追其跡, 意神仙果可求也, 蓬萊不得見, 而空名其邑曰'蓬萊', 使後傳以爲惑. ……層崖千仞, 重溟萬里, 浮波湧金, 扶桑日出, 霽河橫銀, 陰靈生月, 煙浮霧橫, 碧山遠列, 沙渾潮落, 白鷺交舞, 遊魚浮上, 釣歌和應. 仰而望之, 身企鵬翔; 俯而瞰之, 足躡鼇背. 聽覽之間, 恍不知神仙之蓬萊也, 乃人世之蓬萊也. 上德遠被, 恩涵如春, 恍若致俗, 於仁壽之域, 此治世之蓬萊也. ……名其閣曰'蓬萊'"(明)徐應元 纂修,《(泰昌)登州府志》卷之十五〈藝文三〉, 河南省圖書館藏版.

신들도 봉래각의 명성을 흠모하여 직접 유람하고 시를 남겼다.

〈봉래선각에 올라〉

홀로 봉래각에 오르니 아련히 생각 깊어지네.
저 하늘은 만고의 세월 동안 끝없이 펼쳐져 있었겠지!
고개 돌려 망망한 창해를 바라보네.
도대체 얼마나 오랜 세월이 지나야 다시 뽕나무 밭이 되는 것인가!

〈登蓬萊仙閣〉
獨登仙閣思悠然，萬古無疆只有天。
回首茫茫碧海水，幾年還是種桑田。
(吳允謙《朝天詩》)

　　吳允謙은《秋灘東槎朝天日錄》의 1622년 6월 6일 기사에서 "등주성 내의 병비아문
에서 나와 바로 봉래각을 찾았다. 봉래각은 성의 서북쪽 가장 높은 곳에 위치하였는데
이층으로 지어져 성을 내려다보고 있다. 북으로는 발해를, 동으로는 큰 바다를, 남으로
는 성 안을 내려다보고 있다"[353]라 하였으니 위의 시는 오윤겸이 봉래각에 올라 유람하
면서 지은 것이다. 오윤겸은 봉래각에 올라 신선의 세계에 비유되는 장관을 멀리 바라
보면서 桑田碧海의 고사[354]를 떠올렸다.
　　아래의 시는 李民宬이 1623년 3월 23일 登州에 도착한 후 蓬萊閣을 유람하고 지은
것이다.

353　"自兵備衙門，仍尋蓬萊閣，閣在城西北最高處，構二層樓壓城。北望渤海，東臨大溟，南俯城中"
354　"선녀 마고가 말하기를 저는 이미 동해가 3차례나 뽕나무 밭으로 변하는 것을 보았습니다. 봉래 앞바
　　다에 갔더니 물이 얕아져서 이미 이전의 절반 밖에 되지 않았습니다. 다시금 육지로 변할 모양이지요!
　　(麻姑自說云：'……已見東海三爲桑田，向到蓬萊水淺，淺於往者會時略半也，豈將復還爲陵陸乎！'" (晉) 葛
　　洪，《神仙傳·麻姑》. 滄田碧海(창전벽해) 혹은 桑田滄海(상전창해)도 같은 뜻이다.

〈봉래각에 올라〉

진시황과 한무제가 여기에 방사를 파견하여 바다 가운데 봉래산을
찾았다. 그래서 봉래라는 이름이 붙었다.

등주 수성문 밖으로 푸른 파도 용솟음치고
멀리 단애산 위 봉래각 위로 붉게 물든 노을 구름 눈부시게 빛나네.
봉래각 동쪽은 파도가 치는 田橫寨 절벽이요
봉래각 서쪽 하늘 아래는 不夜城 마을이라네.
불로장생을 구하려 한 진시황 아무 것도 얻지 못했고
한무제 역시 성공하지 못했다 하네.
멀리 조선에서 온 나그네 봉래각 난간에 기대어 세월을 잊었는데
하늘과 바다가 만난 수평선 위로 밝은 달은 다시 떠 오르네.

〈登蓬萊閣〉
秦皇、漢武遣方士 , 望海中蓬萊山 , 故名
門虛碧浪湧 , 樓迴彩霞明。
水落田橫寨 , 天低不夜城。
秦皇何所得 , 漢帝亦無成。
遠客憑欄久 , 滄溟月又生。
(李民宬-《燕槎唱酬集》)

李民宬은 스스로 주를 달아서 봉래각이라는 명칭은 秦始皇과 漢武帝가 파견한 방
사들이 이곳에서 신선이 거주한다는 3개(蓬萊、方丈、瀛洲)의 산 중 하나인 봉래산을
바다 가운데서 볼 수 있었기 때문에 붙여진 것이라고 설명하고 있다. 1연에서 말하기
를, 登州 水城門 밖은 파도가 용솟음치는 거친 바다로서, 바닷물은 水城門으로 계속
흘러 들고 멀리 보이는 丹崖山 정상의 蓬萊閣은 장관을 이루는 가운데 바다 위 하늘은
붉게 물든 노을 구름으로 눈부시게 아름답게 빛나고 있다. 李民宬은 자신이 붙인 주석
에서 "문은 등주 수성문이다(門卽水城門也)"라고 설명했다. 2연에서 작자는 蓬萊閣에

蓬萊閣 앞에서 동쪽으로 田横山을 바라 본 풍경
(집필진 답사 촬영)

올라 서쪽 해변에 있는 田横山과 不夜城이 있는 등주성 동쪽을 바라보고 있다. 田横寨(전횡채)은 바로 田横山으로 登州府城에서 西北쪽으로 3리 떨어진 곳 해변가에 있는데 "봉래각과 마주 보고 있으며 서쪽과 북쪽은 가파른 석벽으로 바다에 접하고 있다."[355] 漢나라 韓信이 齊나라를 공격할 때, 田横과 그의 수하 500장정이 여기에 진을 치고 응전하였기에 전횡산이라는 명칭이 붙었다. 한편, "춘추시대에는 래자국이 성읍을 설치했는데 해가 뜨는 동쪽에 있었으므로 불야성으로 이름을 삼았다. 한나라 때는 동래에 속했다"[356]라는 기록에 따르면, 불야성이란 바로 지금의 山東省 威海市 榮成市 埠柳鎭(부류진) 不夜村이 있는 곳이다.

3연과 4연에서 말하기를, 秦始皇과 漢武帝가 長生不老를 구하여 여기까지 이르렀으나 결국 얻지 못 하였으니 이국 땅 조선에서 온 나그네가 여기 봉래각의 난간에 기대어 상념에 잠겨 있다가 문득 하늘과 바다가 만나는 수평선에서 밝은 달이 솟아오르는 모습에 감탄한 것이다. 이 시는 먼저 원경의 경치를 묘사하고 이어 근경의 봉래각을 그리다가 다시 작자가 기댄 봉래각의 난간에서 멀리 수평선 위로 솟아오르고 있는 달을 묘사하는 수법을 구사하여 봉래각 위에 서서 바라본 주변 풍광의 변화를 입체적으로 그리고 있다. 또한 진시황과 한무제의 고사를 들어 인간의 유한함과 자연의 영원성, 불변성을 대비하여 인간사의 덧없음을 은연 중에 한탄하고 있다.

아래의 시 〈登蓬閣〉은 金尙憲이 지은 것이다. 당시 金尙憲은 吏曹判書로 재직하고 있었는데, 明代 吏部尙書에 준하는 正一品의 관직으로 吏判으로 簡稱되기도 했다.

---

355 "與蓬萊閣相對 , 西、北兩面皆海 , 石壁高俊"(淸)施閏章 楊奇烈 任浚等 纂修 ,《康熙登州府志》卷之七〈古跡〉, 淸康熙三十三年(1694)刻本版.

356 "春秋時 , 萊子所置邑 , 以日出於東 , 故以不夜爲名 , 漢縣屬東萊"(宋)樂史 撰 ,《太平寰宇記》卷二十〈河南道二十〉, 淸文淵閣四庫全書補配古逸叢書景宋本版.

明《(泰昌)登州府志》卷首에 삽입된 〈晚潮新月圖〉 "晚潮新月"은 明末 登州府 13景 가운데 하나이다.
그림 위의 題詞(제사)는 다음과 같다. "초저녁 둥근 달 솟아오르니 달빛은 파도와 함께 반짝반짝 일렁이고,
봉래각에 올라 바라보니 신령스러운 기운 더욱 맑아지네. 돌연 마음 속에 감회가 일어나 '바다 또한 사람의 뜻이
깨끗함을 아는 듯 특별히 달빛 비친 바닷물로 신령한 마음을 씻겨주네'라고 읊었다."
(新月新出, 波心掩映, 登樓一望, 神氣倍淸。因橫襟賦云, "海若亦知人意淨, 故敎水月洗靈心"。)

〈봉래각에 올라〉 조선 이조판서 김상헌

등주 봉래각은 하늘 높이 솟아 있어

여기에 오르면 만리 끝 바다까지 굽어볼 수 있다네.

진시황이 놓았다는 석교는 이미 오래전에 끊어져 버렸으니

한무제가 신선을 찾고자 보낸 신하에겐 오직 은하수 뗏목만이 남았다네.

천지는 큰 바다 물결 따라 넘실거리고

해와 달은 무한한 세월 동안 해무 속을 교대로 떠오르네.

반평생의 끝에 머나먼 여행길에 올라 머리는 백발이 되었으나

봉래각의 절경은 평생 동안 본 그 무엇에도 비교할 수 없구나!

〈登蓬閣〉 朝鮮 吏曹判書 金尙憲

登州樓觀跨虛空, 勢壓滄溟萬里窮。

橋石已從秦帝斷, 星槎惟許漢臣通。

乾坤蕩漾洪波里, 日月分開積氣中。

半世遠遊今白髮 , 百年奇絕此難同。

(崔有海《東槎錄》)

　　1연에서 말하기를, 登州府의 蓬萊閣은 구름 속에 높다랗게 솟아서 "검푸른 바다를 내려다보고(勢壓滄溟)"있어 그곳에 오르면 만리 밖을 능히 다 볼 수 있다고 말한다. 이어서 2연에서는 秦始皇이 올라가 해가 나오는 곳을 바라보았다는 石橋는 오래 전에 끊어져 없어졌으니, 한무제의 신하들은 오직 하늘의 은하수를 건너는 뗏목만을 탈 수 있을 뿐이라고 상상의 이야기를 펼친다.[357] 星槎(성사)는 하늘의 은하수를 건널 수 있는 뗏목을 말한다. 이어서 하늘과 땅의 만물이 바다 위로 비쳐 일렁이는 물결 따라 끝임없이 유동하며 붉은 태양과 밝은 달은 매일매일 무한한 세월을 바다 위 연무 속에서 뜨고 지고 있다고 묘사한다. 乾坤은 天地이며, 積氣(적기)란 雲霧(운무)가 가득한 것이다. 마지막 연에서 자신의 심정을 토로하면서 시를 마무리 짓는데, 반백 년만에 멀리 봉래까지 오게 되었으니 머리는 반백발이 되었으나 평생 최고의 절경을 여기 와서 보게 되었다며 감탄했다.

　　金尙憲의 이 시에 대해 崔有海는 다음과 같은 창화시를 지었다.

〈吏曹判書 金尙憲의 登蓬閣에 차운하여 지은 시(次)〉

357　"橋石(교석)"의 고사는 晉나라 伏琛(복침)의《三齊略記》에 보이는데, 구체적인 이야기는 다음과 같다. "진시황이 석교를 짓고 바다를 건너 해가 나오는 곳을 직접 보고자 했다……진시황이 바다 가운데 석교를 지은 것은 사람의 힘으로 한 것이 아니라 해신이 그를 위해 다리 기둥을 세워주었기 때문이니 진시황이 이를 고맙게 여겨 해신을 공경하면서 한번 만나 보기를 청했다. 이에 해신이 말하기를 '나는 추하게 생겼으니 내 모습을 그리지 않는다면 만날 수 있오. 해안으로부터 바다 쪽으로 30리 떨어진 석교 위에서 만나되 도중에 아무것도 손대지 마시오.'라고 했다. 그러나 진시황이 화가를 대동하여 발가락으로 그 형상을 몰래 그리게 했다. 이에 해신이 노하여 '제왕이 약속을 어겼으니 어서 떠나시오!' 하고 소리쳤다. 진시황이 말머리를 돌려 석교 위를 달려 해안가로 돌아오는데 석교가 말을 쫓아 차례로 무너져 내렸다. 진시황이 겨우 해안가에 도착하자 석교는 모두 무너져 버렸다."(始皇作石橋 , 欲過海觀日出處。……始皇於海中作石橋 , 非人功所建。海神爲之豎柱 , 始皇感其惠 , 通敬其神 , 求與相見 , 海神答曰 : 我形醜 , 莫圖我形 , 當與帝會 , 乃從石塘上入海三十餘里相見 , 左右莫動手 , 巧人潛以腳畫其狀 , 神怒曰 : 帝負我約 , 速去 ! 始皇轉馬還 , 前腳猶立 , 後腳隨崩 , 僅得登岸)(唐)歐陽詢 輯 ,《藝文類聚》卷七十九靈異部下〈神〉, 淸文淵閣四庫全書本版。

蓬萊閣에 올라 북쪽 발해 바다를 바라본 풍경 - 최유해가 바로
"여기를 오르면 만리 끝 바다를 굽어볼 수 있다네(勢壓滄溟萬里窮)"라고
읊은 곳이다. (집필진 답사 촬영)

화려한 봉래각은 높다랗게 천공 위로 솟아 있네.

난간을 돌 때마다 펼쳐지는 절경에 거듭 놀라 눈 부릅뜨고 조망하니

중국과 조선은, 땅이 서로 이어지고 산맥 끊어짐 없으며

하늘 끝자락에서 바다로 남북이 다 통하는구나!

신선이 산다는 삼신산 저 멀리 아득한 바다 위 어디 있을런가?

돌연 해가 떠오르니 이것 바로 그 유명한 "벽랑금오"의 풍경이구나!

만리를 장쾌하게 유람하는 나그네 큰 포부를 품고

대양에서 불어오는 바람 받고 서 있으니 하늘 신선과 벗이 되었네.

〈次吏曹判書金尙憲登蓬閣〉

岧嶢畫閣入層空 , 徙倚還驚眼力窮。

地接華夷山不斷 , 天低南北海相通。

仙居遠隔微茫外 , 日轂飛騰指點中。

萬里壯遊襟抱豁 , 飄飄身世羽人同。

(崔有海《東槎錄》)

작자는 하늘 위로 우뚝 솟은 화려한 봉래각 난간 위를 쉽게 떠나지 못하고 이리저리

登州의 명승 중 하나인 "碧浪金烏(벽랑금오)"의 풍경
(집필진 답사 촬영)

배회하고 있는데, 난간을 돌 때마다 펼쳐지는 절경에 놀라 눈에 힘을 주어 먼 바다 끝까지 두루 살펴보았다. 그러면서 중국과 조선은 땅이 이웃하여 산맥이 끊어지지 않고 중국의 하늘 끝 동해와 조선의 서해는 하나의 바다로 남북으로 서로 통하고 있다고 생각해 본다. 그리고 신선이 산다는 삼신산은 저 멀리 운무에 가려진 먼 바다 위 어디쯤일 것이라고 상상하다가 때마침 아침 태양이 장엄하게 솟아오르는 순간, 이것이 바로 말로만 듣던 登州水城의 명승 중 하나인 "푸른 파도를 헤치고 떠오르는 금빛 일출(碧浪金烏)"의 풍경이구나! 확인하면서 크게 감탄한다. 이어서 만리의 창해를 건너온 작자는 활달한 포부를 가슴에 품고 선선하게 불어오는 바닷 바람 맞으며 마치 자신이 승천하고 있는 신선과 같다고 느낀다. 岧嶢(초요)이란 岧峣(초요)과 같은 단어로 높고 가파르다, 높이 솟아 있다는 뜻이다. 層空(층공)은 높은 하늘이란 뜻이다. 徙倚(사의)는 배회하다는 뜻이다. 日轂(일곡)은 太陽, 仙居는 이곳이 바로 신선들이 산다는 해중 삼신산임을 뜻한다. "벽랑금오(碧浪金烏)"란 蓬萊仙閣에 올라 "날씨가 청명한 새벽에 동쪽을 바라보면, 하늘과 바다가 하나로 만나는 수평선 위로 처음에는 황금빛 광채만 천천히 올라오다가 갑자기 일순간 사방으로 빛줄기가 찬란하게 온 바다 위로 퍼져 나가 하늘과 바다가 온통 붉게 물든 후, 태양이 드디어 모습을 드러내는"[358] 광경을 말한다. 羽人(우인)이란[359] 신화 속 하늘을 나는 신선을 말한다. 이처럼 봉래각의 아름다운 선경과 진시황이 꿈 꾸었던 장로불사에 얽힌 전설들은 조선사신들의 마음을 사로잡았다.

---

358 "長越東望, 天色晴明, 海天相際之處, 初浮光耀, 金冉冉而上, 倏, 離披璀璨遍海, 皆赤而日出矣". (明)徐應元 纂修, 《(泰昌)登州府志》卷首圖〈碧浪金烏〉, 河南省圖書館藏版.

359 《楚辭·遠遊》에 "하늘 신선이 산다는 여기 단구에 와서 이 불사의 옛 땅에 머물렀네(仍羽人於丹丘兮, 留不死之舊鄕)"라는 구절이 있는데, 洪興祖(홍흥조)는 補注에서 "우인이란 하늘을 나는 신선이다(羽人, 飛仙也)"라고 설명했다.

현재의 蓬萊閣에 所藏된, 淸나라의 著名한 書法家 翁方剛의 모필본 〈海市詩〉 석각[360](집필진 답사 촬영)

한편, 봉래각에는 이외에도 여러 유서 깊은 유물들이 현재까지도 많이 남아 있는데, 蘇軾이 지었다는 "海市詩"와 陳搏(진박)이 쓴 "福, 壽" 두 글자를 새긴 석비가 특히 사신들의 주목을 받았다.

오윤겸은 《秋灘東槎朝天日錄》에서 1622년 6월 6일 북경으로 가는 길에 그 명성을 흠모하여 蓬萊閣을 찾아간 일을 기록하였는데, "봉래각은 등주성의 서북쪽 가장 높은 곳에 2층으로 지어졌으며 등주성을 굽어보고 있었다." 또한 봉래각의 정상에 서면 "북으로는 발해, 남으로는 성 안을 굽어볼 수 있었다."[361] 吳允謙은 蓬萊閣의 누각에 蘇軾이 자필로 지은 〈海市詩〉를 새긴 석비를 직접 보았는데, 석비에 새겨진 글자들은 오랜 세월을 거치면서 풍화작용으로 인해 곳곳이 닳아서 없어져 버렸다. 당시 석비에 새겨진 "글자 가운데 열에 두셋 정도만이 온전할 따름이었다(字畫剜缺, 十全二三矣)." 이에 대해 吳允謙은 크게 탄식하며 〈소식의 해시 석비(東坡海市碑)〉라는 시를 남겼다.

　　　〈소식의 해시 석비〉

360　蓬萊閣管理處 編 ,《蓬萊閣碑刻詩文賞析》, 文物出版社 , 2013 , pp.02-03.
361　"閣在城西北最高處 , 構二層樓壓城";"北望渤海 , 南俯城中"

천년 세월 거치며 푸른 이끼 가득 핀 석비 어루만지며
낮은 소리로 대문호 소식의 海市詩를 읊조려 보네.
은고리 이어진 듯한 대석학의 서체 다시 볼 수 없으니
다만 이리저리 살펴보고 궁리해볼 뿐이라네.
소식이 해신께 기도 올려 가을 해시 보았다는 기이한 이야기
지금 어디에서 다시금 들을 수 있을 것인가!
진시황이 장생불사를 구하고자 신선을 쫓아왔다는 사적을
지금은 흔적조차 찾을 수 없구나!
쓸쓸히 남은 몇몇 섬들
일렁이는 푸른 파도 위에 떠있을 뿐이라네.

〈東坡海市碑〉
手拂苔紋石 , 沈吟海市詩。
銀鉤沒複見 , 瓊韻得還疑。
異事今何在 , 仙蹤杳莫追。
空餘數點島 , 蕩漾碧琉璃。

소식이 등주에 부임했을 때 마침 시월이었다. 봉래각 앞바다에 생기는 해
시 현상(바다 위 신기루)을 직접 보고자 했으나 현지 장로들은 해시 현상
은 봄이나 여름에야 볼 수 있으며 시월에는 물이 차가워 해수가 증발하지
않아 보기 어렵다 했다. 그런데 소식이 해신 사당에 제사를 올렸더니 다
음날 해시가 나타났다. 이에 봉래각 아래 석비를 세우고 자신이 지은 〈해
시시〉를 새겼으니 이는 소식의 친필이다. 직접 석비를 보니 푸른 이끼가
피고 글자가 닳아 없어져 거의 알아보기 어려웠다. 이때 오언율시 한 편
을 지었는데 어디 두었는지 잊어버리고 있었다. 어제 약봉지를 펼쳐보니
거기에 적어 둔 것을 발견했다. 2월 서교에서 쓰다. 東坡蒞登州 , 適十月
也。欲賞海市 , 父老言春夏或見之 , 十月水寒 , 氣閉難見。東坡禱海神
祠 , 翌日現。蓬萊閣下 , 有石碑刻海市詩 , 東坡親筆也。苔紋剝落 , 幾
不可見。仍成五言一律 , 忘失不記。昨於藥裏紙得之 , 癸亥二月 , 在西
郊。(吳允謙《秋灘東槎朝天日錄》)

吳允謙은 이 시의 뒤에 주를 달아서 소동파의 〈海市詩〉 창작 배경과 석비의 설립과
정, 그리고 자신이 쓴 〈東坡海市碑〉를 어디에 써 두었는지 잊어버렸다가 다시 되찾은
과정을 설명하였다. 1연에서 사신은 천년의 세월을 거치면서 푸른 이끼가 가득 낀 석
비를 어루만지면서 낮은 소리로 소동파의 〈海市詩〉를 읊어 내려간다. 당시 石碑는 천
년의 세월동안 풍화작용을 받아 "글자는 닳아 없어져 겨우 열 글자 중 두세 글자 정도
만 온전했으니(字畫剜缺 , 十全二三)," 사신이 당시 소동파의 〈海市詩〉를 쭉 읽어내려
갈 수 있었던 것은, 아마도 이전에 〈海市詩〉을 암송할 수 있을 정도로 익히 알고 있었
기 때문일 것이다. 이어진 2연에서 은고리가 이어진 듯 아름다웠을 소식의 친필 묵적
이 지금은 거의 마멸되어 다시 볼 수 없게 되었으니 그 아름다운 필체는 반복해서 살피
고 궁리해야만 겨우 대체적인 모습을 추측해볼 수 있을 뿐이라고 말한다. 銀鉤(은구)란
원래 휘장을 거는 은으로 만든 고리의 뜻이지만 여기에서는 단단하고 강건하면서도
아름다운("遒媚剛勁") 필체를 말한다. 唐나라 杜甫의 〈陳拾遺故宅(진습유고택)〉에 보면
"지금 흰 벽은 반질반질 미끄러운데 붓글씨는 은고리처럼 이어져 있다"[362]라는 구절이
보인다. 瓊韻(경운)이란 瓊章인데, 아름다운 시에 대한 미칭으로 곧, 소식의 〈해시시〉
을 칭송하는 것이다.

이어진 3연에서 소식이 해신에게 기도를 올려 가을임에도 불구하고 해시를 보게 되
었다는 기이한 이야기, 진시황이 장생불사를 구하기 위해 봉래선경으로 직접 찾아와
선선의 흔적을 쫓았다는 전설은 이제 세월의 흐름 속에 그 흔적조차 찾을 수 없게 되
었다고 말한다. 마지막 연에서 지금은 단지 푸르고 투명한 망망대해의 일렁임, 그 위를
점점이 떠있는 섬들이 남아 있을 뿐이라고 탄식한다. 琉璃(유리)란 파랗고 투명하며 반
짝반짝 빛나는 물체를 비유하는데 여기서는 푸른 파도를 비유하고 있다.

1624년 9월 4일 조선사신 李德洞은 尹暄, 洪翼漢과 함께 蓬萊閣을 유람하고서 蓬
萊閣의 전경뿐만 아니라 봉래각 난간에서 조망한 登州水城의 풍경, 봉래각의 경내에
있는 陳希夷(진희이)가 쓴 '壽福' 두 자를 새긴 비석, 소식의 〈해시시〉를 새긴 비석, 神
仙洞 그리고 石境(석경) 등에 대해서도 기록했다.

---

362 "到今素壁滑 , 灑翰銀鉤連"

지금 蓬萊閣의 臥碑亭(와비정)내에 있는《海市詩》石刻의 정면(왼쪽 그림)과 뒷면(오른쪽 그림).
정면은 蘇軾의《題吳道子畫後(제오도자화후)》이며 뒷면이《海市詩》이다. (집필진 답사 촬영)

(9월)4일 乙卯일 오후 부사, 서장관과 함께 蓬萊閣에 올랐다. 丹崖山의
절벽은 萬丈의 높이로 바다를 향해 날 듯이 뻗어 있는데, 봉래각은 이 단
애산 위에 지어졌다. 아스라이 구름 사이 겹겹이 이어진 봉래각 붉은 난
간에 올라 저 멀리 만리 밖 바다를 바라보고 있으려니 바다 끝 조선의 땅
도 능히 볼 수 있을 듯한데 아쉽게도 나의 시력이 이르지 못한다. 단애산
절벽 아래로 큰 호수를 파고 성의 북쪽을 터서 수로를 바다와 직접 연결
하여 수많은 배들을 성 안에 정박시켰으니 빽빽히 늘어선 돛대가 장관을
이룬다. 陳希夷가 직접 쓴 '壽福' 두 자를 새긴 석비와 소식이 직접 쓴 〈해
시시〉를 새긴 석비도 봉래각 안에 있으니 더욱 진기한 볼거리이다. 石鏡
은 밝게 빛나 모든 걸 비추니 어떤 물건도 그 형체를 숨길 수 없었으며 빛
없는 흐린 날에는 구름을 밝힌다. 또한 신선동은 그 안이 아주 깊고 어두
워서 속세를 벗어난 고적한 기운이 가득하여 하늘이 맑고 달이 밝은 밤에
는 뭇 신선들이 학과 난새를 타고 천상에서 내려올 것 같았다. 저 깊은 계
곡 어디선가 학의 울음소리, 오색 채운 가득한 천공으로부터 청아한 옥피
리 소리 가끔씩 들려올 듯하다. (九月)四日 , 乙卯。午後 , 與兩使登蓬
萊閣。丹崖萬丈 , 飛出海頭 , 而閣在崖上。朱欄縹緲 , 騁眺萬里 , 我國
之境亦可望見 , 而但眼力不能及矣。崖下掘爲大池 , 劃城一面 , 萬帆簇
簇 , 眞壯觀也。有石碑刻陳希夷'壽、福'大字、蘇子瞻《海市詩》尤爲環
奇。又有石鏡 , 光瑩洞澈 , 物無遁形 , 而天陰則尤朗雲。且洞界幽深 ,
故絕世塵 , 故天朗月明之夜 , 則隱然若群仙駕鶴驂鸞自天而降 , 九皐淸
唳 , 玉蕭雅響 , 往往聞於五雲之中矣。(李德泂《朝天錄(一云航海錄)》)

陳希夷는 陳搏(진박, 871-989)으로 字는 圖南이며 晩唐, 五
代, 宋初의 시대를 걸쳐 살았으며 毫州(박주) 眞源사람이다.
唐 長興년간에 進士가 되었는데, 큰 뜻을 품고 武當山에 은거
했다가 다시 華山에서 도를 닦았다. 송 태종 雍熙(옹희)년간
初에 希夷先生이라는 호를 하사 받았고, 다시 송 端拱(단공)
년간에 蓮花峰 아래에서 승천하였다[363]고 한다. 陳搏이 쓴 "壽
福" 두 글자를 새긴 石碑와 소식의 〈해시시〉 석각은 "둘 다 정
말로 세상에서 보기 드문 물건(素皆爲稀世之物)"으로 후세에
대대로 귀한 대접을 받았다.

지금의 蓬萊閣 경내
避風亭 옆에 있는 鏡石
(집필진 답사 촬영)

일찍이 登州海防副使를 역임했던 閻士選(염사선)[364]이 지은
《鏡石記》[365]에는 李德洞이 말한 "石鏡" 곧, "鏡石"에 대한 기록이 있다. 당시 廟島에 돌
이 하나 있었는데, "거울처럼 밝게 빛나서 모두들 영기가 모여서 그런 것(光明如鑒, 僉
謂靈氣所鐘)"이라고 생각했다. 어떤 어부가 그 돌을 육지로 가져와서 '鏡石'이라고 불
렀다. 鏡石은 "대체로 폭이 한 척(約方廣止於徑尺)을 넘지" 않았고 "표면이 밝게 빛나고
매끄러웠다(瑩潤圓滑)." "햇빛이 비치면 오색을 토해내 사람을 쏘는 듯하고 먼 산과 구
름 그림자 황홀하게 출렁거리니 그 속에 비치지 않는 사물이 없었다." 일찍이 參將의
身份으로 임진왜란 때 원병으로 조선에 가서 전공을 세웠던 彭友德(팽우덕)은 봉래각

363　(元)脫脫 等 撰 ,《宋史》卷四百五十七列傳第二百一十六 , 淸乾隆武英殿刻本版/(宋)亦名撰 ,《錦繡
　　萬花穀》卷三十 , 淸文淵閣四庫全書本版.

364　"閻士選은 江都사람으로 어려서부터 명망이 높았다. 己卯, 庚辰의 대과에서 연이어 급제하고 蘄縣
　　令을 제수받아 선정을 베풀었다. 후에 戶部郞이 되었다가 萊州의 태수가 되었다. 당시에 柳廷瓚이라
　　는 협객이 살륙을 자행하자 원한있는 사람들이 모여 자위대를 만들었는데, 관군이 그 날카로운 기세
　　를 꺾지 못할 정도였다. 염사선은 비밀리에 방책을 주어 그들을 사로잡았고 登州海防副使로 승진하
　　였다. 浙兵의 소요가 일어났을 때 등주에도 닥칠 것이란 소문을 들은 염사선은 우두머리 한두 명을 잡
　　아들여 등주를 안정시켰다. 그가 재임한 3년 동안 무기와 군대가 정비되었고 한가하면 붓을 들고 학
　　문에 힘쓰게 했으니 문무를 겸비한 인재였다. 후에 山西參政, 轉右布政의 자리에 올랐다."(閻士選, 江
　　都人。蚤負儁譽 , 聯魁己卯、庚辰兩闈 , 是科罷中秘 , 選授蘄縣令 , 有惠政。後由戶部郞出守萊州。時有大俠
　　柳廷瓚戕殺 , 怨家聚徒自衛 , 官軍畏懦不敢攖其鋒。選械授方略擒之 , 升登州海防副使。值浙兵鼓噪 , 選聞變
　　兼程赴登 , 捕治一二渠魁 , 登賴以安。在任三年 , 修戎具 , 飾武備 , 暇則操觚紀物 , 蓋才兼文武云。升山西參
　　政 , 轉右布政。" (明)徐應元 纂修 ,《(泰昌)登州府志》卷之九〈人物志一〉, 河南省圖書館藏版.

365　(明)徐應元 纂修 ,《(泰昌)登州府志》卷之十五〈藝文志三〉, 河南省圖書館藏版.

에 이 鏡石을 세우고 "장졸들을 경계하고 거울로 삼게 했다."[366]

　　李德泂은 아래의 시도 함께 지어 당시에 느꼈던 소감을 술회하고 있다.

> 아스라이 높이 솟은 봉래각, 전설 속 봉래와 영주산조차 압도하는데
> 하늘과 바다 하나로 만나 눈 아래에 펼쳐지네.
> 동으로는 해돋는 부상에 닿아 멀리 조공 올리는 길 되고
> 북으로는 요동과 북경에 이어져 오랑캐의 난리 평정하네.
> 신선이 되어 승천했다는 진박의 기이한 전설, 석비로 남아있고
> 소동파의 호방한 시, 옛 석벽에 아직도 새겨져 있네.
> 오늘의 이 장관 오매불망 그리워했으나
> 이곳을 정말 보게 될 줄은 평생에 생각조차 하지 못하였네!

> 高樓縹緲壓蓬瀛 , 一統乾坤眼底平。
> 東接扶桑包貢遠 , 北連遼薊虜塵橫。
> 希夷異跡殘碑在 , 坡老雄詞古壁銘。
> 今日壯觀眞夢寐 , 玆游曾不料平生。
> (李德泂《朝天錄(一云航海錄)》)

　　시의 1연과 2연에서 작자는 단애산 정상에 구름 위로 아스라이 솟아 있는 봉래각에 올라 전설 속의 봉래산과 영주산조차 압도하는 장쾌한 풍광을 목도한다. 이어 봉래각 아래로 펼쳐진 일망무제의 바다를 바라보며 이 바다가 동으로는 고향인 조선땅으로, 북으로는 요동과 북경 부근으로 펼쳐졌음을 상기한다. 蓬瀛(봉영)은 蓬萊山과 瀛洲山으로 신선이 산다고 전해지는 전설의 산이다. 包貢(포공)은《書·禹貢》에 "귤과 유자를 포장하여 헌상하다(厥包橘柚錫貢)"에서 나온 말로서 이후 "包貢"은 황제에게 진상한다는 뜻으로 사용되었다. 遼薊(요계)란 遼지역(지금의 遼寧)과 薊지역(지금의 北京市와 河北省 東北 일대)를 가리킨다. 두 지역은 서로 인접하여 통상 병칭된다. 虜塵(노진)이란

---

366 "每當日映 , 若有五色射人 , 山光雲影 , 恍惚動盪 , 包含固無盡者"; "常以之訓戒將士 , 爲殷鑒"

지금 蓬萊閣 내 天后宮 앞 전각 벽 위에 새겨진 陳希夷의 '壽福' 두 글자(집필진 답사 촬영)

적이나 오랑캐, 반란군 등이 침략하여 어지럽힘의 뜻이다. 이어서 시의 3연과 4연에서 봉래각의 유적들을 묘사하였다. 蓮花峰 아래에서 신선으로 승천하였다는 전단의 이적을 지금은 확인할 길이 없지만, 봉래각에는 여전히 그가 직접 썼다는 "福壽" 두 글자를 새긴 石碑가 남아 있으며 또한 蘇東坡가 친히 쓴 "海市詩" 石刻도 남아 있다. 봉래각의 선경과 진박의 글씨, 소동파의 친필 필적을 지금 직접 보게 되었는데, 이런 일은 이전에는 미처 생각조차 못했던 일로서 오늘에야 드디어 일생의 꿈을 이룬 듯하다는 벅찬 심정을 표현하였다.

　1624년 9월 4일 李德泂과 함께 蓬萊閣을 유람한 서장관 洪翼漢도《花浦朝天航海錄》에 당시 본 광경을 자세하게 기록하고 있다.

　　9월 4일 乙卯일 맑음 오후에 정사, 부사와 함께 蓬萊閣에 올라 아스라이
　　피어오르는 운무 너머 동쪽 고향 땅 조선을 바라본다. 소식이 〈전적벽부〉
　　에서 말한 "저 멀리 아득해지네! 나의 마음, 다른 하늘 끝에 있는 미인을
　　그리네"라는 표현이 아마도 이런 것이다. 봉래각 난간에 기대 눈 비비고

바라보니 정신이 맑고 깨끗해지며 만장 높이의 단애산 절벽은 바다를 향해 날 듯이 뻗어 있어 과연 신선의 세계라 할 만했다. 신선과 묵객들이 남긴 걸작 가편들은 아직도 이끼 낀 석비에 남아 있어 이루 다 셀 수 없다. 陳希夷가 커다랗게 쓴 "壽福" 두 글자와 소식이 남긴 〈해시를 바라보다〉는 특별히 진귀하고도 아름다워 유람객들의 눈을 휘둥그레지게 만든다. 봉래각 서쪽 모퉁이에 크기가 쟁반 만한 石鏡이 하나 있는데 거기에 사물을 비추면 아름다움이든 추함이든 있는 그대로 다 비추어 아무 것도 감출 수 없으며 날씨가 흐린 날에 더욱 투명하다고 한다. 봉래각의 북쪽에는 珠璣岩이 있는데 소식이 거기의 돌을 가져와 석창포를 길렀다는 곳이다. (九月)初四日, 乙卯。晴。午後, 與上、副使登蓬萊閣, 東望本國于蒼茫雲海外。蘇軾所謂"渺渺兮余懷 , 望美人兮天一方"者, 此也。憑欄揩眼, 境界淸眞, 丹崖萬丈, 飛出海頭, 果是仙區。墨客仙翁之遺篇傑句, 尙著老石蒼苔之面者, 不可勝計。而陳希夷"壽、福"大字, 蘇子《瞻海市》一詩, 尤爲瓌奇, 斯可以大遊人眼孔。閣之小西, 有石鏡, 大如盤, 以物來照, 萬㨾妍蚩, 無所逃形, 而天陰則尤朗云。其北有珠璣岩, 東坡所以養菖陽者是耶。(洪翼漢《花浦朝天航海錄》)

洪翼漢은 봉래각에 올라 마치 소식이 〈전적벽부〉에서 "멀리 아득해지네! 나의 마음, 다른 하늘 끝에 있는 미인을 그리네"[367]라고 묘사한 것과 흡사한 신선의 세계를 직접 목도하게 된다. 그리고 이어서 陳摶의 "福壽" 두 글자를 새긴 石碑와 소동파의 〈해시시〉를 새긴 石刻을 "유람객의 눈을 휘둥그레지게 하는(可以大遊人眼孔)" 시대의 걸작이라고 소개한다. 한편, 홍익한은 같은 날 유람했던 李德泂의 기록에는 보이지 않는 珠璣石(주기암)도 언급한다. 주기암은 蘇軾이 그곳에서 주기암을 채취하여 "창포를 재배하였다(以養菖陽)"는 이야기가 전해진다. 소식의 기록에 따르면 "봉래각 아래로는 천 길의 절벽인데 파도에 침식되어 돌덩이들이 부서져 내려 오랜 세월 마모되어 동글동글 작고 귀여운 차돌맹이가 절벽 아래 쌓이게 되었는데, 현지인들은 이를 두고 彈子渦

---

367 "渺渺兮余懷 , 望美人兮天一方"

(탄자와, 탄환이 쌓인 소용돌이)"[368]라고 했다. 蘇軾이 말한 "탄자와"는 바로 洪翼漢이 언급한 "주기암"이다. 《明一統志》의 기록에 따르면, 蓬萊丹崖山 아래는 "천길 낭떠러지인데 그 아래 해안가에 작은 돌들이 쌓여 있었다. 그 형상은 마치 구슬같기도 하고 탄환같기도 했는데 오랜 세월 파도에 마모되어 둥글둥글 하면서도 반질반질 빛이 나서 보기에 귀여웠다. 사람들이 그것을 '彈子渦'라고 불렀는데, 소식이 그 돌 몇 백 개를 주워 와서 창포를 길렀으며 이에 시를 지어 慈堂老人(자당노인)에게 주었다"[369]고 한다. 石菖蒲(석창포)는 일명 石蒲라고도 하는 관상식물이다. 丹崖山의 珠璣岩 역시 登州府의 유명한 경관 가운데 하나로서 이른바 "만 말의 구슬(萬斛珠璣문곡주기)"라는 미칭으로 널리 알려졌다. 蓬萊閣 국립공원 古船舶博物館 관장 劉莉(유리) 선생에 따르면, 원래 1990년대 초반까지만 해도 단애산 절벽 아래에 둥글둥글한 차돌이 많이 쌓여 있었으나 근래 관광객들이 하나 둘 차돌을 주워 가는 바람에 지금 주기암 아래에는 둥근 차돌이 하나도 남지 않게 되었다고 한다. 그래서 "주렁주렁 탄환처럼 큰 차돌들 사이로 작은 돌들이 진주처럼 펼쳐져 있던(累累彈丸間, 瑣細成珠徘)" 주기암의 옛 모습은 이제 단지 옛 그림 속에서나 확인할 수밖에 없게 되었다.

　金德承의 《天槎大觀》에는 蓬萊閣의 연혁에 대해 다음과 같이 기록하고 있다. 즉, 蓬

明 《(泰昌)登州府志》의 卷首에 첨부된 〈萬斛珠璣〉 그림과 현재 蓬萊閣 앞의 珠璣岩. (집필진 답사 촬영)

368　"蓬萊閣下 , 石壁千丈 , 爲海浪所戰 , 時有碎裂 , 淘滅歲久 , 皆圓熟可愛 , 土人渭此彈子渦也。" (宋)蘇軾 , 《蘇文忠公全集》〈東坡集卷十八〉, 明成化本版。

369　"石壁千丈 , 水中有小石 , 狀如珠璣 , 或如彈丸 , 歲久爲海浪所磨蕩 , 圓潔光瑩可愛 , 俗呼'彈子渦'. 宋蘇軾嘗取遺數百枚 , 養石菖蒲 , 且作詩遺垂慈堂老人"(明)李賢 , 萬安等撰修 , 《(萬曆)大明一統志》卷二十五〈登州府〉,淸文淵閣四庫全書本版。

萊閣이 있는 곳은 "원래는 海神廟가 있었는데 宋 治平 년간에 郡守 朱處約(주처약 -김 덕승은 朱虔約으로 적고 있는데, 이는 잘못 기재한 것임)이 이를 서쪽으로 옮기고 원래의 자리에 봉래각을 지었다."[370] 이러한 기록은《明一統志》의 "蓬萊閣은 등주부성의 북쪽 丹崖山의 정상에 있다. 원래는 海神廟가 있었는데, 宋 治平 년간에 郡守 朱處約이 이를 서쪽 모퉁이에 옮기고 원래의 자리에 누각을 지었으니 지역사람들이 유람하는 명소가 되었다."[371]라는 기록과 대동소이하다.

한편, 蓬萊閣이 처음 지어진 시기에 대해서는 중국 지방지의 기록에 따라 차이가 있다. 예를 들어《明一統志》에는 "宋 治平 연간"으로 기록되어 있으나 朱處約의《蓬萊閣記》에는 "嘉祐 辛丑 년간에 지방을 다스림에 여러 해 동안 큰 잘못이 없었고……이 모든 것이 바다의 큰 덕택 때문이라고 여겼기에 해신을 기리기 위해 내가 새 사당을 지었으며 옛 사당의 자리에는 봉래각을 세웠으니 지역사람들이 유람하는 명소가 되었다"[372]라고 기재하였다. 治平은 北宋 英宗 趙曙(조서)의 연호이며 1064년에서 1067년 사이의 기간이다. 嘉祐는 北宋 仁宗 趙禎(조정)의 연호로서 1056년에서 1063년 사이에 사용되었다. 嘉祐 신축년은 北宋 嘉祐 6년 즉, 1061년이다. 곧, 주처약의 기록에 따르면 蓬萊閣은 1061년에 처음으로 건축된 것이다.

明代 兵部右侍郎 宋應昌이 쓴《重修蓬萊閣記》[373]의 기록을 보면, 명나라 洪熙 元年 (1425)과 명나라 成化 7년(1471)에 두차례 중수했었고 이후 山東巡撫 李戴(이대)가 건의하고 登州를 본적으로 둔 장수 戚繼光(척계광) 등의 사대부들이 자금을 대서 3년간 대대적인 공사를 단행하여 명나라 萬曆 17년(1589)에 보수 확장 공사를 완료하였다. 宋應昌에 의하면, 당시의 보수 확장 공사는 "설계가 크고 넓게 되어서 이전과 비교할 때 10배 이상 커졌(規畫宏敞 , 視舊貫什倍之)"으며 "좋은 재료로 튼튼하게 지어졌(材美

---

370 "舊爲海神廟 , 宋治平間 , 郡守朱虔約移於西 , 而仍基建閣"

371 "蓬萊閣在府城北 , 丹崖山頂。舊爲海神廟 , 宋治平間郡守朱處約移於西偏 , 即其故基建閣 , 爲州人 遊賞之所"(明)李賢 , 萬安等撰修 ,《(萬曆)大明一統志》卷二十五〈登州府〉,淸文淵閣四庫全書本版。

372 "嘉祐辛丑 , 治邦逾年 , 而歲事不愆……因思海德潤澤爲大 , 而神之有祠 , 俾遂新其廟 , 即其舊以構 此閣 , 將爲州人遊覽之所"(明)徐應元 纂修 ,《(泰昌)登州府志》卷之十五〈藝文三〉, 河南省圖書館藏 版.

373 (淸)鄭錫鴻 , 江瑞采 , 王爾植等 纂修 ,《(光緖)蓬萊縣續志》卷之十二〈藝文志上〉, 光緖八年(1882)年刻 本版.

1939년에 찍은 봉래각의 정문[374]

制鉅)"기에 "명승지로서 이름이 널리 알려졌다(地勝名遠)." 명나라 崇禎 4년(1631), 毛
文龍의 수하였던 孔有德이 叛亂을 일으켜 登州를 침략했을 때 蓬萊閣도 심각하게 훼
손되었다. 崇禎9년(1636) 陳鐘盛(진종성)이 "황폐해져 잡초만 우거지고 기와와 담장이
허물어진 봉래각의 모습에 쓸쓸히 눈물 흐리면서(荒煙蔓草 , 頹垣裂瓦 , 滿目蕭條)", "심
히 슬퍼하였다(感極而悲)." 그래서 淸 嘉慶 24년(1818) 登州知府 楊本昌이 다시금 重修
하였는데, 그 때 중수된 蓬萊閣이 기본적으로 지금까지 전해지고 있는 것이다. 이처럼
蓬萊閣은 여러 차례의 파괴와 중수의 역사를 거쳤다. 1982년 蓬萊閣은 중국의 "국가
급 중점 문물보호 단위(國家重點文物保護單位)"로 지정되어 지금까지 지속적으로 관리
와 보수작업이 이루어지고 있다.

3.3 登州城(登州內城/東牟城)

3.3.1 登州城

아래의 1)과 2)는 1624년 登州에 도착했던 謝恩兼奏請使臣團의 정사 李德泂과 서

374　蓬萊閣正門(사진),《新民報半月刊》第1卷 第14期, 1939 年, 44頁

장관 洪翼漢이 각각 《朝天錄(一云航海錄)》와 《花浦朝天航海錄》에서 登州城에 대해서 묘사한 부분으로 두 사람 모두 登州城의 웅대한 규모에 감탄하며 그 모습을 서술하였다.

1) 8월23일 乙巳일 아침에 출항하여 저녁에 등주성 수문 밖에 배를 정박 시켰다. 등주는 옛날 嵎夷國이다. 성 위로는 화려한 누각이 햇살에 반 작거리고 희게 분칠을 한 성가퀴는 그림처럼 아름답다. 성 안에는 상점 과 주막들이 줄지어 있고 비단과 진귀한 물품들이 산처럼 쌓여 영롱하 게 빛난다. 청루에는 곱게 단장한 아름다운 여인들이 주렴을 반쯤 걷고 비단 창문에 살며시 기대어 오고 가는 손님을 웃음으로 유혹하고 있다. 사람과 물화가 이처럼 넘쳐나고 화려한 것을 보건데 이곳은 실로 웅대 한 해상 도시라 할 만하다. (八月)二十三日, 乙巳。早朝, 发船, 晚泊 登州水门外, 盖登州, 古嵎夷国也。城上彩阁耀日, 粉堞如画。城内 市肆分列, 青帘成队, 锦绣堆积, 珍货玲珑。间有青楼, 凝妆美姝, 半卷珠箔, 娇倚纱窗, 笑迎往来游客。其人物之殷盛、华丽如此, 实 是海上雄藩巨鎭也。(李德泂, 《朝天錄(一云航海錄)》)

2) 8월23일 乙巳일 맑음 아침에 조수가 들어올 때, 다른 배들과 함께 돛을 올렸다. 막 땅거미가 질 때 登州水門 밖에 도착했다. 登州는 옛날 嵎夷 國이다. 동쪽 끝에 위치하여 높다란 암벽이 바다를 온통 둘러싸고 있 다. 그 위에 세워진 높은 성벽은 땅에 박힌 듯, 화려한 처마지붕은 하늘 을 받들고 있는 듯하니 정말로 웅장하고 거대한 도시다. (八月)二十三 日, 乙巳, 晴。早潮上, 与诸船同举帆。薄晚, 泊登州水门外。登 州, 古嵎夷国也, 地势极東, 石崖薄海, 丰屋崇墉, 扑地擎天, 实为 雄藩巨鎭。(洪翼漢, 《花浦朝天航海錄》)

이덕형은 등주성 수문 밖에 정박한 배 위에서 바라본 등주성을 "화려한 누각이 햇살 에 반짝거리고 희게 분칠을 한 성가퀴는 그림처럼 아름답다"라고 묘사했으며, 홍익한 은 "동쪽 끝에 위치하여 높다란 암벽이 바다를 온통 둘러싸고 있으며," 성 안팎의 "높 은 성벽은 땅에 박힌 듯, 화려한 처마지붕은 하늘을 받들고 있는 듯하다."라고 묘사했다. 李德洞은 여기에 더하여 "성 안에는 상점과 주막들이 줄지어 있고 비단과 진귀한 물품들이 산처럼 쌓여 영롱하게 빛난다."라고 하여 명말 등주의 경제가 크게 번성하고 있었음을 간접적으로 보여주고 있다. 당시 登州는 山東半島와 遼東半島, 한반도를 잇는 교통의 허브였으며 상인들이 중국의 북방과 남북의 물산을 유통하는 교역지로서 크게 번성했다. 李德洞과 洪翼漢은 이러한 등주의 경제적 번영을 목도하였고 "실로 웅대한 해상도시(實爲雄藩巨鎭)"라며 감탄해 마지 않았다.

한편, 李民宬은 〈등주에서 즉흥으로 지은 시(登州即事)〉를 지어 당시 등주성의 번화한 모습을 묘사했다.

〈등주에서 즉흥으로 지은 시〉

등주성 밖은 해풍 불어 높은 파도 일렁이는데
등주성 안은 악기소리로 떠들썩하네.
삼국시대 오나라 강동 6부의 번화한 도시를 옮겨 놓은 듯
사방에서 온 배들이 등주성 수문 앞바다에 가득하네.
하늘이 수평선에 닿는 바닷가를 병풍처럼 둘러선 산맥 사이로
피어오른 산안개 헤치며 햇살 비치니
구름 위에 떠있는 듯 봉래각은 해무 속에 어른거리네.
오늘밤 달빛 밝은 봉래각은 유난히 적막한데
갈건 쓴 선비들과 맑은 술잔 기울이네.
(주) 등주성의 서북쪽에 누각이 있으니 蓬萊閣이며, 등주성의 북문을 水城門이라 한다.

〈登州即事〉
登州城外風濤翻 , 登州城中鼓吹喧。
六郡東南都會處 , 四方舟檝一城門。
天低海嶠嵐光潤 , 雲衬樓臺水氣昏。
今夜月明蓬閣靜 , 葛巾瀟灑對靑樽。

(城西北隅 , 有樓曰 : 蓬萊閣 ; 外城北門 , 名曰 : 水城門。)

(李民宬《燕槎唱酬集》)

이 시는 이민성이 1624년 8월말에서 9월 초순 사이 등주성에 머무는 동안 쓴 것이다. 1연에서 말하기를 등주성의 북쪽은 큰 바다로 항상 바람이 불고 큰 파도가 일렁거리는 반면, 성 안은 번화하여 각종 악기를 연주하는 음악소리로 떠들썩하다고 하였다. 여기서 鼓吹(고취)는 일종의 기악합주곡이다. 이어 2연에서 등주성은 마치 삼국시대 오나라의 강동6주의 중심지처럼 크게 번화하여 오고 가는 상인과 사람들이 떼지어 움직이며 북쪽의 요동과 북경, 남쪽의 강남을 오고 가는 상인들의 배가 무수히 수성의 문 밖에 정박해 있다고 묘사한다. 六郡은 삼국시대 孫策이 平定한 "江東六郡"를 가리킨다. 都會(도회)란 大城市이며, 舟檝(주즙)이란 舟楫(주즙)으로 노를 가리키는데,[375] 일반적으로 선박을 가리키는 말로 사용된다. 이어진 3연에서 하늘이 바다와 수평선으로 만나는 등주성의 서북쪽 해안가에는 丹崖山과 田橫山이 운무 속에 펼쳐져 있고, 단애산 위의 봉래각은 마치 신선의 누각처럼 해무 속에 어렴풋이 떠 있다고 묘사했다. 海嶠(해교)란 海邊에 펼쳐진 山嶺(산령)이다. 嵐光(람광)이란 산 속에서 피어난 안개에 햇빛이 비쳐 들어 은은한 광채가 나는 모양이다.[376] 4연에서는 水城門 부근이 소란스럽고 번화한 것과는 달리 밝은 달이 뜬 오늘밤 봉래각은 특별히 고즈넉하여 여러 벗들과 함께 흉금을 탁 털어놓고 술을 함께 마셨다고 한다. 葛巾(갈건)은 諸葛巾(제갈건) 혹은 綸巾(륜건)이라고도 하는데 葛布를 재료로 하여 가운데 주름을 잡은 頭巾으로 문인 풍류객들이 애용했다.

조선사신 崔有海는 1629년 9월 登州에 도착했다. 당시 兵部尙書 겸 右副都御史(우부도어사)였던 袁崇煥은 조선 조정에 諮文(자문)을 보내어 後金을 협공하기 위해 조선

---

375 《詩·衛風(위풍)·竹竿(죽간)》〈檜楫松舟(회즙송주)〉에 대한 毛傳의 주석을 보면 "楫이란 배를 젓는 것으로, 배는 노가 있어야 물을 밀어내어 앞으로 나아갈 수 있다(舟楫相配 , 得水而行楫所以棹舟 , 舟楫相配 , 得水而行)"라고 하였다.

376 (唐) 李紳, 〈若耶溪(약야계)〉 시에 "피어오르는 산안개 사이로 햇빛 비쳐 꽃그림자 그윽한 산기슭 돌아가니 꽃들이 드물어 지는가 싶은데 돌연 푸른 벽옥 같은 약야계가 펼쳐지네(嵐光花影繞山陰 , 山轉花稀到碧璚)"라는 표현이 보인다.

군을 파병해주기를 요청하였다. 조선 조정은 1629년 8월 崔有海를 賚諮使(뇌자사)로 삼아 袁崇煥에게 파견하여 조선군 파병의 일을 의논하도록 결정했다. 1629년 9월 崔有海 일행은 원숭환이 주둔하고 있는 覺華島(寧遠衛)를 향하여 출항했으나 도중에 폭풍을 만나 부득이 하게 登州로 피항하였다. 이때 공교롭게도 내란으로 원숭환이 처형을 당하고 요동의 정세가 극심한 혼란에 빠지게 되었다. 당시 최유해가 등주성에 도착했을 때 〈등주성에 들어가다(入城)〉라는 시를 썼는데, 여기서 최유해는 등주성의 번화함을 묘사했을 뿐만 아니라 국난을 당한 시국에도 지나치게 사치스러웠던 시정의 풍속을 비판적으로 바라보았다.

〈등주성에 들어가다〉

제나라 동쪽 거대한 해상요새 북쪽 수문으로 해로를 통제하고
해안가를 빙 둘러 쌓은 높디 높은 성벽 구름 위로 솟아 있네.
성내에 펼쳐진 수많은 상점 화려하고 사치스러워 천박하기만 하고
집집마다 걸린 편액 내용 없이 부화함만 쫓고 있네.
높은 관 쓰고 긴 소매자락 휘날림은 옛 제도 따른 것이나
부유하고 권력 있는 자들은 종군하지 않고 한량이 되어 놀기만 하네.
안영의 근검하고 공경하던 기풍 이제는 아는 사람이 없으니
나라를 다스릴 경륜 없어 다만 하늘에 기도만 할 뿐이라네.

〈入城〉
齊東雄鎭海門分 , 一帶層城上出雲。
萬店繁華誇末俗 , 千家扁額尙浮文。
高冠大袖猶遵古 , 遊手豪民不籍軍。
晏子餘風誰更識 , 經綸無路贊天君。
(崔有海《東槎錄》)

1연에서 등주를 "제나라 동쪽 웅대한 요새(齊東雄鎭)"라고 묘사했는데 이는 당시 등

주가 해상교통을 관제하는 군사요지이자 상업이 발달한 항구도시였음을 말한다. 또한 당시 등주성의 성벽은 그 길이나 규모가 장관을 이루고 있었다. 層城(층성)이란 重城, 高城을 말한다. 2연과 3연에서는 국가의 존망이 백척간두에 놓여 있었음에도 등주성 내의 상점과 여기 저기 걸려 있는 편액들은 사치스럽고 화려하기 그지없었다고 묘사하고 있다. 그리고 등주성 내의 민중들은 이전처럼 옛 제도에 따라 "높은 관을 쓰고 긴 소매의 옷(高冠大袖)"을 입고 있었으나 여유로운 "한량(豪民)"들은 국가의 앞날에 무관심하여 종군하여 적을 물리치고자 하는 마음이 전혀 없었다. 誇末(과말)이란 쓸데없이 과시하고 내실이 없다는 뜻이다. 浮文(부문)이란 화려하기만 하고 실질이 없는 文詞를 뜻한다. 遊手(유수)란 한가롭게 놀며 본업에 충실하지 않는다는 뜻이며, 豪民(호민)이란 부과 권력을 가진 사람들이다. 籍軍(적군)이란 軍籍에 이름을 올린다는 뜻으로 從軍함을 가리킨다. 이어서 4연에서 말하기를, 당시 등주성 내에서는 더 이상 齊나라의 晏嬰(안영)처럼 근검절약하고 공경스러우며 겸양하는 기풍을 찾아볼 수 없게 되었다고 한다. 晏子는 곧, 春秋시기 齊나라 제상 晏嬰에 대한 존칭이다. 經綸이란 國家를 다스리는 포부와 재능을 말한다.

앞서 이야기했듯이 唐 神龍 3년(707) 登州의 관아가 牟平縣에서 蓬萊鎭의 남쪽 1리 떨어진 곳으로 옮겨졌을 때 蓬萊는 鎭에서 縣으로 승격되었으며 登州城도 이때 처음 구축되었다. 宋, 元나라 때도 당나라의 제도를 따랐다. 1376년 登州는 다시 登州府로 승격되었고 동시에 登州衛도 설치되었으며 登州城의 규모도 점점 크게 확장되었다. 명나라 洪武 연간(1368-1398)에 指揮使 謝觀과 戚斌(척빈)이, 永樂 연간(1403-1424)에 指揮使 王洪(왕홍)이 登州城를 다시금 확장시켰다. 萬曆 연간(1573-1620) 임진왜란이 발발했을 때, 망대 28곳을 추가로 설치했으며 崇禎 연간(1628-1644)에 知府 桂輅(계로)과 戴憲明(대헌명)이 성벽의 높이를 3尺5寸(1m)[377]정도 더 높였다.

조선사신이 登州水城에 도착하여 登州城에 들어 가면서 보았을 登州城의 외관은 다음과 같았을 것이다. 곧, "府城의 둘레는 9리 정도 , 높이는 3丈5尺이었다. 문은 4개

---

[377]　(淸)王文燾 , 張本 , 葛元昶 纂修 ,《道光重修蓬萊縣誌》卷之二〈地理志·城池〉, 道光十九年(1939)刻本 참고

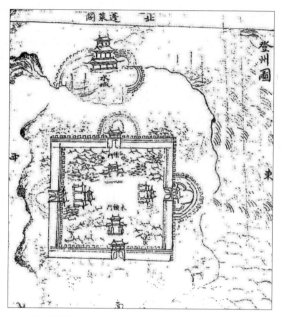

鄭斗源의《朝天記地圖》에 묘사된 明末 登州城과 登州水城

가 있었는데 동문은 '春生', 남문은 '朝天', 서문은 '迎恩', 북문은 '鎭海'라고 이름하였
다. 성문 위에는 각각 망루와 성가퀴가 있었을 뿐만 아니라 성벽 위에도 방어용 망루
7곳이 있었다. 성벽은 벽돌로 외장이 마무리되었고 임시거처 56곳도 마련되어 있었
다. 성의 위, 아래로 水門이 3개 있었으며 성둘레의 해자는 폭이 2丈 , 깊이가 1丈이었
으나 끊어진 곳이 있어 완전하지 않았다."[378] 또한 "성은 전체적으로 바르지 못한 사각
형 형태였으며 총면적은 8평방里 정도 되었다."[379] 다시 말해, 明末 登州城의 성벽은
총연장 5038m, 성벽의 높이는 10.9m였으며 전체적으로는 불규칙한 사각형 모양으
로 총면적은 대략 2평방km였다. 총 4개의 성문이 있었는데 동문을 '春生門', 남문을
'朝天門', 서문을 '迎恩門', 북문을 '鎭海門'이라 하였다. 성벽 위에는 7곳의 방어용 성

---

378 "府城圍計九里 , 高三丈五尺。四門 , 東曰'春生'、南曰'朝天'、西曰'迎恩'、北曰'鎭海'。其上各有
　　樓堞 , 連角樓共七座。其城用磚石包砌 , 窩鋪凡五十六間。上、下作水門三。壕池闊二丈 , 深一
　　丈 , 斷續不周匝"(明)徐應元 纂修 ,《(泰昌)登州府志》卷之五《地理志一·城池》, 河南省圖書館館藏版.
379 "城爲不規則志四方形 , 面積約八平方里"(民國)王明長等 纂修 ,《第四次重修蓬萊縣誌》, 青年進修
　　出版社 , 1961 , p.13.

루가 있었으며 성벽은 벽돌로 외장을 마감했다. 또한 성벽에는 모두 3개의 수문이 있었는데 上水門, 小水門, 下水門이 그것이다. 그리고 성의 주위는 폭 6.2m, 깊이 3.1m의 해자가 둘러싸고 있었다.

1949년 이후로 옛 登州城의 성벽은 역사 유적으로서의 가치를 인정받지 못하여 무관심 속에 조금씩 철거되어 사라졌다. 지금의 蓬萊市 境內에서 明代 登州城의 성벽이 비교적 잘 보존되어 있는 곳은 옛 護城河(호성하, 등주성 혜자)가 성내로 진입하는 '上水門'으로 지금은 이곳을 "상수문 유적(上水門遺址)"[380]혹은 "등주성 성벽 유적(登州府城牆遺址)"[381]이라고 부르며 지방 사적으로 보호하고 있다. 蓬萊市 학예연구사 高波 과장의 설명에 따르면 登州府城의 남쪽 구릉지에서 발원한 黑水河와 密水河는 登州府의 남쪽에서 만나 護城河(등주성 해자)로 유입된다고 한다. 이 두 줄기의 강물이 上水門을 거쳐 등주성 내로 유입된 이후로는 畫河(획하)라고 부르는데, 畫河는 登州府城을 관통하는 주요 하천이며, 上水門은 바로 畫河가 성내로 들어오는 통로가 되는 것이다. 상수문은 같은 크기와 모양의 아치형 다리굴 3개로 이루어졌는데 상수문 전체는 길이가 남북으로 10.75m, 높이가 6.5m, 폭이 동서로 4.6m이며 각각의 다리굴의 간격은 3.35m이다. 상수문의 하부는 긴 막대 형태의 성석을 사용했고 그 위로 구운 벽돌을 쌓아 올려 성벽의 일부를 이루고 있으며 현재 남아 있는 성벽은 상수문 유적을 포함하여 총연장이 27m에 불과하다. 현재 '下水門' 유적 부근 곧, 옛 등주성 남쪽 성벽 부근(지금의 蓬萊市 紫荊山街道(자형산가도) 故里社區(고리사구)의 남쪽 단독주택지구)에 거주하고 있는 주민의 증언에 따르면 지금의 단독주택의 기초를 닦을 때 사용한 벽돌이나 석재는 대부분 옛 등주성의 성벽을 헐어서 재활용한 것이라 한다. 근대 이후 신중국이 설립되고 경제가 발전함에 따라 도시가 확장되면서 재개발이 무분별하게 진행되었고 이에 따라 옛 登州城이 무차별적으로 철거되어 버려 지금은 원형이 거의 남지 않게 된 것이다.

蓬萊市 학예연구사인 高波 과장의 설명과 현지 답사 및 현지인 탐방을 통해서 옛 등

---

380 1996年 , 被定爲煙臺市市級文物保護單位。
381 2012年 , 被定爲煙臺市市級文物保護單位。

登州府 성벽 유적-上水門(좌측)
蓬萊市 故里社區 북쪽의 주택지구(上水門 유적의 서쪽)(우측) (집필진 답사 촬영)

주성의 4대문의 위치를 다음과 같이 고증할 수 있었다. 즉, 동문인 '春生門'은 지금의 蓬萊市 鐘樓東路25號(中國銀行 蓬萊市지점)의 남쪽이며, 남문인 '朝天門'은 蓬萊市 鐘樓南路234號(交通賓館)의 동쪽이며, 서문인 '迎恩門'은 蓬萊市 西關路와 鐘樓西路의 交叉路 서쪽이며, 북문인 '鎭海門'은 蓬萊市 北關路와 鐘樓北路의 交叉路 서쪽이다.

3. 3. 2 軍門衙門/兵巡道衙門/兵備道衙門/海防道衙門/知府衙門/ 監軍道衙門

아래의 글은 吳允謙의 《秋灘東槎朝天日錄》의 기록인데, 이를 통해서 우리는 둥주에 도착한 이후, 사신들이 밟았던 공식적인 일정을 대체로 이해할 수 있다.

> 5월26일 맑음. 당상역관 宋業男과 上通事를 軍門에 보내어 旗鼓官과 中軍을 알현하도록 했다. 조선 進賀사신단의 배가 도착했다는 것을 통보했기에 軍門은 즉시 知府로 하여금 사신단이 하선할 수 있도록 해주었으며 사람을 보내 숙소를 정하게 했다. (五月)二十六日, 晴。送堂上譯宋業男, 及上通事詣軍門, 見旗鼓官及中軍, 通朝鮮進賀使臣船到之, 由軍門即分付知府, 使之下船, 差人定館舍云。(吳允謙《秋灘東槎朝天日錄》)

조선 사신들이 탄 선박이 등주에 도착하게 되면, 먼저 중국어에 능통한 통역관을 軍門(登萊巡撫등래순무), 中軍(防撫中軍遊擊방무중군유격), 旗鼓官(防撫旗鼓守備방무기고수비)등 지방 관원에게 보내어 조선 사신단의 도착을 알린다. 군문은 이를 통보받은 후, 登州知府(즉, 登州知州)에게 분부하여 사행단이 하선할 수 있도록 하고 동시에 사행단이 묵을 숙소를 배정하는 등 사행단 지원업무가 이행되도록 조치한다. 숙소에서 여장을 풀고 나서 조선사신단은 登萊巡撫衙門 등의 官衙를 예방하여 見官禮를 행한다. 조선사신들은 登萊巡撫의 접대를 받으면서 조선의 국내 정세와 요동의 시국에 대해 담화를 나누고 사행의 구체적인 목적에 대해 통보하여 사행단이 원활하게 사행활동을 할 수 있도록 마소와 수레의 지원이나, 짐꾼이나 경호인력 파견 등 도움을 요청한다. 기록에 따르면, 吳允謙 일행은 당시 登萊巡撫 陶朗先(도랑선), 防撫中軍遊擊 蔡同春, 防撫旗鼓守備 施元震(시원진), 登州知府 魯廷彦(노정언), 兵備道(兵巡道-海防道) 譚昌言(담창언), 監軍道 楊述成 등과 직접 접촉하였다.

軍門은 바로 登萊巡撫인데 防海巡撫都禦史(방해순무도어사)라고도 불렸으며 登萊 지역의 最高官員으로 일반적으로 正二品 혹은 從二品의 품계를 지녔다. 淸《(光緖)增修登州府志》[382]의 기록에 따르면, 天啓 元年에 登萊 지역을 순시하면서 軍務를 전담하는 관직인 防撫軍門(혹은 防院)을 설치했는데 주로 登州에 주둔하면서 병사를 훈련하고 왜구를 방비하는 임무를 맡았으며 山東巡撫가 이들에 대한 군수 지원을 해주었다 한다. 崇禎2년에 철폐되었다가 3년에 회복시켰다.

明末 登萊巡撫를 담당한 인물로는 陶朗先(天啓元年), 袁可立(天啓2년), 武之望(天啓4년), 李嵩(이숭, 天啓6년), 孫國禎(天啓7년), 孫元化(崇禎3년)등이 있다. 中軍과 旗鼓官은 모두 登萊巡撫 막하 관료이다. 中軍은 海防道中軍 혹은 防撫中軍遊擊이라고도 하며 병사들을 거느리고 야전에서 왜구를 막는 임무를 수행했다. 武官으로 從三品의 품계이다. 明末에 防撫中軍遊擊을 역임한 인물로는 蔡同春(天啓元年), 許定國(天啓2년), 周洪謨(주홍모, 天啓4년), 羅寰英(라환영, 天啓6년), 裴希度(天啓7년), 王廷臣(崇禎3년)등이 있다. 旗鼓官은 防撫旗鼓守備 혹은 旗鼓官守備라고도 불렸는데 防撫中軍

382　(淸)方汝翼等 纂修 ,《(光緖)增修登州府志》卷之十二〈軍壘〉, 淸光緖七年(1881)刻本版。

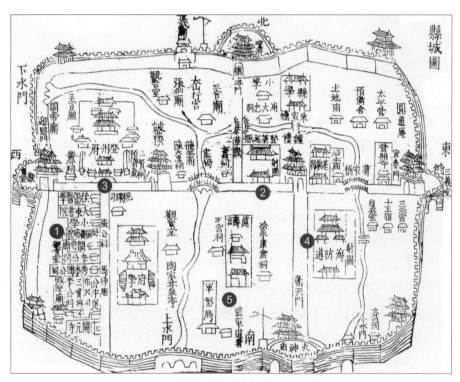

❶ 察院 ❷ 登萊巡撫衙門 ❸ 登州府署 ❹ 海防道署/兵備道署/兵巡道署 ❺ 監軍道署(〈蓬萊縣縣城圖〉,
(淸《(康熙)蓬萊縣誌》卷首圖))

遊擊 밑의 하급 軍官이다. 明末 防撫旗鼓守備를 맡았던 인물로는 施元震(天啟元年), 方壯猷(방장유, 天啟4년), 張斌才(장빈재, 天啟5년), 郭綽(곽작, 天啟7년), 強世爵(강세작, 崇禎7년)등이 있다. 兵備道와 監軍道將에 대해서 뒤에서 다시 설명하기로 한다.

아래의 글은 1622년 5월 27일에 登州에 도착했던 朝鮮登極使臣團 정사 吳允謙, 부사 邊潝(변흡), 서장관 劉應元 및 隨行翻譯官들이 登萊巡撫 陶朗先을 알현하는 장면을 묘사하고 있다.

(5월)27일 맑음 나와 부사, 서장관이 함께 아침부터 군문을 알현하고자 관아의 대청 앞마당의 가림벽 앞에서 서서 기다리고 있었다. 軍門은 관아의 대청 안에 앉아 答應官을 보내어 上使인 나와 부사, 서장관을 각각 차례로 불러 알현하도록 했다. 배알이 끝난 후에 대청의 서쪽 기둥 밖에 서 있었는데 군문이 대청 기둥 쪽으로 나와서 밖을 보고 섰다. 내가 지니고 있던 國王의 拜帖과 禮單, 單字, 諮文을 통역관을 시켜 軍門에게 올리도록 했다. 군문이 문서를 펼쳐 살펴본 후에 통역관을 통해 말하였다. "뱃길이 험난하여 수고가 많았을 것 같군요. 또한 사신 柳澗이 탔던 배는 아직도 종적을 알 수 없지요? 내가 당시에 봄이 되면 출항하라고 했었는데, 사신 유간이 기어코 내 말을 듣지 않고 출발했다가 결국에는 배가 전복되고 말았으니 참으로 안타깝소이다." 답하였다. "당시 사신이 불행하게도 폭풍을 만나 죽은 것은 天時가 그러했던 것이며 어르신의 충고를 듣지 않았던 것은 人事 또한 주도면밀하지 못했던 것이지요. 어르신의 자애로운 조치로 익사한 사신과 병사한 사신들의 시신이 모두 귀향하게 되었으니 저희 국왕도 어르신의 성의에 감사할 뿐만 아니라 온나라 사람 가운데 감격하지 않는 자가 없습니다." 군문이 재차 위로하였다. "사신 두 사람이 모두 죽어서 돌아갔는데도 조선국왕이 이렇게 답례품과 謝帖까지 보내니 참으로 송구스럽기 그지없군요." …… 이어 내가 답하여 말하였다. "요동의 육로가 끊어져 당분간 해로를 이용할 수밖에 없어 배를 준비하여 進賀하러 오느라 사행이 많이 지체되었기에 국왕께서 심히 상심하고 답답하게 여기셨습니다. 이렇게 무사히 등주에 도착하게 되었으니 원컨데 짐꾼과 말을 빠른 시일 내에 내어 주고 빨리 북경으로 출발할 수 있게 하시어

더 이상 사행이 지체되지 않도록 조치해 주십시오." 군문이 답하여 말하
였다. "당장 그렇게 분부하겠네. 그리고 반송관도 선발해서 그대들을 호
송하도록 하고, 조선 國王의 謝帖에 대한 답신도 내일 중으로 써서 주겠
네." 우리는 이에 사의를 표하고 각각 두 번 절하고 읍을 올린 후에 물러
나왔다. 그리고 배로 돌아왔다. (五月)二十七日, 晴。吾與副使、書狀早
詣伺候。軍門坐堂, 遣答應官引入, 立於楹外壁。上使吾先拜, 副使次
之, 書狀又次之, 拜畢, 仍立西楹外。軍門進立楹內, 近外, 吾即持國
王拜帖及禮單、單字、諮文使通官跪呈軍門, 大概披閱後, 招通官問：
"海路難險勞苦, 因問柳澗船尙無去處否？吾其時勸留來, 春發船, 柳
使臣不聽吾言, 輕易發船遂至顛覆, 尋常矜惻。"答曰："使臣不幸適遭
風變, 此天時使然。不聽老爺分恐是此, 則人事亦未盡也。蒙老爺慈
念, 渰死及病死使臣之屍皆得返鄕國。國王感老爺之盛意, 一國之人
無不歆歎。"軍門答曰："兩使臣皆不得保全而歸, 國王送禮、謝帖, 深
愧深愧。"……仍言："遼路阻隔, 俟唯許海路後, 始得治船發來進賀大
禮, 至今稽緩, 國王尋常痛悶。今旣幸得無事下陸, 願即打發夫馬, 使
獲快速登程, 毋令久滯延日"軍門答曰："當即分付, 且定伴送護行, 國
王謝帖明間當修付也。" 吾等請辭, 遂各兩拜作揖而退, 仍還船上。(吳
允謙《秋灘東槎朝天日錄》)

登萊巡撫는 자신을 시종하는 答應官을 파견하여 3명의 조선 使臣을 登萊巡撫衙門
의 大堂 가림벽 앞으로 모두 소집한 후에, 품계의 고하에 따라 차례로 사신들을 불러
拜禮를 행하게 했다. 현관례가 끝난 후 登萊巡撫 陶朗先은 使臣團의 隨行譯官이 올
린 "조선국왕의 拜帖(배첩)과 禮單, 單子, 諮文(자문)"등의 문서를 받아 살펴본 후에, 이
전 사행단에 발행한 사고를 위로해 주었다. 즉, 1621년 柳澗(류간) 등이 자신의 의견을
듣지 않고 기어이 귀국길에 올라 해난사고를 당해 익사한 사건에 대해 "무척 연민을
느낀다(尋常矜惻)"며 위로를 하였다. 이에 정사 吳允謙은 陶朗先이 "빠져 죽거나 병사
한 사신들의 시신을 모두 무사히 조선으로 환송해 준 것"에 대해 깊은 감사를 표했다.
당시 조선의 光海君 역시 조선사신단을 통해 登萊巡撫 陶朗先에게 감사의 뜻을 담은

"謝帖(사첩)"을 전했다. 이와 같은 일화를 통해 조선과 해상으로 내왕이 잦았던 등주를 다스리고 있던 登萊巡撫가 중국과 조선 사이의 우호적인 외교를 유지하는 데 적지 않는 역할을 하고 있었음을 짐작하게 한다.

吳允謙은 陶朗先에게 짐꾼이나 마차, 마소 등을 빠른 시일 내에 지원하여 사행단이 가능한 빨리 북경으로 떠날 수 있도록 도와줄 것을 요청했는데 陶朗先은 현장에서 바로 이를 허락했을 뿐만 아니라 사행단의 길잡이 노릇을 할 伴送官(반송관)까지 붙여 주도록 조치했다. 사신들은 이런 등주군문의 조치에 크게 감사함을 느꼈고 陶朗先에게 두 번 拜를 올리고 읍을 한 후 물러 나왔다. 登萊巡撫衙門을 나온 후 아직 임시 숙소가 정해지지 않은 까닭에 사신단의 선박으로 돌아갔다.

柳澗은 1621년 進香使의 임무를 띠고[383] 요동의 육로를 통해 북경으로 사행을 떠났었다.《朝鮮王朝實錄·光海君日記(增補本)》의 기록[384]에 따르면 당시 사행을 떠났던 朴彝敍, 柳澗 등은 京師에서 돌아오는 길에 큰 바람을 만나 배가 침몰했고 바다에 빠져 돌아오지 못했다 한다. 당시 진향사 일행은 요동의 육로를 통해 다시 돌아오려 했으나 요동의 정세가 급변하여 육로를 이용할 수 없어 급히 해로를 개척하여 배를 타고 귀국하다가 바닷길에 익숙하지 않아 鐵山嘴(철산취) 부근에서 조난을 당한 것이다. 당시에 이들 이외에 康昱(강욱), 정응두 등의 사신들도 연이어 조난을 당해 익사했었다. 이러한 상황에서 登萊巡撫 陶朗先이 조선 사신들에게 위로를 전하고 가능한 편의를 성심껏 제공하자 조선사신들은 그에 대해 깊은 인상을 가지게 되었던 것이다.

〈도어사가 청하여 만나다〉

병순도 직책을 맡고 있는 도량선이
나를 불렀기에 그의 방으로 들어 가서 그를 만났네.
주고받는 언어는 비록 달랐으나
필담으로 마음 속 의미를 통할 수 있었네.

---

383 柳澗(1554-1621) , 字老泉 , 號後材。
384 《朝鮮王朝實錄·光海君日記》, 〈光海君十三年四月十三日〉。

도어사의 권한으로 물에 빠진 사신을 구하고 도우니

사람을 살리는 자애로운 공덕 그지없네.

그 두터운 은혜 끝내 무엇으로 갚을 수 있을까?

삼생을 걸쳐 바다 밖 동쪽 조선땅에서 사모하리라.

〈陶禦使請見〉

兵巡陶老爺 , 招我入房中。

接話音雖異 , 書懷意可通。

權推拯溺手 , 仁大活人功。

厚惠終何報？三生隔海東。

위 시의 제목에 보이는 陶御使는 바로 陶朗先(1579-1625)이다. 陶朗先은 字가 元輝(원휘)이고 浙江사람이다. 조선사신 安璥이 登州에 막 도착하여 이 시를 지은 것이 1621년 6월 26일이었다. 이 때 陶朗先은 按察副使의 신분으로 海防道, 곧 兵巡道의 직책을 맡고 있었다. 시에서 말하기를 兵巡道인 陶朗先의 초청으로 安璥은 그의 관아를 찾아갔는데 비록 사용하는 언어는 달랐으나 "필담으로 의미를 통할 수 있었다." 陶朗先이 폭풍을 만나 해상조난을 당하여 겨우 살아 돌아온 조선사신에게 여러 도움을 제공하였으므로 안경은 이러한 陶朗先을 "사람을 살리는 자애로운 공덕 끝이 없다"라고 평가하고 또한 "이토록 깊은 은혜를 끝내 무엇으로 보답할 수 있으리요? 삼생을 걸쳐 조선땅에서 그리워만 하게 될 것"이라며 깊은 감사의 뜻을 전했다. 拯溺(증닉)은 원래 물에 빠진 사람을 구한다는 뜻인데 위난에 빠진 사람을 구해준다는 뜻으로도 인신된다.

安璥 일행은 해로를 통해 등주로 오는 도중 해상조난을 당하여 "방물과 문서 등을 여순구 부근 해역에서 모두 잃어버리고 말았다(方物, 文書之漂落於旅順)." 게다가 "일행은 노자돈조차 전부 잃어버렸기에 배고픔도 겪어야 했다(一行無盤纏 , 方在饑餓中)." 이 때 陶朗先은 조선사신을 형제처럼 대해 주었다. 곧, 陶朗先은 안경을 대신하여 사신들이 방물과 관련 외교문서를 잃어버린 연유를 명나라 朝廷에 해명해주었을 뿐만 아니라 조선 사신단 일행이 등주에 머무는 동안의 체류비용과 북경을 오가는 제반비용을

전부 제공했으며 또한 원역을 파견하여 조선사신들을 안전하게 호송해 주었다. 게다가 陶朗先은 조선 사신들이 "바닷길을 건너 오느라 고생이 많았으니 걸어서 북경까지 어떻게 갈 수 있겠는가?"라고 걱정하면서 "곧바로 가마를 만들도록 하여 타고 가도록 (當令備造轎子擔送耳)" 조치해주었다. 陶朗先의 이러한 세심하고도 넉넉한 마음 씀씀이에 대해 安璥은 "사람을 살리는 자애로운 공덕이 그지없었네(仁大活人功)"라며 감탄했던 것이다.

清《(光緖)增修登州府志》의 기록[385]에 따르면, 登萊巡撫는 처음에는 察院(찰원)을 임시 주재소로 삼아 이용하다가 이후 鐘樓 서쪽 옛 登州衛署(등주위서)를 개축하여 登萊巡撫衙門(등래순무아문)의 관아로 삼았다고 한다. 이후 세월이 지나면서 察院이 登州衛署의 옛 자리로 옮겨갔다고 했는데, 그렇다면 登萊巡撫衙門은 이후 다시 다른 곳으로 옮겨 간 것인지 아니면 찰원과 등래순무아문이 병합된 것인지 그에 대한 기록이 남아 있지 않아 정확한 사실을 확인하기 어렵게 되었다. 곧, 明末 登萊巡撫와 조선 사신 간 우호적인 외교 교류가 이루어진 장소가 지금의 登萊巡撫衙門(登州衛署)의 옛 자리인지 확증하기가 어렵게 된 것이다.

蓬萊市 학예연구사 高波 과장의 설명에 따르면 지금의 蓬萊市 鐘樓西路 북쪽에 있는 蓬萊劇場이 바로 登州衛署(登萊巡撫衙門)의 옛 자리라고 한다. 현지인들은 여기를 "軍門宅(군문댁)"이라고 부르는데, 그 어원은 분명 명청 시기 登萊巡撫衙門 즉, 軍門衙門에서 온 것으로 보인다. 察院이 원래 있던 옛 자리는 지금의 蓬萊市 戚繼光 故里 사적지 서쪽의 주택가 일대이다.

吳允謙 일행이 軍門(登萊巡撫) 陶朗先에게 見官禮를 행한 다음날인 1622년 5월 28일, 陶朗先은 조선사신들에게 개원사를 숙소로 배정해주었다. 그리고 수하의 장수인 兵備道中軍 즉, 海防道中軍 蔡同春(채동춘)에게 시켜 조선사신을 환대하는 일련의 조처를 취하도록 하였다.

(5월)28일 맑음. 開元寺로 숙소가 정해져서 오후에 일행 모두가 투숙했다.

---

385   (淸)方汝翼等 纂修 ,《(光緖)增修登州府志》卷之十二〈軍壘〉, 淸光緖七年(1881)刻本版。

後期 登萊巡撫衙門의 옛터 - 지금의 蓬萊市 鐘樓西路 蓬萊劇院 (이 사진은 필자 일행이 2018년11월에 촬영한
것인데, 보도에 따르면 2019년4월 蓬萊劇院의 일부가 붕괴되는 사고가 발생했다 한다. (집필진 답사 촬영)

29일 맑음. 軍門이 中軍인 蔡同春에게 敎場에서 잔치를 열도록 준비시켰
다……

6월 1일 흐리고 구름이 많이 낌. 軍門이 심부름꾼을 통해 標文를 보내왔
는데 동시에 원역들에게 은을 하사하였다. 譯官에게는 二兩, 軍官에게는
一兩, 자제군관과 노역들에게는 一錢씩이었다. 별도의 편지를 통해서 군
문이 교체된다는 소식을 들었는데 새로 오는 軍門인 袁可立은 河南人이
고 6월27일쯤 부임해 온다고 한다.

2일 맑음. 아침에 역관과 군관을 보내 軍門을 알현하고 감사를 전하도록
했다. ……저녁에 蔡中軍의 심부름꾼이 禮單을 보내왔는데 眞靑紗 1端,
玉色紗1端, 紫衣包 한 벌, 紫大襪 한 짝, 金扇 네 자루, 杭帨蓬萊十景 한
폭 , 天地茶 2봉 등이다.

3일 , 맑음 아침에 人參 한 斤을 中軍에게 보내어 답례했다.

4일, 이른 아침 譯官 宋業男을 兵備道衙門에 보내어 軍門께서 말과 인부
를 보내주라고 명하신 지 이미 여러 날이 지났는데도 아직 그 그림자조
차 볼 수 없어 출발하지 못하고 지체하고 있으니 마음이 우울하고 조급하

다는 뜻을 전했다. 兵備道에서 곧바로 차사를 知府로 보내어 내일 출발할
수 있도록 독촉해 주었다.

6일, 맑음. ……또 兵備道를 접견하고 작별을 고했는데 兵備道는 좌당에
앉아서 접견했다. 行禮를 軍門에게 한 것과 같이 하였고 예가 끝난 후에
는 바깥문을 닫고 우리를 후당으로 인도하여 서로 읍하였는데 태도가 심
히 공경스러웠으며 의자를 내주어 우리를 앉게 하였다. 나는 동쪽 벽에 앉
았고 서장관은 서쪽 벽에 앉았다. 심부름꾼은 물러났다가 남쪽으로 들어
와서 차를 끓였다. 병비도가 물었다. "몸이 좀 어떠신지요? 지금 마침 날씨
가 무척 더우니 영의정 어른께서 피로하여 병이 날까 걱정스럽습니다. 서
두르지 마시고 삼가 건강을 보살피시기를 바랍니다." 차를 다 마시고 나서
병비도에게 작별을 고하고 나오려는데 다시금 좌당에 나오도록 하였기에
재차 예를 행한 후 나왔다. 병비도가 宋業男을 불러 "영의정의 연세가 어
떻게 되시는가?" 물으니 송업남이 답하기를 "64세입니다." 라고 하였다.
병비도가 "어찌 그 연세에 사행길을 감당하시겠는가…" 운운하였다.

(五月)二十八日，晴。定館舍於開元寺，午後一行皆下館。

二十九日，晴。軍門令中軍-蔡同春設宴於教場……

六月初一日，陰曀。夕，軍門差人送標文，中有一行員役賞銀：譯官二
兩，軍官一兩，打角奴子一錢。人別封聞軍門辭遞，新軍門可立，河南
人，六月二十七日間上任雲。

初二日，晴。朝，送譯官、軍官詣軍門謝。……夕，蔡中軍差人送禮
單，眞靑紗一端，玉色紗一端，紫衣包一，紫大襪一，金扇四，杭悅蓬
萊十景一幅，天地茶二封。

初三日，晴。朝，送人參一斤，回答中軍。

初四日，早朝，送(譯官)宋業男詣兵備道衙門，陳軍門[386]分付夫馬打發
今已累日，夫馬至今無影形，留滯悶迫之情。兵備道即差一官往知府，
督促期於明日打發。

初六日，晴。……仍詣兵備道辭，兵備道坐堂接見，行禮如軍門，禮
畢，閉外門引入後堂，時相揖甚恭，設椅坐。吾於東壁，書狀於西壁，

---

386   여기서 "陳軍門"은 아마도 "陶軍門"의 오기인 듯 하다.(필자주)

差退 , 進南行茶。兵備問："氣力如何？時當極熱。恐議政勞苦生病。不
必促 , 須緩行慎攝爲望。"茶罷 , 辭出兵備 , 還引出外至坐堂 , 更行禮而
出。招宋業男問議政年幾何？答曰："六十四"兵備答："何以堪行"云云。
(吳允謙《秋灘東槎朝天日錄》)

陶朗先은 海防道中軍 蔡同春(채동춘)에게 시켜 登州府 校場(演武場)에서 잔치를 벌
여 조선사신 일행을 접대하도록 명했다. 陶朗先은 또한 吳允謙에게 사람을 보내 사행
중 필요한 공문인 標文(표문)을 전달하고 동시에 수행관원들에게 은전으로 상을 내렸
다. 군문의 조선 사신에 대한 이와 같은 후한 대우는 현임 登萊巡撫인 도량선이 떠나
고 袁可立으로 교체되는 시기에 이루어진 것인데, 이를 통해 보건대 당시 후금이 요동
에서 득세하는 혼란한 정세에서 명이 조선과의 관계를 상당히 중시하고 있었음을 읽
을 수 있다. 이러한 태도는 등주군문뿐만 아니라 그의 수하 장수인 兵備道中軍 蔡同春
에게서도 나타난다.

中軍 蔡同春은 軍門의 명령을 받들어 잔치를 벌여 조선사신을 환대했을 뿐만 아니
라 개인적인 명의로 吳允謙에게 귀한 옷감과 부채, 찻잎 등을 선물로 준다. 吳允謙 역
시 그 다음날 그에 대한 답례로 조선의 특산품인 인삼을 선물한다. 6월 4일 인부와 말
의 제공이 지체되는 문제로 吳允謙은 역관을 兵備道衛門에 보내어 譚昌言(담창언)을
만나도록 한다. 譚昌言은 바로 부하를 登州知府에 보내어 인부와 말의 제공을 독촉하
여 조선사신들이 빠른 시일 내에 출발할 수 있도록 해주었다.

6월 7일 吳允謙 일행은 등주를 떠나 북경으로의 여정에 오르기 전에 兵備道衛門으
로 가서 兵備道 譚昌言과 전별을 나눈다. 譚昌言은 오윤겸을 "영의정"으로 부르는데
領議政은 당시 조선 조정에서 正一品인 최고위직 관원으로 명나라 조정의 내각 首輔
(수보)와 같은 직위였다. 譚昌言이 吳允謙 일행을 대하는 태도는 지극히 공경스러웠으
며 가능한 한 예의를 갖추었다. 또한 당시 날씨가 무더운데 오윤겸이 너무 무리하여 병
이 날까 염려하여 서두르지 말고 건강을 챙기면서 천천히 준비해서 떠나기를 당부하
기도 했다.

아래의 글은 冬至聖節兼謝恩使臣團 정사 趙澅의《燕行錄(一云朝天錄)》가운데 兵

巡道 즉, 吳允謙이 앞서 언급한 兵備道 譚昌言에 관한 기록이다.

> (9월)29일 丙辰일. 맑음. 이른 아침에 兵巡道 譚昌言이 있는 관청으로 찾
> 아가 見官禮를 행했다. 관례가 끝나자 우리 일행을 동편의 개인 사무실로
> 데리고 가서 의자를 내주어 앉도록 하고 茶禮를 제공하는 등 후대해주었
> 다. (九月)二十九日 , 丙辰 , 晴。 早朝兵巡道譚昌言衙門 , 行見官禮 , 禮
> 畢 , 即引生等於東偏私空 , 坐以倚子 , 行茶禮 , 以爲厚待。 (趙濈《燕行
> 錄(一云朝天錄)》)

이 글을 보면 병비도 담창언은 오윤겸뿐만 아니라 조즙도 지극히 환대했음을 알 수
있다. 이들 기록을 보면 담창언은 조선사신들을 시종일관 후대하고 공경했음을 알 수
있는데, 이는 譚昌言의 조선사신들에 대한 개인적인 호감과 더불어 당시 조선과 명나
라 사이의 우호 관계에 기인하는 것이다.

兵巡道, 兵備道, 海防道라는 직함은 기본적으로 하나의 동일한 관직을 가리키는 것
인데, 구체적인 유래와 출현 순서에는 차이가 있다. 兵巡道는 明代 官制인데, 淸《(光
緖)增修登州府志》의 기록[387]에 따르면 "布政司參政과 參議를 파견하여 임무를 맡게
되면 守道로 호칭했고, 按察司副使僉事(안찰사부사첨사)를 파견하여 임무를 맡게 되면
巡道로 호칭했으며 또한 兵備와 巡海도 마찬가지이다"라고 하였다. 명 弘治 7년(1494)
지방의 방비를 강화하기 위해 전문적으로 兵備道를 설치하고 萊州에 주둔하였다. 명
嘉靖 34년(1555)부터는 兵巡道가 海防事務까지 겸직하게 되었다. 兵巡道, 兵備道 그
리고 海防道의 관청은 "登州 南門 안의 和豐倉(화풍창) 옛 자리"에 위치하고 있었다.

吳允謙은 1622년 6월 5일 통역관을 登州知府衙門으로 보내어 登州知府인 魯廷彦
(노정언)을 만나 인부와 말을 내어줄 것을 다시 청했다.

387　布政司參政、參議分司諸道號分守道；按察司副使僉事分司諸道 , 號分巡道；又有兵備巡海各道
　　(淸)方汝翼等 纂修 ,《(光緖)增修登州府志》卷之十二〈軍壘〉, 淸光緒七年(1881)刻本版。

(6월)5일 비. ……아침에 宋業男, 權得中을 知府衙門에 보내어 다시금 원
역과 말을 요청했는데, 知府는 그 자리에서 사람을 보내어 원역과 말을
바로 보내주었다……

6일 맑음. 저녁에 나와 서장관이 知府衙門를 찾아 뵙고 작별인사를 올리
고자 했는데 知府가 답하기를 "요새 날씨가 무척 덥고 듣건대 영의정 어
른신께서 연로하시다 하니 피곤하실까 염려됩니다. 내왕하여 인사를 올
리지 않으셔도 됩니다. 북경에서 돌아오실 때는 가을이라 날씨가 선선할
테니 그 때 뵙고 인사합시다."라고 하였다.

(六月)初五日 , 雨。……朝 , 送宋業男、權得中詣知府衙門 , 更請夫
馬 , 知府即差眼前人皆發。……

初六日 , 晴。晚門吾與書狀詣知府衙門辭。知府答曰: "氣甚熱 , 聞議
政年襄恐勞體免見。回來時必秋涼 , 當面謝"云。(吳允謙《秋灘東槎朝
天日錄》)

　　吳允謙의 청을 받은 登州知府인 魯廷彦은 즉석에서 手下 官員에게 명령하여 使臣
團이 필요로 하는 말과 인부를 현장에서 점검하여 바로 내어주었다. 다음날 吳允謙 일
행이 북경으로 사행을 떠나기 앞서 먼저 登州知府衙門에 가서 魯廷彦에게 전별 인사
를 올리고자 했으나, 등주지부 노정언은 연로한 영의정 오윤겸의 건강을 염려하여 날
씨가 더운데 지금 굳이 찾아와 작별 인사하지 말고 가을에 북경에서 돌아와서 선선할
때 인사를 나누자고 하며 오윤겸 일행을 배려해 주었다.

　　아래의 글은 吳允謙이 북경에서 등주로 돌아와서 귀국하는 항해길에 순풍이 불기
를 기다리는 가운데 남긴 기록이다.

　　(9월)26일 맑음. 60리를 지나 登州에 도착하여 일전에 묵었던 開元寺에
　　투숙하였다. 밤에 雷雨가 내렸고 새벽에 폭우가 내렸다.
　　28일 맑음. 개원사에 머물렀다. 아침에 監軍를 만나 철로 된 닻과 항해 중
　　먹을 양식을 요청했는데 모두 승락해 주었다.
　　(九月)二十六日 , 晴。行六十里到登州 , 寓前日所寓開元寺。是夜 , 雷

明淸時期 兵備道署(兵巡道署/海防道署)의 옛터─지금의 蓬萊市 登州街道 長裕社區 북쪽의 糠市弄(집필진 답사 촬영)

雨、曉雨大作。

二十八日 , 晴。留寺。早門見監軍 , 請鐵錨、船糧 , 皆諾。(吳允謙《秋
灘東槎朝天日錄》)

1623년 9월 28일 吳允謙은 監軍(감군)을 만나서 조선사신단의 歸國을 위해 철로 된 닻과 양식 등의 물자를 제공해 줄 것을 요청했다. 監軍은 吳允謙의 모든 요구를 들어 주었다. 淸《(光緖)增修登州府志》의 기록[388]에 따르면, 監軍은 監軍道인데, 명 天啟 元年(1620)에 설치되었다가 淸初에 폐지되었다. 監軍道의 관아는 登州城 鐘樓 남쪽의 옛 軍器局 터에 있었다.

蓬萊市 학예연구사 高波 과장의 설명에 따르면, 明淸時期의 兵備道署(兵巡道署/海防道署)의 옛터는 지금의 蓬萊市 登州街道 長裕社區(장유사구)의 북측 密汾南街 부근이라고 한다. 또한 登州知府衙門의 遺址는 지금의 蓬萊市 紫荊山街道(자형산가도)의 府門南街의 북쪽 끝에 있는 군수지원사령부가 있는 곳이고 監軍道署(감군도서)의 옛터는 지금의 蓬萊市 紫荊山街道 萬壽村 안의 大衙門口街(대아문구가) 부근이라고 한다.

실제로 蓬萊市 登州街道 長裕社區 주민 張素使(장소사, 女 , 73)의 증언에 따르면, 자신은 長裕村에서 태어나고 자란 토박이인데, 지금은 장유촌이 아주 커졌지만 원래 장유촌의 옛 자리가 바로 지금의 長裕社區라고 했다. 또한 장유촌 옛 자리를 가로지르는 糠市街는 糠市弄이라고도 부르는데, 登州街道 주민들은 糠市巷(강시항)이라고 하

---

388   (淸)方汝翼等 纂修 ,《(光緖)增修登州府志》卷之十二〈軍壘〉, 淸光緖七年(1881)刻本版。

監軍道署의 옛터―지금의 蓬萊市 紫荊山街道 萬壽村 內의 衙門口弄(집필진 답사 촬영)

登州知府衙門의 옛터-현재는 군수지원사령부가 자리하고 있다. (집필진 답사 촬영)

며, 지금의 蓬萊市 登州街道 長裕社區의 북쪽과 蓬萊市 幹部休養所(간부휴양소, 곧, 퇴역 장교 휴양소) 第二幹休所(제2간휴소, 곧, 제2 퇴역 장교 휴양소)의 남쪽에 있는 골목길이라고 했다. 강시항 골목길은 동서로 나있었는데 길이가 260m정도 되었다. 한편, 蓬萊市 紫荊山街道 萬壽村의 주민 張行瑞(장행서, 男 , 75)의 증언에 따르면, 紫荊山街道 주민들은 大衙門口街의 골목길을 大衙門口 혹은 衙門口弄이라고 부른다고 했다. 필자들은 촌민 장행서의 안내에 따라 萬壽村 내의 衙門口弄 현장을 답사했는데, 거기서 옛 衙門의 터자리를 발견할 수 있었다. 아문 자리는 남향으로 면적이 꽤 넓었는데, 고파 과장의 말에 따른다면 이는 監軍道署(감군도서)의 옛터이다.

3. 3. 3 演武場(教場/訓煉院)

앞서 살폈듯이 조선 사신 吳允謙은 등주에 도착한 후 登萊巡撫 陶朗先을 대면했고 陶朗先은 中軍遊擊(중군유격) 蔡同春을 시켜 登州演武場에서 조선 사신을 위한 환영 연회를 열도록 했다. 조선사신들이 북경을 다녀온 후 귀국길에 오르기 전에도 登萊巡撫는 수하 장수를 시켜 演武場에서 송별연회를 열도록 했었다. 이처럼 조선사신들을 위한 연회가 열렸던 演武場은 조선사신의 기록에는 校場, 訓煉院(훈련원), 訓煉廳(훈련청) 등으로도 기재가 되어 있는데, 演武場과 校場은 중국에서 사용되던 명칭이고, 訓煉院은 당시 조선에서 武藝 시험, 軍事 훈련 및 兵書를 공부하던 관청의 이름이다. 곧, 訓煉院과 訓煉廳은 조선에서 사용되던 명칭으로서 바로 登州의 演武場이나 校場을 일컫는 것이다.

《(民國)第四次重修蓬萊縣誌》의 기록[389]에 따르면, 登州演武場 혹은 北校場, 演武廳은 登州城 北門인 鎭海門 밖의 큰길 북측에 있었다. 연무장 안에는 將台 1座, 計廳3楹(영), 太公廟3소, 義堂2所가 있었으며 계청의 동쪽에는 旗纛(기독, 새의 털로 장식되었으

---

389 (民國)王明長等 纂修 ,《(第四次重修)蓬萊縣誌》卷之二〈政治志·駐軍編制武備〉, 靑年進修出版社 , 1961 , p.157.

며 군대에서 의식용으로 사용된 큰 깃발)台1座가 있었다. 이 演武場은 登州知府 李思齊(이사제)가 명나라 洪武3년(1370)에 처음 지은 것으로 이후 수시로 보수해서 사용했다.

謝恩兼奏請使臣團 李德泂 일행은 명나라 天啓4년 즉, 1624년8월23일 登州에 도착했는데 당시 登萊巡撫는 막 부임한 武之望이었고 防撫中軍遊擊(방무중군유격)은 周洪謨(주홍모)였다. 8월 29일 정사 李德泂, 부사 吳翻, 서장관 洪翼漢 일행은 함께 登萊巡撫衙門으로 가서 見官禮를 행했고 9월 2일 中軍 周洪謨가 演武場에 연회를 열어 사신들을 접대했다.

> (9월)2일 계축일 맑음. ……식사 후 中軍이 軍門의 分付에 따라 演武場에 연회를 마련하고서 票文을 보내어 참석을 요청했다. 일행 모두가 갔다. 中軍이 우리 세 使臣을 인도하여 堂에 오르게 했고 행례가 끝나자 술 한잔을 들어 북으로 향하고는 고수레로 술을 땅에 쏟았다. 동쪽에는 손님이 앉고 서쪽에는 주인이 앉았다. 옥술잔과 진귀한 음식이 한 상 가득 차려져 있고 술잔마다 술을 가득따라 벌려 놓고 순식간에 돌아가면서 마시니 술자리 예절 우리와는 크게 달랐고, 술잔과 그릇의 모양도 특이했다. 악대는 피리 불고 북을 두드리는데 좌우에서 번갈아 가면서 연주하고 깃털로 장식한 정기와 제비꼬리 모양으로 장식한 패기를 휘날려 앞뒤로 하늘을 가려 차례로 그늘을 드리우니 그 또한 장관이었다……술잔이 7차례 돌자 酒禮가 끝나 숙소로 돌아왔다. 잔치가 벌어진 演武場은 등주성 東門 밖의 해안가에 있었는데 모래사장이 끝없이 펼쳐져 있었고 장수들이 다니는 길은 숫돌처럼 잘 닦여져 있었다. 조선의 訓鍊院과 같은 구조로 되어 있었는데 편액에는 '神武'라는 글자가 쓰여 있었다. (九月)初二日, 癸丑, 晴。……食後, 中軍以軍門分付設宴於演武場, 送票文速之, 一行偕往。中軍引三使臣升堂, 禮畢, 先舉一杯酒北向酹地。東爲客位, 西爲主位, 坐定, 瓊羞綺食, 霞列電舉, 禮數不同, 尊俎大異。鳴笳迭鼓, 左右迭奏, 飛旆揚旌, 前後掩映, 亦一奇觀。……酒禮成於七勺, 罷歸。演武場在城東門外海岸上, 平沙無垠, 馳道如砥, 即我東訓鍊院一規, 而扁額題'神武'字矣。(洪翼漢《花浦朝天航海錄》)

洪翼漢은 그의 조천록에 당시 보았던 演武場과 演武廳의 풍경에 대해 묘사했다. 곧, 登州府의 演武場은 등주성 東門 밖의 해안가에 있었는데 모래사장이 끝없이 펼쳐져 있었고 장수들이 다니는 길은 숫돌처럼 잘 닦여져 있었으니 그 전체적인 모습과 구조가 흡사 朝鮮의 訓鍊院과 비슷하였으며 演武場의 패방에는 "神武"라는 두 글자가 씌어 있었다. 그런데 淸《(康熙)蓬萊縣誌》의 기록을 보면 演武場이 등주성 北門 밖에 있다고 기록되어 있으니 홍익한의 기록과 차이가 있다. 그러나 등주성의 옛지도를 보면 등주성 동문인 春生門을 통해서도 성 북쪽 해변가 있던 演武場에 갈 수 있으므로 홍익한의 기록이 잘못된 것으로 보기는 어렵다.

또한 홍익한은 당시 연회 장면에 대해 자세하게 묘사하고 있어 명대 등주 관원들이 공식적 외교활동의 일환으로 조선사신들을 접대하던 절차와 구체적인 예의를 살펴볼 수 있다. 등주의 최고위 관원이었던 登萊巡撫 武之望의 명에 따라 中軍遊擊將軍 周洪謨가 연회의 모든 것을 준비하였고, 연회 준비가 끝난 이후, 中軍遊擊은 조선사신들에게 정식으로 연회에 초청하는 문서를 보내고 조선사신은 초청된 장소로 간다. 中軍遊擊이 演武廳의 밖에 나와 있다가 조선사신을 맞이하여 안으로 안내하고 서로 行禮를 한다. 中軍은 잔을 들어 북쪽을 향하고 술잔의 술을 땅에 쏟아 붓는다. 그 후 손님은 동쪽에, 주인은 서쪽에 지위고하에 따라 순서대로 앉는다. 연회상에 차려진 산해진미와 아름다운 술을 마시고 좌우에서 교대로 연주하는 관악기와 현악기의 연주를 들으면서 화려한 깃발 공연이 하늘을 수놓은 장관을 감상한다.

이러한 환영행사는 공식적인 외교활동으로 조선사신들이 등주에 도착하면 의례적으로 행해진 것으로 보이는데, 이러한 교류활동을 통해 당시 등주관원과 조선사신 사이에는 사적인 유대관계가 맺어지기도 했을 것이다. 술잔이 7차례 돌고 난 후 잔치가 파했다고 했는데 여기서 "七勺(칠작)"은 "七爵(칠작)"으로 "七爵禮"이다. 《大明會典》의 기록[390]에 따르면 "대개 큰 연회는 7차례 술잔이 도는 예를 행한다(凡大宴皆行七爵禮儀)"고 했으니 등주관원들이 "七爵禮"로써 조선사신을 접대했다는 것은 외교적으로 최고의 대우를 했음을 뜻한다. 이 연회에서 서장관인 洪翼漢은 함께 자리를 했던 정

390　徐溥、劉健、李東陽等纂修 ,《大明會典》卷之五十四〈筵宴〉, 正德四年校正六年刻印本.

사 李德洄에게 다음과 같은 無題詩를 지어 증정했다.

> 사신으로 부절을 지니고 생전 처음 등주에 도착하니
> 지금의 등주군문을 그의 고향인 山西지역 최고의 장수라 경쟁하듯 말하네.
> 장군의 위엄 북방 요동 변경에 자자하고
> 웅대한 지략 지녀 싸움하면 백전백승이라네.
> 동쪽 바다의 관문을 방어하고자 등주에 새로운 진을 구축하고
> 요동 땅을 완전히 회복하고자 전략을 도모하네.
> 만약 황은을 입어 사신의 임무를 무사히 완성한다면
> 총총 걸음으로 달려와 장군의 도움에 엎드려 감사 올리겠네.

> 初隨旌節涖南州 , 爭道山西第一流。
> 帥府威聲聞紫塞 , 將軍雄略擅青油。
> 關防左海新開鎭 , 恢復全遼佐運籌。
> 倘荷皇恩完使事 , 當趨綮戟謝君候。

　　이 시는 주로 登萊巡撫 武之望을 칭송하고 中軍遊擊 周洪謨의 환대와 도움에 감사를 표현하고 있다. 첫 연에서 말하기를, 명 조정으로 향하는 사행길에서 처음으로 발해 남쪽에 위치한 登州에 도착하여 연회에 참석하고 보니 좌중의 모든 사람들이 하나 같이 지금의 軍門 武之望이 그의 고향인 西北 지방에서 가장 뛰어난 장수라고 다투어 말하는 소리를 듣는다. 秦漢 時期에는 崤山(효산), 華山의 서쪽 지역을 山西 혹은 關西라고 칭했는데 대체로 지금의 중국 서북 지방을 가리킨다. 旌節(정절)이란 옛날 관료들이 신분에 대한 증빙으로 지니고 다니던 부절을 말한다. 《左傳·文公8년》의 기록에 보면 "사마천이 부절을 쥐고 죽었기에 관료로 기록되었다(司馬握節以死, 故書以官)"라는 기록이 보인다. 南州는 남쪽 지방을 통칭하는 것인데 여기서는 登州를 가리킨다. 이어서 2연에서 軍門 武之望이 비범한 전략을 지녔으며 싸움에 능수능란하여 그 위엄이 요동 변경 지역에 크게 떨치고 있다고 칭송한다. 紫塞(자새)란 북방 변경의 요새를 말하는데 秦始皇이 축조한 長城을 가리키며 遼東 변경의 관문이 된다. 晉 崔豹의 《古今注·都

邑》에 "진시황이 장성을 축조했는데 흙빛이 자색이었으며 한나라 때도 마찬가지였다. 그래서 이를 자색요새라 하였다"[391]라는 기록이 보인다. 靑油는 梓油라고도 하는데 군대의 막사에 칠하여 빗물이 새어 들지 않도록 한다. 여기서는 군대가 행군하면서 전투하는 것을 상징한다.

3연에서 명나라 조정이 登州에 登萊巡撫, 總兵官 등의 관직을 새로이 설치하여 登州가 邊防의 重鎭이 되었으니 반드시 후금에게 빼앗긴 요동의 실지를 회복할 것이라고 말한다. 左海는 바다가 중국 땅 동쪽에 있다는 것이다. 《陳澔集(진호집)》에 보면 "천지의 형세를 보면 바다는 중국의 동쪽에 있는데 동쪽은 좌측이다(天地之間海居於東, 東則左也)"라는 기록이 보인다. 이어서 4연에서는 사신으로서의 자신의 임무를 상기하며 만약 황제의 은혜와 軍門의 도움으로 북경 사행의 임무를 무사히 완성하게 된다면 반드시 총총 걸음으로 달려와 군문과 여러 장수들의 도움에 감사의 인사를 올리겠다고 다짐한다. 棨戟(계극)은 비단옷 혹은 기름칠을 한 나무 창을 뜻하는데 옛날 관리들이 사용한 의장용 지팡이다. 관리가 출행할 때 행렬의 앞에 받들어 길을 여는 데 사용하고 평시에는 뜰 안에 세워둔다. 趨(추)는 예의를 갖춘 동작의 일종으로 총총걸음으로 빨리 걷는 것인데 상대에 대한 恭敬을 표현한다.

아래의 글은 洪翼漢 일행이 북경에서 사행의 임무를 완수하고 등주에 돌아온 후 中軍遊擊 周洪謨가 재차 演武場에서 연회를 열어 사신들을 접대한 일을 기록한 것이다.

> (3월)19일 丁卯일 맑음……다음날 아침 군문이 명첩을 보내면서 연무장에서 있을 연회에 초청하였다.……오후에 연회에 참석했는데 산해진미가 풍성하고 술자리의 예의가 특별히 아름다웠으며 손님을 대하는 정의가 깊어 자못 잊지 못할 정도였다. 그들이 우리나라를 접대하는 도리를 잘 알게 되었다. (三月)十九日, 丁卯, 晴。……詰朝, 軍門送名帖, 請宴於演武場。……午後赴宴, 饌品豐侈, 禮數殊優, 情極繾綣。可知待我國之道矣。(洪翼漢《花浦朝天航海錄》)

---

391 "築長城, 土色皆紫, 漢塞亦然, 故稱紫塞焉"

이날 전별연은 등주에 처음 입항했을 때 열린 환영연회와 마찬가지로 온갖 산해진미와 관련 의례, 공연 등이 정성스럽게 행해져 조선사신들은 중국 측의 환대에 깊은 인상을 받았다. 安璥의《駕海朝天錄》에도 등주에서 행해진 전별연에 대한 기록이 남아 있다.

> (10월)8일 맑음. 등주군문 도랑선 어른이 계신 衙門으로 가서 사의를 표했는데, 차를 내어 대접하면서 우리를 위로해 주었다. 또한 따뜻하고도 살갑게 "아무쪼록 무사히 귀국하시게" 하면서 작별인사를 해주었다. 또한 우리의 배가 정박한 등주성 내해로 함께 갔는데 이는 밀물이 들어와 배를 외해로 이동하기 위해서였다. 그 후 연회장소로 향했으니 등주군문께서 미리 中軍遊擊 將軍 蔡同春으로 하여금 訓煉廳에 연회를 준비시켜 놓은 것이다. 온갖 음식이 가득 차려져 있었고 행해지는 의례가 지극히 성대했다. (十月)初八日，晴。往陶爺衙門，辭之，則進茶慰之，殷勤作別曰：
> "好行，好行。"出往船所，因潮移船。又往宴所，則陶爺令中軍遊擊將軍蔡同春押宴於訓煉廳。饌品極備，接禮甚盛。(安璥《駕海朝天錄》)

安璥 일행은 北京에서 사행의 임무를 완수하고 1622년 10월 5일 登州로 돌아왔다. 배를 정비하고 귀국할 준비를 하면서 10월8일 安璥은 사신단의 귀국 준비에 물심양면

蓬萊閣에서 멀리 明末 登州 演武場 옛 터를 바라본 광경
蓬萊市 海濱文化廣場과 寶龍廣場(모래 사장 오른쪽에 보이는 별장 단지)(집필진 답사 촬영)

연무장의 옛 자리인 蓬萊市 濱海文化廣場의 전경 및 광장 내 세워져 있는
세계평화를 기원하는 큰 징 조형물. (집필진 답사 촬영)

으로 도움을 주고 있던 등주군문에게 사의를 표하고자 登萊巡撫衙門을 방문하였다.
이 자리에서 등주군문 陶朗先은 조선사신들이 무사히 조선에 도착할 수 있기를 축원
해 주었을 뿐만 아니라 中軍遊擊 將軍 蔡同春에게 명하여 登州城 북쪽의 演武場에서
사신들을 위한 전별연을 열도록 하였다. 그런데 때마침 밀물이 들어오는 터라 군문은
사신들을 데리고 登州水城 안의 小海로 함께 가서 인부들로 하여금 사신들이 타고 갈
배를 등주수성 밖 外海로 끌어다 놓게 했으니 이는 언제라도 사신들이 귀국길에 오를
수 있도록 배려한 조치였다. 安璥은 또한 당시 전별연의 장면을 묘사한 아래의 무제시
한 편도 지었다.

> 병순도의 분부에 따라
> 訓煉廳에서 전별연이 열렸는데,
> 등주의 고관들이 전부 자리한 가운데
> 호위병들은 바쁘게 뜰 안을 뛰어다니네.
> 예절에 따라 공경스럽게 술잔이 돌고
> 좌중의 고준담론 큰 동이 물 쏟아지듯 시원하네.
> 시종일관 은근하고 정성스러운 태도 이어지니

마치 신령을 대하는 기분이라네.

受命分巡道 , 開筵訓煉廳。

高官咸在位 , 衛士峻奔庭。

禮數恭傳爵 , 談論快建瓴。

殷勤終日宴 , 相對似神靈。

(安璥《駕海朝天錄》)

이 시는 中軍 蔡同春이 兵巡道 곧, 兵巡道에서 登萊巡撫로 승진한 陶朗先의 명령에 따라 演武場에서 사신들을 위해 벌인 전별연에 대해 묘사하고 있다. 登州의 주요 관원들이 전별연에 모두 참석하였는데, 참석한 양국 관원들의 태도는 지극히 공경스럽고도 겸손했으며 순서에 따라 잔을 서로 주고받으면서 국가의 대사에 대해 담론하였다.

봉래시 학예연구사 高波 과장의 설명과 역대 지리서 그리고 필자의 현지답사 결과를 종합해보면, 조선사신의 환영연회와 전별연이 열린 演武場은 지금의 蓬萊市 蓬萊水城 동쪽의 蓬萊市 海濱文化廣場과 寶龍廣場 부근으로 추측된다.

3. 3. 4 開元寺

開元寺는 安璥, 吳允謙, 李民宬, 趙濈, 李德泂 등의 조선 사신이 등주에 있을 때 유숙한 곳이다. 金德承의 《天槎大觀》에는 開元寺에 관하여 "개원사는 당 개원 년간에 개창되었기에 그와 같은 이름으로 불린다"[392]라고 간단하게 언급하고 있다. 조선 사신들이 등주에 있을 때 주로 묵었던 開元寺는 唐 開元 연간에 처음 건립된 역사 깊은 사찰이다. 明《(泰昌)登州府志》와 民國《(第四次重修)蓬萊縣誌》의 기록[393]에 따르면 開元寺

392　"開元寺 , 亦開元時所創 , 故名" (朝)金德承, 《天槎大觀》

393　(民國)王明長等 纂修 , 《(第四次重修)蓬萊縣誌》, 青年進修出版社 , 1961 , p.84.

明《(泰昌)登州府志》卷首〈府城圖〉❶로 표시된 곳이 登州城 서남방으로
開元寺가 있던 곳이다.

는 登州府城 내의 서남쪽 南天門街에 있었기 때문에 西大寺라고도 불렸다고 한다. 唐
開元 28년(740)에 건립되었으며 명 永樂8년(1410)에 중건되었고 명 天啓 연간과 淸 順
治17년(1660)에 重修되었다. 규모가 컸기에 봉래현 境內의 사찰 가운데 으뜸이었다.
　아래의 글 1)과 2)는 각각 趙濈의 《燕行錄(一云朝天錄)》과 李德泂의 《朝天錄(一云航
海錄)》에 수록된 登州 開元寺에 관한 기록이다.

1) (10월)4일 辛酉일 맑음. 식사 후에 開元寺를 유람했다. 법당에는　금
　　박을 입힌 웅혼한 필체로 쓰인 편액이 걸려 있고, 뜰의 양쪽 가장자리
　　에는 큰 석비가 각각 두 개씩 서 있었다. 대웅전에는 불상 3좌가 모셔져
　　있었다. 사면으로 觀音과 羅刹의 조상이 쭉 나열되어 있어서 심히 괴이
　　하게 보였는데 관우의 상도 동쪽편에 모셔져 있었다. 지붕의 기와는 모
　　두 청색 유리로 덧입혀져 있었으며 밤이 되면 등을 달고 북과 징을 쳤
　　다. 스님들은 향을 사르고 예불을 올리는 일을 하루도 게을리하지 않았
　　다. (十月)初四日 , 辛酉 , 晴。食後 , 周覽開元寺 , 法堂扁額以空天廓
　　宇刻金字懸之 , 庭際兩邊立大碑 , 堂上坐三大佛 , 四面列立觀音、羅
　　刹之像 , 極其怪詭。關羽之像 , 亦在東邊。屋瓦以靑琉璃覆之。夜則
　　張燈 , 鳴鼓擊鑼。焚香禮佛 , 一日不懈。(趙濈《燕行錄(一云朝天錄)》)

2) (9월)29일 辛亥일······軍門에 인사를 올리고 나와 文廟로 향했다······
　開元寺는 절이 크고 화려한데 그 곁에 문묘가 자리하고 있으니 이는
　성현을 능멸함이 참으로 지나친 것이다. (九月)二十九日 , 辛亥。······
　辭出(軍門) , 因往文廟 , ······傍有開元寺 , 殿宇亦宏麗 , 與聖廟並
　列 , 其辱先聖甚矣。(李德泂 朝天錄(一云航海錄))

　조즙의 기록과 蓬萊市 학예연구사 高波 과장의 설명을 함께 고찰해보면, 趙濈이 당시 목도했던 開元寺의 모습을 복원해 볼 수 있다. 1623년 9월 29일 趙濈 일행은 開元寺에 숙소를 정하고 짐을 풀었다. 10월 4일 아침밥을 먹은 후 開元寺를 둘러보았다. 法堂은 바로 불법을 강설하는 본당으로 大雄寶殿(대웅보전)인데 개원사 본당의 편액은 호방한 필법으로 쓴 금칠을 한 글자가 새겨져 있었다. 開元寺의 뜰 안 양측에는 각각 큰 石碑 두 개가 세워져 있었다. 본 당의 정면에는 세 분의 佛像이 모셔져 있었는데 중앙에 있는 것은 석가모니 부처님이고 그 곁에 좌우로 阿難(아난)과 迦葉(가섭)의 상도 함께 모셔져 있었다. 석가모니 부처님의 우측에는 觀世音菩薩(관세음보살)을, 좌측에는 地藏王菩薩(지장왕보살)을 모셨다. 본당의 오른쪽과 왼쪽으로는 각각 아홉 분의 羅漢(나한), 즉 모두 열 여덟 분의 羅漢像이 모셔져 있었는데, 李民宬은 이를 보고 "아주 괴이하다"고 여겼다. 본당의 동쪽에는 관우의 雕像도 있었다.

　開元寺는 광대한 면적의 寺田을 보유한 유서 깊은 사찰로서 사찰 내의 기와를 "청색빛 유리"로 덮었고 전각은 높고 화려했다. 이러한 언급은 2)의 기록에서 이덕형이 "전각은 크고 화려하기 그지없었다(殿宇亦巨集麗)"라고 묘사한 것과 일치한다. 開元寺의 승려들은 밤이 되면 등불을 밝히고 북과 징을 쳤고 향을 올리고 예불 올리는 일을 하루도 게을리하지 않았다. 그러나 李德泂은

지금의 蓬萊 古船博物館 내 開元寺의 정문을 복원한 모습. 登州博物館 관장 袁曉春의 설명에 따르면 唐代 日本 僧侶 圓仁의 開元寺 방문 장면을 복원한 것이라 한다.
(집필진 답사 촬영)

이처럼 불교가 흥성하고 있는 것을 긍정적으로 보지 않았다. 특히 이처럼 화려하고 웅장한 開元寺가 儒家의 聖賢을 모시고 있는 문묘와 가까워 개원사의 위세가 문묘의 기운를 억누르는 듯한 모습이어서 성리학을 정통으로 기타 사상을 이단으로 여겼던 조선문인들에게는 불편한 느낌을 주었던 듯 하다. 조선문인들은 사찰의 위치가 성현을 심히 능멸하고 있다고 직접적으로 반감을 드러냈다.

　아래의 시는 1623년 조선사신 李民宬이 開元寺에 잠시 머무는 동안에 쓴 것이다.

〈개원사〉

(개원사는 登州城 안에 있는데 唐 開元 년간에 창건되었으며 우리 일행이 여기에 묵었다.)

開元 皇帝는 神仙을 좋아했으나
불법 또한 좋아하여 선한 인연 베풀어 개원사를 창건했네.
강변의 모래알처럼 수많은 중생들 불법에 귀의하니
하늘의 신은 천계를 수호하였네.
멀리 조선에서 온 내방객 여행길의 번뇌 떨칠 방법 물으니
노승은 그릇된 참선으로 미몽에 빠지지 말라 하네.
면벽 수행만 한다면 유마거사의 병을 고치지 못할 것이니
그러지만 않는다면 매일매일 불자들 절 앞에 가득할 것이라 하네.

〈開元寺〉
寺在登州城中 , 唐開元中所創也 , 一行寓焉。
開元皇帝好神仙 , 竺教兼崇結勝緣。
沙界衆生依佛日 , 龍倫八部護諸天。
遠人來討客塵喩 , 老衲空參鬼窟禪。
面壁妨調摩詰病 , 朝朝車馬寺門前。
(李民宬《燕槎唱酬集》)

이민성의 기록에 따르면 일행은 6월 13일에 登州에 도착하여 "남문으로 들어가서

개원사에 묵었다(遂從南門入寓於開元寺)." 여기서 "南門"은 登州城 南門인 "春生門"이
아니라 登州水城의 南城門인 振揚門이다. 즉, 李民宬 일행은 먼저 登州水城 南門인
振揚門을 거쳐 登州城 西北쪽에 있는 來賓橋(래빈교, 지금의 蓬萊市 北關路와 沙浦路가
만나는 로터리)를 건너 登州城 西城牆(서성장) 밖의 작은 길을 지나 登州城의 西城門인
迎恩門(영은문)을 통과하여 登州城으로 들어가 개원사에 도착했다.

1연에서 말하기를, 唐 玄宗 李隆基(이륭기)는 비록 도교와 신선을 숭상했으나 印度
의 佛教 역시 존중하여 좋은 인연을 맺었다고 말한다. 勝緣(승연)이란 佛教용어로서
善緣을 말한다. 이어진 2연에서 唐 開元 연간에 수많은 사람들이 佛教를 신봉하였기
에 뭇 天神들이 팔부의 하늘을 守護하였다고 한다. 沙界(사계)란 佛教 용어로 겐지스
강변의 모래알만큼 많은 세상을 말한다. 依佛(의불)이란 佛門에 귀의한다는 것이다. 龍
倫八部(용륜팔부)란 天龍八部(천룡팔부)를 말한다. 佛教에서는 눈으로는 보이지 않는
천상의 하늘을 그곳에 기거하는 龍과 鬼神을 기준으로 8개의 하늘로 나누는데 天, 龍,
夜叉(야차), 乾闥婆(건달파), 阿修羅(아수라), 迦樓羅(가루라), 緊那羅(긴나라), 摩睺羅伽
(마후라가) 등 八部의 하늘이 있다고 한다. 이 八部가운데 天과 龍의 二部가 맨처음을
차지하므로 천상의 하늘을 天龍八部라고 이름한다. 諸天(제천)은 神界의 뭇 神位를 가
리키는데 이후에는 天界, 天空에 대한 범칭으로 사용된다.

3연에서 먼 곳에서 온 이국의 방문객인 조선사신 이민성이 開元寺의 高僧에게 佛法
를 청하니 高僧은 그릇된 참선을 고집하는 것은 佛法를 꿰뚫는 올바른 방법은 아니라
고 가르쳐 준다. 客塵(객진)은 佛教 용어로 속세에 존재하는 온갖 번뇌를 말하는데 여
기서는 여행 중의 애를 써서 피곤해진 것을 비유한다. 老衲(노납)은 나이든 승려를 말
하며 鬼窟禪(귀굴선)이란 컴컴한 굴 속같이 혼몽미몽한 상태에 빠져 환상과 진제를 구
별하지 못하게 되는 것으로 바른 선의 상태가 아니며 枯木禪(고목선), 髑髏禪(촉루선),
黑山鬼窟禪(흑산귀굴선)이라고도 한다. 마지막 4연에서 온종일 면벽하고 참선만 한다
면 佛法을 선양하고 중생을 제도하기 힘들 것이며 開元寺의 여러 승려들처럼 참선과
선행을 함께 해야 佛法이 선양되어 재가불자들이 흥성하여 불문을 찾을 것이라고 말
한다. 摩詰(마힐)은 維摩詰(유마힐)을 말하는데 釋迦牟尼(석가모니)와 같은 시대에 살았
으며 출가하지 않고 평범한 일상 생활을 하며 불도를 닦았으나 깊은 깨달음을 얻어 수

많은 사람을 교화했다고 한다. 일찍이 유마힐이 병으로 앓아 눕자 석가모니 부처님께서 舍利弗(사리불)과 文殊(문수)보살을 보내 병문안을 하게 했는데 유마힐은 "어리석음으로 인해 사랑이 생기고 그래서 내가 병이 생겼다. 일체의 중생으로 인하여 병이 생겼으니 이것이 내가 병이 난 연고이다."[394]라고 하여 보살은 원래 병이 없으나 중생들이 병을 앓기에 보살도 병을 앓는다는 大乘 불교의 심오한 가르침을 깨우쳐 주었다.

또한 李民宬은 항해 도중 만난 폭풍우의 경험을 開元寺에 머무를 때 〈驟雨詩(취우시)〉라는 제목의 시로 남기기도 했다.

〈폭풍우〉

탁자에 엎드려, 세상의 모든 구멍에서 불어오는 폭풍우 소리

험한 파도 소리, 온 하늘을 울리는 소리를 듣네.

(돌연 폭풍우 그쳐 등주에 도착하고 보니)

뉘라서 강남의 아름다운 풍광을

영구의 옛 땅에 수묵화처럼 옮겨 놓았는가!

〈驟雨詩〉

隱幾才聞萬竅風 , 波濤聲撼太虛空。

誰將一片江南地 , 移就營丘水墨中。

(李民宬《癸亥朝天錄》)

李民宬의 개인 문집《敬亭集》의 기록에 따르면, 李民宬은 정사 李慶全과 함께 開元寺에 투숙했는데, 이 때 "정사에게 〈취우시〉라는 절구 시 한 편을 지어 올렸다(對正使 , 誦嘗作〈驟雨詩〉一絶)." 이 시에서 이민성은 탁자 위에 엎드려 배 바깥에서 몰아치는 폭풍우 소리를 들으며 험한 파도가 하늘을 진동하여 구름에까지 닿아 울리는 듯하고 느꼈다. 이런 절체절명의 느낌이 아직도 생생하기만 한데, 배는 이미 齊나라와 魯나라의 옛 땅에 도착하였고 그림 같이 아름다운 봉래각을 직접 목도하게 되었다. 隱几(은

---

394 "從癡有愛,則我病生 ; 以一切衆生病,是故我病"

궤)란 几案(궤안)에 기댄다, 几案 위에 엎드린다는 뜻이다. 萬竅(만규)는 大地 위의 크고 작은 모든 구멍을 가리키는데《莊子·齊物論》에 "대지가 뿜어내는 숨을 바람이라고 하는데 일어나지 않으면 모르겠지만 일단 일어나면 세상의 모든 구멍이 성난 듯 소리를 낸다."[395]라는 표현이 보인다. 太虛(태허)는 하늘을 가리킨다. 營丘(영구)는 옛 마을의 이름으로 지금의 山東省 淄博市(치박시) 臨淄(임치)의 북쪽지역으로 營丘山이 있기에 그것을 지명으로 삼았다. 여기서는 산동 반도 일대를 가리킨다. 石樓 李慶全은 이민성의 시를 다 듣고는 그 내용이 이민성이 이전에 "바다 건너 조천을 떠나는 일은 모두 사전에 미리 정해진 것이니 어찌 피할 수가 있겠습니까? (過海朝天之讖也 , 事皆前定 , 豈可逃耶？)"라고 했던 말과 딱 맞아 떨어진다고 여겼다.

李民宬의《癸亥朝天錄》에는 開元寺에서 登州의 문인들과 교류하면서 우정을 나눈 내용도 기록되어 있다.

> (6월)21일 庚辰일 登州에 유숙하였다……상공 吳大斌이 詩稿를 보내왔으니 登州兵憲 및 鄕紳들과 더불어 서로 창화한 것으로 압운에 따라 교정해 줄 것을 요청했는데 태도가 지극히 간절하였다. 순서에 따라 교정해 주었는데 오대빈이 와서 정리된 문건을 보고는 말하기를 "뛰어난 문재의 은혜를 입었으니 얼마나 감사한지 모르겠습니다. 뒤의 두 시는 마음 속에 아름다운 성령이 없다면 이처럼 훌륭한 구절을 입으로 토해내는 것이 불가능할 것입니다. 여기 등주성의 搢紳 士大夫들에게 보여준다면 모두 옷깃을 여미고 탄복할 것입니다. 우리 중국 땅에도 이처럼 고칠 수 있는 자가 몇 명이나 있겠습니까? 감히 직접 얼굴을 대하고 칭찬하지 못할 정도입니다."……오대빈은 호가 晴川이며 越州 山陰사람이다. 전임 遊擊 宗道의 삼촌뻘인데, 宗道는 조선에 원군으로 갔을 때 都司의 신분으로 주둔하였다. 선조 임금께서 그 揭帖을 보시고는 여러 번 칭찬하시고는 承文院에 명하여 그의 글 가운데 좋은 글을 뽑아 틀린 곳을 바로잡아 베껴 올리도록 하였다. 鎭江의 유격이 마지막 벼슬이었다. 오대빈은 鎭江에서 여기

---

395 "夫大塊噫氣 , 其名爲風。是唯無作 , 作則萬竅怒呺"

登州 開元寺에 와서 머물고 있었다. (六月)二十一日 , 庚辰 , 留登州。……吳相公大斌送示詩稿 , 乃與登州兵憲及鄉紳所相唱和者 , 請依韻見擲 , 列於詩卷 , 甚懇。遂次以遺之。吳來見劉示曰："承惠四章 , 何感如之。後二詩 , 非胸藏琬琰、口吐珠璣不能也。通示此城搢紳士大夫 , 皆斂衽敬服 , 我中國能有幾人哉 , 非敢面譽貌言也"。……吳公 , 號晴川 , 越州山陰人。故遊擊宗道之族父也。宗道東征時 , 以都司來駐我國。宣廟見其揭帖 , 亟加稱賞 , 命承文院裒集前後之揭繕寫以進 , 後終於鎮江尤吉(即遊擊的音轉)。晴川來從鎮江 , 今寓登州之開元寺。(李民宬《癸亥朝天錄》)

위의 李民宬의 기록에 따르면, 吳大斌(오대빈)은 호가 晴川이며 越州 山陰(지금의 浙江 紹興)사람으로 전임 遊擊 吳宗道의 아버지 형제 가운데 한 사람이다. 즉, 吳大斌과 吳宗道는 삼촌과 조카로서 朝鮮과는 자못 인연이 깊다. 임진왜란이 발발했을 때 吳宗道는 "都司"의 신분으로 조선에 援軍(원군)으로 파견되었다. 당시 조선 임금이었던 선조는 그가 쓴 문서를 보고는 문재가 뛰어나다고 거듭 칭찬하고는 "승문원에 명하여 이미 발표된 그의 글 가운데 뛰어난 것을 가려 뽑아 잘못된 부분을 수정하여 올리도록 하였다(命承文院裒集前後之揭繕寫以進)."

《山陰州山吳氏族譜》의 기록[396]에 따르면 "만력 병인년(1616년)에 요하 왼쪽지역을 잃었는데(萬曆丙辰 , 遼左失守)", 吳大斌은 당시 "배를 타고 등주로 와서(浮海至登州)" 登州 開元寺에 머물렀는데, 孔有德이 登州를 공격했을 때 절개를 지키기 위해 식음을 전폐하다가 절명했다고 한다. 이민성이 등주로 사행을 왔을 당시 吳大斌도 개원사에 유숙하고 있었기에 자신의 詩稿를 이민성에게 보여주었고 이민성은 이를 순서에 따라 교정해 주었다. 李民宬은 吳大斌에 대해 "중후하고도 온아한 성품에 시재도 뛰어나서 사대부들에게 존중을 받았다(重厚溫雅 , 且有詩聲 , 見重于士大夫)"라고 평가했다.

---

396   (清) 李亨特 , 平恕等 纂修 ,《(乾隆)紹興府志》卷之五十五〈人物志十五〉, 清乾隆五十七年(1792)刊本版。

(6월)22일 辛巳일 登州에 머무는 동안 여기까지 오는 바닷길에 몸이 상하여 연일 괴로움에 신음하였는데 오늘에야 비로소 차도가 있었다. 절강 사람 王榮이 王摩詰의〈輞川圖〉를 보여주었는데 그 그림과 거기에 쓰인 화제시가 모두 摩詰의 親筆이라 한다. 주위에 그림에 조예가 있는 사람이 없어 그 진위 여부를 판별할 수 없었다. 그러나 그림에서 詩韻이 느껴졌고 詩에서 畫趣가 느껴졌기에 摩詰이 아니라면 진위를 구분할 수 없을 것 같았다……開元 庚午에 창작된 작품을 오늘 우연히 開元寺에서 보게 되었고 게다가 절 역시 開元 년간에 창건되었다. 단청은 옥처럼 아름다운데 유구한 세월을 거쳐 천 년 뒤에 이렇게 만리 밖에서 해후하게 되었으니 이는 필시 단순한 우연이 아닌 것 같다. 그래서 개원사에 머무는 몇 일동안 완롱한 후에 돌려주었다. (六月)二十二日 , 辛巳 , 留登州。來時傷于海路 , 連日苦呻 , 是日始獲差可。浙人王榮示王摩詰〈輞川圖〉, 其畫並詩俱摩詰親筆也。顧無知畫者 , 不能辨其眞贋。然即畫有詩韻 , 即詩有畫趣 , 意非摩詰不能辨此。……作於開元庚午 , 而今偶得見於開元寺。寺亦創於開元中。丹青琬琰 , 同其悠久 , 而邂逅於千載之後、萬里之外 , 似非偶然。遂留玩數日而還之。(李民宬《癸亥朝天錄》)

오랜 기간의 힘든 여정으로 인해 開元寺에 도착한 이후 李民宬은 줄곧 "연일 괴로움에 탄식만 할 뿐이었다(連日苦呻)." 그런데 예상치 못하게 개원사에서 王摩詰 곧, 王維의〈輞川圖〉를 친견하고는 비록 "진짜인지 위조품인지 구별할 수는 없었지만(不能辨其眞贋)" 큰 위안을 얻는다. 王維는 은일사상을 노래한 뛰어난 시인이자 위대한 화가로서 字가 摩詰이며 開元 연간 進士에 급재하고 관직은 給事中에 이르렀으며, 그의 작품은 그림 속에 시가 있고 시 속에 그림이 있다(畫中有詩 , 詩中有畫)는 평가로 유명하다.〈輞川圖〉는 文人들의 전원생활에 대한 동경을 이상화하여 그린 작품이다. 이민성은 조선에서 멀리 만 리 밖에 떨어져 있는 등주에서 와서 소문으로만 듣던 왕유의 그림을 唐 開元 연간에 창건된 유서 깊은 開元寺에서 목도하게 되었기에 "이는 아마 우연이 아닐 것이니 수 일 동안 잘 간직하면서 감상한 후에 돌려주어야 겠다(似非偶然 , 遂留玩數日而還之)"고 생각한 것이다.

(唐王維〈輞川圖〉임부 美國 뉴욕메트로폴리탄藝術博物館 淸王原祁이 臨摹作

〈북경 사행길에 등주 개원사에 머물 때 비 내리는 밤에 쓴 시〉

"먼길 떠난 나그네 긴밤 잠 못 이루고 앉았는데, 문득 가을비 내리는 소리 들리니 쓸쓸한 사찰 더욱 처량하네. 내 마음의 깊은 근심 동해의 깊은 바닷물이라야 비로소 비견할 수 있음이네."라는 5언 절구의 각 글자, 모두 20자를 운자로 삼아 20편의 절구 연작시를 지었다. 북경 옥하관에 도착했을 때 동관에 머물고 있는 사신들에게 보여드리고 질정을 구했다.

제9수

석성도와 여러 바닷섬을 지나

황성도와 흑수해까지 지났네

하늘이 우리 사신이 탄 배를 보우하여

드디어 무사히 등주 개원사에 머물게 되었네

제16수

임금의 명으로 떠난 사행의 여정 긴박한데

내 마음의 붉은 충심 후세가 알아보리라.

내일 아침이면 황현을 향해 출발하여

북경으로 멀고 먼 여정에 오르리라.

〈來時寓登州開元寺逢夜雨[397]〉

以 "遠客坐長夜 , 雨聲孤寺秋。請量東海水 , 看取淺深愁。"爲韻作二十絕 , 仍爲錄上東照 , 以俟斤正。

之九

石島駕銀山 , 黃城渡黑水。

天教護我舟 , 穩送登州寺。

之十六

王事嚴程急 , 孤忠後代看。

明朝黃縣路 , 去去任征鞍。

397　趙冕熙 ,《朝天日乘及燕行錄及酬唱錄》, (韓國)同光出版社 , pp.179-180。

위의 시는 조선사신 趙濈이 登州에 도착하여 開元寺에 잠시 머무는 동안 지은 20首의 絶句 연작 가운데 第9首와 第16首이다. 趙濈의《燕行錄(一云朝天錄)》기록에 따르면 "29일 병진일 맑음…… 우리 일행은 배에서 내려 개원사에 숙소를 정했다," "9일 병인일 맑음……오후에 하 반송관이 와서 출발하자고 재촉하였기에 바로 출발했다."³⁹⁸ 곧, 趙濈은 開元寺에서 1623년 9월 29일에서 10월 9일까지 머무른 것이다. 그런데 이 기간 동안 밤에 비가 내린 날은 10월 3일 밖에 없으므로 위의 시들은 이 때 쓰여진 것이 된다. 한편 1623년 趙濈 일행은 北京 玉河館에서 冊封奏請使臣團 정사 李慶全, 부사 尹暄, 서장관 李民宬과 여러 차례 만났다. 이들 사행단은 조즙 일행보다 먼저 옥하관에 도착하여 동관에 머물고 있었다. 그래서 위의 시에서 동관은 책봉주청사행단을 가리키는 것이다. 斤正(근정)이란 자신보다 수준이 높거나 존경하는 사람에게 자신의 작품을 수정하거나 평가해달라고 요청할 때 사용하는 경어이다. 결론적으로 말하면 위의 〈來時寓登州開元寺逢夜雨〉라는 제하의 20首 五言 絶句는 趙濈 1623년 10월 3일 밤에 登州 開元寺에 머물 때 지었으며, 이후 북경 玉河館에 먼저 도착하여 동관에 머물고 있던 책봉주청사행단 李慶全, 尹暄, 李民宬 등에게 보여주고 질정을 구한 것이다.

〈제9수〉는 해로 여정 중 가장 인상이 깊었던 石城島, 黃城島, 黑水海 등을 묘사하고, 위험한 항해를 하늘의 도움으로 무사히 마치고 登州 開元寺까지 올 수 있었음에 대해 감사하고 안도하는 마음을 표현하고 있다. 石島는 石城島로서 명말에는 遼東에 속했는데 조선사신들이 해로사행을 할 때 반드시 거쳐야 하는 섬 중의 하나였다. 鄭斗源의《朝天記地圖》의 기록에 따르면, 石城島는 "비옥한 땅이 만경이나 펼쳐져 있으며 북쪽은 모래흙이며 동쪽에는 암초가 많다. 배를 대려면 북동풍은 반드시 피해야 한다. 서쪽으로 長山島까지는 300里 길이다."³⁹⁹ 당시의 石城島는 지금도 石城島라고 부르는데 지금의 遼寧省 大連市 莊河市에 속한다. 黃城과 黑水는 각각 앞서 살펴본 黃城島와 黑

---

398 "二十九日 , 丙辰 , 晴。……一行下處定於開元寺"; "初九日 , 丙寅 , 晴。……午時 , 夏伴送來催發行 , 即爲發行"
399 "地膏腴萬頃 , 北有沙土 , 東有暗礁。泊船 , 須避東北風 , 西至長山島三百里水程也。"

水海이다. 天教란 하늘이 천의를 내보여 가르친다는 뜻이다.[400]

〈제16수〉의 첫 2구에서는, 사행길의 일정이 빠듯하여 시종 긴장되지만 오직 나라를 위한 충심으로 임금이 내린 명을 기필코 완수할 것을 다짐하고 있다. 王事란 王命으로 파견되어 맡은 공적인 일이며, 嚴程이란 일정이 빠듯한 여정을 가리키며, 孤忠이란 다른 사람의 시선을 의식하지 않고 오직 내면의 충절을 지키는 것이다. 이어진 2구에서는 내일이면 登州를 떠나 黃縣으로 향하는데 앞으로 갈 길은 멀기만 하다고 읊조린다. 征鞍(정안)은 여행자가 타는 말을 가리키는데 자신의 처지가 원행을 떠나는 말과 같다는 것이다. 당시 일행은 원래 등주를 떠나 黃縣으로 가기로 되어 있었지만, 인부와 말이 아직 준비되지 않아 떠나지 못하고 있었다.

앞서 언급하였듯이 1623년 6월 13일에 李民宬과 李慶全은 모두 登州 開元寺에서 묵었다. 그러나 거처에 진드기가 많아 심히 괴로웠기에 6월17일에 절문 밖에 있는 呂씨의 민가에 묵었다. 당시 옥하관 동관에 묵고 있던 이민성은 趙濈이 지어서 보여준 〈북경 사행길에 등주 개원사에 머물 때 비 내리는 밤에 쓴 시〉 연작시를 보고는 그 내용에 크게 공감하면서 창화시 20편을 지었다.

〈조즙의 開元寺逢雨에 대한 창화시〉
"以遠客坐長夜 , 雨聲孤寺秋。請量東海水 , 看取淺深愁。"의 20글자를 韻으로 하여

제1수
사신의 배 등주에 도착하여 개원사에 유숙하게 되었는데
등주성에는 밥짓는 저녁 연기 가득하네.
베개 괴고 누워 한밤 중 들려오는 소리 들으니
쓸쓸한 기분 끝간 데를 모르게 치닫네.

400　"해가 지고 경공이 서쪽을 바라보는데 혜성이 떨어지는 것을 목도하게 되었다. 경공이 백상건을 불러 그 재앙을 제거하라고 했는데 안연이 말하기를 '불가합니다. 이는 하늘의 뜻입니다.'라고 했다.(日暮 , 公西面望 , 睹彗星。召伯常騫 , 使禳去之。晏子曰 : '不可 , 此天教也。)"《晏子春秋·諫上十八》

제4수

밤에 비 내리니 온 사찰에 가을 기운 가득하고

등불도 희미해져 주지승도 잠이 드네.

아침에 깨고 보니 백발은 더 늘었고

이런 저런 생각에 근심만 깊어지네.

제13수

등주성은 해가 지지 않는다는 불야성에 가까우며

기세 웅혼한 태산의 동쪽 땅이라네.

누가 당나라 개원 년간에 창건한 이 사찰을 일신했는가!

금불상과 화려한 단청 휘황찬란하여 눈이 몽롱하네.

〈奉次趙花川開元寺逢雨韻〉

"以遠客坐長夜 , 雨聲孤寺秋。請量東海水 , 看取淺深愁。"爲韻。

之一

孤帆落寺門 , 古郭炊煙晚。

枕上夜來聲 , 蕭疏憑近遠。

之四

夜雨閉秋寺 , 殘燈眠上方。

明朝看白髮 , 個個緣愁長。

之十三

城古近不夜 , 地雄海岱東。

誰新唐代殿 , 金碧耀蔥蘢。

(李民宬《燕槎唱酬集》)

위의 시는 李民宬이 조즙의 시에 화창한 연작시 가운데 제1수, 제4수, 제13수이다. 제1수와 제4수는 주로 이민성 일행이 등주에 도착하여 개원사에 유숙하게 되는 장면을 묘사했고 또한 개원사에서 여러 날 지내는 동안 밤중에 느낀 고독하고 쓸쓸한 감정을 읊었다. 蕭疏(소소)이란 적막하고도 처량하다는 뜻이다. 上方(상방)은 절의 주지를 뜻한다. 원래 산 위의 절을 일컫는 말인데 일반적으로 절의 주지가 그 절의 가장 높은 곳에 거주하므로 이후 직접적으로 주지를 가리키게 되었다. 제13수에서는 산세 웅장한 태산의 동쪽 땅인 東牟의 옛 고을, 곧 등주부를 묘사하고 있는데, 밤에도 해가 지지 않았다는 不夜城의 전설을 생각하면서 오랜 세월이 흘렀음에도 그 위세에 변함이 없는 개원사의 풍경에 감탄을 금치 못하고 있다. 불야성이란《漢書地理志》에 다르면 밤에도 해가 떠서 밝았다는 전설이 전해지는 곳으로 등주부 내에 있었던 不夜縣을 가리킨다. 海岱(해대)란 지금의 山東省 渤海에서 泰山 사이 일대 지역을 가리킨다. 海란 渤海이며 岱란 泰山이다.《禹貢》에 "발해와 태산 사이가 청주부이다(海岱惟青州)"라는 문구가 보인다. 蔥蘢(총롱)이란 몽롱하다는 뜻이다.

조선사신들이 登州城에서 유숙하던 驛館의 하나로서 기능한, 唐 開元 연간에 창건된 開元寺는 사신들에게 잊기 힘든 깊은 기억을 많이 남겼다. 즉, "十死九生"의 위험한 바닷길을 무사히 헤쳐 나온 것에 대한 기쁨과 안도의 감정, 뜻이 맞는 명나라의 문무관료들을 만나 시를 화창한 경험, 때로는 뜻하지 않게 조선 땅에서는 소문으로만 듣던 중국 유명 문인들의 서화, 묵적을 친히 보게 되는 행운까지 힘든 바닷길 항해라는 관문을 마친 조선사신들에게는 이 모든 것들이 일종의 고생에 대한 보상처럼 달콤하게 느껴졌을 것이다. 그러나 이러한 기쁨도 잠시 그들에게는 북경까지의 긴 여정과 완수해야할 무거운 임무가 눈 앞에 기다리고 있었다. 그래서 가을비 내려 눅눅해진 스님들의 거처에서 "이런 저런 생각에 근심만 깊어지는" 고독과 애상에 잠기거나 하루바삐 "멀고 먼 북경으로의 여정"에 올라 사행의 임무를 완성하고자 하는 충심에 불타기도 했다.

蓬萊市 학예연구사 高波 과장의 설명에 따르면, 開元寺는 옛 등주성의 서남쪽(지금의 武霖村 西部지역)에 있었는데 절의 正門은 동쪽을 향해 있었고 府門南街에 접하고 있었다 한다. 開元寺는 民國 初期까지만 해도 총면적 약 6000평방미터, 연면적 약 2000-3000평방미터로 동서를 종축으로 큰 건물 3채가 나란히 서있는 三進式 구조를 이루고 있었다고 한다. 곧, 正門은 동으로 府門南街에 면하여 있었고 주건축물은 동쪽에서 서쪽으로 서로 차례대로 門房, 正殿, 誦經堂, 藏經閣 순서로 배치되어 있었다. 그리고 장경각 양측으로는 廂房이, 誦經堂의 앞쪽 양측으로 각각 鐘亭과 鼓亭이, 藏經閣의 남측으로 스님들의 처소와 식당이 있었다고 한다. 개원사의 건축물은 모두

필자 일행이 于天路 씨와 인터뷰하는 모습

전형적인 사원건축양식을 보여주는데 正殿과 誦經堂만 청색 유리기와를 사용하였고 나머지 건축물에는 작은 청기와를 사용했으며 지붕의 등마루에는 청룡, 주작 등 여섯 신물을 안치했다.

門房은 한 면에 네 기둥을 세운 팔작지붕을 가진 건축물이고, 正殿은 大雄寶殿으로 개원사 내에서 가장 큰 건물이었으며 거의 정방형에 가까운 형태였다. 사면에 모두 회랑을 둘렀으며 안에서 보면 하나로 트였으나 밖에서는 이층의 처마를 가졌다. 誦經堂은 僧伽和尙堂(승가화상당)이라고도 불렀는데 대웅전 다음으로 큰 건물로 팔작지붕으로 직사각형의 평면을 가지고 있었다. 스님들이 독경을 하거나 일반적인 소규모 행사가 거행되는 장소였다. 藏經閣은 이층의 목조 건물로 작지만 정교하게 지어진 건물로 1층 동쪽에 회랑이 있었으며 경전을 보관하거나 주지 스님의 선방으로 사용되었다. 南과 北 양측에 있던 廂房(상방)의 앞에는 모두 회랑이 있었으며 먼 곳에서 찾아온 내방객, 만행하던 승려 등이 이곳에 유숙할 수 있었다. 鐘亭과 鼓亭은 모두 기둥이 4개이며 사면이 트인 목조 涼亭으로 각각 철종과 큰 북 하나가 걸려 있었다. 民國 後期에 사립

登州 開元寺 옛터 ─ 지금의 蓬萊市 紫荊山街道 "故里社區" 1동과 4동 아파트
(집필진 답사 촬영)

학교인 進華小學校가 사찰 내에 설립되어 운영되었고 1947년 國民黨 군대가 誦經堂, 藏經閣, 鐘亭, 鼓亭를 철거하여 거기서 나온 목재를 城防工事에 사용했으며 나머지 건축물도 민국 후기에 차례로 모두 철거되고 말았다.

필자 일행이 開元寺의 옛터로 답사를 나갔을 때, 지금의 故里社區에서 87세의 于天路(우천로) 노인을 만나 인터뷰할 기회를 가질 수 있었다. 于天路 씨의 증언에 따르면 지금의 "故里社區"의 "故里"는 明의 장군 戚繼光 故里의 南側에 지금의 주택지가 건설되었기 때문에 붙여진 이름이라고 한다. 지금 현지인들은 "開元寺"를 "西大寺"라고 부르는데 "西大寺"는 옛 登州城의 서남쪽에 있었으며 동쪽으로 정문이 나 있었다고 하며, 지금의 故里社區의 남쪽에 남아 있는 성벽은 바로 옛 登州城의 남쪽 성벽이 그대로 현재까지 남아 있는 것이라고 한다. 곧, 1990년 말에 조성된 故里社區는 바로 開元寺의 옛 터 위에 건축된 것이다.

于天路 씨의 증언은 실제로 明《(泰昌)登州府志》의 "개원사는 등주성의 서남방에 위치하였다(開元寺在(登州)府城西南隅)"라고 한 기록과 일치한다. 이상의 사실과 답사를 통해 파악한 현지 정보를 함께 고려해보면 開元寺의 옛 터는 지금의 蓬萊市 府門南街의 남쪽 끝자락에 위치한 것으로 보인다. 결국 1990년대 말 개원사의 옛 터 위로 지금의 蓬萊市 紫荊山街道 故里社區의 1동과 4동의 아파트가 지어진 것이다.

淸《(康熙)蓬萊縣誌》卷首에 있는 〈水城圖〉 ❶이 普靜寺 , ❷가 迎仙橋 , ❸이 校場/演武場,
❹가 蓬萊閣, ❺가 登州水城의 小海이다.

3. 3. 5 普靜寺(普淨寺)/關北村

조선사신들이 등주에 머물 때 유숙한 곳으로는 開元寺 이외에 普靜寺(보정사)와 北關村이 있다.

> 普淨寺는 城의 북쪽에 있는데 화려한 단청이 눈부시게 아름다웠고 금색
> 편액이 걸려 있었으며 법당은 수 백 간이 이어져 끝이 보이지 않았는데
> 석가여래의 진신 치아가 여기에 있었다. 바닷물이 범람하여 수해를 입지
> 않도록 軍門 이하 관료들이 모두 불교식 배례를 올리며 기도했다 한다.
> 普淨寺在城北 , 丹臒照耀 , 金牓輝煌 , 寶殿彌漫數百間 , 釋迦如來佛齒在
> 此。以鎭海水洋溢之害 , 軍門以下 , 皆頂禮云。(鄭斗源《朝天記地圖》)

윗글은 鄭斗源의《朝天記地圖》의 기록인데 普淨寺는 중국 지방지의 기록에는 普靜寺로 되어 있다. 鄭斗源의 기술에 따르면 보정사는 登州城의 북쪽에 위치하고 있었으며 황금색과 푸른 빛 단청으로 화려하게 장식되었고 금빛 편액이 걸려 있었다. 사찰 내에는 방이 수 백 칸에 이를 정도로 규모가 방대했다. 丹臒(단확)은 단청으로 보정사가 화려하게 장식되었다는 것이다. 명나라 楊慎의《藝林伐山(예림벌산)·印色》에 "지금의 紫粉(자분)을 옛날에는 芝泥(지니)라고 하였고 지금의 錦砂(금사)를 옛날에는 丹臒이라고 하였는데 모두 그림을 그리고 글자를 새기는 도구이다."[401]라는 기록이 보인다. 金牓(금방)은 곧, 金榜(금방)으로 금빛 匾額(편액)을 말한다. 彌漫(미만)은 끝없이 이어져 있는 모양이다. 寶殿(보전)은 佛殿이다. 鄭斗源의 기록에 따르면, 보정사에는 부처님의 진신 치아가 안치되어 있었으며 바닷물이 범람하는 재해가 일어나지 않도록 군문 이하 관원들이 모두 예불을 올리고 기도했다고 하는데, 필자가 조사한 바 중국 내 어떤 문헌에도 보정사에 부처님의 진신 치아가 안치되어 있었다는 사실이 기록되어 있지 않다. 그러므로 만약 鄭斗源이 기록이 사실이라고 한다면 중국의 문헌에는 없는 전혀

---

401 "今之紫粉 , 古謂之芝泥 ; 今之錦砂 , 古謂之丹臒 , 皆濡印染籀之具也"

새로운 사실을 알려주고 있는 것이 된다.

아래의 글 1)과 2)는 조선사신 洪翼漢이 보정사에 머무를 때 기록한 것이다.

1) (8월)25일 丁未일 맑음. 아침에 상통사 黃孝誠이 知府衙門으로부터 票文을 받아 돌아왔다.……普靜寺에 숙소를 정하도록 명했다. 表文과 諮文을 대웅전에 봉안하고 나머지 方物은 法堂에 보관하였으며 上使 와 더불어 동쪽과 서쪽에 있는 禪房에 묵었다. 27일 己酉일 흐림.…… 상사, 부사와 함께 普靜寺를 둘러보았다. 奇玄, 明友 등 7-8명의 스님이 寶扇(보선)과 雪花箋(설화전)를 가지고 와서는 시를 써 주기를 간청하 였기에 모두에게 절구 한 수씩 써 주었다. 裨將(비장) 李仁男이 술자리 를 마련하여 우리를 초청했는데 이날은 바로 上使의 환갑날이었다. 술 자리에 제공된 요리는 모두가 진귀한 중국 음식이었으나 우리 식성에 맞지 않아서 제대로 먹지 못하고 거부감만 더할 따름이었다. 언제쯤 고 향땅에 돌아가 황계백숙에 막걸리, 신선한 나물과 생선회로 상사의 환 갑을 축수하며 오늘의 이 고초를 위로할 수 있을까? (八月)二十五日, 丁未, 晴。朝, 黃孝誠等還自知府衙門, 受票文, ……令假館於普靜 寺。奉安表、諮文、輸置方物於法堂, 與上使寓東、西禪房。二十七 日, 己酉, 陰。……偕上、副使遊普靜寺。僧奇玄、明友等六七人持 寶扇及雪花箋, 乞詩甚懇, 各題贈一絶。裨將李仁男等來請置酒, 蓋 上使初度日也。行廚所供雖極中國異品, 非吾土食性所慣, 益覺客味 之酸辛。何時得返故國？黃雞、白酒、紫鮮、銀鱗, 爲先生一壽, 以 慰今日苦楚哉。(洪翼漢《花浦朝天航海錄》)

2) 28일 庚戌일 맑음. ……절의 스님이 책자를 하나 가져왔는데 바로 시 주 명부였다. 이른바 큰 시주로서 앞자리를 차지한 사람들은 都督 沈 有容, 總兵 毛文龍 등으로 대소관료들 가운데 이름을 올리지 않은 자 가 없었다. 法堂의 左右로는 청색 바탕에 금박으로 글자를 새긴 공덕 패가 걸려 있었는데 왼쪽 패에는 "모년 모월 모일 登州知府 魯廷彦, 同 知 翟棟(적동), 通判 喬鳳翔(교봉상), 推官 王名晉, 知縣 汪裕(왕유)가

重修하였다"는 글귀가, 우측 패에는 "황제의 명으로 山東 등지를 지키고 있는 都督府 都督 沈有容이 鼎建(정건)하다"라는 글귀가 새겨져 있었다. 아 ! 벼슬아치 사대부들이 이와 같으니 하물며 어리석은 백성들은 어떠 하겠는가? 성현의 가르침이 오랜 세월 동안 허물어졌음을 이로써 알 수 있겠다. 二十八日 , 庚戌 , 晴。……寺僧持一冊來示 , 即舍施名錄。所謂大施主居首者 , 都督沈有容、總兵毛文龍等大小官員無不與焉。法堂左右 , 各懸金字靑板。左隅則題 : "年月日 , 登州知府魯廷彦、同知翟棟、通判喬鳳翔、推官王名晉、知縣汪裕重修"; 右隅則題 : "欽差鎭守山東等地都督府都督沈有容鼎建"。嗟夫 ! 搢紳士夫猶如此 , 況蚩蚩氓俗乎? 聖路長湮 , 從可知矣。(洪翼漢《花浦朝天航海錄》)

　　1624년 8월 25일 使臣團의 上通事인 黃孝誠이 登州知府衙門에서 票文을 받아왔는데, 표문은 登州府에서 조선사신의 身份을 증명하고 使臣團이 역참로에 접해있는 驛館을 이용할 수 있도록 하락하는 공문서이다. 그리고 지부아문에서 사신단의 숙소를 登州水城 곁에 있던 普靜寺로 정했다는 통지도 함께 받아온다. 表文과 諮文은 조선과 명 조정 사이의 중요한 外交文書였으므로 이를 우선 보정사의 정전인 대웅전에 "奉安"하고 다른 방물은 법당 안에 보관해 두었다. 그리고 다음날 洪翼漢은 정사인 李德泂, 부사인 吳翿 등과 함께 普靜寺를 유람하는데 奇玄, 明友 등의 보정사 스님들이 조선문인의 文才를 흠모하여 귀한 부채와 雪花箋 등을 가지고 와서 시를 써 줄 것을 간청한다. 이런 요구에 대해 사신 일행은 일일이 모든 스님들에게 절구 한 편씩을 다 써준다. 登州 副將 李仁男 등의 軍官들은 특히 그날이 정사 이덕형의 환갑날임을 미리 알고는 환갑잔치를 성대하게 열고 사신들을 환대해준다. 그런데 사신들을 위해 준비한 음식들이 비록 진귀한 중국 요리이기는 하지만 조선 사신들의 입맛에는 맞지 않아서 제대로 먹지 못하였으며 고향의 음식을 더욱 생각나게 할 뿐이었다.

　　奉安이란 원래 神像이나 神位를 안치할 때 사용하는 용어이다. 宋 蘇軾의 〈畵西方阿彌陀佛贊(화서방아미타불찬)〉에 "불상이 완성되자 금릉의 청량사에 봉안했다(像成奉安于金陵淸涼寺)"라는 표현이 보인다. 表文은 조선의 왕이 명나라의 皇帝에게 올리는 공문서이며, 諮文은 조선 조정과 명 조정 사이의 정식 외교문서로서 조선 국왕의 명의로 어떠한 외교적 사실에 대한 조회, 통보, 답변을 하는 문서이다. 표문과 자문은 아주 중요한 문서로 이를 작성하는 전용지를 造紙署(조지서)에서 특별히 만들어 사용할 정도였다. 白酒란 흰색의 술인데 여기서는 막걸리, 탁주를 가리킨다. 先生은 정사인 이덕형을 높이는 말이다.

1)의 내용에 따르면 洪翼漢이 1624년 8월 28일 보정사에 머물고 있을 때 한 스님이 사찰의 시주명부 한 권을 가져와서 보여주었다. 큰 돈을 시주해야만 오를 수 있는 시주명부의 첫째 자리를 都督 沈有容과 總兵 毛文龍 등 등주와 요동의 대소 관료들이 차지하고 있었다. 그리고 보정사 대웅보전의 양측에는 금박으로 글자를 새긴 청색 공덕패가 걸려있었는데, 그것은 이 절을 중수하는 데 시주하고 도움을 준 사람들의 공덕을 기리기 위한 것이었다.

明末 간행된 《(泰昌)登州府志》의 기록[402]에 따르면 "보정사는 등주부성 북문 밖, 영선교 동쪽에 있는데 정통 10년에 건립되었다"라고 하였으니 보정사는 明初인 1445년에 처음으로 창건되었음을 알 수 있다. 또한 淸初에 간행된 《(康熙)登州府志》,《(康熙)蓬萊縣誌》,《明史》의 기록[403]에 따르면 天啟 元年에 魯廷彥(山西人 擧人)이 登州知府(知州)에, 天啟3년에 翟棟(陝西人섬서인 , 擧人)이 登州府 同知에, 天啟2년에 喬鳳翔(山西人)이 登州 通判에, 天啟3년에 王名晉(任丘人임구인, 擧人)이 登州 推官에, 天啟 元年에 汪裕(商城人)가 蓬萊縣 知縣에 부임했다. 또한 天啟 元年과 天啟4년 사이에 沈有容은 中軍都督僉事(중군도독첨사)로 승진하여 總兵官이 되었다. 곧, 明初에 창건된 普靜寺는 명나라 天啟3년에서 4년(1623-1624)사이 중수된 것이다.

결국, 登州의 대소 관료들이 시주하고 도움을 주어 막 중수를 마친 普靜寺가 李德泂, 吳翿, 洪翼漢 等 조선사신 일행의 임시 숙소로 제공된 것이다. 한편, 등주의 대소 관료들이 빠짐없이 보정사의 중수에 참여했다는 것은 당시 등주와 요동 지역에서 불

---

402 "普靜寺在(登州)府城北門外 , 迎仙橋東 , 正統十年建" (明)徐應元 纂修 , 《(泰昌)登州府志》卷之五〈地理志一·寺觀〉, 明泰昌元年(1620)刻本版。

403 (淸)方汝翼等 纂修 , 《(光緖)增修登州府志》卷之二十五〈文秩〉, 淸光緖七年(1881)刻本版/(淸)蔡永華等 纂修 , 《(康熙)蓬萊縣誌》卷之三〈官職〉, 淸康熙十二年(1673)刻本版/(淸)張廷玉等 撰 , 《明史》卷三百七十三〈列傳二百二十四〉, 淸鈔本版。

교를 비교적 중시했으며 대중적으로 확산되어 있었음을 보여준다. 그러므로 앞서 살펴본 鄭斗源의 《朝天記地圖》에서 "군문 이하 관료들은 모두 불교식 예를 올렸다(軍門以下 , 皆頂禮)"는 기록은 보정사의 시주명부가 제공하는 역사적 사실과도 부합한다고 할 것이다. 당시는 후금이 요동에서 세력을 확장하면서 크고 작은 동란이 끊이지 않던 불안한 시기였으므로 종교 활동을 통해 평안과 복을 구하려는 심리도 확산되었을 것이다. 이처럼 불교가 일반 평민뿐만 아니라 지배층에까지 팽배하고 있는 현상에 대해 성리학을 절대적으로 신봉하던 조선사신 홍익한은 지극히 부정적인 태도를 보인다. 그래서 심지어 중국 땅에는 성인의 도가 끊어진 지 오래되었다고 개탄해 마지 않는다.

洪翼漢과 함께 普靜寺에 묵은 정사 李德泂, 부사 吳翿도 두 편의 시를 남겼다.

> 해 저물 녘 보정사 찾아와 외로운 몸 의탁하여 머무니
> 바닷길 사나운 풍랑에 놀란 가슴 아직도 진정되지 않네.
> 땅 멀고 물길 멀어 가족의 편지 끊어지고
> 저멀리 하늘 아래 고국땅 그리워 밤마다 꿈 속에서 찾아 헤매네.
> 산천의 지세 다르고 말소리는 통하지 않으나
> 문자와 제도는 같고 예법은 일치하네.
> 만리 밖 임금님 계신 곳으로 귀환하고자 하는 마음뿐인데
> 객방 창밖에는 가을비 내리고 차가운 바람결에 닭울음 소리 들리네.

> 暮尋蕭寺寄孤棲 , 風浪餘驚尙未低。
> 地隔重溟家信斷 , 天遙故國夢魂迷。
> 山川自別聲音異 , 文軌相同禮法齊。
> 萬里歸心懸魏闕 , 客窓秋雨聽寒雞。
> (李德泂《朝天錄(一云航海錄)》)

위의 시는 1624년 8월 25일 李德泂과 洪翼漢 등 조선사신이 관아에서 표문을 받고 난 후 보정사에 유숙하면서 지은 작품이다. 李德泂은 이 시에 당시 사신단이 처음으로

보정사에 들어가는 장면과 보정사에 머무는 첫날 밤에 느낀 복잡한 심정을 고스란히 담았다. 첫 연에서 말하기를, 사신단 일행은 登州 水城에 도착하여 배 위에 머물면서 등주관아의 통지를 기다렸는데 마침내 숙소가 정해졌다는 소식을 듣고는 그 날 저녁 해거름에 보정사로 들어간다. 그러나 바닷길에서 구사일생의 위기를 막 겪고 온 터라 놀란 마음은 여전히 진정되지 않았다. 蕭寺(소사)란 사찰을 가리킨다.[404] 이어진 2연에서 큰 바다가 登州와 조선 땅을 갈라 놓아 고향에 있는 가족의 소식을 알 길조차 없다고 탄식한다. 구사일생의 위기를 겪은 사람이 한 숨 돌렸을 때 가장 먼저 생각나는 사람이 바로 사랑하는 가족들이 아닐까? 그래서 작자의 마음속에는 고향을 생각하는 마음이 가득하다. 重溟(중명)이란 大海를 가리키며 夢魂(몽혼)이란 사람의 영혼이 밤이면 육체를 벗어나 원하는 곳에 갈 수 있다고 생각했기에 생긴 말이다.

  3연에서는 중국 땅의 산천이 조선과는 다른 모습을 하고 있으나 사용하는 문자와 수레바퀴 축의 폭이 같으며 예절과 법도는 동일하다고 말한다. 산도 낯설고 물도 낯선 중국 땅에 사신으로 갔으니 주변이 온통 생소한 것 투성이로 육체적 고통과 더불어 심리적인 고통도 더하기만 했다. 그러나 필담으로 중국 문인들과 서로 의사를 소통할 수 있었고 지켜야 하는 예의 범절은 서로 같았으므로, 마음 한 켠에선 조금의 안도감 혹은 위안감을 느낄 수 있었을 것이다. 文軌는 文字와 수레 자국의 뜻이다. 옛날에는 문자와 수레 차축의 폭(수레 자국의 폭)을 표준화하는 것을 국가통일의 상징으로 삼았다.[405] 禮法은 禮儀法度를 말한다. 마지막 연에서 만리 이국 땅에 사신으로 온 작자의 마음 속은 오직 고국의 임금을 그리는 마음으로 가득하여 쉽게 잠을 이루지 못한다. 당시 사행단은 조선 인조의 책봉 승인에 대해 감사를 올리고 고명과 면복을 빨리 보내주도록 요청하기 위해서 북경으로 향하고 있었다. 반정으로 정권을 잡은 인조 임금에게 정권의 정당성을 확보하는 일은 그 어떤 일보다 시급했으므로 이들 사행단에 대한 인조 임금의 배려는 각별했고 사신들의 임무 수행에 대한 부담감도 상당했다. 이처럼 온갖 걱정

---

404 唐 李肇(이조)의《唐國史補(당국사보)》에 "梁武帝가 절을 짓고 나서 蕭子雲에게 飛白體로 '蕭'字를 크게 쓰게 했는데 지금까지 그 '蕭'字가 전해진다. (梁武帝造寺 , 令蕭子雲飛白大書'蕭'字 , 至今一'蕭'字存焉。)" 라는 전고가 보인다. 이후로 불교 사찰을 蕭寺라 부르게 되었다.

405 《禮記·中庸》, "지금의 천하는 수레 차축의 폭과 문자가 동일하다(天下車同軌 , 書同文)"

과 그리움으로 낯선 이국의 사찰에서 밤새 뒤척이며 잠 못 이루는데, 문득 새벽 여명에 쓸쓸히 가을비 내리는 소리 들리고 차가운 가을 바람을 따라 새벽닭 우는 소리 들린다. 魏闕(위궐)은 원래 옛날 궁궐 문 밖 양측의 단 위에 세운 망대를 가리킨다. 통상 이 망대 아래로 천에 쓴 법령을 내걸어 공표하였으므로 이후에 궁궐이나 조정을 상징하는 용어로 사용되었다. 여기서는 조선 조정과 궁궐을 뜻한다.[406] 寒雞는 차가운 바람 따라 들려오는 닭울음 소리의 뜻이다.[407]

1920년代 彭林 普靜寺의 옛 사진[408]

---

406 《莊子·讓王》, "몸은 강호에 있으나 마음은 조정에 있다(身在江海之上, 心居乎魏闕之下)"

407 (唐) 韓愈의 《秋懷詩十一首》의 제7수에 "차가운 바람따라 닭울음 소리 처량하게 들려오고 이지러진 달 애처로이 비추네. (寒雞空在棲, 缺月煩屢瞰)"라는 표현이 보인다.

408 陳麻 編著, 《美國鏡頭里的中國風情》(中國文史出版社, 2011, p.65)에 삽입되어 있는 사진인데 사진 아래에는 〈등주 해변가의 사찰(登州)海邊的廟〉이라는 간단한 설명만 붙어있다. 淸《(康熙)蓬萊縣誌》의 기록에 따르면 등주 해변가에 있는 사찰로는 등주 수성 서쪽의 永福寺, 觀音堂과 水城 동쪽의 關帝廟, 普靜寺가 있다. 사진 속 사찰의 방위로 볼 때 촬영자는 서남쪽을 등지고 동북쪽으로 바라보고 사진을 찍은 것으로 보인다. 사진 속 사찰의 앞으로 모래사장이 보이고 해수에 의한 침식을 방지하기 위해서 높은 토대를 쌓고 그 위에 사찰을 축조하였다. 즉, 사진 속의 사찰은 登州 水城의 동쪽 해변가에 있는 것이다. 그러므로 이 사진은 관제묘가 아니면 보정사 둘 중 하나이다. 그런데 등주성 내에는 여러 곳에 關帝廟가 있었고 水城 곁에 있던 關帝廟를 현지인들은 "小關帝廟"라고 불렀으니 규모가 사진에서 보는 것처럼 크지 않았을 것이다. 그러므로 사진 속 사찰은 보정사가 틀림없다. 사진으로 보정사의 구조를 관찰해 보면, 좌우로 偏房 즉, 僧房이 있고 가장 북쪽에는 主殿과 側殿이 있었음을 알 수 있다.

〈普靜寺에서 明宇 上人에게 증정하다〉

(절은 蓬萊閣에 있다)

여기 蓬萊에서는 뭇 신선 어디 있는지 물을 필요가 없다 하니

중국 제일의 참선 도량을 이렇게 만나게 되었네.

그윽한 향기 고찰 안에 가득하고 일체의 소리는 끊어진 가운데

하늘과 바다가 하나로 만난 수평선 위로 둥근 달이 떠오르네.

〈普靜寺 , 贈明宇上人〉

(寺在蓬萊閣)

蓬萊不必問群仙 , 逢著西來第一禪。

香滿古寮三籟靜 , 海天無際月輪圓。

(吳翻《燕行詩》)

　　이 시의 제목 밑에 吳翻은 "보정사는 蓬萊閣에 있다"라는 주를 달았는데, 이것은 분명 잘못된 것이다. 우리가 이미 앞서 살펴보았듯이 洪翼漢의《花浦朝天航海錄》에는 "9월 4일 을묘일 맑음……오후에 상사, 부사와 함께 蓬萊閣에 올랐다(初四日 , 乙卯 , 晴。……午後 , 與上、副使登蓬萊閣)"는 기록이 있고, 李德泂의《朝天錄(一云航海錄)》에도 "9월 4일 을묘일……오후에 두 사신과 함께 蓬萊閣에 올랐다(四日 , 乙卯。……午後 , 與兩使登蓬萊閣)"라는 기록이 있다. 1624년에 파견된 謝恩兼奏請使臣團이 登州에 체류한 기간은 1624년 8월 22일과 9월 11일 사이인데 정사, 부사, 서장관 3인이 함께 봉래각에 올라 유람을 즐긴 것은 오직 9월 4일 오후뿐이며, 이 때 사신의 기록에서 보정사와 관련된 내용은 찾아볼 수 없다.

　　또한 淸初에 간행된《(康熙)蓬萊縣誌》의 기록[409]을 보면, 登州水城 안에서 蓬萊閣 가까이에 있던 사찰로 千佛寺, 毗盧閣, 彌陀寺 등을 기재하고 있으나 普靜寺는 언급이 없다. 한편, 洪翼漢의《花浦朝天航海錄》기록을 보면 "8월 25일……스님인 奇玄, 明友 등 6-7인이 寶扇과 雪花箋을 가지고 와서 시를 써 주기를 간청하므로 모두에게 각

409　(淸)蔡永華等 纂修 ,《(康熙)蓬萊縣誌》卷之六〈寺觀〉, 淸康熙十二年(1673)刻本版。

지금의 蓬萊水城 振揚門 동쪽에 남아있는 迎仙橋(집필진 답사 촬영)

각 한 편의 절구시를 써주었다"[410]라는 내용이 보이는데 吳翻이 기록한 "明宇(명우) 上人"은 응당 洪翼漢이 말한 스님 "明友(명우)"와 동일한 사람으로 보아야 할 것이다. 아마도 登州지역 方言에 宇와 友가 발음이 같기 때문에 사신단의 통역관이 와전하여 전한 것 같다. 결국 위 시의 배경이 되는 사찰은 蓬萊閣에 있는 것이 아니라 登州水城 밖의 東側에 있던 보정사이다.

　　원래 봉래에는 신선이 살았다는 전설이 전해져 내려오지만 현재도, 조선사신이 방문했던 명대에도 당연히 신선은 없었다. 그러나 봉래라는 곳은 신선이 살았다는 전설

사진의 중앙 골목길 끝에 보이는 건물이 宏亮旅社인데, 이곳이 北關村 남쪽 普靜寺의 옛터이다. (집필진 답사 촬영)

410　"(八月)二十五日 , ⋯⋯僧奇玄、明友等六七人持寶扇及雪花箋 , 乞詩甚懇 , 各題贈一絕。"

이 서려 있을 정도로 영험한 기운이 가득한 곳이었기에 우연히 사신들이 숙소로 묵은 곳이 바로 참선 수행으로 이름 높은 보정사였음도 이유가 있는 것이다. 사신들이 들른 고찰 보정사는 과연 그윽한 향기가 가득했고 세상의 모든 소리가 끊어진 듯 고요했기에 중국 제일의 참선 도량이라는 명성이 헛되지 않음을 알게 되었다. 게다가 밤이 되니 하늘과 바다가 하나로 만난 수평선 위로 둥근 달까지 두둥실 떠올라 고적한 선사의 풍경을 더욱 고양시키고 있었다. 逢著(봉저)란 만나게 되다는 뜻이며 寮는 작은 집의 뜻이다. 籟(뢰)는 구멍에서 나는 소리를 가리킨다.[411]

明《(泰昌)登州府志》의 기록[412]에 따르면 "보정사는 등주부성 북문 밖, 영선교 동쪽에 있다"고 했으며 淸《(道光)蓬萊縣誌》의 기록[413]에 따르면 "영선교는 북관 즉, 보정사 서쪽에 있었는데 현지인들은 새화교라고 불렀다"라고 되어 있다. 蓬萊市 학예연구사 高波 과장의 설명에 따르면, 迎仙橋는 宋代에 처음 건설되었으며 淸 光緖7년(1881) 知府 賈瑚(가호), 知縣 江瑞采(강서채)가 중수하였다고 한다. 이 다리는 지금 蓬萊水城의 東側에 있다.

앞서 기술했듯이 登州北城門을 "鎭海門"이라고 하는데 그 터가 현재 蓬萊市 北關路와 鐘樓北路의 교차로 서측이다. 迎仙橋의 위치와 함께 추측해보면 普靜寺의 옛터는 지금의 蓬萊市 蓬萊閣街道 北關村 부근이 될 것이다. 北關村 村民 欒庭恩(난정은, 男, 60)씨의 증언에 따르면, 원래 北關村은 지금의 北關北巷과 北關南巷만을 포함하는 작은 마을이었다. 北關村 안에는 원래 사당이 2곳 있었는데 하나는 地廟로 迎仙橋 곁에 있었고, 다른 하나는 구체적인 명칭을 기억할 수 없는데 1970년대 철거되었다고 한다. 이상의 증언과 明《(泰昌)登州府志》의 기록을 종합해보면, 난정은씨가 증언한 사당이란 바로 조선사신이 기록한 普靜寺일 가능성이 높다. 곧, 명말 普靜寺의 옛터는 지금의 北關村 남쪽의 宏亮旅社가 있는 곳이 된다.

1622년 5월 25일 조선사신 吳允謙 일행은 登州城 밖에 배를 정박시키고 선상에서

---

411   《莊子·齊物論》에 三籟(삼뢰)란 人籟, 地籟, 天籟로 天地萬物이 일으키는 일체의 소리라고 했다

412   "普靜寺在(登州)府城北門外 , 迎仙橋東"(明)徐應元 纂修 ,《(泰昌)登州府志》卷之五〈地理志一·寺觀〉, 明泰昌元年(1620)刻本版。

413   "迎仙橋 , (在)北關 , 普靜寺西 , 土人呼爲賽畫橋"(淸)王文燾等 纂修 ,《(道光)重修蓬萊縣誌》卷之二〈地理志·橋樑〉, 淸道光十九年(1839)刻本版。

유숙하였다. 이때 선상에서 普靜寺의 범종소리를 듣게 되었고 문득 당나라 시인 張繼
가 풍교에 배를 대고 유숙하며 한밤중에 한산사의 범종소리 들으며 지은 풍교야박 시
의 정경과 흡사하다고 생각하게 되었다. 이에 〈밤에 풍교에 배를 대고서(楓橋夜泊풍교
야박)〉 시를 차운하여 다음과 같은 시 2편을 지었다.

〈登州에 정박한 船上에서 楓橋夜泊 시를 차운하여 쓴 시〉
(등주성 밖에 절이 하나 있는데 때때로 범종소리가 들렸다)

해변 모래 사장에 붉게 내린 낙조 사라지고 날 저무니
나그네의 수심 바다처럼 깊은데 선창에 기대어 봉래각 바라보며 잠이 드네.
문득 등주성 근처 사찰에서 범종소리 아련히 들려오니
마치 당나라 시인 장계가 머물던 '풍교야박'의 배 위에 있는 듯하네.

登州城 밖 바다는 하늘과 하나로 만나고 있고
수심 깊은 나그네, 뱃전에 기대어 밤에도 잠 못 이루네.
내 고향집은 한강변에 있건만 이내 몸은 만리 밖 타국에 있으니
강물에 비친 달과 수작하며 멀리 떠있는 고깃배를 바라볼 뿐이라네.

〈登州船上 , 次枫桥夜泊〉
(城外有寺 , 時聞鍾聲)
潮落汀沙已暮天 , 客愁如海倚蓬眠。
城邊古寺鍾聲到 , 疑是楓橋夜泊船。

登州城外水如天 , 愁倚舵樓夜不眠。
家在漢濱身萬里 , 任教江月屬漁船。
(吳允謙《朝天詩(楸灘集)》)

당나라 시인 張繼(장계)는 지금의 강소성 소주 일대를 배를 타고 유람하다가 해가 지
자 풍교에 배를 대고 선상에서 밤을 보냈다. 한밤 중에 멀리 한산사에서 들려오는 범종

소리를 듣고는 〈밤에 풍교에 배를 대고서(楓橋夜泊)〉라는 시를 지었는데 청나라 康熙
帝가 이 시에 매혹되어 풍교를 찾았다고 할 만큼 유명한 시이다. 전문은 다음과 같다.

> 달 지고 까마귀 우는데 서리는 온 하늘에 가득하고
> 강가의 단풍나무, 고깃배의 등불 바라보며 근심에 빠져 잠이 들었네
> 문득 고소성 밖 한산사로부터
> 한밤중에 범종소리 선창가로 들려오네.

> 月落烏啼霜滿天 , 江楓漁火對愁眠
> 姑蘇城外寒山寺 , 夜半鐘聲到客船

장계의 〈풍교야박〉 시에는 고향을 떠나 오랜 시간 객지를 여행하면서 느끼게 되는
고독감과 쓸쓸함이 당시 선상에 머물며 바라보는 강가의 소슬한 가을 풍경과 하나로
어우러져 읽는 이로 하여금 이른바 외적 풍경과 시인의 내면 정서가 일체로 만나는 情
景交融(정경교융)의 예술적 경지를 느끼게 하는 작품이다. 그런데 당시 오윤겸의 처지
는 당나라 시인 장계와 판에 박은 듯 똑같았으며 심지어 등주 보정사의 범종 소리도 한
밤중 거의 비슷한 시각에 들려왔으니 옛 시인의 시를 새로이 點鐵成金(점철성금)해 낼
수 있었던 것이다.

제1수에서 말하기를, 땅거미가 점점 어두워져 조금 전까지 찬연하게 붉었던 낙조는
해변의 모래 위에 그 흔적조차 찾을 수 없게 되었고 주위는 칠흑처럼 어두워졌다. 이국
땅 나그네의 우수도 깊은 바닷물처럼 더욱 깊어지는데, 여독에 지쳐서 자신도 모르게
선창가에 기대에 멀리 봉래각의 선경을 바라보면서 선잠에 빠져든다. 몽롱하게 자는
듯 깨어 있는 듯 꿈길을 헤매고 있다가 登州水城의 해변가에 있는 普靜寺에서 범종소
리 들려오니 정신이 일순간 맑아지면서 자신의 처지가, 마치 姑蘇城(고소성) 밖 楓橋
(풍교)에 배를 대고 선상에서 밤을 세우던 당나라 시인 장계와 비슷하다고 생각한다. 汀
沙(정사)는 해변 백사장의 모래를 말한다. 暮天(모천)은 늦저녁 하늘을 가리키며 蓬(봉)
은 봉래각을 가리킨다.

제2수에서는 등주성 밖의 바다는 하늘과 수평선에서 하나로 맞닿아 있어 어디가 하늘이고 어디가 바다인지 헷갈릴 정도로 장관을 이루고 있지만, 만리 밖 이국 땅을 여행하는 나그네는 조선땅 한강변에 자리한 고향집이 그립기만 하다. 그래서 그는 선상에 마련된 침상에 누워서도 잠 못 이루고 뒤척이다가 밤중에 일어나 그저 수면에 비친 달빛과 이야기를 나누며 먼 바다 위에 떠있는 고깃배를 바라볼 뿐이다. 舵樓(타루)는 배를 조종하는 선상의 선교를 말한다. 漢濱(한빈)이란 서울 한강변이란 뜻이다. 한편, 조선사신 全湜도 登州城의 北關村에서 〈등주에서 즉흥적으로 짓다(登州即事)〉라는 시한 편을 써서 남겼다. 北關村은 보정사와 마찬가지로 登州水城 동쪽 해변에 있었으므로 여기에서 함께 소개한다.

〈등주에서 즉흥적으로 지은 시〉

늦가을 시월 등주 북관촌에 도착하여 역관에 유숙하였는데
날씨 쌀쌀하여 혹여 병이라도 걸릴까 염려되어 방문 꼭 닫았네.
등주 북관촌은 바다를 낀 곳이라 파도소리 크게 들리고
창문 밖 민가 저자거리에서 들려오는 사람소리 시끄럽네.
사신의 중한 임무를 맡은지라 생사조차 염두에 두지 않았으니
여행길의 근심과 고초는 말할 필요조차 없다네.
북경으로 향하는 사행길 앞으로 수 천 리를 더 가야 하니
슬프게 탄식하며 고향을 그리워할 겨를조차 없다네.

지금의 蓬萊市 蓬萊閣街道 北關村 안의 北關北巷(북관북항)과 北關南巷(북관남항) (집필진 답사 촬영)

〈登州即事〉

十月登州關北村 , 天寒怯病掩重門。

城臨海國濤聲壯 , 窓近民廛市語喧。

臣職死生非所念 , 旅遊愁苦不須論。

中原更隔千千里 , 未暇悲吟憶故園。

(全湜《朝天詩》)

1625년 9월 13일 全湜 일행은 登州에 도착하여 金家鋪 역참에 유숙했는데, 이때 위의 시를 지었다. 即事(즉사)란 목전에 겪고 있는 사실을 題材로 하여 시를 짓는다는 뜻이다. 1연에서는 늦가을 시월 북관촌에 도착하여 역참에 유숙하였는데 날씨가 차가워서 혹여 병이나 나지 않을까 두려워 숙소의 방문과 창을 꼭꼭 닫았다고 한다. 앞서 살펴본 〈皇城夜泊〉, 〈廟島偶吟〉등의 시에서 알 수 있듯이 당시 63세의 高齡이었던 全湜은 登州 관할 해역에 속한 黃城島에 도착했을 때부터 오랜 항해로 인해 병이 났었다. 겨우 기력을 회복하여 등주까지 왔는데 혹여 병이 도져 사행일정에 차질이 생길까 염려한 것이다. 重門이란 실내에 있는 문이다. 2연에서 이어서 말하기를 등주의 북관촌은 바다와 가까워 파도소리가 크게 귓전에 들려오고 金家鋪 역참은 사람들의 왕래로 번잡한 北關村에 위치하고 있어 창문 밖으로 제대로 알아들을 수도 없는 이방의 말소리가 끊임없이 들려온다. 이런 역참 주위의 분위기는 이방의 여행자인 작자를 더욱 고독감에 젖게 했다. 民廛(민전)이란 廛里(전리)라고도 하는데 옛날 백성들의 읍내 주거지를 가리킨다.

3연에서 작자는 해로 사행의 여정이 비록 너무나 위험하고 긴 여정이지만 이미 생사를 걸고 사행에 나선 만큼 고된 여행길의 고통과 고독감은 아무 것도 아니라고 여긴다. 愁苦(수고)란 우수와 고뇌를 말한다. 마지막으로 4연에서 여기 登州로부터 명나라의 수도인 京師까지는 아직 수 천리의 여정이 남아 있으니 애상과 향수에 잠길 겨를조차 없다며 사신으로서 임무 완수를 스스로 엄격히 독려하고 있다. 中原(중원)이란 보통중국을 의미하는데 여기서는 明代 조정이 있는 京師를 가리킨다. 全湜이 묵은 北關村은 지금의 蓬萊市 蓬萊閣街道의 北關村이다.

3. 3. 6 萬壽宮

조선사신들이 登州에 머물 때 머문 숙소로는 위에서 언급한 開元寺, 普靜寺, 北關村이외에 萬壽宮이 있다.

> (6월)20일 맑음……저녁에 등주 관아에서 우리 일행을 萬壽宮에 묵게 했다. 만수궁 안에는 廟堂이 있었는데 외진 곳에 위치하여 주위가 고요했으며 道士가 있었다. (六月)二十日 , 晴。……是夕 , 館吾行于萬壽宮。宮內 , 廟堂也。庭宇靜僻 , 道士居焉。(安璥《駕海朝天錄》)

윗글은 1621년 6월 20일 安璥 일행이 막 등주에 도착하여 萬壽宮에 유숙했을 때의 장면이다. 즉, 당시의 만수궁은 도교의 묘당으로서 읍내의 번잡한 곳에서 떨어져 있어서 주위가 무척 고요하였고 묘당 안의 거처에는 도사도 거주하고 있었다. 안경은 만수궁에 묵는 동안 다음과 같은 시 한 편을 지었다.

> 조각배 타고 폭풍우를 무릅쓰고 바다 건너
> 마침내 蓬萊 萬壽宮에 도착하게 되었네.
> 묘당의 도사는 세월이 멈춘 듯 한가하게 독경에 빠져 있고
> 현지 사람들 찾아와 한 해 농사의 풍성한 수확을 기도하네
> 지푸라기로 불을 지펴 불로의 차 끓여 마시고
> 단사로 연단한 장생의 약 먹으면 효험이 있는 것인가!
> 자고로 연나라와 제나라의 옛 땅에는 기이한 일이 많다고 했었으니
> 神仙이 아득히 먼 곳 어딘가에 정말로 있는 것 같구나!

> 橫槎跨海挾天風 , 來入蓬萊萬壽宮。
> 道士說經閑日永 , 鄉人祈福屢年豐。
> 草煎不老茶嘗熟 , 砂煉長生藥有功。
> 自古燕齊多異事 , 神仙如在杳茫中。

왼쪽 사진은 조선사신 安璥이 묵었던 萬壽宮의 옛터이다. 만수궁은 "鳳凰山" 위에 있었다는 옛 기록처럼
사진 속의 우측 만수궁 옛터에 세워진 아파트는 사진 속 왼쪽의 도로보다 높은 토대 위에 건축되어 있다.
오른쪽 사진은 萬壽宮 옛 터의 서쪽에 있는 蓬萊 基督教堂이다. (집필진 답사 촬영)

이 칠언율시는 담담하고 소박한 필치로 만수궁에 오기까지의 여정과 만수궁을 둘러
보고 느낀 소감을 표현하고 있다. 해상 사행길에서 온갖 위기와 어려움을 겪고서 천신
만고 끝에 등주에 입항하여 드디어 "蓬萊萬壽宮"에 여장을 풀게 되었다. 날씨는 한창
더운 6월달인데 묘당의 도사는 무더운 날씨를 느끼지 못하는 듯 한가롭고 여유롭게
독경에 빠져 있고 묘당의 신불 앞에는 현지 사람들이 수시로 와서 한 해의 풍성한 결
실을 얻을 수 있기를 기도드린다. 지푸라기 풀로 불을 지펴 은근하게 長生不老茶를 끓
여 우려낸 탕약을 음미하고, 단사로 연단한 장로불사의 약이 먹으면 정말 효험이 있는
것인지, 이곳 만수궁의 분위기와 도사들의 풍모는 속세를 벗어난 또다른 세상 같다. 옛
연나라와 제나라의 땅에 기이한 일이 많았다고 했었는데, 이곳 등주 어딘가 아득히 먼
곳에 신선이 정말 살고 있을 것만 같다. 天風은 바람이 하늘에 분다는 뜻인데 여기서는
海路 使行 도중 겪은 暴風을 의미한다. 年豐은 한 해 농사의 농작물을 풍성하게 거두
는 것이다. 燕齊(연제)란 戰國時期의 燕나라와 齊나라를 말하는데 지금의 河北과 山東
일대이다. 砂(사)는 수은으로 이루어진 황화 광물인 丹砂(단사)로서 丹藥의 재료이다.

명《(泰昌)登州府志》에는 만수궁과 관련하여 "祐德觀(우덕관)은 府城의 남쪽에 있었
다. 唐 開元 년간에 창건되었는데 관리들이 절일에 와서 배향했으며 聖節에는 여기에
서 의례를 연습하였다. 이후 "萬壽宮"으로 이름을 바꾸었는데 萬曆48년 副使 陶朗先,

知府 徐應元, 知縣 段展(단전)이 重修하였다"[414]라는 기록이 보인다. 蓬萊市 학예연구
사 高波 과장의 설명에 따르면, 明清 時期의 萬壽宮은 登州城 내에 있는 "三山" 가운
데 하나인 "鳳凰山"위에 세워졌다고 한다. 실제로 필자 일행이 현지조사를 해보니 만
수궁의 옛 터는 지금의 蓬萊市 紫荊山街道 蓬萊 基督教堂 동측 지역으로 주변 지역보
다 토대가 높았다. 나이가 많은 현지 주민들은 萬壽宮을 여전히 道觀廟로 기억하고 있
었다. 근대에 와서 철거되기 전에 萬壽宮 내에는 玉皇大帝를 모시고 있었고 大殿의 건
축양식도 帝王의 宮殿 양식을 모방하고 있었다고 한다. 곧, 정문의 기둥은 용을 새긴
돈대 위에 세워져 있었고 대전 내에도 용이 몸통으로 기둥을 감고 머리를 신상 쪽으로
향하고 있는 형상으로 조형이 되어 있었다 한다. 묘당의 뜰 안에는 비석이 있었는데
거북몸에 용머리를 한 비희(贔屭) 위에 세워져 있었으며 오래된 측백나무가 무성했다
고 한다.

　萬壽宮에는 정월 초 아흐레 날에 廟會가 열렸는데 내방객들이 人山人海을 이루어
실로 장관이었다 한다. 이후로 관리가 소홀해져서 만수궁에 기도를 하러 오는 사람들
이 점점 줄어들었고 결국 청말에는 院內에 자선기구를 설립하여 빈궁한 백성들을 구
휼하는 곳으로 사용되었다가 民國 時期에는 직업학교가 들어와 운영되었다. 사회주의
중국이 건설된 이후로 景熙小學校와 蓬萊縣 병원이 차례로 설립되었고 그 이후로 저
층 아파트 촌으로 개발되어 현재에 이르고 있다.

3. 3. 7 (登州府) 文廟

　아래의 글 1)과 2)는 각각 登州 文廟에 관해 조선사신 鄭斗源의《朝天記地圖》와 洪
翼漢의《花浦朝天航海錄》에 기록된 내용이다.

414　"祐德觀在府城南。唐開元間建，有司歲時朝拜，聖節於此習儀。後改名萬壽宮。萬曆四十八年副使
　　陶朗先、知府徐應元、知縣段展重修。"(明)徐應元等 纂修,《(泰昌)登州府志》卷之五〈地理志一·寺
　　觀〉, 明泰昌元年(1620)刻本版。

1) 文廟는 등주의 府縣마다 다 있었다. 문묘의 正殿은 대개 북쪽에 위치하고 있었고 좌우로는 학생들의 숙소, 講堂, 藏經閣, 제사를 지내기 위한 齋室 등이 배치되어 있어 마치 우리나라의 成均館과 그 구조와 배치가 비슷했으나 그 규모가 웅장하고 단청이 화려했으며 패방들은 모두 금으로 도색된 글자가 쓰여 있어서 성균관을 훨씬 능가하고 있었다. 사학인 書院도 등주부 곳곳에 설치되어 있었는데 관학보다는 수가 좀 적었다. 文廟府縣處處皆有之。正殿當北，左右齋廡、講堂、藏經閣、齋室，彷佛我國成均館，而法制雄壯，丹靑眩曜，牌牓皆用金字，殆不可比也。至於書院，亦處處有之而差少焉。(鄭斗源-《朝天記地圖》)

2) (8월)29일 辛亥일 맑음⋯⋯(軍門에게 작별인사를 올린 후)숙소로 가다가 방향을 돌려 文廟에 가서 공자를 참배했는데 그 곳에 있는 공자의 塑像은 입이 크고 부리부리한 눈은 눈꼬리가 길었으며 가지런한 하얀 치아를 살짝 드러내고 있었다. 그리고 공문 제자 十哲의 상도 공자의 좌우에 안치되어 있었다. 그리고 한나라와 당나라 이후의 이름난 유학자들은 동서의 회랑에 모셔져 있었는데 명대 유학자 丘瓊山이 제일 마지막이었다. (八月)二十九日，辛亥，晴。⋯⋯(作別軍門後)來路轉往肅文廟，謁素王，卽塑像，海口河目，微露瓠犀。而諸子十哲之像左右，列侍漢、唐以下諸儒，皆於東西廡設位，至丘瓊山而止。(洪翼漢《花浦朝天航海錄》)

1)에서 설명하기를 登州 境內에는 府學 곧, 등주부에서 직접 운영하는 官學이 있었을 뿐만 아니라 登州府 아래의 各縣에도 縣級의 官學 곧, 縣學이 곳곳에 운영되고 있었다. 또한 이러한 관학뿐만 아니라 민간에서 운영하는 사학인 各種 書院도 여러 군데 있었다. 鄭斗源은 登州의 府學을 직접 참관한 후에 登州 文廟의 배치와 구조가 朝鮮의 官學인 成均館과 비슷하다는 것을 알게 되었다. 朝鮮의 成均館은 泮館(반관), 太學, 學宮이라고도 불렸는데 조선 조정이 직접 운영한 조선 당대 最高 學府였다. 성균관은 孔廟(孔子의 신위를 모신 사당)와 明倫堂(강학의 장소)등의 건축물로 구성되었는데 鄭斗源은

현재의 濟南府 文廟 內의 孔子像과 東西 廡房(무방)에 봉안된 諸儒 雕像. 조선사신 鄭斗源의 기록에 따르면
등주부에 있었던 문묘도 이와 유사한 구조와 배치를 가졌던 것으로 보인다. (집필진 답사 촬영)

登州의 文廟가 "그 규모가 웅장하고 단청이 화려하며 패방의 글자는 모두 금칠이 되어
있었다(法制雄壯 , 丹靑眩曜 , 牌牓皆用金字)"고 하여 그 규모와 화려함이 조선의 성균관
을 훨씬 능가하고 있다고 기록했다. 廡(무)란 堂 주위의 회랑이나 행랑채를 뜻한다.

또한 1624년 8월 29일 洪翼漢 일행은 登州 軍門과 작별인사를 나눈 후에 바로 거처
인 登州城 普靜寺로 가지 않고 특별히 登州 府學로 가서 "素王" 공자에게 참배를 올
렸는데, 2)의 기록을 통해 당시 登州 文廟 正殿 곧, 大成殿(先師廟)內에 모셔져 있던 塑
像들의 모습과 배열상태를 이해할 수 있다. 곧, 공자의 塑像은 "큰 입과 길고 깊은 눈
에 가지런한 하얀 치아를 드러내고 있었고(海口河目 , 微露瓠犀)," 大成殿 내에는 공자
뿐만 아니라 孔門 十哲의 塑像도 모시고 있었으며, 漢나라와 唐나라 등 역대로 이름난
유학자들의 조상과 위패들도 大成殿 양측의 회랑에 모셔져 있었다.

역대 유학자의 위패 가운데 가장 마지막은 丘瓊山(구경산)이었다. 丘瓊山은 丘濬(구
준, 1421-1495)인데 字가 仲深이고 瓊山 출신(지금의 해남성 해구)으로 明代의 저명한 思
想家, 文學家, 政治家이다. 海口란 크고 깊은 입을 비유적으로 묘사하는 말이며 河目
이란 눈이 부리부리하게 크고 눈꼬리가 긴 것을 비유적으로 묘사하는 말이다. 전하는
바에 따르면 옛 성현들은 독특하고 흔치 않는 외모를 가지고 있었다고 한다. 瓠犀(호
서)란 하얀 박의 속살 같이 희고 가지런한 치아를 가리키는 말이다.[415] 十哲은 공자의

---

415 《詩·衛風·碩人》에 "치아가 하얀 박 속 같이 희고 가지런하다(齒如瓠犀)" 라는 표현이 보인다.

제자 중 가장 뛰어났던 열 명을 가리키는데, 德行에 뛰어난 제자로 顔淵(안연), 閔子騫
(민자건), 冉伯牛(염백우), 仲弓(중궁)을, 언변에 뛰어난 제자로 宰我(재아)와 子貢(자공)
을, 政事에 뛰어난 제자로는 冉有(염유)와 季路(계로)를, 文學에 뛰어난 제자로는 子游
와 子夏를 꼽는다.

앞서 살펴보았듯이 1630년 9월 20일에 등주에 도착한 鄭斗源은 明末의 登州 府學
을 "규모가 웅장하고 단청이 화려하여(法制雄壯 , 丹靑眩曜)" 조선 최고의 관학인 成均
館은 "거기에 비할 바가 못 된다(殆不可比)"라고 하여 그 규모가 대단했고 굉장히 관리
가 잘 되고 있는 것으로 묘사하고 있다. 그런데 , 아래의 글 1)은 1623년 9월 26일에 등
주에 도착한 趙濈, 2)는 1624년 8월 23일에 등주에 도착한 李德泂, 3)은 1628년 가을에
등주에 도착한 申悅道의 기록인데, 이들의 등주 부학에 대한 묘사는 鄭斗源의 것과는
자못 달라 의아함을 자아낸다.

1) (10월)6일 癸亥일 맑음……저녁에 文廟에 알현하러 갔다. 四拜禮를
행하고 聖殿에 들어갔다. 대전 내를 둘러보니 五聖十哲이 塑像으로 세
워져 있었고, 동서 행랑에는 위패 하나가 넘어져 있었고 네다섯 분의
신주에는 궤가 없었다. 明倫堂은 대전 뒤에 있었고 尊經閣은 그 뒤에
있었으니 우리나라의 성균관과 구조나 배치가 같았다. 뜰은 잡초가 무
성했고 묘당의 계단에는 먼지가 가득 쌓여 있었고 일개 유생 하나 보이
지 않았으며 오직 묘당을 지키는 이 몇 명이 밖을 지키고 있었다. 바깥
문의 편액에는 "欞星門"이라는 글씨가 쓰여 있었다. (十月)初六日 ,
癸亥 , 晴。……夕 , 往謁文廟 , 行四拜禮入聖殿。周覽則五聖十哲各
爲塑像 , 東西廡位版一跌 , 或立四五位而無櫝。明倫堂在後 , 尊經
閣又在後 , 如我國泮宮之制。庭際蕪沒 , 堂陛塵深 , 無一介儒生 , 只
守廟數人在外 , 外門扁額稱："欞星門"云。(趙濈《燕行錄(一云朝天
錄)》)

2) (8월)29일 辛亥일 …… 軍門에게 작별인사를 하고 나와서 文廟로 향
했다. 素王 공자를 알현했는데 塑像이었다. 공자를 중심으로 四聖 十

哲의 상이 좌우로 차례로 세워져 있었다. 화려하고 웅장한 開元寺 곁
에 문묘가 있으니 先聖을 욕되게 함이 참으로 심하다. (八月)二十九
日, 辛亥。……辭出(軍門), 因往文廟, 謁素王即塑像也。四聖十哲
之像左右列侍, 傍有開元寺, 殿宇亦宏麗, 與聖廟並列, 其辱先聖甚
矣。(李德泂 朝天錄(一云航海錄))

3) (9월)13일 庚午일 맑음. 등주에 머물렀다. 아침 일찍 知府를 만나고자
했으나 知府가 教場에 갔는지라 만나볼 수 없었기에 文廟로 가서 성
현을 알현했다. 五聖과 十哲은 모두 塑像으로 만들어 모셔져 있었고
東西 회랑에는 나무 신주를 세워놓았다. 대전과 건축물들은 황량했고
나무 문짝과 난간은 떨어져 나가고 부서져 있었으며 책 읽는 소리없
이 적막하기만 했다. (九月)十三日, 庚午, 晴。留登州。早朝, 詣知
府, 知府往教場不得見。仍祗謁文廟, 五聖及十哲皆爲塑像, 東西廡
設木主, 殿宇荒涼, 板檻摧折, 寂無弦誦之聲。(申悅道《朝天時聞見
事件啟》)

　　1623년에 가을에 등주에 도착한 조즙은 登州 府學의 구조와 건물 배치가 "우리나
라 성균관의 제도와 같다(如我國泮宮之制)"라고 하였는데, 이러한 기술은 鄭斗源의 것
과 일치한다. 그러나 문묘의 관리 상태에 대해서는, "뜰은 무성한 잡초로 덮여 있고 대
전의 계단에는 먼지가 가득했으며 단 한 명의 서생도 없었고(庭際蕪沒, 堂陛塵深, 無
一介儒生)" 다만 몇 명의 간수만이 文廟를 지키고 있을 따름이라고 하였으니 鄭斗源의
묘사와는 크게 다르다. 1624년 가을에 홍익한과 함께 등주에 도착한 李德泂도 화려하
고 웅장한 불교 사원인 개원사 곁에 있던 문묘가 상대적으로 초라하고 관리가 제대로
되고 있지 않았기에 "성현을 욕되게 함이 참으로 심하다(辱先聖甚矣)"라고 개탄하고
있다.

　　1628년 가을에 등주에 도착한 申悅道도 登州 府學의 "대전과 건축물들이 황폐하고
문짝과 난간이 다 허물어졌으며 책 읽는 소리도 끊어져 적막하기만 하다(殿宇荒涼,
板檻摧折, 寂無弦誦之聲)"고 하여 공부하는 서생 하나 없이 버려져 있다고 묘사했다.

그렇다면 왜 이들의 기록은 鄭斗源의 것과 이처럼 크게 차이가 나는 것일까? 만약 鄭斗源의 기록이 진실된 것이라고 한다면 유일한 가능성은 1629년과 1630년 사이 등주부 문묘에 대한 대대적인 보수공사가 이루어져 그 면모가 새롭게 일신되었고 그 후 1630년 가을에 등주에 도착했던 鄭斗源 일행은 이전의 사행단이 본 것과는 전혀 다른 모습의 등주부 부학을 목도하게 된 것으로 사료된다. 그러나 등주부 부학의 중수에 관한 기록에서 이와 관련된 구체적인 기록은 아직까지 찾지 못했기에 이후 좀 더 깊은 고증이 필요하다.

한편, 조즙과 신열도는 문묘 내에 모셔진 조상을 "五聖十哲"로, 이덕형은 "四聖十哲"로 기록하고 있어서 역시 서로 차이가 있다. 그러나 이것은 誤記(오기)가 아니라 공자를 포함했느냐 포함하지 않았느냐의 차이에서 온 것일 뿐이다. 즉, 五聖이라고 하면 孔子와 그의 제자인 顏子, 子思, 曾子, 孟子를 가리키는데 四聖이라고 하면 공자를 뺀 나머지 4명의 제자만을 가리키는 것이다. 位版(위판)이란 제사를 지낼 때 이름을 써서 세우는 목판을 말한다. 木主란 나무로 만든 神位를 말하는데 神主라고도 하며 속칭 牌位라고도 한다. 板檻(판함)은 나무판과 난간을 가리킨다. 摧折(최절)이란 허물어지고 부러진 것이다. 弦誦(현송)이란 현악기를 연주하며 시를 읊고 가곡을 노래한다는 뜻의 弦歌誦讀(현가송독)의 줄임말이다.《禮記·文王世子》에 "봄에는 낭송하고 여름에는 연주한다(春誦 , 夏弦)"라는 표현이 있는데 鄭玄의 注에서 "송이란 음악을 노래하는 것이고 현이란 현악기를 타면서 시를 읊는 것이다(誦謂歌樂也 , 弦謂以絲播詩)"라고 했다.

조선사신들은 대부분 유학을 독실하게 신봉하였으므로 유학의 발상지인 중국, 특히 공자의 고향인 산동지역에 도착했을 때 대부분의 사신들은 공자의 사당인 문묘를 찾아 배알하고 기록을 남기거나 시를 지었다.

〈登州 文廟를 참배하다〉

진시황과 한무제 신선을 찾아 동쪽 하늘 끝 지부산과 갈석까지 왔다 하나
누군가 공자를 추모하며 이곳에 문묘를 세웠네.
신선을 찾는 연나라 제나라의 괴이한 풍속 일신되었으니

이는 공자께서 추로의 땅에 태어나셔서 성현의 예악을 회복했기 때문이네.

신선의 뗏목 타면 은하수를 건너 견우 직녀를 만날 수 있다는 황당한 말로 감히

속이려 하나

사람들은 늦봄이 되면 옷을 차려 입고 밖에 나가 시를 읽고 예악과 법도 배우기

를 즐긴다네.

문묘에 늘어선 성현들의 조각상 살아서 친히 가르침을 전하는 듯

아마 공자께서 주공을 꿈에서 친견하셨음이 이러했을 것 같네.

〈謁登州文廟〉

之罘碣石極天東 , 誰爲先師創廟宮。

一變燕齊迂怪俗 , 大成鄒魯聖賢風。

仙槎敢詫橫牛斗 , 春服行將學冠童。

列像儼然親炙地 , 何如當日夢周公。

(吳翻《燕行詩》)

　　위의 시는 부사 吳翻이 1624년 8월 29일 정사 李德泂, 서장관 洪翼漢과 함께 軍門
衙門을 떠나 숙소로 돌아오는 길에 登州 文廟에 가서 참배하고 나서 지은 것이다. 시
의 첫번째와 두번째 연에서 말하기를 진시황과 한무제가 신선을 찾아 동쪽 끝 등주에
올 정도로 이 지역은 원래 신선을 찾는 황당하고 괴이한 풍습이 널리 펴져 있는 곳이었
다. 그러나 공자가 출현하여 연나라와 제나라 지역의 이러한 괴이한 풍습을 일신하여
주나라의 예약으로 널리 교화시켜 예의와 법도가 가장 융성한 땅이 되었다. 之罘(지부)
는 芝罘(지부)라고도 쓰는데 곧, 芝罘山(혹은 芝罘島)을 가리키며 지금의 山東 煙臺市
의 북쪽에 있는 산이다.[416] 碣石(갈석)은 산의 이름으로 遼寧省 葫蘆島市(호로도시) 綏
中縣城(수중현성)의 서쪽 해상에 있는 암초이다.[417] 先師는 孔子를 가리킨다. 燕齊(연제)
는 戰國 시기의 燕나라와 齊나라를 가리키는데 지금의 河北省과 山東省 一帶이다. 迂

416　《史記·秦始皇本紀》에 "진시황이 지부산에 올라 돌에 글자를 새겼다(登之罘刻石)"라는 기록이 보인다.
417　《漢書·武帝紀》에 "태산에서 출발하여 다시 동쪽 바닷가까지 순유하여 갈석에까지 이르렀다(行自泰
　　山 , 復東巡海上 , 至碣石)"는 기록이 보인다.

怪(우괴)란 괴상하고 헛된 소리에서 멀어진다는 뜻이다. 大成은 바로 大成至聖先師 혹은 大成至聖文宣王의 줄임말로 孔子에 대한 尊號이다. 鄒(추)는 孟子의 故鄕이고 魯는 孔子의 故鄕이다. 그래서 일반적으로 "鄒魯"라고 하면 문화와 예절이 발달한 지역을 뜻한다. 聖賢風이란 공자가 평생동안 周나라의 "禮樂敎化"를 회복하고자 노력했던 일을 가리킨다.

이어서 세번째 연과 마지막 연에서 말하기를, 登州 文廟 내에 모셔져 있는 공자와 성현의 塑像들은 마치 살아있는 듯 생동감이 느껴져서 성현들을 친견하는 느낌이 들 정도이다. 이런 문묘의 기풍이 전해지고 있는 이 지역 사람들은 신선의 뗏목을 타고 은하수를 건너 견우와 직녀를 만날 수 있다는 황당한 이야기를 믿지 않을 뿐더러 날씨가 좋아서 옷을 차려 입고 밖으로 놀러 나가서도 시를 읊고 글을 지으며 흥얼거릴 정도로 성현의 예악을 즐겁게 배우는 사람들이다. 그래서 마치 공자가 꿈에서 주공을 친견하였듯이 먼 곳에서 온 내방객인 작자는 등주의 문묘에 들어와 성현의 전통과 기풍을 직접 체험하고는 마치 꿈 속에서 공자를 친견하고 있다는 착각에 빠진다. 仙槎(선사)란 泛槎(범사), 泛査(범사), 汎槎(범사)라고도 "仙槎"는 뗏목을 타고 하늘에 오른다는 뜻으로 사용되었다.[418] 訑(이)는 다른 사람을 속이고 업신여기는 것이다. 牛斗는 二十八星宿(이십팔성수) 가운데 牛宿(우수)과 斗宿(두수), 즉 牽牛星(견우성)과 南斗星을 가리킨다.[419] 春服(춘복)이란 봄에 입는 옷을 가리키는데 여기서는 많은 사람이 모여 시를 읊고 글을 짓는 일을 가리킨다.[420] 冠禮는 남자가 20세에 올리는 성인식을 말한다. 冠童이란 관례를 받은 성인과 관례를 아직 받지 않은 아동을 가리킨다. 親炙(친자)란 스승

---

418 晉 張華의 《博物志》卷三載에 따르면 하늘의 은하수는 바다로 통하는데 해저 지방에 살던 사람들은 매년 8월이면 바다 위로 뗏목이 떠내려 오는 것을 볼 수 있었으며 그 뗏목을 타면 하늘의 은하수에 바로 가서 견우와 직녀를 만날 수 있었다고 한다.

419 《晉書·張華傳》에 다음과 같은 고사가 전한다. 삼국시대에 牛宿과 斗宿 사이에 항상 紫氣(자기)가 서려 있었다. 雷煥(뇌환)이 생각하기를 이는 寶劍의 기운이 하늘에까지 치달아 일어난 현상이라 여겼다. 마침내 豫東豐城(예동풍성) 안에서 雷煥과 張華는 각각 寶劍을 하나씩 얻었다. 그후 그 보검을 물에 넣었더니 길이가 수십 척에 광채가 찬란히 빛나는 두 마리의 용으로 변하였다 한다.

420 《論語·先進》에 "늦은 봄에 봄옷이 이미 갖추어지면 어른 대여섯과 아이 예닐곱과 함께 기수에서 목욕하고 무우에서 바람을 쐬고 시를 읊으며 돌아오겠네(莫春者 , 春服既成 , 冠者五六人 , 童子六七人 , 浴乎沂 , 風乎舞雩 , 詠而歸)란 표현이 보인다.

에게서 직접 가르침을 받는 것이다.[421] "孔子夢周公(공자몽주공)"의 고사는《論語·述而》"공자께서 말씀하시기를 내가 많이 쇠약해졌구나! 꿈에서 주공을 뵙지 못한 지가 오래 되었구나."[422]라는 출전에 유래한다. 衰는 늙어서 쇠약해졌다는 뜻이다. 공자는 자신이 늙고 쇠약해져 주공의 예약 제도를 완전히 회복시키지 못하고 세상을 떠나야 함을 한탄했던 것이다. 吳翻은 이 시에서 "孔子夢周公"의 고사를 인용하여 공자가 주공을 꿈에서 볼 정도로 흠모했듯이 자신도 공자를 깊이 흠모하고 있으며 그래서 등주 문묘의 생동감 넘치는 공자의 소상을 바라보며 꿈 속에서 공자를 친견하고 있는 듯한 착각에 빠지고 있는 것이다.

　아래의 시는 1629년 崔有海가 登州에 머무는 동안 登州 文廟를 참배하고 지은 시이다.

〈문묘의 소상을 알현하며〉

三齊의 옛 땅, 동쪽 끝 등주에 성현을 추모하는 문묘 세워졌는데
위엄을 갖춘 소상은 인위적으로 만든 것이 아니라 자연히 생겨난 것 같네.
천하 만방을 인의로 교화하신 덕은 하늘과 땅만큼 크나니
천고의 세월에 전해질 그 용모와 명망은 태양과 달처럼 밝다네.
태산의 정상에는 성현의 족적이 남아 있고
측백나무 향기 맑은 기운 따라 성현이 사랑한 지극한 음악 들리네.
향을 사르며 공자께서 주공에게 가르침을 청했듯이 참배 올리니
만리를 조각배 타고 건너온 참배객에게도 이심전심의 가르침 있음을 뉘라서
알겠는가!

421　《孟子·盡心下》에 "성인이 아니라면 어찌 그와 같이 할 수 있겠는가? 하물며 성인에게서 친히 가르침을 받은 사람은 말해서 무엇하겠는가?(非聖人而能若是乎? 而況於親炙之者乎 ?)"라는 표현이 보이는데, 朱熹의 集注에는 "친히 가까이서 훈도하는 것(親近而熏炙之也)"라고 설명하였다.

422　"子曰 : '甚矣 , 吾衰也! 久矣 , 吾不復夢見周公" 周公은 周 文王의 아들로서 성은 姬(희)이고 이름은 旦(단)인데 형인 周 武王을 도와 殷商(은상)을 멸망시키고 周나라를 세웠으며 건국 초기 周나라의 통치기반을 확고히 하였다. 특히 周公은 옛 제도를 회복하여 周나라의 禮樂制度를 완정하게 정비했는데 그가 지은《周禮》는 후세에 대대로 존중받았다. 孔子는 일생을 걸쳐 주공을 존숭하였으며 주공이 수립한 禮樂制度를 회복하고자 노력하였다.

〈謁文廟塑像〉

地盡三齊廟殿成，森嚴遺像似天生。

八方仁化乾坤大，千古容光日月明。

岱嶽崔嵬留聖跡，柏林蕭瑟聽韶聲。

燒香若待觀周處，誰識乘槎別有情。

(崔有海《東槎錄》)

첫 연에서 말하기를, 三齊의 옛 땅, 즉 지금의 山東 東部 지역의 동쪽 끝 등주에 孔子 등 성현에게 제사를 지내는 문묘가 세워졌는데, 그 안에 모셔진 塑像들이 엄숙하면서도 위엄이 있으며 성현들이 지녔던 奇表異相(기표이상)을 너무나도 잘 표현하고 있어서 마치 자연적으로 생겨난 것 같다고 한다. 三齊는 秦나라가 멸망한 이후 초나라 項羽가 齊나라의 옛 지역을 立齊(입제), 膠東(교동), 濟北(제북) 등 세 개의 나라로 나눈 것을 가리킨다. 이 세 나라는 모두 지금의 山東 東部에 위치하고 있기에 이후 山東 東部 지역을 "三齊"로 칭하게 되었다. 森嚴(삼엄)은 威嚴의 뜻이다. 天生이란 자연적으로 생성되다는 뜻이다. 이어진 2연에서 孔子가 인의로 천지 사방을 교화하였으니 그 공덕은 天地만큼 큰 것이며 수 천년의 세월을 전해진 孔子의 용모와 명망은 日月과 겨룰 정도로 밝게 빛난다고 칭송한다. 仁化란 인의의 도리로 教化하다는 뜻이다. 乾坤은 하늘과 땅을 가리킨다. 容光(용광)이란 容貌와 명성이나 위엄이 널리 떨친다는 뜻이다.

3연에서 孔子는 泰山의 정상에 올라 天下를 가슴에 담는 호연지기를 키웠고, 齊나라에 가서는 순임금이 남긴 지극히 선하고 지극히 아름다운 韶(소) 음악을 배웠다고 말한다. 이러한 성현의 족적은 작가로 하여금 孔子가 지녔던 큰 포부와 "禮樂教化"를 향한 집념을 생생하게 느끼게 했다는 것이다. 岱岳(대악)은 泰山의 別稱이다.[423] 崔嵬(최외)는 山頂을 뜻한다.[424] 聖跡이란 孟子가 "공자께서 동산에 오르니 노나라가 작

---

423 《淮南子(회남자)·地形訓》에 "중앙에 위치한 산 가운데 아름다운 것으로 태산이 있는데 여기에는 오곡과 뽕나무, 삼이 생산되고 생선과 소금이 산출된다(中央之美者，有岱嶽，以生五穀桑麻，魚鹽出焉)"라고 하였다.

424 "習習穀風，維山崔嵬。"《詩·小雅·穀風》

게 보였고 태산에 오르니 천하가 작게 보였다"[425]라고 말한 것을 가리킨다. 聞韶(문소)
란 帝王의 음악을 듣다 혹은 지극히 아름다운 음악을 듣는다는 뜻이다.[426] 여기서 韶
(소)는 舜임금 시절의 음악이라고 전한다. 마지막으로 4연에서 작자가 배를 타고 바다
를 건너 조선에서 여기까지 와서 향을 태우고 孔子像에 참배를 하는 것이 마치 공자께
서 주나라에 가서 주공의 예악을 배웠던 것과 흡사하다고 느낀다. 그러면서 성현을 친
견하여 가르침을 받는 것은 아니지만 그 기풍과 훈도를 마음으로 충분히 느낄 수 있었
으며, 이러한 작자의 마음 속 깨달음을 누구도 알아채지 못할 것이라 말한다. 孔子觀周
(공자관주)란 孔子가 周나라에 가서 禮를 물었다는 것이다.[427]

明《(泰昌)登州府志》와 淸《(光緒)登州府志》의 기록[428]에 따르면 登州 府學, 즉 登州
府 學宮은 登州府 관아의 남쪽에 있었다. 宋 大觀 연간에 처음 건립되었고, 명 洪武 년
간 초에 知府 畢汝舟(필여주)가 처음으로 重建하였으며, 이후 宣德 년간에는 楊守順
이, 天順 년간에는 韓守敏(한수민)이, 成化 년간에는 張守鼎(장수정) 등이 계속적으로
보수하고 개축하였다. 弘治 연간에 知府 寇
守林(구수림)이 大成門을, 知府 羅守綺(라수
기)가 齋號(재호)를 증축하였다. 正德 연간
에 知府 秦守偉(진수위)가 재차 重修하였고
嘉靖10년에는 敬一亭을 세웠으며 황제가
직접 지은 《敬一箴(경일잠)》과 《注釋視聽言
動心五箴(주석시청언동심오잠)》을 새긴 비석
을 欞星門(영성문)의 서쪽에 세웠고, 啟聖祠

明淸 시기 登州府學의 옛터
지금의 武霖社區 居委會 正門
(집필진 답사 촬영)

---

425 "孔子登東山而小魯 , 登泰山而小天下."
426 《論語·述而》에 다음과 같은 출전이 보인다. "공자께서 제나라에서 소 음악을 들었는데 3개월 동안 고
    기의 맛을 잊을 정도로 심취해서 말하기를 옛 음악이 이처럼 지극한 경지에까지 이르렀을 줄은 전혀
    생각하지 못했다(子在齊聞《韶》, 三月不知肉味, 曰 : '不圖爲樂之至於斯也 !)"
427 孔子는 애초에 洛陽(낙양)으로 가서 老子를 찾아가 禮樂를 물었고 이후 洛陽의 여러 사원과 학당을 두
    루 다니면서 가르침을 구했다. 이를 통해 周公이 정립한 "禮樂教化"에 대한 인식을 확고히 하였고 주
    공을 지극히 존중하게 되었다.
428 (明)徐應元等 纂修, 《(泰昌)登州府志》卷之五〈地理志一·學校〉, 明泰昌元年(1620)刻本版/(淸)方汝翼
    等 纂修 , 《(光緒)增修登州府志》卷之十〈學校〉, 淸光緖七年(1881)刻本版.

이 길이 바로 조선사신들이 왕래하던 옛 官道의 현재 모습이다.(明末 登州府學의 옛터-지금의
武霖社區 居委會 正門을 등지고 사진을 찍었음) 오른쪽에 보이는 높은 건물이
바로 明末 조선사신들이 이곳을 지나면서 잠시 묵었던 開元寺의 옛터(지금의 故里社區
1동에서 4동 아파트)이다. (집필진 답사 촬영)

(계성사)를 儒學門의 동쪽에 세웠다. 正德 39년 知府 盧守寧(노수녕)이 名宦(명환)과 鄕
賢의 사당을 啟聖祠 앞에 세웠다. 전체적인 구조를 살펴보면, 가운데에 大成殿이 있으
며 동서로 각각 곁채가 있었다. 대성전 앞으로는 欞星門과 石坊이 있었고 석방의 남쪽
에는 泮池가 있었고 文廟의 정문도 그 자리에 있었다. 동과 서에 있던 곁채의 남쪽은
神庫가 있었는데, 오른쪽으로 좀 치우친 곳에 神廚(신주)와 宰牲所(재생소)도 같이 있
었다. 廟門街의 좌우에는 興賢(흥현), 育才(육재)라고 쓰인 패방이 각각 서 있었다. 건축
물의 배치를 보면, 대성전의 뒤가 明倫堂이고 그 좌우로 四齋(사재)가 있었는데, 각각
進德, 修業, 時習, 日新이란 명칭으로 불렸다. 臥碑(와비)가 명륜당의 동쪽에 있었고 약
간 더 동쪽에 教授宅(교수댁)이, 조금 더 동쪽에 修業齋이 있었고 그 뒤에 訓導宅(훈도
댁)이 있었고 門房도 35칸이 있었다.

萬曆8년 知府 劉自化가 민간에서 토지를 사들여 雲路를 닦고 雲衢坊(운구방)를 세
웠다. 萬曆15년 知府 王詔(왕조)가 재차 重修했고 萬曆 33년 推官(추관) 冀述(기술)이
明倫堂을 중수했으며 39년 知府 黃體仁이 尊經閣을 세웠다. 泰昌 元年(1620년) 知府

徐應元이 다시 重修했다. 명나라 崇禎 5년(1632년) 반란군 孔有德이 일으킨 전쟁으로 훼손되었다가 崇禎 9년(1636년) 전면적인 재보수가 이루어져 원형이 회복되었다.

蓬萊市 학예연구사 高波 과장의 소개에 따르면 明淸時期 登州府學의 옛터는 지금의 蓬萊市 戚繼光 故里의 남쪽, 府門南街의 동측, 府學前弄(부학전롱) 골목의 北側에 위치한 주택지역이라고 한다. 蓬萊市 紫荊山街道 武霖社區(무림사구) 居委會의 王化亮(왕화량) 老人(男 , 70)의 증언에 따르면 지금의 武霖社區 居委會(주민자치위원회) 부근이 바로 府學 옛터의 일부분이라고 한다.

이상을 종합하여 明代 당시 명칭으로 조선사신들이 登州城 내에서 활동한 주요 장소를 나열하면 다음과 같다. ① 軍門衙門/登萊巡撫衙門 ② 兵巡道衙門/兵備道衙門/海防道衙門 ③ 知府衙門 ④ 監軍道衙門 ⑤ 演武場/敎場/訓煉院 ⑥ 開元寺 ⑦ 普靜寺(普淨寺)/關北村 ⑧ 萬壽宮 ⑨ (登州府)文廟/登州府學 등. 그리고 조선사신의 조천록, 중국 지방지 등 문헌고증과 현지답사, 현지인 인터뷰를 종합하여 고찰한 결과, 전자의 명대 지명을 차례대로 현재의 지리적 위치로 재구성하면 다음과 같다. ① 前期의 登萊巡撫衙門(察院)은 지금의 蓬萊市 戚繼光故里 서쪽의 주택지구이다. 後期의 登萊巡撫衙門(登州衛署)은 지금의 蓬萊市 鐘樓西路 北側의 蓬萊劇場이다. ② 兵巡道衙門/兵備道衙門/海防道衙門은 지금의 蓬萊市 登州街道 長裕社區의 北側 密汾南街 附近이다. ③ 知府衙門은 지금의 蓬萊市 紫荊山街道 府門南街의 북쪽 끝자락에 위치한 後勤部隊 司令部이다. ④ 監軍道衙門은 지금의 蓬萊市 紫荊山街道 萬壽村 내의 大衙門口街 附近이다. ⑤ 演武場/敎場/訓煉院은 지금의 蓬萊市 海濱文化廣場과 寶龍廣場 附近이다. ⑥ 開元寺는 지금의 蓬萊市 紫荊山街道 "故里社區"의 1동에서 4동까지의 저층 아파트 부지에 있었다. ⑦ 蓬萊市蓬萊閣街道水城村和北關村附近 ⑧ 普靜寺(普淨寺)/關北村은 蓬萊市 紫荊山街道 蓬萊基督敎堂 東側의 높은 지대에 위치한 저층 아파트 부지에 있었다. ⑨ (登州府)文廟/登州府學은 蓬萊市 紫荊山街道 武霖社區 居委會 附近이다.

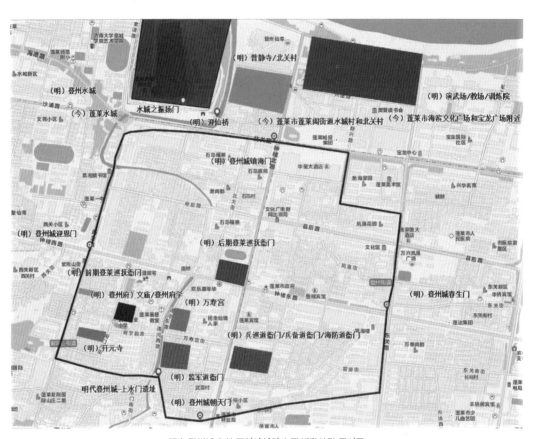

明末 登州城 內外 조선사신의 主要 活動地點 표시도

4. 登州城에서 黃縣 동쪽경계까지

북경행 사행의 노정에서 등주는 조선사신들의 해로사행의 종착점이자 동시에 육로 사행의 새로운 출발점이 되었다. 해로 사행길에서 조선사신은 "열 번에 아홉 번은 죽을 것 같은(十生九死)" 수많은 위기를 뚫고 바닷길을 건넜다. 그러나 해로사행을 마친 사신들 앞에는 여전히 "등주로부터 경사까지 1800리"[429]에 이르는 험난한 육로 사행 길이 남아 있었다. 그러나 해로 사행길과 비교해보면 육로 사행길은 많은 역사 유적지를 경유하면서 중국의 수려한 풍경을 감상할 수도 있었다. 그러므로 어린 시절부터 유가 문화의 영향을 받고 중국의 역사를 잘 이해하고 있던 조선문인들에게 육로 사행길은 고달픈 임무 수행의 과정 중에 작은 보상이 되는 경험을 주었다.

4.1 杏花村

조선사신 鄭斗源은 《朝天記地圖》에서, 登州府에서 출발한 후 "10리를 가면 행화촌이 있는데, 멀리서 보면 천 그루쯤 되는 나무들이 사립문을 둘러싸고 있다"[430]라고 하였다. 金德承 역시 《天槎大觀》에서 다음과 같이 기록하였다. "尙書 陳迪은 洪武 연간의 사람인데 그 손자 陳其學(기학)진 역시 상서가 되었다. 성 남쪽 10리에 별장이 있었

---

429 "自(登州)府治至京師一千八百里"(淸)施閏章 楊奇烈 任浚等 纂修,《(康熙)登州府志》卷之二〈彊域〉
430 "行十里, 有杏花村, 臣望見千株樹木, 繚繞柴門"(朝) 鄭斗源,《朝天記地圖》

는데 누대와 층계와 꽃과 나무가 있는 그윽하고 고요한 풍경이 볼 만하였다. 그 마을을 杏花村이라고 하고 누대를 是亦樓라고 하였다."[431] 다시 말하면, 등주성 남쪽 10리 거리에 있는 행화촌은 陳氏 일족의 별장이었던 셈이다. 이곳에는 천 그루 남짓의 살구나무가 심겨져 있으며 경관이 좋은 "是亦樓"라는 이름의 누대가 있었다. 행화촌은 번화한 등주성에서 벗어나서 매우 조용했으며 살구꽃이 무성하고 화려하게 핀 경치가 빼어나게 아름다워서 감상하기에 좋았다.

《明史》의 기록에 의하면, 陳迪(진적)의 字는 景道이고 선조는 宣城人이다. 명 洪武 연간에 府學訓導와 翰林院編修, 侍講, 山東左參政, 雲南 右布政使 등의 관직을 지냈다. 명 建文 연간에는 禮部尙書의 관직까지 올랐으며 太子少保에 봉해졌다. 그러나 진적은 명 成祖 朱棣(주체)에게 복종하지 않았으므로 "자봉산, 단산 등 여섯 명과 함께 거리에서 찢겨 죽는 형벌을 당했다." 진적의 처 管氏(관씨)는 문을 닫고 목매어 죽었고 유모는 5개월 된 진적의 어린 아들 陳珠(진주)를 하수구 속에 숨겨주어 죽음을 면하게 하였다. 그러나 "진주는 8세 때 원한을 품은 어느 가문의 고발로 인해 정체가 드러나서 撫寧(무녕)에서 수자리를 살다가 곧 登州로 옮겨가 蓬萊에서 살게 되었다. 진씨의 친족 180여 명이 죽임을 당했으며 살아남았으나 폄적되어 변방에서 수자리를 산 사람들은 萬曆 연간에 비로소 사면되어 고향으로 돌아갈 수 있었다. 成化 연간에 寧國知府 徐觀은 사당을 세우고 진적의 지내주었고 福王은 진적을 太保로 추증하였으며 忠烈의 시호를 하사하였다.[432] 登州衛에서 수자리를 지키며 살았던 진적의 후손들은 등주의 호적에 편입되었다.

또 《明書》의 기록에 의하면, 陳其學(진기학)은 陳鼎(진정)의 아들로 어릴 때부터 총명하여 책을 많이 읽었고 기억을 잘했다. 진기학은 嘉靖 연간 진사로 御史, 陝西僉事, 榆林參議, 陝西參政, 副都, 戶部侍郎, 兵部左都總督, 兵部右都總督 등을 역임하였고

---

431 "陳尙書迪, 洪武時人, 有孫其學亦爲尙書, 城南十里有別業, 台砌花木, 幽靜可觀, 村曰：杏花村, 樓曰：是亦樓。"(朝) 金德承,《天槎大觀》

432 "子鳳山, 丹山等六人同磔于市",(淸) 張廷玉等撰,《明史》卷一百八十五列傳三十六〈陳迪〉/ "潛置溝中得免。(陳珠)八歲爲怨家所訐, 戍撫寧, 尋徙登州爲蓬萊人。族戚被誅者百八十餘人, 其謫戍邊者萬曆中始赦還鄕。成化中, 寧國知府塗觀立祠祀迪。福王時, 贈迪太保, 諡忠烈"(淸) 張廷玉等撰,《明史》卷一百八十八列傳第七十六〈陳鼎〉, 淸鈔本。

刑部尙書의 관직까지 이르렀다. 퇴임하여 고향으로 돌아간 후 그는 자신이 살던 마을
인 등주에 "大忠祠를 건립하고 충성스럽고 절의가 있는 인물들을 기념하고 기리는 풍
속을 만들었다. 또 상업과 농업을 장려하고 학교를 지원했으므로 그는 여러 차례 추천
을 받고 또 황제의 위문을 받았다. 萬曆 甲戌에 80여 세의 나이로 별세하였고 恭의 시
호를 받았다."[433]

　일반적으로 조선사신이 등주로부터 경사를 왕래할 때 이용한 도로는 官道, 즉 관아
에서 닦은 역참로였다. 金尙憲과 鄭斗源의 기록에 따르면, 행화촌은 성 남쪽 10리 거
리에 있었으며 蓬萊로부터 黃縣까지의 역참로가 그 옆으로 지나갔다. 명대 말기《泰
昌登州府志》의 기록에 의하면, "행화촌은 성 남쪽 3리 거리에 있는데 京兆 陳鼎이 건
축한 곳으로 그 곳에 피는 꽃을 따서 이름 붙였다."[434]라고 하였다. 즉, 등주의 지방지에
기록된 명대 말기의 행화촌은 陳其學의 부친인 陳鼎이 건립한 곳으로 등주성의 남쪽
3리 지점에 있었다.

　《明史》의 기록[435]에 의하면, 명나라 弘治 18년(1505) 陳鼎은 진사에 급제하였고 正德
4년(1509) 禮科給事中에 임명되었다. 그러나 과거 시험의 부정행위사건으로 환관 廖
堂의 무리가 처벌을 받게 되었고 吏部尙書 楊一淸의 해명에도 불구하고 陳鼎 역시 관
직을 잃고 평민이 되었다. 진정은 嘉靖 원년(1522) 원래의 관직에 복권되었고 河南參事
로 승진하였다. 陳鼎은 후에 陝西副使로 옮겼다가 다시 浙江按察使로 승진하였고, 청
렴하고 올곧은 성품을 인정받아 應天府尹에 임명되었으나 부임하기 전에 별세하였다.
중국 지방지에서 陳鼎을 京兆라고 칭한 것은 應天府尹에 임명되었던 것을 말한다. 陳
鼎이 처음으로 행화촌을 세웠던 때는 그가 관직을 박탈당하기 전, 옛 고향인 봉래로 돌
아왔던 즈음인 1509-1522년의 기간이었을 것이다.

　행화촌의 위치가 등주성의 남쪽 방향이라는 것은 조선사신과 지방지의 기록이 일
치한다. 그러나 행화촌과 등주성 사이의 거리에 대해서는 좀 차이가 나는데 이러한 차

433　"建大忠祠, 以祀忠節爲風。勵市田, 以周學校, 屢薦加賜存問。萬曆甲戌, 卒, 年八十餘, 諡恭。"(清)
　　傳維鱗撰,《傳書》卷一百三十二〈列傳四·名臣傳十七〉, 清畿輔叢書本版。
434　"杏花村在城南三里, 爲陳京兆鼎所卜築, 因花得名。"(明)徐應元等 纂修,《(泰昌)登州府志》卷之六〈地
　　理二〉
435　(清)張廷玉等撰,《明史》卷一百八十八列傳第七十六〈陳鼎〉, 清鈔本。

이는 아마도 두 자료가 거리를 계산하는 방식이 서로 다르기 때문인 듯하다. 즉,《泰昌登州府志》는 등주성과 행화촌의 직선거리를 기록한 것이고 조선사신의 기록은 지나간 노정의 거리를 기록한 것으로 보인다. 李民成의《癸亥朝天錄》에 "남문 밖으로 나가서 십 리 가량 걸어 행화촌에 도착했다"는[436] 기록에서 볼 수 있듯이, 조선사신은 등주성의 남문에서 출발하였는데 등주성 남쪽은 지세가 평탄하지 않고 오르내리는 언덕이 많아서 우회하여 행화촌에 닿았으므로 이민성이 걸어간 거리가 직선 거리보다 훨씬 멀었던 것이다. 지도를 놓고 비교해보면 명대 말기 행화촌의 위치는 지금의 蓬萊市 紫荊山街道 司家莊村 부근일 것이다. 지금 司家莊村의 주거지 중에 "杏花苑"이라고 불리는 곳이 있는데 "杏花苑" 小區(주택단지)는 매년 4, 5월이면 근방에 흐드러지게 살구꽃이 피는 풍경이 매우 아름답다.

　　1623년 서장관 李民成은《癸亥朝天錄》의 북경행 노정 중에서 정사 李慶全, 부사 尹暄과 함께 행화촌을 유람하였던 장면을 상세히 기술하였다.

　　　　북경행 : (6월) 23일, 壬午 登州에 머물다. …… 李恂이 "杏花村의 경치가 감상할 만합니다."라고 말하였다. 그러나 어떤 이는 "살구꽃은 이미 시절이 아니라 볼만한 것이 없으니 그만 두는 것이 나을 겁니다."라고 반대했다. 禹啟賢(우계현)은 적극 찬성하였다. 결국 正使께서 명하였으므로 가마를 내어 남문 밖 십 리까지 갔다. (그곳에) 나무가 울창하고 중간에는 휘우듬한 누대도 있었으므로 올라가서 조금 쉬었다. 주인인 陳君이 나와 맞이하였는데 이름은 夢斗라 하고 호는 奎垣(규원)이며 陳夢琛(진몽침)의 친척 동생으로서 擧人이라 하였다. 白沙(윤훤의 호)는 곧 지름길로 돌아갔고 나는 石樓(이경전의 호)와 함께 溪南池의 누각을 찾아가 보았는데 앞에는 푸른 병풍 같은 나무가 비탈길을 둘러 있었다. 혼자서 더 올라가보니 온 성의 거리와 대문이 모두 눈 안에 들어왔다. 저녁에 正使와 함께 말고삐를 나란히 하여 돌아왔다. 來程 : (六月)二十三日 , 壬午 , 留登州。……李恂言 : 杏花村景致可賞。或云 : 杏花已非時節 , 無可觀 , 不如其

436　"出南門外十里許(到達杏花村)" (朝)李民成,《癸亥朝天錄》

已。禹啟賢力贊之。正使遂命駕出南門外十里許。樹木薈蔚，中有曲
樓，登之小憩。主人陳君出接，名夢斗，奎垣其號。夢琛之族弟，舉人
云。白沙徑還，余同石樓往尋溪南池閣，前有翠屏回磴，遂獨往攀躋，
滿城闤闠，皆在目中。夕，與正使聯轡而還。(李民宬《癸亥朝天錄》)

6월 23일 , 李民宬 일행의 역관(조선 정삼품의 번역관을 역관이라 한다) 李恂(이순)이
사신단에게 등주성 남쪽의 "행화촌 경치가 감상할 만하다"고 제안했다. 그러나 어떤
관원은 6월이 살구꽃이 필 시기가 아니므로 "그만 두는 것이 낫다"고 하기도 하였다.
그러나 上通事(조선 정삼품 이하의 번역관을 通事라 하는데 通事 중의 상급자를 上通事라고
한다) 禹啟賢(우계현)이 행화촌을 적극 칭찬했으므로 정사 李慶全이 사람들을 인솔하
여 행화촌에 가게 되었다. 그곳은 "나무가 울창하고 중간에는 휘우듬한 누대가 있었으
며, 조선사신들의 방문을 맞이한 陳氏 가문의 주인인 陳夢斗는 그들을 환영해주었다.
陳夢斗의 號는 奎垣(규원)이고 陳夢琛(진몽침)의 친척 동생이라고 했는데, 진몽침은 陳
其學의 손자였다. 그 후 李民宬과 石樓 李慶全은 "溪南池閣"에 올라서 등주성의 풍경
을 바라보았다.

　흥미로운 것은, 역관 李恂이 등주성에서 비교적 멀리 떨어진 곳으로 구경가자고 제
안한 사실이다. 중국어에 정통하여 등주 사람들과 자유롭게 교류할 수 있었던 李恂이
등주에서 감상할 만한 곳은 이 곳뿐이라고 생각한 것은 아닐 것이다. 오히려 李恂이
등주의 명승지를 잘 이해하고 있었기 때문에 이곳에 온 것은 아닐까? 이순은 1623년
에 처음으로 등주에 온 것은 아니었다.《조선왕조실록》의 기록에 의하면, "辛酉(1621)
10월 24일 辛卯에 備邊司(비변사)에서 아뢰었다. '權盡己의 狀啟를 직접 보니 여러 번
죽을 위기를 넘기고 생환하였습니다. 진실로 다행입니다. 일행의 짐은 모두 큰 파도에
휩쓸려 갔지만 다행히 李恂이 銀子를 허리띠에 보관하고 있어서 부족한 여비를 충당
할 수 있었다고 합니다.'"[437]라는 구절이 있다.

437　"辛酉十月二十四日辛卯備邊司啟曰:'即接權盡己狀啟，則間關萬死之餘，得以生還，誠爲多幸。一行
　　行李，盡付於洪濤巨浪之中，猶幸李恂銀子，得保於腰帶，以應盤費不足之處。'"《朝鮮王朝實錄·光海
　　君日記》卷58〈光海13年10月24日 辛卯〉

즉, 李恮이 처음 등주에 갔던 때는 1621년 6월이었고 당시에는 安玻 일행을 수행하는 역관으로서 자신의 임무를 완성한 후 조선으로 돌아갔다. 1623년에 李恮은 두 번째로 역관이 되어 명나라로 사신단인 李民宬 일행을 수행하였다. 그런데 申悅道의《朝天時聞見事件啟》에 의하면, 1623년은 李恮이 세 번째로 조선사신단을 따라 명나라로 가는 길이라고 했으니, 즉 1623년 이전에 李恮은 조선사신단을 따라 적어도 한 번 더 등주를 지난 적이 있었으며 역참로 옆에 있는 행화촌에 가보았던 것이다. 그가 행화촌의 아름다운 풍경을 기억하고 있었기에 조선사신단에게 그곳을 감상할 것을 제의한 것은 아닐까? 그밖에 "적극 찬성했다"는 기술로 보건대 上通事 禹啟賢 역시 그전에 등주에 와본 적이 있었고 행화촌을 지난 경험이 있었을 지도 모른다. 그러나 申悅道의 《朝天時聞見事件啟》에서 禹啟賢이 上通事로서 1628년에 사신단을 따라 다시 등주에 왔다는 내용을 제외하면 다른 사료에서는 기록이 보이지 않는다. 李民宬은 행화촌을 유람하면서,《행화촌 주인의 樓題에 차운하며(次杏村主人樓題韻)》라는 시를 한 편 적었다.

〈행화촌 주인의 樓題에 차운하며〉

무성한 녹음 사이로 알록달록 화려한 꽃
경치 뛰어난 봄날에 운치 가득한 꽃을 감상하네
돌다리를 둘러싼 바람과 안개는 성가퀴를 뿌옇게 가리고
공중에 빛나는 누관에는 눈과 노을이 섞여있는 듯
나그네 여로에 시 읊을만한 곳이 어디인지 아무도 모르니
오히려 마을 아이가 술집을 알려주었네.
맑은 강가에 버드나무 가득했던 언덕을 기념하여
제시를 쓰노니 돌아가서 북인들에게 자랑하려네.
(영평부에 이름난 정원이 있는데, 만류장이라 불린다.)

〈次杏村主人樓題韻〉
緜陰綠縟當紛葩 , 絕勝春天賞韻花。

繞磴風煙迷粉蝶 , 映空樓觀雜霏霞。

誰知客路吟詩處 , 猶是村童報酒家。

卻記淸瀨萬柳塢 , 寄題還與北人誇。

(永平府有名園。號曰萬柳莊。)

(李民宬《癸亥朝天錄》)

시의 1연과 2연은 눈 앞에 살구나무 숲의 녹음이 무성하고 봄을 맞아 살구꽃이 화려하게 피어나 아름다운 모습을 서술하였는데, 우선 근경의 풍경으로 저녁 무렵 살구꽃 핀 마을을 둘러싸고 있는 연못과 누각을 묘사하였고 누각 위에 올라가 다시 먼 곳을 바라보며 "성의 모든 문과 담이 눈에 들어오는(滿城闌閬 , 皆在目中)"풍경을 서술했다. 3연과 4연에서는 자신이 이곳의 지리에 익숙하지 않은 나그네라서 시를 읊으며 기념할 만한 곳을 잘 모르겠다고 했는데, 마치 唐代 杜牧의 〈淸明〉 시 중에서 "목동이 멀리 행화촌을 가리키네(牧童遙指杏花村)"라는 구절의 느낌과 비슷하다. 마지막에 이전에 永平府(영평부)[438] 灤河(란하) 옆을 지나며 보았던 아름다운 萬柳莊의 모습을 떠올리며, 지금 이 곳에서도 시를 써서 이후에 명나라 문인들에게 자랑하겠다고 하였다.

李民宬은 일찍이 조선 宣祖35년, 즉 명 萬曆30년(1602)에 조선 왕세자 책봉 奏請使臣團의 서장관이 되어 遼東의 육로를 따라 北京으로 가면서 永平府를 지난 적이 있었다. 그러므로 20년 후 다시 명나라 땅을 밟게 되어 등주의 행화촌을 보면서 당시 萬柳莊의 아름다운 풍경을[439] 떠올렸을 것이다. 이 시는 몇 십년의 시간이 흐른 후 다시 사신단의 서장관의 신분으로 명나라에 오게 된 李民宬의 마음 속 감회를 보여준다.

---

438 永平府는 元代에는 永平路라고 칭했으며 명대 洪武 4년(1371) 永平府가 되어 撫寧, 盧龍, 樂亭, 昌黎(창려), 遷安縣의 북쪽까지 관할하였다. 동쪽으로는 지금의 山海關 동쪽과 遼寧省 綏中縣(수중현)의 일부지역, 서쪽으로는 지금의 遷西縣, 唐山市 서쪽, 남쪽으로는 渤海 연안까지 이른다. 永平府의 관할지역은 북쪽으로는 長城에 가깝고, 남쪽으로는 바다에 닿으며, 동쪽으로는 山海關에 가깝고 서쪽으로는 京城과 근접하므로 예부터 군사요지가 되었고, "양경의 목(兩京咽喉)"이라는 칭호가 있었다. 秦皇島市 地名辦公室 編輯,《河北省地名志·秦皇島市分冊》, 河北省地名委員會, 1986년10月第1版, 第232頁。

439 "出(永平府)土門東北里許 , 踏水涉沲爲李碻、齊方伯萬柳莊 , 莊臨流(即灤河) , 亭曰：醉流。"《(光緒)永平府志》卷十九〈封域志〉, 淸光緒五年刻本.

3년이 지난 후, 1626년 8월 金尙憲 일행은 북경행의 사행길에 등주를 지나면서 이전 사신단이 방문하였던 행화촌을 들러 감상하고 싶어했다. 때는 가을이 깊어갈 무렵으로 아마도 행화촌은 "황폐해진(蕪沒)" 모습이었을 것이나 金尙憲은 여전희 陳氏 가족의 공적을 칭송하였다.

〈등주성 남쪽, 옛 陳尙書의 杏花村〉

누대는 헐어 비어있고 들의 풀은 황량해
살구나무 숲은 쓸쓸하니 이미 가을서리 내렸네.
平泉이 옛날에 세웠던 찬란한 공업은 지금은 황폐하지만
나무꾼과 목동이 만나 여전히 贊皇縣의 李德裕(이덕유)를 이야기한다네.

〈登州城南 , 故陳尙書杏花村〉
台廢樓空野草荒 , 杏林蕭索已秋霜。
平泉舊業今蕪沒 , 樵牧相逢說贊皇。
(金尙憲《朝天錄》)

1구와 2구는 가을이 깊어가는 중에 행화촌의 "누대가 허물어져 비어있고(台廢樓空)", 들풀이 마구 자라나 황폐한 모습을 묘사했다. 행화촌의 살구나무 숲은 정원 가득 서리가 내려 있었고 나무들은 이미 시들어 있었다. 金尙憲의 〈8월15일 묘도성에 올라 달을 감상하고 春城의 韻에 차운하다(八月十五日, 登廟島城樓翫月, 次春城韻)〉, 〈등주에서 9월9일 큰 비바람이 불다(登州九月六日大風雨)〉, 〈등주에서 국화 화분을 사서 자리 옆에 두었는데 떠나게 되어 아쉬운 마음에 去非의 운에 차운하다(登州買盆菊置座側, 臨發有感, 次去非韻)〉 등의 시 작품으로 보건대, 金尙憲 일행이 일부러 행화촌에 가서 유람했던 시기는 8월말이나 9월초였을 것이다. 3구와 4구는 행화촌이 이미 황폐해졌지만 등주의 백성들은 여전히 陳氏 가족의 공적을 칭송하고 있음을 서술하였다. 平泉은 平泉莊이지만 이 시에서는 행화촌을 비유하여 가리킨 것인데, 平泉莊은 唐代 재상 李德裕가 洛陽에서 30킬로미터 떨어진 곳에 세운 장원으로 기이한 돌과 신기한 나무로 유명했다. 贊皇(찬황)은 지금의 河北省 石家莊市 서남쪽에 있는 贊皇縣으로 여기서는 李德裕를 가리키는데, 李德裕가 일찍이 "贊皇縣伯"에 봉해진 일이 있기 때문이다.

1630년에 鄭斗源 일행은 黃縣으로 가는 도중에 행화촌을 지나면서 "천 그루나 되는 나무들이 사립문을 둘러싸고 있는(千株樹木 , 繚繞柴門)" 장관을 보았다. 필자가 지방지 중에서 등주 행화촌과 관련된 기록을 찾지 못했으므로 1630년 전후 정황을 정확히 알 수는 없다. 그러나《(嘉慶)大淸一統志》중의 기록에 의하면, "陳其學의 손자인 陳夢琛(진몽침)은 思州府의 태수였고 陳夢瑝(진몽황)은 訓導를 지냈는데 崇禎 말에 孔有德이 蓬萊를 공격했을 때 모두 사망했다."[440]고 한다. 1626년 金尙憲이 행화촌을 유람할 때 살구나무는 모두 시들어 있는 풍경이었다. 1631년 毛文龍의 오랜 부하인 孔有德이 등주성을 점령했을 때 蓬萊縣城도 공격을 당해 파괴되었다. 이 기간에 陳氏 일족인 陳夢琛, 陳夢瑝 등도 연이어 피살되었고 행화촌 역시 이 기간 중에 철폐되어서 행화촌에 대한 세인들의 칭송만 남아있게 되었다.

종합하면 행화촌은 1509-1522년 사이에 陳鼎이 건축하였고 아마도 1631년에 폐기되었을 것이다. 행화촌은 明末부터 民國 초기까지 계속 蓬萊縣 北溝保赤山社에 속해 있었고 民國 초기에는 北溝保赤山社 司家莊村이 되었다. 지금 蓬萊市 紫荊山街道 司家莊村에는 "杏花苑"小區(주택단지)가 있다. 필자 일행은 高波 과장의 인도를 따라 杏花苑小區에 가볼 수 있었는데, 현장을 살펴보니 행화촌 유적지에 세워진 杏花苑은 지세가 비교적 높았고 杏花苑 정문 앞의 도로는 좀 낮아서 서쪽이 높고 동쪽이 낮은 지세였

杏花村 유적지에 세워진 杏花苑 주택지와 杏花苑 동쪽의 작은 언덕(집필진 답사 촬영)

---

440 "(陳其學之)孫夢琛知思州府, 夢瑝訓導, 崇禎末, 孔有德破蓬萊, 俱死焉"(淸) 穆章阿等修 李佐賢等纂,《(嘉慶)大淸一統志》卷一百七十三〈登州府〉, 四部叢刊續編景舊鈔本

다. 杏花苑의 동쪽은 여전히 옛 모양이 남은 듯 나즈막한 언덕을 이루고 있었고 4, 5월에 이곳에 살구꽃이 무성하게 피어있을 아름다운 풍경을 상상하기는 어렵지 않았다.

4. 2 '疊石浦' 欄門

鄭斗源의 기록에 의하면, 등주성으로부터 10리를 가면 행화촌에 도착했고 20리를 가면 "迭石浦(질석포)"의 欄門(파문)에 도착했다.

> 登州府로부터 서쪽으로 黃縣까지 60리의 여정이다. …… 20리를 가면 欄門이 있고 "迭石浦"라고 쓰여 있다. 틀림없이 유적지일텐데 상세한 이야기를 듣지 못했다. 自登州府, 西至黃縣, 六十里程也。……行二十里, 有欄門, 書之曰: "迭石浦", 必爲古跡而臣未得詳焉。(鄭斗源《朝天記地圖》)

欄門은 즉 坊表(방표)이고 또 牌坊(패방)이라고도 한다. 欄門은 옛 寺觀, 祠廟, 陵墓, 園林의 앞이나 가운데에 세워지고 도시의 거리 입구나 다리 앞에도 세워져서 건축지역을 안내하는 표지가 되거나 경관을 장식하고 기념하는 의미를 가진다. 坊表는 또 牌樓라고도 불리는데 기둥을 세워서 구획을 긋거나 입구를 표시하고 華表를 포함하여 일종의 기념물의 기능을 하는 특별한 종류의 중국 고대 건축물이다. 산림 지역에는 대부분 산길 위에 坊表를 세우는데 관광지나 사찰 지역의 시작을 알리며 또 산길의 노선을 알리는 표지가 된다. "迭石浦" 중의 "迭"은 예전에 "疊"과 통했으며 중첩의 의미가 있으므로 곧 '疊石浦'와 같은 곳이며, "迭石浦" 欄門은 마땅히 明代의 "石門山", 즉 지금의 蓬萊市 紫荊山街道의 "赤山"(海拔187m)에 있었을 것이다. 그 이유는 다음과 같이 설명할 수 있다.

첫째, "石門山은 縣治 서쪽 10리 거리에 있다. 甃石(추석)을 생산하는 곳인데 역참로가 되었으므로 그렇게 명명하였다."[441] 甃石(추석)은 砌石(체석) 혹은 壘石으로 벽을 만드는 재료이다. 石門山은 봉래현 관아의 서남쪽[442] 10리 거리에 있었다. 역참로가 되는 石門山 출구에 돌로 쌓은 石壁이 있었으므로 이곳을 "石門山"이라고 부른 것인데, 돌을 쌓아올린 석벽이 있었다는 점에서 "迭石浦" 중의 "迭"자의 뜻을 보여준다. 석문산에 대해서는 南朝 宋의 劉子房이[443] 〈石門山〉이라는 시를 남겼다. "높이 솟은 석문산, 푸르른 두 개의 석벽. 구름은 잔도에 서려있고 바람은 파도 밖을 때린다. …… 蓬萊城을 내려다보니 외로운 탑이 구름 위로 솟아있네. 홀로 안개로부터 나와 멀리 구름의 날개를 그리워하누나."[444] 이 시는 석문산의 산세가 비교적 높아 등주성을 굽어볼 수 있으며 멀리 蓬萊의 신기루가 비추는 신비한 경치가 보였음을 묘사한 것이다. 석문산의 높은 잔도는 구불구불 이어져서 이곳을 지나 나아가다 보면 파도가 바위를 때리는 소리를 들을 수도 있었다. 蓬萊市 학예연구사의 高波 과장은 赤山 부근에 明代의 烽火台인 "十里墩(십리돈)"이 있었다고 설명해주었다. 즉, 이곳이 明淸 시기에 蓬萊縣 急遞鋪(급체포)중의 하나인 赤山鋪였다는 것인데 관련된 내용은 후술하겠다.

둘째, 《康熙》蓬萊縣志》의 기록에 따르면, "黑石山은 石門山의 서쪽에 위치했다." 그리고 "黑水는 城 남쪽 10리 거리에 있는데, 黑石山에서 발원하여 登州府 안으로 물길이 흘러 서쪽의 바다로 들어간다."라고 하였다.[445] 高波 과장의 소개에 따르면, 黑水는 蓬萊 지역 사람들이 畫河(획하)라고 부르는 계절성 하천으로, 봉래현을 지키는 하류라고 한다. 이 물길은 봉래현의 성 안으로 흘러와서 蓬萊水城 동쪽을 지나 바다로 들어가므로 이것이 "迭石浦"중의 "浦"의 의미일 것이다. 畫河(획하)는 登州나 蓬萊의 경계를 구분하는 지리적 경계의 의미가 있었는데 획하를 사이에 두고 黑石山과 石門山은

---

441 "石門山, 在縣治西十里。出口甃石, 爲驛路, 故名。"(明)徐應元 纂修,《(泰昌)登州府志》卷之五《地理志二·山川》,河南省圖書館館藏版.

442 "石門山, 在城西南十里". (淸)方汝翼等 纂修,《(光緒)增修登州府志》卷之三〈山川〉,淸光緖七年(1881)刻本版.

443 劉子房(456─466)의 字는 孝良이고 南朝 宋 孝武帝의 6째 아들이다.

444 "峨峨石門山, 蒼蒼兩崖僻。雲棧中盤紆, 風濤外撞擊。……俯身蓬萊城, 孤塔出雲立。獨向霧中來, 遙遙羨雲翼。"(淸)史嶽濬等 纂修,《(康熙)山東通志》卷之第五十三〈藝文·詩〉,淸康熙四十一年刻本

445 "黑石山(位於)石門山之西", "黑水, 城南十里, 發源黑石山, 徑流(登州)府內, 西北入海"(淸)蔡永華等 纂修,《(康熙)蓬萊縣志》卷之一〈山川〉,蓬萊市史志辦存本版.

동서로 마주 보고 있으며 石門山은 역참로가 지나가는 곳이었다. 黑水河는 경계를 이루는 하천이 되었으므로, 즉 획하라고 불리게 된 것이다.

셋째 , 지방지 중에 "石門山은 봉래현 관아 서남쪽 10리에 있다(石門山在蓬萊縣衙西南十里)"라고 한 것과 鄭斗源이 "20리를 가면 '迭石浦'欄門이다(行二十里爲'迭石浦'欄門)"라고 한 기록의 차이가 있다. 양자 간의 이정에 차이가 나는 것은 앞서 본 "杏花村"의 정황과 비슷한 것으로, 즉 전자는 縣治로부터의 거리를 본 것이고 후자는 실제 경과한 거리를 나타낸 것으로 보인다. 蓬萊의 역사를 구성할 때 鄭斗源의 기록은 중요한 보충자료가 될 수 있을 것이다.

그 외에 주목할 만한 장소는 五里橋인데, 조선사신은 "迭石浦"欄門에 도달하기 전에 봉래현의 接官亭 중의 하나인 五里橋를 경과하였다. 《(康熙)蓬萊縣志》의 기록에 의하면, "接官亭은 두 곳이 있었다. 하나는 五里橋이고 다른 하나는 三十里鋪이다."[446] 라고 하였고, 《(道光)重修蓬萊縣志》의 기록에 의하면, "接官亭은 두 곳이 있다. 1-성 서남쪽 五里橋. 2-성 서남쪽 二十里鋪 茶棚(다붕)이다."[447]라고 하였다. 왕래하는 관원을 영접하는 接官亭이나 문서를 전달하는 急遞鋪, 군대의 방위 목적의 報警台(보경대)와 봉화대는 모두 역참로를 따라 있거나 혹은 官道의 연장선에 있었다. 봉래현의 접관정의 소재지는 淸初에는 五里橋와 三十里鋪였다가 후대에 五里橋와 二十里鋪가 되었다. 淸代부터 지금까지 각 시기의 蓬萊市 行政區의 기록을 보면 五里橋의 명칭이 지금까지 사용되는 것을 볼 수 있는데, 이곳은 즉 지금의 蓬萊市 紫荊山街道의 五里橋村이다.

---

446 "接官亭有二︰一爲五里橋, 一爲三十里鋪"(淸)蔡永華等 纂修, 《(康熙)蓬萊縣志》卷之一〈公署〉, 蓬萊市史志辦存本版.
447 "接官亭有二。一、城西南, 五里橋。二、城西南, 二十里鋪茶棚"(淸)王文燾等 纂修, 《重修蓬萊縣志》卷之二〈地理志·公署〉, 淸道光十九年刻本

4. 3 "蓬縣仙觀"/"蓬瀛別區" 欄門

북경으로부터 등주로 돌아오는 여정 중에 黃縣에서 登州城 구간의 경유지에 대해
서 安璥은《駕海朝天錄》에서 다음과 같이 기록하였다.

> (10월) 초5일 , 맑음. 바람이 많이 불고 날씨는 추웠다. 黃縣을 지나고 黃
> 河를 건넜으며, 太史遺風, 淳于古里(순우고리), 蓬縣仙觀(봉현선관), 萊
> 嶽具瞻(래악구첨)을 지났다. 저녁에 登州에 들어가 開元寺에서 유숙하였
> 다. 이날 90리를 이동하였다. (十月)初五日 , 晴 , 大風 , 日氣甚寒。過黃
> 縣 , 渡黃河 , 歷太史遺風, 淳于古里, 蓬縣仙觀, 萊嶽具瞻。夕入登州 ,
> 宿開元寺。是日 , 行九十里。(安璥《駕海朝天錄》)

《(同治)黃縣志》의 기록에 따르면, "太史遺風, 淳于古里(순우고리), 蓬縣仙觀(봉현선
관), 萊嶽具瞻(래악구첨)"은 모두 패방의 명칭이다. 즉, "太史遺風, 淳于古里"의 패방은
"太史慈"와 "淳于髡"을 기념하기 위해서 세워진 것이고, "蓬縣仙觀, 萊嶽具瞻"의 패
방은 아마도 당시의 유명한 경관을 나타내거나 안내하는 표지로써 세운 것일 것이다.
"太史遺風, 淳于古里, 萊嶽具瞻"과 같은 패방은 모두 登州府의 黃縣 경내이거나 蓬萊
縣과 黃縣의 접경지에 있었는데, 관련 내용은 후에 상술하겠다.

필자가 登州府와 蓬萊縣, 黃縣 등의 지방지를 보았을 때 "蓬縣仙觀"의 패방과 관련
된 기록을 찾을 수 없었다. 그리고 安璥 이외에는 조선사신이 봉래현 경내에서 경유지
에 대해 기록한 것이 거의 없다. 그런데 중국의 지방지 중에서 "太史遺風, 淳于古里,
萊嶽具瞻" 패방에 관한 기록을 보면, 安璥이 이 구간 경유지에 대해 기록하면서 그가
경유한 순서를 따르지 않은 듯하다. 아래에서 보듯이 黃縣부터 登州城까지 경유한 지
명에 대해 安璥은 한 편의 시를 남겼다.

〈도중의 지명을 모아 한 편의 율시를 지어 동행들에게 보이다〉

淳于氏의 옛 마을, 太史公의 남은 풍속.

蓬島仙觀은 장관이고, 萊嶽具瞻은 높기도 하다.

산세를 따라 별은 북쪽으로 둘렸고, 파도 빛나며 해는 동쪽으로 떠오른다.

유람하였던 곳을 잘 모아서 시 속에 넣어두었네.

〈途中捃摭地名合作一律示同行〉

古里淳于氏 , 遺風太史公。

蓬島仙觀壯 , 萊嶽具瞻崇。

山勢星環北 , 波光日出東。

欲將遊覽處 , 收拾入詩中。

(安璥《駕海朝天錄》)

"蓬縣仙觀"의"蓬縣"은 마땅히 登州府에 속한 蓬萊縣일 것이니 "봉현선관"의 패방은 蓬萊縣 경내에 있을 것이다. 그 다음으로 "蓬島"는"蓬萊山"혹은 "蓬萊"로 신선의 경계를 이르는 범칭이다. 安璥이 말한 바에 따르면, 봉현선관 패방이 있던 곳에서 파도가 빛나는 것을 볼 수 있었다고 하니, 즉 바다 속 장엄한 "蓬島" "仙觀"은 혹 蓬萊의 신기루의 경치를 말하는 것일 수도 있다. 그렇다면 봉편선관 패방은 등주성이나 해안선에서 멀지 않은, 지세가 비교적 높은 곳에 있으면서 또 봉래현과 황현의 사이에 있는 역참로 위에 있었다. 明代《(泰昌)登州府志》의 기록에 의하면, 安璥의 기록과 부합하는 지점은 두 곳이 있는데, 한 곳은 "石門山"이고 다른 곳은 "望海嶺"이다.

먼저 "石門山은 縣治 서쪽 10리 거리에 있다. 甃石(추석)을 생산하는 곳인데 驛路가 되었으므로 그렇게 명명하였다."[448]라고 하였다. 석문산의 위치와 명명의 유래는 앞서 살펴본 바와 같다. 또 앞서 살펴본 南朝 宋의 劉子房이 지은 〈石門山〉이라는 시에서, "높이 솟은 석문산, 푸르른 두 개의 석벽. 구름은 잔도에 서려있고 바람은 파도 밖을 때린다. …… 蓬萊城을 내려다보니 외로운 탑이 구름 위로 솟아있네. 홀로 안개로부터 나

---

448 "石門山 , 在縣治西十里。出口甃石 , 爲驛路 , 故名。" (明)徐應元 纂修 ,《(泰昌)登州府志》卷之五〈地理志二·山川〉, 河南省圖書館藏版.

와 멀리 구름의 날개를 그리워하누나."[449]라고 한 것으로 보아, 석문산의 산세는 비교적 높았고 등주성을 내려다볼 수 있었으며 멀리 아득하게 떠오르는 봉래산 신기루의 신선경이 보일 정도였다. 그리고 가파르고 높은 곳에 설치된 석문산의 棧道를 따라 구불구불 지나다보면 파도가 해안을 치는 소리가 들렸다. 등주성으로부터 10리 떨어진 거리에 "十里墩(십리돈)"이라고 불리는 곳이 있었는데, 지금의 "赤山" 근처에 위치해 있다. 이를 근거로 추측하자면 아마도 현재의 "赤山"(해발 187m)이 곧 명대의 "石門山"일 것이다.

두번째로 "望海嶺은 縣 서남쪽 15리 거리에 있었다. 산길이 험하고 이 고개에서부터 바다가 보였으므로 그렇게 명명하였다."[450]라고 하였다. 망해령은 蓬萊縣城 서남쪽 15리 거리에 있었고 이곳의 산길은 험준하여 쉽게 이동할 수가 없는데 일단 이곳에 닿으면 봉래현에 속한 바다가 보이게 되므로 이곳을 "望海嶺"이라 부른 것이다. 洪翼漢은 《花浦朝天航海錄》 중에서 蓬萊 경내의 역참로에 대해 기술하기를, "주변을 두른 산세가 급하고 돌길은 험준하다(山勢周遭, 石路崎嶇)"고 하였다. 이것은 民國의 《蓬萊縣志》에, "봉래의 경내는 산이 많아서 예부터 이곳의 관도는 대부분 험준하므로 지나기 어렵다."라고[451] 한 기록과 일치한다. 봉래현 경내를 통과하는 관도나 역참로는 대부분 산 속에 있었고 또 매우 험준했으므로 지나기가 어려웠다.

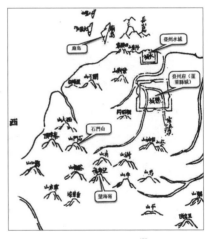

(蓬萊縣)邑境山川圖[452]

---

449 "峨峨石門山, 蒼蒼兩崖僻。雲棧中盤紆, 風濤外撞擊。……俯身蓬萊城, 孤塔出雲立。獨向霧中來, 遙遙羨雲翼。"(淸)史嶽濬等 纂修,《(康熙)山東通志》卷之第五十三〈藝文‧詩〉, 淸康熙四十一年刻本

450 "望海嶺, 在縣西南十五里。山路崎嶇, 至此嶺始見海, 故名。"(明)徐應元 纂修,《(泰昌)登州府志》卷之五〈地理志二‧山川〉, 河南省圖書館藏版.

451 "蓬境多山, 舊有官道, 大都崎嶇難行"(民國)王明長等 纂修,《第四次重修蓬萊縣志》, 青年進修出版社, 1961, p.135

452 (淸)鄭錫鴻, 江瑞采, 王爾植等纂修,《蓬萊縣續志》, 卷之一〈圖〉, 光緒八年(1882)年刻板.

현지를 답사하는 중에 필자는 蓬萊市 紫荊山街道 李莊村의 주민 李克淸(男, 64)씨
를 인터뷰하였다. 李克淸씨는 蓬萊市 林業局의 직공으로 李莊村 일대의 방호림을 관
리하는 일을 하고 있어서 현지의 산과 언덕의 정황과 유래를 비교적 잘 알고 있었다.
李克淸씨가 알려준 바에 의하면, "望海嶺"은 蓬萊市 北溝鎭 曲家溝(村) 일대를 가리킨
다. 필자는 曲家溝村을 방문하여 曲家溝村 주민 曲德仁(男, 70)씨를 인터뷰할 수 있었
다. 曲德仁씨는 유년시절부터 쭉 곡가구에 살았기 때문에 곡가구 주위의 지명변화에
대해 상세히 알고 있었다. 曲德仁씨는 필자에게 옛날의 "망해령"은 지금의 곡가구촌
동북 방향에 있는 높은 언덕이라고 알려주었는데, 이곳은 지금 蓬萊市"民和"公司(즉
民和牧業公司)에서 건축한 담벼락으로 가로막혀 있으며 그 옛날 망해령이었던 지역은
현재 민화공사에서 가금류를 키우는 데 쓰고 있었다. 현지 답사를 하니, 담벼락으로 끊
어진 곳에 옛날의 오래된 官道(즉 역참로)의 흔적이 아직 남아있었다. 망해령은 곡가구촌에
서 3킬로미터 거리에 있는데, 민화공사의 영역 안에 있는 망해령의 길이는 대략 200미
터 정도 된다고 하지만 필자 일행은 회사 내부로 들어갈 수가 없어서 다만 담으로 둘러
쳐진 회사 밖에서 촬영을 진행하였다. 曲德仁 노인이 말한 담벼락 밖으로 나 있는 옛
역참로의 유적은 동북 – 서남 방향으로 이어져 있었으며 넓이는 약 4미터, 길이는 약
100미터 정도로 노면의 땅은 단단하게 다져져 있었다.

그 외에 鄭斗源은《朝天記地圖》에서 다음과 같이 언급하였다. 登州로부터 "30리
를 가면 패방이 있는데, "蓬瀛別區(봉영별구)"라고 쓰여 있으니 과장하여 미화한 듯하
다."[453] 蓬瀛은 蓬萊와 瀛洲를 가리키는 것으로 神山의 명칭이며 전설에 신선이 거주하
는 곳이라고 하였다. 別區는 특별한 지역을 가리킨다. 봉영별구의 패방이 있던 곳은 풍
경이 특별히 뛰어난 곳으로, 아마도 봉래현 북쪽 바다를 조망할 수 있는 곳이 아니었을
까. 조선사신 申悅道는〈歸路에 蓬萊閣에 오르다(歸路登蓬萊閣)〉라는 시에서 "봉영별
구"를 언급하였다.

---

453 "三十里, 有欄門, 書之日 : "蓬瀛別區", 蓋誇美之也。" (朝)鄭斗源,《朝天記地圖》

曲家溝村 동북 방향의 望海嶺(집필진 답사 촬영)

望海嶺 서쪽의 옛 역참로 유적(집필진 답사 촬영)

〈歸路에 蓬萊閣에 오르다〉

푸른 바다 끝에 세워진 높고 빼어난 건축물
진시황이 그때 이 누각을 지었다고 하지.
파도는 은하수에 닿아 신선계로 통하고,
땅은 봉래와 영주에 접하니 별천지를 알게 되네.
한번 가버린 仙童은 끝내 돌아오지 않았으니,
三神의 靈藥은 결국 구하기 어려웠으리.
누각에 오르니 복잡했던 가슴 속이 시원해져
대장부라면 씩씩하게 유람해볼 만하다고 자랑한다네.

〈歸路登蓬萊閣〉
傑構巍然碧海頭 , 秦皇當日創斯樓.
波連河漢通眞界 , 地接蓬瀛認別區.
一去仙童終不返 , 三神靈藥竟難求.
登臨便覺塵襟爽 , 自詫男兒辦壯遊.

이 시는 1629년 5월(閏4월) 5일 , 申悅道가 歸程의 도중에 蓬萊閣을 유람하며 지은
것이다. 시의 1연과 2연은 주로 봉래각의 "건축물이 빼어나게 높이 솟아있는 모습"과
옛날 "秦皇"이 왔던 곳으로 유명해졌음을 서술하였다. 丹崖山 앞의 드넓은 바다와 푸
른 파도가 "은하수"와 닿아서 "신선계로 통하니", 봉래각은 "봉래와 영주에 접하고 별
천지로 닿게 해주는" 특별한 곳이다. 傑構(걸구)는 佳作이고, 河漢은 銀河를 가리킨다.
시의 3연과 4연은 진시황이 장생불사를 위해 기울였던 노력이 모두 허사였음에 개탄
하면서도 봉래각에 올라 경치를 보니 문득 마음 속이 시원해지고 호탕해져서 스스로
대장부라면 씩씩하게 유람해볼 만하다고 자부하는 모습이다. 시구 중에 나오는 "蓬
瀛"과 "別區"는 아마도 申悅道가 망해령의 봉영별구 패방을 보았던 기억에서 온 것이
리라.

鄭斗源과 申悅道가 언급한 봉영별구 패방은 바로 安璥이 기록한 "蓬縣仙觀" 패방

이 있던 자리이며, 중국 지방지에 기록된 "이곳에 이르면 바다를 볼 수 있게 된다(至此 嶺始見海)"는 "望海嶺"일 것이다. 망해령에 대해서 명나라의 大學士 薛瑄(설선)이[454] 남 긴 시가 있다.

청총마를 타고 새벽에 萊子國을 떠나

북쪽으로 높은 언덕에 올라 遼 땅의 석비를 바라보네.

遼陽의 만 리 하늘에는 바람이 차고,

산의 2월 계곡물은 얼음 위를 흐르겠지.

아득한 하늘, 눈길이 닿는 곳까지 봄은 끝이 없고

봄의 물결은 세차게 일어 아지랑이를 흔드네.

가장 꼭대기에서 긴 언덕을 내려 가니

높은 성이 홀연히 푸른 바다 앞에서 일어나는구나.

푸른 바다에 붉은 누각의 그림자 거꾸로 잠기고

사통팔달의 거리는 먼지 없이 고요하네.

⋯⋯⋯⋯⋯⋯⋯⋯

영주의 바다 아득히 머니 자랑할 것 없고,

진실한 것은 인간세의 한 줄기 강물일세.

驄馬曉辭萊子國, 北上高崗俯遼碣。

遼陽萬里天風寒, 山溪二月淩澌結。

空蒙極目春無邊, 春濤洶洶搖春煙。

還從絶頂下長坡, 高城忽起滄溟前。

滄溟倒浸紅樓影, 通衢四達塵埃靜。

---

454 薛瑄(字는 德溫, 號는 敬軒)은 山西 河津人으로 敎諭 薛貞(1355-1425년, 1384년 擧人)의 아들이다. 1420년, 薛瑄은 鄕試를 통과하였고 이듬해 進士가 되었다. 1438년4월-1439년9월까지 山東提學僉事 에 임명되었다. 薛瑄이 提督學政으로 있던 기간에 山東省의 많은 지역을 다니며 학문을 독려하고 선 비를 선발하였다. 그가 다닌 지역은 臨淄, 樂陵, 德州, 琅琊, 登州, 高密, 東平, 巨野, 嘉祥, 汶上, 鄒平, 靑州, 膠州, 棲霞, 泰安, 萊蕪, 蘭陵, 寧陽, 兗州, 曲阜 등이다. 그가 남긴 詩文도 많다. (美)富路特, 房兆 楹主編,《明代名人傳》3, 北京時代華文書局, 2015, pp.842-843/劉書龍著,《歷下人文-歷下名人遊 蹤(古代近卷)》, 濟南出版社, 2014,p.99.

…………

瀛海茫茫未足誇 , 眞是人間一泓水[455]

1439년 2월, 山東 提學僉事 薛瑄은 옛 萊子國, 즉 黃縣(지금의 龍口市)을 출발한 뒤 선비를 선발하고 학관을 독려하는 직무를 수행하기 위해 登州府로 향하였고, 도중에 "望海嶺"을 지나면서 이 시를 지었다. 망해령에 올라보니 눈길이 닿는 곳마다 봄의 기운이 가득하여 끝이 없었고 멀리 보이는 바다의 물결은 도도하게 출렁였다. 망해령의 긴 언덕을 내려가자 갑자기 커다란 城池가 나타났고 그 너머로 바다가 보였다. 이 시는 망해령의 정상에서 蓬萊의 망망한 해역을 조망할 수 있었음을 증명한다. 그밖에《(光緒)增修登州府志》의 기록을 보면, "망해령은 城 서남쪽 15리에 있다. 서쪽으로부터 오는 사람이 가던 발을 멈추고 멀리 바라보면 만 리처럼 긴 바다와 하늘이 눈앞에 모두 나타난다"라고 하였다.[456]

망해령은 지금의 尖山 북쪽의 "紅山"(해발211m , 蓬萊市 北溝鎭에 속함)에 있었다. 봉래시 지형도를 보면 紅山이 있는 구역은 반구 형태의 산지로서, 이곳에서 북쪽을 바라보면 蓬萊 신기루의 신기한 정경을 조망할 수 있었다. 이곳이 바로 安璥과 鄭斗源이 말한 "산세를 따라 별은 북쪽으로 둘렸고, 파도가 빛나며 해는 동쪽으로 떠오르는" 장소이다. 즉, 이곳에서 태양이 동쪽으로 떠오를 때 멀리 광활한 "蓬島仙觀" 혹은 "蓬瀛

望海嶺에서 "산세를 따라 별은 북쪽으로 둘렸고, 파도 빛나며 해는 동쪽으로 떠오르는" 광경이 보인다. (집필진 답사 촬영)

---

455 (明)徐應元 纂修,《(泰昌)登州府志》卷之六〈地理志二 · 山川〉, 河南省圖書館藏版.

456 "望海嶺 , 在城西南十五里。西來者 , 駐足一望 , 海天萬里畢見於前"(淸)方汝翼等 纂修,《(光緒)增修登州府志》卷之三〈山川〉, 淸光緒七年(1881)刻本版..

仙境"을 볼 수 있었으니 바다의 파도가 빛을 받아 반짝이는 모습은 아주 장관이었다. 결론을 말하자면, 유명한 경관을 장식하고 인도하는 표지인 "봉현선관"의 패방과 "봉영별구" 패방은 마땅히 이곳 망해령, 즉 지금의 봉래시 北溝鎭 曲家溝村 동북 방향의 높은 언덕에 있었을 것이다.

여기서 주의해야 할 점은 중국 지방지와 鄭斗源이 기록한 망해령의 방위와 거리가 다른 것이다. 《(光緒)增修登州府志》는 망해령이 蓬萊縣城 서남쪽 15리에 있다고 하였고, 鄭斗源은 《朝天記地圖》에서 登州城으로부터 30리를 가면 망해령에 도착한다고 하였다. 상이한 기록이 나타나는 이유는 앞서 말한 것 외에도 두 가지 가능성이 있다. 첫번째로, 鄭斗源의 《朝天記地圖》〈登州圖〉 부분의 기록을 보면 , 鄭斗源은 蓬萊縣부터 黃縣까지의 거리에 대해 상당히 잘 이해하고 있었고 비교적 정확히 기록하였다. 그러나 "봉래 지역은 산이 많고 옛날부터 있었던 官道가 대부분 험하여 이동하기 어려운" 이유 때문에 산길을 가는 과정에서 착각이 생겼고, 鄭斗源이 이정을 기록할 때는 이미 알고 있던 지리 지식과 주관적인 경험 사이에서 혼동하였을지도 모른다.

구체적으로 〈登州圖〉의 기록을 보면 다음과 같다. "登州府에서 서쪽으로 黃縣에 이를 때까지 60리의 길을 간다. 10리를 가면 杏花村이 있고 멀리서 보면 천 그루의 나무들이 사립문을 둘러싸고 있었다. 20리를 가면 欄門이 있고 "迭石浦"라고 쓰여있는데 틀림없이 유적이 있을 것 같았지만 자세히 듣지 못하였다. 30리를 가면 欄門이 있고 "蓬瀛別區"라고 쓰여 있는데 아마도 과장하여 미화한 듯하다. 40리를 가면 欄門이 있고 "萊山聳翠(래산용취)"라고 쓰여 있다. 50리를 가면 黃水를 건너게 된다. 黃水는 洚水와 합류하여 북쪽으로 흘러 바다로 들어간다." 앞서 말한 바와 같이 행화촌은 등주성 남쪽 3리 지역에 있었고 , 질석포는 등주성 서남쪽 10리에 있는 赤山을 가리킨다. 봉영별구 패방은 등주성 서남쪽 15리에 있는 망해령이었다. "萊山聳翠"는 黃縣과 蓬萊縣의 접경지(봉래현 서쪽으로부터 황현 동쪽경계까지는 37리의 거리이다. 청《(康熙)蓬萊縣志》)에 있는 황현의 급체포인 柞羊鋪(작양포) 부근이다. 黃水는 황현성 동쪽 10리(청《(同治)黃縣志》), 즉 봉래현 서쪽 50리 지역에 있었다. "萊山聳翠"와 黃水 등의 내용은 후문에서 상술하겠다.

간략히 하면, 행화촌, 질석포, 봉영별구 이 세 곳의 거리 기록이 중국 지방지와 다른 것 외에는 래산용취와 황수의 기록은 중국 지방지의 기록과 일치한다. 필자가 현지 답사를 하면서 보니, 赤山부터 曲家溝村까지의 길은 험난하면서 언덕배기가 많고 고저가 일정하지 않은 산간 도로가 이어졌다. 이런 산간 도로에서 말과 마차를 몰고 가는 것은 "거리가 짧지만 사실은 상당히 길게 느껴지는" 느낌을 줄 수 있다. 그러나 봉래시의 三十里店村(蓬萊 급체포로서 山頭店鋪 유적 부근)에 도착하게 되면 지형이 완만해지면서 평지가 된다. 그렇게 산길과 평지를 번갈아 걷다보면 산길의 여정에서 거리를 혼동할 수도 있을 것이다. 鄭斗源은 그렇게 질석포와 봉영별구 사이 본래 5리의 거리를 10리로 기재한 것이 아닐까 추정해보았다.

두 번째로 사행 여정의 피로와 번잡한 공무로 인하여 鄭斗源이 어떤 지역을 지날 때 경유한 지명과 이정만을 적어놓았다가 시간이 허락할 때 보충하면서 약간의 편차가 생긴 경우도 있을 것이다. 그래서 鄭斗源의《朝天記地圖》중의 다른 부분에서도 가끔 비슷한 착오가 보이는 것으로 추정된다.

앞 절에서 서술하였듯이 봉래현의 接官亭의 소재지는 淸初에는 五里橋와 三十里鋪였다가 후대에 五里橋와 二十里鋪로 변하였다. 삼십리포는 앞서 말한 봉래현으로부터 30리 거리에 있는 급체포인 "山頭店鋪"이며 지금의 봉래시 北溝鎭 三十里店村이다. 그렇다면 역참로에 있던 접관정은 어디에 있을까? "二十里鋪 茶棚"이라는 명칭을 생각해본다면 아마도 二十里鋪에 있는 찻집이었을 것으로 추정된다. 그렇다면 二十里鋪는 어디에 위치했었을까? 명칭으로 보면 "二十里鋪"는 "三十里鋪"와 유사하게 등주성에서 각각 이십리와 삼십리에 있는 급체포일 것이다. 방위로 보면 五里橋와 二十里鋪 茶棚은 모두 등주성의 서남방향에 있어야 한다. 거리로 보면, 五里橋에서 출발하여 역참로를 따라 계속 15리(약8.4km)쯤 가야 이십리포에 도착할 수 있다. 이 지역의 지형이 대부분 낮은 산과 구릉으로 이루어져 있어서 역참로가 험준하였으므로 두 지역 사이의 직선거리를 따진다면 분명히 8.4km보다는 짧을 것이다.

청대 道光 연간의《重修蓬萊縣志》의 기록에 의하면, 청대에는 등주성에 城守營을 설치하였다. 그리고 城守營과 水師營을 합쳐 水陸 6營으로 편제하였다. 陸營은 좌영, 중영, 우영으로 나뉘었으며 水營 역시 좌영, 중영, 우영으로 나뉘었다. 그 중에 陸營의 중영을 다섯 지역으로 나누어 경비나 통신을 맡은 봉화대를 관리하게 하였고, 각각

"西十里鋪(墩)", "西二十里鋪(墩)", "西三十里鋪(墩)", "南三十里鋪(墩)", "南六十里鋪(墩)"라고 하였다.[457] 등주성으로부터 황현 방향으로 가는 역참로에 있었던 급체포는 바로 "西十里鋪(墩)", "西二十里鋪(墩)", "西三十里鋪(墩)"였다.

명대의 《(泰昌)登州府志》에 의하면, "급체포의 總鋪는 西關에 있었다. 황현에 이르기까지 赤山, 上口, 山頭店이라는 곳을 두었다"[458]고 한다. 명대에는 "대개 10리마다 1포를 설치한다(凡十里設一鋪)"[459]는 규정이 있었다. 그러므로 등주성 西關[460]의 봉래현 急遞總鋪로부터 출발하여 황현 방향으로 10리를 가면 "赤山"鋪가 있었고 다시 10리를 가면 "上口"鋪가, 다시 10리를 가면 "山頭店"鋪가 있었다는 것이다. 그렇다면 "西十里鋪(墩)"는 응당 "赤山鋪"에 있었을 것이며 십리포는 적산포를 대신하는 명칭이었을 것이다. 비슷하게 "西二十里鋪(墩)"는 응당 "上口鋪"이고 이십리포는 상구포를 대신하는 명칭이었을 것이다.

蓬萊市 학예사 高波 과장은 "十里墩은 赤山에, 二十里墩은 上魏家에, 三十里墩은

上魏家村의 村碑와 마을 북쪽의 역참로 유적(집필진 답사 촬영)

457 "淸, 登州設城守營, 並水師營十營, 並爲六營. 水陸各左右中三營." "煙墩 : 中營分管墩五座. 西十里鋪、西二十里鋪、西三十里鋪、南三十里鋪、南六十里鋪"(淸)王文燾等 纂修,《重修蓬萊縣志》卷之四〈武備·營制〉, 淸道光十九年刻本.
458 "急遞鋪總鋪, 在西關. 抵黃縣, 曰赤山、曰上口、曰山頭店"(明)徐應元 纂修,《(泰昌)登州府志》卷之五〈地理志一·官署〉, 河南省圖書館藏版.
459 (明)徐溥、劉健、李東陽等纂修,《大明會典》卷之一百二十一,〈驛傳三〉, 正德四年校正六年刻印本.
460 西關은 登州城 西門밖에 있는데, 대체로 지금의 紫荊山街道 관할구역이다. 蓬萊市 학예사 高波 科長의 소개에 따르면, 등주성부터 황현까지의 역참로의 시작점은 마땅히 登州城 밖 서남쪽 窯坊村으로 보아야한다. 지금 그곳은 蓬萊市 紫荊山街道 三里橋社區 窯坊村에 해당한다. 그 뒤로 三里橋를 지났으니 지금의 蓬萊市 紫荊山街道 三里橋社區 三里橋村이 바로 그곳이다.

上魏家村과 草店村의 사이에 있는 역참로 유적(집필진 답사 촬영)

三十里店에 있었다"고 말하였다. 봉래시 北溝鎭 上魏家村의 주민 魏玉平(女 , 69)씨
가 말한 바에 따르면, 上魏家村의 북쪽으로 원래 황현으로부터 봉래현에 이르는 오래
된 官道, 즉 역참로가 있었고 관도의 북측에 일찍이 "茶棚廟(다붕묘)"라는 사묘가 한
채 있었지만 1940년대쯤 전쟁 중에 소실되었다고 한다. 사묘의 건너편, 즉 옛 역참로
의 남쪽에 봉화대가 하나 있었는데 1970년대에 철거되었다고 전하며, 이 봉화대가 즉
二十里墩이다. 비록 上魏家村 북쪽의 "茶棚廟"와 道光《重修蓬萊縣志》중에 기록된
接官亭인 二十里鋪 茶棚이 동일한 곳인지 확정할 수 없지만 양자는 반드시 연관 관계
가 있었으리라고 보인다. 上魏家와 赤山은 모두 등주성의 서남쪽에 있고, 上魏家와 赤
山 사이의 직선거리는 약 3.8km정도 되므로 앞서 말한 조건에 부합한다. 이러한 것은
모두 현재의 봉래시 上魏家村이 옛 역참로가 경유하던 봉래현의 급체포 - 上口鋪였음
을 말해준다.

옛 역참로에 있는 廣濟橋(집필진 답사 촬영)

蓬萊市 北溝鎭 草店村의 牌坊(집필진 답사 촬영)

　그밖에 魏玉平씨의 소개에 의하면, 역참로는 마을 북쪽을 관통하여 등주성 방향으로는 上口高家村에 이르고 황현 방향으로는 草店村에 닿았다고 한다. 또 上魏家村의 서남쪽 약 2km거리에 옛 역참로가 한 구간 남아있는데 역참로 위에 石橋도 있다고 하였다. 필자 일행은 현장 답사를 통하여 옛 역참로가 上魏家村과 草店村의 사이에 있는 것을 확인하였고 역참로가 이곳으로부터 동북 - 서남 방향에서 남북 방향으로 바뀌는 것을 발견하였다. 역참로가 있는 노면의 넓이는 약 4미터이고 길이는 약 1km 정도 되며 땅이 단단하게 다져져 있고 역참로에 있는 다리 밑의 터널에 "廣濟橋"라고 쓰여 있는데 건축 연대는 미상이다.

　등주와 봉래현의 각 지방지의 기록에 의하면, 명말 蓬萊의 급체포였던 上口鋪는 청대와 민국 초기에는 二十里鋪라고 불렸다. 二十里店 혹 上口鋪는 지금의 봉래시 北溝鎭 上魏家村이다. 上魏家村의 村碑에는 "명나라 萬曆 연간, 魏姓은 下魏家村에서 이곳으로 이주하였고 이곳이 下魏家의 윗쪽에 위치했으므로 上魏家라고 명명하였다."[461]라고 기록되어 있다. 명말부터 민국 초기까지 上魏家村은 줄곧 봉래현 北溝 保 北林社에 예속되었고 지금은 봉래현 北溝鎭에 속해있다.

4. 4 山店

1626년 金地粹는 일행과 함께 등주에서 황현으로 가는 사행길의 도중에 〈황현의 밤 (黃縣夜)〉이라는 시 한 편을 남겼는데, 이 한 편의 시를 통하여 金地粹는 조선사신으로 서 이 구간을 여행하면서 느낀 밤 풍경을 묘사하였다.

〈황현의 밤〉

東牟城 밖 어둑하니 연기에 쌓인 시간, 黃縣의 길 위에 사람이 드무네.
밤에 홀로 이동하니 山店은 멀고, 몇 집의 등불이 숲 사이로 희미하구나.

〈黃縣夜〉
東牟城外暝煙時 , 黃縣途中人已稀。
夜裏獨行山店遠 , 數家燈火隔林微。
(金地粹《朝天錄》)

시의 제목인 "황현의 밤"에서 설명하는 것처럼, 이 시는 金地粹가 등주의 봉래현을 지나 황현 경내로 들어온 후에 지은 것이다. 1구와 2구는 登州水城 밖에서 저녁 무렵의 운무가 피어오를 때 봉래현에서 황현으로 가는 역참로 위의 행인들이 점차 적어지는 모습을 묘사하였는데, 일찍이 後魏 때 등주는 東牟郡이었으므로 金地粹는 등주성을

---

461 "明萬曆年間 , 魏姓由下魏家(村)遷此 , 因爲位(於)下魏家上遊 , (故)取名上魏"

東牟城이라고 불렀다. 暝煙은 저녁 무렵의 연기와 안개를 가리킨다.[462] 3구와 4구는 金
地粹가 정사 金尙憲과 동행하지 않고 있으며 혼자 말과 사람들을 이끌고 황현으로 향
하는 역참로 위를 걸어가면서 느낀 외로운 감정과 풍경을 보여준다. 金地粹가 점점 멀
어지는 山頭店을 뒤로 하고 황현 경내로 들어갈 무렵, 역참로 옆의 수풀 사이로 농가
의 불빛 몇 점이 희미하게 새어나고 있었는데 山店은 봉래현 급체포 중의 하나인 山頭
店鋪를 줄인 말이다.

　　앞서 말한 것처럼, 봉래현의 봉화대인 西十里鋪墩은 赤山鋪에 있었으며 十里鋪와
赤山鋪는 같은 곳을 가리키는 말이었다. 그리고 西二十里鋪墩은 上口鋪에 있었으며
西三十里鋪墩은 山頭店鋪에 있었으므로, 二十里鋪와 上口鋪, 三十里鋪와 山頭店鋪
는 각각 같은 곳을 가리키는 말이었다. 山頭店鋪는 등주의 봉래현으로부터 30리 거리
에 있었는데, 산두점포부터 황현 동쪽경계까지는 7리(봉래 서쪽부터 황현계까지는 37리)
이며 다시 앞으로 10리를 가서 황현계를 지나면 황현의 官鋪인 柞楊鋪(작양포)에 도착
한다.

　　다시 말하면, 산두점포로부터 작양포 사이에는 급체포가 없었다. 필자 일행이 현지
를 답사한 바에 의하면, "三十里鋪"는 지금의 봉래시 北溝鎭의 삼십리점촌에 있었다.
三十里店村의 주민 魯德財(男 , 66)씨를 인터뷰하면서 알게 된 것은, 봉래로부터 삼십
리점촌까지의 거리가 30리이며 이전에 마을 가운데 점포 하나가 있었으므로 그 마을

三十里店村 안의 (西)三十里鋪墩 유적(좌측)
三十里店村 村碑(우측) (집필진 답사 촬영)

462　(唐)戴叔倫 ,〈過龍灣五王閣訪友不遇〉, "野橋秋水落 , 江閣暝煙微。"

오른쪽으로 난 흙길이 三十里店村 남쪽의 옛 역참로 유적이다. (집필진 답사 촬영)

을 三十里店村이라고 부르게 되었다는 것이다. 삼십리점촌에서 출발해서 옛 역참로를 따라 황현 방향으로 가다보면 大姜家村에 이르게 된다. 魯德財씨의 인도로 필자일행은 삼십리점촌 남쪽에 있는 옛 역참로의 유적이 있는 구간을 찾아갔다. 현지를 답사해보니 이 구간의 역참로 유적은 동북에서 서남 방향으로 나 있는데, 넓이는 약 4미터이고 길이는 약 1km이며 노면이 단단하게 다져져 있었다.

또다른 三十里店村의 주민 郝宏賢(학굉현 男 , 82)씨가 설명해주길, 1940년대 이전에 삼십리점촌은 두 개의 촌락으로 나뉘었는데 각각 三十里店上村(姓氏는 王姓이 위주)과 三十里店下村(姓氏는 郝姓이 위주)이라고 불렸고, 두 촌락의 중간에는 흙언덕이 있었다고 한다. 1940년대에 마을에서 흙언덕이 없어지고 두 촌락이 하나로 합쳐지면서 삼십리점촌이 되었다. 지금 삼십리점촌의 동쪽이 옛 三十里店上村인데, 三十里鋪墩의 유적이 있어서 본지인들은 이곳을 봉화대라고 불렀다고 하지만 이 봉화대는 1950년대에 철거되었다.

郝宏賢 노인의 안내로 필자 일행은 (西)三十里鋪墩의 유적을 찾아낼 수 있었다. 현지 답사를 해보니, 삼십리포돈의 유적은 그 주위를 돌로 쌓아놓았고 면적은 약 10m²이며 높이는 약 6m 정도 되었다. 시간이 오래 지났으므로 현재는 삼십리포, 산두점포

와 三十里店上村, 三十里店下村 사이의 상관 관계를 상세히 살피기는 어렵지만 어쨌든 명청 시기의 三十里鋪와 山頭店鋪는 모두 지금의 봉래시 北溝鎭의 三十里店村을 가리키는 말이었다. 金地粹가 언급한 "山店" 역시 山頭店鋪를 가리키는 말로 그 위치는 지금의 봉래시 北溝鎭 三十里店村일 것이다.

　1931년에 "蓬黃北縣路"가 개통되었는데, 경유지는 "蓬萊城으로부터 출발하여 五里橋, 草店, 三十里店, 西正, 諸由觀(제유관-황현소속)을 지나 黃縣에 이른다."[463] 이곳은 옛 역참로 위에 지어진 현대의 도로인데, 각 경유지 중에 봉래현에 속한 곳은 "五里橋, 草店, 三十里店, 西正"으로, 봉래현 - 황현의 관도는 마을을 관통하여 지났으며 역참로를 따라 각 마을이 발전하였다. 민국 시기의 "西正村"은 현재 세 마을로 나뉘었는데 각각 西正高家村, 西正李家村, 西正樓下村이 그곳이다. 高波 과장의 소개에 따르면, 마을에 원래 蓬萊閣의 양식을 따라 건축한 옛 누각이 있었으므로 그 누각을 기려서 마을 이름을 "西正古樓村"이라고 불렀고, "西正古樓村"은 등주와 황현역 사이의 도로 옆에 있었다. 이러한 사실은 지금의 草店村과 西正樓下村이 모두 옛 登州城 - 黃縣驛 역참로의 경유지였음을 말해준다.

　삼십리점촌의 주민인 魯德財씨의 설명에 따라 우리는 삼십리점촌 서남쪽의 봉래시 大姜家村으로 가서 현지 답사를 하였는데, 운좋게도 옛 역참로의 변천을 증명해줄 수 있는 大姜家村 주민 姜代田(男 , 86)씨를 만날 수 있었다. 姜代田 노인의 이야기에 따르면 그 자신이 어렸을 때 등주성 - 황현의 옛 역참로 남쪽의 토지를 맡아서 복숭아를 심었고 거의 매일 그곳에서 일을 하였는데, 당시에 황현 방향으로 향하는 옛 역참로는 봉래의 河潤村을 지나서 諸由觀(鎭)을 지나 황현 경내로 들어와서 황현성으로 닿게 되었다. 같은 마을 주민인 姜代詞(男 , 76)씨 역시 姜代田 노인의 이야기를 증명해주었으므로 두 분의 안내를 받아 필자 일행은 大姜家村 서북쪽에 있는 옛 역참로의 유적지를 찾을 수 있었다. 姜代田 노인이 이야기해준 바에 따르면 옛 역참로 옆의 몇 그루의 나무는 수백년의 역사를 거친 것이라고 한다.

463　"경내에 17킬로미터에 걸쳐있고 도로의 넓이는 7척이다. 이곳이 옛 역참로이다. (境內常十七公里, 路寬七尺, 爲古代驛道。)" (民國)王明長等 纂修,《第四次重修蓬萊縣志》,靑年進修出版社, 1961, p.136.

趙溭은《燕行錄(一云朝天錄)》의 북경행 여정 중에서 등주성 - 황현 구간의 여정 중 특별히 三十里驛의 여정을 다음과 같이 기록하였다.

(10월)초9일 , 丙寅 , 맑음. 午時에……즉시 출발하였다. 30리쯤 가서 黃縣界 官鋪에 도착하여 말을 쉬게 하고 국수를 사서 허기를 달랜 후 곧 출발하였다. 蓬壺內境(봉호내경)을 지나서 저녁때 黃縣城 밖 北關에서 유숙하였다. 오늘은 60리를 이동하였다. ……큰 평야가 펼쳐져 있고 인가가 빽빽하며 밭 이랑이 반듯반듯하니 보리가 잘 익어서 무성하였다. 버드나무와 백양나무가 나란히 줄지어 있고 도로 양쪽을 따라 나무를 심어 놓아 한 길도 빈 곳이 없었다. 山東은 땔감이 귀하여 풀뿌리나 말똥도 말려서 태운다. 버드나무와 백양나무는 쉽게 성장하므로 부지런히 심어서 키우면 그 다음해에 잘 자란 가지들을 베어서 땔감으로 쓸 수도 있고 본 기둥은 크게 키워서 재목으로 만든다. 또 이곳의 사람들은 밥을 할 때는 곡식의 쭉정이를 쓰고 말을 먹일 때는 곡식의 풀을 사용한다. 무논이 거의 보이지 않는 것이 달랐는데, 대체로 산동은 가뭄이 자주 드는데다가 물을 끌어올 곳이 없어서 관아에서 무논을 금지하고 벼를 재배하지 못하게 하는 것같다. 몇백 명의 백성들이 살아가는 모습은 대체로 착실하고 견실하였다. 3리나 5리 간격으로 노인과 아이들이 광주리를 끼고 오가면서 소, 말, 나귀, 노새의 똥이 떨어지면 금방 담아갔으니, 아마도 이것으로 밭에 거름을 주는 듯하다. (十月)初九日 , 丙寅 , 晴。午時 , ……即爲發行。三十里到黃縣界官鋪 , 歇馬買面瘁饑 , 即發 , 過蓬壺內境 , 昏 , 到黃縣城外北關宿。今日行六十里也。……大野彌漫 , 人居稠密 , 阡陌齊整 , 來年方股。青柳、白楊井並成行 , 沿路兩傍植以樹木 , 無一丈缺處矣。山東柴貴 , 草根、馬糞在在乾燒。青柳、白楊易生易長之物 , 故勤用栽植 , 逐年刈其最生 , 以爲之薪。且養其本條以爲材木 ; 炊火以秫秸 ; 吃馬以粟草。稻田絕無所見 , 蓋山東易旱 , 引水處甚稀 , 故官禁水田 , 使不耕播 , 幾百民間生理類此著實。且三里、五里之間 , 老翁、兒子持挿與筐去來 , 牛、馬、騾、驢之糞 , 放即盛去 , 蓋爲之糞田也。(趙溭《燕行錄(一云朝天錄)》)

1624년 冬至使였던 趙濈은 등주로부터 북경으로 가는 사행길에서 등주성을 떠나 30리쯤 가서 황현 경계 지역의 급체포에 도착했고, 조금 휴식하고 정비한 후 "蓬壺內境", 즉 봉래현의 지역을 계속 지나갔으니, 즉 황현 경계 지역에 도착한 후 계속 봉래현 지역을 따라서 이동하여 황현성의 북쪽 관문에 도달했다. 봉래현(治所)에서 서쪽으로 황현 계경까지 37리이고[464] 또 황현(治所)에서 동쪽으로 봉래현 경계까지 23리이니[465] 두 거리를 합치면 봉래현부터 황현 사이의 역참로의 거리는 대략 60리이다.

명《(泰昌)登州府志》에 따르면, 봉래현과 황현의 접경지, 즉 黃縣 동쪽경계에 있는 급체포는 "柞楊鋪(작양포)"였다. 청대에는 이곳을 "作羊鋪" 혹은 "諸由鋪"라고 하였다.[466] 작양포는 등주성으로부터 40리거리에 있었다. 앞서 말한 바와 봉래현에서 황현까지의 역참로는 淸末 이전에는 변화가 없었으므로 조즙이 등주성에서 황현 방향으로 출발하여 30리를 가서 휴식했다면 아마도 그곳은 봉래현의 山頭店鋪이었을 것이다.

趙濈이 그곳을 지나가면서 "버드나무와 백양나무가 나란히 줄지어 있고 도로 양쪽을 따라 나무를 심어 놓아 한 길도 빈 곳이 없는" 풍경을 보았다고 묘사했는데, 필자 일행이 현지 답사를 해보니, 봉래시 삼십리점촌부터 황현성(현재의 龍口市)까지의 지형은 모두 평원이었다. 趙濈이 묘사한 풍경은 아마도 봉래시 삼십리점촌으로부터 황현 동쪽경계(즉 지금의 蓬萊市 北溝鎭 小王家村 서쪽)일 가능성이 매우 크다. 趙濈은 또 明末에 "산동은 땔감이 귀해서", 사람들이 "풀뿌리나 말의 분뇨" 같은 것도 연료로 사용되고 있으며, 잘 자라는 버드나무나 백양나무와 같은 식물이 광범위하게 식목되었고 매년 많이 자란 나뭇가지는 잘라서 땔감으로 쓰고 기둥이 굵게 자란 것은 재목으로 삼는다고 서술하였다. 明末에는 後金이 遼東에서 크게 세력을 떨쳤고 또 중국내 농민들의 起義가 끊이지 않았으므로 명나라는 재정이 어려워져 큰 위기를 겪었다. 그리고 이러

---

464 "蓬萊縣, 西至黃縣界三十七里"(淸)蔡永華等 纂修,《(康熙)蓬萊縣志》卷之一〈疆域〉, 蓬萊市史志辦 存本版。이 기록은《(泰昌)登州府志》의 기록과 일치한다. 즉 明代末期부터 淸代初期까지 蓬萊縣과 黃縣의 접경 지역은 변함이 없었다.

465 "黃縣, 東至蓬萊縣界二十三里"(明)徐應元 纂修,《(泰昌)登州府志》卷之五〈地理志一·疆域〉, 河南省 圖書館館藏版.

466 (明)徐應元 纂修,《(泰昌)登州府志》卷之五〈地理志二·官署〉, 河南省圖書館館藏版/"作羊鋪, 東北 二十里(俗名諸由鋪)"(淸)李蕃, 範廷鳳等 纂修,《黃縣志》卷之二〈墩鋪〉, 淸康熙12年(1673)刻本版.

한 경제적 위기는 직접적으로 백성의 세금이 가중되는 현상으로 나타났으니, 당시에 내야할 잡다한 세금 중에는 땔감세(柴薪稅)도 있었다.

조선사신 趙澂은 이 지역을 지나면서 특별히 조선과 산동에서 심는 농작물이 다른 것에 주목을 하게 되었다. 조선은 오랫동안 쌀이 주식이었고 벼농사를 지었기 때문에 趙澂은 산동 지역에서 "무논이 보이지 않는 것"을 이상하게 여겼고, "산동은 자주 가뭄이 들고 물을 끌어오기 어려워서 관에서 논농사를 금하는 것"이라고 여겼다. 그러나 명대 洪武 연간에 조선사신 權近이 산동 萊州府 朱橋驛을 지나면서 〈제교역에서 숙박하다(宿諸橋驛)〉라는 시를 지었을 때는, "밭과 정원이 천 무나 되고, 벼를 막 수확한(田園千畝稻初收)" 래주부 주요역 부근의 풍성하고 여유로운 농경지의 풍경이 묘사되어 있다.

어쩌면 명 洪武 연간부터 天啟 연간까지 산동 지역의 기후와 강수량의 변화, 그리고 전란과 천재지변으로 인한 농경지의 침해 등 여러가지 원인으로 인해 당시에 벼농사의 면적이 점차 줄어들게 되었고 또 "버드나무와 백양나무가 나란히 줄을 이루는" 풍경도 지금은 더이상 존재하지 않게 되었는지 모른다. 그러나 이 구간의 옛 역참로를 배회하며 주위를 둘러보다 보면 조즙이 묘사했던 "넓은 평야가 펼쳐지고 사람들이 모여

蓬萊市 北溝鎭 大姜家村 서북쪽의 옛 역참로 유적지(집필진 답사 촬영)

蓬萊市 北溝鎭 大姜家村의 표지비   蓬萊市 北溝鎭 西正樓下村의 村碑(집필진 답사 촬영)

살며, 밭은 반듯반듯하고 보리가 잘 익어 무성했던" 옛 풍경이 마음 속에 그려지는 듯
하다.

등주와 봉래현의 각 지방지의 기록에 의하면, 明末 蓬萊의 급체포인 山頭店鋪는 淸
初부터 민국 초기까지 山頭店鋪, 三十里鋪, 三十里店村 등 다양한 명칭으로 칭해졌는
데, 지금의 봉래시 北溝鎭 三十里店村에 해당한다. 삼십리점촌의 村碑의 기록을 보면,
"명대 초기에 郭(곽)姓을 가진 일족이 小雲南에서 이곳으로 이주하였는데, 이후에 동
쪽에 봉화대가 있고 봉화대 옆에 官道가 있는 것을 보고 관도 옆에 상점 하나를 열었
다. 이곳이 등주부로부터 30리 거리에 있고 황현성으로부터도 30리 거리에 있으므로
마을의 이름을 三十里店이라 하였다."[467] 삼십리점촌은 명말에 蓬萊縣 北溝保三十里
店社에 속하였다가 淸 康熙 연간부터 光緖 연간까지 蓬萊縣 北溝保社에 속하였다. 민
국 21년에는 第五區 三十里店鄕에, 민국 36년에는 正義鄕에 속하였으며, 지금은 蓬萊
市 北溝鎭에 속한다.

1624년 洪翼漢은《花浦朝天航海錄》의 북경행 노정에서 다음과 같이 기록하였다.

　　(9월) 12일 , 癸亥 , 맑음. 등주로부터 荒萊鋪까지 산세가 촉급하게 이어
　　지고, 돌길이 험난하였다. 그러나 황현 이후부터 폭이 넓고 평평하게 길
　　이 깔려있었고 촌락이 줄이어 나타났다. 집 앞에는 마당과 텃밭을 지었고

---

467 "明朝初期,郭姓由小雲南遷至此。後見東邊有個烽火台,烽火台旁邊有一條官道,於是,便在官道邊
　　開了一個店。因此地距登州府三十華里,距黃縣城也是三十華里,故取村名爲三十里店。"

뒤에는 과일나무와 정원수가 심겨져 있으며, 닭이 울고 개가 짖으니 혼연

히 태평성대의 기상을 지녔다. (九月)十二日 , 癸亥 , 晴。自登州抵荒萊

鋪 , 則山勢周遭 , 石路崎嶇 , 而黃縣以後 , 幅平鋪 , 村落鱗次。場圃築

前 , 果園樹後 , 雞鳴犬吠 , 渾帶太平之象矣。(洪翼漢《花浦朝天航海

錄》)

관련된 중국 지방지 중에는 봉래현의 "荒萊鋪(황래포)"와 관련된 기록이 없다. "荒

萊鋪"를 언급한 기록은 다만 洪翼漢의《花浦朝天航海錄》에서만 나타날 뿐이다. "荒

萊"는 글자의 뜻으로 보면 황무지의 의미이다. 여기서 "鋪"는 두 가지로 해석될 수 있

다. 하나는 문서를 전달하는 官方의 급체포이고 다른 하나는 민간의 점포로서 농업 이

외의 각종 생업에 종사하는 가게를 말한다. 洪翼漢의 기록에 의하면, 등주성으로부터

"荒萊鋪" 구간의 역참로는 거의 산길이라 매우 험난하여 이동이 어려웠으며 길 옆은

대부분 황무지였다. 그러나 황래포부터 황현에 이르는 역참로는 매우 평탄했고 촌락

도 즐비하였다.《(同治)黃縣志》의 권1《疆域志》에 따르면, "(黃縣의 영역은) 동서로 조금

더 넓으며 약 80리의 옥토가 있었다."고[468] 한다. 황래포의 전후로 이렇게 차이가 나므

로 洪翼漢은 이 곳을 황래포라고 부른 것이 아닐까?

서장관 洪翼漢과 함께 북경으로 가던 정사 李德泂이 기록한《朝天錄(一云航海日

記)》중에도 황래포에 대한 언급은 없다. 다만 "9월 12일 오후에 등주를 떠나서 순우

고리를 지나쳐서 황현에서 유숙했다(九月十二日 , 午後始離登州 , 歷淳于髡故墟 , 宿黃

縣。)"고 했을 뿐이다. 홍익한이 언급한 황래포는 등주에서 황현계에 이르는 사이에

있었고 황현계에 가까운 위치에 있었지만 구체적인 위치는 좀더 조사할 필요가 있다.

조선사신이 등주성부터 황현 동쪽경계까지 경유한 지명에 대해 앞서 살펴본 것들을

종합해보면, 우선 순서대로 명대의 명칭은 다음과 같이 정리할 수 있다. ① 杏花村 ②

---

468   "(黃縣疆域)東西稍廣 , 約八十里多沃土焉" (清)尹繼美等 纂修,《(同治)黃縣志》卷之一〈疆域志〉清同治
       十年刻本

‘疊石浦’欄門/赤山鋪/石門山 ③ 蓬縣仙觀/‘蓬瀛別區’欄門/望海嶺 ④ 上口鋪 ⑤ 山頭店鋪. 그리고 고증과 현지 답사를 통하여 명대의 명칭에 해당하는 현재의 지명을 찾아보면 차례대로 다음과 같다. ① 蓬萊市 紫荊山街道 司家莊村의 "杏花苑"小區 ② 蓬萊市 紫荊山街道의 "赤山" ③ 蓬萊市 北溝鎭 曲家溝村 동북 방향의 높은 언덕 ④ 蓬萊市 北溝鎭 上魏家村 ⑤ 蓬萊市 北溝鎭 三十里店村.

그밖에 현지 조사와 인터뷰를 통해 밝혀낸 자료들을 종합하여 등주성부터 황현 동쪽경계까지 조선사신이 경유했을 것으로 추정되는 사행 여정 중 경유지의 현재 지명은 차례대로 다음과 같다. ① 蓬萊市 紫荊山街道 窯坊村 ② 蓬萊市 紫荊山街道 三里橋村 ③ 蓬萊市 紫荊山街道 司家莊村의 "杏花苑"小區 ④ 蓬萊市 紫荊山街道 五里橋村 ⑤ 蓬萊市 紫荊山街道 赤山 ⑥ 蓬萊市 北溝鎭 曲家溝村 동북방향의 높은 언덕 ⑦ 蓬萊市 北溝鎭 上口高家村 ⑧ 蓬萊市 北溝鎭 上魏家村 ⑨ 蓬萊市 北溝鎭 草店村 ⑩ 蓬萊市 北溝鎭 三十里店村 ⑪ 蓬萊市 北溝鎭 西正樓下村 ⑫ 蓬萊市 北溝鎭 大姜家村 ⑬ 蓬萊市 北溝鎭 河潤村.

위와 같이 窯坊村에서 출발하여 이상의 경유지를 거쳐 지금의 龍口市 諸由觀鎭까지 이르는 거리는 약 20.3km이며, 이것은 앞서 말한 "蓬萊縣은 서쪽에서 黃縣界까지 37리(약20.1km)이다"라는 기록과 근접한다. 이 구간의 조선사신의 사행 노선도를 아래의 지도에 표기하여 보았다.

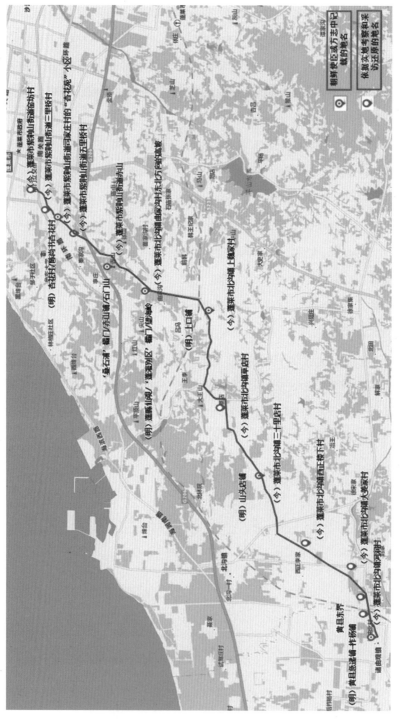

明末 登州府 蓬萊縣城부터 黃縣 동쪽경계까지 조선사신 사행 노선도

5. 黃縣 동쪽경계에서 黃縣城까지

조선사신이 역참로를 따라 봉래현에서 황현으로 들어오게 되면 처음 도착하는 급체 포는 바로 황현 柞羊鋪(작양포)였는데, 이곳은 作羊鋪(속칭 諸由鋪)라고도[469] 불렸으며, 황현 관할지로 들어가는 접경지에 있었고 23리를 더 가면 黃縣城에 도착할 수 있었다. 이 구간의 여정에 대해 洪翼漢은《花浦朝天航海錄》의 북경행 노정에서 다음과 같이 기록했다.

> 9월 12일 癸亥, 맑음. ……오후에 등주를 출발해서 淳于髡故墟를 지나쳐 서 황현에서 유숙했다. 이날 60리를 이동했다. ……등주로부터 荒萊鋪까 지 산세가 촉급하게 이어졌고, 돌길이 험난하였다. 그러나 황현(동쪽 경 계) 이후부터 폭이 조금 평평해지고 촌락이 줄이어 나타났다. 집 앞에는 마당과 텃밭을 지었고 뒤에는 과일나무와 정원수가 심겨져 있으며, 닭이 울고 개가 짖으니 혼연히 태평성대의 기상을 지녔다. (九月)十二日, 癸 亥, 晴。……午後(自登州)發行, 歷淳于髡故墟, 宿黃縣。是日, 行六十 里。……自登州抵荒萊鋪, 則山勢周遭, 石路崎嶇, 而黃縣(東界)以後, 幅 平鋪村落鱗次, 場圃築前, 果園樹後, 雞鳴犬吠, 渾帶太平之象矣。(洪翼 漢,《花浦朝天航海錄》)

---

469 (明)徐應元 纂修,《(泰昌)登州府志》卷之五〈地理志二·官署〉, 河南省圖書館館藏版/"作羊鋪, 東北 二十里(俗名諸由鋪)"(淸)李蕃, 範廷鳳等 纂修,《黃縣志》卷之二〈墩鋪〉, 淸康熙12年(1673)刻本版.

1624년 조선사신 洪翼漢 일행은 황현 경내로 들어오는 사행길의 여정에서 길을 따라 마을과 농토, 과수원들이 즐비하게 늘어서 있는 번영하고 안정된 풍경을 볼 수 있었다. 이와 같이 황현 동쪽경계부터 黃縣城 구간의 사행길 노정 중에 조선사신이 경유하였거나 기록한 지명을 정리해보면, 차례로 萊山聳翠(래산용취)欄門, 萊嶽具瞻(래악구첨), 淳于故里/淳于髡故墟(순우곤고허)/淳于髡故里/淳于村, 黃河/黃水, 太史遺風, 黃縣/黃縣城 등으로 나타난다.

5.1 "萊山聳翠" 欄門/ "萊嶽具瞻"

鄭斗源은《朝天記地圖》에서 황현 동쪽경계부터 黃縣城으로 가는 노정 중에 지났던 유적지 한 곳을 다음과 같이 기록하고 있다.

> (등주에서 출발하여) 40리를 가면 欄門이 나오는데, 래산용취라고 쓰여 있다. 萊山은 황현 동남쪽 20리 거리에 있다.《封禪書(봉선서)》에, '齊 지역의 八祠 가운데 萊山을 月主라고 합니다. 신이 멀리 바라보니 푸르게 덮인 여러 봉우리가 서남 방향으로 가로질러 있었습니다.'라고 하였다. (自登州發行)行四十里, 有欄門, 書之曰 : "萊山聳翠", 萊山在黃縣東南二十里。《封禪書》云 : 齊之八祠, 萊山爲月主。臣望見群峰蒼翠, 橫互西南。(鄭斗源《朝天記地圖》)

앞에서 鄭斗源은《朝天記地圖》에서 래산용취 패방에 대해 기록했는데, '聳翠'란, 글자 뜻으로 보면 산등성이와 수목이 푸르른 모습이다. 鄭斗源의 설명에 따르면, "萊山은 황현 동남쪽 20리에 있고", 그 위에 齊나라 八祠 중의 하나인 月主祠가 있었다고 한다.《(嘉靖)山東通志》와《(康熙)黃縣志》의 기록을 보면, 래산은 萊陰山 혹은 之萊山이라고 하며 "縣을 누르는 산이다."[470] 래산은 "봉우리가 빼어나게 멋있으며 소나무

---

470   "縣之鎭山也"《(嘉靖)山東通志》卷之六〈山川下〉明嘉靖刻本/(淸)李蕃, 範廷鳳等 纂修,《(康熙)黃縣志》

와 잣나무가 울창하고"[471], "십 여리에 걸쳐 펼쳐져 있으며 '四望如一'이 시작되는 곳이고"[472], "많은 신선들이 산다."[473] 래산에는 "黃縣八景" 중의 4경이 있으니 즉 "古洞朝陽", "淸泉漱石(청천수석)", "松山岏翠(송산완취)", "蓮池毓秀(련지육수)"이다.[474] 이와 같이 래산은 황현의 主山이며 풍경이 빼어나게 아름다워서 전설의 三神山처럼 많은 신선들이 사는 곳이었다. "송산왕취"와 "래산용취"는 모두 래산의 수목들이 높고 푸르게 자라난 모양이다. 《史記》에 의하면, "秦始皇은 동쪽 바다로 순행하면서 八神에게 제사지내었다. 첫번째는 天主로 天齊를 제사지냈다. 두번째는 地主로 太山과 梁父를 제사지냈다. 세번째는 兵主로 蚩尤(치우)를 제사지냈다. 네번째는 陰主로 三山을 제사지냈다. 다섯번째는 陽主로 之罘(지부)를 제사지냈다. 여섯번째는 月主로 之萊山을 제사지냈다. 일곱번째는 日主로 成山을 제사지냈다. 여덟번째는 四時主로 琅邪(랑야)를 제사지냈다."[475]라고 한다. 月主祠는 秦始皇이 제사를 지낸 곳으로 이름이 나게 되었고 황현의 래산 역시 月主祠로 인해 세상에 널리 알려졌다. 鄭斗源이 말한 "래산용취" 패방이 있던 장소에서는 마땅히 래산의 전체 풍경을 조망할 수 있었을 것이다.

래산에 대해서 조선사신 安璥과 金德承도 역시 관련 기록을 남겼는데, 安璥 일행은 황현에서 봉래현으로 돌아오는 길에 "太史遺風, 淳于古里, 蓬縣仙觀, 萊嶽具瞻"등의 지역을 경유하였고 "萊嶽具瞻崇"이라는 시구를 남겼다. 金德承은 《天槎大觀》에서 더 상세하게, 황현은 "부의 서남쪽 60리 거리에 있다. 경계 표지가 있는데 '萊嶽具瞻'이라고 쓰여있다(自府西南六十里也. 界標：萊嶽具瞻)."라고 기술하였다. 이 이야기는 "萊嶽具瞻"의 패방은 봉래현과 황현의 경계를 구분하는 표지였으며, "萊嶽具瞻"의 패방이 있던 자리에서는 래산의 전경을 바라볼 수 있었음을 말한다. 바꿔말하면, 鄭斗源이 말한 "萊山聳翠" 패방과 安璥, 金德成이 말한 "萊嶽具瞻" 패방의 소재지는 모두 멀리

卷之一〈疆域志〉, 清康熙十二年刻本

471 "峰巒秀爽, 松柏翁鬱"《(嘉靖)山東通志》卷二十〈寺觀〉, 明嘉靖刻本

472 "綿亘十餘里, 四望如一始"《(同治)黃縣志》卷之一〈疆域志〉, 清同治十年刻本.

473 "多仙聖所居"《(至元)齊乘》卷一〈山川〉, 清乾隆四十六年刻本

474 (清)李蕃, 範廷鳳等 纂修,《(康熙)黃縣志》卷之一〈坛庙寺觀〉, 清康熙十二年刻本

475 "秦始皇東巡海上, 行禮祠八神：一曰天主, 祠天齊。二曰地主, 祠太山、梁父。三曰兵主, 祠蚩尤, 四曰陰主, 祠三山。五曰陽主, 祠之罘。六曰月主, 祠之萊山。七曰日主, 祠成山。八曰四時主, 祠琅邪。"(漢)司馬遷撰,《史記》卷十二〈封禪書〉清乾隆武英殿刻本.

黃縣〈萊山圖〉: "푸른 빛이 둘러싼 첩첩 봉우리, 구름이 빛과 바람을 끌어안고, 제사를 지낸 숲은
절경이라 사당은 잠잠히 수양한다네. (環疊巘雲擁晴風 , 禪林棲勝精舍藏修)"[476]

현재의 萊山 全景[477]

---

476   (淸)李蕃 , 範廷鳳等 纂修,《(康熙)黃縣志》卷首圖〈萊山圖〉, 淸康熙十二年刻本

477   山東省龍口市史志編纂委員會,《龍口市志》, 1995 , 卷首圖。

래산을 바라볼 수 있는 장소였다. 그렇다면 두 곳은 동일한 장소였을까?

먼저 鄭斗源의 기록에 따르면, 등주성에서 출발하여 황현 방향으로 40리쯤 가면 "萊山聳翠"의 패방에 도착하게 되는데, 앞서 말한 것처럼 "봉래현 서쪽에서 황현 경계까지 37리였고(蓬萊縣西至黃縣界三十七里)"[478], "황현에서 동쪽으로 봉래현 경계까지 23리였다(黃縣, 東至蓬萊縣界二十三里)"[479]. 황현의 급체포는 "봉래현에 이르기까지 南王과 柞楊이 있었다(抵蓬萊, 曰南王、曰柞楊)."[480] 즉 黃縣城에서 동쪽 등주성 방향으로 10리를 가면 南王鋪이고 20리를 가면 柞楊鋪였으며 30리를 가면 蓬萊縣 山口店鋪가 있었다. 반대로 등주성으로부터 서쪽 황현 방향으로 30리를 가면 山口店鋪였고 40리를 가면 황현 柞楊鋪에 이르렀으며 50리를 가면 南王鋪에 닿았다. 이렇게 鄭斗源의 기록에 의하면 "萊山聳翠" 패방의 위치는 마땅히 황현 급체포인 柞楊鋪에 있었을 것이다. 다음으로 金德承이 말한 바와 같이 "萊嶽具瞻" 패방은 봉래현과 황현의 경계가 되는 표지로서 등주성 서남쪽 37리 혹은 황현 동북쪽 23리에 있는 봉래현과 황현의 경계 지역에 있었다. 즉 "萊嶽具瞻" 패방은 마땅히 황현 柞楊鋪의 동쪽으로 있는 봉래현 경계 지역에 있었을 것이다.

그런데 현재 전하는 황현 지방지의 기록[481]을 보면, "萊嶽具瞻"과 관련된 패방의 위치에 대한 서술이 서로 차이가 난다. 구체적으로 《(康熙)黃縣志》와 《(乾隆)黃縣志》의 기록을 살펴보면, "萊嶽具瞻 패방은 황현성 20리의 동쪽경계 지역에 있었다."[482] 이 기록은 조선사신 安璥과 金德承의 기술과 일치한다. 즉 "萊嶽具瞻"의 패방은 황현 동쪽 경계, 즉 봉래현과 황현의 경계지에 있었다. 그러나 《(同治)黃縣志》의 기록에 의하면, "萊嶽具瞻 패방은 황현성 동남쪽 20리 거리에 있었다"[483]고 한다. 즉 "萊嶽具瞻" 패방

---

478 (清)蔡永華等 纂修, 《(康熙)蓬萊縣志》卷之一〈疆域〉, 蓬萊市 지방지연구실에 이 판본이 있다. 이 문헌과 《(泰昌)登州府志》의 기록이 일치한다. 즉 明代 末期부터 清代 初期까지 蓬萊縣과 黃縣의 경계는 변화가 없었다.

479 (明)徐應元 纂修, 《(泰昌)登州府志》卷之五〈地理志一·疆域〉, 河南省圖書館藏版.

480 (明)徐應元 纂修, 《(泰昌)登州府志》卷之五〈地理志一·官署〉, 河南省圖書館藏版.

481 明代 正德, 嘉靖, 崇禎 연간에 편찬된 《黃縣志》는 현재 일실되었다. 기타 明代의 지방지 중 《(泰昌)登州府志》과 같은 문헌에는 관련 기록이 없다.

482 "萊嶽具瞻(坊表在黃縣城)二十里東交界" (清)李蕃, 範廷鳳等 纂修, 《(康熙)黃縣志》卷之二〈建置志·坊表〉, 清康熙十二年刻本/(清)袁中立 毛贄, 《(乾隆)黃縣志》卷之二〈建置志·坊表〉, 清乾隆21年[1756]

483 "萊嶽具瞻(坊表在黃縣城)東南二十里"《(同治)黃縣志》卷之二〈營建志〉, 清同治十年刻本

은 황현으로부터 20리 거리에 있는 것은 맞지만, 방위에 대한 기록은 淸 初中期에는 "東"쪽이었던 것이 淸 後期에는 "東南"으로 바뀌었다. 《(同治)黃縣志》중에 래산에 관한 기술은 다음과 같다. "萊山은 縣을 눌러주는 산이다. 현 동남쪽 20리 거리에 있으며 일명 之萊山이라고 하는데, 10여리에 걸쳐 뻗어있으며 사방을 둘러보면 하나로 이어진 듯하다."[484]

그렇다면 명대와 청대의 "萊嶽具瞻" 패방의 위치가 황현 동쪽경계에 있는 柞楊鋪에서 萊山 부근으로 바뀐 것인가?[485] 시간이 너무 멀리 흘러서 관련된 사실은 고증할 길이 없다. 그러나 어쨌든 조선사신의 사행 시기와 가장 근접한 것은 청대 초기이므로 "萊嶽具瞻" 패방의 위치는 "萊山聳翠" 패방과 똑같이 황현 柞楊鋪에 있었을 것이다. 조금더 추측해보자면, 두 개의 패방은 마땅히 柞楊鋪의 역참로 옆에 양측으로 세워져 있었을 것이다.

관련된 지방지 기록을[486] 보면, 黃縣城 동북쪽20리 거리에 있는 급체포는 明代 末期에 柞楊鋪라고 불렸고, 淸 康熙 연간부터 乾隆 연간까지는 作羊鋪, 柞楊鋪, 諸由店鋪(속칭)라고 불렸다. 同治 연간에는 柞楊鋪, 諸由鋪라고 불리다가 光緖 연간에는 柞楊鋪로, 民國 시기에는 諸由店鋪라고 불렸다. 《山東省龍口市地名志》[487]에 의하면, 1948년 이후로 諸由觀村을 가로지르는 東西大街를 경계로 하여 諸由觀村이 남북 방향으로 諸由南村과 諸由北村으로 나뉘었다. 1970년에는 두 촌락이 각각 南村과 北村으로 불리다가 1981년에 지명을 조사할 때 諸由南村과 諸由北村으로 회복되었다. 간단히 말해서 明末 황현에 속한 柞楊鋪는 지금의 龍口市 諸由觀鎭 諸由南村과 諸由北村에 해당한다.

---

484   (淸)尹繼美等 纂修,《(同治)黃縣志》卷之一〈疆域志〉淸同治十年刻本. "萊山, 縣之鎭山也, 在縣東南二十里, 一名之萊山, 綿亙十餘里, 四望如一"

485   《(同治)黃縣志》에는 萊山"四望如一"에 관한 설명이 있지만, 淸 同治 연간에 "萊嶽具瞻" 패방은 이미 소실되었다. 지방지를 찬수한 문인은 다만 이전의 지방지에 의거하여 "萊嶽具瞻"을 萊山의 위에서 "사방을 둘러보니 하나로 이어진 듯하다(四望如一)"는 풍경으로 이해하였고, "萊嶽具瞻" 패방의 위치를 黃縣 西南 20리에 있는 萊山 부근이라고 하였다.

486   (明)徐應元 纂修,《(泰昌)登州府志》卷之五〈地理志一·官署〉, 河南省圖書館館藏版/《(康熙)黃縣志》/《(乾隆)黃縣志》/《(同治)黃縣志》/《(光緒)增修登州府志》/《(民國)山東通志》

487   龍口市人民政府地名辦公室,《山東省龍口市地名志》, 1992, pp.9-59/p.125.

현재 諸由觀鎭에는 옛 길을 따라 "官道街"라고 불리는 도로가 있다. 龍口市政府의
학예사 孫建義 주임이 소개한 바에 의하면, 이 도로의 서쪽 끝부분은 원래 이전에 봉
래현으로부터 황현에 이르는 역참로였는데, 후에 원래의 역참로의 기초 위에 官道街
가 건축되었다. 어릴때부터 諸由北村에 거주하였던 주민 李慶興(男, 66)씨는 옛 官道(
옛 역참로)가 자신의 집 앞을 지났기 때문에 옛 官道의 변천에 대해 잘 이해하고 있다고
하였다. 諸由南村과 諸由北村의 사이에는 東西大街가 있는데 현지 사람들은 이곳을
中心街라고 부르고 있는데, 과거에 이곳은 봉래현으로부터 황현에 이르는 官道였다.
예전에 諸由觀을 지나는 官道는 동북에서 서남 방향으로 나있었으며, 蓬萊市 小王莊
村으로부터 諸由觀의 東門을 통해 들어와서 西門(지금의 諸由觀 영화관 부근)으로 나간
후에 黃縣城으로 향했다. "萊嶽具瞻" 패방과 "萊山聳翠" 패방은 마땅히 柞楊鋪에 있
었을 것이며 안내와 표지, 혹은 홍보 기능을 하는 패방으로서 역참로가 柞楊鋪를 통과
하는 길의 東門 혹은 西門에 있었을 가능성이 높다.

孫建義 주임과 李慶興씨의 인도를 따라서 필자 일행은 옛 역참로의 유적지와 원래
의 諸由觀村, 즉 柞楊鋪의 東門 쪽 유적지를 찾아갔는데, 柞楊鋪 東門의 유적지에서
는 멀리 서남쪽에 있는 萊山이 바라다보였으니 곧 "萊嶽具瞻"과 "萊山聳翠"에서 말한
萊山의 전경임을 깨달을 수 있었다. 필자 일행이 현지 답사를 한 결과, 諸由南村과 諸
由北村 사이에 있는 역참로의 유적은 길이가 약 300미터 정도 되고 도로의 폭은 약 3
미터 정도 되었다. 蓬萊市 北溝鎭 曲家溝村, 三十里店村의 역참로 유적과 비슷하게 노
면의 땅이 단단하게 다져져 있고 방향은 동북 - 서남으로 나 있었다.

諸由南村과 諸由北村 사이 역참로 유적(좌측)
諸由觀鎭 官道街 서쪽(우측) (집필진 답사 촬영)

柞楊鋪 東門의 유적지. 孫建義 主任과 주민 李慶興氏와 인터뷰하는 모습

柞楊鋪 東門 유적지에서 멀리 보이는 萊山. 멀리 보이는 산맥이 萊山이다. (집필진 답사 촬영)

5. 黃縣 동쪽경계에서 黃縣城까지   357

5. 2 "淳于故里"(淳于髡故墟/淳于髡故里/淳于古里/淳于村)

조선사신 吳允謙은 등주로부터 황현으로 가는 도중에 본 "淳于故里"里門에 대한 기록을 남겼다.

> (6월)초7일, 맑음. 늦은 오후에 말과 사람이 다 왔으므로 출발하였다. 저녁 때 황현에 도착했다. 등주로부터 60리 거리이다. 30리를 가니 里門이 있는데 윗부분에 "淳于故里"라고 쓰여있었다. 아마도 淳于髡(순우곤)이 살던 마을 이름인 듯했으나 물어볼 사람이 없었다. 역관을 시켜 마을사람에게 물어보게 했으나 알지 못했다. 노새 30여마리를 사서 20여 마리에 方物을 싣고 堂上譯官과 堂上軍官과 子第들에게 노새를 지급했다. 황현에 도착한 후 선비를 만나서 물으니 과연 齊나라 辯士 순우곤이 살던 곳이라고 하였다.(六月)初七日, 晴。晡時, 夫馬齊到, 發行。夕, 到黃縣。距登州六十里。行到三十里, 有里門書額曰: "淳于故里", 蓋疑淳于髡所居里名也, 無人可問。令譯官問之村夫, 不知也。雇騾三十餘駄, 載方物二十餘駄, 堂上譯官及堂上軍官子第皆給騾。到黃縣見士人問之, 果是齊辯士髡之居也。(吳允謙《秋灘東槎朝天日錄》)

吳允謙은 1622년 6월 7일 오후 3시부터 5시 사이에 등주로부터 출발해서 해가 질 무렵에 黃縣城에 도착했다. 30리를 간 후에 吳允謙은 "淳于故里" 里門을 보았고 이곳이 "淳于髡이 거주하던 마을 이름"이라고 추측하여 역관을 시켜 본지의 농민에게 물어보게 했으나 답을 얻지 못하였고, 황현성에 도착한 후에야 그곳의 선비로부터 긍정의 답을 얻을 수 있었다. 吳允謙 일행은 황현으로 가는 도중에 "方物", 즉 조선의 토산품(주로 인삼, 은 그릇, 호피, 부채 등)을 효율적으로 옮기기 위해 돈을 주고 20여필의 노새를 샀고, 10여필의 노새는 수행하는 고급 관원들이 타도록 제공했다.

등주성을 출발한 후 30리를 가서 "淳于故里"에 도착하였다고 하였지만 30리 거리에는 봉래현에 속한 三十里鋪가 있었다. "淳于故里"는 등주성으로부터 40리의 거리에 있었고, 그곳은 황현의 柞羊鋪였다. 淸《(同治)黃縣志》중에 "순우고리는 작양포에

중국의 옛 里門 모양

있다"[488]라고 명확하게 기재되어 있다. 里門이란 閭里(여리)의 문으로 고대에는 25가를 1閭라고 하였다. 또한 중국에는 "表閭"의 제도가 있었는데, "閭"란 里門을 가리키는 것으로 里門의 위에 충성되고 선한 사람들의 이름을 적어서 기렸다.[489]

"齊의 辯士" 淳于髡(약 기원전386-310)은 齊나라 사람으로 미천한 신분에 외모도 볼 것이 없었지만, 아는 것이 많고 기억력이 좋으며 변론을 잘하였다. 그는 여러 차례 諸侯國에 사신으로 갔는데 임금의 명령을 저버리거나 나라의 체면을 깎은 일이 없었으며, 淳于髡이 세상을 떠날 때 삼천 명의 제자들이 그를 위해 "服喪"의 예를 치렀으니 그가 齊나라에 끼친 영향력을 알 수 있다.[490] 齊나라가 신흥 봉건국가로서 제도가 공고화되고 국력이 강성해지며 학술이 발전하여 稷下學宮(직하학궁)이 흥성하는 등 국력과 영향력이 커진 데 대하여 淳于髡도 일정한 공헌을 하였다. 明末에 황현의 거주민들은 이곳이 淳于髡의 옛 마을임을 알리고 淳于髡의 충성됨과 성량함을 표창하기 위해 柞楊鋪 동쪽에 里門을 설치하였고 그 위에 "淳于故里" 네 글자를 표기하였다. 吳允謙이 지나가면서 보았던 里門은 아마도 명대 말기에 세워졌다는 그 패방일 것이다.

5.1절에서 서술한 바와 같이, 柞楊鋪는 동서로 두 개의 문이 있었다. 吳允謙은 등주로부터 황현으로 향해 갈 때 동쪽에서 서쪽으로 갔을 것이므로 "淳于故里"의 里門은 柞楊鋪의 東門에 있었을 가능성이 비교적 크다. 이러한 추측에 대해 孫建義 주임 역시 긍정하였는데, 孫建義 주임의 말에 따르면, 원래 諸由觀村 동쪽의 官道 입구에 큰 봉화대 유적지가 하나 있었다고 한다. 본지 주민들은 그 봉화대 유적지를[491] "東墩"이라

488 "淳于故里, 在柞楊鋪" (淸)尹繼美等 纂修, 《(同治)黃縣志》卷之一〈疆域志·古跡〉, 淸同治十年(1871)刻本版.

489 盧繩, 《盧繩與中國古建築研究》, 智慧財產權出版社, 2007, p.29.

490 (漢)司馬遷, 《史記》卷七十四/卷一百二十六, 淸乾隆武英殿刻本/(宋)樂史, 《太平寰宇記》卷十九, 中華書局2007版, p.378.

491 《(乾隆)黃縣志》卷之三〈建置志·墩舖〉의 기록에 의하면, 주민들이 말하는 "東墩"은 黃縣 동북쪽 20리에 있는 작은 시내의 물가에 있는 둔덕이다.

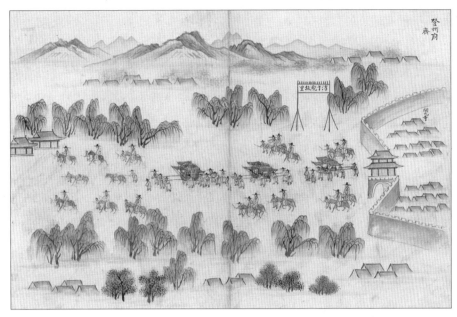

《朝天圖》,〈登州圖〉오른쪽 위에 "淳于髡故里"라고 쓰인 里門이 보인다. 한국 국립중앙박물관 소장

고 불렀으며 "東墩" 앞에는 "淳于故里"와 "太史故里"의 두 개의 石碑("太史故里"는 후에 상술함)가 있었다. 石碑의 높이는 사람 키만큼 컸으며 석비 위에는 楷書體 글자가 적혀 있었다고 하는데, 다만 지금은 석비가 어떻게 되었는지 알 수 없다.

위의 그림을 통해서 당시에 조선사신들이 등주로부터 황현으로 가는 도중에 "淳于髡故里"를 통과하는 광경을 상상할 수 있다. 그림의 오른쪽 귀퉁이에 "淳于髡故里"라고 쓰여 있으니 바로 "淳于髡故里"의 里門인데 孫建義 주임의 말에 의하면, 明末에 나무로 되어있던 "淳于故里" 里門은 그후 세월이 가면서 돌로 만든 석비로 대체되었다. 安璥이 말한 "淳于古里"와 李德泂과 洪翼漢이 말한 "淳于髡故墟"는 모두 "淳于故里"의 里門을 가리키는 것이었다.

이밖에 吳翻은 등주로부터 황현으로 가는 도중에 〈순우촌(淳于村)〉이라는 시 한 편을 남겼는데, 글자의 뜻으로 본다면 淳于村은 "淳于"라는 성씨로 마을의 이름을 지은 것이다. 이 마을은 吳允謙이 말한 "淳于故里"와 관계가 있지 않을까? 天啟 4년(조선 仁祖 2년/1624) 謝恩使兼奏請使의 부사였던 吳翻은 정사 李德泂, 서장관 洪翼漢과 함께 북경으로 갔으니, 동행했던 李德泂과 洪翼漢의 기록을 통해 "淳于村"이 있는 장소를 추정해볼 수 있을 것이다. 李德泂은 《朝天錄(一云航海日記)》에서 "9월 12일, 오후에 등주를 출발하여 淳于髡故墟를 거쳐서 황현에서 유숙하였다."[492]라고 하였다. 洪翼漢은 《花浦朝天航海錄》에서 "(9월) 12일 , 오후에 출발하였다. 淳于髡故墟를 지나 황현에서 유숙하였다. 이날 60리를 이동했다."[493]라고 기록하였다. 그렇다면 吳翿이 언급한 "淳于村"은 "淳于髡故墟", 즉 '淳于故里'가 맞을 것이다.

〈순우촌〉

齊나라 동쪽 들판 밖에서 옛 마을을 보았네
세상의 분쟁을 해결하는 鴟夷(치이)를 유독 좋아하노라.
누대에서 밝은 달을 보는데 노래와 악기 소리 높구나
밤이 깊은데 어느 곳에서 순우곤을 다시 붙잡고 있는가.

〈淳于村〉
齊東野外見遺村，獨愛鴟夷解世紛。
樓觀月明歌吹沸，夜深何處更留髡。

이 시는 1624년 9월 12일에 吳翿 일행이 황현으로 향하는 도중에 "淳于故里", 즉 柞楊鋪를 지날 때 지은 것이다. 1구와 2구에서 오숙은 齊나라 동쪽의 들판에서 순우곤의 옛 유적이 있는 마을을 발견한 기쁨과 함께 화려한 언변으로 세상의 분쟁을 해결하였던 淳于髡을 좋아한다고 서술하였다. 遺村은 淳于髡이 거주하였던 마을로 "淳于故里"- 柞楊鋪를 말한다. 鴟夷(치이)는 가죽으로 만든 주머니로 술을 담는 용기인데, 여기서는 유머와 능수능란한 화술로 유명했던 淳于髡을 가리킨다. 3구와 4구는 柞楊鋪 안의 높은 누각에서 밝은 달을 바라보는데 노래와 악기 소리가 크게 울리는 것을 들으

---

492   "九月十二日，午後始離登州，歷淳于髡故墟，宿黃縣。"(朝)李德泂《朝天錄(一雲航海日記)》
493   "(九月)十二日，午後發行。歷淳于髡故墟。宿黃縣。是日行六十里"。(朝)洪翼漢《花浦朝天航海錄》

明末 柞楊鋪의 동쪽문에 있었을 "淳于故里"里門의 유적지(집필진 답사 촬영)
– 현재 龍口市 諸由觀鎮 諸由南村과 諸由北村 동쪽의 官道 입구 부근

현재 龍口市 諸由觀鎮 諸由北村 내의 주거지(집필진 답사 촬영)

며 어디에서 순우곤을 다시 붙잡아 두고 있는가라고 궁금해하는 모양이다. 이 구절은 《史記》〈滑稽傳六十六·淳于髡傳〉에[494] 실린 典故를 활용한 것이다. 어느날 淳于髡이 연회에 참석하였는데 다른 손님들이 모두 가고난 후에도 주인이 淳于髡을 유독 좋아 하여 그가 가지 못하도록 만류하고 실컷 술을 마시게 하였다는 이야기이다. 이 구절에 서 吳翿은 다른 조선사신들과 함께 柞楊鋪에 있는 누각에서 저녁 식사를 하며 환대를 받는 모습을 순우곤의 고사에 비유하였다. 또 한편으로는 "세상의 분쟁을 해결했던" 淳于髡처럼 능수능란한 언변으로 사신의 임무를 잘 수행하기를 바라는 마음과 그에 대한 찬탄과 존경을 표현하였다.

앞의 이야기를 종합하면, "萊嶽具瞻"의 패방과 "萊山聳翠" 패방과 같이 "淳于故 里", "淳于髡故里", "淳于髡故墟", "淳于村"이 소재한 장소는 모두 明末의 柞楊鋪이 며, 즉 지금의 龍口市 諸由觀鎭의 諸由南村과 諸由北村이다. 구체적인 명칭의 를 연대 순으로 정리하면 다음과 같다. (明代 末期) 柞楊鋪 → (清 康熙 연간부터 乾隆 연간) 作羊 鋪, 柞楊鋪, 諸由店鋪 → (清 同治 연간) 柞楊鋪, 諸由鋪 → (清 光緒 연간) 柞楊鋪 → (民 國) 諸由店 → (1930) 諸由觀 → (1948-1970) 諸由南村-諸由北村 → (1970-1981) 南村-北 村 → (1981년부터 지금까지) 諸由南村-諸由北村.

마을의 연혁을 구체적으로 살펴보면 다음과 같이 정리할 수 있다. 明代 중기부터 清 初까지 柞楊鋪는 黃縣 平山都諸由社에[495] 속하였다가 清 乾隆부터 光緒연간까지 黃 縣 平山都諸由社에 속했으며 諸由店으로 불렸다.[496] 1930년에는 黃縣 第二區에 속했 고, 1948년에는 諸由觀村을 가로지는 東西大街가 경계가 되어 남북으로 나뉘어 諸由 南村과 諸由北村이 되었고 黃縣 第二區(耀光區)에 속하였다. 1953년에는 黃縣 二區의 諸由鄕이 되었으며, 1958년에는 黃縣 羊嵐人民公社에 소속되었고, 1970년에는 諸由 人民公社에[497] 소속되었다. 현재 이 마을은 龍口市 諸由觀鎭이다.

---

494 (漢)司馬遷,《史記》卷一百二十六,〈滑稽傳六十六·淳于髡傳〉清乾隆武英殿刻本

495 (明)徐應元 纂修,《(泰昌)登州府志》卷之六〈地理志二·鄕都〉,河南省圖書館藏版/(清)李蕃,範廷鳳等 纂修,《黃縣志》卷之一〈圖考疆域志·都社〉,清康熙12年(1673)刻本版.

496 (清)袁中立,毛贄等 纂修,《黃縣志》卷之二,〈疆里志·都社〉,清乾隆21年(1756)刻本版/(清)方汝翼等 纂 修,《(光緒)增修登州府志》卷之十七〈鄕都〉,清光緒七年(1881)刻本版.

497 龍口市人民政府地名辦公室,《山東省龍口市地名志》,1992,pp.9-59/p.125

5.3 黃水, 太史遺風

安璥은《駕海朝天錄》에서 등주와 북경을 오가면서 황현을 지나갔던 기록을 각각
남겼다. 아래 1)은 북경으로 가는 길에, 2)는 등주로 돌아오는 길에 황현을 지났던 기록
으로 도중에 반드시 "黃河"를 건너야 했음을 보여준다.

> 1) (6월)초4일, 맑음. (등주에서 출발하여) 黃河를 지나 黃縣에 도착하였
>   고 趙씨의 집에서 유숙하였다. 이날 60리를 이동하였다. (六月)初四日,
>   晴。(自登州發行)渡黃河至黃縣, 宿趙姓人家, 是日, 行六十里。

> 2) (10월)초5일, 맑음. 큰 바람이 불고 날씨가 매우 추웠다. 黃縣을 지나면
>   서 黃河를 건너고 太史遺風, 淳于古里, 蓬縣仙觀, 萊嶽具瞻을 지났다.
>   저녁에 등주에 들어가서 開元寺에서 유숙하였다. 이날 90리를 이동
>   했다. (十月)初五日, 晴, 大風, 日氣甚寒。過黃縣, 渡黃河, 歷太史遺
>   風、淳于古里、蓬縣仙觀、萊嶽具瞻。夕, 入登州, 宿開元寺。是日,
>   行九十里。

그리고 1)의 여정과 관련하여 安璥은 〈遲 快手의 부채에 題詩를 쓰다(題遲快手扇)〉
라는 시 한 편을 남겼는데, 시에는 安璥이 황현의 黃河를 본 광경이 묘사되었다.

> 〈遲 快手의 부채에 題詩를 쓰다〉
>
> 늦게 黃河를 건너가니 처음에는 천상에서 내려온 줄 의심했네.
> 천년에 한번 맑아진 후 바다에 도착하면 언제나 돌아올까.
>
> 〈題遲快手扇〉
> 晚渡黃河水, 初疑天上來。
> 千年一淸後, 到海何時回。

    1621년 6월 4일, 安璥은 黃河를 건너면서 조선사신단을 호송하는 명나라 관원 遲 快手를 위해 부채에 제시를 써주었다. 快手는 옛날 관아에서 체포를 맡은 포졸이나 활을 쏘는 사병이었다. 《駕海朝天錄》 6월 3일의 기록을 보면, 安璥 일행을 호송하여 북경으로 왕복하는 명나라 관원의 이름이 밝혀져 있으니 다음과 같다. "함께 호송하는 張 指揮의 이름은 弘驃(홍표)이다. 遲 快手의 이름은 國升이다."[498] 이 시는 주로 安璥 일행이 저녁 무렵 황현의 黃河에 도착했을 때의 감상을 서술하였다. 이때 河水의 유량이 많아서 유속이 매우 거세어진 강물이 넘실넘실 흘러가는 모양을 보면서, 安璥은 천년 동안 흘러온 黃河水가 한번 맑아져 바다로 들어가면 언제 다시 바다로부터 돌아올지 궁금해했다. 安璥은 역설적으로 黃河의 흐름을 막을 수 없음을 서술하며 동시에 시간이 흘러가면 다시 돌아올 수 없으니 현재의 시간을 소중하게 여겨야 한다는 감상을 표현하였다.

    조선사신의 북경 사행길을 왕복하며 호송하였던 관원들은 장장 반년에 달하는 시간 동안 아침저녁으로 함께 지내며 조선사신들과 정이 들어 서로 깊은 정감을 느꼈을 것이다. 安璥이 옥하관에서 쓴 〈遲 快手에게 주다(贈遲快手)〉라는 시에는 이러한 정감이 분명하게 표현되었다. 1621년 9월 3일 北京의 玉河館 안에서 遲 快手, 즉 遲國升은 安璥에게 간청하였다. "호송하는 자들에게 여러 번 좋은 글을 주시면서 어찌 제게만 아끼시는 겁니까? 유감이 아닐 수 없습니다." 安璥이 "술이 있는가 없는가만 보고, 시가 좋은지 나쁜지는 평하지 말게."[499]라고 대답하면서 시를 한 수 지어주었으니, 遲國升이 매우 기뻐하였다.

        〈遲 快手에게 주다〉

        훤칠한 8척 대장부의 몸으로, 조선의 두 사신을 호송한다네.
        만 리 귀국길에 동반해 주었으니, 三生의 인연이 더욱 친밀해졌네.
        玉河館의 밤에 비가 추적추적 내릴 때 근심이 깊어졌고

---

498   "伴送張指揮, 名弘驃也. 遲快手, 名國升也", (朝)安璥《駕海朝天錄》
499   "伴送則屢贈瑤章, 獨於俺何惜一聯? 不能無憾." "但看酒有無, 莫評詩好惡", (朝)安璥《駕海朝天錄》

봉래산에 서린 가을 하늘과 구름이 종종 꿈 속에 나타났지.

백마를 타고 금채찍을 들고 내일 떠나게 된다면

푸른 파도 앞두고 배를 띄워주던 사람과 이별하기 어려우리.

〈贈遲快手〉

頎頎八尺丈夫身,護送朝鮮兩使臣。

萬里歸來同作伴,三生緣分更相親。

玉河夜雨對愁久,蓬島秋雲入夢頻。

白馬金鞭明日去,滄波難別泛槎人。

이 시에서 安璥은 遲國升이 "훤칠한 8척"의 풍모를 가졌으며 책임을 다하여 "두 조선사신을 호송해주었다"고 묘사하였고, 길고 험난한 여정을 왕복하며 "동반해주었으니", 이것이야말로 "三生의 연분"이라고 할 만했다. 두 관리는 여정을 같이 하면서 서로 이해하고 "더욱 친밀해졌다." 많은 사람들이 비오는 날 玉河館에서 "근심이 깊어질 때", "봉래산과 가을 구름"이 늘 꿈 속에 나타나 고향을 그리워하는 마음에 더 애가 탔다. 얼마 지나지 않아 돌아가게 되었고, 마침내 등주에서 귀국하는 배를 탈 때는 "배를 띄워주던 사람과 이별하기 어려울 것이라"고 석별의 아쉬운 정을 안타깝게 나타내었다. "蓬島"는 蓬萊山이며 신선 세계를 가리킨다. "泛槎(범사)"는 뗏목을 띄운다는 뜻으로 "泛査", "汎槎"와 통하며, 후대에는 뗏목을 타고 하늘에 오른다는 의미로 쓰였다.[500] 그런데 이 시에서 언급한 황하는 우리가 일반적으로 아는 중국을 상징하는 큰 강인 황하가 아니라 황현의 경내에 있는 작은 강인 黃水를 가리킨다.

또한 鄭斗源 역시《朝天記地圖》〈登州圖〉에서 "(登州府로부터) 50리를 이동하여 黃水를 건넜는데, 黃水는 泬水(홍수)와 합류하여 북쪽으로 가서 바다로 들어간다"[501]라

---

500 (晉)張華《博物志》卷三 인용. 전설에 은하수는 바다로 통한다고 한다. 바다에 사는 사람들은 매년 8월 바다에서 뗏목이 오는 것을 볼 수 있는데 뗏목을 타면 바로 은하수로 갈 수 있고 견우와 직녀를 만날 수 있다고 하였다.

501 "(自登州府)行五十里,涉黃水。黃水者,與泬水合流,北入於海者" (朝)鄭斗源《朝天記地圖》〈登州圖〉

고 하였다. 鄭斗源의 黃水에 대한 기록은 중국 지방지와 일치한다. 明代《(泰昌)登州府志》에 의하면, "黃水는 縣 동쪽 10여리 거리에 있는데 蠶山(잠산)의 아래에서 발원하여 동쪽으로 黃城을 지나 서북쪽으로 흘러 바다로 들어간다. 洚水(홍수)는 縣 동남쪽 20리에서 발원하여 넓게 퍼져 북쪽으로 흘러가서 黃水와 합쳐진다."[502] 淸代《(同治)黃縣志》에도 다음과 같은 기록이 있다. "黃水河는 縣의 큰 하천이다. 縣 동쪽 10리 거리에 있는데 棲霞의 蠶山에서 발원하여 북쪽으로 흘러 趙家村에 이르러 현의 경계로 들어오고, 60리를 이동하여 黃河營에 이르러 바다로 들어간다."[503]

다시 말하면, 黃水는 황현 안에 있는 큰 하천으로 황현 동쪽 10리 거리에 있었다. 이 하천은 棲霞(서하)의 蠶山에서 발원하여 남쪽에서 북쪽으로 흘러가서 황현 경계로 들어가고 洚水와 합류한 후에 황현 黃河營에서 바다로 들어간다. 관련 지방지의 기록에 따르면,[504] 安璥이 말한 黃河는 또한 鄭斗源이 말한 黃水를 가리키는 것으로 明末에는 "黃水"라고 칭하였고, 淸 康熙, 乾隆, 嘉慶연간에는 "黃水河"라고 불렀으며, 淸 光緖부터 민국 초기까지는 "黃水" 혹은 "黃水河"라고 칭하였다. 이 하천은 현재 龍口市 諸由觀鎭 경내의 黃水河이다.

《龍口市地名志》의 기록[505]에 의하면, 黃水河는 龍口市 境內에서 가장 큰 하천으로 용구시의 동쪽을 지나 흐른다. 이 하천은 棲霞市 蠶山에서 발원하여 용구시 경내로 들어와 豐儀, 田家, 七甲, 石良, 文甚(문심), 蘭高, 諸由觀, 羊嵐(양람)의 8곳의 鄕鎭을 거친 후 渤海로 들어간다. 하천의 총 길이는 55킬로미터로, 용구시 내에서의 길이는 32킬로미터, 강폭은 150-200미터 정도이다. 총 유역면적은 1005평방km이고 常年河流에 속한다. 黃水河의 명칭의 유래는 역사서에서 여러가지 설명이 있지만 대부분은 하천의 물이 혼탁한 누런 색이라서 그렇게 명명되었다고 한다.

---

502 "黃水在縣東十餘里, 發源蠶山之下, 經東黃城西北流入於海; 洚水在縣東南二十里源發, 洚水漫散北流, 合黃水." (明)徐應元 纂修, 《(泰昌)登州府志》卷之六〈地理志二·山川〉, 河南省圖書館藏版

503 "黃水河爲縣之大川, 在縣東十里, 發源棲霞之蠶山, 北流至趙家村入縣界, 行六十里至黃河營入海." (淸)尹繼美等 纂修, 《(同治)黃縣志》卷之一〈疆域志·山川〉, 淸同治十年刻本

504 (明)徐應元 纂修, 《(泰昌)登州府志》卷之五〈地理志一·官署〉, 河南省圖書館藏版/《(康熙)黃縣志》/《(乾隆)黃縣志》/《(嘉慶)大淸一統志》卷一百七十三〈登州府〉, 四部叢刊續編景舊鈔本/《(同治)黃縣志》/《(光緖)增修登州府志》/《(民國)山東通志》

505 龍口市人民政府地名辦公室, 《山東省龍口市地名志》, 1992, p287.

지금의 龍口市 諸由觀鎭 서남쪽의 黃水河와 黃水河橋(집필진 답사 촬영)

이밖에 위의 2)에서 기록한 것처럼, 1622년 10월 5일, 安璥 일행은 황현으로부터 등주로 돌아오는 여정 중에 "太史遺風"의 패방을 지나게 되었다. "遺風"이란 옛사람이 남긴 풍속과 교화를 가리키는 말로 즉 "故里"의 뜻이다. "太史"란 東漢 末年부터 三國 무렵의 장군인 太史慈를 가리킨다. 《三國志》의 기록[506]을 보면, " 太史慈는 字는 子義이고 東萊 黃縣 사람이다. 慈의 키는 7尺 7寸이고 수염이 아름다왔으며 원숭이처럼 어깨가 길어 활을 잘 쏘았고, 활시위를 당기면 백발백중이었다."[507]고 한다. 太史慈는 어릴 때 공부를 좋아하였고 일찍이 郡奏曹史(군주조사)의 관직을 지냈다. 당시에 北海國의 재상이었던 孔融(공융)이 "그의 소문을 듣고 기특하게 여겨 여러 번 사람을 보내어 모친의 안부를 묻고 음식을 보내주었다(聞而奇之, 數遣人訊問其母, 並致餉遺)." 후에 孔融이 황건적에게 포위되었을 때 太史慈는 단신으로 출전하여 포위망을 뚫고 들어가 孔融을 구해내었고, 공융이 자신의 모친을 존중했던 후의에 보답하였다. 전란 중에는 "蕪湖에 은둔하였으며 나라가 망하자 산속으로 들어갔으며 丹楊太守라는 칭호로 불렸다(遁於蕪湖, 亡入山中, 稱丹楊太守)."고 한다. 太史慈는 만년에 孫策을 따랐으며 늘

506　《三國志》卷四十九 〈吳書〉四, "太史慈, 字子義, 爲東萊黃(黃縣)人。 慈長七尺七寸, 美須髯, 猿臂善射, 弦不虛發。" 百衲本景宋紹熙刊本

507　역사서에서 太史慈의 출생지를 黃縣이라고 하였지만 더 구체적인 장소는 알 수 없다. 孫建義 主任이 안내한 바로는, 민간에서 太史慈故里라고 여기는 곳은 지금의 龍口市 諸由觀鎭 羊溝營村이다. "太史遺風"의 패방과 관련된 기록은 淸《(康熙)黃縣志》(1673), 《(乾隆)黃縣志》(1756), 《(同治)黃縣志》(1871)등에 각각 보인다. 그러나 安璥의 기록(1622)에 의하면, "太史遺風"의 패방이 나타난 시기는 청대 초기보다 앞선 명대 말기로 보아야 할 것이다. 이 사실은 황현의 지방지와 太史慈故里를 연구하는데 중요한 참고 자료가 된다.

龍口市 蘭高鎭의 大堡村과 鎭沙村 村碑(집필진 답사 촬영)

신의를 중시했으므로 吳나라에서 신뢰받는 신하가 되었다. 太史慈는 建安 11년(206)에 41세의 나이로 세상을 떠났다.

《(康熙)黃縣志》,《(乾隆)黃縣志》,《(同治)黃縣志》등의 지방지 중에서 "太史遺風" 패방의 위치와 관련된 기록들은 서로 일치한다. 즉 "太史遺風의 패방은 縣 동쪽 10리 거리에 있다"는 것이다. 이곳은 바로 황현에서 등주로 통하는 東十里鋪의 위치이므로, 즉 南王鋪가 되는데, 황현의 南王鋪는 지금의 龍口市 蘭高鎭 大堡村과 鎭沙村 지역이다. 孫建義 주임의 소개에 따르면, 龍口市 蘭高鎭 大堡村과 鎭沙村[508]은 황현 동북쪽 10리 거리에 있으므로 예전에는 "十里堡"라는 명칭도 있었다. 지방지의 기록[509]에 의하면, 구체적인 명칭과 연혁은 다음과 같다. 明代 末期부터 淸 光緒연간까지 南王鋪로 불렸고 黃縣 平山都義樂社에 속하였으며 민국 시기에는 十里鋪라고 불렸고 黃縣 二區에 속하였다. 1948년에 大堡村과 小鄒家村(소추가촌)이 되어 黃縣城 東區에 예속되었고, 1953년에는 黃縣 二區(耀光區) 鎭沙鄉에, 1958년에는 黃縣 火箭人民公社에, 1970년에는 黃縣 孫家人民公社에 예속되었다. 1981년에는 小鄒家村의 명칭을

---

508   明弘治年間(1488-1505) , 鄒姓兄弟二人從小云南遷來居住 , 哥哥鄒眞定居十里堡大鄒家村(今 , 龍口市 蘭高鎭大堡村) ; 弟弟鄒容定居于十里堡大鄒家村南 , 取名十里堡小鄒家村 , 后簡稱小鄒家村(今龍口市 蘭高鎭鎭沙村)。曲長征 ,《龍口市村莊志》, 農業出版社 , 1991 , p.852.

509   (明)徐應元 纂修 ,《(泰昌)登州府志》卷之五〈地理志一·官署〉, 河南省圖書館館藏版/《(康熙)黃縣志》/ 《(乾隆)黃縣志》/《(嘉慶)大淸一統志》卷一百七十三〈登州府〉, 四部叢刊續編景舊鈔本/《(同治)黃縣 志》/《(光緒)增修登州府志》/《(民國)山東通志》/龍口市人民政府地名辦公室 ,《山東省龍口市地名 志》, 1992 , pp.9-59/p.177..

鎭沙村으로 변경하였고, 그 뒤로는 大堡村과 鎭沙村이 모두 龍口市 蘭高鎭에 예속되었다.[510]

다시 말하면, 조선사신 安璥이 말한 '太史遺風'의 패방은 아마도 黃縣 南王鋪, 즉 지금의 龍口市 蘭高鎭의 大堡村과 鎭沙村에 있었을 것이다. 한 가지 밝혀둘 것은, 조선사신 안경이 황현으로 들어올 때 보았던 "太史遺風" 패방은 諸由南村과 北村 동쪽에 있었다는 "太史故里" 石碑가 아니었을 것이다. 그러나 어째서 "太史故里" 석비의 위치가 明末의 十里鋪-南王鋪에서 二十里鋪-柞楊鋪로 변경되었는지는 더 고증할 필요가 있을 것이다.

5.4 黃縣城(黃縣/縣北館/黃縣東館馹)

黃縣城은 "黃城"이라고도 불렸다. 황현에서 동쪽으로 봉래현 경계까지는 23리였고, 서쪽으로 招遠縣 경계까지는 80리였으며, 남쪽으로 招遠縣 경계까지는 30리였으며 북쪽으로 바다까지 18리였다. 폭은 103리이고 길이는 48리에 달하며, 거주 지역은 50리에 걸쳐 있으며 府 서남쪽 60리 거리에 있다.[511] 황현의 모습은 淸《(康熙)黃縣志》에 다음과 같이 상세하게 기록되어 있다. "높은 산은 앞에 자리하고 있고 큰 바다가 뒤를 감싸고 있다. 층을 이루는 산은 멀리 萊山의 봉우리를 감싸고 치솟은 봉우리는 龍山 기슭에 서로 맞대어 있다. 桑島(상도)는 북쪽으로 가로질러 있고 洚水는 남쪽에서 나온다."[512]

黃縣은 夏商 시기에는 靑州域에 속하였고, 周나라 때는 萊子國에, 秦나라 때는 齊東郡에, 西漢 시기에는 黃縣이 되어 東萊郡에 속했다. 東漢 시기에는 東萊郡의 행정지가 되었고 徐鄕縣이 포함되었다. 南北朝 劉宋 시기에는 東萊郡에 속하였고, 後魏 孝

---

510   龍口市人民政府地名辦公室,《山東省龍口市地名志》, 1992, pp.9-59/p.177.

511   "黃縣東至蓬萊縣界二十三里;西至招遠縣界八十里;南至招遠縣界三十里;北至海十八里。廣一百三里, 袤四十八里。編戶五十里。在府西南六十里。"(明)徐應元 纂修,《(泰昌)登州府志》卷之六〈地理志二·疆域〉, 河南省圖書館館藏版.

512   "高山距其前, 大海繞其後。層巒遠抱乎萊峰, 迭嶂並峙於龍麓。桑島橫乎其北, 洚水出乎其南",(淸)李蕃, 範廷鳳等 纂修,《(康熙)黃縣志》卷之一〈疆域志·疆里〉, 淸康熙十二年刻本

昌 4년에는 분할되어 東牟郡에 속하였다. 後齊시기에는 東牟가 폐지되고 長廣郡에 들어갔으며 惣縣(현현)도 병합되었다. 隋 開皇 초기에 郡이 폐지되고 牟州에 소속되었으며 大業 2년(606)에는 州가 폐지되고 東萊郡에 속하게 되었다. 唐나라 때는 河南道 登州 東牟郡에 소속되었는데, 神龍 3년(707)에 黃縣에서 蓬萊鎭을 분리하여 蓬萊縣으로 승격시켰고 蓬萊縣을 登州府의 행정구로 삼았다. 先天 元年(712)에는 또 蓬萊縣의 동쪽 黃城을 분리하여 별도로 黃縣을 두었다. 開元 11년(723)에는 黃城의 동쪽에 있는 지금의 행정구로 옮겼다. 宋初에는 京東路 登州 東牟郡에, 元代에는 山東東道 益都路 登州에 속하였다가 元 至正 24년(1364)에는 般陽路에 속하였다.

명 洪武 9년(1369)에 山東 宣稱布政使司 登州府에 포함된 후로 淸代까지 계속 이어졌다. 民國 원년(1912), 黃縣은 山東省 膠東道에 속했다가 1928년 폐지되어 黃縣은 산동에 직속되었다. 1946년에는 黃縣 경내에 黃縣과 龍口市를 설치하여 北海 專屬이 되었다. 1950년에 龍口市가 黃縣에 편입되어 萊陽 專屬이 되었다. 1959년에 蓬萊, 黃縣, 長島의 세 縣을 합병하고 蓬萊縣이라고 불렀다가 1961년에 黃縣은 원래대로 돌려서 煙台 地區의 행정 기구에 예속되었으며 1983년에도 계속 黃縣이라는 명칭으로 煙台市에 속하였다. 1986년에 國務院은 黃縣을 폐지하고 龍口市(縣級市)를 건립하는 것을 허락했고 행정구역은 원래의 黃縣 행정구역으로 하되 煙台市에서 대신 관할하도록 하였다.[513]

李民宬은《癸亥朝天錄》에서 북경행 여정 중에 경유한 황현에 대해 다음과 같이 묘사하였다. "황현은 등주로부터 동북쪽 60리에 있으며 漢나라 때는 東萊郡에 속하였고 後魏 때는 縣 동쪽 中朗故城에 東牟郡을 두었다. 唐, 宋, 元대에 모두 등주에 속했으며 명대도 이를 계승하였다. 남방과 북방의 상품과 재화들이 모두 여기를 통하여 등주에 도달하게 되므로 이곳이 가장 부유한 지역이다."[514] 즉, 내륙에서 등주의 연해로 갈 때

---

513 (漢)司馬遷,《史記》卷六,淸乾隆武英殿刻本/(唐)李吉甫,《元和郡縣志》卷十三,淸武英殿聚珍版叢書本/
    (明)李賢等 纂修,《大明一統志》卷之二十五,三秦出版社1990年版,p.412/(淸)袁中立,毛贄等 纂修,
    《黃縣志》卷之二,〈疆域志·沿革〉,淸乾隆21年(1756)刻本版/(嘉靖)山東通志卷之三〈建置沿革下〉,明嘉
    靖刻本/山東省龍口市史志編纂委員會,《龍口市志》,1995,pp.41-42/龍口市人民政府地名辦公室,
    《山東省龍口市地名志》,1992,pp.4-6。

514 (朝) 李民宬,《癸亥朝天錄》,"黃縣距登州東北六十里,漢屬東萊郡,後魏於縣東中朗故城,置東牟郡,

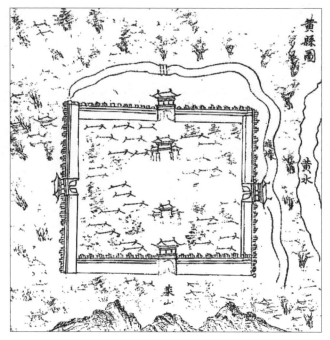

〈黃縣圖〉-鄭斗源《朝天記地圖》

반드시 경유하게 되는 지역인 황현은 적어도 明代부터는 당시 상품과 화물 운송의 중간 지점이 되었으므로 경제가 발달하고 사람들이 부유했다.

明代 이전의 黃縣城은 土城이었다. 洪武 5년(1372), 守御千戶 韋勝은 옛 城池가 너무 넓어서 수비하기 어렵다고 여겼고 원래의 城池를 이등분하여 남쪽 반절 부분의 기초 위에 黃縣城을 쌓았다. 성위 둘레는 2리 남짓(1.2km) 되었고 높이는 2장4척4(7.59m) 정도 되었는데, 동서남북으로 네 개의 문이 있었으며, 각각 正東門, 振武門, 朝景門, 鎮海門이라고 칭하였다. 문 위에는 각각 먼 곳을 조망하고 방어할 수 있도록 누대를 쌓았다. 正德 11년(1516), 水災가 나자 知縣 周淳은 黃城에 水門을 설치해서 홍수가 나면 물을 빼도록 하였다. 嘉靖22년(1543), 知縣 賈璋(가장)이 성벽을 중수하였는데, 성벽의 두께는 一尋(심)이 좀 넘고 높이는 三尋이 좀 넘도록 하였으며, 黃城

唐宋元俱屬登州, 本朝因之. 南北商貨, 皆自此而達於登州, 故最爲殷富."

의 주위에 護城河를 파도록 하였다. 萬曆21년(1593), 왜구가 조선을 침범하자 知縣 張彙(장휘)는 돌꾸러미를 겹쳐서 성벽을 쌓도록 하여 성벽은 3장2척 정도 더 높아졌고, 성벽 위의 폭은 2장5척에 아랫부분의 폭은 3장이 되었다. 그리고 1260개의 벽돌로 된 장벽을 증축하였으니, 네 개의 문 밖에는 벽돌을 쌓아올려 네 군데의 甕城을 축조하였다.[515] 이 모습이 조선사신이 황현을 지나면서 보았던 黃縣城의 외관이었을 것이다.

崇禎 13년(1640), 知縣 任中麟(임중린)과 지방의 紳士(신사)인 范復粹(범복수)가 주도하여 기금을 모아서 성벽의 높이를 1미터 정도 높이고 성벽의 위와 아랫부분의 폭을 늘렸으며, 또 4角敵台를 네 곳에 증축하였는데, 南門 甕城에 둔 곳을 朝陽이라 하고 東門 甕城에 둔 곳을 光表라고 하였다. 해자를 판 깊이는 6.6미터에 폭은 10미터였다. 淸康熙 7년(1668), 黃縣城 門樓가 지진으로 인하여 훼손되었으므로 康熙 11년(1672), 知縣 李蕃이 四門의 누대를 중수하였고 해자를 팠다. 그 후로도 乾隆, 嘉慶, 道光 연간에 여러 차례 黃縣城을 수리하였으므로 淸末까지도 성벽은 비교적 잘 보호되었다.

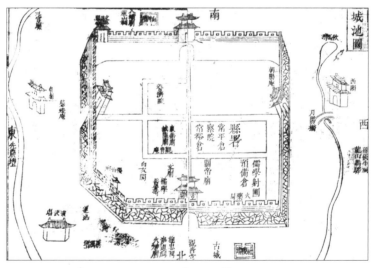

清代 黃縣의 〈城池圖〉[516]

515　(明)徐應元 纂修, 《(泰昌)登州府志》卷之五〈地理志一·城池〉, 河南省圖書館藏版/(淸)袁中立, 毛贄等 纂修, 《黃縣志》卷之三, 〈建置志·城池〉, 淸乾隆21年(1756)刻本版./(淸)方汝翼等 纂修, 《(光緒)增修登州府志》卷之七〈城池〉, 淸光緒七年(1881)刻本版。

516　(淸)袁中立, 毛贄等 纂修, 《黃縣志》卷之一, 〈圖志考·城池圖〉, 淸乾隆21年(1756)刻本版.

龍口市 東萊街道 南大街 위에 있는 청대 성벽 유적지(집필진 답사 촬영)

民國 3년(1914)에 縣知事 郭光烈은 황현성의 성벽이 파인 곳이 오랫동안 수리되지 못한 채 세월이 흐르고 또 전란에 훼손을 입은 곳이 있었으므로 다시금 보수하도록 하였다. 民國 9년(1920), 縣知事 金城은 第一保衛團에게 명하여 기금을 걷고 성을 수리하게 하였다. 그러나 1938년에는 성 둘레가 철거되었고, 1948년 봄에는 성벽이 철거되었다.[517] 현재 황현의 옛 성벽은 淸代에 건축한 外城 중에 다만 동남단의 성벽 일부분이 남아있을 뿐이다. 明末 黃縣城의 범위는 대체로 지금의 龍口市 東市場街의 서쪽과 南大街의 북쪽, 東萊街 동쪽, 北大街 남쪽 즈음에 해당한다.

1623년 9월 25일, 조선사신 吳允謙은 귀국 여정 중 黃縣城 외곽의 점포에서 숙박하면서 〈부사에게 차운하다. 이때 오랫동안 내리던 비가 잠시 개었다(次副使韻, 是時, 苦雨得乍晴)〉라는 시를 지었다. 이 시는 정사 吳允謙과 부사 邊潝(변흡)이[518] 창화한 시이다. 시 중에서 吳允謙은 사신의 임무를 완성하고 돌아가며 곧 등주에 도착해 배를 타고 귀국하리라는 기쁜 마음을 표현하였다.

　　　　〈부사에게 차운하다. 이때 오랫동안 내리던 비가 잠시 개었다〉

517　山東省龍口市史志編纂委員會 編,《龍口市志》, 齊魯書社, 1995, pp.50-51。

518　邊潝(1568-1644)은 조선 原州 사람이다. 1603년(조선 宣祖36년)武科에 及第하여 1617년 鍾城府使에 임명되었다. 1622년 武將의 신분으로 吳允謙을 따라 명나라 사행길에 올랐다. 귀국 후 慶尙道兵馬節度使, 黃海道兵馬節度使, 兩西巡邊使, 京畿道水軍節度使, 三道水軍統制使, 五衛都總管 등의 관직을 두루 거쳤다.

점차 登州府에 가까워지니 바람 한 자락만 불어도 마음이 편안하지 못하네.

마음은 이미 궁 궐 아래에 매어 있는데, 외로운 노는 여직껏 바닷물 속에

멈춰있구나.

구름이 사라지는 것을 간절한 마음으로 지켜보다가 기뻐하며 동쪽 일출을

맞이하네.

처지에 따라 평안히 여길 것이라. 어찌 굳이 막힌 길을 원망하리오.

〈次副使韻, 是時, 苦雨得乍晴〉

漸近登州府, 難便一席風。

寸心懸闕下, 孤棹滯洋中。

苦見雲歸北, 欣迎日出東。

安安隨所遇, 何必恨途窮。

(吳允謙《秋灘東槎朝天日錄》)

吳允謙은 登州城이 가까워질수록 북경행의 해로에서 곤란을 겪었던 것을 생각하며 바람이 불지 않고 기후가 고르기를 간절하게 바랐다. 출항이 가까워지면서 초조하게 날씨가 좋아지기를 기다리던 吳允謙은 다행스럽게도 "구름이 북으로 돌아가는 것"을 보고 기뻐하며 "동쪽의 일출"을 맞이하러 흔쾌히 달려가는 심정을 표현하였다. 그리고 좋은 처지든 나쁜 처지든 편안하게 여길 따름이니, 길이 막히고 사정이 어려운 것을 한스럽게 생각할 필요가 없겠노라라는 깨달음을 적었다. 苦雨는 오래도록 어두침침하게 내리는 비이다. 安安은 주어진 환경이나 처지에서 평안하게 생각하는 것이다.

귀국하는 길에서 吳允謙 일행은 오랫동안 내리는 가을비로 어려움을 겪고 있었기 때문에 황현 밖의 점포에 도착했을 때 마침 날이 개었으므로 吳允謙은 기쁜 마음에 이 시를 지었다. 시 중에서 吳允謙은 어느 때에나 평안하고 낙관적인 생활 태도를 가질 것을 다짐하면서도 곧 도착할 등주에서 배를 타고 귀국하리라는 기쁨을 드러내었다. 黃縣은 길고 고달픈 귀국 여정 끝에 登州城에 도착하기 전의 마지막 휴게소와 같았으며 조선사신이 곧 사신의 임무를 완성하고 등주에서 승선하여 귀국할 수 있으리라는 희망의 상징이었다.

　　또한 이곳은 북경행의 사신들에게는 거친 해로 사행길을 마치고 등주에 도착하여 다시 북경행을 재촉하는 육로 사행길의 시작점이었기 때문에 이곳에 올 무렵이면 조선사신들 사이의 우의와 동료애는 깊어지고 끈끈해졌다. 1626년, 聖節進賀陳奏使臣團의 정사인 金尙憲과 서장관 金地粹는 등주에 도착한 후에 앞과 뒤로 나누어 이동하였다. 황현에서 두 사람은 두 수의 창화시를 남겼는데 각각 〈등주를 출발하는 날에, 청음 선생에게 써서 올리다(發登州日, 書奉淸陰)〉와 〈金地粹가 헤어질 때 보낸 시에 차운하여 쓰다(次去非留別韻)〉이다.

〈등주를 출발하는 날에, 청음 선생에게 써서 올리다〉

천 리도 넘는 길을 돛을 올리고
거친 파도를 헤치며 긴 항해를 했지.
三秋의 가을을 水國에서 보내고 9월에 등주에 닿았다네.
나그네 길은 앞과 뒤가 있고
타향에서 가는 사람과 머무는 사람이 나뉘어버렸네.
어찌 황현의 밤을 감당할거나.
차가운 누대에 떨어지는 나뭇잎 소리 들리네.

〈發登州日, 書奉淸陰〉
掛席千餘里, 波濤共遠舟。
三秋遺水國, 九月在登州。
客路有先後, 他鄉分去留。
那堪黃縣夜[519], 落葉聽寒樓。
(金地粹《朝天錄》)

　　淸陰은 金尙憲의 호이다. 1연과 2연에서 조선에서 돛을 올리고 천여 리를 항해하여

519　이 구절은 金尙憲의 《朝天錄》에는 "那堪黃縣夕"으로 되어 있다.

파도가 일렁이는 바다를 건너 힘겹게 등주에 도착한 것과, 초가을에 등주로 향하는 배를 탔는데 늦가을에야 등주의 땅을 밟을 만큼 오랜 시간이 걸렸던 사실을 말하였다. "掛席(괘석)"은 "掛帆(괘범)"의 뜻으로 돛을 올리고 항해한다는 뜻이다. 三秋는 가을을 말하는 것으로, 7월이 孟秋, 8월이 仲秋, 9월이 季秋가 되므로 통칭하여 三秋라고 한다. 水國은 水鄕이고 여기서는 등주를 가리킨다. 시의 전반부에서는 金地粹 일행이 조선을 출발하여 등주에 도착한 시간과 수로 사행의 어려움을 표현하였다. 3연과 4연에서는 사행여정에서 두 사람이 앞과 뒤로 나누어 출발하면서 이국의 타향에서 부득불 잠시 이별하게 되었음을 이야기하고, 황현의 차가운 밤을 홀로 숙소에서 보내며 고독하게 낙엽 떨어지는 소리를 듣는 심정을 표현하였다.

〈金地粹가 헤어질 때 보낸 시에 차운하여 쓰다〉

고향을 멀리 떠남은 근심하지 않았으나
창해의 배 위에서 혼백이 상했네.
영문도 모르고 오늘 헤어져,
옛 齊州의 땅에서 마음이 쪼개지는 듯.
그대 가거든 꼭 기다리시오.
내가 곧 갈 것이니 어찌 오래 지체하리오.
맑은 가을날 먼 산 보기에 좋으리.
함께 濟南의 누대에 올라봅시다.

〈次去非留別韻〉
不愁故鄕遠, 魂傷滄海舟。
無端今日別, 心折古齊州。
子去須相待, 吾行豈久留。
淸秋望嶽好, 同上濟南樓。
(金尙憲-《朝天錄》)

去非는 金地粹를 말한다. 이 시에서 김상헌은 거친 바닷길을 함께 헤치고 고생을 나
눈 김지수에 대한 깊은 우의와 함께 泰山을 으뜸으로 꼽는 齊魯의 아름다운 풍경을 기
대하는 마음을 서술하였다. 齊州는 옛날에는 중국을 가리켰으며 한편으로는 지금의
濟南 일대를 가리킨다. 淸秋는 맑고 상쾌한 가을 날씨이며, 望嶽은 杜甫의 〈望嶽〉[520]
시에서 따온 듯하다. 濟南樓는 濟南府 성안의 歷下亭이나 趵突泉(표돌천)과 大明湖에
있는 여러 누대를 가리킨다. 金代 元好問이 이에 대해 "濟南의 누대의 경치는 천하에
서 비길 바가 없다"[521]라고 하였다.

1628년, 金地粹는 조선의 鍾城府使에 임명되어 부임하기 전에 金尙憲과 인사를 나
누게 되었는데, 金尙憲은 그를 위해 〈鍾城府伯에게 드리는 시. 公이 지방의 鍾城으로
부임하게 되어 淸陰이 쓰다〉라는 송별시를 지어주었다. 自注 안에 이 시의 창작 배경
에 대해 "작년에 公과 함께 사행을 갔을 때 등주에서 앞과 뒤로 나뉘어 출발한 적이 있
었다. 公이 '어찌 황현의 밤을 감당할거나. 차가운 누대에 떨어지는 나뭇잎 소리 들리
네'라고 말하였는데, 또 멀리 이별하게 되니 더욱 아득한 감회가 일어 이 시를 짓는다"
라고[522] 서술하였다. 즉, 황현의 밤이라는 意象은 쓸쓸한 밤에 친우를 그리워하는 다정
하고도 아련한 정감을 일으켜 金尙憲의 마음을 감동시켰다.

〈鍾城府伯에게 드리는 시. 公이 지방의 鍾城으로 부임하게 되어 淸陰이 쓰다〉

黃城에서 차가운 누대에 떨어지는 나뭇잎 소리 들었지.
異域에서 들었던 가을 소리 이별의 시름을 휘저었네.
오늘 靑門에서 각각 처소가 달라지리니
하늘 끝 멀리에서 품었던 정회가 더욱 멀리 뻗치리.

---

520 "岱宗夫如何？齊魯青未了。造化鍾神秀，陰陽割昏曉。蕩胸生曾雲，決眥入歸鳥。會當淩絕頂，一覽
眾山小。"(唐) 杜甫〈望嶽〉
521 "濟南樓觀天下莫與爲比"(金)元好问撰，《遺山集》卷第三十四〈济南行记〉，四部丛刊景明弘治本版。
522 "去年與公朝天，到登州先後發，公有：那堪黃縣夕，落葉聽寒樓之句，而吟又遠別，更攪悠悠之懷而
感作。"(朝) 金地粹，《朝天录》

〈贈鍾城府伯, 公補外鍾城時, 淸陰〉

黃城落葉聽寒樓, 異域秋聲攪別愁。

今日靑門分乎處, 天涯懷抱叏悠悠。

　　김상헌은 1구와 2구에서 黃縣城의 차가운 누각에 낙엽이 떨어지는 소리를 들었던 때를 회상하며 차가운 가을의 바람소리와 낙엽소리가 異國의 타향에서 이별하여 상심한 심정을 더욱 후비는 것 같았다고 하였다. 秋聲은 가을날 자연 속에서 나는 소리로 바람소리, 낙엽소리, 곤충과 새의 우는 소리 등을 말한다. 3구와 4구는 지금 지방관으로 가게 된 김지수를 京城의 東門에서 송별하면서 먼 하늘 끝에서 품었던 그리운 정을 잊지 못해 더욱 멀리까지 이어지리라고 하였다. 靑門은 京城의 東門을 가리킨다. 叏(경)은 옛날에 更과 통하였다. 悠悠는 멀리 길게 이어지는 모양이다. 金尙憲은 이 시 가운데서 두 사람의 우의는 먼 이국의 가을 밤 황현에서 낙엽 떨어지는 소리를 들으며 서로를 그리워하던 절실한 마음으로 맺어진 것이라 장소가 달라져도 변함이 없으리라고 깊은 정감을 드러내었다.

　　그밖에 보충할 것은 李民宬이 《癸亥朝天錄》의 북경행 여정 중에 기록한 "黃縣東館馹(황현동관일)"이라는 곳이다. "(6월)24일. ……저녁. 黃縣東館馹에 도착하여 張姓의 人家에서 유숙하였다. 황현은 등주 동북쪽 60리 거리에 있다."[523] 이 문장에 나오는 "黃縣東館馹"의 "馹"은 驛站의 의미이고 다른 곳에서는 "驛(역)"이라고 쓰기도 한다. "黃縣東館馹"은 곧 "黃縣東館驛"을 가리킨다. 명나라 洪武 9년(1376), 황현 경내의 동쪽과 서쪽에 설치되어 있던 역참은 각각 "龍山驛"과 "黃山館驛"이었다. 李民宬이 주관적으로 "龍山驛"을 "黃縣東館馹"으로 불렀거나 혹은 당시에 민간에서 "龍山驛"을 "黃縣東館馹"로 불렀을지도 모른다. 두 가지 가설은 모두 가능성이 있다. 어쨌든 李民宬은 "黃縣東館馹"로 추정되는 "龍山驛"을 지났을 가능성이 크다.

　　龍山驛은 明 洪武 9년(1376), 縣丞 楊順祖가 건축하였다. 正統 10년(1446), 縣丞 馬隆(마륭)이 龍山驛 鼓樓를 중건하였으며, 嘉靖 13년(1534) 知縣 程顯이 龍山驛을 중수

523　"(六月)二十四日。……夕。抵黃縣東館馹。宿張姓人家。黃縣距登州東北六十里" (朝) 李民宬, 《癸亥朝天錄》來程.

하고 또 儀門을 건축하였다. 淸 同治 연간에 龍山驛은 축소되어 里甲으로[524] 편입되었고, 말을 기르는 장소는 황현의 관아 서쪽으로 이동하였다. 그리고 淸 光緖 연간에 龍山驛은 폐지되었다.

龍口市 학예사 孫建義 주임은, "龍山驛"의 유적지는 지금의 龍口市 北巷小區(북항소구) 남쪽과 龍口市 中醫院 북쪽 즈음에 소재하고 있다고 하였다. 명대《(泰昌)登州府志》의 기록과 함께 고찰해보면, 李民宬은 黃縣城에 도달하기 전에 黃縣城 동북쪽 3리에 있는 絳水河橋(강수하교)를 지났을 것으로 보인다. 孫建義 주임은 絳水河橋는 蓬-黃 역참로를 이용하여 黃縣城 東門으로 진입할 때 반드시 지나는 곳이라고 설명해주었으며 絳水河橋에서 서쪽으로 가면 곧 황현의 東關村에 닿게 된다. 장마철에는 때때로 다리가 훼손되기도 했지만 絳水河橋는 민국 초기까지 계속 있었다. 明淸 시기의 황현 絳水河橋는 지금의 龍口市 東萊街道 花木蘭街 동쪽끝의 絳水河橋이다.

이상의 논의를 종합하여 明代의 지명에 따라 조선사신들이 黃縣 동쪽경계로부터 黃縣城까지 경유한 지역의 명칭은 순서대로 다음과 같다. ① "萊山聳翠"欄門/"萊嶽具瞻"欄門/"淳于故里"里門/淳于髡故墟/"淳于髡故里"坊表/淳于村/柞楊鋪 ② 黃河/黃水 ③ "太史遺風"欄門/南王鋪 ④ 黃縣/黃縣城. 그리고 현지 답사와 고증을 거쳐

1920년 黃縣城 東門 밖 絳水河橋[525] 龍口市 東萊街道 花木蘭街 동쪽끝의 絳水河橋(집필진 답사 촬영)

---

524   里甲은 明代의 州縣 統治의 기초단위이다.
525   陳麻 編著,《美國鏡頭里的中國風情》, 中國文史出版社, 2011, p.16..

당시의 지명에 해당되는 현재의 지명을 순서대로 나열해보면 다음과 같다. ① 龍口市 諸由觀鎭 諸由南村, 諸由北村 ② 龍口市 諸由觀鎭 黃水河 ③ 龍口市 蘭高鎭 大堡村, 鎭沙村 ④ 龍口市區.

그밖에 현지 답사와 인터뷰 등을 거쳐서 黃縣 동쪽경계로부터 黃縣城까지 이동하는 동안 조선사신들이 경유했을 것으로 추정되는 장소의 현재의 지명을 순서대로 나열하면 다음과 같다. ① 龍口市 諸由觀鎭 諸由南村, 諸由北村 ② 龍口市 諸由觀鎭 내의 黃水河 ③ 龍口市 蘭高鎭 大堡村, 鎭沙村 ④ 龍口市 東萊街道 花木蘭街 동쪽끝의 絳水河橋 ⑤ 龍口市區(지금의 龍口市 東市場街 서쪽, 南大街 북쪽, 東萊街 동쪽, 北大街 남쪽)

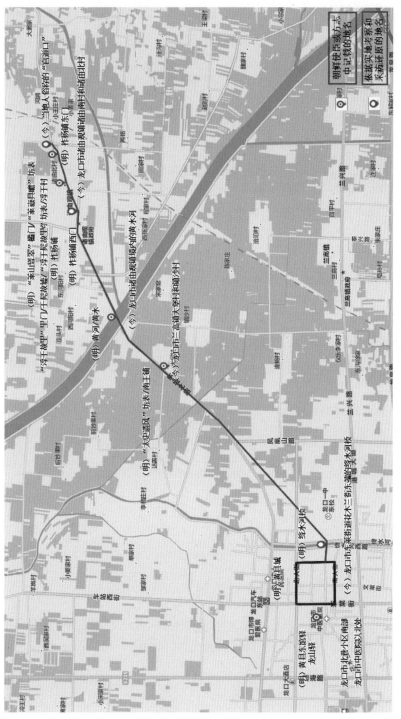

明末，登州府 蓬萊縣城으로부터 黃縣 동쪽경계까지 조선사신 사행 노선도

6. 黃縣城부터 黃山館驛까지

조선사신은 등주로부터 60리를 이동하여 황현에 닿은 후 일반적으로 황현에서 하룻밤을 보냈고, 그 다음날 아침에 황현에서 출발하여 다시 60리를 이동하여 황현의 黃山館驛에서 숙박하였다. 그리고 다음날은 萊州府의 朱橋驛을 향해 출발하였다.

> (6월)초8일 , 맑음. 황현을 출발하여 未時에 黃山驛에 도착하였다. 60리 정도 이동했고 인부와 말들 때문에 유숙하였다. ……황현으로부터 黃山驛까지 60리인데, 모두 평원과 광야였고 밭의 곡식이 무성하였다. 그 가운데 마을의 집들이 도로 옆 사이사이에 있고 원림과 과수들이 줄지어 있었다. 10리 혹은 20리마다 점포와 가게가 있었으며 官道 100리길에 걸쳐 버드나무가 심겨져 있었다. 대개 登州城으로부터 黃山驛까지 숲 사이로 때때로 해변이 바라다보였으니 관도가 바다에서 멀지 않았다.(六月)初八日 , 晴。發黃縣 , 未時 , 到黃山驛 , 六十里 , 以夫馬之故留宿。……自黃縣至黃山驛六十里 , 皆平原、廣野 , 田穀甚茂 , 間有村舍夾在道傍 , 園林、果樹方列成行 , 十里或二十里有店舍、市肆 , 官道百里皆楊柳。蓋自登州城至黃山驛林間 , 時時望見海汀 , 官路距海不遠矣。(吳允謙《秋灘東槎朝天日錄》)

윗글은 1622년 6월 8일의 북경행 노정 중에 조선사신 吳允謙이 이 구간에 대해 기록한 것이다. 黃山驛은 黃山館驛을 말한다. 黃縣城부터 黃山館驛까지의 노정에서 吳允謙은 봉래현과는 다른 풍경을 보게 되었다. 이 구간의 역참로의 양쪽으로 사람들이 많이 살았고 농업과 상업이 발달하였으며 백 리에 달하는 역참로의 양쪽에는 버드나무가 심겨져 있어서 왕래하는 행인들에게 햇빛과 비를 가려주었다. 이 문장은 明末 황현의 경제가 활발하고 사람들이 안락하게 살며 생업에 종사하였음을 말해준다. 그외에 蓬萊의 역참로가 "험난하여 이동하기 어려웠던" 것과 비교한다면 黃縣城으로부터 黃山館驛으로 가는 노정은 상대적으로 덜 수고롭게 여겨졌다. 李民宬은 〈황산역으로 가는 길에 느낀 바를 적다〉라는 시에서 그때의 풍경을 묘사하였다.

〈황산역으로 가는 길에 느낀 바를 적다〉

땀이 흐르고 누런 먼지가 이는 6월의 낮 ,
대나무 가마는 가마꾼 어깨 위에서 삐걱거리네.
낯선 땅이 문득 고향의 산과 가깝게 느껴지니 ,
역참길 홰나무 그늘 속 곳곳마다 매미 소리.

〈黃山驛途中有感〉
揮汗黃塵六月天 , 筍輿伊軋擔夫肩。
殊邦忽訝鄉山近 , 驛路槐陰處處蟬。
(李民宬《燕槎唱酬集》)

시에서 李民宬은 1623년 6월 25일 이 구간의 역참로를 지나갔던 경험을 적었다. 1구와 2구는 무더운 6월의 낮에 조선사신단이 지나는 곳에 먼지가 날리고 귀에는 가마꾼들이 멘 가마가 삐그덕거리는 소리를 내는 힘든 여정의 모습을 서술하였다. 筍輿(순여)는 대나무 가마를 말한다. 伊軋(이알)은 배의 상앗대나 바퀴축 같은 것이 내는 소리를 나타내는 의성어로, 여기서는 대나무 가마가 내는 소리를 흉내낸 것이다. 3구와 4구는 문득 길 앞에 나타난 이국의 산의 명칭과 고향 산의 이름이 같은 것에 놀라면서 반가운 심정을 드러내었고 조선사신 일행이 역참로의 느티나무 그늘 아래를 지나며 黃山館驛 방향으로 나아갈 때 귓가에 쟁쟁하게 들렸던 여름 매미 소리를 묘사하였다. 鄉山은 고향의 산으로, 즉 고향을 말한다.

李民宬(1570—1629)은 字가 寬甫이고 號는 敬亭으로 경상도 태생이다. 경상도에도 黃山이 있는데 "黃梅山이라고도 하며 (山陰) 동북쪽 50리 - 三嘉境에 있다."[526] 중국 등주의 黃縣에는 "서남쪽 60리에 黃山이 있는데 , 招遠縣의 접경지에 있으며 黃山驛의 명칭은 이 산을 따서 지은 것이다. 이 산은 魯基山이라고도 부른다."[527] 즉, 이민성이 북경으로 가는 사행길에서 알게 된 黃山은 지금의 招遠市 서북쪽에 있는 黃山이었고, 黃山驛은 黃山의 이름을 따서 지은 것이다. 李民宬은 무더운 여름날 흔들리는 가마 위에서 고달프고 힘든 몸을 견디며 황산관역으로 가는 도중에 문득 전방의 黃山을 보고 놀랐고 나무 그늘이 드리운 길을 지나가면서 기분이 상쾌하게 전환되었던 것이다.

황현성에서 황산관역으로 오는 구간 중에 조선사신이 기록한 지명은 대략 다음과 같다. 즉 "古士鄉城"欞門 - "盧仙勝跡"欞門/盧仙勝跡/盧仙勝述/盧仙古里/盧仙遺蹤/盧仙故里 - 稚乃河(치내하) - 北馬鋪/"北馬重鎭"欞門/北馬鎭/北馬鎭鋪/北馬店/白馬鋪 - "麻姑仙里"欞門表/麻姑故里/麻姑仙跡 - 徐鄉城 - 廣河 - 黃山驛/黃山馹 - 陳仲子舊莊이다.

6.1 "古士鄉城"牌榜, 古士鄉城, 盧仙勝跡(盧仙勝述/盧仙古里/盧仙遺蹤/盧仙故里), 稚乃河

1) (3월)19일 , 맑음. 새벽에 (萊州府 朱橋驛을) 출발하여 60리를 이동하여 黃山馹에 도착해 아침식사를 하였다. ……縣 서쪽 9리 근처에 "古士鄉城"의 패방이 있었다. 縣 北館의 賈姓의 민가에서 숙박하였다. (三月)十九日 , 晴。曉發(萊州府朱橋驛) , 行六十里 , 到黃山馹朝飯。……近縣西九里 , 有"古士鄉城"牌榜 , 到縣北館賈姓人家宿。(尹暄《白沙公航海路程日記》)

---

526 ,"一云黃梅山 , (山陰)東北五十里-三嘉境" (朝)古山子 編 ,《大東地誌》卷之八 〈慶尙道〉, 1932, 韓國首爾大學奎章閣藏版。

527 "西南六十里爲黃山 , 與招遠接界 , 黃山驛之名本此 , 亦名魯基山" (淸)尹繼美等 纂修 ,《(同治)黃縣志》卷之一〈疆域志·山川〉, 淸同治十年刻本

　　2) 士鄕城은 (黃縣) 서북쪽에 있다. 漢書에 "齊에는 士鄕이 있고 , 越에
　　는 君子里가 있다"고 했는데 이곳을 말한다. 士鄕城在(黃縣)西北 , 漢
　　書 : 齊有士鄕 , 越有君子里 , 謂此. (金德承《天槎大觀》)

　　1)은 尹暄이《白沙公航海路程日記》의 귀국행 기록 중에서 언급한 내용이고, 2)는 金德承이《天槎大觀》에서 "古士鄕城"에 대해 남긴 기록이다. 1)에서 말한 바와 같이 1624년 3월19일 尹暄은 새벽에 萊州府 掖縣의 朱橋驛을 출발하여 60리를 이동하여 登州府 黃縣의 黃山館驛에 도착하였고 驛館에서 아침식사를 하였다. 그리고 다시 이동하면서 황현 서쪽 9리 떨어진 곳에서 "古士鄕城"의 패방을 보았다. 尹暄이《白沙公航海路程日記》중에서 "縣에서 서쪽 9리 근처에 古士鄕城의 패방이 있다"고 한 기록은 이 지역의 지방지에서 "古士鄕城"패방이 "縣 서북쪽 10리"에 있다고 한 기록과 대체로 같다.

　　2)에서 金德承은 士鄕城은 황현의 서북쪽에 있다고 하였다.《漢書》에 "齊에는 士鄕이 있고 , 越에는 君子里가 있다"[528]는 구절에 나오는 士鄕이 곧, 齊나라의 士鄕城이다. 그러나 자세히 살펴보면, 1)과 2)의 서술은 약간 차이가 있다. 즉 1)에는 "古士鄕城"의 패방을 기록하였고, 2)에서는 古士鄕城을 기록하였다. 두 장소는 같은 곳을 가리키는 것이 아닐까?

　　春秋 末期에 齊나라가 국가를 다스린 제도는 "周法"이 아닌 "二十一鄕"의 체제였다. 齊나라가 東萊國을 병탄한 후에 齊나라의 재상 管仲은 齊나라의 백성을 "四民", 즉 "士農工商"으로 분류하였으며 "二十一鄕"을 지어 "四民"의 거주지로 삼았다. 그 중에는 "공인과 상인의 마을 6개(工商之鄕六)"와 "선비와 농인의 마을로 모두 15개(士與農共十五鄕)"가 있었다.[529] 東萊國의 옛 땅에 위치한 明代 황현에는 15鄕 중 하나인 "士

528　(吳)韋昭　注,《國語》卷六《齊語》, 世界書局1936年版, pp.77-79.

529　"君子里, 一爲郡子軍". "昔齊置士鄕. 管仲相桓公制國爲二十一鄕, 工商鄕六, 士鄕十五, 以居工、商、士也, 事見《國語》也. 越有郡子軍, 皆異賢之意也. 吳越相攻, 越王勾踐乃中分其師爲左、右軍, 以其私卒君子六千人爲中軍, 注云, 君子, 王所親近有志行者, 見《國語》."(南北朝)范曄 撰　(唐)李賢 注,《後漢書》卷三十五〈張曹鄭列傳第二十五〉, 百衲本景宋紹熙刻本版.

鄕"이 설립되었다. 그래서 후세의 사람들이 이곳을 "士鄕城" 혹은 "古士鄕城"[530]이라고 불렀다.

　"古士鄕城"은 황현의 서북쪽 10리 거리에 있었고, 황현성으로부터 서쪽으로 황산관역으로 가는 역참로의 위쪽에 있었다. 그러므로 엄밀히 말하자면, 조선사신들이 "古士鄕城"이나 "古士鄕城"의 패방을 경유한 것은 아니었다. 그밖에 趙濈도 《燕行錄(一云朝天錄)》에서 역시 古士鄕城을 지났다고 언급하였다.

　　　(10월)초10일, 丁卯일에 흐리고 비가 뿌렸다. 아침에 출발해서 古士鄕城
　　　을 지났고 盧仙勝跡을 지나 北馬鋪에 도착하여 점심 식사를 하였다. 麻姑
　　　仙里를 지나고 黃山館林의 점포에 도착하여 유숙하였다. 닭소리와 개 우
　　　는 소리가 들리니 경내에 도달할때까지 인가와 경물이 너무나 흥성했다.
　　　오늘 60리를 이동했다. (十月)初十日 , 丁卯 , 陰 , 灑雨。朝發 , 過古士
　　　鄕城 , 過盧仙勝跡 , 到北馬鋪中火 , 過麻姑仙里 , 到黃山館林店宿。雞
　　　鳴犬吠相聞 , 達境人物之盛 , 一何壯哉。今日 , 行六十里。(趙濈《燕行
　　　錄(一云朝天錄)》)

　1623년 10월 10일, 趙濈은 황현성을 출발하여 "古士鄕城", "盧仙勝跡"를지난 후 황현 급체포 중의 하나인 北馬鋪 안에서 휴식하며 점심식사를 했다. 그후에 "麻姑仙里"를 지났고 黃山館, 즉 황현 黃山館驛에서 유숙하였다. 여기의 "古士鄕城", "盧仙勝跡", "麻姑仙里"는 모두 패방의 이름이다. "古士鄕城"의 패방에 관해서는 《(康熙)黃縣志》중의 기록과 尹暄과 趙濈의 기록이 일치한다. 즉 "'古士鄕城'(의 패방은 縣) 서쪽 10리쯤 있었다."[531] 또 《明一統志》의 기록에 , "士鄕城은 황현 서북쪽 10리에 있고 《漢書》에서 '齊나라에는 士鄕이 있고 越나라에는 君子里가 있다'고 한 그곳이다."[532]라고 하였다.

530　"士鄕城 ,《後漢書》云：齊有士鄕 , 越有君子里。謂此。" (宋)樂史 ,《太平寰宇記》卷二十, 中華書局
　　　2007版 , p.412

531　"'古士鄕城'(坊表在縣)西十里" (清)李蕃 , 範廷鳳等 纂修,《(康熙)黃縣志》卷之二〈建置志·坊表〉, 清康熙
　　　十二年刻本

532　《明一統志》卷二十五〈登州府〉清文淵閣四庫全書本。/"士는 徐와 音이 대략 같아서 轉借하여 사용한

《(泰昌)登州府志》의 기록에 의하면, 황현의 급체포는 "總鋪가 西郭에 있고, 招遠縣에 이르기까지 九里店, 南欒(남란), 北馬, 官莊, 界首, 黃山館이 있었다."[533] 《(同治)黃縣志》와 《(光緖)增修登州府志》의 관련 기록[534]에 의하면, 황현성의 西關에서 출발하여 황산관역에 이르는 역참로는 明代 中後期부터 淸末까지 큰 변화가 없었다. 즉, 역참로는 黃縣 西關의 급체포 總鋪로부터 출발하여 서쪽으로 10리를 가면 九里店鋪가, 다시 서쪽으로 20리에는 南欒鋪가, 다시 서쪽으로 30리에는 北馬鋪가, 다시 서쪽으로 40리에는 官莊鋪가, 다시 서쪽으로 50리에는 界首鋪가, 다시 서쪽으로 60리에 이르면 黃山館鋪, 즉 黃山館驛에 도착하였다.

황현성에서 출발하여 서쪽으로 향하면 九里店에 도착하게 되는데, 조선사신들은 아마도 북경행 여정을 호송하는 중국관리의 설명을 들었거나 혹은 관련된 중국 서적을 읽어본 뒤에 九里店의 정북쪽에 "古士鄕城"이 있다는 것을 알게 되었을 것이다. 그러므로 "古士鄕城을 지났다"라는 기록을 남겨둔 것으로 추정해볼 수 있다. 다시 말하면, 황현성부터 황산관역까지의 역참로는 明末부터 淸末까지 士鄕城의 유적지를 지나지는 않았다. 尹暄은 황산관역으로부터 역참로를 따라 동북 방향으로 진행했고, 황현 서쪽 九里店鋪 부근에서 "古士鄕城"의 패방을 보았을 것이다. 그리고 趙濈도 북경행 중에 黃縣城 서쪽으로 9리를 가서 九里店鋪 부근에서 "古士鄕城"의 패방을 본 것이다. 다만 金德承이 말한 士鄕城은 黃縣城 서북쪽 10리에 있던 士鄕城 유적지를 기록하여 둔 것으로 보인다. 龍口市 황산관역 孫建義 주임이 알려준 바에 의하면 "古士鄕城"은 지금의 龍口市 徐福鎭 北鄕城村 남쪽에 위치해 있었다. 더 자세히 보면 조선사신이 언급한 지명은 모두 역참로 양측으로 좀 떨어진 곳에 있었다.

　　것뿐이다. 이것은 억지로 士鄕을 풀이한 것이다.(士即徐音略轉耳, 以此附會於士鄕)"。(淸)葉圭綬 撰《續山東考古錄》卷十一〈登州府上〉, 淸咸豊元年刻本版。)

533　"總鋪在西郭。抵招遠：日九里店、日南欒、日北馬、日官莊、日界首、日黃山館", (明)徐應元 纂修, 《(泰昌)登州府志》卷之五〈地理志一·官署〉河南省圖書館藏版.

534　"其鋪城甲有總遞鋪。西關外爲楊官鋪、西十里爲九里店鋪、又西十里爲南欒鋪、又西十里爲北馬鋪、又西十里爲官莊鋪、又西十里爲界首鋪、又西十里爲黃山館鋪。"(淸)尹繼美等 纂修, 《(同治)黃縣志》卷之二〈營建志·墩鋪〉, 淸同治十年(1871)刻本版/"急遞鋪總鋪, 在城中。抵招遠, 日楊官、日九里店、日南欒, 日北馬, 日官莊、日界首、日黃山館。"(淸)方汝翼等 纂修, 《(光緖)增修登州府志》卷之十四〈驛傳〉, 淸光緖七年(1881)刻本版

조선사신은 황현성에서 출발하여 서쪽 방향으로 사행길의 여정을 이어갔다. 明代에 黃縣城 西門 밖에는 "北巷村"이 있었는데, 西門 밖에 남북으로 두 갈래의 길이 있어서 [535] 그 이름을 딴 것이다. 明代 黃縣城의 西關은 마땅히 지금의 龍口市 東萊街道 西關 社區 居民委員會 일대가 될 것이다. 그리고 "九里店鋪"는 지금의 龍口市 東江街道의 九北村과 九南村이다. 마을은 縣의 관아로부터 9리 떨어져 있고 역참로가 마을을 관통하므로 왕래하는 나그네나 상인들이 늘 이곳에서 숙박하였으므로 마을 주민들이 운영하는 상점이 많았고 이 마을의 명칭을 九里店이라고 하였다. 1945년에 역참로(현지인들은 "東西街"라고 부름)를 경계로 하여 촌락이 南北으로 나뉘어져 길 북쪽은 九里店北村이, 길 남쪽은 九里店南村이[536] 되었고 줄여서 九北村과 九南村으로 부르기도 한다.

관련된 지방지의 기록[537]을 보면 , 明末부터 民國 初年까지 九里店의 명칭은 계속 바뀌지 않았으니, 九里店村의 구체적인 연혁은 다음과 같다. 1871년에 黃縣 楊官莊社에, 1917년에는 黃縣 第四區 楊官莊社에, 1930년에는 黃縣 第七區에, 1948년에는 黃縣 位莊區에 속하였다. 1958-1970년까지는 黃縣 智家人民公社에 속하였고, 1992년에는 龍口市 東江鎭에 속해있다. 그밖에 孫建義 主任의 설명에 따르면, 明末에 黃縣城의 西關은 마땅히 지금의 龍口市 東萊街道 西關社區의 居民委員會 일대의 땅이다. 이 곳은 조선사신이 황현성을 떠나서 황산관역으로 향하는 출발점이 되었다.

趙濈이 《燕行錄(一云朝天錄)》에서 기록한 것과 같이, 趙濈 일행은 "古士鄕城"의 패방이 있던 황현 九里店鋪를 지난 후 계속하여 "盧仙勝跡"패방을 지났을 것이다.

晉盧童子가 9세때 茯苓을 먹고 신선이 된 곳이 바로 縣 서남쪽의 盧山이다. 산 아래에 延真宮이 있으니 得道한 장소이다. 그가 내려온 곳인 鳩浮海의 마을에 집을 한 채 지어 유적을 표시하였고, 盧仙閭門에 盧仙勝跡이

---

535   曲長征,《龍口市村莊志》, 農業出版社, 1991, p.84.

536   曲長征,《龍口市村莊志》, 農業出版社, 1991, pp.749-753.

537   (明)徐應元 纂修,《(泰昌)登州府志》卷之五〈地理志一·官署〉, 河南省圖書館藏版/《(康熙)黃縣志》/《(乾隆)黃縣志》/《(嘉慶)大淸一統志》卷一百七十三〈登州府〉, 四部叢刊續編景舊鈔本/《(同治)黃縣志》/《(光緒)增修登州府志》/《(民國)山東通志》/龍口市人民政府地名辦公室,《山東省龍口市地名志》, 1992, pp.9-59/p.164.

라고 써붙였다. 晉盧童子九歲食茯苓升仙 , 縣西南盧山是也。山下延眞
宮 , 亦得道之所。其所降之地 , 自鳩浮海之村 , 營一室表遺址 , 以盧仙
閭門 , 揭盧仙勝跡。(金德承《天槎大觀》)

金德承은 이곳과 관련하여, "晉代 黃縣 안에 盧姓의 동자가 있었는데 9세 되었을 때
茯苓(복령)을 먹은 후 신선이 되었다고 한다. 盧山의 延眞宮이 盧씨 동자가 신선이 된
곳이다"라고 기록하였다. 이러한 기록은 중국 지방지의 기록과도 같다. 즉 晉代에 盧
姓의 동자가 있었는데, "어릴때부터 지극한 성정이 있어 9세에 세속을 떠나 縣의 서
남쪽 盧山에 거주하였는데, 곡식을 끊고 茯苓을 먹은 후에 白鶴을 타고 신선이 되었
다."[538]라고 하였다. 또 "延眞宮은 盧山의 북쪽에 있는데, 盧씨 동자가 신선이 된 곳으
로 隋나라 때는 '升天觀'이라 불렸고, 唐나라 때는 仙君觀이라 불렸다. 宋 僖寧 연간에
郡守 李良輔(이량보)가 가뭄이 들었을 때 여러 차례 기우제를 지냈는데, 효험이 있었
으므로 군수는 조정에 상주를 올려서 노씨 동자에게 '盧仙'의 봉호를 내리기를 청하였
다. 조정에서 비답을 내려 '沖禧眞君(충희진군)'이라 칭하고 '延眞宮'의 편액을 하사하
였다."[539]고 한다. 황현의 민간신앙이던 盧仙은 隋代 이후로 긴 세월 동안 끊임없이 이
어졌다. 金德承은 이에 대해 더욱 상세히 기술하였으니, 현지인들은 盧仙이 내려와 살
았던 마을에 廟堂을 한 채 지어 盧仙을 기념하였고 廟堂이 있던 곳에는 "盧仙閭門(노
선려문)"을 건축하였으니, 즉 盧仙의 마을을 기리는 패방이 되었다.

1624년 9월 13일, 李德泂은 黃山館驛으로 가는 도중에 다음과 같이 기록하였다.

(9월)13일, 甲子. (黃縣에서 출발하여) 黃山驛에서 숙박하였다. 경유한 곳
은 陳仲子舊莊, 麻姑仙跡(마고선적), 盧仙古里였는데 각각 紅門이 세워
져 있었고 아무개가 살던 곳이라고 새겨져 있었다. 우리 나라 사람 중에서

---

538 "幼有至性 , 九歲離俗 , 居於縣之西南盧山 , 辟穀食茯苓 , 後騎白鶴升仙。" (淸)李蕃 , 範廷鳳等 纂修 ,
《(康熙)黃縣志》卷之六〈仙釋〉, 淸康熙十二年刻本

539 "延眞宮在盧山之陽 , 即盧童升仙之所。隋曰：升天觀 , 唐曰：仙君觀。宋僖寧間 , 郡守李良輔因歲
旱 , 屢禱有應 , 跣請 , 封號'盧仙' , 曰：沖禧眞君 , 賜額曰：延眞宮" (淸)袁中立 , 毛贄等 纂修 ,《黃縣
志》卷之三 ,〈建置志·壇廟〉, 淸乾隆21年(1756)刻本版.

그림 중간의 패방이 조선사신이 언급한 "盧仙古里"坊表이며
좌측 멀리 盧仙塔이, 우측 멀리 盧山이 보인다. (《黃縣圖》《朝天圖》
韓國陸軍博物館藏本)

능히 古書를 읽을 수 있는 사람들이라도 다만 아무개가 아무 조대의 사
람이라는 것을 알 뿐이다. (내가) 이곳을 지나면서 그가 살던 마을과 거리
를 보고 그 사적을 생각해보면서 천년이 지난 후에 마치 그 사람과 만나
고 있는 듯하니, 참으로 기이하다. 盧씨의 이름은 誼(의)이고, 옛날의 동자
로 신선이 되었는데 혹은 盧敖(노오)라고도 하지만 그렇지 않다. 이날 60
리를 이동했다. (九月)十三日 , 甲子。(自黃縣發行)宿黃山驛。所經有陳
仲子舊莊、麻姑仙跡、盧仙古里 , 各立紅門 , 刻以某所居云。我國人惟
能讀古書者 , 但知某爲某代人而已 , 及至此歷覽其所居里閭 , 仍想其事
跡 , 宛與其人相接於千載之下 , 亦云奇哉。盧名誼 , 古之童子 , 而升仙
者或云盧敖 , 非是。是日行六十里。(李德泂《朝天錄(一云航海錄)》)

李德泂은 "盧仙古里"의 紅門 , 즉 "盧仙古里"의 패방을 지날 때 명나라의 호송 관
원이나 본지인의 입을 통해 盧씨 동자의 이름이 盧誼(노의)라는 것과 盧山에서 신선이
된 사람이 盧敖(노오)라는 하는 이야기를 들었으나 李德泂은 "盧山에서 신선이 된 사
람이 盧敖"라는 것은 착오라고 생각하였다. 宋 蘇軾이 〈送喬仝寄賀君 (송교동기하군)

六首〉에서 "秦에서 도망친 博士 盧씨를 만났네"[540]라고 쓴 구절에 대해 宋 王十朋은 이렇게 주석을 달았다. "秦始皇은 盧敖를 博士로 초빙하여 신선이 되는 법을 찾게 하였는데 한번 가서는 돌아오지 않았다."[541] 다시 말하면, 官方에서 찬수한 지방지는 盧山에서 신선이 된 사람이 盧씨 동자라고 하였고 盧敖라고 하지 않았다. 그러나 秦代의 신선인 盧敖가 더욱 유명한 까닭에 아마도 민간에서는 盧山에서 신선이 된 사람이 盧敖라고 와전했을 가능성이 있다. 조선사신들은 중국의 역사를 잘 알고 있었으며 특히 李德泂은 紅門에 쓰여진 내용을 보고 그 마을을 보면 마치 눈 앞에서 그 사람을 만난 듯하다고 하면서, 패방의 형식으로 문화를 전승하는 방법에 감탄하였다.

그밖에 鄭斗源의 《朝天記地圖》-〈黃縣圖〉에도 다음과 같은 기록이 있다. "盧山은 縣 서남쪽 25리에 있다. 晉 盧씨 동자가 9세에 여기에서 茯苓을 먹고 신선이 되었다. 唐나라때(필자주: 宋代임) 그는 '沖禧眞君'에 봉해졌다. 欄門이 있는데 , '盧仙故里'라고 쓰여있다."[542] 李德泂이 말한 "紅門"은 鄭斗源이 서술한 "欄門"과 같은 건축물로서 즉 明代의 패방이다. 이로써 보건대, 黃縣城부터 黃山館驛까지의 역참로 옆에 일찍이 "盧仙故里"의 패방이 있었던 듯하다.

《(同治)黃縣志》의 기록에[543] 의하면 , "'盧仙勝跡'(의 패방)은 (黃縣)縣 서남쪽 20리에 있었다." 黃縣城 서쪽 20리 거리에 있었던 급체포는 "南鸞鋪"이며, 그 위치에 있던 것은 "盧仙故里" 패방이었던 것을 고려해본다면 중국 지방지에서 언급한 "盧仙勝跡" 패방은 "盧仙故里"의 패방과 같은 것을 지칭하는 것으로 보인다. 즉, 明末에 "南鸞鋪"부근에 "盧仙故里"의 패방이 있었으며 이 패방이 있는 작은 길을 따라가다보면 盧山에 닿을 수 있었다. 다만 "盧仙勝跡"에 대한 명칭은 조선사신마다 조금씩 다르게 사용하여서, 盧仙勝述, 盧仙古里, 盧仙遺蹤, 盧仙故里 등 다양하게 호칭하였다. 그러나 같은

---

540   "산 깊은 곳에 띠집을 짓고 茯苓을 먹으니 길에서 秦에서 도망친 博士 盧씨를 만났네(結茆窮山啖松腴, 路逢逃秦博士盧。)"松腴(송유)는 茯苓의 다른 이름이다. (宋)蘇軾撰　(宋)王十朋集註　(宋)劉辰翁批點, 《東坡詩集注》卷四,〈送喬仝寄賀君六首〉,四部叢刊景宋本

541   "盧敖秦始皇召以爲博士, 使求神仙, 一去而不返。"(宋)蘇軾撰　(宋)王十朋集註　(宋)劉辰翁批點, 《東坡詩集注》卷四,〈送喬仝寄賀君六首〉,四部叢刊景宋本

542   "盧山在縣西南二十五。晉盧童子九歲屈此, 餌茯苓升仙, 唐(實爲宋代,筆者注)封'沖禧真君'。有欄門, 書之曰：'盧仙故里'"(朝)鄭斗源《朝天記地圖》〈黃縣圖〉

543   "'盧仙勝跡'(坊表)在(黃縣)縣西南二十里"《(同治)黃縣志》卷之二〈坊表〉,清同治十年刻本

龍口市 蘆頭鎭 前欒村 村碑(좌측)
南欒河橋에서 멀린 바라본 盧山(우측) (집필진 답사 촬영)

역참로를 왕래하였기 때문에 가리키는 곳은 모두 같은 동일한 지역과 동일한 점포였다. 간단히 말해서, 明代의 "盧仙故里"패방의 소재지는 黃縣 서쪽 20리에 있는 급체포인 南欒鋪였다.

여러 번 龍口市 地方史志 편찬 작업에 참여하였고, 황현 역참로를 아주 잘알고 있는 龍口市 黃山館鎭 大泊子村 주민 孟健(男 , 70)씨의 설명에 따르면, 황현성으로부터 역참로를 따라 출발하면 황현성 서쪽 20리 거리에 있는 南鸞鋪, 속칭 "官道欒家"에 이르게 된다. "官道欒家村"은 "前欒村"과 "後欒村"으로 나뉘었다. 明代 초기에 雲南에서 이주해온 주민이 官道 남쪽 옆에 마을을 세우고 거주지를 정하였으므로 이때문에 欒姓의 주민이 매우 많아졌다. 그러므로 이곳은 "官道前欒村"이라고 불리기도 했으며, 현재는 간략히 "前欒村"이라고[544] 불린다. 즉 , 明末 조선사신들이 경유한 황현의 급체포 "南鸞鋪"은 지금의 龍口市 蘆頭鎭 前欒村이다.

관련 지방지의 기록에[545] 의하면, 南欒鋪의 명칭과 연혁은 明末부터 民國 초까지는 南欒鋪라고 불렸고 黃縣 盧山都南欒社에 속하였다가 1917년에 官道欒家村이라고 불리며, 黃縣 第十四區에 속하였다. 1930년에는 官道欒家와 前欒村의 두 가지 명칭이

544 曲長征 ,《龍口市村莊志》, 農業出版社 , 1991 , pp.675-676

545 (明)徐應元 纂修 ,《(泰昌)登州府志》卷之五〈地理志一·官署〉, 河南省圖書館藏版/《(康熙)黃縣志》/《(乾隆)黃縣志》/《(嘉慶)大淸一統志》卷一百七十三〈登州府〉, 四部叢刊續編景舊鈔本/《(同治)黃縣志》/《(光緒)增修登州府志》/《(民國)山東通志》/龍口市人民政府地名辦公室 ,《山東省龍口市地名志》, 1992 , pp.9-59/p.153.

병존했고 黃縣 第五區(汶南區)에 속하게 되었고 1948년에는 前欒村으로 불리어 黃縣 汶南區에 속하게 되었다. 1950년부터 1953년까지는 前欒村이라는 명칭으로 黃縣 第 八區 香坊鄕에 속했으며 1958년에는 前欒村이라는 명칭으로 黃縣 火炬人民公社에 소속되었다. 1970년부터 1984년까지 역시 前欒村으로 칭해졌고 黃縣 蘆頭人民公社 에 소속되었다. 1984년부터 1986년까지 前欒村으로 불렸으며 龍口市 蘆頭鎭에 소속 되었다.

安璥은 《駕海朝天錄》 중에서 다음과 같이 이어지는 여정의 경유지를 기록하였다. "(7월)초5일에 일찍 출발하였다. 서쪽으로 20리쯤 거리에서 큰 하천을 건나게 되는데, 이름을 '稚乃河'라고 한다."[546] 稚乃河의 명칭은 관련 지방지 중에 보이지 않는다.[547] 그 러나 서쪽으로 황현성으로부터 20리 거리에 있다고 했으니 마땅히 황현의 안에 있는 南欒河일 것이다.

前欒村 서쪽에 위치한 老煙灘公路. 현재 S302 省道의 南欒河橋(집필진 답사 촬영)

南欒河는 황현의 "서쪽 20리 거리에 있으며 林家口山에서 발원하여 永文河에서 합류하여 바다로 들어간다."[548] 明代 末期부터 지금까지 永文河의 지류였던 南欒河는 명칭이 변했던 적 이 없다. 龍口市 南欒河는 龍口市 北馬鎭 南宋 堡東에 위치해있고, 招遠市 美秀頂에서 발원한 하천은 蘆頭鎭, 大陳家鎭, 北馬鎭을 거쳐 泳汶河 (영문하)로 들어간다. 전체의 길이는 18킬로미터, 시내에서의 길이는 13킬로미터이며, 강폭은 평균 80미터 정도 되는 계절성 하류이다.[549]

---

546 "(七月)初五日, 早發, 西距二十里涉大川名曰∶'稚乃河'……" (朝)安璥《駕海朝天錄》

547 《(泰昌)登州府志》,《(康熙)登州府志》,《(光緒)增修登州府志》,《(康熙)黃縣志》,《(乾隆)黃縣志》,《(同治) 黃縣志》等.

548 (淸)李蕃, 範廷鳳等 纂修,《(康熙)黃縣志》卷之一〈山水〉, 淸康熙12年(1673)刻本版/(明)徐應元 纂修, 《(泰昌)登州府志》卷之六〈地理志二·山川〉, 河南省圖書館藏版.

549 山東省龍口市史志編纂委員會 編,《龍口市志》, 齊魯書社, 1995, p.62.

6.2 北馬鋪(北馬重鎭/北馬鎭/北馬鎭鋪/北馬店/白馬鋪)

安璥의《駕海朝天錄》중에서 북경행의 기록을 보면 1621년 7월 5일에 安璥이 황현을 출발하여 이동한 여정이 보인다.

> (7월)초5일, 맑음. 아침에 (黃縣城을) 출발해서 , 서쪽으로 20리쯤 가서 큰 하천을 건넜는데 이름이 稚乃河였다. 길 가운데 題門이 있었는데, '盧仙勝跡'이라 했다. 30리 즈음에 碑가 있는데, '登州-萊州界'라고 쓰여 있었다. 남쪽으로는 黃山이 있고 , 북쪽으로는 해안이 보였다. 넓은 들판은 눈이 닿는곳까지 펼쳐져 있었다. 하천은 대부분 바다와 가까웠지만 潮汐의 흔적은 보이지 않았다. 흰 백사장과 평원이 곳곳에 보이고 숲과 나무 사이에는 반드시 마을과 밭이 있다. 또 題門이 나왔는데, '東牟首邑'과 '北馬重鎭'이라고 쓰여 있었다. 60리를 이동하니 黃山驛이었고 말을 교체했다. ……저녁에 朱橋驛에 들어서 翰林客館에서 유숙하였다. 이날 120리를 이동했다고 한다. (七月)初五日 , 晴。早發(黃縣城) , 西距二十里涉大川名曰：稚乃河。路中題門曰：盧仙勝跡。三十里立碑曰：登州-萊州界。南有黃山 , 北濱於海 , 廣野極目 , 大槪川多近海 , 而未見潮汐之痕。百沙、平原處處 , 林樹之間必有村莊矣。又題門曰：東牟首邑、北馬重鎭。行六十里 , 是爲黃山驛 , 遞馬。……暮 , 入朱橋驛 , 宿翰林客館。是日 , 行百二十里云。

安璥은 황현을 출발하여 20리쯤 가서 황현 南欒鋪의 "盧仙勝跡" 패방(지금의 龍口市 蘆頭鎭 前欒村)을 지났고 稚乃河(지금의 龍口市 南欒河)를 지난 후에 30리쯤 가서 "登州-萊州界"의 石碑를 보았다. 멀리 남쪽 끝으로는 "黃山"이 바라다 보였고 지세는 평탄했으며, 인가가 모여 있었다. 이곳에서 安璥은 또 "東牟首邑"과 "北馬重鎭"의 두 패방을 보았다. 역참로를 60리 이동한 후 安璥 일행은 黃山館驛에 도착하였고 黃山館驛에서 말을 교체한 후에 계속 이동하여 저녁 무렵 萊州府 掖縣의 朱橋驛에 도착했다. 여기서 주의할 점은 "登州-萊州界"石碑와 "東牟首邑"패방, "北馬重鎭"패방은 동일한 장소에 있었는가 하는 것이다. 즉 이 세 곳은 황현 서쪽 30리에 있는 급체포인 北馬鋪 부근이었을까?

먼저 "北馬重鎭"패방은 명확하게 北馬鋪를 가리키고 있다. 명대《(泰昌)登州府志》의 기록을 보면 , 明末에 黃縣城 부근에 열리는 시장 외에 黃縣城 밖에서 열리는 3대장 중의 하나가 北馬鋪에 서는 北馬集 시장이었다. 즉 明代 末期에 北馬鋪 부근 지역은 이미 인구가 많고 경제가 발달한 곳이었으며 이것은 아마 安璥이 묘사한 "숲과 나무 사이에는 반드시 마을과 밭이 있다"라는 기록과 일치할 것이다. 安璥의 말에 따르면, 黃縣城 서쪽으로 30리를 가면 "萊州-登州界"石碑를 볼 수 있다고 하였다. 그러나 서쪽으로 黃縣城으로부터 30리 거리에 있는 지점은 바로 北馬鋪이다. "登州-萊州界" 石碑가 黃縣 北馬鋪에 있지는 않았을 것이다.

《龍口市志》의 기록[550]에 의하면, "金 天會연간 僞齊의 劉豫는 황현 서남 지역과 掖縣 동쪽 지역(羅鋒鎭에) 招遠縣을 두었고, 黃縣界 경계지역 하천의 서쪽과 黃山, 蹲犬山(준견산), 盧山, 石城山 등 여러 산의 서남쪽 및 黑山 이남 지역을 분할하려고 하였다. 그후 중화민국에 이르러 기본적인 경계지가 확정되어 서쪽과 북쪽으로 渤海의 해안에 임하고, 남쪽과 동남쪽으로 招遠縣과 棲霞縣과 이웃하며, 동쪽으로는 봉래현과 접경하게 되었다." 즉 연혁으로 본다면 황현의 영역은 明, 淸 시기 이후로 비교적 큰 변동이 없었으므로 등주부로부터 래주부까지의 역참로를 따라서 조선사신이 登州-萊州界에 도착했다면 마땅히 황현성 서쪽으로부터 110리의 떨어진 곳일 것이다.[551] 登州-萊州界는 萊州府 掖縣과 招遠縣의 접경지인 新城이 된다. 이에 관해서는 후술하겠다.

그 다음으로《(康熙)黃縣志》의 기록[552]에 의하면, "東牟首邑"의 패방은 "界河東崖"에 위치해 있었다. 界河는 황현 서쪽 60리 거리에 있는 招遠縣의 경계를 이루는 하천으로서 黃山 북쪽 分水嶺에서 발원하여 黃山館을 따라서 바다로 들어간다. 그렇다면 "東牟首邑"의 패방은 황현 서남쪽 60리, 즉 登州府 黃縣과 招遠縣의 경계에 있는 하

---

550 山東省龍口市史志編纂委員會 編,《龍口市志》, 齊魯書社, 1995, p.42.

551 "黃縣西至招遠縣界八十里", "招遠縣西至掖縣(屬萊州, 與招遠縣接壤)界六十里"。(明)徐應元 纂修,《(泰昌)登州府志》卷之六〈地理志二·疆域〉, 河南省圖書館藏版..

552 (淸)李蕃, 範廷鳳等 纂修,《(康熙)黃縣志》卷之一〈疆域志·山川〉/ 卷之二〈建置志·坊表〉, 淸康熙12年(1673)刻本版.

천의 동쪽 강가에 있었을 것이다. 이곳은 황현의 황산관역과 비교적 가까운 지역인데, 관련 내용은 후술하겠다. 간략히 말하면, "登州-萊州界"의 石碑와 "東牟首邑", "北馬重鎭"의 패방은 모두 동일한 곳을 가리키는 것이 아니고 황현으로부터의 이정은 각각 110리, 60리, 30리가 된다.

　그렇다면 安璥은 왜 "萊州-登州界"石碑에 대한 기술을 黃縣의 北馬鋪와 함께 두었을까? 1621년 7월 5일 당일에 安璥은 登州府 黃縣과 北馬鋪, 黃山館驛, 登州府 招遠縣 북부, 萊州府 掖縣 朱橋驛을 거쳐갔다. 이렇게 장장 120여리에 달하는 노정 중에 안경은 주로 주요한 지리적 표지인 "萊州-登州界" 石碑, "東牟首邑"패방, "北馬重鎭"패방 등만 기록하였다가 이후에 정리하는 과정에서 "東牟首邑"패방의 의미(즉 등주로 들어가는 문이라는 뜻)와 "北馬重鎭"패방의 방위(즉 황현 서쪽 30리), 그리고 "萊州-登州界" 石碑의 방위(즉 황현 서쪽 110에 있는 萊州府 掖縣과 招遠縣의 경계)를 혼동하여 "萊州-登州界" 石碑의 위치를 황현 北馬鋪로 잘못 기록한 것일 가능성도 있다. 정확한 사실은 좀더 고증해볼 필요가 있겠지만, 어쨌든 安璥의 北馬鋪에 대한 기록은 明末 황현 北馬鎭에 대한 기록을 풍부하게 하였으며, 적어도 명나라 중후기부터 시작해서 황현 北馬鎭은 중요한 전략 요충지가 되기 시작했음을 증명한다.

　1621년 7월 5일, 安璥은 이 구역의 역참로를 지나면서 현지인들이 "6월에 비가 뿌리고 메뚜기떼가 들을 덮었다"고 말하는 것을 들었는데, 역참로를 따라가면서 메뚜기떼의 피해를 입은 마을 주민들이 "밭에서 깃발을 흔들며 메뚜기를 쫓아내고 땅을 파서 불로 태우고 매장하는 것과 관아의 명으로 메뚜기를 잡거나 잡아서 먹는"[553] 모습이 보였다. 당일에 安璥은 어느 명나라 사람의 부채에 시를 써서 주면서 당시 보았던 풍경에 대한 감상을 서술하였다.

　　〈부채에 題하여 쓰다〉

　　메뚜기 떼가 뿌리 속까지 해치니 , 들판에는 먹을 것이 없네.

553　"六月灑雨 , 蝗蟲蔽野 ", "田畝之上 , 揮旗驅之 , 或掘坎火埋 , 或官令捕之 , 或捕而食之" (朝)安璥,《駕海朝天錄》

하늘이 내린 재앙이 어찌 우연이랴. 오랑캐가 중국을 침범하였음이라.

〈題人扇〉
蝗賊害心根 , 田野無所食。
天災豈偶然 , 夷狄侵中國。

이 시는 주로 메뚜기가 농작물의 근본을 상하게 하여 밭에는 이미 먹을 식량이 없게 되었다는 상황을 서술하면서, 이러한 자연 재해는 우연한 것이 아니라 後金이 明代를 침략하였기 때문에 초래한 재앙이라고 여긴다는 자신의 생각을 피력하였다. 여기서 메뚜기는 쌍관의 의미를 가지는데, 하나는 벼를 먹는 해충이며 또 명나라를 침략한 後金을 가리키므로 이 시에서 安璥은 後金이 明을 침략한 것에 대한 한탄을 드러내었다.

1622년 3월 4일, 安璥은 귀국길에 北馬鋪에서 유숙할 때 또 〈생각나는 대로 적다(口占)〉라는 시를 남겼다.

〈생각나는 대로 적다〉

朱橋에서 물을 건너 徐鄕城으로 들어왔으니
麻姑를 방문하여 마을 이름의 유래를 물으려네.
北馬鎭 중에 술을 파는 가게가 있으니
나그네가 이곳에서 踏歌의 노래소리 듣누나.

〈口占〉
朱橋還渡入徐城 , 欲訪麻姑問里名。
北馬鎭中沽酒肆 , 行人來聽踏歌聲。

口占(구점)은 詩文을 지을 때 초고를 쓰지 않고 말이 나오는 대로 적는 것이다. 이 시의 앞 1,2구는 萊州府 掖縣 朱橋驛에서 출발하여 招遠縣과 황현 사이 경계가 되는 하천을 건너 황현의 徐鄕城에 도착하였고, 후에 麻姑를 방문하여 마을의 명칭에 대해 문

의하려 한다고 서술하였다. 徐城과 麻姑는 황현 徐鄕城과 "麻姑仙里"의 약칭이다. 3
구와 4구는 작자가 사신의 임무를 완성하였고 곧 등주에 도착하여 배를 타고 귀국하
게 되었으므로 가벼운 마음으로 황현 北馬鋪의 술집에서 기분 좋게 술을 사먹고 노래
를 듣는 모습을 묘사하였다. 踏歌(답가)는 蹋歌(답가)라고도 하는데 손을 잡고 노래를
부르며 발로 땅을 굴러 박자를 맞추는 것이다.[554]

　　이 밖에 주의할 만한 것은 "白馬鋪"에 대한 기록이다. 申悅道가《朝天時聞見事件
啟》에서 "白馬鋪"를 언급한 외에 다른 조선사신의 기록 중에는 이 명칭이 발견되지 않
으며 관련된 지방지 중에서도 白馬鋪와 관련된 기록은 없었다. 龍口市 학예사 孫建義
주임에게 문의하니 , 龍口(黃縣) 현지에서는 "白馬鋪"를 "bó mǎ pù"로 음하는데 이
것은 "北馬鋪"를 龍口 방언으로 "bó mǎ pù"로 발음하는 것과 일치한다. 즉, 龍口市
(黃縣)의 방언으로는 "北"과 "白"의 발음이 모두 "bó"라는 것이다. 그러므로 조선사신
단이 수행하는 역관이 申悅道에게 "北馬鋪"를 번역해줄 때 현지인의 방언에 따라 "北
馬鋪"를 "白馬鋪"로 바꾸어 설명했을 가능성이 매우 크다. 그외에 조선사신이 기록한
'北馬鎭鋪'와 '北馬店'도 모두 "北馬鋪"를 가리킨다. 孟健씨의 소개에 따르면 , 이전에
봉래로부터 황현에 이르는 역참로는 北馬鎭 가운데를 가로질렀으며 현재 北馬鎭의
北馬大街가 곧 원래의 역참로를 기초로 하여 더 확장하여 닦은 길이다.

北馬鋪를 관통하였던 역참로 유적지, 지금은 北馬鎭의 北馬大街가 됨. (집필진 답사 촬영)

554　"이백이 배를 타고 떠나려할 때 홀연히 강가에서 踏歌 소리 들려왔네(李白乘舟將欲行, 忽聞岸上踏歌
　　聲)." (唐) 李白,〈贈汪倫〉

孟健씨의 안내로 필자일행이 찾은 Y058도로(北馬鎭 부근)의 한 구간.
이 구간의 도로는 옛 역참로의 유적지 위에 닦은 것이다. (집필진 답사 촬영)

관련된 지방지의 기록에[555] 의하면 , 黃縣 서쪽 30리 거리에 있는 北馬鋪의 명칭 변화와 연혁은 다음과 같다. 明末-淸中期, 北馬鋪는 黃縣 乾山都 北馬社 소속 → 淸 嘉慶 22년(1817), 北馬鋪/北馬集으로 黃縣 乾山都 北馬社 소속 → 民國6년(1917), 北馬鋪/龍馬鎭으로 黃縣 第十五區 소속 → 1930-1943년, 北馬集/北馬鎭으로 黃縣 第六區 소속 → 1948년, 방위에 따라 北馬西村, 北馬南村, 北馬東南村, 北馬北村, 北馬東北村의 5개 村으로 나뉜 후 北馬로 총칭하여 黃縣 北馬區 소속 → 1953년, 5개의 村으로 黃縣 六區 北馬鎭 소속 → 1958-1986년, 5개 村을 東南村, 西村, 北村, 南村, 東北村으로 약칭하고 黃縣 北馬人民公社 소속 → 1986년부터 지금까지, 5개 村은 여전히 北馬西村, 北馬南村, 北馬東南村, 北馬北村, 北馬東北村을 불리며 龍口市 北馬鎭 소속이다.

6.3 "麻姑仙里"坊表(麻姑故里/麻姑仙跡), 廣河, 徐鄕城

조선사신들은 황현의 北馬鋪를 지난 후에 황현 서쪽 40리 즈음을 지나면서 "麻姑

555 (明)徐應元 纂修,《(泰昌)登州府志》卷之五〈地理志一·官署〉, 河南省圖書館藏版/《(康熙)黃縣志》/《(乾隆)黃縣志》/《(嘉慶)大淸一統志》卷一百七十三〈登州府〉, 四部叢刊續編景舊鈔本/《(同治)黃縣志》/《(光緒)增修登州府志》/《(民國)山東通志》/龍口市人民政府地名辦公室,《山東省龍口市地名志》, 1992, pp.9-59/p.143.

仙里"의 패방을 볼 수 있었으니, 李民宬과 鄭斗源의 기록은 明末 "麻姑仙里" 패방의
존재에 대한 증명이 된다.

> 1) 황현으로부터 서쪽으로 黃山驛까지 60리 여정이다. ……40리를 이동
> 하면 欄門이 있는데 "麻姑仙里"라고 쓰여있다. 옛날에 麻姑가 牟州에
> 서 도를 닦고 신선이 되었다. (마고는) 宋 政和 연간에 眞人에 봉해졌고
> (사묘는) 重和 初에 顯異라는 편액을 하사받았다. 사묘가 여전히 있다.
> 自黃縣, 西至黃山驛, 六十里程也。……行四十里, 有欄門, 書之
> 曰: "麻姑仙里"。昔麻姑修道於牟州升仙。宋政和間, 封眞人, 重和
> 初, 賜額曰: 顯異。有廟存焉。(鄭斗源《朝天記地圖》)

> 2) (6월)25일, 甲申, 黃山驛에 도착했다. 아침에 황현을 출발하여 北馬鎭
> 鋪에서 점심을 먹었고 麻姑故里를 지나 黃山驛에 도착하였다. 麻姑는
> 牟縣의 姑餘山에서 수도하였는데, 바로 이곳이라고 한다. 황산역은 황
> 현에 속해있으며, 縣治로부터 60리 거리에 있다. (六月)二十五日,
> 甲申, 到黃山驛。早發黃縣, 做中火於北馬鎭鋪。過麻姑故里, 抵黃
> 山驛。麻姑修道於牟縣之姑餘山, 即此地云。驛屬黃縣, 距縣治六十
> 里。(李民宬《癸亥朝天錄》)

　　1)은 鄭斗源의《朝天記地圖》이고 2)는 李
民宬의《癸亥朝天錄》으로 모두 북경행 여정
중에서 보았던 "麻姑仙里"패방에 대해 서술
하였다. 1)과 2)는 모두 麻姑가 姑餘山에서 수
도하고 신선이 되었다고 설명하였으며 이것
은 중국 지방지의 기록과 일치한다. 麻姑가
태어난 곳으로 여겨진 黃縣은 지금의 龍口市
이고, 姑餘山은 즉 大昆嵛山으로 지금의 煙
台市 牟平區에 있는 昆嵛山이라고 하는데,

그림 가운데 패방은 조선사신이 말한 "麻姑仙跡",
즉 "麻姑仙里"패방이다. 왼쪽은 마땅히 鄭斗源이
말한 사묘일 것이다.(《黃縣圖》《朝天圖》
한국육군박물관 소장본)

사실상 姑餘山은 황현과 거리가 있다. 李民宬이 2)에서 황현이 姑餘山의 소재지라서 "麻姑仙里"가 되었다고 생각한 것은 현지인들의 잘못된 소개를 옮긴 것인 듯하다.

아래에서 조선사신과 중국 지방지의 기록을 참조하여 "麻姑仙里"에 대한 설명을 조금 더 상세하게 살펴볼 수 있을 것이다.

1) 麻姑는 여신선이다. 그녀가 어릴 때 정혼하였는데 남편이 너무 어려서 부모가 다른 곳으로 시집보내려 하자 죽음을 맹세하며 거절하였다. 그녀는 결혼한 후 시부모님을 매우 효성스럽게 섬겼고, 늘 먼 우물가에서 물을 길어다가 밥을 지었다. 하루는 지나가던 노인이 그녀가 길어올린 물을 말이 먹게 해달라고 청하였는데 그녀는 거절하였다. 노인은 말에게 물을 먹여주면 앞으로 물을 긷지 않을 수 있다고 말하며 채찍 하나를 항아리에 넣어 주었다. 그러자 물이 넘쳐서 쓰고도 남았다. 몇 개월 후에 그녀가 간 곳이 없자 시부모는 괴이하게 여기며 항아리를 들여다보았는데, 그 안에는 채찍이 하나 들어 있을 뿐이었다. 그런데 갑자기 항아리에서 물이 넘쳐흘러 마을이 연못이 되었다. 후에 그녀가 姑餘山(고여산)에서 수도하는 것을 보았다고 하는데, 양을 타고 노인을 따르고 있었다고 한다. 그 노인은 전에 말에게 물을 먹이던 사람으로 그녀의 조부였던 것이다. 宋 政和 연간에 (그녀는) 眞人으로 봉해졌다. 元 《夷堅志》에 의하면, 劉氏의 鯉堂(이당) 앞에 큰 홰나무가 있었는데 홀연히 꿈에 한 여자 도사가 나타나 이 나무로 사묘를 꾸미게 해달라고 부탁하였으므로 劉謾(류만)이 허락을 하였다. 며칠 후에 큰 바람이 일어나고 천둥이 치며 홰나무가 있던 자리에서 사라져버렸으므로 곧 麻姑廟에 가보니 홰나무는 그 앞에 누워있었다고 한다. 重和 연간 초에 편액이 내려졌는데, '顯異'라고 하였다. 지금 그 마을을 기념하여 '麻姑仙里'라고 부른다. (金德承《天槎大觀》) 麻姑者 , 女仙也。少時婚定 , 而壻夭 , 父母欲適佗 , 矢死不許。歸事舅姑至孝 , 汲遠井以養 , 有行叟請飮馬其汲 , 女拒之。叟曰 : 馬飮免汲 , 仍贈一鞭置於翁 , 而水溢用裕。踰數月 , 女去無處 , 舅姑怪而視翁 , 有鞭無水 , 忽一村成淵。後見修道於姑餘山 , 騎羊而叟從 , 叟是前日飮馬者 , 而乃女之王父

也。宋政和中封真人 , 元《夷堅志》云 : 劉氏鯉堂前 , 有大槐 , 忽夢一
女官 , 稱麻姑 , 乞此樹修廟 , 劉謾許之。後數日 , 風雷大作 , 失槐所
在 , 諸麻姑廟 , 槐臥其前。重和初 , 賜額曰 : 顯異。今表其鄉曰 : 麻
姑仙里。(金德承《天槎大觀》)

2) 大昆嵛山(대곤유산)은 (寧海)州 동남쪽 40리에 있으며, 嵎夷(우이)는
바닷가 언덕에 있는 명산으로 그 빼어난 경관은 여러 산들 중에 으뜸이
다.《仙經》에 의하면 '姑餘山에서 麻姑가 수년간 修道하고 신선이 되
었는데 남긴 발자국[餘趾]이 여전히 있었으므로 '姑餘(고여)'라고 이
름지었다. 후세에 "姑餘"와 "昆嵛(곤유)"의 소리가 서로 비슷하여 와
전되어 "昆嵛"로도 쓰게 되었다. …… 宋 政和6년(1116) 仙姑虛妙真人
에 봉해졌고, 重和 元年(1118) , 顯異觀의 이름을 하사받았다. 元遺山
의《續夷堅志》에 昆嵛山 石落村 劉氏는 일찍이 해변에서 百丈이나 되
는 큰 물고기를 잡아서 그 뼈를 발라 대들보를 만들고 집을 지어 鯉堂
이라고 하였다. 집 앞에 홰나무 한 그루가 있었는데 그늘이 커서 몇 畝
(묘)를 덮을 정도였다. 홀연히 꿈에 女官이 나타나 자신이 麻姑라고 밝
히며, 이 나무로 사묘를 꾸미게 해달라고 부탁하였으므로 劉濤(류만)
이 허락하였다. 며칠 후에 큰 바람이 일어나고 천둥이 치며 밤처럼 어
두컴컴해지더니, 홰나무가 있던 자리에서 사라져버렸다. 곧 麻姑廟를
찾아가 보니, 홰나무는 이미 그 앞에 누워있었다고 한다.《齊乘》大
昆嵛山(寧海)州東南四十里 , 嵎夷 , 岸海名山也。秀拔爲群山之冠。
《仙經》云 : 姑餘山 , 麻姑於此修道上升 , 餘趾猶存 , 因名姑餘。後世
以"姑餘"、"昆嵛"聲相類而訛爲昆嵛。……宋政和六年 , 封仙姑虛妙
真人。重和元年 , 賜號顯異觀。元遺山《續夷堅志》 : 昆嵛山石落村劉
氏 , 嘗於海濱得百丈巨魚 , 取骨爲梁 , 構屋曰 : 鯉堂。堂前一槐 , 蔭
蔽數畝。忽夢女官 , 自稱麻姑 , 乞此樹修廟 , 劉濤許之。後數日 , 風
雷大作 , 昏晦如夜 , 失槐所在 , 相與求之麻姑廟中 , 樹已臥廟前矣。
《齊乘》[556]

---

556   (元)于欽《(至元)齊乘》卷一〈山川〉,清文淵閣四庫全書本

3) 麻姑는 혹자는 建昌 사람이라 하는데, 牟州(모주) 동남쪽 姑餘山에서 도를 닦았다고 하며 宋 政和 연간에 真人으로 봉해졌다. 元《夷堅志》에 실린 이야기를 보면, 劉氏의 鯉堂 앞에 큰 홰나무가 있었는데 홀연 한 女官이 꿈속에 나타나 자신이 麻姑라고 밝히며 이 나무로 사묘를 꾸미게 해달라고 부탁하였으므로 劉謾이 허락하였다. 유만은 잠에서 깨어나 기이하다고 여겼다. 며칠 후에 큰 바람이 일어나고 천둥이 치더니, 홰나무가 있던 자리에서 사라져버렸다. 즉시 麻姑廟로 가보니, 홰나무는 이미 그 앞에 누워있었다고 한다. 重和 初에 顯異라는 편액이 내려졌다. (《明一統志》) 麻姑 , 或云建昌人 , 修道於牟州東南姑餘山。宋政和中 , 封真人。元《夷堅志》云 , 劉氏鯉堂前有大槐 , 忽夢一女官自稱麻姑 , 乞此樹修廟 , 劉謾許之 , 既寤異。其事後數日 , 風雷大作 , 失槐所在 , 即詣麻姑廟 , 槐已臥其前矣。重和初 , 賜額曰顯異。(《明一統志》)[557]

1), 2), 3)은 각각《天槎大觀》,《齊乘》,《明一統志》중에 실려 있는 登州府의 麻姑 전설에 관한 기록이다. 2)와 3)의 기록은 비교적 일치하는데, 麻姑가 姑餘山에서 수도를 하였고 즉 明代 登州府 寧海州의 "大昆崳山"이 그곳이라고 하였다. 2)에서는 麻姑가 이곳에서 도를 닦아 신선이 되었는데 유적지가 남아있으므로 이곳을 "姑餘"라고 부르게 되었는데, 후대에 "姑餘"와 "昆崳"의 발음이 비슷한데서 혼동하여 "와전되어 '昆崳'라고 하였다"는 것이다. 3)에서는 "麻姑는 혹 建昌人이라고 한다"라고 언급하였는데, 麻姑의 출생지가 어디인지 정확한 언급이 없이 다만 아마도 "建昌"(豫章郡 建昌府, 지금의 江西省 撫州市) 사람일 것이라고 말하였다.

1)에서 麻姑에 관한 서술은 민간 전설과 관방의 기록이 혼합된 내용이다. 明末 황현의 거주민들은 麻姑의 출생지가 황현이고 신선이 되기 전에는 매우 고생스럽고 어려운 생활을 했다고 여겼으므로 麻姑가 비록 姑餘山에서 도를 닦아 신선이 되었지만 황현의 주민들은 그녀가 태어난 곳에 패방을 세우고 기념하였다. 麻姑는 중국고대

---

557 《明一統志》卷二十五〈登州府〉, 清文淵閣四庫全書本

신화 중의 선녀로 여러 지역에 따라 조금씩 다른 麻姑의 전설과 신앙이 전해지고 있기 때문에 지역이 달라지면 麻姑 전설의 내용도 달라지곤 한다. 황현만 가지고 본다면, 관련된 지방지 중에 麻姑에 대한 기록은 다만 "麻姑仙里"의 패방에 관한 내용뿐이다. 어쩌면 지방지를 찬수했던 황현의 지식인들은 민간의 전설을 인정하지 않았던 듯하다.

《(同治)黃縣志》의 기록에 "麻姑仙里 (패방)은 縣 서쪽 40리에 있다"[558]라고 하였으므로, "麻姑仙里" 패방은 틀림없이 황현 서쪽 40리에 있는 官莊鋪에 있었을 것이다. 孟建씨의 설명을 참고하여 고금의 지도를 살펴보면, "官莊鋪"는 지금의 龍口市 龍崗街道의 官道丁家村에 해당한다. 官道丁家村은 黃縣城으로부터 동쪽으로 20km 떨어져 있는데 옛날에 마을 남쪽에 역참로가 있었고 마을 사람들이 그것을 "南官道"[559]라고 불렀다고 한다.

관련된 지방지의 기록에[560] 의하면 , 황현 서쪽 40리에 있는 官莊鋪의 명칭 변화와 연혁은 다음과 같다. 明末-淸中期, 官莊鋪로 黃縣 乾山都 官莊社 소속 → 淸 嘉慶 22년(1817), 官莊鋪/官道丁家로 黃縣 乾山都 官莊社 소속 → 民國6년(1917) 官莊鋪/官道丁家로 黃縣 第二十二區 소속 → 1930-1943년, 官道丁家로 黃縣 第十區 소속 → 1948년, 官道丁家로 黃縣 龍南區 소속 → 1953년, 官道丁家로 黃縣 七區 官道鄉 소속 → 1958년, 官道丁家로 黃縣 閻家店人民公社 소속 → 1970년, 官道丁家로 黃縣 海岱人民公社 소속 → 1986-1992년, 官道丁家로 龍口市 海岱鎮 소속 → 2001년, 官道丁家로 龍口市 黃山館鎮 소속 → 2005년부터 지금까지 , 官道丁家村으로 불리며 龍口市 龍港街道 소속이다.

"麻姑仙里" 패방이 있던 황현 "官莊鋪"를 지난 후 , 조선사신 鄭斗源은 《朝天記地

---

558 "麻姑仙里(坊表) , 在縣西四十里", (淸)尹繼美等 纂修, 《(同治)黃縣志》卷之二〈營建志·坊表〉, 淸同治十年(1871)刻本版.

559 曲長征, 《龍口市村莊志》, 農業出版社, 1991, p.529.

560 (明)徐應元 纂修, 《(泰昌)登州府志》卷之五〈地理志一·官署〉, 河南省圖書館藏版/《(康熙)黃縣志》/《(乾隆)黃縣志》/《(嘉慶)大淸一統志》卷一百七十三〈登州府〉, 四部叢刊續編景舊鈔本/《(同治)黃縣志》/《(光緒)增修登州府志》/《(民國)山東通志》/龍口市人民政府地名辦公室, 《山東省龍口市地名志》, 1992, pp.9-59/p.138.

龍口市 龍港街道 官道丁家村의 村碑(집필진 답사 촬영)

圖》에서 "(黃縣城 서쪽으로) 50리를 이동하여 廣河를 건넜는데 하천의 넓이가 黃水와 같았다"[561]라고 기술하였다. 鄭斗源의 기록에 의하면, 廣河는 아마도 황현 서쪽 50리에 위치한 "界首鋪"에 있었을 것인데 明末부터 界首鋪 부근에는 "界河"라고 불리는 작은 하천이 하나 흐르고 있었다. 淸《(康熙)黃縣志》의 기록에 의하면, "界首河는 (黃縣) 서쪽 45리 거리에 있고 黃山에서 발원하여 馬停寨(마정채)에서 바다로 들어간다"[562]라고 하였다.

현재 官道丁家村에 仙姑과 관련된 유적이 남아 있는 것은 없고 단지 전설과 민간신앙으로만 남아 있는데, 아마도 현지에서 麻姑와 관련된 역사 유적은 차츰 사라져버린

官道丁家村 서측의 옛 역참로 유적

---

561 "(自黃縣城西)行五十里, 涉廣河, 河之大如黃水" (朝) 鄭斗源,《朝天記地圖》
562 "界首河, (黃縣)西四十五里, 發源黃山, (於)馬停寨入海" (淸)李蕃, 範廷鳳等 纂修,《黃縣志》卷之一 〈疆域志·山川〉淸康熙12年(1673)刻本版.

듯하다. 그런데 黃縣에서 掖縣으로 가는 옛 官道가 지금도 일부 구간 남아 있다는 주
민의 증언에 따라 필자 일동은 현지조사를 실시하였고 官道丁家村에서 西南 300m
떨어진 곳에서 옛 역참로를 발견하였다. 역참로는 길이가 약 330m, 폭이 3m로 단단
히 다져진 흙길이었고 길은 동서 방향으로 나 있었다. 閻家店村 村民 閻加桂(男 , 91歲)
의 설명에 따르면 자신은 이곳에서 태어나고 자랐지만 어렸을 때부터 마고와 관련된
유적을 보거나 전설을 들어본 적이 없으며, 다만 근처의 유적지라면 官道丁家村 西南
의 八里沙河의 東岸에 일찍이 龍王廟가 하나 있었으나 1970-80년대에 철거되었다 한
다. 1950년대에는 그 묘에 배향하는 사람이 꽤나 많았다고 하는데 용왕묘가 있던 위치
가 정두원이 언급한 마고묘와 정확히 일치하므로 아마도 정두원이 언급한 마고묘가
바로 1950년대의 용왕묘가 아닐까 추측된다.

그리고 鄭斗源이 말한 廣河는 界首河이며, 지금의 용구시에 흐르는 八里沙河가 그
하천이다. 八里沙河는 용구시 서남부에 위치해있는데 龍港街道 曹家村의 남측을 지
나가는 하천으로 招遠市 馬格莊 東南山에서 발원하여 남쪽으로 흘러 시내의 北馬鎭
과 龍港街道 지역을 지나 북쪽으로 향해 渤海로 들어간다. 총 길이는 15킬로미터이고
시내에서의 길이는 9킬로미터이며, 하천의 평균 폭은 30미터로 계절성 하천에 속한
다.[563]

또 安璥은《駕海朝天路》의 귀국길 여정에서 다음과 같이 기록하였다. "(10월)초4일,
맑음. 아침에 출발하여 朱橋馹(주교일)을 지났다. ……徐卿城(서경성)과 麻姑故里를 지
나 저녁에는 北馬鎭에 도착하여 劉씨의 집에서 유숙하였다. 이날 110리를 이동하였

官道丁家村 西南에 남아 있는 古驛道西側 끝에 위치한 八里沙河와 八里沙河의 안내판

563　龍口市人民政府地名辦公室,《山東省龍口市地名志》, 1992, p.289。

다."[564] 安璥이 기술한 바에 따르면, 래주부 액현 朱橋馹로부터 등주부 황현의 北馬鎭까지 차례로 徐卿城과 麻姑故里를 경유한 셈이다.

安璥은 아마도 황현 서쪽 50리에 있는 "徐侯封境"패방을[565] 보았기 때문에 "徐卿城을 지났다"는 기록을 남겼을 것이다. 徐卿城은 즉 "徐鄉城"과 같은 곳으로 徐鄉城은 황현에 속하였으며 漢나라 때 東萊郡 소속의 縣으로 설치되었으니 漢 武帝가 膠東의 共王子를 徐鄉侯에 봉했다는 곳이 곧 여기이다.[566] 徐鄉城의 명칭의 유래에는 두 가지 설명이 있는데 "徐福이 신선 되기를 구하였기 때문에 이를 따라 이름을 붙였다"[567]는 설명과 또 다른 하나는 "徐鄉城(서향성)은 곧 士鄉城(사향성)이다. 士와 徐는 음이 서로 전환된다"는[568] 설명이다.

徐鄉城의 구체적인 위치에 대해서는 대략 다음과 같은 세 가지 설이 있다. 첫번째로, "徐鄉城은 황현 지역 안에 있다."[569] 두번째로, "徐鄉城은 서남쪽 50리에 있다."[570] 세번째로, "徐鄉城은 縣 서북쪽 50리에 있다."[571] 그러나 관련된 지방지들을 찾아보아도 徐鄉城의 역사는 너무 오래전이라 "지금은 살펴볼 유적이 남아있지 않다"[572]는 것이 대부분이다. 현재의 학자들은 역사고고학에서 발굴된 유물들로 미루어보아 徐鄉城이 대체적으로 "서남쪽 50리 거리에 있었다"는 것과 "縣 서북쪽 50리에 있었다"는 기록은 잘못된 것으로 보고 있으며, 아마도 "서북쪽 15리"[573]에 있었다는 기록이 맞는 것

---

564 "(十月)初四，晴。早發過朱橋馹，……過徐卿城、麻姑故里，夕抵北馬鎭宿劉姓家，是日行百十里。" (朝) 安璥,《駕海朝天路》

565 (淸)李蕃，範廷鳳等 纂修，《(康熙)黃縣志》卷之二〈建置志·坊表〉，淸康熙12年(1673)刻本版.

566 (明)陸釴等 纂修，《(嘉靖)山東通志》卷之二十八，明嘉靖刻本版.

567 "蓋以徐福求仙爲名" (元)于欽,《齊乘》卷一，中華書局2012年版，p.359.

568 "徐鄉城即士鄉城，士與徐爲音轉" (淸)葉圭綬 撰,《續山東考古錄》卷十一〈登州府沿革上·黃縣〉，淸咸丰元年(1851)刻本版

569 (明)徐應元 纂修，《(泰昌)登州府志》卷之六〈地理志二·古迹〉，河南省圖書館館藏版/(明)陸釴等 纂修，《(嘉靖)山東通志》卷之三十四，明嘉靖刻本版. "徐鄉城，在黃縣界內"

570 "徐鄉城，西南五十里" (淸)袁中立，毛贄等 纂修，《黃縣志》卷之二〈疆里志·古迹〉，淸乾隆21年(1756)刻本版/ (淸)李蕃，範廷鳳等 纂修，《黃縣志》卷之一〈古迹〉，淸康熙12年(1673)刻本版.

571 "徐鄉城，在縣西北五十里"，(淸)方汝翼等 纂修，《(光绪)增修登州府志》卷之四〈古迹〉，淸光绪七年(1881)刻本版

572 "今遺址無考"，(淸)方汝翼等 纂修，《(光绪)增修登州府志》卷之四〈古迹〉，淸光绪七年(1881)刻本版

573 山東省龍口市史志編纂委員會 編，《龍口市志》，〈徐福籍贯学术研讨会纪要〉，齊魯書社，1995，pp.873-874.

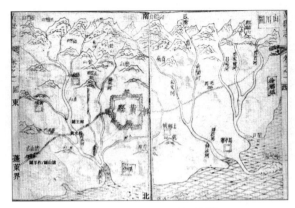

黃縣〈山川圖〉, 淸《(康熙)黃縣志》[574]

으로 보고 있다. 즉 현재 학계에서 보편적으로 인정하고 있는 것은 徐鄕城이 곧 士鄕城이고 지금의 龍口市 徐福鎭 北鄕城村 남쪽이라는 것이다.

잠시 徐鄕城의 의미를 차치하고 지명의 위치만 놓고 이야기하면, 安璥과 중국 지방지의 기록이 작성된 명대 말기에 황현 서남쪽 50리에는 확실히 "徐侯封境"의 패방이 있었을 것이고 황현성으로부터 역참로를 따라 서쪽으로 50리를 가면 "界首鋪"에 닿을 수 있었다. 그 명칭을 생각해보면 역참이 界首河의 옆에 있었으므로 "界首鋪"라고 명명한 것이 분명하니, 현지 조사한 자료와 종합적으로 살펴보면, "界首鋪"는 지금의 龍口市 龍崗街道 閻家店村이다. 安璥 일행이 경유한 "徐卿城"은 즉 "徐侯封境"의 패방이었으며 이 패방은 황현 서쪽 50리 거리의 "界首鋪", 즉 지금의 龍口市 龍崗街道 閻家店村(염가점촌)에 있었을 것이다.

관련된 지방지의 기록에[575] 의하면, 黃縣 서쪽 50리에 있는 界首鋪의 명칭과 연혁의 변화는 다음과 같다. 明末, 界首鋪로 黃縣 乾山都官莊社 소속 → 淸 嘉慶22년(1817) 界首鋪/閻家店으로 黃縣 乾山都官莊社 소속 → 民國6년(1917) 界首鋪/閻家店으로 黃縣 第

574　(淸)李蕃, 範廷鳳等 纂修, 《(康熙)黃縣志》卷首圖〈山川圖〉, 淸康熙12年(1673)刻本版.
575　(明)徐應元 纂修, 《(泰昌)登州府志》卷之五〈地理志一·官署〉, 河南省圖書館藏版/《(康熙)黃縣志》/《(乾隆)黃縣志》/《(嘉慶)大淸一統志》卷一百七十三〈登州府〉, 四部叢刊續編景舊鈔本/《(同治)黃縣志》/《(光緒)增修登州府志》/《(民國)山東通志》/龍口市人民政府地名辦公室, 《山東省龍口市地名志》, 1992, pp.9-59/p.139。

龍口市 龍港街道 大泊子村의 村碑. 마을 남쪽에 있는 역참로 유적(집필진 답사 촬영)

二十二區 소속 → 1930-1943년, 閻家店으로 黃縣 第十區 소속 → 1948년, 閻家店으로 黃縣 龍南區 소속 → 1953년, 閻家店으로 黃縣 七區 閻家店鄉 소속 → 1958년, 閻家店으로 黃縣 閻家店人民公社 소속 → 1970년, 閻家店으로 黃縣 海岱人民公社 소속 → 1986-1992년, 閻家店으로 龍口市 海岱鎮 소속 → 2001년, 閻家店으로 龍口市 黃山館鎮 소속 →2005년부터 지금까지, 역시 閻家店村으로 불리며 龍口市 龍港街道 소속이다.

  그밖에 孟健씨가 필자에게 말해준 것은, 이전의 역참로가 閻家店村을 지난 후에 지금의 龍口市 龍港街道 大泊子村(대박자촌)의 남쪽을 경유하였다는 것이다. 大泊子村은 동쪽 황현성으로부터 26km 떨어진 거리에 있고 마을의 서쪽에 큰 물가[水泊]가[576] 있어서 大泊子村이라는 명칭이 붙었다고 하는데, 大泊子村의 마을 주민은 지금은 전부 黃山館 新安新區로 이주하였다. 孟健씨의 안내로 우리는 예전 大泊子村 남쪽의 옛 역참로 유적지를 찾아내었고 현지를 답사하며 살펴본 결과 예전 大泊子村의 남쪽에 있는 옛 역참로 유적지는 동서 방향으로 나 있고 노면의 땅은 단단하게 다져져 있었다. 도로 양쪽으로 농지가 들어와서 현재는 넓이가 약 2미터이고 역참로 유적의 길이는 약 1킬로미터 정도이다.

576   曲長征,《龍口市村莊志》, 農業出版社, 1991, p.942.

6.4 黃山驛(黃山馹/黃山館)

1622년 6월 8일 북경행 여정 중에 있던 조선사신 吳允謙은 황현을 출발하여 오후에 黃山驛에 도착하여 그곳에서 하룻밤을 묵으면서 다음과 같이 기록하였다.

> (6월)초8일, 맑음. 黃縣을 출발하여 未時에 黃山驛에 도착하였다. 60리 정도 이동했고 인부와 말들 때문에 유숙하였다. 역참에 있는데 趙逢吉, 刀學伊의 두 선비가 館舍로 찾아와서, 揖(읍)을 마친 뒤에 물었다. "北京으로 가시는 길인데, 경전에 밝은 뛰어난 선비가 있습니까?" 옆에 있던 젊은이가 응답하여 '바로 이 분이 계시는데 어찌 다른 사람을 구하겠는지요'라고 했다. 그러나 역관이 제대로 통역을 못했기에 제대로 이야기를 나눌 수 없어서 한탄스러웠다. 인사를 하고 나간 후에 두 사람이 술과 고기, 절인 닭, 생선, 계란 등의 물품을 보내주었길래, 흰 종이와 붓, 부채 등으로 답례하였다. (六月)初八日, 晴。發黃縣, 未時, 到黃山驛, 六十里, 以夫馬之故留宿。驛里有士人趙逢吉、刀學伊來見館舍。行揖畢, 問："北京前路, 有明經秀士否乎？"旁有一年少人應聲言, 此乃其人, 何必求他云。譯官不能言, 無以酬酢, 可歎。辭出後, 兩人送酒、肉、鹵雞、子魚、卵等物, 以白紙、筆、扇答禮。(吳允謙《秋灘東槎朝天日錄》)

6월 8일에 吳允謙 일행은 황현성을 출발하여 오후 2시경 황현 黃山驛, 즉 黃山館驛에 도착하였다. 일반적으로 조선사신은 황산관역에서 역마와 일꾼들을 교체한 뒤에 萊州府 掖縣의 朱橋驛으로 향하였다. 그러나 黃山館에서 일꾼과 거마의 문제를 잠시 해결할 수 없게 되어 吳允謙 일행은 그곳에 남아 숙박하였다. 그곳의 驛館에 있던 두 명의 명나라 유생 趙逢吉과 刀學伊이 吳允謙을 방문하였고, 北京으로 가는 여정인데 유가 경전에 통달한 사람이 있는가라고 물었다. 그러자 곁에 있던 젊은이가 조선사신 오윤겸 일행이 유가 경전에 통달한 분들이므로 이분들께 자문하면 된다고 소개했으나 역관이 제대로 통역을 하지 못하였고, 그래서 더 이상 나눌 말이 없자 두 유생은 인사를 하고 돌아갔다. 그러나 두 사람은 그 후에 인사를 겸하여 풍성한 음식을 보내주었고 吳允謙 역시 답례로 조선의 토산품인 종이와 붓, 부채 등의 예물을 보냈다. 명나라의 두 유생은 吳允謙과 깊이있는 대화를 나누지 못하였지만 아쉬운 마음을 위로하기 위해 풍성한 음식물을 보내왔고, 조선사신 역시 조선의 특산품으로 감사한 마음을 표시한 것이다.

한편 趙濈은 《燕行錄(一云朝天錄)》에서 귀국길의 여정 중에 黃山館을 경유한 경험을 다음과 같이 기록하였다. "(3월)18일, 壬申 , 맑음. 아침에 출발하여 新城千戶所를 지나서 黃山館에 도착하여 점심을 먹었다. 여기서부터 바다길을 따라 이동했는데 바다가 가까운 곳은 5리 정도 떨어져 있었다. 저녁에 황현에서 유숙했다. 오늘은 120리를 이동했다."[577] 1623년 3월 18일, 趙濈 일행은 萊州府 掖縣의 朱橋驛을 출발하여 掖縣과 招遠縣의 접경에 있는 新城千戶所(지금의 萊州市 新城鎮 新城村)을 지났으며 정오에 黃山館에서 쉬며 식사를 하였다. 그 후 해안으로부터 5리 정도 떨어진 역참로를 따라 황현으로 이동하였고 해가 질 무렵에 황현에 도착하였다. 趙濈은 黃山館을 지날 때, 〈황산관(黃山館)〉이라는 시 한 편을 남겨 그 가운데 思鄕의 정을 표현하였다.

〈황산관〉

黃山館에 나그네가 들어 오니
오래된 역은 쓸쓸하고 고목은 빽빽하네.
靑魚는 고향의 맛과 비슷하고,
白酒는 낯선 땅의 수심을 사그라지게 하네.
동쪽으로 바다를 베고 누우니 파도가 높고
서쪽으로 경사와 이어지는 길은 아득하여라.
날이 밝은 후 등주에 도착해도 늦지 않으리.
하늘이 바람을 편안케 하고 돌아가는 배를 평온하게 하리라.

---

577 "(三月)十八日，壬申，晴。早發，過新城千戶所，到黃山館中火，自此沿海而行，海近五里。夕，到黃縣宿。今日，行一百二十里。"(朝)趙濈，《燕行錄(一云朝天錄)》

〈黃山館〉

黃山館里客來投，古驛蕭條古木稠。

靑魚卻似吾鄉味，白酒堪消易地愁。

東枕滄溟波浩浩，西連京國路悠悠。

明到登州嗟不晚，天教風便穩歸舟。

(趙濈《燕行酬唱錄》)

1연은 조즙 일행이 사행의 임무를 완성하고 북경으로부터 돌아오는 귀국길에 황현 黃山館에서 투숙하게 되었으며, 3월의 봄 날씨에도 오래 된 黃山館驛은 조금 쓸쓸한 느낌이 들고 고목이 빽빽한 모습을 형용하였다. 黃山館驛은 명나라 洪武9년(1376)에 처음 세워졌고 弘治 元年(1488)에 知縣 范隆(범륭)이 後廳을 중건하였다.[578] 趙濈이 黃山館을 지나던 1623년에 黃山館驛은 이미 240여년의 역사를 가지고 있었다. 2연은 黃山館 안에서 먹은 靑魚의 맛이 조즙이 고향에서 먹었던 맛과 비슷하여 마음 속에 고향을 그리는 마음이 절로 일어난 것이다. 靑魚는 황현의 특산물 중의 하나이다.[579] 趙濈의 原籍은 조선 揚州府 豐壤縣으로 지금의 한국 경기도 남양주시에 해당한다. 3연은 黃山館驛이 해변에 가까워서 멀리 바라보면 바다의 파도가 빛에 반짝이는 것을 볼 수 있음을 서술하였다. 조즙은 또 黃山館驛의 서쪽으로부터 명나라의 京師로 이어지는 사행의 여정을 돌아보며 문득 긴 생각에 잠겼다. 4연은 내일이면 도착할 登州城에서 귀로의 뱃길이 평온하고 순조롭기를 바라는 마음을 담았다.

조선사신 金尙憲도 黃山館에서 〈黃山驛의 새벽에 앉아 기러기 소리 들으며 먼저 간 君子들에게 보내다(黃山驛曉坐聞雁，寄先行諸君子)〉라는 시를 적었고 그 가운데 긴 여정 중에 느끼는 고독감과 고향에 대한 그리움을 담담하게 서술하였다.

〈黃山驛의 새벽에 앉아 기러기 소리 들으며 먼저 간 君子들에게 보내다〉

푸른 등불이 벽을 비추니 밤은 길고 길어

---

578   (明)徐應元 纂修,《(泰昌)登州府志》卷之五〈地理志一·官署〉, 河南省圖書館館藏版.

579   (淸)李蕃, 范廷鳳等 纂修,《黃縣志》卷之三《賦籍志·物产》, 淸康熙12年(1673)刻本版.

나그네길 고향 그리는 마음에 잠들기 어려워라.

어디서 외로운 울음 소리 나니 무리를 잃은 기러기인가.

외마디 울음소리 애끓는 듯 처량하니 새벽 바람이 더욱 차다.

〈黃山驛曉坐聞雁 , 寄先行諸君子〉(驛在黃縣)

靑燈照壁夜漫漫 , 旅思鄕心著睡難。

何處孤鳴失群雁 , 一聲凄斷曉風寒。

(金尙憲《朝天錄》)

이 시는 1628년 9월 8일에 쓰여 졌는데, 기름등이 역관의 차가운 벽을 푸른 빛으로 비추는 가운데 긴긴 밤 잠 못들고 고향을 그리워하는 조선사신의 쓸쓸한 심정을 표현 하였고, 문득 "무리를 잃은"기러기의 "외로운 울음 소리"가 들려 새벽 차가운 바람이 더욱 춥게 느껴진다는 상심의 정한을 드러내었다. 앞서 말한 바와 같이 1628년 8월, 聖節兼進賀陳奏使臣團의 정사인 金尙憲과 서장관 金地粹는 冬至兼千秋使臣團의 정사인 南以雄 일동과 함께 등주에 도착하였다. 그러나 金地粹와 南以雄은 각각 金尙憲보다 앞서 萊州로 출발하였으므로, 金尙憲이 시의 제목 중에서 "먼저 간 여러 군자들에게 보내다"라고 표현한 것이다. 동행했던 사신들과 잠시 헤어져 있었기 때문에 金尙憲은 무리를 잃고 슬프게 우는 외로운 기러기의 울음 소리를 더욱 처량하게 느꼈을 것이다.

金尙憲은 또 그 다음날에 이 구간의 역참로를 지나면서 〈9일에 황산을 지나는 도중에 감회를 적다(九日黃山途中感懷)〉라는 시를 남겼다. 金尙憲은 9월 8일 밤에 黃山館驛에서 유숙하고 9월 9일에 萊州府 掖縣의 朱橋驛으로 향하는 길에서 이 시를 썼다.

〈9일에 황산을 지나는 도중에 감회를 적다〉

중양가절을 객지에서 맞게 되어

옛 정원 돌아보려니 바다와 하늘 끝 동쪽이라

편지가 와도 보낼 수가 없고

국화꽃과 수유꽃 주머니는 모두 텅 비었네.

강군에서 흰 옷 입은 관리가 오류선생을 찾아갔고

용산에서 취한 이는 서풍에 모자를 떨구었지.

여정 길의 슬픔과 기쁨을 누구에게 물으리.

종일토록 수레를 달려 굴러가는 쑥을 쫓네

〈九日黃山途中感懷〉

佳節重陽客里逢 , 故園回首海天東。

魚書雁帛來無寄 , 菊佩茱囊倒並空。

江郡白衣穿五柳 , 龍山醉帽落西風。

征途苦樂誰相問 , 盡日驅車逐轉蓬。

(金尙憲《朝天錄》)

이 시는 1626년 9월 9일 重陽節에 金尙憲이 황현 황산관역을 지나 북경으로 향하는 도중에 지은 것이다. 1연은 고향을 떠나 이국에서 중양절을 맞게 된 것과 하늘과 바다가 닿은 동쪽 끝을 바라보며 고향의 정원을 그리워하는 마음을 서술했다. 2연은 고향에서 오는 편지를 전해주려나 기대했던 큰 기러기도 그냥 지나가버리고 중양절의 풍습을 따라 국화와 茱萸(수유)를 담으려고 일부러 지니고 있던 주머니도 텅텅 비어서 명절을 쓸쓸하고 고독하게 보내는 처지를 한탄했다. 魚書와 雁帛(안백)은 편지를 가리킨다. 9월 9일 重陽節에 국화를 감상하고 높은 언덕에 올라가며 茱萸를 꽂는 풍습이 있었으니, 지금도 重陽節을 菊花節, 重九節, 賞菊日 등으로 부르기도 한다. 3연은 王弘이 관리를 보내어 五柳先生 陶潛에게 술을 보낸 것[580]과 龍山에서 술에 취한 孟嘉(맹가)의 모자가 西風에 날아가버렸던 고사[581]를 빌려서 모처럼 맛있는 술을 먹고 싶은 마음을

---

580 "江郡白衣穿五柳"의 전고는 江州刺史였던 王弘이, 9월9일 중양절에 국화를 다 땄지만 마실 술이 없어 힘없이 앉아있던 陶潛을 위해 흰 옷을 입은 관리를 보내어 술을 전했다는 고사가 전한다(王弘爲江州刺史,陶潛九月九日無酒,於宅邊東籬下菊叢摘盈把,坐其側。未幾,望見一白衣人至,乃刺史王弘送酒也。即便就酌而後歸) (南朝宋) 檀道鸞《續晉陽秋》

581 "龍山醉帽"의 출전은《晉書‧孟嘉傳》이다. 東晉시기 대장군 桓溫(환온)이 9월9일 龍山에서 연회를 베

표현하였다. 江郡은 江郡刺史인 王弘을 가리키고 五柳는 陶潛의 집 앞에 심었다는 다섯 그루의 버드나무로 陶潛의 호이기도 하다. 4연에서는 사행길에 겪은 어려움과 즐거움은 오직 자신만이 알 것이라 하며 다만 꿋꿋하게 마차를 달려 사행의 여정을 완수하겠다는 의지를 드러내었다. 轉蓬(전봉)은 바람에 따라 굴러다니는 쑥을 말하는데, 나그네가 정처없이 떠도는 것을 비유한 것이다.

그외에 필자는 중국 지방지를 열람하다가 《(同治)黃縣志》권12의 〈藝文志上〉에 〈黃山館〉[582]이라는 시 한 수가 수록된 것을 발견하였다. 시의 제목에 다음과 같은 自注가 붙어있었다. "崇貞 말기에 地翠(지취)는 조공을 하러(중국에) 왔으며 등주에서 배를 타고 귀국하기 위해 이곳(黃山館驛)을 지났다. 金地翠는 朝鮮人이다."[583] 등주를 통하여 조공을 하러갔다는 기록으로부터 추정해 보건대 金地翠는 天啟 6년, 聖節兼進賀陳奏使臣團의 서장관인 金地粹일 가능성이 높다. 그러나 시간을 보면 명 天啟 6년(1626)"을 잘못 적어서 "명나라 崇禎 末年"이라고 했고, 인명은 "金地粹"를 "金地翠"로 잘못 적었다. 이 시는 金地粹의 개인문집인 《苔川集》이나 《朝天錄》중에도 수록되어 있지 않다.

정사 金尙憲이 〈9일에 황산을 지나는 도중에 감회를 적다 (九日黃山途中感懷)〉라는 시를 쓴 것을 보면 金地粹도 1626년 9월초에 黃山館驛을 지나 北京으로 갔다가 1627년 봄에 北京에서 귀국하는 길에 黃山館驛을 지나면서 이 시를 썼을 가능성이 크다. 이 시는 주로 金地粹 자신이 느끼는 세월의 흐름과 긴 여행길에 대한 감탄과 함께 고향을 그리는 정을 표현하였다.

풀자 많은 관료들이 모여서 연회를 즐겼는데, 參軍 孟嘉가 취하여서 바람에 모자가 날아가 떨어진 것을 알지 못하였다. 孟嘉가 한참 있다 화장실에 가자 桓溫이 孫盛에게 희롱하는 글을 적어 모자와 함께 맹가의 자리에 두게 하였다. 맹가가 자리에 와서 그 글을 보고 곧 답하는 문장을 지었는에 그 문장이 너무나 아름다워서 좌중이 모두 감탄하였다고 한다.(九月九日, 溫燕龍山, 僚佐畢集。時佐吏並著戎服。有風至, 吹嘉帽墮落, 嘉不之覺。溫使左右勿言, 欲觀其擧止。嘉良久如廁, 溫令取還之, 命孫盛作文嘲嘉, 著嘉坐處。嘉還見, 即答之, 其文甚美, 四坐嗟歎。)《晉書》卷九十八〈列傳第六十八·孟嘉傳〉,清乾隆武英殿刻本

582 (清)尹繼美等 纂修,《(同治)黃縣志》권12〈藝文志上〉, 淸同治十年刻本

583 "崇貞末, 地翠來貢, 由登州航海歸國過此(黃山館驛)。金地翠, 朝鮮人。"(淸)尹繼美等 纂修,《(同治)黃縣志》권12〈藝文志上〉, 〈黃山館〉, 淸同治十年刻本

〈황산관〉

평원 끝에 녹색 풀이 보이니 귀국길은 멀어라
王孫이 나그네 신세가 되어 세월을 보내네.
어느 집 술자리에 초청을 받아 취해볼거나.
곳곳마다 봄바람에 버드나무 꽃이 피누나.

〈黃山館〉
綠草原頭歸路賒 , 王孫作客送年華。
誰家有酒邀人醉 , 處處春風楊柳花。

　　1구와 2구는 먼 들판의 풀색이 푸르지만 귀국길의 여정은 멀게만 느껴지는 것과 여러 군자들이 함께 이국타향을 왕복하는 사행길에서 어려움을 극복하며 잊기 어려운 시간을 보냈음을 서술하였다. 原頭는 평원이나 밭머리를 말한다. 賒(사)는 길고 먼 모양이다. 3구와 4구는 어느 집의 술자리에서 나와 같은 외국의 나그네를 초청해줄까라고 반문하며, 도로 양변에 피기 시작한 버드나무 꽃을 보고 봄바람에 설레이는 심정을 표현하였다.

　　여기서 주의할 만한 점은 어째서 黃山館驛을 지날 때 지은 조선사신들의 시는 모두 짙은 思鄕의 정을 표현했는가 하는 것이다. 金尙憲은 또 〈黃山驛의 새벽에 앉아 기러기 소리 들으며 먼저 간 君子들에게 부치다 (黃山驛曉坐聞雁 , 寄先行諸君子)〉라는 시에서 "나그네길 고향 그리는 마음에 잠들기 어려워라(旅思鄕心著睡難)"라고 하였고 또 〈9일에 황산을 지나는 도중에 감회를 적다(九日黃山途中感懷)〉라는 시에서 "옛 정원 돌아보려니 바다와 하늘 끝 동쪽이라(故園回首海天東)"라고 하였다. 李民宬은 〈黃山驛의 도중에 느끼는 바가 있어서 적다(黃山驛途中有感)〉라는 시에서 "낯선 타향이 문득 고향의 산과 유사한 것에 놀라네(殊邦忽訝鄕山近)"라고 하였고, 趙濈은 〈황산관(黃山館)〉 시에서 "靑魚는 고향의 맛과 비슷하고, 白酒는 낯선 땅의 수심을 사그라지게 하네 (靑魚卻似吾鄕味 , 白酒堪消易地愁)"라고 하였다.

　　장시간의 사행길에서 고향을 그리워하는 마음이 드는 것은 자연스러운 감정이지만,

한편으로 조선사신들이 늘 黃山驛에서 고향을 그리는 마음을 진하게 느끼는 것은 '黃山'이라는 지명과 연관지어 생각해볼 만하다. 黃山館驛은 줄여서 黃山驛이라고도 하는데, 조선사신들은 대부분 黃山館驛을 黃山驛으로 지칭하였다. 조선에도 경상도 지역에 黃山이 있으며 이 산은 "黃梅山이라고도 하는데 , (山陰縣) 동북쪽 50리, 즉 三嘉境에 있다"[584]고 하였다. 이 산은 지금 한국 경상도 陜川郡(합천군)의 黃梅山인데 조선사신들이 낯선 중국 땅에서 조선에 있는 산과 같은 지명을 듣고 반갑고 친숙하게 느끼는 동시에 문득 조선 땅을 떠올리게 된 것은 아니었을까.

중국의 지방지에 황현의 "서쪽 60리에 있는 것이 黃山이고 招遠과 접경지에 있다. 黃山驛의 명칭은 이 산을 따른 것으로 또 魯基山이라고도 한다."[585]고 하였으며, 황산은 지금의 招遠市 서북쪽 張興鎮 경내에 있다. 黃山館驛은 황현 서쪽 60리 거리에 있으며 뒤쪽으로 黃山을 기대고 있는데, 명 洪武 9년(1376)에 처음 건립되어 오랜 역사를 가지고 있었다. 조선사신 金德承은《天槎大觀》에서 黃山館驛의 "거리가 매우 사치스럽다(閭閻極侈)"라고 하였다.

관련된 지방지의 기록과[586] 孟建씨의 진술을 종합하여 黃山館驛의 명칭의 변화와 연혁을 살펴보면 다음과 같다. 唐初에는 약간의 개척민들이 黃山館에 와서 가옥을 짓고 정착하였고, 宋代에는 黃山館內에 정착한 주민들이 점차 많아져서 일정한 규모의 촌락을 이루었으며 적어도 元末부터는 "黃山館"이라는 명칭이 나타나게 되었다. 명 洪武 9년(1376) , 黃縣縣丞 楊順祖가 처음으로 "黃山館驛"을 설치하였고, 弘治 元年(1488)에 知縣 范隆이 後廳을 증축하였다.[587] 황산관역은 崇禎 5년(1632)에 병란에 소실되었던 것을 知縣 任中麟(임중린)이 중건하였고 시간이 오래 지나면서 다시 훼손되고

---

584   "一云黃梅山 , (山陰縣)東北五十里-三嘉境." (朝)古山子 編,《大東地誌》卷之八〈慶尙道〉, 1932, 韓國首爾大學奎章閣藏本版

585   "西六十里爲黃山 , 與招遠接界 , 黃山驛之名本此 , 亦名魯基山" (同治)黃縣志卷之一〈疆域志·山川〉, 淸同治十年刻本,

586   (明)徐應元 纂修,《(泰昌)登州府志》卷之五〈地理志一·官署〉, 河南省圖書館藏版/《(康熙)黃縣志》/《(乾隆)黃縣志》/《(嘉慶)大淸一統志》卷一百七十三〈登州府〉, 四部叢刊續編景舊鈔本/《(同治)黃縣志》/《(光緒)增修登州府志》/《(民國)山東通志》/龍口市人民政府地名辦公室,《山東省龍口市地名志》, 1992, pp.9-59/p.139。

587   (明)徐應元 纂修,《(泰昌)登州府志》卷之五〈地理志一·官署〉, 河南省圖書館館藏版.

〈黃山館驛圖〉, 鄭斗源《朝天記地圖》

부서지자 嘉慶 18년(1813)에 知縣 周雋이 다시 중건하였다. 明初부터 淸末까지 黃山館의 명칭은 변한 적이 없었고 黃縣 乾山都 黃山館社에 예속되었으나 淸 同治 연간부터 黃山館驛은 (黃山)公館으로도 불렸고 "대관들이 왕래할 때 머무는 장소"[588]로 사용되었다. 淸 同治 10년(1871) , 黃山館은 黃山館東北村과 黃山館東南村, 黃山館西北村, 黃山館西南村으로 나뉘어 黃縣 乾山都 黃山館社에 예속되었다. 淸 光緖 29년(1903)에 黃山館驛은 철폐되었다. 孟健씨의 설명에 의하면, 黃山館城 서쪽 바깥 지역의 교통이 점점 발달하여 淸 光緖 29년(1903)에 폐지될 때까지 黃山館驛은 533년간의 역사 동안 존재하였던 셈이다.

民國 6년(1917) , 黃山館은 東北, 東南, 西北, 西南의 4개 村으로 나뉘어 黃縣 第23區에 예속되었고 民國 19년(1930)에 黃山館은 역시 4개 村으로 黃縣第10區에 소속되

---

588   (淸)袁中立, 毛贄等 纂修,《黃縣志》卷之二《建置志·屬署》, 淸乾隆21年(1756)刻本版/(淸)尹繼美等 纂修,《(同治)黃縣志》卷之二《疆域志·公廨》, 淸同治十年刻本版/(淸)方汝翼等 纂修,《(光緖)增修登州府志》卷之九《公署》, 淸光緖七年(1881)刻本版. "大吏往來駐節之所"

었다. 1948년 黃山館은 黃縣 黃山區에 소속되었다. 1953년 黃山館은 4개의 마을 중에
黃山館東北村과 黃山館西北村은 黃縣 第七區館北鄕에 예속되었고, 黃山館東南村과
黃山館西南村은 黃縣 第七區館南鄕에 예속되었다. 1958년에 黃山館은 4개의 마을로
黃縣 閻家店人民公社에 예속되었고, 1966년에 黃山館東北村, 黃山館東南村, 黃山館
西北村, 黃山館西南村은 각각 黃山館一村, 黃山館二村, 黃山館三村, 黃山館四村으로
불리게 되었으며 黃縣 黃山人民公社에 소속되었다.

　　1981년에 이름을 바꾸어 黃山一村, 黃山二村, 黃山三村, 黃山四村이 되었으며 黃縣
黃山人民公社에 소속되었다. 1984년에 黃山一村, 黃山二村, 黃山三村, 黃山四村은 黃
縣黃山館鄕에, 1989년에는 龍口市 黃山館鎭에 소속되었다. 2013년에는 黃山一村, 黃
山二村, 黃山三村, 黃山四村의 범위 안에 黃山 新安東區와 黃山新安南區가 설치되었
고 역시 龍口市 黃山館鎭에 소속되었다. 지금은 黃山一村, 黃山二村, 黃山三村, 黃山
四村, 黃山新安東區와 黃山新安南區가 龍口市 黃山館鎭에 속해 있다.

　　그 밖에 孟健씨는 유년 시절에 黃山館에 1리 남짓한 큰 도로가 있었는데 현지인들
이 그곳을 "黃山館老街"라고 불렀다고 이야기해주었다. 老街는 東西 방향으로 나 있
었고 양 끝에는 규모가 크고 웅장한 성문이 각각 하나씩 있었으며 큰 도로의 양측으로
점포가 수없이 나열되어 문정성시를 이루었다. 老街의 노면은 오래된 석판이 깔려있
었는데 돌이 마모된 표면에는 두 줄로 파인 흔적이 깊이 남아있었다고 한다. 이렇게 파
인 흔적은 몇 세기에 걸쳐 왕래한 나무바퀴나 철로 만든 마차가 굴러가면서 생긴 바퀴

孟建씨가 필자 일행을 위해 黃山館驛의 역사를 상세히 설명하고 있다.(좌측)
龍口市 黃山館鎭에서 필자 일행과 孟建씨(우측)

黃山館驛 유적지의 현모습(龍口市 黃山館鎭 黃山新安西區) (집필진 답사 촬영)
그림의 오른쪽은 黃山館驛 西城門이 있던 자리(정두원이《黃山館驛圖》에서 언급한 東"門閭")이고
그림의 좌측은 黃山館驛 東門(정두원이 언급한 西"門閭") 자리이다.

자국일 것으로 추정되지만 아쉽게도 지금은 남아있는 것이 없다.

고대와 현대의 黃山館驛의 그림이나 사진은 지금 남아 있는 것이 없고 오직 鄭斗源의《朝天記地圖》를 통하여 당시 黃山館驛의 초기 형태를 확인할 수 있다는 점에서 이 자료는 관련 연구에 중요한 의의를 지닌다. 黃山館驛의 유적지는 이미 소실되었으므로, 孟健씨의 인도를 따라 필자 일행은 明淸 시기 黃山館驛의 유적지로 추정되는 곳을 찾아가보았는데, 그곳은 지금의 龍口市 黃山館鎭의 黃山新安西區 지역이다.

그밖에 天啓 4년(1624) 謝恩兼奏請使團의 정사 吳允謙과 부사 吳翻, 서장관 洪翼漢은 함께 등주를 출발하여 사행길을 갔는데, 吳翻의《燕行詩》, 그리고 洪翼漢의《花浦朝天航海錄》중에서 등주부 황현 안에 "陳仲子舊莊"이 있다고 언급한 구절이 있다. "陳仲子"에 관해서는 역사서와 지방지 등에 많은 이야기가 전한다. "陳仲子는 齊나라 사람이다. 그의 형인 陳戴가 齊卿이 되어 萬鍾의 식읍을 녹봉으로 받게 되자, 仲子는 그것이 옳지 않다고 생각하여 처자를 데리고 楚나라로 떠났다. 그리고 형과 어머니를 피하여 於陵(오릉)에 거주하며 스스로를 於陵仲子라고 불렀다. 진중자는 곤궁하게 살면서도 구차하게 구걸하지 않았으며 떳떳하지 않은 음식은 먹지 않았다."[589] 陳仲子는 "형의 집은 불의한 재물로 얻은 곳이라고 여겨 그곳에 살지 않았다. 그는 형과 어머니

---

589 "陳仲子者, 齊人也。二其兄戴爲齊卿, 食祿萬鍾。仲子以爲不義, 將妻子適楚, 居於陵, 自謂於陵仲子。窮不苟求, 不義之食不食。"(晉)皇甫謐著,《高士傳》卷中〈陳仲子〉, 中華書局1985年版, pp.58-59.

를 피하여 於陵에서 지내면서 자신은 신을 짜고 부인은 무명실을 짜서 음식과 바꾸어 먹고 살았으므로 齊國에서 그를 廉士라고 불렀다."[590] "長白山은 長山縣 남쪽 30리에 있는데 옛날 陳仲子 부부가 이 산에 은거하였다."[591] "於陵城은 長山縣 서남쪽에 있는데 , 곧 漢나라의 於陵縣이다. 또 長白山 기슭에 石室이 있는데, 陳仲子가 살던 곳이라고 칭한다."[592] 陳仲子는 일찍이 漢나라의 於陵縣에 거주하였고 長白山에서 은둔하였다.

　　그런데 明代 濟南府에 陳仲子가 은둔했다고 전해지는 長山縣이 있었다. 趙渘은《燕行錄(一云朝天錄)》중에서 長山縣과 "陳仲子故里"에 대해서 언급하였다.

　　　　(10월)20일 , 맑음. 30리를 가서 張店을 지났고 40리를 가서 가게에서 점심을 먹었다. 가게는 青州 益都縣 서북쪽 90리에 있었다. 長山縣으로 들어가는 경계 외곽지역인데 그 바깥 5리 지역에 陳仲子故里가 있다. 마을에는 우물이 하나 있는데 (진중자가) 기어가서 벌레먹은 자두를 먹던 곳이다. 墓도 역시 멀지 않은 곳에 있다고 한다. 진중자의 행동은 지나친 점이 있었지만 그가 말세의 탐욕스러운 사람들을 멸시한 것은 선한 뜻이었다. (十月)二十日 , 晴。三十里過張店 , 四十里中火於店舍。乃青州益都縣西北九十里也。入長山縣界郭外五里 , 有陳仲子故里。里有一井 , 匍匐食螬李之處耶。墓亦在不遠之地云。仲子之行可謂過矣。其視末世貪饕者可謂善矣。"(趙渘,《燕行錄(一云朝天錄)》)

　　그런데 趙渘은 青州 益都縣 근처 서북쪽 90리 지역에 長山縣이 있다고 하였으므로 吳翻이나 洪翼漢이 登州를 지나면서 "陳仲子"를 언급한 것과는 거리 상 차이가 있다. 李德泂의《朝天錄(一云航海日記)》에 실린 북경행 기록에도 보면, "(9월)13일 , 甲子. (黃縣에서 출발하여) 黃山驛에서 숙박하였다. 경유한 곳은 陳仲子舊莊, 麻姑仙跡, 盧仙古

590 "以兄之室 , 爲不義之室而不居。辟兄離母處於於陵 , 身織屨 , 妻辟纑以易其食。齊國稱:廉士。"(明)李賢等 纂修 ,《明一統志》卷二十八 , 淸文淵閣四庫全書版.

591 "長白山 , 長山縣南三十里 , 昔陳仲子夫妻隱此山"(元)于欽,《齊乘》卷一 , 中華書局 2012年版 , p.74.

592 "於陵城 , 在長山縣西南 , 即漢於陵縣。又長白山阿有石室 , 皆稱 : 陳仲子所居。"(明)陸鈛等 纂修 ,《(嘉靖)山東通志》卷之二十八 , 明嘉靖刻本版.

里였는데 각각 紅門이 세워져 있었고 아무개가 살던 곳이라고 새겨져 있었다."[593]라고
하였다. 이로부터 보건대 황현성부터 황현의 황산관역 사이의 역참로 옆에 "陳仲子舊
莊"이라고 쓰여진 紅門, 즉 패방이 있었던 것을 알 수 있다. 다만 각 시기의 황현 지방
지를 찾아보아도 관련있는 기록이 없고 조선사신들의 기록 중에도 차이가 나는 점이
있으므로 이후에 더 고찰할 필요가 있다.

　이상을 종합하여 조선사신이 黃縣城부터 黃山館驛까지 경유한 지명을 明代의 명칭
에 따라 차례대로 정리하면 다음과 같다. ① "古士鄉城"欄門/九里店鋪 ② "盧仙勝跡"
欄門/盧仙勝跡/盧仙勝述/盧仙古里/盧仙遺蹤/盧仙故里/南欒鋪 ③ 稚乃河/南欒河
④ 北馬鋪/"北馬重鎭"欄門/北馬鎭/北馬鎭鋪/北馬店/白馬鋪 ⑤ "麻姑仙里"欄門/麻
姑故里/麻姑仙跡/官莊鋪 ⑥ 廣河/界首河 ⑦ 徐鄉城/"徐侯封境"坊表/界首鋪 ⑧ 黃
山驛/黃山馹/黃山館/黃山館驛/黃山.

　그리고 현지 조사와 문헌 고증을 통하여 명대의 지명을 해당하는 현대의 지명으로
나타내면 차례로 다음과 같다. ① 龍口市 東江街道 九北村과 九南村 ② 龍口市 蘆頭
鎭 前欒村 ③ 龍口市 南欒河 ④ 龍口市 北馬鎭 北馬五村(北馬西村, 北馬南村, 北馬東南
村, 北馬北村, 北馬東北村) ⑤ 龍口市 龍港街道處 官道丁家村 ⑥ 龍口市 八里沙河 ⑦
龍口市 龍崗街道 閻家店村 ⑧ 龍口市 黃山館鎭 黃山新安西區.

　그 밖에 현지조사와 인터뷰를 통하여 조사하고 고찰한 결과 黃縣城부터 黃山館驛
까지 조선사신이 경유했을 것으로 추정되는 장소의 현대 지명은 차례로 다음과 같이
정리할 수 있다. ① 龍口市 東江街道 九北村과 九南村 ② 龍口市 蘆頭鎭 前欒村 ③ 龍
口市 南欒河 ④ 龍口市 北馬鎭 北馬五村(北馬西村, 北馬南村, 北馬東南村, 北馬北村, 北
馬東北村) ⑤ 龍口市 龍港街道處 官道丁家村 ⑥ 龍口市 八里沙河 ⑦ 龍口市 龍崗街道
閻家店村 ⑧ 龍口市 龍港街道 大泊子村 ⑨ 龍口市 黃山館鎭 黃山新安西區의 순이다.

---

593 "(九月)十三日, 宿黃山驛。所經有陳仲子舊莊、麻姑仙跡、盧仙故里, 各立紅門, 刻以某所居云。"(朝)
　　李德泂,《朝天錄(一云航海日記)》

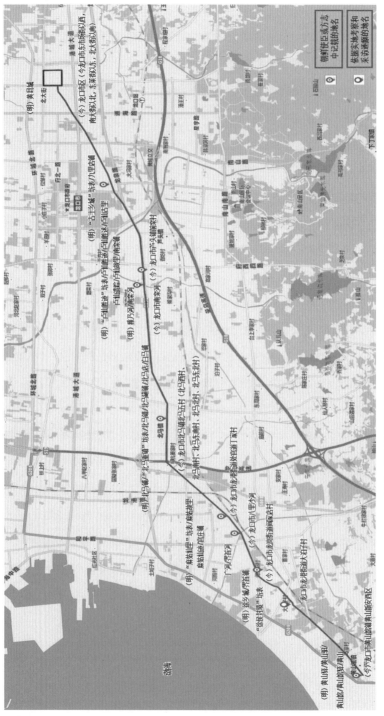

明末, 登州府 黃縣城부터 黃縣 黃山館驛까지 조선사신의 사행 노선도

7. 黃縣 黃山館驛에서 萊州府 掖縣 동쪽경계까지

吳允謙은《秋灘東槎朝天日錄》에서 북경으로 향하는 여정을 기록하면서 황현의 黃 山館驛에서 출발하여 招遠縣 北部를 지날 때 "촌락이 더욱 조밀하고 원림과 과수가 더욱 풍성했으며" 이 구간의 길이 해안을 따라가고 있는 것을 설명하였다.

> (6월)9일 맑음. 黃山에서 출발하여 酉時에 朱橋에 도착했다. 六十里의 여 정이다. 黃山를 지난 이후로는 촌락이 더욱 조밀하고 園林과 果木이 더욱 풍성한데 官道는 여전히 해안가를 따라 나 있다. (六月)初九日, 晴。自 黃山(發行), 酉時到朱橋, 六十里。黃山以後, 村舍尤似稠密, 園林果 木比黃縣以前尤佳, 官道尙沿海汀矣。(吳允謙《秋灘東槎朝天日錄》)

오윤겸 이외에 吳翻, 申悅道, 金尙憲도 이 구간을 묘사하는 시를 남겼다. 아래의 시 는 吳翻이 북경으로 가는 길에 登州府 黃縣의 黃山館驛과 萊州 掖縣의 朱橋驛 사이 구간을 지나면서 바라본 풍경을 그려낸 것이다.

〈주교역(朱橋驛)〉

길은 동모의 옛 땅을 가로 질러 나 있고
가을 기운 하룻밤 사이 온 천지에 더욱 쓸쓸하네.
모래 바람 맞으며 힘겨운 여행길 재촉하는데
길가 밭에서 농사짓는 노인들 모습 한가하기만 하네.

강물은 굽이굽이 광야로 흘러 들어 맑게 반짝이고
구름은 하늘을 나는 뭇새들을 좇아 남으로 돌아가네.
누가 알았으랴! 돌연 개안하여
멀리 아스라이 신산이 그 모습을 드러낼 줄을!

〈朱橋驛〉
路出東牟縣 , 秋殘一夜間。
風沙行旅苦 , 場圃老農閒。
溪入平蕪淨 , 雲隨眾鳥還。
誰知開眼處 , 一髮露神山。
(神山,萊州山名)
(吳翻《燕行詩》)

　　吳翻은 1624년 謝恩兼奏請使臣團의 부사 임무를 맡았는데 당시 함께 여정에 올랐던 정사 李德泂의 《朝天錄(一云航海錄)》과 서장관 洪翼漢의 《花浦朝天航海錄》의 기록을 살펴보면, 吳翻 일행은 1624년 9월 14일 새벽에 黃山館驛을 출발하여 登州府 招遠縣 北部를 지나 招遠縣과 掖縣의 경계에 있는 新城堡 곧, 新城에서 잠시 휴식을 취한 후에 해가 질 무렵 朱橋驛에 도착하였다.

　　1연에서 오숙 일행은 역참로를 따라 황현에서 출발했는데 길가의 풍경은 하루 밤 사이 가을 기운이 더욱 완연하여 가로수의 낙엽은 다 떨어지고 서리 맞은 풀잎은 누렇게 시들어 쓸쓸하고 처연한 감정을 절로 자아낸다. 황현은 後魏 시기에 東牟郡(동모군)에 속했고 黃山館驛 서측의 界河 東岸에는 일찍이 安璥이 언급한 바 있는 "東牟首邑"이라는 坊表(방표)가 세워져 있었다. 그러므로 吳翻도 당연히 그 坊表을 보았을 것이기에 이 시에서 황현을 "東牟縣"으로 칭하고 있는 것이다. 2연은 일정에 쫓기며 힘든 여정을 소

寒同山의 원경(집필진 답사 촬영)

화하고 있는 사행단의 모습을 연도의 너른 밭에서 한가히 농사 짓는 노인들의 모습과 대비하고 있다. 3연에서 다시 주변 풍경을 묘사하기를 강물은 굽이굽이 드넓은 광야로 흘러 들고 하늘의 흰구름은 외로이 나는 새들을 따라 남쪽으로 흘러간다고 했다. 平蕪 (평무)는 草木이 무성하게 자라고 있는 광활한 原野를 가리킨다.[594] 4연에서 譯官이 전 방이 바로 萊州府 경계라고 소리치는 것을 들은 吳翻은 돌연 멀리 萊州 神山이 솟아 있음을 보게 되었다. 一髮이란 멀리 산들이 아득히 보이는 모습을 형용한 것이다.《(民國)四續掖縣志》[595]에 따르면 "大基山은 (掖縣)城에서 남쪽 二十里에 있는데 掖水가 여 기서 發源한다. 옛날에는 掖山이라 했다. ……山脈 남쪽에 寒同山이 솟았는데 곧, 神 山으로 光水의 發源地이다."라고 했으므로 吳翻이 말한 神山은 大基山의 支脈인 寒同 山을 가리키는 것이며 지금의 萊州市 雲峰山 風景區의 寒同山이다.

황현 黃山館驛에서 萊州府 掖縣 동쪽경계의 노선 가운데 조선사신들이 기재한 지 명은 차례대로 溪河 - 東牟首邑 - 新城(新店/ 新城千戶所/ 新城堡/ 新城鋪/ 新城店)이다.

7.1 溪河/"東牟首邑"坊表

黃山驛은 황현에 속하는데 황산역으로부터 서쪽으로 朱橋驛까지 60리 길이다. 5리를 갔을 때, 溪河를 건넜는데 날이 가물면 마르고 비가 내리면 물이 흐른다. 黃山驛屬黃縣 , 自黃山 , 西至朱橋驛 , 六十里程也 , 行五 里 , 涉溪河 , 旱則幹 , 潦則發源。(鄭斗源《朝天記地圖》)

윗글은 鄭斗源의 《朝天記地圖》〈黃山館驛圖〉의 일부이다. 鄭斗源의 기록에 따르 면 溪河는 黃山館驛에서 서쪽으로 5리 떨어진 곳에 위치한 季節性 河流이며 두 지역

---

594 南朝 梁나라 江淹의 〈去故鄕賦〉에 "늦겨울 기운 온 바다 가득하고 광야는 하늘과 하나로 펼쳐져 있네 (窮陰匝海 , 平蕪帶天)."라는 표현이 보인다.

595 "大基山在(掖縣)城南二十里 , 掖水發源 , 古名掖山。……山脈南出爲寒同山 , 卽神山 , 爲光水所發 源。"(民國)劉錦堂 , 劉國斌等 纂修 ,《(四續)掖縣志》卷一〈山川〉, 民國二十四(1935)年鉛本版。

黃山館驛 遺址 서쪽에 위치한 G206國道에 세워진 界河大橋(좌측)
龍口市 黃山館鎭 구간의 界河(우측) (집필진 답사 촬영)

의 경계가 되는 界河로서 東良河라고 한다. 명청 시기 지방지에 따르면 界河는 "황현에서 서쪽으로 60리 떨어진 곳에 있으며 招遠縣과 황현의 경계를 이룬다. 黃山北 分水嶺에서 발원하여 館을 거처 서쪽으로 渤海와 만난다"[596]라고 했다. 곧, 鄭斗源이 언급한 溪河는 明末《(泰昌)登州府志》에 기록된 界河이며, 이 명칭은 현재까지 사용되고 있다.

현재 界河는 龍口市의 서남에서 招遠縣과 접하고 있다. 招遠市 城區 서남쪽 11.5km 떨어진 尖山의 남쪽 기슭에서 발원하여 黃山館鎭을 거쳐 서남쪽으로 渤海로 이어진다. 전체 강의 길이가 44.5km이며 龍口市와 招遠縣의 경계를 이루는 구간은 약 4km, 강폭은 약 100m이다. 강 유역의 전체 면적은 572.5평방km이며 계절성 하천으로[597] 강수량이 적은 겨울은 유량이 적어 걸어서 강을 건널 수 있을 정도이다.

安璥의《駕海朝天錄》에는 1621년 7월 5일 登州府 黃縣城에서 萊州府 掖縣 朱橋驛으로 가는 도중에 "東牟首邑"이라는 坊表를 지났다는 기록이 있다.《(康熙)黃縣誌》[598]에 따르면 "東牟首邑" 坊表는 "界河東崖"에 위치하고 있었다. 後魏시기에 黃縣과 蓬萊는 모두 東牟郡에 속했다. 그래서 東牟라는 명칭은 종종 黃縣, 蓬萊, 登州를 지칭하

596   "在(黃縣)縣西六十里,乃招、黃地界也。發源黃山北分水嶺,至館西入海"(明)徐應元 纂修,《(泰昌)登州府志》卷之六〈地理志二·山川〉,明泰昌元年(1620)刻本版/(淸)陳國器等 纂修,《(道光)招遠縣續志》卷之一〈山川〉,淸道光二十六年(1846)刻本版。

597   龍口市人民政府地名辦公室 編,《山東省龍口市地名志》,1992, pp.289-290。

598   (淸)李蕃,範廷鳳等 纂修,《(康熙)黃縣誌》卷之一〈疆域志·山川〉/卷之二〈建置志·坊表〉,淸康熙十二年(1673)刻本版。

G206國道 界河 동쪽 河岸에 서있는"龍口界"標識(집필진 답사 촬영)

는 지명으로 사용되었다. 界河는 황현에서 서쪽으로 60리 되는 곳에 위치했으며 招遠
과 경계를 이루는데 黃山北 分水嶺에서 발원하여 黃山館을 지나 서쪽으로 발해에 이
른다. 그러므로 "東牟首邑" 坊表는 황현 서쪽 60리 지점 곧, 登州府 황현과 招遠縣이
만나는 경계가 되는 界河의 동쪽 河岸에 있었을 것이다.

　"東牟首邑" 坊表는 이미 망실되었으므로 구체적인 모습을 알 길이 없다. 필자 일동
은 명청 시기 지방지의 정보를 현재 지도에 대비시켜 본 결과 黃山館鎮 境內의 煙濰公
路 곧, 지금의 G206國道는 옛 역참로 위에 새로 닦은 길임을 알 수 있었다. 결국 "東牟
首邑" 패방이 위치했던 界河의 동쪽 河岸은 G206國道와 龍口市 界河가 만나는 부근
으로 현재 "龍口界"라는 표지가 서 있다.

7.2 新城(新店/新城千户所/新城堡/新城鋪/新城店)

　黃山館驛에서 하루를 묵은 조선사신들은 招遠縣 北部를 지나 萊州府 掖縣(액현) 朱
橋驛으로 향했다. 明代 招遠縣은 지금의 招遠市이다. 초원현은 古萊子國, 禹貢 青州의
옛 땅이다. 春秋 시기 齊侯가 萊子를 倪地에 옮겨왔는데 이때부터 비로소 齊나라에 귀
속되었다. 秦은 이를 따랐고, 西漢과 東漢 때 여기에 曲成縣을 설치했고 황현의 西南
에는 惤縣(현현)을 설치했다. 北魏 때 曲成縣을 曲成과 東曲城縣으로 분리했으며 青州

지역을 분리하여 光州部를 설치했기에 이 때부터 東萊 지역은 牟平, 黃, 㟌, 觀陽 등 4 개 縣으로 나누어 졌으며 東牟郡과 長廣郡도 모두 光州部가 관할하게 되었다. 北齊 때 는 東曲城과 曲成縣을 掖縣에, 㟌縣은 黃縣에 편입시켰는데 여전히 光州部 東萊郡의 관할이었고 隋나라도 이를 따랐다. 唐나라 대는 掖縣에 羅峰鎭이 설치되었고 河南道 萊州에 속했다. 宋나라도 당나라의 제도를 따랐고 金나라 때 비로소 招遠縣이 설치되 었다. 明代 때는 山東布政使司 萊州府에 속했고 洪武 9년에 등주가 府로 승격하자 萊 州府에 속하던 招遠縣과 萊陽縣을 등주부에 배속시켰으며 淸나라도 명나라의 제도를 따랐다.[599] 1913년 府를 폐지하고 道를 설치했는데 招遠縣은 山東省膠東道에 속했다. 1925년 東海道로 바뀌었고, 1928년 道가 폐지되고 山東省에 직접 예속되었다. 1950년 1월1일 招遠縣과 招北縣이 招遠縣으로 합병되어 北海區에 속하게 되었다가 1950년5 월 山東省 萊陽專區, 1958년11월 煙臺專區로 재차 관할지역이 바뀌었다. 1983년11월 煙臺市의 직할현[600]이 되었다가 1992년 縣을 폐지하고 市를 철치하여 山東省에 직접 속하게 되었고 煙臺市가 代管하게 되었다.

조선사신들은 黃山館驛에서 萊州府 掖縣의 朱橋驛으로 향하는 구간에서 招遠縣 북 부를 지났는데 대부분은 도중의 풍경이나 인정에 대해 별다른 기록을 남기지 않았다. 安璥은《駕海朝天錄》에서 북경으로 가면서 "10월 4일 맑음 아침에 출발하여 朱橋驛 을 지나 新店에서 밥을 먹었다"[601]라고 하였다. 趙濈은《燕行錄(一云朝天錄)》에서 북경 으로 가면서 "10월 11일 맑음 길이 무척 험했다. 20리 길을 가서 新城에 도착하여 점심 을 지어먹었다. 鎭海城을 새로 지어 守備 1員을 두어 해변에 오고 가는 사람을 살피고 있었다"[602]라고 하였고, 등주로 돌아오면서는 "3월 18일 맑음 아침에 출발하여 新城 千 戶所를 지나 黃山館에 도착하여 밥을 지어먹었다."[603]라고 하였다. 洪翼漢은《花浦朝 天航海錄》에서 북경으로 가는 여정 중에 "9월 14일 맑음 오후에 新城堡에 도착했으

---

599   (淸)張雲龍, 張鳳羽等 纂修,《(順治)招遠縣誌》卷之一〈沿革〉, 道光二十六年(1846)刻本版。

600   山東省招遠縣誌編纂委員會 編,《招遠縣誌》, 華齡出版社, 1991, pp.56-57。

601   "初四日, 晴。早發, 過朱橋驛, 朝飯於新店" (朝)安璥,《駕海朝天錄》

602   "十一日, 晴。行踏甚艱, 二十리到新城中火。新築鎭海城, 置守備一人, 以察海踏者也" (朝)趙濈,《燕 行錄(一云朝天錄)》

603   "十八日, 晴。早發過新城千戶所, 到黃山館中火" (朝)趙濈,《燕行錄(一云朝天錄)》

나 점심을 지어 먹지는 않았고 잠깐 말에게 죽을 먹이고 朱橋鋪로 달려갔다……新城
은 명나라 조정에서 지은 것인데 守備 1員을 두고 手下에 병사 600 여명을 관장한다
했다"[604]라고 했고, 등주로 돌아오면서 "3월 12일 흐림 朱橋鋪에서 점심을 먹었다……
도중에 소나기가 내려 新城堡에 급히 들어가 王道行家에 유숙했다."[605]라고 했다. 申
悅道는《朝天時聞見事件啓》에서 북경으로 가면서 "10월 7일 맑음 오후에 新城鋪에서
쉬었고 저녁에 朱橋驛에 도착했다. 오늘 하루 60리를 여정이었다."[606]라고 하였다.

이상의 조선사신의 기록에 보이는 "新店(新城店)", "新城", "新城千戶所", "新城堡",
"新城鋪"등은 모두 한 지역을 가리키는 말인데, 趙濈이《燕行錄(一云朝天錄)》에서 招
遠縣 北部를 지나면서 "길을 다니기가 무척 힘들었다(行踏甚艱)"라고 묘사한 것 이외
에 조선사신들은 이 지역에 대해 별다른 기록을 남기지 않았다. 그런데 招遠縣 北部
해안의 지형에 대한 淸《(順治)招遠縣誌》의 기록[607]을 살펴보면, "바닷가 갯벌로 소금
기 있는 땅을 개척한 땅이다", "물이 많아 진흙탕을 이루고 산은 높고 물은 깊은 곳",
"바다를 끼고 염분이 많은 갯벌로 양잠과 곡식의 생산량이 적고 인구가 적다", "길이
무척 험하고 농지가 반, 큰 제방이 반을 차지한다" 등 다양한 문헌을 인용하여 바닷가
갯벌 지역으로 소금기 있는 땅을 개척한 척박한 곳이며 길이 꽤나 험했던 곳으로 묘사
하고 있다. 그러므로 조선사신들이 이 지역을 지날 때 여유를 가지고 기록을 남길 겨를
이 없었던 것으로 볼 수 있다.

또한 登州府 招遠縣 급체포에 대한《(泰昌)登州府志》의 기록[608]을 살펴보면 黃縣과
掖縣사이에는 石城(石城夼), 鐘離, 老翅, 馬皁, 曲城, 湖汪, 宅上, 王徐 등의 역참이 있었
다. 그런데 해안으로부터 거리가 멀고 登州府와 萊州府 사이에 위치한 招遠縣 縣城은
동북 방향의 黃縣과 서북 방향의 掖縣과는 역삼각형의 노선을 이루고 있으므로 급체

604   "十四日, 晴。午到新城堡, 不爲中火, 暫然秣馬, 馳往朱橋鋪。……新城。本朝所築。只置守備一員。
        手下兵六百餘人云"(朝)洪翼漢,《花浦朝天航海錄》

605   "十二日, 陰。中火朱橋鋪,……路遇驟雨。馳入新城堡王道行家止宿"(朝)洪翼漢,《花浦朝天航海錄》

606   "初七日, 晴。午憩新城鋪, 夕抵朱橋驛, 是日行六十里"(朝)申悅道,《朝天時聞見事件啓》

607   "海濱廣潟, 厥田斥鹵"《史記·夏本紀》, "土疏水闊, 山高水深"《太平寰宇記》, "負海潟鹵, 其地瘠薄,
        蠶穀少, 人民寡"《元志》, "路多險阻, 田半岡渠"《郡志》(淸)张云龍, 张凰羽等 纂修,《(順治)招远縣志》
        卷之一〈疆域〉, 道光二十六年(1846)刻本版。

608   (明)徐應元 纂修,《(泰昌)登州府志》卷之五〈地理志一·官署〉, 明泰昌元年(1620)刻本版。

招遠市 辛莊鎮 湖汪村과 宅上村의 村碑(집필진 답사 촬영)

포의 분포는 蓬萊縣과 黃縣 경내와는 달리 放射狀을 이루고 있다. 그러므로 조선 사신들이 지나간 招遠縣 北部의 급체포는 湖汪鋪, 宅上鋪, 王徐鋪이었을 것이다. 湖汪鋪는 지금의 招遠市 辛莊鎮 湖汪村이며 宅上鋪는 지금의 招遠市 辛莊鎮 宅上村이다. 또한 蓬萊縣과 黃縣의 경계에 위치한 東良巡檢司 곧, 지금의 招遠市 辛莊鎮 東良村도 조선 사신이 거쳐간 역참일 것이다.

王徐鋪은 조선사신들이 "新店(新城店)", "新城", "新城千戶所", "新城堡", "新城鋪" 등으로 기록한 곳이다. 명 洪武 初年 왜구들이 중국 연해를 크게 침범했는데 중국 내의 지방 군사 세력들이 이들 왜구와 결착하여 연해의 백성을 끊임없이 노략질했다. 역사기록에 따르면 "북으로 요동과 산동 연해에서 남으로 절강, 복건, 광동지역에 이르기까지 피해를 보지 않는 해가 없었다."[609] 특히 산동 연해지역이 피해가 극심했다. 이에 명 洪武 時期 "衛所制度"[610]를 시행했는데 이는 중국 연해지역에 衛, 所, 寨, 巡檢司

609　"北自遼海、山東, 南抵閩、浙、東粵濱海之區, 無歲不被其害"(淸)谷應泰,《明史紀事本末》卷五十五〈沿海倭亂〉, 中華書局1977年版, p.843。

610　衛所制度는 衛, 所, 寨, 司를 포함하는 4단계 군사조직이다. "衛"가 가장 높은 급으로 높은 성벽과 해자를 갖추고 성 내에는 중무기를 갖추고 있었다. 軍民 일치의 행정조직으로 군대를 통솔하는 장교가 모든 성 내 사무를 관장하고 그 밑에 所를 설치했다. "所"는 2번째로 높은 급으로 해안의 요충지에 분포했다. "衛"의 직접 통제를 받는 규모가 큰 곳을 특히 直隸所라 했다. 衛와 所는 해안 방어에 있어 가장 중요한 군사 기구였다. 대부분의 衛와 所는 바다에 연해 있었기에 직접 海口를 방어했고 왜적의 배가 나타나면 바다로 나가 공격하거나 성안으로 퇴각하여 진을 지키는 핵심 보루였다. "寨"은 "所"보다 규모가 작은 兵營이고, "司"는 巡檢司를 가리키는데 일반적으로 연해 마을과 마을 사이의 거주민이 없는 야지에 위치했으며 극소수의 弓兵들만 배치되어 해안선을 감시하다가 만약 특이 동향이 관찰되면 봉화를 올려 衛와 所에 알리는 역할을 수행했다. 衛, 所, 寨, 司를 차례로 연결하면 하나의 방어

招遠市 辛莊鎭 東良村의 牌坊(집필진 답사 촬영)

등의 군사기구를 설치하여 연해지역을 상시 방비하고자 한 것이다. 명나라 洪武, 永樂 연간에 萊州府 境內에는 3衛, 8所, 7巡檢司, 16寨, 147墩堡[611]가 설치되었다. 즉, 명나라 洪武 2년(1369) 萊州[612]를 설치했고 명나라 洪武23년(1390) 萊州衛 아래로 王徐寨, 馬停寨, 灶河寨, 馬步寨, 柴胡寨[613]를 설치했다.

趙濈과 洪翼漢은 "新城千戶所"가 명대 "새로이 건축된 鎭海城으로 守備[614]一人을 설치하여 해안을 오고 가는 사람을 살피게 했다"거나 "手下에 병사가 600여 人"이라고 했으니 조선사신들이 1623년과 1628년 사이 경유한 "新城"이 바로 千戶所였음을 알 수 있다. 이러한 조선사신의 기록은 明代 萊州衛 王徐寨에 대한 기록과 일치한다.

선이 구축되고 유기적으로 연락을 취할 수 있었으므로 해안선을 충실히 방어할 수 있었다. 劉煥陽, 陳愛强, 《膠東文化通論》, 齊魯書社, 2015, p.202.

611 (淸)於始瞻, 張思勉纂修, 《(乾隆)掖縣志》卷之二〈海防〉, 乾隆二十三年(1758)刻本版.

612 《明實錄·明太祖實錄》卷三十九, 〈洪武二年二月壬辰〉, (臺灣)中央硏究院歷史語言所, 1962年校印版.

613 山東省萊州市史志編纂辦公室, 《萊州市志》, 齊魯書社, 1996, p.11.

614 "總鎭一方者爲鎭守, 獨鎭一路者爲分守, 各守一城一堡者爲守備, 與主將同守一城者爲協守. 又有提督……備倭等名." (淸)張廷玉等, 《明史》卷七十六〈職官志五〉, 中華書局1974年版, p.1866.

"王徐寨는 掖縣 東北 80里에 있는데, 城 둘레는 2里이다. 明初에 百戶所가 설치되었고 嘉靖 년간에 千戶所로 개정되었다."[615] "千戶所"는 이름 그대로 천 명 정도의 병사를 관할하는 군사기지의 뜻이므로 당시 王徐寨는 규모가 적지 않았을 것이다. 그러나 명나라 중기 이후로는 산동 연해의 衛所에서 병력이 완전히 충원되지 못하는 일이 빈번했기에 [616] "手下의 병사가 600여 명"에 불과한 "千戶所"가 되었다.

명 洪武 18년(1385) 왜구의 잦은 노략질로 인해 萊州府 掖縣 縣城 북쪽 해안가에 備倭城을 축조했다.[617] 民國《(四續)掖縣志》의 기록[618]에 따르면 新城은 원래 이름이 王徐寨였는데 지금의 新城鄕 新城村 지역이라 한다. 당시 원래 備倭城을 지은 자리는 지금의 張家鄕 張家村의 북쪽 지역이었으나 바닷바람에 성이 자주 훼손되어 王徐寨로 옮겼다고 한다. 그래서 新城이라는 이름이 새로 생겼으나 오랜 시간이 지나면서 성은 사라지고 말았다. 결론적으로 말하면 王徐寨라는 명칭은 備倭城보다 일찍부터 사용되었고 그 연원은 명나라 洪武 연간까지 거슬러 올라간다. 그리고 備倭城이 해안가에 축조되어 모래바람에 쓸려가는 일이 잦아서 王徐寨로 옮기게 되자 王徐寨가 新城으로 불리게 되었다는 것이다. 그러나 備倭城이 언제 王徐寨로 옮겨왔는지는 불분명하다.

《(乾隆)掖縣志》의 기록[619]에 따르면 備倭城은 주교역 북쪽 20리에 있었고 新城으로 불리웠으며 초원현과 접하고 있다고만 되어 있고, 明《(萬曆)萊州府志》[620]에는 朱橋驛의 현청 동북 60리에 있다고 했다. 두 지방지의 정보를 종합하면, 조선사신이 경유한 新城 곧, 王徐寨(備倭城)는 응당 掖縣 동북 80리 되는 곳으로 萊州府 掖縣과 登州府 招遠縣의 경계에 있었을 것이다.

新城을 지나간 조선사신들은 뜻밖에 아무런 시문을 남기지 않았으나 淸代 乾隆 연간 招遠縣 縣令 李芝[621]가 〈신성에 올라 바다를 바라보다(新城觀海)〉라는 시를 남겼다.

---

615 "王徐寨, 在掖縣東北八十里, 城週二里。明初置百戶所, 嘉靖中改千戶所。"(淸)穆彰阿等 纂修,《(嘉慶)大淸一統志》卷一百三十八《萊州府》,《四部叢刊》續編景舊鈔本版。

616 趙樹國,《明代北部海防體制硏究》, 山東人民出版社, 2014, pp.239-245。

617 山東省萊州市史志編纂辦公室,《萊州市志》, 齊魯書社, 1996, p.10。

618 (民國)劉錦堂, 劉國斌等 纂修,《(四續)掖縣志》卷一〈古跡〉, 民國二十四(1935)年鉛本版。

619 (淸)張思勉等 纂修,《(乾隆)掖縣志》卷之二〈海防〉, 淸乾隆二十三年(1758)刊本版。

620 (明)龍文明等 纂修,《(萬曆)萊州府志》卷五〈驛傳〉, 民國二十八年(1839)永厚堂重刊本版。

621 李芝(生卒年미상)는 字가 端五, 號는 吉山이며 富順縣 사람이다. 乾隆 3년(1738年)擧人이 되었고 十三

이 시를 통해 당시 조선 사신들이 지나간 신성 일대의 경관을 유추해 볼 수 있을 것이다.

〈신성에 올라 바다를 바라보다〉
벌판에 자라는 백곡은 동쪽 바다를 향해 내달리고
거대한 파도는 푸른 창공으로 치달리네.
이 놀라운 풍광에 옛날 지사는 뜻 품었으나
아마득한 이 경치를 지금 사람은 놀라 바라볼 뿐이네.
저 큰 파도, 땅을 다 덮어버리고
멀리 창공에 빛나는 별까지 집어 삼킬 듯하네.
바다 위로 해와 달이 떠오르니
일렁이는 파도에 해와 달 그림자 어지럽기만 하고
거대한 거북이 움직이니 온 섬이 놀라며
안개 자욱한 사이로 신기루의 환영 피어나네.
온 천지가 까마득하니
잠시라도 어디가 어디인지 알 수가 없다 하네.
내가 온 후로 기쁘게도 처음으로 날이 개이니
만리 끝 하늘까지 푸르름이 드러나네.
바닷물 잠잠하니 오색 빛깔 유리처럼 영롱하고
푸르름이 천 겹으로 쌓아 올린 비단과 같네.
시원한 바람 살랑살랑 불어오나
바닷속 배고픈 교룡은 아랑곳없이 쉴새없이 다투어
돌연 교룡이 뿜어 내는 소리 천 길 하늘 솟아 오르니
그 장관 입을 다물지 못하고 바라볼 뿐이네.
바람 맞고 서서 평안한 날을 기약하는데
바닷속 신선이 산다는 삼신산 멀리 아스라이 보이는 듯하네.

年(1748)에 三甲 第二十一名으로 進士가 되어 山東 招遠縣 知縣에 부임했으며 이후 湖北 枝江, 宜都 등지의 知縣을 지냈다. 이후 고향이 돌아와 생활했는데 乾隆 四十一年(1776) 段玉裁와 함께 《富順縣誌》를 저술했고 學易書院의 山長으로 후학을 가르치면서 《俟秋吟詩》, 《鴻爪集詩》, 《賢己堂文集》등의 저술을 남겼다. (四川省地方誌編纂委員會編, 《四川省志》, 四川科學技術出版社, 2003, 第66頁)

〈新城觀海〉

百穀趨東溟 , 元濤逼靑漢。

奇觀昔有志 , 湏洞今駴見。

大欲占地盡 , 遠恐浸星爛。

波浮日月出 , 浪混陰陽亂。

島驚巨鼇駕 , 煙看遊蜃幻。

蒼茫上下同 , 瞬定不可辨。

我來欣初霽 , 萬里空靑現。

淳爲五色璃 , 碧疊千層練。

微微涼飆至 , 烈烈饑蛟戰。

潮音大千湧 , 口噤發瞻健。

向晚波平貼 , 天容開新面。

臨風揖安期 , 三山渺莫眄。

《(道光)招遠縣續志》[622]

王徐鋪는 지금의 萊州市 金城鎭 新城村이다. 조선사신의 기록과 당시 方志의 기록을 종합하면[623] 王徐鋪의 지명 변화는 다음과 같다. (明初)王徐寨 →(명나라 中期)備倭城/王徐寨 →(明末)王徐鋪/王徐/新店(新城店)/新城/新城千戶所/新城堡/新城鋪 →(淸 乾隆 13년)新城/王徐鋪/王徐 →(民國17년~20년)新城/王徐→(民國21년~지금까지) 新城. 한편, 王徐鋪의 연혁은 다음과 같다. 明淸時期에는 招遠縣과 掖縣이 각각 王徐鄕(王徐寨/王徐鋪 所在地)의 일부분을 관할함 → 民國17년~20년에는 招遠縣 五區에 속함 → 民國21년~民國27년 사이에는 招遠縣 第七區 新城鄕에 속함 → 1941년 屬萊州 掖縣에 속함 → 지금은 萊州市 金城鎭에 속한다.

이상을 종합하면 조선사신이 黃縣 黃山館驛에서 萊州府 掖縣 동쪽경계 사이 구간

---

622 (淸)陳國器等 纂修,《(道光)招遠縣續志》卷之四〈藝文續〉, 淸道光二十六年(1846)刻本版.

623 "(咸豐)十一年春撚匪東竄進逼靑萊……十四日賊抵招遠之新城 , 十五日抵黃縣之北馬 , 十七日抵蓬萊之欒家口"(淸)方汝翼等 纂修,《(光緖)增修登州府志》卷之十三〈海防·兵事〉, 淸光緖七年(1881)刻本版)19世紀 中期 대규모의 農民 起義 곧, 撚軍起義가 일어났다. 起義軍은 安徽, 河南, 山東, 江蘇 등에서 활동했으며 淸 政府는 撚匪으로 불렀다.

지금의 萊州市 金城鎮 新城村 마을 입구의 坊表(집필진 답사 촬영)

招遠市 辛莊鎮 官道村 村碑와 G206國道 변에 서있는 "萊州界" 표지.
官道村 村民 蘇振剛(男, 65)의 증언에 따르면 이전의 官道(古驛道)는 官道村의 동쪽을 지났다고 하고 한다.
그러므로 煙濰公路 즉, 지금의 G206國道의 官道村 구간이 바로 옛 관도 위에 새로 닦인 길이다.
그러나 1941~1958년 사이 萊州市와 招遠市의 경계 지역은 크게 개발이 이루어져 萊州府 掖縣 동쪽경계가
구체적으로 어디인지 지금은 알 수 없게 되었다. (집필진 답사 촬영)

을 지나면서 거친 경유지의 명대 지명은 다음과 같다. ① 溪河 ② "東牟首邑"坊表 ③ 東良海口 巡檢司 ④ 湖汪鋪 ⑤ 宅上鋪 ⑥ 新城/新店/新城千戶所/新城堡/新城鋪/新城店/王徐鋪 그리고 현재 지명으로는 다음과 같다. ① 龍口市 黃山館鎭 界河 ② 龍口市 黃山館鎭 界河 東岸 ③ 招遠市 辛莊鎭 東良村 ④ 招遠市 辛莊鎭 湖汪村 ⑤ 招遠市 辛莊鎭 宅上村 ⑥ 招遠市 辛莊鎭 官道村 ⑦ 萊州市 金城鎭 新城村。

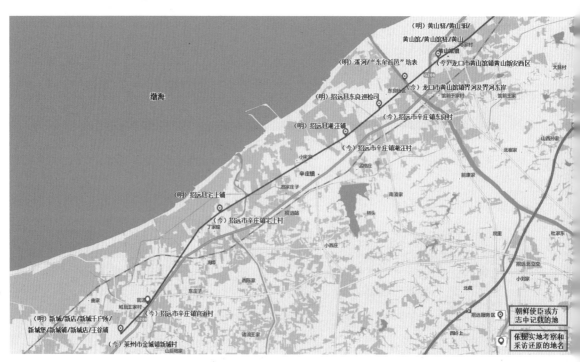

明末 黃縣 黃山館驛에서 萊州府 掖縣 동쪽경계 사이 조선사신의 사행 노선도

8. 結論

　　서론에서 제시한 대로 필자들은 명말 조선사신의 해로 사행 관련 문헌을 주요 연구 대상으로 하여 본론에서 산동 등주부 구간에 대해 연구를 진행했다. 우선, 조천록에 기록된 경유지의 지명이 明代 方志에도 보이는 경우에는 그 이후 시대인 淸代 방지와 근현대의 地方志를 시간의 흐름에 따라 추적하여 지명 변화를 파악함으로써 현재 지명과 구체적인 지역을 확정할 수 있었다. 이렇게 밝혀진 지역을 연결하여 대체적인 노선을 가설적으로 설정한 후, 명대 지방지에 보이지 않는 조천록의 경유지 지명은 이미 작성된 가설 노선을 바탕으로 명대 이전인 隋唐이나 宋元시기의 방지로부터 청대와 근현대 지방지까지 전 시대의 방지를 조사하여 후보군을 선정하였다. 이후 현지답사를 통해 파악한 지형과 풍경, 풍속 등 인문지리적 정보, 현지 주민 인터뷰, 현지 연구자를 통해 얻은 추가적인 정보들을 조천록의 기록과 비교하여 후보군 가운데 구체적인 지명과 사행 노선을 확정할 수 있었고 그 최종적인 결과물로서 아래와 같은 〈표-5 明末 對明 海路使行 登州府 經由地名 變化表〉를 작성할 수 있었다. 이 표를 통해 종합적으로 살펴보면, 조선사신들이 조천록에 기록한 경유지 지명은 대체로 당시 중국 내 통용되던 방지의 지명을 인용하고 있는 것으로 보이나 구체적인 한자 표기가 틀린 경우도 꽤 있었다. 또한 조선사신들은 중국 방지에 기록 없는 지역이라도 그들이 직접 거쳐간 지역들은 노선에 따라 꼼꼼하게 기록을 남기고 있는데, 주로 통역관을 통해 현지 주민들에게 들은 바를 기록한 것이거나 마을 패방 등에 쓰여진 지명을 직접 보고 기록한 것들이다. 물론 그 반대의 경우로 방지에는 기록되어 있으나 조천록에는 여정의 전체적인 거리만 표기된 경우도 더러 있었다. 또한 경우에 따라서는 演武場을 訓煉院으로 바꿔 쓴 예에서 보듯이 당시 중국 현지의 명칭이 아니라 조선에서 통상적으로 사용되던 명칭으로 바꿔 기록한 것도 있었다.

필자들은 이상과 같이 성공적으로 조선사신들의 과거 활동 공간을 현재의 중국 공간에 재구할 수 있었고, 이를 통해 과거의 기록인 조천록을 현재의 공간에 소환하여 인문지리·문학지리의 시각에서 조선 사신들 남긴 시와 문장, 공문서, 일기, 그림 등을 분석하여 명말 중국 현지의 풍속과 생활 양상, 조선사신이 관찰한 명말 중국 국내외 정세, 조선사신들의 실제 외교 활동의 모습, 중국 문인과의 시문 창화 등 문화 교류 활동의 실체, 조선 사신의 내면적인 심리와 중국에 대한 인식 등을 생생하게 파악할 수 있었다.

그러나 필자자들이 본서에서 행한 "조선 사신들의 중국 활동 공간의 현재적 재구"라는 성과는 본서에서 행한 인문지리적 분석에만 활용될 수 있는 것이 아니라 앞으로 있을 조천록과 관련된 다양한 연구에 폭넓게 활용될 수 있다, 곧, 조천록에 대한 본서와는 다른 방식의 다양한 인문지리적 문학지리적 분석도 가능할 것이며, 기존의 조천록에 대한 문헌고증적 역사 연구를 보충할 수도 있을 것이며, 예술학, 문화학, 사회학, 정치학, 외교학, 민속학 등의 영역에서 조천록 문헌을 또 다른 방식으로 활용할 수도 있을 것이다. 또한 영화, 드라마, 다큐멘타리, 소설, 게임 등 다양한 미디어 매체의 소재로 활용되거나 새로운 여행지 개발 등 문화산업이라는 실용적인 영역에서도 폭넓게 활용되기를 기대한다.

表—5 明末 對明 海路使行 登州府 經由地名 變化表

登州府 蓬萊縣 境內—지금의 山東省 煙臺市 蓬萊市 境內							
순서	明代 지명	使行錄에 기록된 명칭	현대 지명	縣治 혹은 登州城에서의 距離[624]	명칭 변화[625]	위치와 연혁[626]	참고
1	烏湖海/ 千里海/ 黑海	黑水海/ 千里海/ 黑海	老鐵山水道			渤海와 黃海, 遼東半島와 山東半島의 交界處	老鐵山水道水는 수심이 깊고 계절풍의 통로로서 평시에도 높은 파도가 일어서 조선사신들의 배가 자주 조난을 당했다. 趙濈은 그의 사행록에서 "十死九生"의 어려움을 당했다고 묘사했다.

624　여기에서 표기된 거리는 明代《(泰昌)登州府志》를 기본 문헌으로 인용하였고, 불명확하거나 의심스러운 경우《(嘉慶)大淸一統志》,《(雍正)山東通志》,《(康熙)登州府志》,《(乾隆)續登州府志》,《(光緒)增修登州府志》,《(康熙)蓬萊縣誌》,《(道光)重修蓬萊縣誌》,《(光緒)蓬萊縣續志》,《(康熙)黃縣誌》,《(乾隆)黃縣誌》,《(同治)黃縣誌》,《(乾隆)掖縣志》등을 참고하여 필자들이 고증한 것임. 자세한 고증 내용은 해당 장절을 참고하기 바람.

625　《長島縣地名志》,《長島縣誌》,《南陽城志》,《蓬萊市志》,《龍口市志》,《龍口市地名志》,《龍口市村莊志》등을 통한 문헌 고증 이후, 현지답사 및 현지 주민, 연구자 인터뷰를 통한 실증을 거쳐 작성하였음.

626　《(民國(第四次重修))蓬萊縣誌》,《長島縣地名志》,《長島縣誌》,《南陽城志》,《蓬萊市志》,《龍口市志》,《龍口市地名志》,《龍口市村莊志》,《招遠縣誌》,《招遠縣地名志》등을 통한 문헌 고증 이후, 현지답사 및 현지 주민, 연구자 인터뷰를 통한 실증을 거쳐 작성하였음.

순서	明代 지명	使行錄에 기록된 명칭	현대 지명	縣治 혹은 登州城에서의 距離	명칭 변화	위치와 연혁	참고
2	黃城島/ 烏胡戍	黃城/ 皇城/ 黃城島/ 皇城島	北隍城島	蓬萊縣 北海에 위치함. 二百五十里	(唐、宋時)烏湖戍→(明初)鳴呼島 或半洋山→(明末)皇城島/ 黃城島/ 漠島/漠島→(淸 康熙 연간)漠島/半洋山→(淸 雍正 연간)漠島/ 北隍城島→(今)北隍城島	宋나라 때는 蓬萊縣 沙門寨地에, 元명나라 시기에는 蓬萊縣 牽牛社에 속했다. 道光 연간에 隍城社를 설치한 이후 宣統 년간까지 山后, 城東, 山前 3개 村落을 관할했다. 1928년 隍城社에 속했으나 山前, 山後가 前村, 後村으로 명칭이 바뀌었다. 1934년에는 隍城鄕에 배속되었다. 1945년 長島가 처음으로 중공군에 점령되면서 長山島 軍政辦事處가 鄕을 철폐하고 區를 설치하였기에 欽島區에 속하게 되었다. 1946 年 欽島區에서 분구되어 隍城區에 속하게 되었고, 1948년 국민당이 長島를 점령한 후 隍城鄕에 속하게 되었다. 1949년 長島가 다시 인민군에 점령되면서 재차 隍城鄕에 배속 되었다. 1958년 長島公社隍城大隊에, 1962년 隍城公社에 1984년 社를 철폐하고 鄕을 설치하여 다시 隍城鄕에 속했다. 1985년4월 南隍城分과 분리되어 鄕이 설치되었다. 2000 年 北隍城區公所에, 2003년 北隍城鄕에 속하여 지금까지 蓬萊市 長島縣 北隍城鄕에 속해오고 있다.	黃城島에는 조선 사신 安璥과 黃城島 守將이었던 韓宗功이 우정을 나누었던 "臥薪軒"이 있었다. 와신헌이 있던 위치는 지금의 北隍城島 山后村 해변가 근처이다.
3	無記載	黃城島 海潮寺		蓬萊縣 北海에 위치함. 二百五十里		지금의 北隍城島 北山 산중턱에 위치함	海潮寺에 관하여 현재 중국 쪽 문헌에는 전혀 남아있는 자료가 없다.

순서	明代 지명	使行錄에 기록된 명칭	현대 지명	縣治 혹은 登州城에서의 距離	명칭 변화	위치와 연혁	참고
4	鼉磯島	舵磯島/ 鼉磯/ 鼉磯島/ 舵磯島/ 龜磯島	舵磯島	蓬萊縣 北海에 위치 함. 一百三十里	(北宋)鼉磯島/ 馳碁島/ 龜島→(南宋)駝基島→(元代)鼉磯島→(明代)鼉磯島/ 砣磯山/ 舵磯島/舵碽島→(淸代)鼉磯島/砣磯島→(民國)鼉磯島/砣磯島→(今)砣磯島	宋代에는 蓬萊縣 沙門寨地에, 元明시기에는 蓬萊縣 牽牛社에 속했다. 淸 道光 연간 長山 諸島가 十三社로 분리되면서 砣磯島社가 되었다. 宣統 년간에 타기도사는 大口, 後口, 磨石嘴, 井口, 呂山口 등 5村이 있었다. 1928년 長山八島民政局로 소관기관이 바뀌었으나 명칭은 그대로 타기도사였다. 1934년 社를 鄕으로 바꾸었고 1945년 長島가 처음으로 중공군에 점령되어 砣磯區가 설치되었으며 長山島特區에 속했다. 1947년 國民黨이 長島를 점령한 이후 다시 砣磯鄕을 설치했다. 1949년 중공군이 재차 長島를 점령하여 砣磯鄕을 설치했다. 1958년11월 長島縣과 蓬萊縣, 黃縣을 蓬萊縣으로 병합했으며 砣磯島는 長島 人民公社 砣磯大隊에 속하게 되었다. 1962년4月 長島 人民公社가 長島區로 바뀌어 砣磯島는 長島區砣磯公社에 속했다. 1984년3월19일 砣磯公社가 砣磯鎭으로 바뀌어 8個의 行政村과 4個의 海島를 관할하게 되었다. 8개의 촌과 4개의 섬은 아래와 같다. 中村, 西村,北村,東山村,井口村,呂山口村,後口村,磨石嘴村, 砣磯島, 砣子島, 東嘴石島, 山嘴石島. 2000년12월19일 長島縣을 8個의 區公所로 나누고 砣磯島를 砣肌區公所로 바꾸었다. 2003년2월20일 區公所를 砣磯鎭으로 바꾸어 지금까지 蓬萊市 長島縣 砣磯鎭에 속한다.	현지답사를 통해 조선사신들이 배를 정박시킨 항구는 바로 지금의 砣磯島 井口灣 곧, 套裡古港임을 실증할 수 있었다.

순서	明代지명	使行錄에 기록된 명칭	현대지명	縣治 혹은 登州城에서의 距離	명칭변화	위치와 연혁	참고
5	未詳	真珠門/珍珠門	珍珠門水道	未詳		蓬萊市 長島縣 北長鄉의 店子村의 서쪽으로 蓬萊市 長島縣 北長鄉。	
6	沙門島/廟島	廟島/沙門島/黃島/沙門	廟島	蓬萊縣 北海에 위치함. 六十里	沙門島(宋代)→廟島/沙門島(元、明)→廟島(明代~지금)	五代와 宋나라 때는 蓬萊縣 沙門寨地에, 元명나라 시기에는 蓬萊縣 沙門社에 속했다. 清道光 연간에 廟島社를 설치하고 廟島와 山前 두 마을을 관할했다. 1928년 廟島社는 長山八島民政局에 속하게 되었고 1934년에는 廟島鄉을 설치했다가 1945년 長島가 중공군에 점령되어 廟島區를 설치했으며 南長山島, 北長山島, 大黑山島, 小黑山島, 廟島 등 5 島의 村莊을 관할하였다. 同年11월 南長山島와 北長山島가 묘도구에서 분리되었으며 1946년 행정구역이 다시 조정되어 廟島區가 廟島와 北長山島 各村을 관할하게 되었다. 1948년 국민당이 長島를 점령하고 廟島를 獨立保로 만들었다. 1949년 長島가 재차 중공군에 점령되자 廟島鄉를 설치하여 廟島와 北長山島 各村을 관장했다. 1958년 廟島大隊에, 1962년 北長山公社에, 1984년 北長山鄉에, 1985년4월 廟島鄉에, 2000년 廟島鄉과 北長山鄉이 합병되어 北長山區公所를 설립했는데, 廟島는 北長山區公所에 배속되었다. 2003년 北長山鄉을 설립하여 廟島를 北長山鄉에 배속시켰기에 지금까지 蓬萊市 長島縣 北長山鄉에 속해오고 있다.	李民宬과 李德泂을 정사로 했던 사신단이 정박한 항구는 바로 지금의 廟島村 東側 나루터이다. 明末 廟島에는 군사방어를 목적으로 하는 城樓가 있었는데, 위치는 지금의 廟島 북쪽의 산정상이었다.

순서	明代 지명	使行錄에 기록된 명칭	현대 지명	縣治 혹은 登州城에서의 距離	명칭 변화	위치와 연혁	참고
7	天妃廟/靈詳廟	天妃娘娘廟/天妃廟/神女廟	廟島天后宮	蓬萊縣 北海에 위치함. 六十里	(宋代)靈祥廟/靈應廟→(元代)海神娘娘/香火院/靈祥廟→(明代)天妃廟/神女廟/天妃娘娘廟/靈祥廟→(淸代)天妃廟/天后宮/龍女廟/顯應宮/靈祥廟→(民國)龍女廟/顯應宮→(지금)顯應宮	天妃娘娘廟는 北宋 時期에 처음으로 세워졌다. 北宋 嘉祐 5년(1060년) 福建 南日島 어민들이 "龍女"신위를 沙門島 佛院에 옮겨왔다. 宣和 4년(1122년) 閩籍의 뱃사람들이 佛院 안에 "海神娘娘"香火院을 설치했다. 초기 顯應宮은 規模가 아주 작았으나 至元 十八年(1281년) 당시 海運에 참여하던 閩籍의 뱃사람들이 물자를 모으고 부지를 정비하여 원래 자리에 殿堂을 중수하여 기존의 沙門島 佛院을 海神 媽祖의 道場으로 바꾸었다. 明末 登州 總兵 楊國棟이 天妃娘娘廟를 중수했다. 이후 대대로 보수공사가 진행되었다. 廟島村 村民 林榮發(男, 78)의 증언에 따르면 天后宮은 1970년代에 철거되었다가 1983년 上級 기관의 예산과 村民들의 기부를 모아 天后宮을 다시 중건했다 한다. 2015년 현지 지방자치단체가 後殿과 大殿을 중건했다.	

순서	明代 지명	使行錄에 기록된 명칭	현대 지명	縣治 혹은 登州城에서의 距離	명칭 변화	위치와 연혁	참고
8	(登州)水城/備倭城	水城/水門城/登州水城/登州/東牟之水城/登州城	水城/蓬萊水城	登州城北三里	刀魚寨(宋代)→備倭城/(登州)水城(明代至1948년)→水城/蓬萊水城	1043년 宋나라 때 丹崖山의 東側에 寨城을 만들었는데 "刀魚寨"라 했다. 1376년에는 "刀魚寨"의 모래제방 위에 토성을 건축했다. 1596년 總兵 李承勳이 토성의 겉을 벽돌로 둘러 강화했다. 1984년 小海의 제방을 중수했고 天橋水口 위로 통행을 위해 목판으로 開閉式 다리를 놓았다. 이후 出臺式 부두를 새로이 건축하면서 해안의 제방을 원래 봉래성벽으로부터 60여m 밖에 만들었다. 지금의 봉래각은 蓬萊市 蓬萊閣景區에 위치하면 蓬萊閣街道辦事處 水城社區에 속한다.	
9	蓬萊閣	蓬萊閣	蓬萊閣	登州城 北三里		蓬萊閣은 1061년에 처음 지어졌고 명나라 洪熙 元年(1425)과 명나라 成化 7년(1471)에 차례로 중수되었으며 명나라 萬曆 十七年(1589)증축이 완료되었다. 명나라 崇禎 4년(1631년) 毛文龍의 옛 부하인 孔有德이 반란을 일으켜 登州를 침략했을 때 蓬萊閣이 크게 파괴되었다. 崇禎 9년(1636) 知府 陳鐘盛이 다시 蓬萊閣을 중수하였다. 淸 嘉慶 二十四年(1818) 登州知府 楊本昌이 다시 重修하였는데 樣式은 지금과 큰 변화가 없었다. 그후 크고 작은 파손과 보수가 이루어졌으며 1982년 蓬萊閣은 중국의 "國家重點文物保護單位"로 지정되어 중요문화재로 보호받고 있다. 지금은 蓬萊市 蓬萊閣街道辦事處 水城社區에 속한다.	조선사신들은 대부분 蓬萊仙閣의 아름다운 풍경 및 경내에 있는 蘇軾의《海市詩》石刻, 陳搏의 福과 壽 두 글자에 대해 찬양하는 시문을 남겼다.

순서	明代 지명	使行錄에 기록된 명칭	현대 지명	縣治 혹은 登州城에서의 距離	명칭 변화	위치와 연혁	참고
10	(登州)大城	登州/登州城/登/東牟城/東牟郡/東牟鄉/齊東雄鎮/登州府蓬萊縣	煙臺市蓬萊市	登州府治(蓬萊縣治)所在地	登州城(唐、宋、元、明、清)→蓬萊縣(城)(民國 初年)→蓬萊市(區)(1991년~지금)	당 神龍 3년(707) 登州城이 처음 건축된 후 宋元시기에 그대로 계승되었다. 1376년부터 크게 확장되었다. 명나라 洪武 연간(1368—1398) 指揮使 謝觀, 戚斌에 의해, 명나라 永樂 연간(1403—1424) 指揮使 王洪 등에 의해 지속적인 증개축이 이루어졌다. 萬曆 연간(1573—1620) 임진왜란 기간 동안 敵臺 28座가 새로 설치되었다. 崇禎 연간(1628—1644)知府 桂輅戴, 憲明先이 차례로 성벽을 三尺 五寸 높이로 높였다. 清 咸豊 十一年(1861) 城牆을 중수하고 일본이 패망한 후 東,南,西측의 城牆을 헐었다. 1949년 이후 古登州城 성벽은 점점 사라져 현재는 "上水門遺址"、"登州府城牆遺址"만 남아 있다.	明末 登州城 사대문의 명칭과 위치는 다음과 같다. 東門인 '春生門'은 지금의 蓬萊市 鐘樓東路25號—中國銀行 蓬萊市 支行 자리이며, 南門인 '朝天門'은 蓬萊市 鐘樓南路234號—交通賓館 東側이며, 西門인 '迎恩門'은 蓬萊市 西關路와 鐘樓西路 交叉路 西側이며 北門인 '鎮海門'은 蓬萊市 北關路와 鐘樓北路의 交叉路 西側이다.
11	登萊巡撫衙門	軍門衙門/軍門		登州城內	登州衛署→登萊巡撫衙門	清《(光緒)增修登州府志》에 따르면 登萊巡撫衙門은 초기에는 察院을 行台로 삼았다가 鐘樓 서쪽의 옛 登州衛署를 개축하여 公署로 삼았다. 察院은 지금의 蓬萊市 戚繼光故里 풍경구의 西側 居民區이다. 登萊巡撫衙門이 察院에서 登州衛署 舊址로 이전한 시기를 현재로서는 알기 어려운데 後期의 登萊巡撫衙門은 지금의 蓬萊市 鐘樓西路 北側에 있는 蓬萊劇場 자리에 있었다.	지금 蓬萊劇場은 이미 철거되어 사라졌다.

순서	明代 지명	使行錄에 기록된 명칭	현대 지명	縣治 혹은 登州城에서의 距離	명칭 변화	위치와 연혁	참고
11	兵巡海防道/兵備道/海防道	兵巡道衙門/兵巡道			新海道→兵巡海防道	淸《(光緖)增修登州府志》에 따르면 兵巡道, 兵備道, 海防道 公署는 "登州 南門 內의 和豐倉 舊址"이다. 蓬萊市 史志辦公室 高波 科長의 설명에 따르면, 明淸時期 兵備道署(兵巡道署/海防道署)는 蓬萊市 糠市街에 있었다 한다. 糠市街는 糠市弄라고도 하면 현지주민들은 糠市巷이라고 하는데 지금의 蓬萊市 登州街道 長裕社區 북쪽 蓬萊市 幹部休養所 第二幹休所의 남쪽 골목이다. 골목은 동서로 나 있고 길이가 260m 정도이다.	
		兵備道衙門/海防兵備道/海防廳					
		海防道衙門					
	郡治	知府衙門				지금의 蓬萊市 紫荊山街道 府門南街의 북단에 위치한 後勤部隊司令部 자리이다.	
	監軍道署	監軍衙門				지금의 蓬萊市 紫荊山街道 萬壽村 內의 大衙門口街 附近이다. 大衙門口街를 현지 주민들은 大衙門口 혹은 衙門口弄라고 부르고 있었다.	
12	演武場	演武場/敎場/訓練院		登州城北門—鎭海門外	演武場→演武場/北校場/演武廳	위치는 蓬萊市街道 北關村 북쪽에서 해변 모래사장까지로 추정되며 대체로 지금의 蓬萊市 海濱文化廣場 일대이다.	조선사신들이 북경으로 떠나기 전이나 북경에서 돌아오면 登萊巡撫는 手下의 官員에게 이 演武場에서 연회를 벌여 조선사신을 접대하고 전송했다.

순서	明代 지명	使行錄에 기록된 명칭	현대 지명	縣治 혹은 登州城에서의 距離	명칭 변화	위치와 연혁	참고
13	開元寺	開元寺		在登州城內 西南 모퉁이	開元寺→開元寺/四大寺	蓬萊市 史志辦公室 高波 科長의 설명에 따르면 開元寺는 民國 初期에도 여전히 큰 규모를 갖추고 있었다. 民國 後期에 私立 進華소학교가 절 안에 설립되었고 1947년에는 國民黨軍이 절 내의 誦經堂, 藏經閣, 鐘亭, 鼓亭 등을 철거하여 거기서 나온 목재를 등주성 보강공사에 사용했다. 절 내의 다른 건물도 이후 차례로 철거되었다. 서쪽을 등지고 동쪽으로 정문을 낸 開元寺의 옛터는 지금의 蓬萊市 府門南街 남단에 위치했다. 1990년代末에 開元寺의 옛터인 蓬萊市 紫荊山街道에 "故里社區"아파트 4개동인 건축되었다.	조선사신이 등주성내에서 묵었던 장소 가운데 하나로 唐 開元 연간에 창건된 開元寺는 조선사신에게 잊지못할 장소였다. 구사일생의 바닷길을 막 건너온 사신들은 안도의 기쁨 속에서 새로이 알게 된 중국문인들과 시를 창화하면서 정을 나누었고 중국 명인의 글과 그림을 감상할 수 있는 행운을 누렸다. 또한 차갑고 습한 승방에 머무르면서 고향을 떠난 나그네의 우수에 잠기기도 했으며 북경으로 향하는 長途의 첫발걸음을 힘차게 내딛기도 했다.
14	普靜寺	普靜寺/普淨寺		登州城 北門 밖		明末 普靜寺의 옛터는 지금의 北關村 남쪽 宏亮旅社 자리이다.	普靜寺에 진신사리를 모셨다는 조선사신 鄭斗源의 기록을 중국 내 다른 문헌에서는 찾아볼 수 없다. 만약 鄭斗源의 기록이 사실이라면 등주지역의 불교전파의 역사에 중요한 발견 중 하나가 될 것이다.
	北關	北關村		登州城 北關		지금의 蓬萊市 蓬萊閣街道 내의 北關村	

순서	明代 지명	使行錄에 기록된 명칭	현대 지명	縣治 혹은 登州城에서의 距離	명칭 변화	위치와 연혁	참고
15	萬壽宮	萬壽宮			祐德觀→萬壽宮/道觀廟	明《(泰昌)登州府志》의 기록에 따르면 "祐德觀이 府城南에 있었는데 唐 開元년간에 창건된 것이다. 有司가 歲時가 되면 참배하였고 聖節에는 여기서 習儀를 했다. 후에 '萬壽宮'으로 개명했다. 萬曆 四十八年 副使 陶朗先, 知府 徐應元, 知縣 段展이 重修했다." 淸代 이후로 관리가 소홀해져 참배객이 줄었으며 결국 그 자리에 자선기관을 설치하여 곤궁한 백성을 돕는 곳으로 활용되었다. 民國時期에는 職業學校가 운영되었다. 사회주의 중국이 건국된 이후 景熙小學과 蓬萊縣醫院이 차례로 설립되어 운영되었고 지금은 주택가가 되었다. 만수궁은 지금의 蓬萊市 紫荊山 街道 蓬萊基督教堂의 동측 둔덕자리에 있었는데 기독교당과는 하천을 두고 마주보고 있다.	

순서	明代 지명	使行錄에 기록된 명칭	현대 지명	縣治 혹은 登州城에서의 距離	명칭 변화	위치와 연혁	참고
16	(登州)府學	(登州)文廟		登州府 치소의 남쪽		登州府學은 宋 大觀 연간에 처음 건립되었다. 명나라 洪武 초에 知府 畢汝舟가 重建했고, 宣德년간에 楊守順이, 天順년간에 韓守敏이, 成化년간에 張守鼎이 차례로 보수하였다. 弘治년간에 知府 冠守林이 大成門을 세우고 知府 羅守綺가 부속건물을 세웠다. 正德 년간에 知府 秦守偉가 중수했고 嘉靖 十年 敬一亭을 세우고 황제가 쓴 《敬一箴》와 《注釋視聽言動心五箴》碑를 欞星門 서쪽에 세웠으며 啟聖祠를 儒學門의 동쪽에 세웠다. 正德 三十九年 知府 盧守甯이 名宦, 鄉賢 二祠를 啟聖祠 앞에 세웠다. 萬曆 8년 知府 劉自化가 주변의 땅을 사들여 雲路를 닦고 雲衢坊을 세웠다. 萬曆 十五年 知府 王詔가 重修했다. 萬曆 三十三年 推官 冀述가 明倫堂을 세우고, 三十九年 知府 黃體仁이 尊經閣을 세우고, 泰昌 元年 知府 徐應元이 重修했다. 명나라 崇禎 5년 登州府學이 孔有德 반란군에 의해 훼손되었다가 崇禎 9년에 重修되었고 이후 지속적인 증보수가 이루어졌다. , 蓬萊市 史志辦公室 高波 科長의 설명에 따르면 明清時期의 登州府學은 지금의 蓬萊市 戚繼光故里 南側 , 府門南街의 東側, 府學前弄의 北側 일대를 차지하고 있었을 것이라 한다.	

순서	明代 지명	使行錄에 기록된 명칭	현대 지명	縣治 혹은 登州城에서의 距離	명칭 변화	위치와 연혁	참고
17	登州城 西關	無記載	窯坊村	登州城 蓬萊縣 西關		淸初에는 蓬萊縣 北溝保赤田社에 속했고 淸末에는 城區西關社에, 民國二十一年에는 第一區蓮溪鎭에, 民國三十六年에는 四關鎭에, 지금은 蓬萊市 紫荊山街道에 속한다.	관련 문헌기록이 없어 답사와 현지 주민의 인터뷰를 통해 고증했다.
18	未詳	無記載	三裡橋村	登州城 南 三里		지금의 蓬萊市 紫荊山街道에 속한다.	관련 문헌기록이 없어 답사와 현지 주민의 인터뷰를 통해 고증했다.
19	杏花村	杏花村/陳尙書杏花村	杏花苑社區	登州城 南 三里	待考	杏花村은 1509년부터 1522년 사이 應天府 尹陳鼎이 세웠다가 1631년에 크게 파괴된 듯하다. 杏花村은 明末부터 民國초기까지 줄곧 蓬萊縣 北溝保赤山社에 속했는데 민국 초기에는 北溝保赤山社 司家莊村이었고 지금은 蓬萊市 紫荊山街道 司家莊村"杏花苑"社區이다.	
20	五里橋	無記載	五里橋村	蓬萊縣 西 五里	五里橋 (淸)→五里橋村(지금)	지금의 蓬萊市 紫荊山街道.	관련 문헌기록이 없어 답사와 현지 주민의 인터뷰를 통해 고증했다.
21	赤山鋪/石門山	"疊石浦" 欄門	蓬萊市北溝鎭赤山	蓬萊縣治西 十里	(明)赤山鋪/石門山→(淸)赤山鋪/十里鋪→(지금)赤山	지금의 蓬萊市 紫荊山街道.	

순서	明代 지명	使行錄에 기록된 명칭	현대 지명	縣治 혹은 登州城에서의 距離	명칭 변화	위치와 연혁	참고
22	望海嶺	"蓬縣仙觀"坊表/ "蓬瀛別區"欄門	蓬萊市 紫荊山街道 民和生態園의 正門 附近	登州城 西南 十五里	望海嶺	지금의 蓬萊市 紫荊山街道 民和生態園의 正門 附近	관련 문헌기록이 없어 답사와 현지 주민의 인터뷰를 통해 고증했다. "望海嶺"西側에 남아있는 古驛道는 東北—西南방향으로 나 있었고 폭은 약 4m, 길이는 약 100m로 다져진 흙길이었다.
23	上口鋪	無記載	蓬萊市北 溝鎭上魏 家村	登州城 西 二十里	(明)上口 鋪→(淸) 二十里鋪 /上口鋪/ 二十里店 →上魏家 村	上魏家村 村碑의 기록에 따르면 "명나라 萬曆연간에 魏姓 사람들이 下魏家(村)에서 여기로 이주하였는데 그 위치가 下魏家의 上游였으므로 마을 이름을 上魏라 하였다"한다. 明末에서 民國초기까지 上魏家村은 줄곧 蓬萊縣 北溝保北 林社에 속했으며 지금은 蓬萊 縣 北溝鎭에 속한다.	관련 문헌기록이 없어 답사와 현지 주민의 인터뷰를 통해 고증했다. 上魏家村의 西南 약 2km떨어진 곳에 古驛道가 일부 남아 있었고 그 역도 상에 石橋 하나가 남아 있었다. 석교에는 "廣濟橋"라는 석판이 붙어있었으나 문헌에 관련 기록이 없다. 현재 고역도는 上魏家村과 草店村 사이에 나 있으며 東北—西南 방향 이었던 길이 거기에서 南北 방향으로 변경된다. 역도는 폭이 약 4m, 길이 약 1km로 다져진 흙길이었다.

순서	明代 지명	使行錄에 기록된 명칭	현대 지명	縣治 혹은 登州城에서의 距離	명칭 변화	위치와 연혁	참고
24	未詳	無記載	草店村			지금의 蓬萊縣 北溝鎭	관련 문헌기록이 없어 답사와 현지 주민의 인터뷰를 통해 고증했다.
25	三十里鋪/山頭店	山店	三十里店村	登州城 西 三十里	山頭店鋪(明)→(淸~民國)山頭店鋪、三十里鋪/三十里店→(지금)三十里店村	三十里店村 村碑의 기록에 따르면 "明朝初期 郭姓 사람들이 雲南지역에서 여기로 이주해왔다. 이후 마을 동쪽에 烽火臺가 지어졌고, 그 곁에 官道가 지나갔으므로 관도 옆에 역참이 건축되었다. 登州府에서 三十里, 黃縣城에서 三十里 떨어져 있었으므로 마을 이름을 三十里店이라 한다." 三十里店村은 明末 蓬萊縣 北溝保 三十里店社에 속했고, 淸 康熙 연간에서 淸 光緒 연간까지 蓬萊縣 北溝保社에 속했다. 民國 二十一年 第五區三十里店鄕에, 民國 三十六年 正義鄕에 속했다가 지금은 蓬萊市 北溝鎭에 속한다.	吳允謙의 《海槎朝天日錄》에는 黃縣의 柞楊鋪를 蓬萊縣의 三十里店鋪로 잘못 기록하고 있다. 현지답사에서 三十里店村의 남쪽에서 古驛道 유적을 확인했는데 동북—서남 방향으로 폭이 약 4m, 총길이1km로 다져진 흙길이었다.
26	未詳	無記載	西正樓下村			지금의 蓬萊市 北溝鎭.	관련 문헌기록이 없어 답사와 현지 주민의 인터뷰를 통해 고증했다.
27	未詳	無記載	大薑家村			지금의 蓬萊市 北溝鎭.	관련 문헌기록이 없어 답사와 현지 주민의 인터뷰를 통해 고증했다.
28	未詳	無記載	河潤村			지금의 蓬萊市 北溝鎭.	관련 문헌기록이 없어 답사와 현지 주민의 인터뷰를 통해 고증했다. 河潤村은 지금의 蓬萊市와 龍口市 交界에 위치한다.

순서	明代 지명	使行錄에 기록된 명칭	현대 지명	縣治 혹은 登州城에서의 距離	명칭 변화	위치와 연혁	참고
29	未詳	荒萊鋪	待考	"荒萊鋪"는 登州와 黃縣 사이에 위치하는데 黃縣의 경계에 좀더 가깝다. 구체적인 위치는 정확히 알 수 없다.			중국 지방지에 蓬萊縣 "荒萊鋪"에 대한 기록은 보이지 않으며 조선사신 가운데서도 오직 洪翼漢의 《花浦朝天航海錄》에만 보인다.
						登州府 黃縣 境內—지금의 山東省 煙臺市 龍口市 境內	
30	柞羊鋪	"萊嶽具瞻"坊表/ "萊山聳翠"欄門 "淳於故里"坊表/ 淳於髡故墟/淳於髡故里/ 淳于古裡/ 淳於村	諸由南村과 諸由北村	黃縣 東北 二十里	(明, 淸) 柞羊鋪/作羊鋪/諸由鋪→(民國1948년) 諸由觀→(1948년에서 지금까지) 諸由南村과 諸由北村	明代中期에서 淸初까지 柞楊鋪는 黃縣 平山都諸由社에 속했고 淸 乾隆에서 光緖 연간까지도 역시 黃縣 平山都諸由社에 속했는데 諸由店이라고도 불렸다. 1930년 黃縣 第二區에 속했고 1948년 諸由觀村의 가로지르는 대로를 경계로 諸由南村과 諸由北村으로 나뉘었으며 여전히 黃縣 第二區(耀光區)에 속했다. 1953년 黃縣 二區 諸由鄕에 속했다가 1958년 黃縣 羊嵐人民公社에 속하게 되었으며 1970년 諸由人民公社에 배속되었는데 지금의 龍口市 諸由觀鎭이다.	현지답사를 통해 諸由南村과 諸由北村 사이에서 옛 驛道 유적을 발견했는데 길이는 300m, 폭은 약 3m정도였다. 형태는 蓬萊市 北溝鎭 曲家溝村, 三十里店村의 옛 驛道와 유사하게 단단하게 다진 흙길이었고 길은 東北—西南방향으로 나 있었다.

순서	明代 지명	使行錄에 기록된 명칭	현대 지명	縣治 혹은 登州城에서의 距離	명칭 변화	위치와 연혁	참고
31	黃水	黃河/黃水	黃水河	黃縣 東 十里	(明末)黃水→(淸 康熙、乾隆、嘉慶 연간)黃水河→(淸 光緖에서 民國初까지)→(今)黃水河	《龍口市地名志》에 따르면 黃水河는 龍口市 境內에서 가장 큰 강으로 龍口市 東部를 흘러 간다. 이 강은 棲霞市 霞山에서 발원하여 龍口市 境內를 지난 후 豐儀, 田家, 七甲, 石良, 文甚, 蘭高, 諸由觀, 羊嵐 등 8곳의 鄕鎭을 지난 후 渤海로 들어간다. 전체 길이는 55km, 龍口市 시내를 거쳐가는 길이는 32km, 강폭은 150~200m, 총 유역면적은 1005평방km이다. 黃水河라는 명칭의 유래에 대해서는 의견이 분분하여 정해진 설이 없으나 일반적으로 강물이 누런 빛깔을 띠기 때문에 붙여진 것으로 알려져 있다.	
32	南王鋪	"太史遺風"坊表	大堡村과 鎭沙村	黃縣 東 十里	(明末에서 淸 光緖 연간까지)南王鋪→(民國)十里鋪→(1948년~1981년)大堡村과 小鄒家村→(1981년에서 지금까지)大堡村과 鎭沙村	明末부터 淸 光緖 연간까지는 黃縣 平山都義樂社에 속했고 民國때는 黃縣 二區에, 1948년 黃縣 城東區에, 1958년 黃縣 火箭人民公社에, 1970년 黃縣 孫家人民公社에 속했다가 1981년부터 지금까지 龍口市 蘭高鎭에 속하고 있다.	
33	絳水河橋	無記載	龍口市東萊街道 花木蘭街 동쪽 끝의 絳水河橋	黃縣城 東北 三里		絳水河橋는 明末부터 民國 初年까지 보존되어 있었다.	

순서	明代 지명	使行錄에 기록된 명칭	현대 지명	縣治 혹은 登州城에서의 距離	명칭 변화	위치와 연혁	참고
34	黃縣/黃城	黃縣/黃縣城/縣北館/黃縣東館馹	煙臺市龍口市	黃縣 縣治所在地	(西漢)黃縣→(唐神龍 3년)黃縣→(唐先天 元年)黃縣/黃城→(明淸)黃縣/黃城→(1986년)龍口市	黃縣은 夏商때는 靑州域에, 周때는 萊子國에, 秦때는 齊東郡에 속했다가 西漢때 비로소 黃縣이 설치되었고 東萊郡에 속했다. 東漢때 東萊郡의 治所가 있었고 徐鄕縣을 편입시켰다. 南北朝의 劉宋때에는 東萊郡에, 北魏 孝昌 4년에는 東牟郡에 속했는데, 後齊때 東牟를 폐하여 長廣郡에 편입되었고 惣惣縣과 병합되었다. 隋 開皇 初에 郡이 폐지되어 牟州에 속했다. 大業 2년(606)에 州가 폐지되어 다시 東萊郡에 속했다. 唐때 河南道 登州 東牟郡에 속했고 神龍 3년(707)에 黃縣에서 蓬萊鎭을 분리하여 蓬萊縣으로 승격시키고 蓬萊縣에 登州府의 治所를 두었다. 先天 元年(712) 다시 蓬萊縣의 東黃城을 분리하여 黃縣에 예속시켰다. 開元 十一年(723)에 東黃城을 지금의 治所로 이전했다. 宋初에 京東路 登州 東牟郡에 속했다. 元代 山東 東道 益都路 登州에, 元 至正 二十四年(1364)에는 般陽路로 속했다. 명나라 洪武 9년(1369)에는 山東 宣稱布政使司 登州府에 속했고 淸代에는 이를 따랐다. 民國 元年(1912) 黃縣은 山東省 膠東道에 속했는데, 1928년 道가 폐지되고 山東省에 직접 예속되었다. 1946년 黃縣 境內에 黃縣, 龍口市가 설치되어 北海專屬에 속했고 1950년 龍口市가 다시 黃縣에 병합되어 萊陽專屬에 속하게 되었다. 1959년 蓬萊, 黃縣, 長島 등 3개 縣을 병합하여 蓬萊縣을 설치했다.	明末 黃縣城의 범위는 대체로 지금의 龍口市 東市場街 서측, 南大街의 북측, 東萊街의 동측, 北大街의 남측을 이내이다.

순서	明代 지명	使行錄에 기록된 명칭	현대 지명	縣治 혹은 登州城에서의 距離	명칭 변화	위치와 연혁	참고
34						1961년 黃縣으로 다시 회복되어 煙臺地區 行政公署가 설치되었고 1983년 黃縣은 煙臺市에 예속되었으며 1986년 國務院의 결정에 따라 黃縣이 철폐되고 龍口市(縣級市)가 설치되었고 원래 黃縣이 관할하던 행정업무는 煙臺市가 代管하게 되었다.	
35	九里店鋪	"古士鄕城"牌榜/古士鄕城	九北村과 九南村	黃縣 西 九里	(明末~民国初)九里店→(1958년~至今)九里店北村과 九里店南村. 보통 九北村과 九南村으로 부름	黃縣 縣衙로부터 九里 정도 떨어져 있으며 驛道가 마을 가운데를 관통하여 왕래하던 상인들이 자주 여기에 묵었고 마을 사람들이 역관 주점에 상점을 많이 열었으므로 九里店이라 불렸다. 1871년 黃縣 楊官莊社에 속했고 1917년 黃縣第四區 楊官莊社에, 1930년 黃縣 第七區에, 1948년 黃縣 位莊區에, 1958년에서 1970년까지는 黃縣 智家人民公社에 속했다가 1992년부터 龍口市 東江鎭에 속한다.	
36	南欒鋪	"盧仙勝跡"坊表/盧仙勝述/盧仙古裡/盧仙遺蹤/盧仙故里	官道前欒村	黃縣 西 二十里	(明末~民國初)南欒鋪→(1917년)官道欒家村→(1930년)官道欒家村/前欒村→(1948년~지금)前欒村	明末에서 民國初까지 黃縣 盧山都南欒社에, 1917년 黃縣 第十四區에, 1930년 黃縣 第五區(汶南區)에, 1948년 黃縣 汶南區에, 1950년~1953년에 黃縣 第八區 香坊鄕에, 1958년 黃縣 火炬人民公社에, 1970년~1984년 黃縣蘆頭人民公社에 속하다가 1984년부터 지금까지 龍口市 蘆頭鎭에 속해오고 있다.	

순서	明代 지명	使行錄에 기록된 명칭	현대 지명	縣治 혹은 登州城에서의 距離	명칭 변화	위치와 연혁	참고
37	南欒河	稚乃河	南欒河	黃縣 西二十里	(明末~지금)南欒河	南欒河는 龍口市 北馬鎭 南宋堡의 동쪽을 흐르며 招遠市 美秀頂에서 발원하여 蘆頭鎭, 大陳家鎭, 北馬鎭을 거쳐 泳汶河에 합류한다. 총 길이 18km, 시내를 관통하는 거리가 13km, 강폭이 평균 80m인 계절성 하류이다.	
38	北馬鋪	北馬鋪/北馬重鎭/北馬鎭/北馬鎭鋪/北馬店/白馬鋪	北馬五村, 即北馬西村,北馬南村,北馬東南村,北馬北村,北馬東北村	黃縣 西三十里	(明末—清中期)北馬鋪→(清嘉慶二十二年)北馬鋪/北馬集→(民國六年)北馬鋪/龍馬鎭→(1930년—1943년)北馬集/北馬鎭→(1948년~지금)北馬西村,北馬南村,北馬東南村,北馬北村,北馬東北村	明末~清中期에는 黃縣 乾山都北馬社에, 清 嘉慶 二十二年 黃縣 乾山都北馬社에, 民國 六年에 黃縣 第十五區에, 1930년~1943년에 黃縣 第六區에, 1948년 방위에 따라 北馬西村, 北馬南村, 北馬東南村, 北馬北村, 北馬東北村 등 5개 촌으로 나뉘었으며 北馬로 총칭되었고 黃縣 北馬區에 속했다. 1953년 黃縣 六區 北馬鎭에, 1958년~1986년에 黃縣 北馬人民公社에 속했다가 1986년부터 지금까지 龍口市 北馬鎭에 속하고 있다.	現在 北馬鎭의 北馬大街가 옛 驛道 위에 새로이 닦은 길이다.
39	官莊鋪	"麻姑仙裡"坊表/麻姑故里/麻姑仙跡	官道丁家村	黃縣 西四十里	(明末—清中期)官莊鋪→(清嘉慶二十二年~民國六年)官莊鋪/官道丁家→(1930년~지금)官道丁家	明末~清 中期때는 黃縣 乾山都官莊社에, 清 嘉慶 二十二年에 黃縣 乾山都官莊社에, 民國 六年에는 黃縣 第二十二區에, 1930년~1943년에 黃縣 第十區에, 1948년 黃縣 龍南區에, 1953년 黃縣 七區 官道鄉에, 1958년 黃縣 閻家店人民公社에, 1970년 黃縣 海岱人民公社에, 1986년~1992년 龍口市 海岱鎭에, 2001년 龍口市 黃山館鎭에 속했다가 2005년부터 지금까지 龍口市 龍港街道에 속하고 있다.	官道丁家村의 西南으로 300m 떨어진 곳에 옛 驛道의 유적이 남아 있는데, 길이 약 330m, 폭 약 3m로 다져진 흙길로 東西방향으로 길이 나있다.

순서	明代 지명	使行錄에 기록된 명칭	현대 지명	縣治 혹은 登州城에서 의 距離	명칭 변화	위치와 연혁	참고
40	界首河	廣河	八里沙河	黃縣 西 四十五里		八里沙河는 龍口市 西南部, 龍港街道 曹家村 南側을 흘러간다. 招遠市 馬格莊의 東南방향 산기슭에서 발원하여 남으로 市內로 흘러 北馬鎭과 龍港街道 境域를 거쳐 북으로 방향을 틀어 渤海로 든다. 全長15km, 市內 구간 9km, 평균 강폭 30m로 계절성 하류이다.	
41	界首鋪	徐卿城	閻家店村	黃縣 西南 五十里	(明末) 界首鋪 →(淸 嘉慶 二十二年~民國 六年)界首鋪/閻家店 →(1930년~지금)閻家店村	明末~淸 嘉慶 二十二年에 黃縣 乾山都官莊社에, 民國 六年 黃縣 第二十二區에, 1930~1943년 黃縣 第十區에, 1948년에 黃縣 龍南區에, 1953년 黃縣 七區 閻家店鄕에, 1958년 黃縣 閻家店人民公社에, 1970년 黃縣 海岱人民公社에, 1986년~1992년 龍口市 海岱鎭에, 2001년 龍口市 黃山館鎭에 속했다가 2005년부터 지금까지 龍口市 龍港街道에 속하고 있다.	閻家店村를 가로지르는 대로가 바로 옛 驛道 위에 새로 닦은 길이다.
42	未詳	無記載	大泊子村	黃縣 西南 五十二里		1930년에 大泊子鄕에, 1936년 環海鄕에, 1945년 黃山區에, 1953년 臧格庄鄕에, 1958년 閻家店人民公社 臧格庄管理區에, 1966년 黃山人民公社에, 1984년 黃山館鄕에 속했다가 1989년부터 지금까지 黃山館鎭에 속해오고 있다.	현지답사와 현지주민 인터뷰에 의하면 옛 大泊子村의 남쪽에 남아 있는 길이 古驛道의 유적이 다. 동서 방향이었으며 잘 다져진 흙길이었다. 길 양 옆으로 농토가 확장되면서 길 폭이 2m 정도로 좁았으며 현재도 1km 가까이 남아 있었다.

순서	明代 지명	使行錄에 기록된 명칭	현대 지명	縣治 혹은 登州城에서의 距離	명칭 변화	위치와 연혁	참고
43	黃山館鋪/黃山館驛	黃山驛/黃山馹/黃山館	龍口市黃山館鎮의 黃山新安西區	黃縣 西南六十里	(元末~清末)黃山館→(清同治十年)黃山館東北村,黃山館東南村,黃山館西北村,黃山館西南村→(1966년)黃山館一村,黃山館二村,黃山館三村,黃山館四村으로 간칭됨→(1981년)黃山一村,黃山二村,黃山三村,黃山四村→(2013년~지금)黃山一村,黃山二村,黃山三村,黃山四村,黃山新安東區,黃山新安南區,黃山新安西區	黃山館驛은 명나라 洪武 9년(1376)에 처음 설치되었다. 弘治 元年(1488) 知縣 范隆이 後廳을 증축했다. 崇禎 5년 兵火에 파괴되었는데 知縣 任中麟이 重建했으나 오랫동안 방치되었다. 嘉慶 十八年 知縣 周雋複이 다시 지었다. 清 同治 연간부터 黃山館驛은 (黃山)公館 , 으로 "大吏往來駐節之所"로 불렸다. 清 光緒 二十九年(1903)에 黃山館驛 폐지되었다. 明初~清末 黃縣 乾山都黃山館社에, 清 同治 十年(1871) 黃縣 乾山都黃山館社에, 民國 六年(1917년) 黃縣 第二十三區에, 民國 十九年(1930) 黃縣 第十區에, 1948년 黃縣 黃山區에, 1953년 黃山館 東北村과 黃山館 西北村은 黃縣 第七區館北鄉에, 黃山館東南村과 黃山館西南村은 黃縣 第七區館南鄉에 속했다. 1958년 黃縣 閻家店人民公社에, 1966년 黃縣 黃山人民公社에, 1981년 黃縣 黃山人民公社에, 1984년 黃縣 黃山館鄉에, 1989년부터 지금까지 龍口市 黃山館鎮에 속하고 있다.	

순서	明代 지명	使行錄에 기록된 명칭	현대 지명	縣治 혹은 登州城에서의 距離	명칭 변화	위치와 연혁	참고
44	界河	溪河	界河	黃縣에서 西쪽 六十里 되는 곳으로 초원현과 황현의 경계가 된다.		界河는 龍口市 西南을 흘러 招遠縣과의 자연 경계를 이루는 강이다. 招遠市 城區 西南11.5km 尖山 남쪽 기슭에서 발원하여 黃山館鎭 西南界를 지나 渤海로 유입된다. 全長44.5km, 龍口市와 招遠縣의 경계를 이루는 길이는 4km이고 평균 강폭은 100m, 총유역면적은 572.5평방km로 계절성 하천이다.	
45	未詳	"東牟首邑"坊表	G206國道와 龍口市 界河가 만나는 곳에서 界河의 동쪽 하안	黃縣 西 六十里			

				登州府 招遠縣 境內 — 지금의 山東省 煙臺市 招遠市 境內			
46	東良巡檢司	無記載	東良村			지금의 招遠市 辛莊鎭	
47	湖汪鋪	無記載	湖汪村			지금의 招遠市 辛莊鎭	
48	宅上鋪	無記載	宅上村			지금의 招遠市 辛莊鎭	
49	未詳	無記載	官道村			지금의 招遠市 辛莊鎭。	현지답사와 현지인 인터뷰에 근거한 것임

순서	明代 지명	使行錄에 기록된 명칭	현대 지명	縣治 혹은 登州城에서의 距離	명칭 변화	위치와 연혁	참고
50	王徐寨/ 備倭城/ 王徐鋪	新城/新店/新城千戶所/新城堡/新城鋪/新城店	新城村		(明初)王徐寨→(明中期)備倭城/王徐寨→(明末)王徐鋪/王徐/新店(新城店)/新城/新城千戶所/新城堡/新城鋪→(淸乾隆十三年)新城/王徐鋪/王徐→(民國十七年~二十年)新城/王徐→(民國二十一年~)新城。	明淸 時期 招遠縣과 掖縣이 王徐鄕(王徐寨/王徐鋪所在地) 一部分을 각각 관할했다. 民國十七年~二十年 招遠縣 五區에, 民國二十一年~民國二十七年 招遠縣 第七區 新城鄕에, 1941년 萊州 掖縣에 속했다가 지금은 萊州市 金城鎭에 속한다.	

參考文獻

使行文獻版本

安璥，《駕海朝天錄》，美國哈佛大學燕京圖書館藏本

吳允謙，《海槎朝天日錄》/《朝天詩》，吳允謙，《楸灘集》.

李慶全，《石樓先祖朝天錄》，韓國成均館大學尊經閣藏本；《朝天錄》/《朝天詩》，韓國首爾大學奎章閣藏本.

尹暄，《白沙公航海路程日記》，(林基中 編)《燕行錄全集》十五冊.

李民宬，《癸亥朝天錄》，李民宬，《敬亭集續集》(卷一至卷三)；《燕槎唱酬集》，李民宬，《敬亭集》(卷六至卷八)

趙濈，《燕行錄(一云朝天錄)》，(林基中 編)《燕行錄全集》十五冊；《燕行酬唱集》，趙冕熙 編，《(韓字)朝天日乘及(漢文)燕行錄及酬唱集》，(韓國)同光2002년刊本；趙冕熙 編，《北京紀行及酬唱詩》，《海路使行北京紀行及酬唱詩》，(韓國)同光2002년刊本.

李德泂，《朝天錄(一雲航海日記)》/《竹泉遺稿》，(韓)曹圭益，〈朝天錄一雲航海日記〉，《韓國文學與藝術》第2輯，韓國崇實大學韓國文學與藝術研究所，2008，pp.251-344.

吳翻，《燕行詩》，吳翻，《天坡集》(卷之二).

洪翼漢，《花浦先生朝天航海錄》，韓國國立中央圖書館藏本

隨行畫員，《燕行圖幅》，韓國國立中央博物館藏本/《航海朝天圖》，韓國國立中央博物館藏本/《朝天圖》，韓國國立中央博物館藏本

金德承，《天槎大觀》，金德承，《少痊集》(卷之二).

全湜，《槎行錄》，全湜，《西沙集》(卷之五)/《朝天詩(酬唱集)》，全湜，(卷之一).

金尙憲，《朝天錄》，金尙憲，《清陰集》(卷之九).

金地粹，《朝天錄》，金地粹，《苔川集》(卷之二).

南以雄，《路程記》，南以雄，《市北遺稿》(卷之四).

閔聖徽，《戊辰朝天別章帖》，韓國慶南大學寺內文庫藏本.

申悅道，《朝天時聞見事件啟》，申悅道，《懶齋先生文集》(卷之三).

李忔，《雪汀先生朝天日記》，韓國國立中央圖書館藏本；《朝天詩》，李忔，《雪汀集》(卷之一至

卷之三).

崔有海 ,《東槎錄》, 崔有海 ,《黙守堂集》.

鄭鬥源 ,《朝天記地圖》, 韓國成均館大學尊經閣藏本.

高用厚 ,《朝天錄》, 高用厚 ,《晴沙集》(卷之一).

데이터 베이스

韓國國史編纂委員會 ,《朝鮮王朝實錄》DB.

韓國國史編纂委員會 ,《承政院日記》DB.

韓國媒體韓國學株式會社 ,《韓國學綜合DB》.

韓國歷史綜合資訊中心 ,《韓國歷史資訊綜合系統》DB.

(韓國)韓國學中央研究院 ,《韓國歷代人物綜合資訊系統》DB.

中國古今方志와 관련 古籍

(吳)韋昭 注 ,《國語》, 世界書局1936년版.

(漢)司馬遷 ,《史記》, 清乾隆武英殿刻本.

(漢)孔安國 撰 ,《尚書》, 四部叢刊景宋本.

(晉)皇甫謐 撰 ,《高士傳》, 中華書局1985년版.

(西晉)陳壽 撰 ,《三國志》, 百衲本景宋紹熙刊本.

(後晉)劉秦等 ,《舊唐書》, 中華書局1976년版.

(唐)李吉甫 ,《元和郡縣圖志》, 中華書局1983版.

(唐)房玄齡等 撰 ,《晉書》, 清乾隆武英殿刻本版.

(唐)歐陽詢 輯 ,《藝文類聚》, 清文淵閣四庫全書本版.

(宋)樂史 ,《太平寰宇記》, 清文淵閣四庫全書補配古逸叢書景宋本.

(宋)歐陽忞 ,《餘地廣記》, 四川大學2003版.

(宋)曾公亮 , 丁度等纂修 ,《武經總要前集》, 四庫全書本版.

(宋)蘇軾 ,《蘇文忠公全集》, 明成化刻本.

(宋)蘇軾 撰 , (宋)王十朋 集注 , (宋)劉辰翁 批點 ,《東坡詩集注》, 四部叢刊景宋本.

(宋)歐陽修 , 宋祁等撰《新唐書》, 清乾隆武英殿刻本.

(宋)曾公亮 , 丁度等 纂修 ,《武經總要前集》, 四庫全書本版.

(宋)亦名撰，《錦繡萬花穀》，清文淵閣四庫全書本版.

(金)元好問 撰，《遺山集》卷第三十四〈濟南行記〉，四部叢刊景明弘治本.

(元)脫脫等 撰修，《宋史》，清乾隆武英殿刻本.

(元)于欽撰，《齊乘》，清乾隆四十六年(1781)刻本.

(明)官修，《明實錄》，(臺灣)中央研究院歷史語言所1962년校印本.

(明)徐應元等 纂修，《(泰昌)登州府志》，明泰昌元年(1620)刻本.

(明)李輔等 纂修，《全遼志》，遼海書社2011版.

(明)李賢，萬安等撰修，《明一統志》，清文淵閣四庫全書本版.

(明)徐溥、劉健、李東陽等纂修，《大明會典》，正德四年校正六年刻印本.

(明)陸釴等 纂修，《(嘉靖)山東通志》，明嘉靖刻本.

(明)嚴從簡 撰，《殊域周諮錄》，明萬曆刻本.

(明)王世貞，汪雲鵬，《神仙列傳》卷之四，明萬曆廿八刊本.

(明)茅元儀輯，《武備志》，明天啟刻本.

(明)陳道，黃仲昭纂修，《(弘治)八閩通志》，明弘治刻本.

(清)張廷玉等 撰，《明史》，清鈔本.

(清)傅維鱗撰，《明書》，清畿輔叢書本.

(清)官修，《清實錄》，清內府鈔本.

(清)允祹纂修，《欽定大清會典則例》，清乾隆二十七年(1762)刻本.

(清)允祹 等撰修，《大清會典》，清文淵閣四庫全書本版.

(清)穆彰阿 撰，《(嘉慶)大清一統志》，四部叢刊續編景舊鈔本.

(清)顧祖禹，《讀史方輿紀要》，清稿本.

(清)史嶽濬等 纂修，《(康熙)山東通志》，清康熙四十一年(1702)刻本.

(清)施閏章 楊奇烈 任浚等 纂修，《(康熙)登州府志》，清康熙三十三年(1694)刻本.

(清)蔡永華等 纂修，《(康熙)蓬萊縣誌》，清康熙十二年(1673)刻本.

(清)王文燾，張本，葛元昶 纂修，《(道光)重修蓬萊縣誌》，清道光十九年(1839)刻本.

(清)鄭錫鴻，江瑞采，王爾植等 纂修，《(光緒)蓬萊縣續志》，光緒八年(1882)年刻本.

(清)尹繼美等 纂修，《(同治)黃縣誌》，清同治十年(1871)刻本.

(清)李蕃，範廷鳳等 纂修，《(康熙)黃縣誌》，清康熙十二年(1673)刻本.

(清)袁中立，毛贄等 纂修，《(乾隆)黃縣誌》，清乾隆二十一年(1756)刻本.

(清)葉圭綬，《續山東考古錄》，清咸豐元年(1851)刻本.

(淸)于始瞻, 張思勉纂修, 《(乾隆)掖縣志》, 乾隆二十三年(1758)刻本.

(淸)張思勉等 纂修, 《(乾隆)掖縣志》, 淸乾隆二十三年(1758)刊本.

(明)龍文明等 纂修, 《(萬曆)萊州府志》, 民國二十八年(1939)永厚堂重刊本.

(淸)張雲龍, 張凰羽等 纂修, 《(順治)招遠縣誌》, 道光二十六年(1846)刻本.

(淸)陳國器等 纂修, 《(道光)招遠縣續志》, 淸道光二十六年(1846)刻本.

(淸)岳濬 杜詔等 纂修, 《(雍正)山東通志》, 淸文淵閣四庫全書本版.

(淸)顧炎武, 《山東考古錄》, 山東書局光緒八年七月重刊本.

(淸)方汝翼等 纂修, 《(光緒)增修登州府志》, 淸光緒七年(1881)刻本.

(淸) 民國)繆荃孫等 纂修, 《江蘇省通志稿·大事志》, 江蘇古籍出社1991년.

(淸)谷應泰, 《明史紀事本末》, 中華書局1977년.

(淸)《江蘇省通志稿·大事志》, 江蘇古籍出版社1991년版.

(淸)許鴻盤 著, 《方輿考證》, 淸濟甯潘氏華鑒閣本.

(淸) 李亨特, 平恕等 纂修, 《(乾隆)紹興府志》, 淸乾隆五十七年(1792)刊本版.

(淸)游智開, 史夢蘭等 纂修, 《(光緒)永平府志》, 淸光緒五年刻本版

(民國)楊士驤, 孫葆田等 纂修, 《(宣統)山東通志》, 1934년影印本.

(民國)袁式和, 《蓬萊縣地理講義》, 蓬萊縣立初級中學校鉛印本, 1934.

(民國)王明長等 纂修, 《(第四次重修)蓬萊縣誌》, 靑年進修出社, 1961.

(民國)翟文選, 王樹枏 纂修, 《奉天通志》, 民國二十三年鉛印本.

(民國)劉錦堂, 劉國斌等 纂修, 《(四續)掖縣志》, 民國二十四(1935)年鉛本.

煙臺市地方史志編纂委員會辦公室 編, 《煙臺市志》, 新華書店1994년版.

曲長征, 《龍口市村莊志》, 農業出社, 1991.

龍口市人民政府地名辦公室 編, 《山東省龍口市地名志》, 1992.

山東省龍口市史志編纂委員會 編, 《龍口市志》, 齊魯書社, 1995.

山東省萊州市史志編纂辦公室 編, 《萊州市志》, 齊魯書社, 1996.

山東省招遠縣誌編纂委員會 編, 《招遠縣誌》, 華齡出社, 1991.

招遠縣地名委員會辦公室 編, 《招遠縣地名志》, 1987.

長島縣人民政府地名辦公室 編, 《長島縣地名志》, 山東省新聞出局, 1989.

山東省長島縣誌編纂委員會 編, 《長島縣誌》, 山東人民出社, 1990.

山東省蓬萊市史志編纂委員會 編, 《蓬萊縣誌》, 齊魯書社, 1995.

山東省科學技術委員會 編, 《山東省海島志》, 山東科學技術出社, 1995.

《中國海島志》編纂委員會 編著 ,《中國海島志·山東卷》第一冊 , 海洋出社 , 2013.

長島縣南隍城鄉政府南隍城村委會 編寫 ,《南隍城志》, 煙臺市新聞出局 , 1999.

長島縣北隍城鄉志編委會 編寫 ,《北隍城鄉志》, 2010.

山東省歷史地圖集編纂委員會 編 ,《山東省歷史文化村鎭—煙臺》, 山東省地圖出社 , 2009.

秦皇島市地名辦公室 編輯 ,《河北省地名志·秦皇島市分冊》, 河北省地名委員會1986년版.

四川省地方誌編纂委員會 編 ,《四川省志》, 四川科學技術出版社 , 2003.

朝鮮方志와 관련 古籍

(朝鮮)韓致奫 ,《海東繹史》, 朝鮮古書刊行會明治四十四年(1911)刊本.

(朝鮮)古山子 編 ,《大東地志》, 1932 , 韓國首爾大學奎章閣藏本.

(朝鮮)官修 ,《通文館志》, 朝鮮古書刊行會大正二年(1913)刊本.

(朝鮮)官修 ,《朝鮮迎接都監都廳儀軌》, 明天啟元年刻本.

(朝鮮)具允明 編 ,《典律通補》, 朝鮮正祖十年(1786)刊行本.

(朝鮮)李荇 ,《新增東國輿地勝覽》韓國首爾大學奎章閣藏本.

中国著作

单兆英 ,《登州古港史》, 人民交通出版社 , 1994.

蔡锋编 ,《中国近海海洋》, 海洋出社 , 2013.

邹异华等 ,《登州古船与登州古港》, 大连海运学院出社 , 1989.

赵炳武主编 , 山東省地方志联合目錄 , 中国文联出社 , 2005.

(美)富路特 , 房兆楹主编 ,《明代名人传》3 , 北京时代华文书局 , 2015.

刘书龍着 ,《历下人文—历下名人游踪(古代近卷)》, 济南出社 , 2014.

孙志敏等编 ,《交通百科词典》, 航空工业出社 , 1993.

章巽 著 ,《古航海圖考释》, 海洋出版社 , 1981.

顾松年 主编 ,《山東交通史》第一冊 , 人民交通出社 , 1989.

白寿彝 ,《中国交通史》, 上海书店 , 1984.

杨正泰 ,《明代驛站考》(增订本), 上海古籍出社 , 2006.

顾松年 主编 ,《山東公路交通运输史》第一冊 , 山東科技出社 , 1992.

吴承洛 ,《中国度量衡史》, 商务印书館 , 1937.

(台)苏同炳 ,《明代驛递制度》, 中华丛书编审委员会 , 1969.

烟台公路志编撰委员会 编 ,《烟台公路志》, 中国国际文化出社 , 2008.

安作璋 ,《山東通史》(明清卷) 山東人民出社 , 1994.

盧绳 ,《盧绳与中国古建筑研究》, 智慧财产权出社 , 2007

王玉珉 着 , 中国人民政治协商会议山東省龍口市委员会编 ,《老黃縣》(上/下), 国防大学出社 , 2006.

李剑平 主编 ,《中国神话人物辞典》, 陕西人民出社 , 1998.

孙祚民 主编 ,《山東通史》, 山東人民出版社 , 1992.

陈尚胜等 著 ,《朝鲜王朝 1392—1910 对华观的演变》, 山東大学出版社 , 1999.

陈尚胜 主编 ,《登州港与中韩交流国际学术讨论会论文集》, 山東大学出版社 , 2005.

郑红英 著 ,《朝鲜初期与明朝政治关系演变研究》, 社会科学文献出版社 , 2015.

刘焕阳 , 陈爱强 ,《胶東文化通论》, 齐鲁书社 , 2015.

刘焕阳 , 刘晓東 著 ,《落帆山東第一州》, 人民出版社 , 2012.

刘晓東 著 ,《明代朝鲜使臣胶東纪行诗探析》, 山東人民出版社 , 2015.

刘晓東 , 馬述明 , 祁山 著 ,《明代朝鲜使臣笔下的庙岛群岛》, 人民出版社 , 2014.

刘凤鸣 著 ,《山東半岛与古代中韩关系》, 中华书局 , 2010.

耿升 , 刘凤鸣 , 张守禄 主编 ,《登州与海上丝绸之路》, 人民出版社 , 2009.

赵树国 ,《明代北部海防体制研究》, 山東人民出版社 , 2014.

杨雨蕾 ,《燕行与中朝文化关系》, 上海辞书出社 , 2011.

孙文良著 ,《满族崛起与明清兴亡论稿》, 辽宁民族出社 , 2016.

杨志常著 ,《影与思》, 中国科技教育出社 , 2004.

王臻 ,《朝鲜前期与明建州女真关系研究》, 中国文史出版社 , 2005.

李宗伟 主编 ,《山東省省级非物质文化遺产名錄圖典》第二卷 , 山東友谊出版社 , 2012.

张廷国 , 刘援朝 , 张红梅着 ,《长山列岛的语言及民俗文化研究》, 山東大学出版社 , 2015.

鲁東大学胶東文化研究院 编 ,《胶東文化与海上丝绸之路论文集》, 山東人民出版社 , 2016.

陈麻 编著 ,《美国镜头里的中国風情》, 中国文史出版社 , 2011.

蓬莱阁管理处 编 ,《蓬莱阁碑刻诗文赏析》, 文物出版社 , 2013.

李海霞 , 陈迟 编著 ,《山東古建筑地圖》, 清华大学出版社 , 2018.

韩国著作

이민성 著, 이영춘외 譯,《1623년의 북경 외교》,대원사, 2014.

정은주,《조선시대 사행기록화》, 사회평론, 2012.

조규익,《17세기 국문 사행록 죽천행록》, 도서출판 박이정, 2002.

조규익,《연행 길, 고통의 길, 그러나 깨달음의 길―국문 사행록의 미학》, 역락, 2004.

조규익,《《죽천행록》 연구》, 연행록연구총서 5, 학고방, 2006.

조즙 著, 최강현 譯,《계해수로조천록》, 신성출판사, 2000.

(韓)하영선, (中)葛兆光, (中)孙卫国 等 編著,《사행의 국제정치16―19세기 조천·사행록 해석》,
　　　한국아연출판부, 2016년.

(韓)한명기,《임진왜란과 한중관계》, 역사비평사, 2001.

中國論文

许敏 ,〈关于明代鋪户的几个问题〉,《明史研究论丛》第二辑 , 江苏人民出社 , 1983년.

金柄珉 , 金刚 ,〈对中国"燕行錄"研究的历时性考察〉,《東疆学刊》, 延边大学 , 2016년01期.

陈尚胜 ,〈明清时代的朝鲜使节与中国记闻――兼论《朝天錄》和《燕行錄》的资料价值〉,《海交
　　　史研究》, 中国海外交通史研究会 , 泉州海外交通史博物館 , 2001년02期.

陈尚胜 ,〈明朝初期与朝鲜海上交通考〉,《海交史研究》, 中国海外交通史研究会 , 泉州海外
　　　交通史博物館 , 1997년01期.

杨雨蕾 ,〈明清时期朝鲜朝天―燕行路线及其变迁〉, 上海人民出社 ,《历史地理》第二十一辑 ,
　　　2006.

葛兆光 ,〈从"朝天"到"燕行"―17世纪中叶后東亚文化共同体的解体〉,《中华文史论丛》, 上海
　　　世纪出股份有限公司古籍出社 , 2006년01期.

王禹浪 , 程功 , 刘加明 ,〈近二十年中国《燕行錄》研究综述〉,《哈尔滨学院学报》, 哈尔滨师专
　　　学报 , 2012년11期.

杨雨蕾 ,〈登州与明代朝鲜使臣―以"朝天錄"为中心〉, 陈尚胜主编 ,《登州港与中韩交流国际
　　　学术讨论会论文集》, 山东大学出社 , 2005.

刘宝全 ,〈明末中朝海路交通线的重开与中朝关系〉,《陕西师范大学学报》, 陕西师范大学 ,
　　　2011년04期.

左江 ,〈清代朝鲜燕行使团食宿考〉, 张伯伟编 ,《域外汉籍研究集刊》第三辑 , 中华书局 ,

2007년5월.

孙卫国 , 〈朝鲜人明海上贡道考〉,《韩国学论文集》, 北京大学韩国学研究中心 , 2009.

陈长文 , 〈雄关漫道:明末朝鲜贡使的山東之行〉,《中国中外关系史学会会议论文集》, 中国中
　　　外关系史学会 , 2009.

陈长文 , 〈登州与明末中朝海上丝路的复航〉,《中国中外关系史学会会议论文集》, 中国中外
　　　关系史学会 , 2008.

韓國論文

권혁래, 〈문학지리학의 관점에서 본 등주(登州)〉, 국어국문학 154, 2010.

권혁래, 《《김영철전》의 등주 시절 스토리텔링〉, 온지논총 43, 2015.

권혁래, 〈문학지리학적 관점으로서 본 등주〉, 국어국문학 154, 2010.

김경록, 〈문17세기초 명·청교체와 대중국 사행의 변화 – 대후금 사행을 중심으로〉, 국어국문학
　　　154, 2010.

김영숙, 〈명말의 중국사회와 조선사신의 외교활동: 김육의 조경일록과 조천록의 분석을 중심으
　　　로〉, 명청사연구31, 2009.

김영숙,《조천록을 통해 본 명청교체기 요동정세와 조명관계》, 인하대 박사학위논문, 2011.

김지은, 〈17세기 전반 해로사행문학연구〉, 이화대학교 대학원 석사학위논문, 2006.

김지현, 〈17세기 초 대명 해로 사행록 서술의 양상〉, 한국문학과 예술 제15집, 2015.

김지현, 〈이민성의《계해조천록》소고〉, 온지학회 추계학술대회, 2014.

김태준, 〈중국 내 연행노정고〉, 동양학35권, 단국대학교 동양학연구소, 2004.

류보전, 〈화천 조즙의 연행과 한시 창작〉, 동방한문학 제52집, 2012.

박경은, 〈경정 이민성의 시문학—일상사 및 연행의 체험을 소재로 한 시를 중심으로〉, 한문교육
　　　연 구15집, 2000.

박현규, 〈17세기 전반 대명 해로사행의 운항과 풍속 분석〉, 한국한문학연구48, 2011.

박현규, 〈17세기 전반기 대명 해로사행에 관한 행차 분석〉, 한국실학연구 21, 2011.

박현규, 〈1621년 조선·明사절의 해로사행에 관한 실상과 평가〉, 동북아문화연구 36, 2013.

배주연, 〈명청교체기 조선문사 이안눌의 명사행시연구:조천록(1601)·조천후록(1632)을 중심으
　　　로〉, 비교문학38, 2006.

서지원, 〈鄭斗源의《朝天記地圖》에 나타난 대외인식 고찰〉, 한국문학과 예술 17, 2015

송기헌, 〈이흘의 연행과 연행록 조천日이기의 관광학적 고찰〉, 관광산업연구제3권1호, 2009.

신선옥·유함함, 《《조천항해록》에서 산동성의 노선과 그 주변 지역의 산악문화고찰〉, 동북아 문화연구 38, 2014.

신춘호, 《연행노정 영상아카이브 구축 및 콘텐츠 활용 방안 연구》, 한국외국어대학교 박사학위논문, 2014.

신춘호, 〈연행노정 영상콘텐츠와 영상 아카이브 구현 모델 연구〉, 한국문학과 예술 16, 2015.

신춘호, 〈연행노정 공간의 역사문화콘텐츠 활용 방안 일이고—《스토리테마파크》의 스토리를 활용한 "병자호란 역사관광콘텐츠"기획을 중심으로—〉, 한문고전연구 31, 2015.

신춘호, 〈명청교체기 해로사행 노정의 인문정보 일이고《朝天记地圖》의 산동지역(등주—덕주) 인문지리 현황을 중심으로—〉, 한국고지도연구8(1)2016.

이성형, 《《천사대관》과《대명일일통지》수용양상 고찰— 산동 육로 구간을 중심으로〉, 한문고전연구, 제33집, 2016.

이성형, 〈"묘도(廟島)"와 "오호도(嗚呼島)"에 대(對)한 문학지리적(文学地理的) 고찰(考察)—대명해로사행록(對明海路使行錄(록))을 중심(中心)으로〉, 대동문화연구 90, 2016.

이성형, 《《천사대관》과《노정기》의 상관관계와 내용구성 비교〉, 대동한문학 제49집, 2016.

이성형, 〈연행록의 백이·숙제 관련 한시 연구 —임진 수습기를 중심으로〉, 한문학논집31, 2010.

이승수, 〈고려말 대명 사행의 요동반도 경로 고찰〉, 한문학보 20, 2009.

이승수, 〈1386년 정몽주의 南京 使行, 路程과 詩境〉, 민족문화 46집, 2015.

이승수, 〈연행로 중 瀋陽~廣寧站 구간의 노정 재구〉, 민족문화 제42집, 2013.

이승수, 〈燕行路 중의 東八站 考〉, 한국언어문화 제48집, 2012.

이영춘, 〈병자호란 전후의 조선명청 관계와 김육의 조경일록〉, 조선시대사학보 38집, 2006.

이영춘, 〈인조반정 후에 파견된 책봉주청사의 기록과 외교활동〉, 조선시대사학보 59 집, 2011.

이정숙, 〈설정 이흘의《조천일기》구두점과 주해 연구〉, 청운대석사학위논문, 2010

이학당·우림걸, 〈17—8세기 중한 문인간의 문화교류와 상호작용 현상 日고찰〉, 한국실학연구 19집, 2010.

임기중, 〈水路燕行錄과 水路燕行圖〉, 한국어문학연구43, 2004.

임기중, 〈수로 연행록과 수로연행도〉, 한국어문학연구43집, 2004.

임기중, 《《항해조천도》의 형성양상과 원본비정—이덕형 가문의 항해일기와 관련하여〉, 한국실학연구9집, 2005.

임기중, 〈조천록과 연행록의 화답시〉, 연행록연구총서5, 학고방, 2006.

임영걸, 《壺亭 鄭斗源의《朝天記地圖》연구》, 성균관대학교 석사학위논문, 2011.

임형택, 〈조선사행의 해로 연행록-17세기 동북아의 역사전환과 실학〉, 한국실학연구 9, 2005.

임형택, 〈17~19세기 동아시아 상황과 연행·연행록〉, 한국실학연구 20호, 2010.

정영문, 〈17세기 사행록의 연구현황과 나아갈 방향—명·청 교체기의 사행을 중심으로〉, 한국문학과 예술 17집, 2015.

정은주, 〈명청교체기 대명 사행기록화 연구〉, 명청사연구 제27집, 2007.

정은주, 〈뱃길로 간 중국, 《갑자항해조천도》〉, 문헌과 해석 26, 2004.

정은주, 〈조선시대 명청사행관계 회화연구〉, 한국학대학원 박사학위논문, 2007.

조규익, 《《죽천행록》의 사행문학적 성격〉, 국어국문학 129, 2001.

조규익, 〈조선조 국문 사행록의 통시적 연구〉, 어문연구31(1), 2003.

조규익, 〈조천록일운항해일기(朝天錄一云航海日記)〉, 한국문학과 예술 2, 2008.

조규익, 〈使行路程으로서의 登州, 그 心象空間的 性格과 意味〉, 어문연구 38(4), 2010.

조규익, 〈조선 지식인의 중국체험과 중세보편주의의 위기〉, 온지논총 40집, 2014.

조기영, 〈설정 이흘의 《조천일기》 연구〉, 동양고전연구 7집, 1996.

조기영, 〈이흘의《조천일기》에 나타난 17세기 문화양상〉, 연행록연구총6, 학고방, 2006.

조창록, 〈1632년의 해로사행과 홍호의《조천일기》〉, 온지논총 제42집, 2015.

조창록, 〈전식의 사행록과 해로 사행의 체험시〉, 동방한문학 46집, 2011.

조창록, 〈1636년 해로 사행과 이만영의《숭정병자조천록》〉, 인문과학 제47집, 2011.

최소자, 〈"연행록" 연구를 위한 제언〉, 명청사연구 30집, 명청사학회, 2008.

최소자, 〈명청과 조선, 조선과 명청 관계사 연구현황과 과제—수교20주년에 즈음하여〉, 명청사연구 38집, 2012.

최윤정, 〈明·淸 교체기 조선文士의 사행체험—홍익한의《朝天航海錄》을 중심으로〉, 한국고전연구11, 2005.

최창원, 《《설정선생조천일록》에 나타난 사신들의 행적〉, 중국어문학논집 67호, 2011.

허경진, 〈水路朝天錄과 통신사행록의 바다 체험 비교〉, 한국한문학연구 43, 2009.

허경진·최해연, 〈명청교체기 최초의 수로조천록—안경의《가해조천록》〉, 중국학논총 34집, 2011.

황만기, 〈청음 金尙憲《조천록》고찰〉, 한국한문학연구43집, 2009.

중국 현지 연구자와 현지인에 대한 인터뷰 장소와 날짜 목록(이후 연구자의 편의를 위해 현재 중국 현지인들이 사용하는 간체자 한자로 표기함)

1. 인터뷰 장소 : 蓬莱市 长岛县 北隍城岛

　　인터뷰 대상 : 北隍城岛 山前村 村民(성명 미상-성명을 밝히기 원하지 않았음)

　　인터뷰 시간 : 2019년 8월 20일 17:09-17:15

2. 인터뷰 장소 : 蓬莱市 长岛县 北隍城岛

　　인터뷰 대상 : 北隍城岛 山前村 村民 郑文花(女 , 80岁)

　　인터뷰 시간 : 2019년 8월 20일 17:20-17:50

3. 인터뷰 장소 : 蓬莱市 长岛县 长岛港에서 蓬莱客运港으로 가는 客船 위에서

　　인터뷰 대상 : 蓬莱市 长岛县 居民 宋美兰(女 , 65)

　　인터뷰 시간 : 2018년 3월 17일 07:00-07:30

4. 인터뷰 장소 : 蓬莱市 长岛县 砣矶岛

　　인터뷰 대상 : 大口村 村民 邵君秋(女 , 57岁)

　　인터뷰 시간 : 2019년 8년 20일 10:36-10:52

5. 인터뷰 장소 : 蓬莱市 北长岛乡 庙岛村 天妃庙

　　인터뷰 대상 : 蓬莱市 北长岛乡 庙岛村 村民 林荣发(男 , 78)

　　인터뷰 시간 : 2018년 3월 16일 15:50-16:00

6. 인터뷰 장소 : 蓬莱市 市政府 地方史志 办公室

　　인터뷰 대상 : 蓬莱市 人民政府 地方史志 办公室 科长 高波

　　인터뷰 시간 : 2017년 11월 3일 14:00-14:30

7. 인터뷰 장소 : 蓬莱市 紫荆山街道 司家庄村 杏花苑小区

　　인터뷰 대상 : 蓬莱市 地方史志 办公室 科长 高波과 陈其学의 후손(陈顺学)

　　인터뷰 시간 : 2018년 3월 16일 9:50-10:06

8. 인터뷰 장소 : 蓬莱市 蓬莱阁景区 管理办公室

　　인터뷰 대상 : 蓬莱市 登州博物馆 馆长 袁晓春, 蓬莱市 地方史志 办公室 科长 高波 및 陈其学의 후손(陈顺学)

　　인터뷰 시간 : 2018년 3월 16일 10:34-11:00

9. 인터뷰 장소 : 蓬莱市 紫荆山街道 故里小区

　　인터뷰 대상 : 故里小区 居民 于天路(男 , 87), 王化亮(男 , 70), 崔连国(男 , 63)

　　인터뷰 시간 : 2017년 11월 5일 9:30-10:30

10. 인터뷰 장소 : 蓬莱市 71887部队 蓬莱第一干休所

　　인터뷰 대상 : 尹林芝(女 , 86) , 孙风岚(女 , 87)

　　인터뷰 시간 : 2017년 11월 5일 10:15-10:25

11. 인터뷰 장소 : 蓬莱市 蓬莱阁街道 北关村

　　인터뷰 대상 : 北关村 村民 刘素英(女 , 68), 栾庭恩(男 , 60岁)

　　인터뷰 시간 : 2019년 8월 19일 14:08-15:30

12. 인터뷰 장소 : 蓬莱市 紫荆山街道 万寿村

　　인터뷰 대상 : 万寿村 村民 张行瑞(男 , 75), 魏云玲(女 , 70)

　　인터뷰 시간 : 2019년 8월 19일 15:50-16:10

13. 인터뷰 장소 : 蓬莱市 登州街道 长裕小区

　　인터뷰 대상 : 张素使(女 , 73)

　　인터뷰 시간 : 2019년 8월 19일 13:35-13:50

14. 인터뷰 장소 : 蓬莱市 紫荆山街道 史家沟村

　　인터뷰 대상 : 蓬莱市 李庄村 村民 李克清(男 , 64)

　　인터뷰 시간 : 2018년 3월 17일 09:30 쯤

15. 인터뷰 장소 : 蓬莱市 紫荆山街道 曲家沟村

　　인터뷰 대상 : 蓬莱市 李庄村 村民 曲德仁(男 , 70)

　　인터뷰 시간 : 2018년 3월 17일 10:40-10:50

16. 인터뷰 장소 : 蓬莱市 紫荆山街道 李庄村

　　인터뷰 대상 : 李庄村 村委会书记 李文昌, 村民 李爱玉, 李梅昌(男 , 69)

　　인터뷰 시간 : 2019년 8월 19일 16:20-16:40

17. 인터뷰 장소 : 蓬莱市 北沟镇 上魏家村

　　인터뷰 대상 : 蓬莱市 李庄村 村民 魏玉平(女 , 69), 魏玉平씨의 작은 아들

　　인터뷰 시간 : 2018년 3월 17일 11:30-11:45

18. 인터뷰 장소 : 蓬莱市 三十里店村

　　인터뷰 대상: 蓬莱市 三十里店村 村民 鲁德财(男 , 66)

　　인터뷰 시간 : 2017년 11월 5일 11:45 쯤

19. 인터뷰 장소 : 蓬莱市 三十里店村

　　인터뷰 대상 : 蓬莱市 李庄村 村民 郝宏賢(男 , 82)

　　인터뷰 시간 : 2018년 3월 17일 13:00-13:20

20. 인터뷰 장소 : 蓬莱市 北沟镇 大姜家村

　　인터뷰 대상 : 蓬莱市 大姜家村 老村长-姜代莹(男 , 90) , 村民 姜代田(男 , 86) , 村民 姜代
词(男 , 76) , 姜英顺(男 , 69)

　　인터뷰 시간 : 2017년 11월 5일 12:00 쯤

21. 인터뷰 장소 : 龙口市 诸由观镇 西河阳村

　　인터뷰 대상 : 龙口市 诸由观镇 西河阳村 村委会 책임자

　　인터뷰 시간 : 2017년 11월 3일 10:50쯤

22. 인터뷰 장소 : 龙口市 市政府 地方史志 办公室

　　인터뷰 대상 : 龙口市 人民政府 地方史志 办公室 主任 孙建义

　　인터뷰 시간 : 2017년 11월 3일 10:00쯤

23. 인터뷰 장소 : 龙口市 诸由观镇 诸由村

　　인터뷰 대상 : 龙口市 诸由观镇 西河阳村 村委会 책임자와 龙口市 诸由观镇 诸由北村 村民
李庆兴(男 , 66)

　　인터뷰 시간 : 2017년 11월 3일 10:30쯤

24. 인터뷰 장소 : 龙口市 黄山馆镇과 北马镇

　　인터뷰 대상 : 龙口市 黄山馆镇 村民 및 孟子의 第75代孙인 孟健(지역 향토 사학자)

　　인터뷰 시간 : 2017년 11월 5일 16:30쯤

25. 인터뷰 장소 : 龙口市 龙港街道 官道丁家村

　　인터뷰 대상 : 官道丁家村 村民 성명미상(성명을 밝히기 원하지 않았음)

　　인터뷰 시간 : 2019년 8월 21일 15:41-15:50

26. 인터뷰 장소 : 龙口市 龙港街道 阎家店村

　　인터뷰 대상 : 阎家店村 村民 阎家桂(男 , 91岁)

　　인터뷰 시간 : 2019년 8월 21일 16:17-16:31

왕가 王珂, Wang Ke

중국 옌타이대학(烟台大學)에서 한국어학과를 졸업하고 한국 공주대
학교 국어국문학과에서 석사와 박사학위를 받았다. 현재 중국 웨이팡
(濰坊)대학 한국어학과 전임강사로 재직하고 있다. 주요 논저로《한중
근대소설 비교연구》(한국문화사 2016), 〈从后殖民主义角度解读穿越国境
的事〉 등이 있다.

한종진 韓鐘鎭, Han Jong Jin

서울대학교 원예학과를 졸업하고 동대학 중어중문학과에서 석사와
박사학위를 받았다. 서울대 중어중문학과에서 강의하다가 현재 중국
웨이팡(濰坊)대학 한국어학과 부교수로 재직하고 있다. 주요 논저로
《韩国语汉字词学习词典》(商务印书馆 2018), 〈明末淸初 紳士層 住居文化의 한
단면〉 등이 있다.

당윤희 唐潤熙, Dang Yun Hui

서울대학교 중어중문학과를 졸업하고 동대학 중어중문학과에서 석
사학위를, 중국 북경대학교 중국어언문학계에서 박사학위를 받았다.
현재 건국대학교 중어중문학과 부교수로 재직하고 있다. 주요 논저로
《동아시아의 문헌 교류》(공저, 소명출판, 2014), 〈唐 陸贄의 制誥文에 대
한 고찰〉(2018) 등이 있다.

조선 해로사행의 인문지리학적 연구 1

명청교체기 대명 해로사행로의 노선과 지명 재구 및 인문지리학적 고찰 1
– 산동 등주부

초판 1쇄 인쇄 2020년 2월 12일
초판 1쇄 발행 2020년 2월 25일

지은이 왕가 한종진 당윤희
펴낸이 이대현
편집 이태곤 문선희 권분옥 임애정 백초혜
디자인 안혜진 최선주 김주화 ︳ **마케팅** 박태훈 안현진
펴낸곳 도서출판 역락 ︳ **등록** 1999년 4월 19일 제303-2002-000014호
주소 서울시 서초구 동광로46길 6-6(반포4동 577-25) 문창빌딩 2층(우06589)
전화 02-3409-2060(편집부), 2058(영업부) ︳ **팩시밀리** 02-3409-2059
이메일 youkrack@hanmail.net
역락홈페이지 www.youkrackbooks.com

ISBN 979-11-6244-488-7 93910